KB053259

중 국 혁 명 의 비 극

중국 혁명의 비극

해럴드 로버트 아이작 지음

정원섭 · 김명환 옮김

숨쉬는
책공장

차례

중국 혁명으로 죽어 간 영웅들과

살아남은 투사들에게 바친다.

– 해럴드 R. 아이작

중국 주요 도시

신장위구르 자치구

칭하이성

간

티베트 자치구

쓰촨성

윈난성

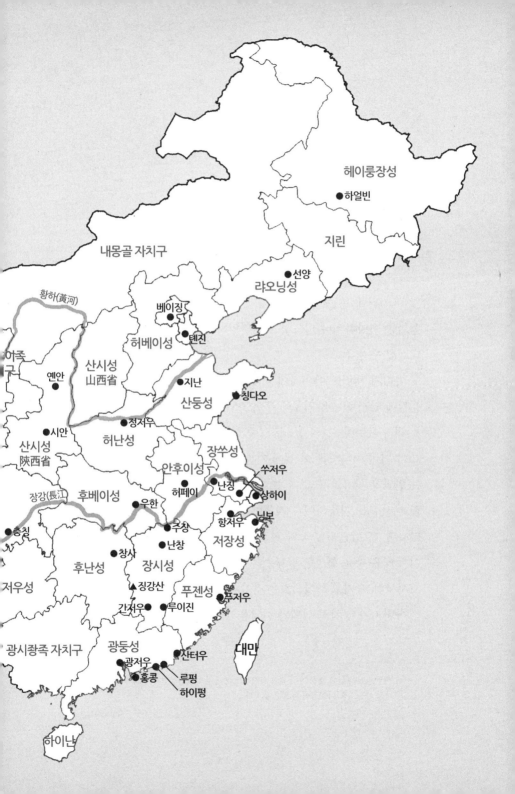

헤이룽장성

하얼빈

내몽골 자치구

지린

랴오닝성

선양

황하(黃河)

어족
구

예안

산시성
山西省

베이징

톈진

허베이성

지난

산둥성

칭다오

정저우

시안

산시성
陝西省

허난성

장쑤성

안후이성

쑤저우

난징

상하이

장강(長江)

후베이성

허페이

우한

닝보

우창

항저우

충칭

창사

난창

저장성

후난성

장시성

저우성

징강산

푸젠성

간저우

루이진

푸저우

광시쫭족 자치구

광둥성

산터우

광저우

홍콩

루펑

하이펑

대만

하이난

서문[*]

1770년에 존 애덤스는 이렇게 썼다. "진실은 영원하다. 우리가 무언가를 희망하거나 의도하거나 열망하더라도, 그것이 사실과 증거를 대신할 수는 없다".

아버지 해럴드 아이작이 이 문장을 알았는지는 모르지만, 그는 이 문장에 담긴 신념을 염두에 두며 작업하고 또 글을 썼다.

내가 아는 한, 그의 첫 저작《중국 혁명의 비극》이 처음 출판된 이후 70여 년이 지나도록 이 책에 기록된 확고한 사실들에 대한 설득력 있는 반박은 찾아볼 수 없다. 또한 이 책은 다른 어떤 역사책보다도 훨씬 많은 사실을 기록하며 그것들이 사멸되지 않도록 막았다. 그렇지 않았다면, 1920년대 중국의 결정적 사건들에 관한 수많은 진실은 겹겹이 두터운 층을 형성한 전체주의자들이 모래사막 아래에서 잊힌 고대 도시처럼, 숨기고 사멸시켰을 것이다.

아버지가 정치적 선택과 신념을 바꾼 뒤에도 지난 일에 대한 설명

---

[*] 이 서문은 1938년에 출간된 이 책의 원작을 2009년에 재출간하면서 원작자 해럴드 R. 아이작의 아들 아놀드 R. 아이작이 써 넣은 것이다.

을 수정하지 않은 것은 그가 얼마나 진실을 존중했는지를 잘 보여 준다20세기 중반의 이념적 열광에 휩싸였던 다른 많은 사람은 이와 달랐다. 1938년에 영국에서 초판이 발행됐고 이번에 재판이 발행된《중국 혁명의 비극》은 트로츠키주의 서적으로 분류돼 왔다. 아버지가 중국 사건들에서 트로츠키와 동일하게 중국 혁명가들과 그들이 이끈 수백만 중국인이 소비에트의 정책에 따라 배반당했다는 결론을 끌어냈다는 것은 사실이지만, 이것은 역사적 사실의 문제이지 이념의 문제가 아니다. 아버지는 트로츠키의 기본 신념에 대해 다른 입장을 갖고 있다.

아버지 해럴드 아이작은 연구 작업을 진행하고《중국 혁명의 비극》을 쓸 때, 트로츠키가 소개 글에서 강조했듯이 '한 명의 혁명가'로서 주제에 접근했다. 하지만 그런 관점은 상당히 빠르게 바뀌었다. 초판이 발행되고 나서 13년 뒤에 개정판을 발행하며 그가 서문에서 밝혔듯이 이번 판의 독자에게도 설명하고 싶었을 것이다, 트로츠키가 1940년에 죽을 때까지 지켰던 레닌주의 기본 원칙들에 대해 더 이상 아버지는 동의하지 않았다. 특히 유일 혁명정당이 이끄는 노동자독재가 혁명 국가에서 유일 권력을 행사해야 한다는 원칙에 동의하지 않았다.

만일 트로츠키가 더 오래 살았다면 그런 관점을 바꿨을지 모르지만, 아버지는 세계에서, 특히 스탈린의 소련에서 사건들이 진행되는 과정을 지켜보면서, 트로츠키가 정식화한 이른바 스탈린의 '퇴보한' 노동자국가가 문제가 아니라, 볼셰비키가 구상하고 건설한 노동자국가 자체의 반민주성과 반인류성이 문제라는 사실을 알았다. 아버지는 그에 관해 이렇게 썼다. "소비에트의 경험은 독재와 민주적 사회주의 사이의 절대적 모순을 우리에게 가르쳐 주었다. 볼셰비즘의 일부 기본 전제에서 도출돼 관료적 과두체제로 발전하고 있는 일당독재는 사회주의적 목적에 부응할 수 없다. 정치체제가 무력에 기반하고, 권력의 부패와 폭력에 맞선 제도적 안전장치가 결핍된 상황에서 광범위한 민주주의는 등장할 수 없다".

1951년에 그는 이렇게 쓰면서 '민주적 사회주의자'를 자처했지만, 또한 다음과 같이 말했다. "최근의 정치적 낙인찍기는 소박한 인간적 품위를 옹호하는 사람들에게 정치 철학을 밝히도록 몰아붙이면서 사실상 일종의 학대가 되고 있다고 덧붙여야 할 것이다."* 나중에 그는 모든 낙인을 거부했고, 모든 주의에 대해, 아마도 무엇보다도 (트로츠키의 말을 빌리자면) 혁명주의에 대해 의심을 품었다. 그것은 더 나은 세상을 설파했지만, 20세기를 유례없는 잔혹의 시대로 만들었고, 신봉자들의 희망을 광대한 피의 바다에 빠뜨렸다.

◆ ◆ ◆

1938년에 《중국 혁명의 비극》이 발간될 당시, 아버지의 나이는 스물여덟 살이었다. 스스로 밝혔듯이, 그는 "스무 살의 초보 언론인으로서" 중국을 "이해하고 경험하기 위해" 건너갔고 거기에서 5년을 보냈다. 처음에 그는 깊은 내륙을 여행하며 끔찍한 가난, 불평등, 억압이 대다수 중국인의 삶을 짓누르고 있다는 사실을 알았다. 그런 각성 때문

---

* 1950~1954년 사이에 우익이 주도한 이른바 매카시즘이라는 반공주의 운동이 미국을 휩쓸며, 수많은 공산주의자와 좌파를 색출해 감옥에 보내고 직업을 박탈했다. 동성애에 대한 탄압으로 이어지기도 했다. 그 결과 수백 명이 수감됐고 1만 명 이상이 직업을 빼앗긴 것으로 알려진다.

에 아버지는 중국 공산당원들과 그 지지자들을 접촉하게 됐는데, 당시 장제스의 국민당 정부가 잔혹한 진압작전을 펼치며 그들을 뒤쫓고 있었다. 모스크바가 공산주의 운동의 국제기구인 코민테른을 통해 내린 지시에 따라, 중국 공산당은 군벌들을 타도하고 중국을 통일하기 위해 국민당과 동맹을 맺고 단일 정부를 구성했다. 1927년에 장제스는 중국 공산당 없이도 충분히 통치할 수 있는 힘을 갖추었다고 느끼자마자 돌연 이들 동맹자들을 공격하기 시작했고, 수만 명을 투옥시키고 사형시키며 10년 가까이 학살극을 이어갔다.

아버지는 혁명과 그 목표에 공감하고 장제스한테 탄압받은 희생자들을 연민하면서 역사에 몰두했다. 하지만 이렇게 국민당의 탄압을 받아 혁명이 패배하는 과정에 코민테른이 깊이 연루돼 있었다는 점을 이해할 즈음 그는 중국 공산당 지도부와 코민테른의 조언자들, 그리고 모스크바에 있는 수장들은 그것이 기억되는 것을 결코 원하지 않는다는 사실을 알게 되면서, 이단자들의 땅으로 들어섰다.국민당 역시도 진실과 피 묻은 기록을 숨기고자 했고, 그것을 위해 전력을 다했다. 아버지는 중국에 머물던 마지막 시기에 공산당 지하활동과의 연계를 완전히 단절했고, 당시까지 벌어진 사건들을 밝히기 위해 더욱 체계적인 작업에 착수했다.그리고 그와 결혼하기 위해 1932년에 중국으로 건너간 어머니 비올라 로빈슨이 합류했다. 그는 몇몇 협력자의 도움을 받으며 수많은 동시대 자료를 수집하고 번역하고 기록했는데, 그 대부분은 그동안 개인들이 몰래 보관해 온 것이었다. 그런 기록들이 원재료가 되어, 아버지와 어머니가 1935년에 중국을 떠난 지 3년 뒤에《중국 혁명의 비극》이 출판됐다.

70년이 지난 지금도 여전히 이 책이 중요한 것은 언젠가 아버지가 과거를 회상하며 썼듯이, "이 책이 1920년대에 중국에서 벌어진 사건들을 진지하고 철저하게 검토한 덕분에, 당시 중국에 관한 스탈린주의 역사책은 등장할 수 없었"기 때문이다.

아버지는 임종하기 1년 전에 출판한《중국에서의 재회》라는 마지막 저작에 그렇게 썼다. 이 책은 중국에서 추방된 지 35년 만인 1980년에 다시 중국을 방문한 일을 다루고 있다. 1945년에 그가 주간《뉴스위크》특파원을 맡게 됐을 때, 국민당이 그를 추방했고, 뒤이어 공산당이 국민당 지배에 맞서는 소위 '해방구'에서 그를 추방한 뒤, 그는 입국이 금지돼 왔다. 이 마지막 책에서 아버지는《중국 혁명의 비극》을 쓴 계기가 된 1930년대의 경험에 대해 그 어떤 글에서보다 더욱 완전하고 낱낱이 설명하고 있다. 이 때문에 나는 이 책의 독자들이《중국에서의 재회》를 함께 읽는다면 더 많은 것을 얻으리라 믿으며, 또한 그럴 수 있기를 희망한다.

그 오랜 세월 동안 공산당의 정적 명단에 올라 있었지만 방문이 가능했던 것에 관한 이야기는 여기에서 다루기에는 너무 길고 복잡하다. 다만 중국작가협회의 초대 덕분에, 일부 작가, 반세기 전에 알았던 이들, 그리고 서로 알지는 못하지만 동시대를 경험한 이들을 만날 수 있었다는 사실을 언급해야 할 것이다. 또한 그들은 맞서 투쟁했던 국민당 정부 아래에서보다도 더 길고도 잔혹한 억압을 자신이 지지한 혁명가들의 정부 아래에서 경험했다. 아버지가 중국을 다시 찾아가기 4년 전에 시대를 고한 마오쩌둥의 치하에서 중국 지식인들은 20년이 넘는 숙청과 박해의 세월을 견뎌 내야 했다. 처음에는 1950년대 후반의 반우파투쟁이, 뒤이어 10년에 걸친 문화대혁명의 집단광기가 나라를 황폐화시켰다.

마오쩌둥이 죽은 뒤, 악명 높은 미망인을 포함해 문화대혁명의 최고 지도자들은 모욕당하고 수감*됐으며, 덩샤오핑은 중국을 완전히 다른 방향으로 이끌었다. 하지만 중국의 공기는 아버지와 재회한 이들이 과거의 경험에 관해 토론하는 데서 공산당의 공식 입장을 훨씬 넘어설 수 있을 만큼 충분히 자유롭지는 못했다.

그들이 자신의 희생으로 건설된 정부 아래에서 살아가면서 실제로 느낀 것과 찾아낸 의미에 대해 아버지는 추측으로 만족해야 했다. 결국 아버지는 그들의 목소리가 아니라 그들에게 외치는 자신의 목소리를 통해 대답을 들을 수 있었다. "그것은 여러분들만의 경험이 아닙니다. 각국의 우리 세대 전체가 위대한 사회주의의 꿈을 꾸었지만, 러시아의 스탈린과 살인정권이, 그리고 이제는 중국 정권이 그 꿈을 뭉개는 경험을 각자의 방식으로 겪었습니다. 더 나은 세상을 위한 더 나은 방식을 찾는 일, 전보다 더 악화된 감옥과 노동수용소, 살인과 압제가 아닌 다른 방식을 찾는 일이 우리에게 남겨졌지만, 우리는 별로 성공하지 못했습니다."

사람이나 책을 그 적들을 통해 판단할 수 있다면, 아버지는《중국 혁명의 비극》과 함께 뒤이어 2차 세계대전 동안 중국에 관한 보도들과 저술들을 펴냈다는 점에서 자랑스러워 할 자격이 있다. 그 보도들 때문에 장제스 정부는 아버지를 추방했고,《중국 혁명의 비극》때문에 공산당은 리차드 닉슨** 같은 우익 반공주의자들의 베이징 방문을 환

---

* 1976년 9월에 마오쩌둥이 사망한 뒤, 문화대혁명을 이끈 당 주요간부들이 체포되며 문화대혁명의 종결이 선언됐다. 1980년에 이른바 '린뱌오-장칭 반혁명집단'에 대한 재판이 진행됐다. 마오쩌둥의 미망인 장칭(江青)은 1991년까지 감옥에 수감됐다가 풀려났지만 가택연금에 처해졌고, 자살로 생을 마감했다.
** 1969~1974에 미국 대통령이었으며, 1972년에 미국 대통령으로서는 처음으로 중국을 방문했다.

영하기 시작한 뒤에도 오랫동안 아버지를 블랙리스트에 올려놓고 적개심을 보여 주었다. 장제스와 국민당의 적인 동시에 마오쩌둥과 공산당의 적이었다는 사실은, 두 정권의 행위와 본성을 고려한다면, 결코 하찮은 영광이 아니다. 존 애덤스가 썼듯이 진실이 영원하다면, 어떤 진실은 그것을 말하는 사람이 굳건할 때 밝혀진다는 것 또한 사실이다. 이제는 새로운 세대의 독자들에게 유용할 이 책은 굳건하게 진실을 말하며 평생을 살아온 아버지의 기념작이다. 아버지께 경의를 표한다.

2009년 9월.
아놀드 R. 아이작.

트로츠키 소개 글

단지 이 책의 저자가 역사적 유물론자라는 사실만으로 그의 작업을 인정할 수는 없는 일이다. 오늘날 마르크스주의자라는 이름표는 신뢰보다는 불신을 먼저 불러일으킨다. 지난 15년 동안 마르크스주의는 소비에트 국가의 퇴보와 밀접하게 연결돼, 유례없는 쇠퇴와 타락의 시기를 거쳐 왔다. 미르크스주의는 분석과 비판의 도구에서 값싼 변명의 도구로 변질됐다. 또한 사실을 분석하는 대신, 고위층 고객의 이익에 부응하는 궤변을 찾는 데 몰두했다.

이 책이 정말 상세히 묘사하고 있듯이, 코민테른은 1925~1927년의 중국 혁명에서 매우 지대한 역할을 했다. 하지만 어떤 식으로든 중국 혁명의 전체 흐름을 보여 주는 책은 코민테른 도서관에서 단 한 권도 찾아볼 수 없다. 그 대신 코민테른의 정책에서, 더 정확하게는 대중국에 대한 외교정책에서 소련의 좌충우돌을 그대로 반영하거나, 그 종합처방과 좌충우돌에 복무한 수많은 '행정적' 자료만 찾을 수 있다. 혐오감만 불러일으키는 이런 문서들과는 달리, 아이작의 책은 시종일관 과학적인 작업을 반영한다. 이 책은 방대한 원본자료와 보충자료를 진지하게 연구해서 쓴 것이다. 아이작은 이 작업을 위해 3년 이상

매진했다. 또한 무엇보다도 그가 중국인의 삶을 살펴본 관찰자이자 기자로서 중국에서 약 5년의 시간을 보냈다는 사실도 덧붙여야 한다.

이 책의 저자는 혁명가로서 혁명에 접근했고, 그 사실을 숨길 이유가 전혀 없다고 여긴다. 속물적 시각에서는 혁명적 관점에서 접근하면 과학적 객관성을 잃을 수밖에 없다고 볼 것이다. 우리는 반대로 생각한다. 오직 과학적 방법론으로 무장한 혁명가들만 혁명의 객관적 역동성을 보여 줄 수 있다. 일반적으로 사상을 이해하려면 명상이 아니라 활동을 통해야 한다. 자연과 사회의 비밀을 꿰뚫어 보는 데서 의지는 필수다. 사람 목숨이 자기 손에 달려 있는 외과의사가 메스를 들고 극도로 주의하며 인체기관의 다양한 조직을 구분하듯, 진지한 태도로 임무에 임하는 혁명가는 엄격한 성실성으로 사회구조와 그 기능, 작용에 대해 분석해야 한다.

현재 벌어지고 있는 일본과 중국 사이의 전쟁을 이해하려면 2차 중국 혁명을 출발점으로 삼아야 한다. 우리는 두 사건에서 동일한 사회세력뿐 아니라 동일한 인물을 자주 만나게 된다. 그것은 장제스라는 인물이 이 책의 중심적 지위를 점하고 있다는 사실만으로 충분히 드러난다. 소개 글을 쓰고 있는 이 순간에도 중일전쟁이 언제 어떻게 끝날지 예측하는 것은 여전히 어려운 문제다. 하지만 현재 극동에서 벌어지고 있는 충돌의 결과는 어떤 것이든 분명히 일시적일 것이다. 억제할 수 없는 힘으로 다가오고 있는 세계대전은 다른 모든 식민지 지배 문제들과 함께 중국 문제를 재고하게 만들 것이다. 왜냐하면 2차 세계대전의 실제 목적은 제국주의 간의 새로운 세력관계에 따라 새롭게 세계를 분할하는 것이기 때문이다. 따라서 투쟁의 주경기장은 협소한 중동이 아니고, 심지어 대서양 연안도 아니며, 태평양 연안이 될 것이다. 가장 중요한 투쟁 목표는 인류의 약 4분의 1을 포괄하고 있는 중국이 될 가능성이 높다. 다가오는 전쟁에 크게 달려 있는 소련의 운명도 어느 정도 극동에서 결정될 것이다. 현재 일본은 이 대결을 준비하며 아시아대륙에서 연병장을 최대한 넓게 확보하려 하고 있다. 영국과 미국도 서두르고 있다. 하지만 세계대전으로 최종 결론이 나지는 않을 것이다. 이것은 확실히 예견되는 일이며, 세계대전을 주도하는 이들도 사실상 인정하고 있다. 전쟁의 결과는 물론이고 전쟁을 야기한 모든 물적 조건을 재고하게 할 일련의 혁명이 뒤따를 것이다.

역사는 평화주의자가 아니다

분명하게도, 이런 전망은 목가적인 것과 매우 거리가 멀며, 역사의 여신 클리오는 여성평화협회 회원이 아니다. 1914~1918년의 전쟁을 겪은 구세대는 단 하나의 과제도 해결하지 못했다. 이 때문에 전쟁과 혁명의 짐이 새로운 세대에게 유산으로 남겨졌다. 이런 인류역사에서 가장 중요하고 비극적인 사건들은 대개 나란히 함께 등장해 왔다. 이것들이 앞으로 수십 년의 역사를 좌우할 것이다. 그렇다면 남은 문제는 물려받은 환경에서 임의로 벗어날 수 없는 새로운 세대가 최소한 자기 시대의 법칙을 더 잘 이해할 수 있도록 배우는 것이다. 1925~1927의 중국 혁명을 이해하는 데 이 책보다 나은 것은 아직까지 찾을 수 없다.

똑똑한 앵글로색슨인들은 확실히 위대하지만, 앵글로색슨 국가들이 혁명의 법칙을 거의 이해하지 못하고 있다는 것도 분명하다. 이것은 한편으로 이들 국가에서 혁명이 일어난 지가 이미 오래전이고, 주류 '사회학자들'이 혁명을 유치한 농담을 대하듯 비웃기 때문이다. 다른 한편으로는 앵글로색슨인들의 특성인 실용주의가 혁명적 위기를 이해하는 데에 전혀 쓸모가 없기 때문이다.

17세기의 영국 혁명은 18세기의 프랑스 혁명과 마찬가지로 사회구조의 '합리화'가 과제였다. 즉 봉건적 관계들을 청산하고, 당시 '상식'으로 보이는 자유경쟁의 법칙이 지배하도록 하는 것이었다. 그 과정에서 청교도들은 스스로를 종교적 의상으로 치장했고, 자신들의 중요성을 이해하는 데서 완전히 어린애 같은 무능을 보여 주었다. 미국의 진보적 사상에 상당한 영향을 미친 프랑스 혁명은 순수한 합리주의 공식의 인도를 받았다. 여전히 스스로를 두려워하며 종교적 예언자의 가면에 의지하는 상식, 또는 사회를 합리적 '계약'의 산물로 바라보는 세속화한 상식은 여전히 오늘날에도 철학과 사회학의 영역에서 앵글로색슨적 사고의 기본 형태로 남아 있다.

하지만 역사적으로 실제 사회는 루소의 합리적 '계약'이나 벤담의 '최대 행복'의 원칙에 따라 건설되지 않았으며, 모순과 적대관계에 기초해 '불합리하게' 만들어졌고 발전해 왔다. 혁명을 위해서는 필연적으로 계급 간 모순이 한계점까지 격해져야 한다. 선한 의지나 악한 의지가 아니라 객관적인 계급관계에 달려 있는 계급 대립의 역사적 필연성 때문에 역사적 과정의 '불합리한' 기초를 가장 극적으로 드러내는 전쟁과 혁명이 발발한다.

하지만 '불합리'가 자의성을 의미하지는 않는다. 반대로, 혁명의 분자적 준비와 폭발의 과정, 상승과 하강의 과정에는 이해할 수 있고, 대개는 예견할 수 있는 심오한 내적 법칙이 있다. 수차례 언급했듯, 혁명은 고유의 논리를 지닌다. 하지만 그것은 아리스토텔레스의 논리나

'상식'이라는 실용주의적 반쪽 논리와는 다르다. 그것은 의식의 고차
원적 기능이며, 모순과 발전의 논리인 변증법이다.

앵글로색슨인들의 실용주의적 완고함과 변증법적 사고에 대한 적
대감에는 물질적 원인이 있다. 마치 시인이 자신의 개인적 경험 없이
책을 통해 변증법에 도달할 수 없듯, 격변에 익숙하지 않고 중단 없는
'진보'에 길들여진 부유한 사회는 고유한 발전의 변증법을 이해할 수
없다. 하지만 이 앵글로색슨 세계의 특권이 과거의 일이 되고 있다는
것도 확실하다. 역사는 변증법에 대한 중대한 교훈을 영국과 미국에
전해 주려고 준비하고 있다.

중국 혁명의 성격

이 책의 저자는 중국 혁명의 성격을 선험적 정의나 역사적 유추를
통해서가 아니라, 중국 사회의 살아 있는 구조와 내부세력들의 역학
에서 도출하고자 한다. 이 책이 갖는 최고의 방법론적 가치가 여기에
있다. 독자는 사건들의 진전에 관해 잘 정리된 그림을 보게 될 것이고,
더 중요하게는 그 사회적 원동력을 이해하게 될 것이다. 여기에 기초
할 때만, 투쟁하는 정당들의 강령과 구호를 올바르게 평가할 수 있다.
이들 강령과 구호는 독립적이거나 결정적 요소가 아닐지라도, 혁명의
전개 과정을 가장 잘 보여 주는 표현이다.

미완의 중국 혁명의 즉각적 목표는 '부르주아적'이다. 단지 과거 부
르주아 혁명들의 단순한 메아리에 불과한 이 용어는 실제로는 우리에
게 별 도움이 되지 못한다. 역사적 유추가 우리의 정신을 가두는 올가
미가 되지 않게 하려면 구체적인 사회적 분석에 비추어 검토하는 작

업이 필요하다. 중국에서 어떤 계급들이 투쟁하고 있는가? 이 계급들의 상호관계는 어떠한가? 그 관계는 어떻게 어떤 방향으로 바뀌고 있는가? 중국 혁명의 객관적 임무, 즉 발전 과정이 지시하는 임무는 무엇인가? 이 임무의 해결은 어떤 계급의 손에 달려 있는가? 그들은 어떤 방법으로 해결할 수 있는가? 아이작이 쓴 이 책은 이런 질문들에 대해 명확한 답변을 제시한다.

인류의 압도적 다수를 포괄하고 있는 식민지·반식민지의 저발전 국가들은 후진성 정도가 서로 엄청나게 다르다. 이런 차이는 유목생활, 심지어 식인풍습에서부터 가장 근대적인 산업문화에 이르기까지 각 국가들이 역사의 사다리에서 어디까지 올랐는지를 보여 준다. 이런저런 정도의 극단적 결합이 모든 후진국의 특징이지만, (이런 표현을 써도 된다면) 각 식민지의 삶에서 야만적 요소와 문화적 요소가 차지하는 비중에 따라 후진국의 등급이 결정된다. 중국과 인도가 선두에 있다면, 그 뒤에 멕시코와 아비시니아에티오피아가 있고, 다시 그 뒤에 알제리와 파라과이가 있으며, 한참 뒤처져서 아프리카 적도의 국가들이 있다. 모두 제국주의 대도시들에 경제적으로 종속돼 있다. 정치적 종속성은 일부에서는 공공연한 식민지 노예제라는 특성을 띤다인도, 아프리카 적도지방. 하지만 다른 일부에서는 독립국가라는 허구 때문에 그런 정치적 종속성이 감춰진다.

후진성은 농업관계에서 가장 체계적이고 잔혹하게 표현된다. 이 나라들 중 어떤 나라도 진정한 의미에서 민주주의 혁명을 수행하지 못했다. 절반의 농업개혁은 준*농노적 관계 속으로 빨려 들어가 불가피하게 빈곤과 압제의 토대를 재생산한다. 농업의 야만성은 항상 도로의 부재, 지역적 고립, 중세적 지방주의, 민족의식의 부재와 관련돼 있다. 고대적 사회관계의 잔재와 근대의 봉건적 껍질에서 탈피하는 것이 이 나라들이 마주하고 있는 공통된 중심 과제다.

한편으로 자본주의적 관계를 이식하면서도, 다른 한편으로 모든 형태의 노예제와 농노제를 후원하며 재생산되고 있는 외국 제국주의에 대한 의존이 지속되는 한, 토지 혁명은 달성될 수 없다. 따라서 사회관계의 민주화와 민족국가의 건설을 위한 투쟁은 외국의 지배에 맞선 공공연한 봉기로 중단 없이 이어진다.

역사적 후진성은 영국이나 프랑스 같은 선진국의 발전을 단순하게 재현하는 데서 1~3세기 뒤처졌다는 점을 의미하지 않는다. 후진성은 완전히 새롭게 '결합된' 사회구성체를 낳는다. 여기서는 자본주의 기술과 체제의 최신 성과들이 봉건적이거나 전前 봉건적인 야만 관계에 뿌리를 내리고, 그것을 변형시켜 지배하면서 독특한 계급관계를 창출한다.

민중에 대한 자본가계급의 적대감

후진국의 '민족자본가'들은 외국의 후원을 받으며 민중에게 이질적이고 적대적인 계급으로 등장했기 때문에, 이들의 지도 아래서는 '부르주아' 혁명의 과제들 중 그 어떤 것도 해결할 수 없다. 민족자본가들은 본질적으로 외국 금융자본의 대변자로서, 모든 성장 단계에서 그들과 더욱 긴밀하게 묶인다. 수공업과 소매업에 종사하는 식민지 소부르주아는 외국 자본을 상대로 한 불공정한 투쟁에서 맨 처음 무릎 꿇는 희생자로서, 경제적 비중을 거의 갖지 못하는 수준으로 추락하고 있고, 몰락해 빈궁에 빠지고 있다. 심지어 그들은 독립적인 정치 역할을 맡을 생각도 못한다. 숫자가 가장 많으면서도, 가장 분산적이고 후진적인 피억압 계급인 농민들은 지역 반란과 빨치산 전쟁을 벌일 수 있지만, 이 투쟁이 전국적 투쟁으로 격상되려면 좀 더 선진적이고 집중화된 계급의 지도가 필요하다. 자연스럽게 그런 지도력을 제공하는 임무는 식민지 노동자계급에게 맡겨지는데, 이들은 첫걸음부터 외국 자본가계급뿐만 아니라 자국 자본가계급과도 맞서기 때문이다.

　지리적 접근성과 관료 기구 때문에 각 성(省)과 각 민족이 묶여서 통합돼 있는 상태에서 자본주의가 발전하자 중국은 마치 하나의 경제적 독립체처럼 바뀌었다. 대중의 혁명운동이 점증하는 통일성을 처음으로 민족의식의 언어로 표현했다. 파업과 농민반란, 1925~1927년의 군사정벌을 거치며 새로운 중국이 탄생했다. 국내외 자본가계급과 묶여 있는 장군들은 중국을 산산이 갈라놓을 뿐이었지만, 노동자들은 민족 통일이라는 억누를 수 없는 열망의 기수가 됐다. 이 운동은 배타주의에 맞선 프랑스 제3신분의 투쟁, 그 뒤 독일인들과 이탈리아인들의 민족 통일 투쟁과 명백한 유사성을 보여 준다. 하지만 민족 통일 달성이라는 과제가 자본가계급과 심지어 어느 정도는 지주들^{프러시아}이 지도하는 소부르주아에게 맡겨졌던 최초의 자본주의 국가들과는 대조적으로, 중국에서는 노동자계급이 이 운동의 원동력이자 잠재적 지도계급으로 부상했다. 하지만 바로 이 때문에 자본가계급은 통일국가의 지도력을 손아귀에서 놓칠 위험에 직면했다. 모든 역사를 통틀어 애국주의는 권력 및 소유권과 불가분의 관계에 있다. 위험에 직면한 지배계급은 일부 지역에 대한 권력을 보존할 수 있는 한, 결코 자국의 분할을 마다하지 않는다. 따라서 장제스로 대변된 중국 자본가계급이

1927년에 민족 통일의 기수인 노동자계급을 향해 총구를 돌렸던 것은 전혀 놀라운 일이 아니다. 이 책이 중심적으로 다루고 있는 이 전환에 관한 폭로와 설명은 현재의 중일전쟁과 중국 혁명의 기본문제를 이해하기 위한 핵심 열쇠다.

소위 '민족자본가' 계급은 자신들의 특권적 지위를 유지할 희망이 남아 있는 한, 어떤 형태의 국가적 수모도 감내한다. 하지만 외국자본이 나라의 모든 부를 통째로 지배하려고 나서는 순간, 식민지 자본가 계급은 자신들의 '민족적' 책임을 상기하도록 강요받는다. 이들은 대중적 압력 속에서 전쟁에 돌입할 수도 있다. 하지만 그것은 좀 더 관대한 다른 제국주의 강대국을 섬길 수 있기를 바라며, 타협을 받아들이지 않는 제국주의 강대국에 맞서서 벌이는 전쟁일 것이다. 장제스는 영국이나 미국 후원자들이 지시한 범위 안에서만 일본 침략자들에 맞서 투쟁한다. 잃을 것은 쇠사슬뿐인 계급만 민족해방을 위해 제국주의에 맞서 끝까지 투쟁할 수 있다.

거대한 역사적 실험

역사적으로 뒤처진 나라들에서 '부르주아' 혁명이 갖는 특수한 성격을 앞에서 다뤘는데, 이런 관점은 단지 이론적 분석의 결과가 아니다. 이것은 이미 2차 중국 혁명1925~1927년 이전에 거대한 역사적 실험을 거쳤다. 세 차례에 걸친 러시아 혁명1905년 혁명, 1917년 2월 혁명과 10월 혁명의 경험은 19세기에 프랑스 혁명이 지녔던 것 이상의 중요성을 20세기에 전한다. 현대 중국의 운명을 이해하려면 독자들은 먼저 러시아 혁명운동 내 사상투쟁을 눈여겨봐야 한다. 그 사상들이 중국 노동자계급의 정치에 직접적이고 강력한 영향을 미쳐 왔고, 여전히 미치고 있으며, 중국 자본가계급의 정치에도 간접적 영향을 미치고 있기 때문이다.

하나의 주의로서 마르크스주의와 하나의 정당으로서 사회민주당이 유럽에서 유일하게 러시아에서만 부르주아 혁명에 앞서 강력하게 성장한 것은 정확히 제정 러시아의 역사적 후진성 때문이었다. 민주주의를 위한 투쟁과 사회주의를 위한 투쟁 사이의 상호관계 문제, 또는 부르주아 혁명과 사회주의 혁명 사이의 상호관계 문제에 관한 이론적 분석이 러시아에서 제기된 것은 정말 자연스런 일이었다. 1880년대 초에 맨 처음 이 문제를 제기한 사람은 러시아 사회민주주의의 창건자인 플레하노프plekhanov였다. 다양한 사회주의적 이상주의 중 하나인 소위 민중주의나로드니키즘에 맞서 싸우며, 플레하노프는 러시아가 특별한 발전경로를 기대할 그 어떤 근거도 없고, '세속적' 국가들처럼 자본주의 단계를 통과해야만 할 것이며, 그 과정에서 노동자계급의 사회주의를 향한 투쟁을 위해 필수적인 부르주아 민주주의 정권을 획득할 것이라고 밝혔다. 플레하노프는 사회주의 혁명과 구별되는 과업으로 부르주아 혁명을 분리시켰을 뿐만 아니라그렇게 해서 그는 사회주의 혁명을 막연한 미래의 일로 연기했다, 전혀 다른 세력의 결합을 그려 냈다. 부르주아 혁명은 자유주의 자본가들과 동맹한 노동자계급이 달성할 것이고, 그래서 자본주의적 진보를 위한 길을 닦을 것이었다. 몇십 년 뒤 높은 수준의 자본주의적 발전을 기반으로, 노동자계급은 자본가계급과 맞대결하면서 사회주의 혁명을 수행할 것이었다.

레닌은 이 이론에 대해 곧바로는 아니지만 분명하게 재검토했다. 현 세기 초에 그는 플레하노프보다 더 강하고 일관되게 토지문제를 러시아 부르주아 혁명의 중심문제로 제기했다. 여기서 그는 자유주의 자본가들이 지주 재산의 몰수에 적대적이며, 바로 이 때문에 러시아식 헌법에 기초해 군주제와 타협하려고 들 것이라는 결론에 도달했다. 레닌은 플레하노프의 노동자계급과 자유주의 자본가계급 동맹 사상에 반대하며, 노동자계급과 농민의 동맹 사상을 제시했다. 그는 봉건적 경찰국가의 폐물인 차르 제국을 청산하고, 자유로운 농민들의 체제를 건설하며, 미국식 노선에 따라 발전의 길을 닦기 위한 유일한 수단으로서 '노동자-농민의 부르주아 민주주의 독재'를 수립하는 것이 이들 두 계급 간의 혁명적 협력의 목표여야 한다고 선언했다. 플레하노프의 정식이 토지관계의 민주적 전복을 혁명의 중심 임무로 올바르게 지적한 것이었다면, 레닌의 정식은 그 임무를 해결할 현실적으로 유일한 계급세력의 결합을 올바르게 그려 내면서 크게 한 걸음 더 전진했다. 하지만 1917년까지 레닌의 생각은 여전히 '부르주아' 혁명이라는 전통적 구상에 묶여 있었다. 플레하노프와 마찬가지로 레닌도 '부르주아 민주주의 혁명의 완수' 이후에야 사회주의 혁명의 과제들이 실현 단계에 이른다는 전제에서 출발했다. 하지만 뒤에 아류들이 꾸며 낸 전설과는 달리, 레닌은 민주적 전복을 완수한 뒤에는 농민이 농민으로서 노동자계급과 동맹을 유지할 수 없다고 생각했다. 레닌은 사회주의적 희망을 농업노동자들과 노동력을 파는 반*노동자계급화한 농민들에게 걸었다.*

---

* 단일한 계급으로 구성돼 있지 않은 농민은 민주적 전복 단계에서는 대다수가 혁명에 참여할 수 있지만, 뒤이은 사회주의적 혁명의 단계에서는 농업노동자와 반(半)노동자계급화한 농민만 노동자계급과 함께 전진할 수 있다고 보았다.

내적 모순

레닌이 제시한 구상의 약점은 '노동자-농민의 부르주아 민주주의 독재' 사상의 내적 모순에 있었다. 이해관계가 부분적으로만 일치하는 두 계급의 정치적 블록은 독재와 양립할 수 없다. 레닌 스스로 공공연하게 '노동자-농민의 독재'를 부르주아적이라고 칭하며 근본적 한계를 강조했다. 말하자면 농민과 동맹을 유지하기 위해 다가오는 혁명에서 노동자계급은 사회주의적 과제들을 직접 제기하지는 말아야 한다는 것이었다. 하지만 정확히 이것은 노동자계급이 독재를 포기해야 한다는 것을 뜻했다. 이런 경우에 누구의 손에 혁명 권력이 집중될 것인가? 농민의 손에? 하지만 농민은 그런 역할을 할 수 없다.

레닌은 이 문제에 대한 답변을 유명한 1917년 4월 4일 테제에서 제시했다. 여기서 그는 '부르주아' 혁명에 대한 전통적 해석과 '노동자-농민의 부르주아 민주주의 독재'라는 정식을 폐기했다. 노동자계급 독재를 위한 투쟁이 토지 혁명을 끝까지 완수하고 피억압 민족의 자유를 보장하는 유일한 수단이 될 것이라고 선언했다. 하지만 노동자계급 독재는 그 본성상 스스로를 자본주의적 소유의 틀 안으로 제한할 수 없었다. 노동자계급의 지배는 자동적으로 사회주의 혁명을 의제로 올렸다. 이런 경우에 사회주의 혁명은 어떤 역사적 시기에 따라 민주주의 혁명과 분리되는 것이 아니라, 오히려 중단 없이 연결됐으며, 더 정확하게는 그것의 유기적 결과물이었다. 사회의 사회주의적 변화가 어떤 속도로 이루어질 것이며, 가장 가까운 장래에 어디까지 도달할 것인지는 내적 조건만이 아니라, 외적 조건에도 달려 있었다. 러시아 혁명은 세계 혁명에서 하나의 고리일 뿐이었다. 대략적으로 이것이 연속 혁명_{중단 없는 혁명}의 기본 구상이었다. 바로 이 구상이 10월

혁명에서 노동자계급의 승리를 보장했다.[*]

하지만 러시아 혁명의 경험이 중국 노동자계급에게 도움이 되지 못하고, 오히려 반동적이고 왜곡된 형태로 주된 장애물 중 하나가 됐다는 사실은 쓰디쓴 역사의 모순이다. 아류들이 장악한 코민테른은 레닌이 역사적 경험을 겪으며 무가치한 것으로 인정한 '노동자-농민의 민주주의 독재'라는 정식을 동방의 모든 나라에서 신성화하기 시작했다. 낡은 공식이 살아남아, 당시에 그것과 직접 대립한 공식의 정치적 내용을 숨기는 데 복무하는 일은 역사에서 늘 있어 왔다. 평민 대중, 즉 노동자-농민의 혁명적 동맹은 자유 선거를 통해 직접행동기구로서 선출된 소비에트를 통해 단단해진다. 그런데 코민테른은 이 혁명적 동맹을 당 중앙 기구들의 관료적 연합으로 대체해 버렸다.

이 연합에서 농민을 대표할 권리는 뜻밖에도 국민당한테 주어졌는데, 이 당은 생산수단뿐만 아니라 토지와 관련해서도 자본가들의 재산을 보호하는 일에 사활을 건 철저한 자본가 정당이었다. 노동자-농민의 동맹은 노동자, 농민, 도시 소부르주아, 그리고 이른바 '민족자본가'를 포괄하는 '4계급 연합'으로 확대됐다. 다시 말해 코민테른은 오

---

[*] 트로츠키(Trotsky)는 자신이 쓴 《러시아 혁명사》에서 레닌의 4월 테제를 이렇게 요약했다. "2월 혁명으로 수립된 공화국은 우리의 공화국이 아니다. 이 정부가 수행하고 있는 전쟁은 우리의 전쟁이 아니다. 볼셰비키당의 임무는 이 제국주의 정부를 타도하는 것이다. 그러나 이 정부는 사회혁명당과 멘셰비키당의 지지를 받고 있다. 그리고 이 정당들은 인민 대중의 신뢰를 누리고 있다. 우리는 소수다. 이 상황에서 정부를 외부에서 폭력으로 전복시키는 것은 불가능하다. 화해주의자들과 조국방어주의자들을 지지하지 않도록 대중을 교육시켜야 한다. '인내심을 가지고 대중에게 우리의 노선을 설명해야 한다.' 현 정세로부터 요구되는 이 정책은 성공이 보장돼 있다. 이것을 통해 노동계급 독재를 수립해 부르주아체제의 한계를 넘어설 것이다. 자본가들과 확실히 단절해, 이들의 비밀조약들을 공개할 것이며, 전 세계 노동자들이 자본가계급의 족쇄를 깨고 전쟁을 끝내도록 촉구해야 한다. 우리는 세계 혁명을 시작하고 있다. 세계 혁명이 성공할 때만, 우리의 노력은 결실을 맺을 것이며, 사회주의체제로의 이행은 보장될 것이다".

직 플레하노프의 정치로 향하는 길을 열고자 레닌이 버린 공식을 집어 들었는데, 그것을 가면으로 가렸기에 더욱 해악적이었다.

코민테른의 이론가들 스탈린, 부하린은 자본가계급에 대한 노동자계급의 정치적 종속을 정당화하기 위해, 제국주의 억압이라는 현실이 '전국의 모든 진보세력'에게 동맹을 결성하도록 강요할 것이라고 제기했다. 하지만 이것은 차르 대신에 제국주의를 상정하고 있다는 점에서 차이가 있을 뿐, 러시아 멘셰비키의 주장과 정확히 일치한다. 실제로, 중국 공산당이 국민당에 종속되는 것은 대중운동과 단절하고, 그 역사적 이해를 직접 배신하는 것을 뜻했다. 이처럼 모스크바가 직접 지도하는 가운데 2차 중국 혁명의 재앙은 준비됐다.

러시아 마르크스주의의 중요성

정치와 관련해 '상식'적 추정으로 과학적 분석을 대신하는 많은 정치적 속물들은 혁명의 본질 및 그 계급세력들의 역학과 관련한 러시아 마르크스주의자들의 논쟁을 현학적인 것으로 간단히 치부해 버린다. 하지만 역사적 경험은 러시아 마르크스주의의 '이론적 정식화'가 갖는 사활적 중요성을 보여 주었다. 아직까지 이것을 이해하지 못한 이들이 이 책에서 많은 것을 배울 수는 없다. 볼셰비키가 제시간에 멘셰비키와 사회혁명당을 밀어제치지 못했더라면, 러시아 혁명이 어떻게 바뀌었을지는 바로 중국에서 코민테른의 정책을 통해 똑똑히 알 수 있다. 연속 혁명 사상은 중국에서 승리의 형태가 아니라 재앙의 형태로 다시 한 번 그 올바름을 입증했다.

물론 러시아와 중국을 동일시할 수는 없다. 중요한 공통 특징도 많지만, 차이도 매우 분명하게 나타난다. 하지만 이런 차이들이 볼셰비즘의 핵심 결론들을 흔들기는커녕 반대로 강화시킨다는 것은 어렵지 않게 이해할 수 있다. 제정 러시아 역시 어떤 의미에서 하나의 식민지 국가였고, 그것은 해외자본의 역할이 우위에 있는 것으로 표현됐다. 하지만 러시아 자본가계급은 외국 제국주의에 대한 독립성과 관련해 중국 자본가계급보다 훨씬 우위에 있었다. 러시아 자체가 하나의 제국주의 국가였다. 러시아 자유주의는 변변찮았지만, 중국보다는 훨씬 더 진지한 전통과 더 많은 지지기반을 가졌다. 차르 전제에 대한 태도에서 혁명적이거나 준혁명적인 강력한 소부르주아 정당들이 자유주의 좌파를 지지했다. 어쨌든 사회혁명당은 주로 상층 농민들에게 상당한 지지를 받았다. 사민주의 정당^{멘셰비키}은 도시 소자본가계급과 노동귀족을 대변한 광범위한 그룹의 지지를 받았다. 오랫동안 준비돼 1917년에 확실한 형태를 갖추었고, 아직 인민전선으로 명명되지는 않았지만 그 모든 특색을 갖춘 연합을 구성한 것이 이 세 정당, 즉 입헌민주당, 사회혁명당, 멘셰비키당이었다. 이와는 대조적으로 볼셰비키당은 1905년의 혁명 전야부터 자유주의 자본가계급에 대해 비타협적 태도를 취했다. 1914~1917년의 '패배주의*'에서 최고의 표현에 이른 이런 정책을 통해서만 볼셰비키당은 권력을 장악할 수 있었다.

중국 자본가계급은 외국자본에 비할 데 없이 종속돼 있고, 소부르주아층에는 독립적 혁명전통이 없으며, 코민테른의 기치 아래 노동자와 농민이 대규모로 결집돼 있었으므로 중국에서는 러시아에서보

다 한층 더 비타협적인 정책이 필요했다. 하지만 모스크바가 지휘한 코민테른 중국 지부는 마르크스주의를 포기했고, 반동적이고 관념적인 '쑨원의 원칙'을 받아들였으며, 국민당의 대열로 들어가 그 규율에 복종했다. 다시 말해 그들은 과거 러시아 멘셰비키와 사회혁명당이 자본가계급에게 굴복하는 길을 걸었던 것보다 훨씬 더 멀리 나아갔다. 이제 이 치명적 정책이 중일전쟁이라는 조건에서 또다시 반복되고 있다.

새로운 관료적 방식

볼셰비키 혁명으로부터 등장한 관료집단은 볼셰비키의 방법과 근본적으로 어긋나는 방법을 어떻게 중국과 전 세계에 적용할 수 있었는가? 이 질문과 관련해 이런저런 개인들의 무지와 무능을 말하는 것은 너무도 피상적인 답변일 것이다. 문제의 핵심은 관료집단이 새로운 존재조건에서 새로운 방식으로 사고하기 시작했다는 사실에 있다. 볼셰비키 정당은 대중을 이끌었다. 관료집단은 대중에게 명령하기 시작했다. 볼셰비키는 대중의 이해를 올바르게 표현해 지도부가 될 가능성을 획득했다. 관료집단은 대중들의 이해에 맞서 자기 이해를 지키기 위해 명령에 의지할 수밖에 없었다. 또한 자연스럽게 명령의 방식이 코민테른에서 확산됐다. 모스크바 지도자들은 중국 자본가계급의 이해를 크렘린이 그어 놓은 사선을 따라 왼편으로 이동시키고, 중국 노동자-농민의 이해를 오른편으로 이동시킬 수 있다고 정말 진지하게 상상하기 시작했다. 하지만 착취자들은 물론이고 피착취자들이 가장 극적인 표현에서 이해를 찾는 것이 바로 혁명의 본질이다. 만일 적대적 계급들이 사선을 따라 이동할 수 있다면, 내전은 불필요할 것이다. 무한정의 재정 지원뿐만 아니라, 10월 혁명과 코민테른의 권위라는 무기를 갖춘 관료집단은 가장 중요한 혁명의 순간에 신생 중국공산당을 원동장치에서 제동장치로 바꿔 놓았다. 이 관료집단이 패배의 책임을 일정 부분 사민주의에 돌릴 수 있었던 독일이나 오스트리아와는 달리, 중국에는 사민주의가 존재하지 않았다. 중국 혁명의 파산 책임은 전적으로 코민테른에 있다.

1925~1927년의 대중적이고 전국적인 강력한 혁명운동이 없었다면 국민당이 현재처럼 중국 영토의 상당 부분을 지배할 수는 없었을 것이다. 이 운동이 대량으로 학살당하면서 한편으로 장제스는 권력을 장악할 수 있었다. 그리고 다른 한편으로 장제스의 반제국주의 투쟁이 건성으로 진행되리라는 점이 예고됐다. 이처럼 중국 혁명의 과정을 이해하는 것은 중일전쟁의 과정을 이해하는 데서 매우 직접적으로 중요하다. 따라서 이 책은 역사적 의미에서만이 아니라 실제 정치에서도 매우 커다란 중요성을 지닌다.

아주 가까운 미래의 중국 역사에서 전쟁과 혁명은 교차할 것이다. 영원히 혹은 적어도 한동안 전략적 중심지들을 지배해 광대한 나라를 노예화하겠다는 일본의 목표는 탐욕과 어리석음으로 가득하다. 일본은 (역사의 무대에—옮긴이) 너무 늦게 도착했다. 내부 모순 때문에 찢겨진 천황 제국이 대영 제국의 상승 역사를 재현하는 것은 불가능하다. 다른 한편, 중국은 17~18세기의 인도*보다 훨씬 더 발전했다. 오

---

* 인도를 식민화하기 위해 영국과 프랑스, 포르투갈 등 유럽 열강이 경쟁했던 시기로, 결국 인도는 동인도회사를 앞세운 영국의 식민지가 됐다.

랜 식민지 국가들은 민족적 독립을 위한 투쟁을 벌이고 있으며, 전례 없는 커다란 성공을 거두고 있다. 전혀 불확실한 일이지만, 현재 극동에서 벌어지고 있는 전쟁이 일본의 승리로 끝나고, 또한 승전국이 향후 몇 년간 내적 재앙에서 벗어나더라도, 이런 역사적 조건에서 일본은 중국을 매우 짧은 기간만 지배할 수 있을 것이며, 다시 한 번 중국의 경제활동을 촉진시키고 노동대중을 결집시키는 새로운 자극이 몇 년안에 발생할 것이다.

일본의 독점기업과 재벌들은 여전히 불확실한 전리품을 나눠 가지려고 군대를 뒤따르고 있다. 동경 정부는 화북華北지방*이 조각조각 분할되는 것을 두려워하며 재벌의 욕망을 조절하려고 애쓰고 있다. 만일 일본이 수십 년 동안 정복자의 지위를 유지하는 데 성공한다면, 무엇보다도 그것은 일본 제국주의의 군사적 이해에 따라 화북지방을 급속도로 산업화시킨다는 점을 의미할 것이다. 새로운 철도노선, 광산, 발전소, 야금공장, 면화농장들이 빠르게 등장할 것이다. 중국 민족의 양극화는 빠르게 촉진될 것이다. 수십, 수백 만 명의 중국 노동자계급이 가능한 빠르게 결집할 것이다. 다른 한편, 중국 자본가계급은 그 어느 때보다 크게 일본자본에 의존할 것이다. 이들이 과거처럼 민족전쟁을 이끌 수는 없고, 민족 혁명을 이끌 리는 더더욱 없다. 외국 침략자들에 직접 대면해, 숫자가 늘었고, 사회적으로 강력해졌으며, 정치적으로 성숙해진 노동자계급이 일어서서 농촌을 이끌 것이다. 제국주의의 노예화에 대한 적대감은 하나의 강력한 혁명적 접착제다. 현

---

* 베이징 시(北京市·베이징), 톈진 시(天津市·천진), 허베이성(河北省·하북), 산시성(山西省·산서), 네이멍구자치구(內蒙古自治區·네이멍구)를 아우르는 중국 북부지방.

세대가 살아 있는 동안 새로운 민족 혁명이 의제로 오를 것이다. 현 세대에게 맡겨진 과제를 해결하기 위해서는, 중국 노동자계급의 전위가 중국 혁명의 교훈을 온전히 흡수해야 한다. 이 점에서 아이작이 쓴 이 책은 더없이 도움이 될 것이다. 이 책이 중국어를 비롯해 여러 언어로 번역될 수 있기를 바란다.

멕시코시티 코요아칸, 1938년.
레온 트로츠키.

역자 서문

3년 전, 일제하 혁명운동에 관한 진보적 시각의 자료를 수집하던 중 우연히 이 책《중국 혁명의 비극》의 영문판을 발견했다. 오랜 세월이 지난 현재까지도 당대의 역사가 철저히 숨겨지고 왜곡돼 있고, 진정으로 과학적이고 혁명적인 관점의 역사서는 찾아보기 힘들다. 그런 상황에서, 우리 역사와 뗄 수 없이 긴밀히 연결돼 있고 우리 현대사에 결정적 영향을 미친 당대 중국의 역사를 '혁명가'의 시각에서 펼쳐 보이는 책을 접하게 된 것은 크나큰 기쁨이 아닐 수 없었다. 그리고 미천한 수준의 실력이지만 한 자 한 자 사전을 찾아서라도 번역해 소개하는 것이 의무라고 여기며 틈틈이 작업을 진행해 왔다. 다행히 1991년에 중국어로 번역된 책을 참조할 수 있어서 오역을 줄일 수 있었다고 믿는다.

모두가 애써 외면하지만, 우리의 근현대사에는 수천 년에 걸친 착취와 억압의 시대에서 벗어나 전혀 새로운 사회를 건설하려 했던 수천수만의 혁명가들과 그들을 따라 격동의 시대를 걸었던 민중들이 존재한다. 그들은 새 시대를 열기 위해 전 세계의 수억 민중과 함께 어깨를 걸고 싸웠다. 하지만 그들의 분투는 실패했고, 그 과제는 우리에게 남겨졌다. 그 실패를 반복하지 않고 과제를 해결하기 위해서는 그들의 역사를 진지하게 검토하고 과학적으로 분석하는 작업이 반드시 필요할 것이다.

당대 우리의 역사와 중국의 역사는 조금은 다른 결말로 이어지지만, 너무도 흡사한 모습으로 펼쳐졌다. 두 나라는 똑같이 봉건식민지라는 조건에서 동일한 과제를 안고 있었다. 게다가 수천 년의 역사를 공유해 온 두 나라는 사회, 경제, 정치의 발전 정도에서 다르지 않았고, 서로 충돌하는 사회세력들의 위치와 이해관계도 동일했다. 극동에서 각축을 벌인 똑같은 제국주의 열강들에 맞서 싸워야 했고, 똑같이 내부 봉건세력들과 싸워야 했으며, 심지어 제국주의와 결탁한 신생 자본가들과도 싸워야 했다. 특히 민중을 이끈 중국 공산당과 북한 노동당은 피의 숙청을 벌이며 코민테른제3인터내셔널을 장악한 스탈린 일당의 지도 아래에서 동일한 정책을 펼쳤고, 동일한 좌충우돌을 범했으며, 결국은 민중을 배신했다. 더 나아가 이 당들은 노동자계급의 자기 해방 같은 사회주의의 기본 원리들을 내던지고 가짜 사회주의체제를 구축했다. 특히, 중국에서는 우리보다 더욱 광범위하고 선명한 형태로 사건들이 펼쳐졌다.

이 점에서 이 책은 식민지시대에 각국을 뒤흔들었던 혁명운동의 역사를 반추해 교훈을 끌어내고자 하는 이들에게 필수적인 고전일 것이다. 이 책이 역사적 과제를 해결하기 위해 싸우는 이들에게 작은 등불이 될 수 있기를 희망한다. 또한, 중국의 혁명운동을 더욱 생생하게 이해하고 싶은 독자에게 왕범서의 《회상, 나의 중국혁명》을 권한다. 왕범서는 중국 혁명의 한복판에서 모든 희생을 감내하며 싸웠던 혁명가이고, 《중국 혁명의 비극》 중국어판 서문을 쓰기도 했다.

마지막으로 번역 실력이 부족해 오류가 있을 수 있다는 점에서 독자들에게 심심한 양해를 구한다. 더불어 여러 어려움을 겪으면서도 책을 소개할 수 있게 해 준 출판사 숨쉬는책공장에 깊은 감사를 전한다.

2016년 7월 24일.
정원섭, 김명환.

인물 소개

— **그레고리 보이틴스키** Gregory Voitinsky, 1893~1953

중국에 파견된 코민테른 대표. 1920년 4월에 베이징에 와 리다자오를 만나고, 그의 소개로 상하이에 가서 천두슈를 만나 조직의 중요성과 코민테른이 도울 뜻을 표시했다. 이를 계기로 중국 공산당 건설이 빠르게 이루어졌다. 하지만 보이틴스키는 나중에 스탈린주의의 전달벨트가 돼 중국 노동운동을 부르주아 지도부에 종속시키는 데 큰 역할을 했다.

— **니콜라이 부하린** Nikolai Bukharin, 1888~1938

16세부터 혁명운동을 시작했고, 20세에는 러시아 사회민주노동당 모스크바위원회 위원이 됐다. 20대에 볼셰비키 이론가로 불릴 정도로 지식이 해박했다. 1917년 혁명이 성공한 다음에는 《프라우다》 편집자가 됐고, 1919년 3월에는 코민테른 집행위원회 위원이 됐다. 부하린은 스탈린과 손잡아 1926~1929년에 소련 권력의 정점에 올랐다. 하지만 스탈린이 1920년대 말에 급진적 산업화, 강제 농업집단화를 추진하자 거기에 반대하다 우파로 몰려 권력에서 내쫓겼다. 나중에 다시 잠깐 권력을 되찾았으나 결국 1930년대 말에 스탈린한테 처형당했다.

— **덩옌다** 등연달 鄧演達, 1895~1931

국민당 좌파. 북벌 때는 국민 혁명군 총정치부 주임으로 군사, 노농 공작에 종사했다. 1927년 군사위원회 위원이 돼 공산당과 제휴하자고 주장했는데 국공합작 붕괴 후에는 국민당에서 제명됐다. 그 뒤 탄핑산을 비롯한 인물들과 중화혁명당을 결성했다.

— **돤치루이** 단기서 段祺瑞, 1865~1936

위안스카이 독재정권 확립에 협조했으나 위안스카이가 죽은 뒤 국무총리 겸 육군 총장으로서 정치의 실권을 잡았다. 이때부터 그가 이끄는 안후이파와 화중에서 세력을 잡은 펑궈장의 즈리파가 대립하며 베이징 정부의 실권을 잡기 위해 군벌전쟁을 되풀이했다. 일본의 중국 진출을 허용했으며 남방 혁명파를 탄압했다. 1920년 안직전쟁과 1924년 봉직전쟁을 겪고, 장쭤린, 펑위샹의 지지를 얻어 1924년 베이징에서 임시집정에 취임했다. 1926년 3·18사건 때 학생운동을 탄압했다.

— **레온 트로츠키** Leon Trotsky, 1879~1940

레닌과 함께 1917년 10월 러시아 노동자 혁명을 성공적으로 이끌고, 그 뒤 내전 시기에는 적군Red army을 조직해 부르주아 반혁명을 격퇴했다. 관료적으로 타락한 스탈린이 트로츠키를 출당시키고, 러시아에서도 추방했지만 국제좌익반대파를 조직해 진정한 마르크스레닌주의를 계승, 발전시키기 위해 지속적으로 투쟁했다. 《러시아 혁명사》, 《배반당한 혁명》, 《독일 반파시즘 투쟁》, 《프랑스 인민전선 비판》, 《스페인 혁명》 등 중요한 저작을 많이 남겼다. 《레닌 사후의 제3인터내셔널》 1부 3장 〈중국 혁명의 개괄과 전망〉을 비롯해 중국 혁명에 대해 많은 글을 남겼다.

— **루이 피셔** Louis Fischer, 1896~1970

유대인계 미국인 기자. 1922년에 모스크바에 간 다음 미국의 진보적 주간지《네이션》기자로 활동했다. 소련에 있는 동안《석유 제국주의》,《세계 정세 속의 소비에트》등의 책을 썼다.

— **리다자오**이대교 李大釗, 1888~1927

교수로서 1920년에 베이징 대학 안에 마르크스주의연구회를 만들고 5·4운동 후 신문화운동 지도자가 됐으며 중국 공산당 창당에 참여했다. 1925년 수도首都 혁명, 1926년 3·18사건 등 운동을 지도하다가, 1927년 4월 장쭤린의 러시아 대사관 수색 사건 때 체포돼 총살당했다.

— **리리싼**이립삼 李立三, 1899~1967

프랑스 유학 도중 저우언라이를 비롯한 여러 인물들과 중국 공산당 파리지부를 만들었다. 귀국 후 상해총공회 위원장으로서 5·30사건을 지도했다. (스탈린주의 코민테른의 지시에 따라) 1930년에 장사長沙 폭동을 일으켰다가 실패했다.

— **리지천**이제침 李濟琛, 1885~1959

광둥의 군벌로서 국민당과 협력했고, 북벌 때 국민 혁명군 총참모장을 맡았다. 1929년 장제스 반대운동을 일으켰고 1933년 푸젠사변에 참가했으나 실패해 홍콩으로 망명했다.

— **마나벤드라 나트 로이**Manabendra Nath Roy, 1897~1954

인도 공산주의자. 스탈린주의 코민테른 대표단의 일원으로 무한에 파견돼 중국 혁명을 지도했다.

— **마오쩌둥**모택동 毛澤東, 1893~1976

1911년 10월 신해혁명 때 혁명군에 입대했으며, 리다자오, 천두슈 등을 만나면서 마르크스주의를 배웠다. 후난성 대표로 중국 공산당 1차 전국대표대회에 출석했다. 1925~1927년 중국 혁명이 실패로 끝난 뒤 농홍군 3,000명을 조직해 장강산에 들어갔다. 2차 세계대전이 끝난 뒤 1946~1948년의 내전에서 승리한 뒤 중화인민공화국 정부를 세우고 국가 주석이 됐다.

— **미하일 보로딘**Mikhail Borodin, 1884~1951

벨라루스의 유대인 가족에서 태어나 1903년에 볼셰비키당에 가담했다. 지하활동을 하다가 1905년에 미국으로 추방돼, 그곳에서 대학을 다니고 이민자 자녀들을 교육했다. 1917년 혁명 후 모국으로 돌아가 외교관계부서에서 일했고, 1919~1922년에는 코민테른의 지시에 따라 멕시코, 미국, 영국 등에 파견됐다. 1923년에 쑨원을 보좌할 고문단을 이끌고 중국에 들어와 1927년까지 머물며 소련 공산당과 코민테른의 중국정책을 실행했다.

— **샹중파**향충발 向忠發, 1880~1931

5·4운동의 영향으로 노동운동에 참가했고, 청 말 중국 최대 제철회사의 노동조합 간부가 됐다. 중국 공산당에 가입하고 주로 후베이, 후난성에서 당과 노동조합 조직에 종사했다. 1928년 중국 공산당 제6차 대회에서 당의 서기장으로 선출됐다.

— **쑨커**손과 孫科, 1895~1973

쑨원의 아들. 국민당 우파의 중진. 1921~1926년 광저우 시장, 1932~1948년 입법원장, 1948~1949년 국민정부 행정원장 등의 요직을 역임했다.

— **아돌프 요폐** Adolph Joffe, 1883~1927

1903년에 러시아사회민주노동당에 입당해 바쿠와 모스크바에서 활동. 체포를 피해 해외로 망명했다가, 피의 일요일 사건 직후 귀국해, 1905년 혁명에서 적극적으로 활동. 당시까지 멘셰비키와 가깝게 지내다가, 1906년에 망명지 비엔나에서 트로츠키와 친교를 쌓은 후 평생을 함께했다. 좌익반대파의 핵심 인물이었고, 1927년에 트로츠키가 추방당하자 자살했다.

— **왕징웨이** 왕정위 汪精衛, 1883~1944

일본 유학 중에 쑨원의 중국혁명동맹회에 가입했다. 1925년 쑨원이 죽자 장제스와 정치권력을 두고 대립하다 밀려났다. 국민당 좌파를 기반으로 난징 정부를 이끌었다. 나중에는 일제와 비밀리에 평화협상을 체결한 뒤 1940년에 친일 난징 정부의 주석이 됐다.

— **위안스카이** 원세개 袁世凱, 1859~1916

1911년 신해혁명을 계기로 군사정권을 장악하고 나서 황제를 퇴위시키고 마침내 혁명파의 임시 대총통 쑨원도 사임시킨 뒤 1912년 3월 임시총통에 취임했다. 황제의 야심을 품어 1916년 1월 스스로 황제라 칭했다.

— **장궈타오** 장국도 張國燾, 1897~1979

베이징 대학을 졸업한 후 1921년 중국 공산당 조직부장, 1931년 중화소비에트임시 정부 부주석을 지냈다. 1935년 대장정 중 마오쩌둥과 의견충돌로 결별한 뒤 1938년 국민당으로 전향했다.

— **장쉐량** 장학량 張學良, 1898~2001

아버지 장쭤린에 이어 만주를 지배한 군벌. 일본이 만주사변1931 을 일으키고 만주
국을 설립한 뒤 근거지를 잃었다. 일본보다는 공산당을 공격하는 데 주력했다. 수하
장교들과 병사들이 장제스를 구금하고 내전 중단과 항일 전쟁을 요구한 시안사건
1936 이후, 장제스와 국민당은 그를 53년간 가택 연금했다.

— **장제스** 장개석 蔣介石, 1887~1975

일본 유학 중에 쑨원의 중국혁명동맹회에 가입한 뒤, 1911년 신해혁명에 가담했다.
쑨원의 신임을 얻어 1923년에 소련에 다녀왔으며, 황포군관학교 교장을 거쳐 쑨원
사망 이듬해인 1926년에 국민당을 장악했다. 1927년 상해에서 4·12 쿠데타를 일
으켜 공산주의자들과 노동자투사들을 대량 학살했다. 1928년 10월 북벌을 완성한
다음 국민당 정부의 주석이 됐다.

— **장징장** 장정강 張靜江, 1877~1950

상인이자 정치가로 쑨원과 장제스의 재정 후원자였다. 국민당 4대 원로 중 한 사람
이었다.

— **장쭤린** 장작림 張作霖, 1873~1928

군벌. 중화민국 수립 후 펑톈(봉천奉天, 현재의 심양瀋陽)에서 독군督軍 겸 성장省長
으로서 전全 동북의 실권을 장악해 '동북왕'으로 일컬어졌다. 1927년 4월 베이징의
소련 대사관을 수색해 그곳에 있던 리다자오를 비롯한 여러 중국 공산당원을 살해
했다. 1928년에 일본관동군이 기차에 설치한 화약이 폭발해 중상을 입고 사망했다.

— **저우언라이**주은래 周恩來, 1898~1976

프랑스 유학 중이던 1922년 중국 공산당 파리지부를 만들었다. 1927년 이후 상하이 봉기, 난창 폭동을 지도했다. 1936년 혁명군사위원회 부주석으로 대장정에 참여했다.

— **천두슈**진독수 陳獨秀, 1879~1942

중국 공산당의 창립자이자 지도자. 신해혁명에 참가했으며 1915년에 잡지 《신청년》을 창간했다. 1917년, 신문화운동의 선두에 섰으며, 5·4운동 중에 마르크스주의로 기울었다. 1921년, 중국 공산당을 창설하고 총서기에 취임했다. 1925~1927년 중국 혁명에서 코민테른의 노선을 마지못해 따랐다. 1929년, 좌익반대파를 지지하는 공개편지를 발표해 제명됐다.

— **천샤오위**진소우 陳紹禹, 1904~1974

가명 왕밍. 스탈린의 심복. 모스크바 중산 대학을 마치고 돌아와 상하이에서 공산당 활동에 종사했다. 1931년 총서기인 샹중파가 체포되자 그 뒤를 이어 당 중앙 총서기로 선출됐다. 중국 트로츠키주의자들을 공격하는 데 앞장섰다.

— **취추바이**구추백 瞿秋白, 1899~1935

중국 공산당 지도자. 이론가, 선전가이자 문학가, 번역가. 1927년 국공합작 결렬 후에 스탈린주의 코민테른의 지시로 중국 공산당 중앙 8·7긴급회의를 개최해 천두슈의 '우익 기회주의'를 비판하고 중국 공산당 총서기로 취임했다. 그러나 1928년 모스크바에서 개최된 중국 공산당 제6차 전국대표대회에서 '좌익 모험주의자'라는 비판을 받아 중앙총서기직을 박탈당하고 모스크바로 소환됐다.

— **탄핑산** 담평산 譚平山, 1886~1956

1921년 중국 공산당에 입당했다. 1924년 국공합작으로 국민당에 입당해 조직부장을 맡았다. 1926년 코민테른 확대집행위원회의 중국 공산당 대표가 됐으나 기회주의자라는 이유로 공산당에서 제명돼 홍콩으로 망명했다.

— **탕성즈** 당생지 唐生智, 1889~1970

1915년 바오딩군관학교를 졸업한 뒤, 후난 군벌 자오헝티의 부하로 지냈다. 1926년 국민 혁명군으로 전향해 8군장, 후난성 주석으로 우한 정부의 무력적 배경을 만들었다. 우한, 난징 정부가 합친 뒤인 1927년 가을 장제스한테 배척당해 일본에 망명하기도 했다.

— **파벨 미프** Pavel Mif, 1901~1939

우크라이나 출생. 1917년 5월에 볼셰비키당에 가입했고, 1918~1920년 러시아 내전에 참가했다. 좌익반대파로서 모스크바 중산 대학 학장이었던 칼 라데크가 숙청된 뒤 그의 자리를 물려받았다. 1927년에 스탈린주의 코민테른 중국 지도자의 일원으로 중국에 건너가 왕밍을 후원하며 중국 공산당에 막강한 영향력을 행사했다. 극동국의 대표로서 조선 공산주의 운동에도 커다란 영향을 미쳤다. 1937년 이후 숙청됐고 대표 저서로는《중국 혁명》이 있다.

— **펑더화이** 팽덕회 彭德懷, 1898~1974

초기에는 국민당계 군인이었으나 1928년 2월에 중국 공산당에 입당했다. 핑장平江 폭동을 일으켜 공농홍군工農紅軍 제5군을 조직해 군장軍長이 됐으며, 1934~1935년 대장정에 참여했다.

— **펑위샹**풍옥상 馮玉祥, 1882~1948

약삭빠르고 배신에 능한 군벌. 처음엔 돤치루이의 안푸파에 속했으나 뒤에 즈리파에 가담해 1922년 봉직전쟁에 참가했다. 그러나 1924년 2차 봉직전쟁 때는 반기를 들어 펑톈파와 손을 잡았다. 곧 펑톈파와도 불화가 생겨 1925년부터 반제, 반군벌의 민중운동에 영향을 받아 11월 장쭤린을 타도하려 했으나 실패했다. 1926년 모스크바에 갔다가 스탈린의 신뢰를 받고 돌아와 국민당에 입당하고 북벌에 협력했다. 이후 장제스 반대운동을 펼치다가 제명됐다.

— **헨드리퀴스 마링**Hendricus Maring, 1883~1942

스니블릿으로도 불린다. 네덜란드 출신으로 네덜란드와 인도네시아에서 노조운동과 공산주의운동을 경험했고, 인도네시아 공산당 창립에 참여했다. 1921년에 코민테른이 중국에 파견해 중국 공산당 창립과 활동을 돕게 했다. 1920년대 중반부터 코민테른과 대립하다가, 1927년에 코민테른과 관계를 단절했고, 1929년에 네덜란드의 혁명적사회당RSP을 창립했다. 1930년대 중반까지 트로츠키의 좌익반대파와 협력했고, 이후 영국의 독립노동당, 스페인의 마르크스주의통합노동당과 협력했다. 2차 세계대전이 발발하자, 지하 레지스탕스 그룹을 설립해 저항운동을 펼치다가 다른 지도자들과 함께 나치에게 체포돼 처형당했다.

— **후한민**호한민 胡漢民, 1879~1936

손문이 지도하는 중국혁명동맹회 창립에 참가했으며, 손문이 북상한 후 대원수의 직권을 대행했다. 1927년 장개석과 함께 4·12쿠데타를 일으켰으며, 장개석과 쌍벽을 이루는 국민당의 중진이었으나, 의견이 충돌하자 장개석이 남경에 감금했다.

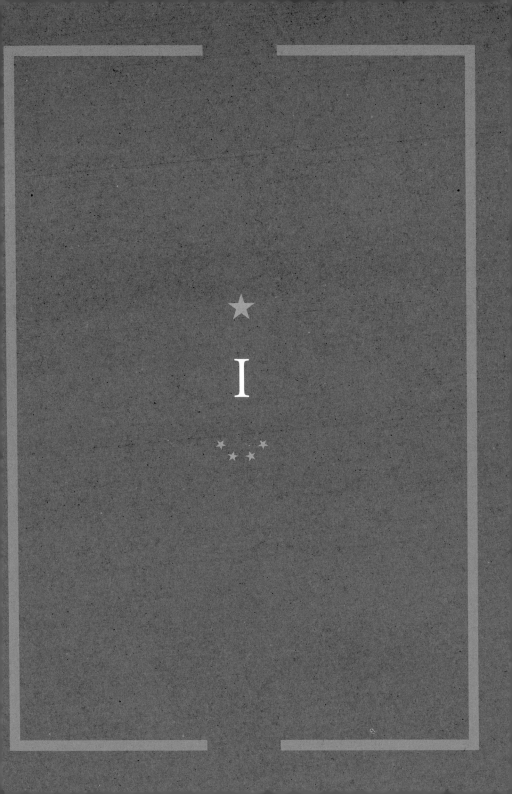

I

SEEDS OF REVOLT

반란의 씨앗

중국 대도시 변두리에서는 치솟은 공장 굴뚝들이 여전히 나무쟁기로 경작하는 논밭 위로 그림자를 드리운다. 항구도시의 부두에서는 남자들이 현대적 쾌속선에서 하역된 상품들을 직접 등에 지고 나르거나, 원시적인 바지선들이 내륙으로 실어 나른다. 거리에서는 말 대신 사람이 끄는 수레 곁으로 거대한 트럭들과 시끄러운 전차가 스쳐 지나가며 굉음을 낸다. 매끈한 자동차는 차선을 가로지르는 인력거와 손수레를 향해 빵빵거린다. 여전히 남녀 노동자들이 맨손과 단순한 도구로 만든 상품을 취급하는 상점들이 늘어선 거리는 웅웅거리는 발전기로 돌아가는 거대한 공장들로 이어진다. 천년 동안 오직 흙길과 수로를 통해 연결돼 온 광대한 대지를 이제는 비행기와 철도가 가로지른다. 현대적 증기선이 원시적 돛단배들을 휘저으며 연안과 수로를 왕복한다. 모든 도시와 농촌에서, 그리고 아시아의 심장부에서 바다로 뻗어 있는 수많은 하천 유역에서 이런 대비와 모순이 늘고 있다. 이 것은 거의 5억 명에 이르는 민중의 생존 투쟁을 보여 준다.

중국인들의 일상은 들쭉날쭉하고 단절적이며 불규칙했다. 현대적 형태의 생산, 교통, 금융이 낡고 해진 과거의 양식 위에 덧씌워졌고, 부분적으로만 함께 결합됐다. 이미 1세기 전에 서방이 상품, 탐욕, 사상을 가지고 중국을 침입했을 때부터 오랜 구조는 무너지기 시작했다. 그 충격의 결과는 재앙적이고 혁명적이었다. 중국 경제는 강제적으로 변형됐다. 정말 오랫동안 변동 없던 사회 계급들이 격렬한 변화의 시대로 들어섰다. 정부 형태와 관습, 사회적 균형이 완전히 뒤집혔다. 변화 과정은 복잡했다. 그것은 중국의 생산력이 번창할 수 있는 새로운 체제의 건설이라는 거대한 역사적 임무를 제기했다. 이로부터 충돌이 발생했는데, 그것은 곧바로 쌓이고 가속도가 붙어, 해결을 위해 빠르게 계급투쟁의 전장으로 향했다.

중국 경제의 후진성은 주로 긴 역사적 시기에 걸쳐 생산력이 정체돼 온 결과였다. 약 2,000년 전, 철제 쟁기의 도입이 농업생산의 증대를 이끌었다. 당시 이런 자극 때문에 토지는 일정하게 사유재산으로 전환됐다. 제후의 영지나 황제에게 하사받은 토지는 양도할 수 있었고, 사고팔 수 있었다. 이렇게 해서 해방된 노동력과 획득한 자본은 부분적으로 댐, 운하, 궁궐, 성벽, 성채와 같은 거대한 공공사업을 위해 국가로 흡수됐다. 하지만 자본주의적 생산방식은 발전하지 못했다. 농촌에서는 봉건적 착취형태가 그대로 유지됐다. 중국 사회는 소규모로 조직된 농업 단위들로 유지됐다. 가내수공업과 지역수공업은 주로 사회의 보조적 필요를 충족시켰다. 국가가 상업과 제조업에 직접 참여했다. 가령 소금과 철은 국가가 독점권을 행사했다. 국가 기구가 모든 상인과 수공업자들을 포괄한 채, 모든 생산조직과 국내시장을 엄격하게 통제했다. 도시가 생산과 상업의 중심으로 형성됐지만, 그 범위는 비단, 칠기, 자기, 목각품, 철기 등의 사치품과 지역특산품으로 제한됐다. 국내시장의 특성과 규모, 상업자본의 활동, 협소한 농촌 사회의 상대적 고립 등에 관한 좀 더 심층적 연구를 통해서만, 놀라운 재생능력을 가진 이른바 마르크스의 '아시아적 생산방식'은 더욱 명확해질 것이다.[1]

지주에게 소작료를 지불하고, 상인과 대금업자에게 이자를 지불하며, 국가에 노동력과 현물, 금전의 방식으로 세금을 납부하는 농민대중에게 전체 사회체제가 견고하게 의존했다. 각 성省의 총독을 통해 황제로 이어지는 느슨한 위계체계에 속한 지방 관리들이 국가를 대변했다. 이 관리들은 농민을 착취하는 데서 지주 및 상인과 손을 잡았다. 점점 더 늘어나는 세금을 감당하기 위해, 지주들은 실제로 땅을 일구는 사람들에 대한 착취를 배가했다. 소지주들은 대금업자에게 자기 땅을 저당 잡혔고, 점차 소작농이나 농업노동자 신분으로 추락했다. 새로운 왕조의 전성기가 끝나고 몰락이 시작될 때마다, 재정적 요구는 증가했고, 관리들의 부패는 심화됐다. 지대, 빚, 세금으로 누적된 부담을 더 이상 참을 수 없고, 반복되는 자연재해로 궁핍이 만연할 때, 지대와 세금을 거두는 자들에 맞선 지방 반란은 거대한 농민전쟁으로 확대됐다.

토지귀족이 이끈 군벌들은 분산된 농민군들과 지방 군대의 선두에 서서 전쟁에 참여해 왕조를 전복했고, 자신들 사이의 서열을 가리기 위해 싸웠다. 극적인 사회적·농업적 개혁 시도는 종종 수십 년에 걸친, 때로는 몇 세기에 걸친 혼란과 내전의 시기에 나타나는 일반적 특징이다. 그 가운데 가장 유명한 시도는 1세기 초에 한나라 왕조가 몰락한 뒤 왕망이 도입한 개혁, 그리고 10세기 말에 당나라 왕조가 붕괴되고 송나라가 성장하면서 왕안석이 주창한 개혁이다. 이런 제안 가운데 어떤 것은 심지어 원시적 형태의 토지국유화, 즉 토지에 대한 사적 소유권을 폐지하고 본래 소유자인 국가로 반환하는 데까지 나아갔다. 다른 것들은 초기적 형태의 국가자본주의 수립을 준비하려는 것이었다. 하지만 이 개혁 가운데 어떤 것도 완성되지 못했다. 이런 개혁을 촉발시킨 농민전쟁들은 어김없이 소멸했다. 결국 서로 싸우는 파벌 가운데 한쪽이 주권을 선포하며 새로운 왕조를 수립했다. 새로운 황제와 그 직계 자손들이 점차 지배를 강화하고 호적수들을 제압하면서, 농촌에서 애초의 사회형태가 재현됐고, 마찬가지로 점차 수탈 과정은 재개됐다.

17세기 중반에 만주인들도 이런 농민반란을 이용해 권력을 잡았다. 이민족 통치를 수립한 그들은 국가를 완전히 정복한 뒤, 자연스럽게 다른 모든 외부의 접근을 차단하는 데 전력했다. 이 기간에, 유럽은 서구자본주의의 탄생을 낳은 격렬한 전쟁에 몰두했다. 유럽과 중국의 접촉은 우연적이고 일시적이었다. 초기에 청나라 황제는 자유로운 지배권을 행사했다. 하지만 2세기가 지난 뒤, 상당한 인구 성장이 토지에 대한 새롭고 날카로운 압력을 불러일으켰다. 이미 청조청나라 왕조는 쇠락의 길로 접어들고 있었다. 벌써부터 그들의 지배는 해체되고 있었고, 무거운 세금은 각지에서 반복적인 반란을 불러일으켰다. 서구자본주의 팽창의 물결이 중국의 해안까지 도달했을 때, 중국 사회는 새로운 정치적 위기와 혼란의 시기로 접어들고 있었다. 대양을 건너온 새로운 야만인들의 출현은 중국 사회계급들의 내적 분화를 심화하고 변형시켰으며, 매우 복잡하게 만들었다. 이들의 등장은 오랜 관습으로 이어져 온 낡은 해법은 더 이상 충분하지 않다는 점을 의미했다.

서구국가들은 불가항력적으로 상업의 확장과 자본의 축적을 향해 나아가면서, 이제껏 천조국*과 세계를 분리시켜 온 장벽을 무너뜨렸다. 그 충격 때문에, 결국 엄청난 정치적, 경제적, 사회적 변화가 발생했다. 자본주의 경제는 전 세계를 그 궤도 안으로 끌어들이고 있었다. 중국의 고립은 끝났다. 자본은 지금까지 중국 역사에서 알려진 적이 없는 새로운 형태의 정복자였다. 과거에 북쪽 국경을 넘었던 침략자들은 더 높은 수준에서 조직된 오랜 중국문명의 사회구조 안으로 별 어려움 없이 동화됐다. 하지만 이 새로운 야만인들은 중국의 그 무엇으로도 견줄 수 없는 기술설비와 물질 수준을 갖추고 있었다. 손으로 기계를 상대하거나 가마로 철도를 상대할 수 없었듯이, 전통만으로 대포를 상대할 수는 없었다. 서방 야만인들의 구동력과 무기에 맞서, 중국은 순전히 오랜 역사, 광활한 영토, 막대한 인구만으로 대항해야 했다. 이것은 비대칭적 충돌의 결말까지는 아니지만 그 기간과 고통을 결정했다.

이미 위기에 빠져 있던 중국의 사회·경제체제는 외국의 거센 침략 앞에서 최상층에서 최하층까지 모든 층에서 즉각 반응했다. 완전히 무너진 중국 경제는 재기하지 못하고 있었다. 외국 무역상들은 아편의 도움으로 자신들에게 지속적으로 유리한 관계를 확립했다. 해외무역 초기에 대량으로 수입된 은이 1826년부터 유출되기 시작했다.

---

* 천자(天子)의 나라.

10년 뒤에는 아편이 중국의 차와 비단을 위한 지불수단으로서 은을 대체했다.[2] 마약이 연, 1842년과 1858년의 아편전쟁에서 영국과 프랑스의 대포가 확장시킨 길을 통해, 공업상품들이 들어왔다. 중국산 면직물은 영국산 면제품 때문에 수출이 막혔고, 1833년에는 수출품 목록에서 사실상 사라졌다. 19세기의 첫 20여 년 동안 아편 수입이 극적으로 증대되면서, 중국의 수출 곡선은 급격히 하락했다. 꾸준히 증가한 면제품 수입은 1870년에 총수입의 31%를 점유했고, 몇 년 뒤에는 아편을 대신해 최고 수입품목이 됐다. 서구에서 산업조직과 기술의 빠른 발전, 수에즈 운하의 개통, 증기선의 발전은 대 중국무역을 자극했고, 1885에서 1894년 사이에 2배로 증대시켰다. 상품유통은 곧 투자와 차관으로 이어졌다. 19세기 말에는 외국의 선박기업, 면직공장, 철도기업, 전신기업이 중국 경제의 모든 주요 지위를 차지했다.

외국의 정치적 지배권 확립은 이런 경제적 정복을 용이하게 해 주었다. 청나라 정부는 무기력했다. 아편무역을 제한해 은 유출을 저지하려던 초기 시도는 일련의 전쟁을 거치며 좌절됐고, 정부는 굴욕적인 패배를 겪고 엄청난 벌금을 물어야 했다. 청나라 정부는 서양인들에게 굴욕을 당한 뒤, 중국인들 사이에서 존재했던 무한한 위세와 권위를 상실했다. 서양인들의 대포 앞에서 체결된 조약[3]은 침략의 선두에 있던 기독교의 자유로운 포교를 보장했고, 아편무역을 합법화했다.[4] 하지만 무엇보다도 서양인들이 얻어 낸 가장 중요한 것은 해안과 하천의 무역 개방, 중국 관세를 5%로 제한, 근거지와 조계의 허용뒤에 각국의 '세력권'으로 굳어진다, 치외법권 제도의 수립중국의 사법권이 미치지 않으며, 세금이 면제된다이었다. 중국은 오로지 제국주의 강도들 사이의 첨예한 경쟁 때문에 공공연한 분할과 식민화를 면한 이름뿐인 자주국이 됐다.

아편의 유행, 은의 유출, 기계제 상품의 유입은 인구 증가와 경작지 부족에서 비롯된 농촌의 위기를 날카롭게 심화시켰다.5 광범위한 아편의 유행은 농촌에서 도시로 부를 이동시켰고, 놀랍도록 국내시장을 축소시켰다.6 지속적인 유출로 은이 부족해지면서, 통용되는 구리 통화의 가치가 20~30% 하락했고, 생활비가 급등했다. 위조 화폐가 사용되기 시작했다.7 특히 남부의 각 성에서 면제품을 비롯한 외국 상품들은 중국 수공업자들을 궁지로 내몰았다. 1819년에 335만 9,000필이 수출됐던 것이 1833년에 3만 600필로 뚝 떨어졌고, 30년 사이에 거의 수출이 중단되면서, 직공들은 생계수단을 상실했다.8 마치 인재人災만으로는 부족하다는 듯, 결국 자연이 구습을 물리적으로 파괴하기 위해 합세했다. 19세기 중엽의 수십 년 동안, 큰 강 유역 등지에서 홍수, 기근, 가뭄, 역병이 없었던 해는 드물었다.

이 모든 해체 작용이 누적되면서, 막대한 인구가 궁핍해졌고, 대규모 유랑민이 발생했다. 남서부의 묘족과 북서부의 회족 등 소수민족들의 산발적 반란과 폭동은 새로운 농민전쟁의 시작을 예고했다. 전통적 길을 따른다면, 이것은 조정이 천명天命을 다했다는 점을 보여 주었고, 새로운 왕조가 등장하리라는 점을 의미했다. 하지만 각 성에서 진정한 농민반란이 준비되고 있을 때, 중국 통치계급은 해외무역의 이익에 직간접적으로 참가해 자신을 되살려 낼 방도를 찾고 있었다.

일찍이 항구도시의 상인과 관리는 외국과의 거래를 통해 막대한 부를 축적하기 시작했다. 1830년 이전에는 외국 선박이 유럽과 미국으로 가져갈 차와 비단의 지불수단으로 싣고 온 은화9 가운데 일부만이 진짜 생산자에게 돌아갈 수 있었다. 대부분의 재화는 항구의 상인과 관리의 금고로 들어갔다.10 공식적으로 외국과 독점적 거래를 확립한 공행公行*상인의 특별세와 '기부금'을 징수하는 데서 재량권을 행사한 지방관리가 특히 아편 밀무역에서 막대한 부를 획득했다. 공행의 입회비는 종종 20만 냥**에 이르기도 했다. 광저우廣州·광주의 어떤 상인은 2,600만 위안 이상의 재산을 자랑했고, 지방관리의 자비로운 은혜에 대한 보답으로 거액을 지불했다.[11]

이들 상인과 관리로부터 새로운 계급이 형성됐다. 즉 외국자본을 위한 중국시장의 중개업자들로서 매판계급이 등장한 것이다. 이것은 제국주의가 중국의 사회구조에 침입한 뒤 나타난 첫 번째 효과였다. 경제에서 지배적인 지위를 차지한 제국주의는 자신을 효과적으로 보호하기 위해, 중국의 독립적이고 고유한 자본주의적 발전을 향한 주된 경로들을 봉쇄했다. 이 중국 상인들과 관리들은 애초부터 많은 땅을 보유했던 신사紳士계층***에서 등장했다. 해외무역을 통해 축적된 새로운 부는 자본가들의 기업이 아니라 토지로 흘러들어 갔고, 이것은 소지주의 땅을 사들여 대지주화하는 과정을 눈에 띄게 촉진시켰다.[12] 지주는 수지맞는 매판사업에 합류하기 위해 자신의 아들을 도시로 보냈다. 매판상 가운데 부재지주****는 드물었다. 이들의 수익은 토지로만 흘러들어 가지 않았다. 감소하는 수입과 증가하는 생활비 및 세금 사이의 간극 때문에 돈을 빌려야 했던 농민의 고리대출금으로 흘러들어 갔다. 우세한 힘과 기술을 가진 외국인들과 경쟁할 수 없었던 구舊 지

---

* 1차 아편전쟁(1839~1842) 이전 광저우(廣州)에서 서구상인과 무역할 수 있는 특권을 중앙 정부로부터 부여받았던 중국 상인조합.

** tael(兩, 냥): 당시 중국의 화폐단위. 한 냥=은 열 돈.

*** 일정한 교육을 통해 칭호·학위를 얻은 자들과 과거를 통해 관위를 얻은 자들을 통칭해 신사(紳士)로 불렸고, 조선의 양반계급에 해당하는 신분이다. 다만, 형식상으로 세습될 수 없었다.

**** 토지를 임대해 주고 그 토지의 소재지에서 거주하지 않으며 경작을 직접 관리하지 않는 지주.

주-상인계급은 도시와 농촌 사이에서 이익분배를 담당하는 중개업자-대금업자-투기업자계급으로 전환했다.

이 과정에 국가 기구 전체가 참여했다. 청조는 아편전쟁에서 영국에 쉽게 패배했고, 그것은 "그들 민족의 용맹과 사명에 대한 확신을 뒤흔들었으며, 피지배 중국인들의 눈앞에서 군사적 위신을 완전히 실추시켰다".[13] 군사적 패배로 좌절을 겪은 청나라 관료집단은 머지않아 아편밀매의 매혹적 이익과 뇌물 때문에 또다시 약해졌다.[14] 베이징에서 내려온 칙령은 무시되기 일쑤였다. 베이징은 멀었지만, 외국 은화의 짤랑거리는 소리는 가깝고도 유혹적이었다. 중국의 관료집단은 원론 상으로는 도덕적이었지만, 실제로는 아주 오랜 부패의 전통을 갖고 있었다. 관료들은 나랏돈을 착복하면서도 아주 옛날부터 공식적으로는 청렴을 강조했다. 대규모 해외무역이 새로운 불법소득의 원천이 돼 이런 전통 위에 추가됐다. 왕조가 몰락하고, 정부 세입이 감소하며, 재정적 어려움이 커지면서, 모든 도덕적 가면은 바람처럼 사라졌고, 관직은 공공연한 거래의 대상이 됐다. 권력의 요직은 배운 자가 아니라 값을 치를 수 있는 자에게 돌아갔다. 당연하게도 형제나 아들을 위해 관직을 살 수 있는 사람은 바로 부유한 상인이나 매판상이었다. 이런 관행이 보편화되면서, 상인, 지주, 관리가 같은 계급에 뿌리를 두고 있다는 사실이 점점 더 명확해졌다. 이들 계급은 토지에서 이익을 얻었고, 기본적으로 그것과 관련된 온갖 불평등의 유지에 몰두했으며, 이제는 외국의 침략과 통제를 위한 주요 도구 중 하나가 됐다. 제국주의는 청나라 정부를 굴복시켜 중국 사회의 상층을 순종시키면서, 박해받는 민중의 분노를 억누르는 중국 지배자들의 보호자가 됐다. 이것이 반식민지 중국을 지배하는 제국주의의 기본공식이었다. 제국주의가 중국의 정치적, 경제적, 사회적 기구 전체를 해체시켰지만, 그들이 혁명적 변화의 힘을 저지하고 분쇄하기 위해 국가의 모든 보수적, 억압적, 후진적 요소들과 손을 잡을 수밖에 없다는 점을 이해한 뒤에야 비로소 새로운 요소들이 겨우 형성되기 시작했다.

이런 관계는 19세기 중엽에 청조를 타도하겠다고 위협했던 태평천국운동의 난 동안에 구체화됐다. 참을 수 없는 경제상황에서 비롯된 거듭된 반란은 1850년에 청조에 반대하는 거대한 농민반란에서 정점에 이르렀다. 이 반란은 광시성廣西省·광서에서 시작돼 북쪽으로 번졌고, 장강長江 유역에서 11년간 존속하는 정부를 수립했다. 당초에 '배상제회拜上帝會*'라는 기독교적 소少 종파에서 출발한 태평천국운동은 남부의 지방당국과 충돌하면서 가장 거대한 사회반란으로 빠르게 발전했다. 전국에서 불만스럽고 반항적인 모든 이가 태평천국운동의 기치 아래로 모여들었다. 완전히 소멸하지 않았던 오랜 반反청 비밀단체들이 다시 부활했다. 자신의 토지를 빼앗겼고, 청나라 조정의 수탈에 진절머리가 났으며, 민족적 차별에 분노한 지식인과 하급 신사가 운동의 지도층으로 합류했다. 반청 정서가 만연하면서, 복종의 표시인 변발이 폐지됐고, 명나라 관습이 부활했다. 하지만 무엇보다 중요한 것은, 극빈 농민들, 유랑 수공업자들, 땅을 구하는 이들 대다수가 지역 관리, 지주, 세리에 맞선 오랜 반란 속에서, 이전에 왕조를 교체했던 농

---

* 배상제회(拜上帝會): 중국 전통의 대동사상과 기독교의 평등사상을 결합시킨 종교결사로 홍슈취안(洪秀全, 1814~1864)이 이끌었다. 모든 사람이 유일지상(唯一至上)의 신 여호와(上帝)의 자녀이며 형제이므로 재화를 평등하게 소비하고 공동생활을 영위해야 하고, 이를 위해 요마(妖魔)가 지배하는 이 사회를 타도하고 평등 세계인 여호와의 나라를 실현해야 한다고 설파했다.

민반란의 전통적 특징들과 함께 새로운 피와 살을 이 운동에 제공했다는 사실이다.

군사적 승리는 신속하고 장대했다. 중국 남부와 장강 유역의 각 성에서 청나라 권력이 제거됐다. 태평천국군은 거의 베이징 관문까지 도달했다. 이 운동의 열광적 종교지도자인 홍슈취안洪秀全·홍수전은 천왕天王을 자처했고, 난징南京·남경에 수도를 세웠다. 운동이 한창이었을 때, 도처에서 농민들의 자발적 토지점거이 특징으로 나타났다. 비록 이 압력이 토지특권의 폐지에 관한 법률**과 토지재산의 집단적 분배 계획을 이끌어 냈지만, 그것은 실현되지 못했다. 평등한 토지분배를 추구했던 급진적 흐름은 상층의 지지를 받지 못했다.[15] 기층 농민들이 토지개혁을 실행하려 했다는 것 외의 또 다른 의미심장한 사실은 태평천국 정부가 상대적으로 안정화된 지역에서조차 아편무역 억제, 은 유출 저지, 내부시장 부양, 조세 표준화, 농업생산 증대 등을 위한 노력이 성공을 거두지 못했다는 것이다. 가장 흥미로운 것은 태평천국 시기 동안 장쑤성江蘇省·강소 각 현縣에서 해안지방으로 팔린 비단의 양이 사상 최고 수준에 도달했다는 사실이다. 만일 일부 주장이 맞다면 태평천국군은 자유로운 교역을 확대하고 망국적 아편거래의 금지를 기초로 외국과 화해하기 위해 거듭해서 노력했다. 따라서 태평천국운동은 기본적으로 원시적이거나 전통적인 종류의 농민전쟁이었지만, 또한 일종의 '정상적' 자본주의 발전을 향한 경향이었다는 점을 직접적

** 태평천국 정부가 정한 법률의 기본내용에 따르면, 모든 토지, 재물, 부가 황상제 소유에 속하게 돼 "무릇 천하의 토지는 천하 사람들이 같이 경작한다"는 원칙에 따라, "무릇 땅을 9等(등)으로 나누고 人口(인구)에 비추어 땅을 나눈다"고 정했다.

이거나 명료하지는 않더라도 틀림없이 보여 주었다.

태평천국운동은 토지문제를 놓고 도시의 모든 특권세력과 충돌했다. 반란은 관료계급의 오랜 권위와 지위를 무너뜨렸다. 토지문제를 해결하기 위한 농민들의 조치는 토지소유계급 전체와의 직접적 충돌을 야기했고, 또한 대출과 저당을 통해 토지문제에 깊이 연루됐던 상인과 매판상과도 충돌했다. 전형적인 '표준' 역사는 "태평천국군의 파괴성이 유력한 계급들의 반감을 샀다"고 말한다.[16] 중국의 '유력한' 계급들은 확고하게 청나라 조정 편에 섰다.

처음 제국주의자들은 중국의 통치자로서 태평천국군이 만주인들보다 만족스런 대안일 수 있다고 보았다. 이 운동의 기독교적 성격은 선교사들 사이에서 일정한 동정심을 불러일으켰다. 게다가 태평천국군은 만주인들이 지키지 못한 무역을 촉진시키는 것은 물론 무역 안정을 회복시키겠다고 약속했다. 하지만 이 모든 요소들에도 불구하고, 외국인들은 곧 모든 힘을 만주인들에게 실어 주었다. 여전히 아편무역이 중국시장에서 외국인들에게 가장 수지맞는 분야였다는 사실을 기억해야 한다. 이것은 시초축적을 계속해 나가고 무역균형을 유지할 필요에 부합했고, 좀 더 합법적인 상품들을 판매해 더 많은 이윤을 남길 수 있는 시장은 뒤에서야 만들어졌다. 태평천국군이 마약거래에 반대한 것은 외국인들의 즉각적 이익관계에 반하는 것이었다.[17]

내전은 제국주의자들에게 지배력을 공고히 하고 정치·경제적 지위를 확대할 더할 나위 없는 기회를 제공했다. 1854년에 외국인들은 대포를 앞세워 반청 삼합회의 상하이上海·상하이 장악을 저지했고, 지방 당국의 완전한 붕괴를 이용해 세관행정의 지배권을 장악했으며,[18] 조계지를 확장했다. 1858년에 프랑스와 영국은 화북지방의 약화된 청나라 군대를 압박해 전적으로 외국의 이해관계에 부합하는 새로운 조약을 체결했다. 아편무역이 합법화됐고, 외국인들이 중국 전역으로 진출할 수 있는 길을 열어 주었다. 이 조약의 체결 때문에, 외국인들은 현 정부의 보호에 대해 확실한 이해관계를 갖게 됐다. 1860년에 그들은 베이징 인근의 원명원頤和園*을 야만적으로 불태우고 약탈하면서 청나라 조정을 완전히 굴복시켰다. 이제 청조는 확실히 보호해야 할 가치를 지닌 완전히 유순한 도구가 됐다. 외국인들의 눈에 태평천국군은 '만주인들을 대신할 우호적 계승자'에서 '새로운 협정의 실행을 가로막는 일개 반란자 무리'로 바뀌었다.[19]

태평천국군의 설교가 예수에 관한 다른 다양한 기독교 종파들의 설교보다 덜 합리적이지는 않았지만, 곧바로 그것은 최고의 신성모독으로 간주됐다. 기독교인 장군 고든은 여호와의 선민들이 아말렉인들Amalekites과 바알신Baal 숭배자들**을 대하듯 십자군 전사의 열정으로 태평천국군을 대했고, 계략을 포함해 온갖 짓을 서슴지 않았다. 영국과 프랑스 군대는 모든 형식적 '중립'의 가면을 벗어던지고, 적극적으로 전쟁에 개입해 결정적 영향을 미쳤다. 지주계급의 대변자인 쩡궈판曾國藩·증국번과 새로운 매판계급의 대변인이자 지도자인 리훙장李鴻章·이

---

* 약 160년간 청나라 황제가 기거했던 황궁 정원으로 1860년 2차 아편전쟁 때 영국-프랑스 연합군이 불을 질러 지금은 유적공원으로 남았다. 중국 정원의 예술 정화를 한데 모으고, 서양의 바로크 양식을 덧붙인 곳으로 '일만 개 정원 중의 정원(万圓之圓)'으로 불렸고, 동쪽 인근의 이화원(頤和園)과 함께 중국 정원의 두 걸작으로 꼽힌다.

** 아말렉인과 가나안인은 《구약성서》에 나오는 고대 민족으로 현 이스라엘과 주변 국가들에 살았고, 모세가 이끄는 이스라엘 민족이 가나안으로 들어오는 것을 아말렉인들과 가나안인들이 막으면서 적대관계가 됐다. 여호수아가 이끄는 이스라엘 군대가 가나안인들을 정복하고 살육했으며, 사울이 이끄는 군대가 아말렉인들을 이집트로 쫓아냈다. 바알신은 가나안 인들이 섬겼던 신으로 풍요를 상징했다.

홍장이 청조를 지키기 위한 전쟁을 주도했고, 승리했다. 이들이 왕좌를 보호하기 위해 군대를 조직해 승리로 이끌 수 있었던 것은 청나라 군대를 무력화시킨 태평천국군을 외국의 육군과 해군이 무장에서 압도했기 때문이다.

태평천국군은 운동이 이미 내적으로 쇠약해진 뒤인 1865년에 최종적 패배와 해체를 맞았다. 막대한 인명을 희생시키고 대부분의 토지를 황폐화시킨 내전의 참화는 농민전쟁의 원천을 고갈시켰다. 태평천국운동 지도자들은 농민운동에 일관된 지도력을 제공할 수 없었고, 농민운동은 불가피하게 유격전과 도적행위로 빠져들었다. 지도부는 가망 없는 모험가들의 적대적 파벌들로 갈라졌다. 나라를 곤경에서 탈출하도록 이끌 수 있는 계급이 중국 사회에 존재하지 않았기 때문에, 위대한 태평천국의 난은 실패했고, 기존질서는 유지됐다. 제국주의의 압박은 자체 생산력의 자유로운 증대를 가로막았고, 또한 농민전쟁, 사분오열, 왕조교체로 이어지는 오랜 순환은 영원히 불가능해졌다.

향후 중국의 계급투쟁은 여기서 등장한 중심적 모순을 둘러싸고 발전하게 된다. 제국주의의 도래, 고립의 종결, 그리고 기계제 상품의 출현은 중국사회의 혁명적 변화를 가차 없이 선포했다. 일단 자신의 지위를 공고히 한 제국주의는 중국 사회 내의 낡고 퇴보적인 모든 것을 보존하는 데 힘을 쏟았다. 중국의 혁명적 변화를 위해서는 낡은 토지소유체제를 파괴하고 토지에 대한 압력을 제거해야 했다. 지주, 상인, 관리는 농민대중을 노예상태로 속박하는 한편, 외국의 상업자본이 내륙으로 유입될 수 있도록 길을 터 주었고, 제국주의는 그들의 지배권을 떠받치기 위해 합세했다. 중국의 경제적, 사회적, 정치적 문제를 해결하기 위해서는 전국을 통일해 모든 가용자원을 활용해야 했다. 제국주의 열강의 경쟁은 국내 세력들의 충돌을 영구화했고, 이 충돌은 멈출 줄 모르는 가혹한 세금징수로 중앙 정부를 약화시켰다. 경제적 발전은 국가적 독립에 달려 있었다. 제국주의 특권의 유지는 지속적 예속을 요구했다.

태평천국의 난은 중국 '전통의' 방식으로 변혁의 필요에 부응하려한 최후의 시도였다. 이 시도가 실패한 것은 제국주의 침략이 만들어낸 전혀 새로운 조건으로 그 해결 경로가 차단됐기 때문이다. 20년에 걸친 반란과 패배로 지친 중국 민중은 다시 나서려면 전혀 새로운 조건에서 새로운 세대가 부활할 때까지 기다려야 했다. 뒤이은 시기에 중국 사회의 하층에서는 만성적 빈곤의 만연으로 온갖 모순이 날카롭게 심화됐다. 토지의 집중은 계속됐다. 상품과 상업자본의 농촌 유입은 확대됐고, 고된 노동으로 살아가는 모든 이의 삶을 짓눌렀다. 반면, 사회구조의 상층과 발전하는 도시 중심지에서는 근본적 변화가 발생해, 중국의 미래를 위한 투쟁에 새로운 형식과 내용을 제공했다.

태평천국의 난과 1880년까지 이어진 산발적 반란들을 겪으며, 청조는 힘이 다했음을 드러냈다. 내부의 반란, 기근, 빈발하는 자연재해의 충격에서 가까스로 살아남은 왕조는 또다시 외부의 타격과 마주해야 했다. 제국주의가 청 제국의 변방으로 진격해 들어왔지만, 조정은 속수무책이었다. 프랑스는 1860년대 말에 캄보디아와 안남*을 점령했고, 1884~1885년의 짧은 전쟁을 통해 그것을 '합법화'했다. 이듬해

---

*　베트남 중부를 포괄했던 왕국.

에 영국은 버마를 (영국령) 인도에 병합시켰다. 제정 러시아는 아시아를 가로지르는 새로운 철도노선을 북쪽 국경지대에 건설했고, 북만주에 '세력권'을 확립했다. 같은 시기에 일본은 제국주의의 압박에 대해 신속하고 통일적으로 대응하며 봉건구조 대부분을 파괴했고, 놀랍게도 메이지유신을 거치며 서구의 생산과 조직방식을 적용하는 길로 들어섰다. 이미 일본은 좁은 해협을 건너 중국에 도달해, 대륙의 거점을 찾고 있었다. 1894년에 이 신흥 강대국은 이제껏 공경해 온 노쇠한 이웃에게 굴욕적 패배를 안겨 주었다. 일본이 조선을 병합하고 남만주에 세력을 구축한 것은 영토와 양허권을 둘러싼 열강의 새로운 쟁탈전을 알리는 신호였다. 청나라 조정은 수난을 당하면서도 속수무책이었고, 연이어 조약을 체결했다. 중국이 분할돼 서방 각국의 식민지로 흡수되는 일이 임박한 것으로 보였다.

하지만 압력이 다시 가해지자, 19세기 중반의 위대한 대중 반란과는 성격과 계급적 기원이 확실히 다른 새로운 개혁운동, 혁명운동이 등장했다. 이 새로운 변혁세력은 중국 사회의 상층에서 성장했다. 외국의 압력은 중국의 통치계급을 제국주의 요구에 부합하는 형태로 변형시켰고, 외국의 특권은 고유한 자본주의적 발전의 길을 완전히 차단했다. 그렇지만 이 계급의 부의 축적은 필연적으로 자기 영토에서 외국인들과 경쟁하도록 자극했다. 제국주의는 낡은 경제기반을 파괴했다. 그들은 새로운 경제기반의 수립을 지연시킬 수 있었지만, 완전히 막을 수는 없었다. 매판상의 대부 리훙장 자신이 중국에서 처음으로 독립적 자본주의 기업을 설립했다. 1863년에 최초의 정미공장이 상하이에 건설됐다. 1865년에는 장난江南·강남 조선소가 건설됐다. 7년 뒤에는 초상국招商局이 조직돼 외국이 독점하는 선박운송에 뛰어들었다. 이듬해에는 최초의 현대적 제사製絲공장이 건설됐고, 1876년에는 상하이와 우쑹吳淞·오송을 잇는 15킬로미터의 첫 철도가 개통돼 겁먹은 농민의 조상신을 당황케 했다. 1878년에는 현대적 탄광이 카이핑開平·개평에서 조업을 시작했고, 1890년에는 최초의 면직공장이 상하이에서, 최초의 제철소가 우창武昌·무창에서 건설됐다. 1896년에는 성냥공장과 제분소가 뒤를 따랐다. 중국의 공업화가 시작된 것이었다.[20]

같은 시기 무역에서 중국의 지위는 면화와 면직물을 중심으로 눈에 띄게 개선됐다. 면화는 수입 초과에서 1988년에 수출 초과로 바뀌었다. 1833년 이후 거의 중단된 면직물 수출은 1868년 이후 원상회복됐고, 그해의 238단擔*에서 1900년에 3만 100단으로 증가했다. 기계제 면제품 수입이 끊임없이 증가했지만, 1883년 이후 면직물 수출은 급증했다.[21] 공업이 초보적으로 발전하고 무역이 상대적으로 개선되면서, 비록 완만했지만, 운송업, 통신업, 은행업도 발전했다. 1878년에는 현대적 우편제도가 탄생했다. 1881년에는 상하이와 톈진天津·천진 사이에 전신선이 가설됐다. 1896년에는 중국상업은행이 전적으로 중국자본으로 설립됐다. 곧이어 많은 교통로들과 은행들이 건설되기 시작했다.

처음부터 중국 자본가들은 외국 경쟁자들과 승산 없는 싸움을 시작했다. 1895년에 청일전쟁의 결과로 외국인이 중국에 공장을 건설할 권리를 승인한 시모노세키조약이 체결된 뒤, 값싸고 풍부한 중국 노동력의 혜택을 누리기 위해 많은 기업이 빠르게 중국으로 몰려들었

---

* 중량단위로 1단은 100근으로, 대략 60킬로그램에 해당하는 무게다.

다. 외국인들은 우월한 기술 설비와 지식, 정치·경제적 특권을 누리며, 곧바로 중국 경쟁자들을 불리한 상황으로 내몰았다. 게다가 외국인들과는 달리 중국인들은 기술적 제약과 무거운 세금부담 외에도, 신용차관과 기계, 그리고 아직까지 중국에서 생산할 수 없는 다양한 공업품을 해외시장에 의존해야 했다. 신진 중국인 기업주들은 더욱 극심한 노동착취를 통해 이런 불리한 조건을 극복하려 했다. 하지만 더 이상 정치체제는 새롭게 성장하는 경제적 이해의 요구에 부응하지 못했고, 중국 자본의 활동을 위해 더 유리한 조건을 만들려는 열망은 구체제를 개혁하기 위한 선동의 형태로 정치무대로 나아갈 수밖에 없었다.

태평천국운동이 실패한 이후, 리훙장은 정부의 현대화를 위한 일련의 변변찮은 시도들을 후원했다. 리훙장은 새로운 산업체들을 설립하는 한편, 현대적 육해군을 창설했고, 학교 개혁을 추진했으며, 학생들을 유학 보내 서구의 경제와 정치권력의 비밀을 배워 오도록 했다. 하지만 이런 노력은 일본과의 전쟁으로 중단됐다. 패전과 영토의 상실, 뒤이은 열강의 새로운 진공은 새로운 정치 경향들을 무대 위로 등장시켰다. 더욱 빠르고 극적인 변화가 추구됐다.

1895년 이후 서로 다른 두 가지 사조가 중국 정치를 지배했다. 하나는 조정을 개혁해 새로운 요구에 부응하게 만들고자 했다. 이들은 피터 대제의 역할을 담당하는 황제와 영국의 입헌군주제를 닮은 정부를 꿈꿨다. 다른 하나는 청나라 조정의 타도와 미국이나 프랑스의 방식을 따르는 중화민국의 건설을 주창했다. 몰락의 최후 단계로 접어든 청나라 통치자들은 점차 개혁가들에게 길을 내줬다. 조정은 자신의 기본체계와 전혀 양립할 수 없는 변화에 굴복함으로써, 혁명가들이 지지하던 완전한 퇴위를 재촉했다.

개혁가들은 공자孔子를 수정하기 시작했다. 그들은 공자가 현상을 지키려는 전형적 보수주의자가 아니라 진보적 자유주의자라고 대담하게 묘사했다. 그들은 중국어로 번역되기 시작한 애덤 스미스, 존 스튜어트 밀, 허버트 스펜서, 토마스 헉슬리의 사상을 중국의 오랜 사회·정치·경제 사상에 담으려 했다. 황제의 칙령을 통해 국가가 변할 수 있다고 깊게 믿었으며, 1898년에 자신들의 목소리에 귀 기울인 젊은 광서光緒황제가 유명한 '백일유신百日維新*'을 개시했을 때는 자신들의 대의가 승리했다고 생각했다. 낡은 청나라 정부를 현대적 국가 기구로 바꾸겠다는 광범위한 포고가 발표됐다. 그것은 학교와 선거 기구의 설치, 과중한 세금과 부패한 관료의 척결, 공업과 농업에 대한 국가원조, 정부의 민주화를 요구했다. 불행하게도 개혁가들의 열정과는 달리, 금지된 도시**의 장엄한 성문 밖으로 흘러나온 새로운 사상의 물줄기는 성곽을 둘러싼 해자로 흘러들어 소용돌이치다가 고여 버렸다. 고관대작과 지방관리의 눈에는 황제가 미친 것으로 보였는데, 그의 명령이 자신의 모든 세습적 이익을 박탈하고, 수세기 동안 신성시해 온 모든 제도를 파괴하려는 의도로 보였기 때문이다. 황제의 명령을 거스를 수는 없다고 애걸하는 칙령들이 이어졌지만, 더 이상 하늘이 허락해 줄지는 의문이었다. 이런 의심은 곧바로 궁정 안에서 확인

---

* 백일유신(百日維新): 1898년 6월 11일, 광서제가 입헌군주국가를 향한 칙령을 선포하면서 시작된 정치·사회제도 개혁운동으로 변법자강운동(變法自彊運動)으로도 불린다. 9월 21일에 서태후가 광서제를 찾아가 국가의 정사를 자신이 담당하겠다고 선언하고 광서제를 유폐시키는 것으로 이 운동은 끝을 맺었다.
** 쯔진청(紫禁城·자금성).

됐는데, 개혁에 대한 저항이 서태후를 중심으로 구체화됐다. 1898년 9월에 서태후는 조카 광서제를 유폐했고, 몇 번의 붓질로 그가 후원한 모든 개혁을 지워 버렸다. 그의 고문단 중 일부는 사형에 처해졌다. 캉유웨이康有爲·강유위와 량치차오梁啓超·양계초 등 다른 이들은 가까스로 탈출해 망명하며 목숨을 부지했다. '100일 유신' 동안 이 지식인들은 위로부터의 작업을 통해 청나라 정부를 서구 사상에 적응시키려고 애썼다. 중국 자본가계급은 아직 성숙하지 못했고, 그들의 경제기반은 협소했으며, 여전히 서로의 이해관계가 갈라져 있었기 때문에, 이런 사태변화에 더욱 공세적으로 영향력을 행사할 수 없었다. 그래서 개혁적 부르주아 지식인들은 계몽군주에게 의존하고자 했다. 불행하게도 '황제의 명'은 사회변화의 도구로는 무능했다. 황제는 국가 기구의 화신일 뿐이다. 그가 파괴할 것을 명한 바로 그 국가 기구가 단호하게 저항한 것은 전혀 이상한 일이 아니다. 개혁가들이 고위관료들의 관성에 맞서 싸운 것은 가망 없는 짓이었다.[22]

보수적 청나라 관료들이 소수 개인들의 지지를 받은 허약한 개혁 흐름을 저지할 수는 있었지만, 자신들의 파멸을 낳을 강력하고 다양한 요인들에 저항할 수는 없었다. 그들은 연이은 제국주의의 타격으로 비틀거렸다. 19세기 말에는 토지, 무역, 철도 사업에 관한 권리들을 연이어 열강에 넘겨줄 수밖에 없었다.[23] 국내에서는 오랜 수공업 경제의 파괴, 생활비 증가, 홍수와 가뭄에 따른 재해가 원시적 민중반란을 불러일으켰고, 화북의 각 성에서 부흥한 지난날의 비밀결사들이 피억압 민중의 분노가 만주인과 서양인을 가리지 않고 모든 야만인을 향하도록 이끌었다. 서태후를 중심으로 청나라 관료들은 놀라서 물러서며 위험한 편법을 동원했는데, 자신들을 향한 민중반란을 증오스런 외국인들을 후려치기 위한 채찍으로 전환시키려 했다. 외국인들에게 '복서들Boxers'로 알려진 반란집단인 의화단을 공개적으로 지지했다. 반란자들은 구호를 "만주인을 몰아내고 한족을 부흥시키자排滿興漢·배만흥한!"에서 "청나라를 받들고 외세를 멸하자扶淸滅洋·부청멸양!"로 바꾸었다.24

결과는 오직 재앙이었다. 맹렬하고 원시적인 지방반란은 외국 군대가 진압했고, 승리자들은 1901년에 베이징의정서北京議定書를 체결하면서 3억 5,000만 달러의 배상금과 군사 거점의 해체 등 가혹한 징벌을 중국에 부과했다. 뒤이은 수년간 중국은 열강의 경쟁과 충돌에서 무기력한 방관자이자 희생자로 남았다. 철도와 조계지, 그리고 각 성의 운명은 유럽 대사관들에서 결정됐다. 만주와 조선에 대한 지배는 중국 영토를 가로지르는 러일전쟁으로 결정됐고, 중국영토를 주고받는 조약이 중국 정부와 상의도 없이 체결됐다. 더 이상 청조는 중국인들 가운데 어떤 주요 부위도 대변하지 못했고, 점차적 주권 파괴에 대해 아무런 저항도 할 수 없었다.

중국 지식인들은 개혁을 희망하다가 혁명을 선동하는 것으로 돌아섰다. 청조가 너무 오래 살아남았다는 생각이 사람들의 마음속에서 확고해졌다. 학생들과 지식인들은 캉유웨이에게 등을 돌렸고, 또 다른 망명자인 쑨원孫文·손문의 목소리에 귀를 기울이기 시작했다.

쑨원은 1895년에 황제에게 개혁 상소를 올렸던 이 중 한 사람이었다. 하지만 그의 정치적 성장에 영향을 미친 사조는 당대의 저명한 개혁가들에게 영향을 미친 것과 달랐다. 태평천국의 난이 최종적으로 진압되고 1년 뒤에 광저우 인근의 작은 촌락에서 태어난 쑨원은 갓 성인이 되면서 태평천국 무장반란의 전통에 심취해 있는 지하 급진파와 접촉했다. 젊은 시절을 호놀룰루*에서 보내며 기독교도가 돼 성경을 연구했고, 미국의 민주주의 사상을 받아들였다. 그는 청조 타도를 내건 지하조직을 통해 정치활동을 시작했다. 1895년의 첫 시도가 실패한 뒤, 쑨원은 화교들 사이에서 자신의 혁명적 강령에 대한 지지를 구하기 위해 외국으로 망명했다.

쑨원과 화교의 연계는 1차 중국 혁명의 행로에서 결정적으로 중요했다. 중국 자본주의는 외국과의 경쟁에서 무능했고, 도시의 중국자본과 반*봉건적 토지 착취 사이의 유기적 연결 때문에 고통받았다. 이런 요소들은 중국 자본주의의 독립적 발전을 저해했고, 또한 강력하고 선명한 부르주아 민족주의 혁명운동의 등장을 가로막았다. 하지만, 인도, 남양**, 유럽, 미국 등지의 중국 노동자들과 상인들은 현대적 민주정치와 직접 접촉했다. 중국의 외국인들이 자국의 강력한 보호를 누린 것은 화교들이 무방비상태로 민족적 차별과 학대에 직면한 것과 뚜렷하게 대비됐다. 강력한 민족주의 정서는 중국 안에서보다 화교들 사이에서 먼저 형성됐다. 강력한 민족적, 가족적, 전통적 유대가 이 교민들을 고국과 묶어 주었고, 혁명운동을 위한 재정적, 정신적 지지가 이들로부터 시작됐다. 흥미로운 점은 비교적 넉넉한 화교들 중에서 강력하고 독립적인 중화민국을 위한 투쟁에 합류한 이가 드물었다는 사실이다. 쑨원이 모금한 자금의 대부분은 누구보다 먼저 그의 정강에 지지를 보낼 준비가 돼 있던 계약직 노동자들과 소상인들이 푼돈

---

* 하와이의 중심도시.
** 싱가포르, 인도네시아, 말레이시아, 태국, 필리핀 등 중국 남쪽 바다 건너에 위치한 나라들을 일컫는다.

을 모아 준 것이었다.

환상에서 깨어난 개혁가 대부분과 새로운 세대의 학생 다수가 군사적 음모를 통한 군주제 타도에 중심을 둔 쑨원의 정강에 이끌렸는데, 특히 1895년부터 일본으로 모여들기 시작해 1900년 이후 급증한 유학생들이 그랬다. 중국에서는 이 운동이 비밀결사들과 결합됐다. 새롭게 충원된 도시와 농촌의 지식인 출신 성원들이 과거에는 존재하지 않던 민족주의적이고 민주주의적인 색채를 각 조직에 부여했다. 새로운 사상과 급진적 열망으로 가득 차서 귀국한 해외 유학생들은 곳곳에서 조직화에 나섰다. 현존 질서에 대한 불만이 증대됐고, 민주주의적이고 민족주의적인 사상이 성장했다. 러시아의 1905년 혁명은 중국 지식인들에게 깊은 인상을 남겼고, 청조를 밀어붙여 양보하도록 하는 데서 매우 특별한 영향을 미쳤다.[25] 중국 상인들과 자본가들은 좀 더 대담하게 나서기 시작했다. 1905년의 미국 배척운동과 1908년의 일본 배척운동이 그것을 분명하게 보여 주었다.

이 두 운동은 광범위하고 민중적이었다. 상인조합들과 새롭게 등장한 《민중신문》이 운동을 지지했다. 미국 내 화교들에 대한 미국인들의 학대에 반대해 중국이 경제적 무기를 사용한 것은 상인들과 소자본가들 사이에서 새로운 자신감과 연대감을 불러일으켰다. 운동은 미국의 화교들과 조국의 중국인들 사이의 연결을 강화시켰다. 미국의 화교 대다수가 광둥성廣東·광둥 출신이었기에 배척운동은 광저우에서 가장 강력했지만, 싱가포르, 상하이, 톈진에서도 시위와 배척운동에 호응했다. 아마도 무엇보다 중요한 것은 미국의 외교적 압력에 따라 청나라 조정이 배척운동 금지 명령을 발표했지만, 황제의 권위를 공공연하게 무시하면서 배척운동이 계속됐다는 사실일 것이다. 1908

년의 일본 배척운동은 더욱 명확한 반정부적 성격을 띠었다. 이 운동은 어느 기선사건*과 관련해 중국 당국이 보인 일본에 대한 굴욕적 태도 때문에 발생했다. 상인들은 일본 상품을 불태웠고, 부두 노동자들은 일본 상품의 하역을 거부했는데, 아마도 이것은 20세기에 중국 노동자들이 반제국주의 투쟁에 직접 참여한 첫 사례일 것이다.[26]

미국 배척운동과 관련해 떠오른 요구 중 하나는 미국 기업한테 승인해 준 광저우--한커우漢口·한구 철도 부설권을 취소하라는 것이었다. 당시 각 성의 부유한 상인들과 신사들 사이에서 확대된 청조에 대한 반대 기운이 철도 부설권이라는 문제를 중심으로 모였다. 광저우, 한커우, 창사長沙·장사, 청두成都·성도를 연결하는 철도건설 계획은 이미 마련돼 있었고, 계획을 이행할 기업들도 중국자본으로 설립돼 있었다. 매판 기구가 된 베이징 정부는 엄청난 이익을 가져다줄 부설권을 외국인들에게 넘겨줄 방법을 찾아냈고, 해외자금을 이용해 이미 다양한 철도 계획에 투자된 중국인 주식을 사들였다. 그러자 후난성湖南省·호남, 후베이성湖北省·호북, 쓰촨성四川省·사천 등지에서 이제 막 등장하고 있던 철도업계 거물들 사이에서 저항이 폭발했다. 지하 혁명단체들[27]은 이 문제를 광범위한 선동의 재료로 활용했고, 청나라 정부를 증오스런 외국인 착취자 또는 경쟁자와 한통속으로 여기게 만들었다. 이것이 상층계급의 새로운 층을 군주제에 맞선 투쟁으로 이끌었다. 결국 이 문제 때문에 쓰촨성에서 공공연한 반란이 일어났다.

---

* 1908년 2월에 광저우 해군이 무기 밀매를 막기 위해 일본 상선 타츠마루 호를 나포했는데, 일본은 이 선박이 포르투갈령 마카오 영해 상에서 나포됐다며 항의했다. 중국은 공식적으로 사과하는 한편, 타츠마루 호를 풀어 주며 배에 실려 있던 무기와 탄약을 구매해 줬다.

청조는 목숨을 겨우 부지했던 마지막 10년 내내 완전한 붕괴의 위험에 휩싸여 있었다. 개혁 압력에 굴복하는 것을 통해서만 생명을 연장할 수 있었다. 황태후와 그녀의 조언자들은 의화단의 난 이후 증대됐던 심각한 사회적 동요 앞에서 양보할 수밖에 없다는 점을 깨달았다. 그들은 양보와 하야 사이에서 선택의 기로에 서 있다고 생각했다. 1906년, 300년 동안 천자의 나라를 절대적으로 지배해 온 청조는 입헌정부의 '원칙'을 마지못해 인정했다. 그 후 황제의 천부적 특권은 점차 사라졌다. 청조는 그 최후의 강력한 대변자가 무대에서 사라졌을 때, 이미 사형선고를 받았다. 1908년 말에 서태후가 죽었다. 유폐된 광서제는 그녀와 함께 무덤으로 갔다. 그녀의 늙은 조언자들도 곧 뒤를 따랐다. 용좌에는 세 살짜리 선통황제宣統皇帝**가 앉았다. 어리석고 무능한 남자가 섭정을 맡아 통치했다***. 조정은 사소한 족벌주의와 파벌 경쟁의 늪으로 빠져들었다. 개혁은 늘어났지만, 점점 더 인색하고 비현실적인 것으로 되면서, 종이 위의 개혁으로 머물렀다. 1910년에는 엄격히 제한된 '보통' 선거28를 통해, 제정 러시아의 젬스트보와 흡사한 자의국諮議局이 각 성에 설치됐다. 자의국이 가진 유일한 권한은 토론하는 것이었는데, 그것도 황제가 지정한 특정 문제로 한정됐다. 하지만 조심스럽게 엄선된 '장삼' 차림의 자의국 의원들조차 조정과 충돌했다. 그들은 좀 더 관대하고 책임 있는 정부만이 군주제를 보존할 수 있다고 강하게 주장했다. 각 성의 자의국 대표들이 베이징에 자리

** 푸이로 더 잘 알려져 있으며, 일본의 꼭두각시 국가인 만주국의 강덕황제(康德皇帝)가 될 운명이었다.(원주)
*** 아버지인 순친왕(醇親王)이 섭정을 맡았다.

한 전국기관인 자정원資政院에 모여, 조정의 반대를 극복하고 의회개혁을 촉진시키려고 절망스럽게 시도했다. 형식적 변화들이 도입됐지만, 여전히 이 새로운 기구를 짓누르고 있는 구체제는 그것을 가망 없는 허구로 바꿔 버렸다. 황제가 지명한 의원들과 각 성 총독의 안전한 친구들로 구성된 자정원은 '의회'라는 기적적인 구원을 향해 군주제를 이끌어 가려 했지만, 그것은 환상에 불과했다. 그들이 논쟁을 벌이고 있을 때, 혁명이 그들과 그들이 보호하려 했던 조정을 덮쳤다.

1911년 9월에 쓰촨성에서 청나라 관리들에 맞선 지방 소요가 일어난 데 이어, 10월에는 우창에서 수비대의 반란이 터져 나왔다. 당시 롼저우灤州·난주에 주둔해 있던 황군이 반란군 토벌을 거부하면서, 마침내 청조의 시대는 막을 내리기 시작했다. 반란이 확산되는 동안, 조정은 통치의 외관을 보전하는 대가로 당국에 대한 모든 요구를 받아들이겠다고 비굴하게 제안했다. 하지만 그것은 너무 늦었다. 제국은 허물어져 붕괴됐다. 피할 수 없는 운명에 직면한 조정이 무기력하게 붙잡으려 했던 '자정원'의 깃발도 함께 사라졌다.

내부 부식 때문에 청조는 이미 유명무실했다. 단 한 번의 작은 압력만으로도 청조를 제거할 수 있었다. 1911년 혁명은 이 작은 압력이 되기에 충분한 힘을 불러일으켰다. 하지만 그 이상은 아니었다. 농촌의 변화를 이끌고, 토지 위기를 해결하며, 제국주의 열강의 부단한 침략과 압박으로부터 중국을 보호할 유일한 길인 국가의 독립을 회복할 수 있는 계급은 등장하지 않았다. 중국 자본가계급은 토지에 관한 반봉건적 이해관계를 가지고 있었기 때문에, 애초부터 가난한 농민들을 곤경에서 벗어나도록 이끌 수 없었다. 1911년의 혁명가들은 그것을 시도하지도 않았다. 농민대중은 청나라 왕조를 타도하는 데에 아무런

역할도 하지 않았다. 이들의 수동적 태도 덕분에, 각 성의 구 군정기관
은 현상을 유지할 수 있었고, 단지 왕조시대의 칭호와 만주인 정복자
들에 대한 복종의 표시로 강요됐던 변발이 폐지됐을 뿐이다.

유명무실한 중앙 정부가 사라지자, 권력은 성과 현縣의 폭군들의
손으로 넘어갔고, 이들은 기존 착취제도 전부를 보존하는 데 몰두했
다. 외국의 정치·경제적 거점은 이들을 통해 확고해졌다. 각 지방정권
은 주로 열강 각각의 '세력권'에 상응하는 형태로 존재했다. 광시성 남
부와 윈난성雲南省·운남의 군벌은 프랑스의 지지와 후원을 받았다. 주
강珠江* 유역은 홍콩이 경제적으로 지배했고, 상하이는 더욱 확실하게
영국의 세력권으로 편입됐다. 화북지방의 대부분은 일본의 앞마당이
됐다. 이 경쟁하는 정부 사이에서 곧 터져 나온 내전은 중요한 경제적
지위를 차지하려고 하는 주요 제국주의 열강 간의 충돌을 주로 반영
했다. 이런 사실 때문에, 신해혁명 이후의 시기는 과거에 왕조가 붕괴
된 뒤, 분열, 내전, 혼란이 이어진 유사한 시기들과 구분된다.

이런 새로운 분열이 발생해 형태를 갖추고 있을 때, 혁명에 참가
한 부르주아 지식인들은 속수무책이었다. 자신이 대변한 계급의 경제
적 미성숙과 정치적 무능 때문에, 왕조에 맞선 투쟁 전략은 결코 확실
한 대중운동의 형태를 취할 수 없었다. 농촌에서 토지에 관한 자기 이
익의 보존은 봉건적 가족제도, 문맹, 미신 등 구 체제가 의지했던 모든
후진적인 것의 보존을 의미했다. 도시에서 그들의 이익은 외국 자본
에 종속되고 예속돼 있었다. 그래서 부르주아 지식인들의 투쟁은 군

---

* 광저우 남부에서 광둥만으로 흘러 들어가는 강.

사적 음모의 방식을 취했고, 그것은 늘 실패로 끝났다. 군주체제의 전복은 그들의 노력과는 거의 무관하게 벌어진 일이었다. 그 뒤, 그들은 권력을 잡은 군벌들의 단순한 부속물이 됐다. 그들이 공들여 만든 의회와 헌법은 진정한 정치적 지배권을 가진 기구가 아니라, 그들이 보호받기 위해 의존한 군벌들의 뜻에 따라 묵인되거나 이용되는 장식품이 됐다. 애초에 승리자로 귀국해 최초의 중화민국 총통으로 선출된 쑨원은 구 정권의 장군으로서 베이징을 지배한 위안스카이袁世凱·원세개에게 빠르게 자리를 내줄 수밖에 없었다.

문맹의 장군들 휘하에서 비서나 관리가 되지 못한 지식인들은 운동을 떠나 무관심과 냉소에 빠져들었다. 쑨원과 함께 국민당에 남은 이들은 의회주의 백치병에 걸려, 당 깃발에 '헌법수호'라는 구호를 새겨 넣었다. 하지만 그들이 수호하려 했던 것은 서로 다투고 있는 군벌들 가운데 한쪽이었다. 이 정략에서 그들은 일관된 원칙을 갖지 못했다. 장군들만이 일관됐다.

그 자체로 거대한 역사적 중요성을 띠는 진보적 행동이었던 군주제 타도가 중국의 상황을 더욱 악화시킨 것처럼 보였다. 내전과 군벌 통치는 농촌의 고통을 심화시켰다. 세금이 늘었고, 토지가 황폐해졌다. 농업생산은 쇠락했다. 중국은 쌀과 보리를 수입하기 시작할 수밖에 없었다. 기근과 걷잡을 수 없는 재난이 막대한 인명손실을 입혔다. 땅에서 쫓겨난 수백만 농민은 군벌 군대로 합류하거나 도적이 됐다. 가혹한 세금과 군벌의 징발은 농촌 경제를 빠르게 파괴했고, 인구의 절대다수를 만성적 기아로 내몰았다. 국내 공업은 대규모 과잉노동력을 흡수할 수 없었고, 영원히 그럴 수 없을 것 같았다. 하지만 바로 이 측면에서 빠르고 갑작스런 변화가 1차 세계대전의 직접적 결과로 나타나기 시작했다.

1차 세계대전이 벌어지자 관련국들은 전쟁에 전념했고, 국가의 모든 공업생산을 투입하게 됐다. 그러자 중국의 토착 생산자들은 외국 자본의 부단한 압박이 일시적으로 완화된 상황을 맞았고, 갑작스럽게 자국 안에서 거대한 시장이 열렸다는 점을 발견했다. 전쟁 수요 덕분에 수출이 급증하면서, 중국의 무역수지 적자는 1919년에 총 1,600만 냥에 불과한 수준으로 급락했다. 1913년을 100으로 본다면, 수입은 1914년에 91.6을, 1919년에 105.9를 기록했다. 수출은 1914년에 83.8에서 1919년에 140.1로 증가했다. 사실상 수입은 전쟁기간 동안 거의 그대로 유지되면서, 수출이 약진할 기회를 제공했다.[29]

훨씬 더 놀라운 점은 전쟁이 숨을 돌리는 동안 중국이 눈부신 공업 성장을 이뤘다는 것이다. 공업기계 수입은 1915년의 438만 749냥어치에서 1921년의 565만 7,8535냥어치로 증가했다. 면직공장은 1916년의 42개에서 1923년의 120개로, 방추는 114만 5000개에서 355만 개로 증가했다. 제사공장은 1915년의 56개에서 1927의 93개로 늘었다. 연초공장은 1915년에 4개에서 1927년에 182개로 증가했다.[30] 1913년을 100으로 본다면 1923년에는 다음과 같은 지수들이 산출된다. 석탄생산 183.5, 철광석생산 180.6, 생사 수출 152.3, 콩기름 수출 432.5, 면방추 수 403.9. 같은 기간에 운송과 해운에서도 상대적으로 작지만 상당한 증가세를 보였다.[31]

공업의 성장과 함께 기업구조에서도 광범위한 변화가 있었다. 합자방식이 채용됐다. 은행업이 확대됐다. 기계제 생산이 수공업생산을 빠르게 대체하면서, 결정적 경제부문들에서 장인-직공-도제 관계가 주주-경영주-노동자 관계로 바뀌었다.

자연스럽게도 생산력 증대는 야심찬 중국자본이 외국인들의 뿌리 깊은 이해관계와 격돌하고, 외국인들의 정치·경제적 특권체계에 도전하도록 이끌었다. 또한 새로운 노동자계급이 외국인 고용주는 물론이고 중국인 고용주와도 격돌하게 했다. 이 새로운 원천들에서 흘러나온 새로운 민족주의 조류는 중국을 다음 10년에 걸친 격동으로 휩쓸어 갔다.

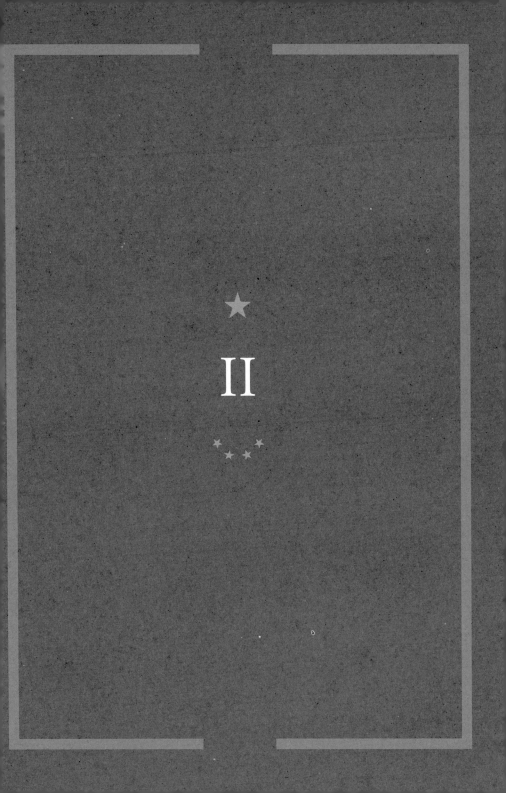

II

PROBLEMS OF THE CHINESE REVOLUTION

중국 혁명의 문제

중국 사회는 뒤늦게 변화하기 시작했다. 이 때문에 현재 중국에는 뚜렷한 대비들이 깊이 새겨져 있다. 중국은 전 세계적 체제의 거스를 수 없는 힘에 이끌려, 나무쟁기에서 트랙터로, 가마에서 비행기로 도약할 수밖에 없었다. 제국주의는 중국 왕조에 경제적, 문화적, 정치적으로 훨씬 앞선 지상세계에 자리를 잡도록 강요했다. 이미 오래전에 다른 세계가 통과한 점진적 발전 과정과 역사적 발전 단계를 통과할 기회는 주어지지 않았다. 따라잡기 위해서는 커다란 도약이 필요했다. 서방이 수 세기에 걸쳐 달성한 것을 몇십 년 만에 달성해야 했다. 가장 심대한 격동 없이 이런 비약은 불가능했다. 이것이 지난 30년간 중국에서 일어난 사건들의 혼돈, 속도, 범위, 깊이, 폭발성을 결정했다.

새로운 시대가 긴박하게 요구하는 물질적·문화적 수준으로 도약하기 위해서는, 단지 과거와 급격하게 단절하는 것만으로는 충분하지 않았다. 그러려면 현재를 변화시켜야 했다. 낡은 족쇄와 새로운 족쇄 모두를 잘라 내야 했다. 제국주의 침략은 현대 자본주의 도구, 즉 생산, 운송, 교통, 금융의 최신기술을 들여왔다. 하지만 제국주의는 상인, 지주, 관리, 군벌을 자신에게 적합하게 바꾸면서 전前 자본주의적 사회 조직이 영구히 존속할 수 있도록 도왔다. 외국인이 건설한 공장과 철도는 여전히 중국 사회 전반에 만연해 있는 후진성으로부터 초과이윤을 뽑아냈다. 제국주의는 중국 경제의 모든 주요 지위를 차지해 외국 투자자들에게 배당금으로 바칠 이윤을 얻으면서, 중국 인민의 생활 수준을 제고하는 데 필요한 자원의 '정상적'·독립적 개발을 가로막았다. 중국 인민이 빈궁에서 벗어나 풍요를 누리려면, 모든 속박에서 생산력을 해방시켜야 했다. 토지는 그것을 일구는 이들에게 돌려줘야 했고, 중국 경제를 틀어쥐고 있는 제국주의 지배력을 무너뜨려야 했다. 이 두 가지는 중국 혁명의 과제에서 불가분의 관계에 있는 요소들이었다. 이 과제들은 중국의 국가적 테두리 안에서는 해결할 수 없었다. 세계 경제의 현 상황에서 일국적 과제는 세계적 과제와 분리될 수 없었다. 중국에서 가장 절박한 역사적 과제들을 해결하려면 그 본성상 제국주의 열강과 직접 충돌할 수밖에 없었다. 이것은 곧 중국의 정치·사회적 투쟁이 갖는 국제적 성격을 보여 주었다. 중국 사회의 개조는 전 세계의 사회·경제적 개조에서 하나의 요소일 수 있지만, 또한 이제 중국은 세계의 일부로서, 세계적 규모에서 대립하는 세력들의 계획, 활동, 충돌에서 거대한 요소가 됐다. 중국 내부 위기의 발전과 궁극적 해결은 그 국경을 훨씬 넘어서는 중대하고도 아마도 결정적인 영향을 미칠 수밖에 없다.

우선 혁명이 땀 흘려 일하는 농민에게 토지와 생산물을 돌려주지 않으면, 중국의 경제활동에서 어떤 급진적 변화도 기대할 수 없다. 오직 이 방식으로만 낡은 토지소유제도는 제거할 수 있다. 이런 필수적인 첫걸음을 내딛지 못하면, 농촌 경제를 새로운 형태와 방식으로 궁극적으로 변화시키고, 농업생산을 증진시키는 일은 상상할 수도 없다. 중국 인구의 4분의 3을 넘는 3억 이상의 인민이 토지에 의존해 살아가고 있다. 이 수억 명의 문제는 중국의 문제다. 이들의 가난은 중국의 가난이다. 중국의 미래는 바로 이 거대한 인구가 지닌 막대한 생산력을 해방시키는 것에 달려 있다. 토지 자체와 함께 토지에서 짜낸 생산물을 빼앗아 가면서도 아무런 대가도 돌려주지 않는 현 사회체제가 이들을 빈궁으로 내몰고 있다. 중국 농촌 경제의 주요 특징은 다음과 같다. (1) 토지 소유가 점점 더 소수의 수중으로 빠르게 집중됐다. (2) 지방 상인과 고리대업자를 통해 오지의 촌락들로 침투하고 있는 상업자본을 통제하는 한편, 해외 금융자본과 세계시장의 통제와 지배를 받는 부재지주, 정부관리, 은행, 도시자본가에게 많은 토지가 이전됐다. (3) 농업생산이 혼란에 빠지고 쇠락했는데, 그것은 토지를 세분화하는 비경제적 이용, 후진적 경작 방식의 보존, 지주, 고리대업자, 국가의 가혹한 세금, 기근, 홍수, 가뭄 등의 재난, 쫓겨난 농민들의 합세로 팽창한 군벌 간 내전 등의 결과였다.

최근 들어서야 처음으로 전문적이고 과학적으로 수행된 조사는 마침내 중국이 비교적 안정된 소지주 국가라는 널리 퍼진 환상을 깨뜨렸다. 천한성陳翰笙·진한생 교수가 이끈 단면연구에 따르면, 아예 토지를 갖지 못했거나, 후진적 생산방식과 가혹한 현 체제 때문에 작은 토지로는 겨우 연명할 수조차 없는 토지 부족 농민이 전체의 65% 이상이었다.[1] 점유하고 사용하는 토지의 차이에 따라, 그 토지에서 사용하거나 착취하는 노동력의 차이에 따라, 농민 인구 내부는 부농, 중농, 빈농으로 갈렸다.*

토지보유 상태는 농업 내 계급관계를 반영한다. 1927년의 한 공식추산에 따르면, 농민 가운데 55%가 전혀 토지를 보유하지 못했으며, 20%가 부족한 토지를 보유했다. 경작지의 81%가 농촌인구 13%의 손에 집중돼 있는 것으로 산정했다.[2] 이후 연구자들은 이 수치들이 대체로 정확하다고 입증했다. 개별적 토지소유가 우세한 중국 북부의 표본이 된 현에 관한 연구에 따르면, 농업 인구의 5%만이 무토지 소작농이었지만, 70%가 총 경작지의 30% 이하를 평균 10.9묘畝**씩 보유했다. 또 다른 현에서는 농업 인구의 65.2%가 총 토지의 25.9%를 7묘 이하로 보유했다. 농업 인구의 11.7%를 차지하는 지주와 부농이 토지의 43%를 보유했고, 중농층이 나머지를 보유했다.

인구밀도가 훨씬 높은 곳인 장강 유역과 중국 남부는 가장 먼저 제국주의의 영향을 받아 농업의 상업화가 빠르게 진전되면서 불균형

---

* 천한성(陳翰笙) 교수는 이들의 범주를 다음과 같이 정의했다. "어떤 농가가 토지에 기대어 겨우 자급할 수 있을 때, 그리고 농업노동의 측면에서 직접적으로 착취하거나 착취받지 않을 때, 그런 가족은 중농계급에 속한다고 말할 수 있다. 중농의 지위가 다른 두 농민계급의 지위를 결정할 수 있도록 해 준다. 어떤 농가가 바쁜 시기에 하루 또는 계절 단위로 한 명 이상의 농업노동자를 고용해 중간층 농가가 자급을 위해 필요로 하는 평균적 노동력 소비량을 넘어설 때, 또는 이들이 경작하는 토지가 중농이 사용하는 토지의 평균 면적을 넘어설 때, 이 농가를 부농으로 분류할 수 있을 것이다. 같은 부락의 중농보다 2배 넓은 토지를 경작하는 농가라면, 노동관계를 고려하지 않고서도 지체 없이 이들을 부농으로 분류할 수 있을 것이다. 빈곤은 비교적 확인하기 쉽다. 경작지 면적이 중농에 미치지 못하고, 생계를 위해 자신이 경작한 것 말고도 임금수입에 의존하거나 보조적 수입에 의존해야 하는 가난한 농민은 일반적으로 빈농에 속한다. 직접 소유했건 임대했건 경작할 토지를 갖지 못한 채 고용된, 또는 조그만 땅뙈기를 경작하지만 주로 농업에서 노동력을 팔아서 생활해야 하는 가난한 농민은 고용된 농업노동자로 불리지만, 여전히 농민에 속한다."─《화북 토지문제》(상하이, 1936), p.8.(원주)

** 묘(畝): 중국에서 사용하는 토지면적 단위. 1묘(畝)=약 200평.

이 훨씬 심화된 것으로 드러났다. 저장성浙江省·절강의 한 현에 관한 연구에 따르면, 인구의 3%가 80%의 토지를 소유했다. 화중華中***의 우시無錫·무석에서는 68.9%의 농가가 단 14.2%의 토지를 평균 1.4묘씩 소유했다. 농업 인구의 11.3%를 차지하는 지주와 부농은 65%의 토지를 소유했다.[3]

광둥성 남부를 대상으로 한 별도의 조사[4] 결과에 따르면, 각지에서 토지소유자의 비율은 인구의 12~32%였고, 소작농과 농업노동자는 68~88%였다. 어떤 지역에서는 인구의 64.3%인 빈농 중 60.4%가 토지를 갖지 못했다. 연구했던 모든 지역에서 평균적으로 절반 이상이 토지를 갖지 못했다. 빈농이 경작 중인 토지 가운데 17.2%만이 자신의 소유지였고, 82.8%는 소작지였다. 평균적으로 빈농 가족이 소유한 토지 면적은 0.87묘였고, 경작 면적은 소작지를 포함해 5.7묘였다. 한 농가가 최저 생계를 유지하기 위해 필요한 농지 면적은 현에 따라 6~10묘로 다양했고, 소작농에게는 그 2배가 필요했다.

여전히 상당한 규모였던 국가, 묘당, 공동체 소유의 토지가 점차적으로 양도되고, 농촌의 문중 토지가 유력한 문중 지도자의 사적 재산으로 전환되는 것도 이런 토지 소유의 극단적 집중에 기여했다. 농업 생산의 지속적 하락과 농민의 어깨를 짓누르는 부담의 증대는 그나마 남아 있던 토지마저 앗아 갔다. 땅뙈기에서 온갖 재간을 부려도 다른 지역에 도입된 농업의 과학적 진보를 따라갈 수 없었고, 생산이 계속해서 감소하는 문제를 해결할 수도 없었다. 현대적 경쟁자들이 효율

*** 허난성(河南省·하남), 후베이성(湖北省·호북), 후난성(湖南省·호남), 장시성(江西省·강서)을 아우르는 지역.

적으로 생산한 더 좋은 상품 때문에, 중국의 주요 상업작물인 차와 비단은 세계시장에서 자리를 내 주었다.[5]

깊은 오지로 침투해 들어온 상업자본, 그리고 그것과 함께 유입돼 농촌의 오랜 자급자족을 끝장낸 값싼 공장제 상품은 현대적 시장의 요구에 부응하는 교통망의 부족, 원시적 농업방식과 결합해 농업생산자를 파멸로 내몰았다. 농민은 생존하기 위해 판매할 작물을 생산해야 했지만, 좁은 땅과 원시적 경작법이 그것을 가로막았다. 자신에게 필요한 것 이상을 생산할 수 없었을 뿐만 아니라, 비료와 종자를 구매하고, 다음 추수 때까지 견디기 위해 필요한 식량을 구매하고, 지대, 농기구 사용료를 지불하기 위해 빚을 져야 했다. 이 때문에 농민들은 30% 미만으로 떨어진 적이 없고, 자주 60%, 70%, 80% 또는 그 이상까지 치솟는 이자율로 땅을 저당 잡혀야 했다. 이 때문에 이자율은 30% 미만으로 떨어진 적이 없고, 반대로 60%, 70%, 80% 또는 그 이상까지 치솟으면서 농민들은 땅을 저당 잡혀야 했다. 짓누르는 세금 부담과 통치자로 군림한 군벌의 약탈은 농민을 빚더미에 올라앉게 했고, 고리대업자와 세리는 농민과 농민의 땅을 마음대로 할 수 있게 했다.[6] 농민은 얼마 안 되는 이문을 남기려고 아주 적은 작물을 먼 곳의 시장으로 가져갈 수 없었기에, 상인에게 사취당했다. 그들은 손쉽게 작물을 독점하고 가격을 조작했다. 한 해 동안 피땀 흘린 고역의 결과는 늘 소득의 증가가 아니라 채무의 증가였다. 채무는 매년 증가했고, 다음 세대로 이어졌다. 농민들은 땅을 잃고 소작농이 됐다. 지주를 위해 40~70%의 수확물을 넘겨줘야 했고, 어두운 봉건시대에서부터 수 세기 동안 이어 온 특별세 혹은 예물의 형태로 상당 부분을 덧붙여야 했다. 또한 오랜 전통으로 정해진 특별한 시기에는 무상노동을 제공할 의무가 있었다. 농민들은 기근, 홍수, 가뭄에 무방비로 노출돼 수확물을 잃었고, 만일 보유한 토지가 있다면 그것을 잃었으며, 가족과 자신의 목숨을 잃기도 했다. 작황이 가장 좋은 해에도 농민들은 기아에 가까운 상태에 있었다. 농민은 지주, 세리, 상인, 고리대업자의 농노와 다름없었다.

이 과정은 다방면에서 농민 대다수를 만성적이고 극심한 빈궁으로 내몰았다. 땅에서 쫓겨난 수백만 농민들은 굶주림 속에서 걸인이나 도적이 됐고, 군벌 군대를 팽창시켰다. 남부의 농민들은 북미, 말레이 반도, 인도로 이주했다. 북부의 농민들은 만주의 미개발지로 이주했다. 또한 수백만 명이 강변과 해안의 도시들을 메웠고, 새로운 산업들이 다 흡수할 수 없는 값싼 노동력의 마르지 않는 원천이 됐다. 여전히 이들의 노동력은 동물보다 저렴했고, 중국 전역에서 사람이 동물을 대신해 짐을 운반했다. 점점 더 많은 땅이 미경작지로 바뀌었다. 가장 큰 농업국 중 하나인 중국은 식량을 수입할 수밖에 없었고, 그 양은 꾸준히 증가했다.[7] 국내외시장은 파멸적인 쇠퇴의 길로 접어들었다. 경제구조 전체가 흔들렸다.

이런 상황이 의미하는 것은 토지를 생산적으로 사용하기 위해 해방시키는 것도(또한 이것은 농민이 무거운 부담에서 해방되는 것을 의미한다) 이 중국 경제를 회복시켜 활성화하는 데서 반드시 먼저 내딛어야 할 첫걸음이라는 사실이다. 하지만 동시에 국가 경제 전체가 필요에 따라 자유롭게 자원을 개발하고 조정할 수 있을 때만, 그것은 가능했다. 제국주의의 정치·경제적 특권이 온존하는 한, 결코 이런 일은 일어날 수 없었다. 외국 자본들은 모든 기초적 경제부문에서 지배적 지위를 차지하고서, 거머리처럼 국가의 자원을 빨아들였다. 중국에서 가장 큰 산업인 면직 산업의 거의 절반을 소유했다. 철도의 3분의 1을 직접 소유해 나머지 철도를 무력화시키는 담보로 삼았다. 중국 영해에서 해운업의 절반 이상을 소유하고 운영했으며, 중국의 해외무역과 연안무역 가운데 거의 80%를 관할했다. 제국주의는 기술적 우위와 정치·경제적 특권을 누리며 중국을 지속적 수탈의 대상으로 삼았다. 1912년부터 1924년 사이에 수입초과는 총 15억 달러의 엄청난 규모로 누적됐고, 이어서 10년 동안 2배 이상으로 늘어났다. 1902년부터 1914년 사이에 외국인 투자는 2배로 늘어났고, 뒤이은 15년간 다시 2배로 늘어나 총 33억 달러에 이르렀다. 그중 5분의 4 이상은 공업과 운송업에 대한 직접투자였다. 나머지는 차관이었는데, 제국주의 열강은 이를 통해 중국 정부를 유순한 도구로 만드는 한편, 중국의 국내외 세입을 틀어쥐었다.[8]

중국은 이 잃어버린 진지를 탈환해야 생산력에 대한 지배를 회복할 수 있었다. 외국의 '세력권' 안에서 제국주의한테 지원받고 있는 군벌들이 끊임없이 벌이고 있는 충돌을 종결시키고 통일을 달성해야 했다. 국내에서 평화를 회복하고, 군국주의 악령을 제거하며, 국내시장을 확대하고 발전시킬 수 있는 방법은 오직 이것뿐이었다. 중국의 공업이 전 민중의 생활 수준을 높이는 기초가 되도록 하는 방법 또한 이것뿐이었다. 교착상태의 토지문제를 해결하기 위해서는 중국이 제국주의로부터 해방돼야 했다. 제국주의로부터 해방되기 위해서는, 대다수 농민대중이 참을 수 없는 부담에서 벗어날 수 있다는 희망을 품고 떨쳐나서야 했다. 민족해방의 구호와 나란히 토지반란의 구호를 내걸 때만, 반제운동은 제국주의를 굴복시킬 힘을 모을 수 있었다.

이 임무를 누가 어떻게 완수할 것인가? 이 질문은 자연스럽게 각 계

급의 역량과 관계에 대한 평가로 귀결되는데, 이들이 토지, 제국주의
와 맺고 있는 관계가 각기 다르기 때문이다. 이들은 각기 다른 목표를
가지고 정치투쟁에 참가할 수밖에 없다. 역사가 풍부하게 증명하듯,
소부르주아계급의 대다수를 구성하는 농민은 정치투쟁의 무대에서
독립적 역할을 할 수 없다. 농민은 서로 날카롭게 충돌하는 경제적 이
해에 따라 여러 계층들로 깊게 갈라져 있다. 이들은 사회에서 가장 분
산적이고 후진적인 부위로서, 경제적이고 심리적으로 국지적이고 편
협하다. 이런 이유들 때문에, 언제나 농촌은 도시를 뒤쫓았다. 언제나
농민은 도시 계급이 집중시키고 단결시키며, 지휘하고 지배할 수 있
는 대상이었다. 농촌 경제의 중심이 될 수밖에 없는 도시에 구심력이
존재하지 않으면, 농민은 무기력할 수밖에 없으며, 특히 가장 밑바닥
에서 착취당하는 빈농일수록 더 그렇다. 유력한 도시계급이 지원하지
않고 외면한다면, 자기 운명을 바꾸려는 농민늘의 시도는 지속적이지
못한 고립된 폭력의 방식을 취할 수밖에 없다.

　　러시아가 그랬다. 특히, 문맹과 미신으로 눈이 먼 엄청난 수의 가난
한 민중이 살고 있고, 그만큼 각 성에 따라 심지어 각 시와 현에 따라 관습, 습
관, 언어가 크게 다른 광대한 중국은 더욱 그랬다. 과거 중국의 모든 위
대한 농민전쟁은 새로운 사회가 아닌 새로운 왕조를 추구한 일부 통
치계급에게 이끌렸기에, 불가피하게 농민 내부의 계층 변화로 끝났
다. 전쟁이 끝나면서 새로운 황제가 용좌에 올랐고, 새로운 지주들이
탄생했다. 모든 사회관계를 변화시키고, 낡은 국가 기구를 철저히 파
괴하며, 그 폐허 위에 새로운 국가를 수립할 수 있는 도시의 동맹자만
이 농민을 역사적 악순환에서 구해 내 소수 착취자한테서 해방시킬
수 있었으며, 또한 농민이 도시와 농촌을 가르는 문화적 간극을 메우

도록 도울 수 있었다.

2~3세기 전, 유럽의 부르주아 혁명들이 이런 역사적 역할을 했다. 신흥 자본가들은 자본주의 소유권을 토지로 확장시켜야 했고, 농노제로부터 노동을 해방시켜 새롭게 성장하는 산업체제를 위한 임금노예로 전환시켜야 했다. 소부르주아계급의 가장 급진적인 부위는 봉건제도의 속박봉건제도가 농민을 땅에 속박시켜 왔다에서 벗어나려는 농민들을 지원하려고 나섰고, 강력한 민족주의적 부르주아 국가의 기초를 놓았다. 20세기의 중국은 이와는 다른 사회적 양상을 띠었고, 다른 해법을 찾았다. 특수한 조건에서 뒤늦게 성장해 직접 농민을 착취한 자본가계급이 농민을 해방시킬 수는 없었다. 어떻게 자본가계급이 뚜렷한 도시집단에서가 아니라 구 지배계급에서 등장했는지, 그리고 어떻게 토지와 관련한 전 자본주의적이거나 반 봉건적인 착취체제와 연결돼 묶여 있는지에 대해서는 이미 살펴보았다. 농민은 지주, 고리대업자, 상인, 은행가, 군벌, 세리, 지방관리의 약탈 대상이었다. 이 착취자들의 이해는 함께 뒤섞여 복잡하게 뒤얽힌 계급적 이해가 됐다. 지대, 이자, 봉건부과금, 국세를 모두 동일한 인물이 징수하는 일이 흔했다.

천한성 교수는 이렇게 썼다. "프랑스 구 체제의 지주와는 전혀 다르게, 중국의 지주는 다면적 존재였다. 이들은 세리이자 상인이었고, 고리대업자이자 행정관리였다. 많은 지주-고리대업자가 지주-상인으로 바뀌고 있고, 많은 지주-상인이 지주-상인-정치인으로 바뀌고 있다. 동시에 많은 상인과 정치인이 지주로 바뀐다. 지주가 양조장, 기름집, 곡물저장소를 소유하는 일은 흔했다. 또한 도매점과 잡화점의 소유주가 토지의 저당권자였고 결국 토지 주인이 됐다. 지주의 전당포와 상점이 어떤 방식으로든 군정당국의 은행과 연결돼 있다는 것은 잘 알려진 사실이다. …… 직업적으로 고리대업에 종사하는 대지주는 일부였지만, 거의 모든 대지주가 어떤 식으로든 그것에 관여했다. 게다가 많은 지주가 군정장관이었다".[9]

이것이 중국을 지배하는 계급, 그리고 농민을 쥐어짜는 착취체제의 진면목이었다. 그것을 지배하는 기본관계의 성격은 부르주아적이었다. 수 세기 전, 기본적 생산수단인 토지를 양도할 수 있게 되면서 중국에서 고전적 형태의 봉건제도는 사라졌다. 상업자본이 농촌으로 침투한 뒤, 많은 전 자본주의적 특성이 남아 있는 경제구조 안에서 본성상 자본주의적인 착취방식이 수립됐다. 현재 지주, 상인, 은행가, 정치인, 세리로 구성된 자본가계급은 고리대, 시장투기, 토지저당, 국세, 지대를 통해 이익을 거두고 있다. 또한 스스로가 낙후된 중국 경제의 산물로서, 사회구조에 깊이 뿌리박힌 전 자본주의적 착취형태에서 상당한 이득을 보고 있다. 군벌의 징발, 무상노동과 예물 등 지주에 대한 의무, 현물 지대, 부역, 병역, 각종 지방세, 이금釐金* 등 성격과 기원에서 명확히 봉건적인 방식들을 통해 세금을 거둬들이고 있다.

군벌들과 그 정부들이 각각의 세력권에서 제국주의 경쟁을 위한 장기판의 졸이 됐듯, 제국주의 압력 아래서 중국 자본가계급의 주요 부위는 외국 자본이 운영하거나 통제하는 자본을 위한 긴밀한 중개인이 됐다. 독립적 자본주의 발전이라는 열망에 고무된 중국 기업가들과 은행가들은 당연하게도 제국주의의 손아귀에서 벗어나려 했지만, 여전히 그들이 크게 의존하고 있는 외국 경쟁자들과의 반목보다

---

* 이금(釐金): 청조(淸朝) 말부터 상품이동이나 상행위에 대해 부과한 세금으로 태평천국운동 진압을 위한 군비충당을 목적으로 만들어졌다.

그들을 국내 피착취 대중과 갈라놓은 균열이 훨씬 깊고, 좁혀질 수 없다는 사실에 직면했다. 자본가계급은 제국주의로부터 양보를 받아 내더 많은 몫의 전리품을 보장받을 수 있었지만, 대중을 만족시키려면 스스로의 토대를 허물어야 했다. 토지를 농민에게 돌려주기 위해서는 기존의 모든 소유관계를 뒤엎고 도시와 농촌에서 자본가계급의 경제적 기반을 파괴해야 했다. 이런 기본적 사실은 피착취자들에 맞선 국내외 착취자들의 연합을 예고했다. 또한 이것은 중국 혁명의 과제를 해결하는 문제가 도시와 농촌의 수많은 노동대중과 수공업자를 조직하고 이끄는 새롭고 젊은 계급, 즉 도시 노동자계급의 손으로 넘어갔음을 의미했다. 이들의 이해만이 중국 경제 전반의 급진적 변화와 맞닿아 있었다.

인구가 매우 많은 나라에서 소수의 노동자계급이 정치적 지도의 책임을 떠맡을 수 있다는 생각은 1917년의 러시아에서 하나의 이론을 넘어서 사실이 됐다. 후진국의 파산한 자본가계급이 감당할 수 없는 것으로 판명된 과제들을 노동자계급이 넘겨받았다. 10월 혁명은 노동자 봉기새로운 계급모순의 정점와 농민 전쟁과거 계급모순의 유산의 결합이 어떻게 후진국을 위한 유일한 출구가 될 수 있는지를 보여 주었다. 러시아와 마찬가지로, 중국은 역사적으로 과거 부르주아 혁명의 시대에 속하는 과제들을 해결해야 했다. 그런데 20세기에는 모든 계급관계와 전체 사회구조를 근본적으로 변화시키는 것을 통해서만 그 과제들을 완수할 수 있다는 사실이 러시아에서 입증된 것이었다. 부르주아 혁명과 프롤레타리아 혁명의 결합을 통해서 그 과제들은 완수됐다.

10월 혁명의 경험은 낙후된 동방 전체에게, 특히 중국에게 결정적으로 중요했다. 과거 부르주아 혁명은 노동자계급이 독립적 계급으로 등장하기 전이었던 자본주의 초기에 발생했다. 하지만 이 혁명들조차 평민대중의 단호한 개입을 통해서만 역사적 결실을 맺을 수 있었다. 네덜란드의 수공업자와 도시빈민은 스페인 봉건제도의 굴레에서 벗어나 네덜란드 자본가계급의 경제적 확장을 위한 길을 열고자 1세기 동안 싸웠다. 부르주아 영국연방의 기초를 놓은 크롬웰 군대는 수공업자와 농민으로 구성됐다. 고전적 부르주아 혁명의 나라인 프랑스에서 농민봉기는 제3신분 시민계급*이 겁에 질려 귀족의 품으로 돌아가게 만들었다. 도시의 평민, 맹아적 노동자계급, 빈민, 상퀼로트**는 혁명을 전진시키기 위해 파리의 빈민가에서 반복해서 들고일어났다. 결국 봉건제도의 사슬을 끊고 농민을 해방시킨 것은 1789년의 국민의회가 아니라 1793년의 자코뱅 공화정부였다. 비록 그들이 농민을 자본주의 질서라는 새로운 노예제에 속박시켰지만 말이다.

전체 사회를 전면적으로 변화시켰고, 그에 따라 사회변혁의 방법과 수단을 바꾼 하나의 역사적 시기가 이들 사건들과 러시아 혁명 사이에 존재했다. 자본주의는 세계적 규모에서 노동 분업을 수립했다. 전면적인 기술 진보와 자동적인 자본 팽창은 애초에 국내시장 재편과 그것을 부양하는 생산체제 재조직을 쉽게 하려고 만들어진 국가적 장벽과 충돌할 수밖에 없었다. 서로 경쟁하는 국가들은 시장, 새로운 원료, 값싼 노동력, 높은 이윤을 위해 싸웠다. 이런 충돌로부터 식민지 제국이 성장했다. 전 세계의 모든 낙후된 지역은 좀 더 발전된 국가들

---

* 금융업자, 상공업자, 관리, 법률가, 의사 등 자유업에 종사했던 자본가계급.
** 귀족과 시민이 입었던 반바지를 입지 않은 사람이라는 뜻으로 노동자, 수공업자, 소상인, 소자작농, 농업노동자를 일컬었다.

에 종속됐고, 꼼짝없이 세계 자본주의 경제의 궤도로 편입됐다. 아시아와 아프리카는 정치·경제·군사적 충돌을 위한 거대한 무대가 됐다. 이렇게 빠르게 진행된 과정의 중심에는 무자비한 경쟁이 있었다. 이로부터 자본의 집중화 경향이 출현했고, 대규모 산업에서 대량생산을 기초로 독점이 등장했다. 또한 전 세계는 더욱 강력해진 소수의 정치·경제적 집단들로 분할됐고, 경제적이거나 군사적 수단을 통한 상호간의 전쟁이 끊이지 않았다. 공업의 지배를 대체한 금융의 지배는 바다와 산맥을 가로질렀고, 심지어 오랜 중국의 장벽을 무너뜨렸다. 후진적 러시아와 새롭게 깨어난 동방에서 혁명이 무르익기 오래전에 이미 세계는 제국주의 시대로 진입했다.

이처럼 변화된 세계는 후진국들에게 따라야 할 본보기였다. 뒤처진 나라는 이미 다른 나라가 경과한 발자취를 단일한 역사적 단계로 압축하는 거대한 도약을 해야 했다. 선진국과 후진국 사이의 깊은 상호의존은 두 나라의 정치운명을 연결시켰고, 후자를 위한 점진적이고 독립적인 국가발전의 가능성을 완전히 파괴했다. 경제 분야에서 후진국들은 가장 원시적인 전 자본주의적 생산형태로부터 최신 기술이 도입된 공업, 운송, 시장조직으로 도약해야 했다. 마찬가지로 정치 분야에서도 현대의 민주주의 정치제도가 긴 시간에 걸쳐 비교적 점진적으로 발전해 온 과정을 짧은 시간에 압축적으로 펼쳐 내면서 도약해야 했다. 그뿐만 아니라, 이미 사회가 세계적 규모에서 발전했기에 후진국들은 단지 따라잡는 것을 넘어서 추월해야 했다. 이미 자본주의는 생산력의 족쇄가 됐다. 이제는 국제적 차원에서만 가능한 발전을 국가적 장벽이 가로막았다. 이에 대해 자본주의 세계가 제시할 수 있는 유일한 해법은 재앙적 전쟁이었다. 선진국들에서 자본주의와 민주주의 정치 기구가 경제 확장의 기본요구에 부응하지 못했기에, 후진국들에서 자본주의가 민주주의 정치체제 속에서 평화적으로 발전할 것이라는 희망은 완전히 사라졌다. 조금이라도 전진하기 위해서는, 역사적 시기 전체를 뛰어넘어 이행적 노동자계급 독재를 수립해 직접적으로 사회주의적 발전을 향해 나아가야 했다. 바로 이런 일이 1917년에 러시아에서 벌어졌다. 오직 노동자계급만이 과거에서 물려받았거나 현 시대가 제기한 문제들을 해결할 수 있다는 것이 입증됐다.

10월 혁명이 승리를 거둔 것은 역사발전의 과정이 생산력 증대를 노동자계급의 권력 장악에 달려 있도록 만들었기 때문이다. 러시아 노동자계급이 이런 역사적 기회를 잡을 수 있었던 것은 역사의 계급 역학에 관한 의식성을 놀라운 수준으로 발전시킨 당의 지도를 받았기 때문이다. 그것은 19세기 중반의 유럽 혁명의 경험들과 근래의 러시아 혁명의 경험에서 이끌어 낸 것이었다. 역사상 그 누구와도 비할 수 없는 족적을 남긴 4명의 위대한 공산주의자들, 즉 마르크스와 엥겔스, 그리고 그들을 계승한 레닌과 트로츠키가 그것을 종합하고 명료화했다.

선진국에서든 후진국에서든, 역사의 변증법이 사회진보의 지렛대를 자본가계급의 손에서 노동자계급의 손으로 넘겨주는 것만으로는 충분하지 않았다. 경제 영역에서 적대계급에 맞서 일어나고 있는 노동자들이 경험을 통해 자신의 정치적·역사적 임무를 자각해야 했고, 정치 무대에서 그들을 독립적 행동으로 이끌 수 있는 필수적 무기인 정당을 벼려 내야 했다.

계급투쟁의 역사는 가장 직접적 의미에서 피억압 계급이 압제자에 대한 노예적 굴종과 종속에서 벗어나 해방을 쟁취해 온 역사다. 시민들이 더 이상 귀족 앞에서 굽실거리지 않았을 때, 부르주아 국가의 건설을 위한 투쟁은 현실화됐다. 1848년에 유럽에서 민주주의 운동들이 수포로 돌아간 것은, 노동자와 평민대중에게 겁먹은 소부르주아 민주주의자들이 봉건 반동세력을 위해 농민을 배신했고, 카베냐*과 그의 독일·오스트리아 동료들이 미성숙한 노동자계급 운동을 분쇄하도록 허용했기 때문이다. 등 뒤에서 노동자계급이 등장하는 상황에서, 더 이상 자본가계급은 토지 위기를 해결하거나 안정된 민주 정부를 수립할 수 없었다. 그 대신 그들은 혁명 이외의 수단을 통한 부분적이고 하찮은 난국수습을 추구한 비스마르크와 루이 나폴레옹에게 굴복했다.

이런 사건들을 통해 노동자계급의 혁명사상은 구체화됐다. 과거 역사를 해명해 역사의 진로를 예측했고, 이미 노동자계급 혁명가로서 적극적으로 종사하고 있던 마르크스와 엥겔스는 노동자들이 미래를 짊어질 하나의 독립적 사회집단으로서 완전한 정치적·조직적 독립성을 획득해야 한다고 생각했다. 그들은 1850년에 독일 공산주의자들에게 보내는 서신에서 이렇게 썼다. "노동자계급 정당이 1848년처럼 자본가계급에게 이용되거나 끌려가지 않으려면, 가능한 통일적이고 독립인 정당으로서 각축장에 올라야 한다". 노동자당은 '공식적 부르주아 민주주의의 부속물'이 되는 것을 피해야 하고, '독립적 노동자조직을 건설하고, 모든 자치 기구를 노동자들을 결집시키는 중심이 되도록 해, 자본가계급의 영향에서 벗어나 독립적인 계급의 입장과 이

---

* 자코뱅 당원이었던 아버지에 이어 굳건한 공화주의자였다. 국민의회 의원으로 선출됐고, 전쟁상(相)이 됐다. 1948년 6월 국민의회에서 사회주의자들이 추방되고 국영사업장들이 폐쇄된 데 항의해 대규모 노동자 봉기가 일어났을 때, 봉기의 유혈진압작전을 지휘했으며, 노동자 수천 명을 살해했기 때문에 '6월의 학살자'라는 별명을 얻었다.

해에 관해 토론하도록' 활동해야 한다. 어떤 공동의 적에 맞서 소부르
주아 민주주의자들과 '일시적 연계'를 맺는 것은 이 동맹을 경계할 때
만, 그리고 '부르주아 민주주의자들이 제출한 요구와 대별되는' 고유
의 요구를 비타협적으로 제출할 때만 가능하다. 여전히 마르크스와
엥겔스는 부르주아 도시에서 농민의 동맹자가 민주주의 세력이라고
보았고, 따라서 장차 독일에서 부르주아 민주주의 체제가 수립되리라
생각했다.

그들은 이렇게 썼다. "한 나라에서만이 아니라 세계의 모든 주요 나
라에서 모든 유산계급을 거의 몰아내고, 노동자계급이 정부권력을 획
득하며, (국경을 넘는) 노동자계급의 연합이 이루어질 때까지 혁명을
지속하는 것이 우리의 이익이고 임무다. …… 우리에게 그것은 단지
사적소유의 형태를 바꾸는 것이 아니라 그 제도를 해체하는, 단지 계
급적대를 은폐하는 것이 아니라 계급을 폐지하는, 단지 기존 사회를
개선하는 것이 아니라 새로운 사회를 건설하는 문제다".[10]

몇 년 뒤인 1856년에 마르크스는 엥겔스에게 보내는 글에서 연속
혁명의 핵심 요소를 짚었다. "독일에서는 2차 농민전쟁이 노동자 혁명
을 뒷받침할 수 있느냐가 관건일 것이다. 그렇게만 된다면 더할 나위
없을 것이다".[11] 독일상황은 그렇게 전개되지 않았지만, 50년 뒤 러시
아에서 벌어진 일은 이 예측이 정확했다는 점을 증명했다.

최초로 노동자계급 독재의 대략적 윤곽을 제공한 1848년 봉기와
1871년 파리 코뮌의 교훈은 볼셰비즘으로 알려진 러시아 마르크스주
의 조류의 원천이었다. 선진국의 '마르크스주의자들'은 마르크스주의
를 국가 사회주의라는 진화적 개념에 꿰맞추고자 국제주의적이고 혁
명적인 내용을 희석시킨 반면, 후진국 러시아는 가장 대담한 자본주

의 기술을 받아들였던 것처럼, 가장 엄격한 혁명적 원칙들을 모두 수용했다. 레닌이라는 천재가 빚어낸 볼셰비즘은 조직적·정책적 측면에서 노동자계급의 절대적 독립성이라는 개념에 근간을 두었다. 그것은 전적으로 혁명의 국제주의적 성격과 선진국 노동자들과의 협력에 바탕을 둔 러시아의 미래를 구상했다. 역사에서 멘셰비즘으로 알려진 또 다른 러시아 노동운동의 조류는 러시아의 혁명이 부르주아 혁명이기에 노동자들이 자본가계급에게 종속돼야 한다는 입장에서 계급 협조적 실천에 기초했다. 이처럼 날카롭게 대비되는 속에서, 레닌은 자본가계급이 아니라 노동자계급이 농민을 이끌 때만 부르주아 혁명이 승리할 수 있고, 끝까지 완수될 있다고 생각했다. 레닌은 이런 노동자-농민의 연합으로부터 등장할 국가의 성격을 '노동자-농민의 민주주의 독재'라는 추상적 정식으로 설명하면서 열려 있는 문제로 남겨 두었다. 레닌을 이어받아 대담한 이론적 전진을 시도한 트로츠키는 부르주아 혁명에서 노동자-농민의 협력이 수백만 농민을 이끄는 노동자계급 독재를 통해서만 구현될 수 있다고 선언했다. 이것이 트로츠키의 유명한 연속 혁명론이다. 그 기본적 전제는 러시아에서 부르주아 혁명이 사회주의 노동자 혁명으로 성장 전화해야만 하고, 그 최종적 승리가 세계적 차원에서만 실현될 수 있다는 것이었다. 아무도 상상하지 못한 빠른 속도로, 사건들이 이 두 거인의 사상과 활동을 통합시켰다.[12]

1905년 혁명은 자유주의 자본가계급이 전제 군주의 식탁에서 나오는 빵부스러기에 만족할 수 있다는 점을 보여 주었고, 이어진 반동의 시기에 레닌은 끊임없이 노동자계급의 독립성이라는 개념을 주제로 삼았다. 그는 '조직을 합치지 않고, 따로 진군해 함께 타격하며, 이해

의 충돌을 숨기지 않고, 적을 대하듯 동맹자를 주시하는 절대적 단서'
아래에서라면 볼셰비키가 '혁명적 부르주아 민주주의세력과 손을 맞
잡고 적을 무찌르는 일을 두려워할 필요는 없다'[13]고 썼다. 1917년에
멘셰비키가 혁명을 부르주아적 방향으로 이끌려고 했을 때, 레닌은
이렇게 썼다. "모든 부르주아 혁명에서 모든 부르주아 정치인은 민중
앞에서 수많은 공약을 내뱉으며 노동자를 마비시킨다. 우리의 혁명이
부르주아 혁명이기에 노동자가 자본가계급을 지지해야 한다고 말하
는 청산주의* 진영의 정치인이야말로 바로 쓸모없는 자가 아닌가. 우
리 마르크스주의자는 말한다. 우리의 혁명이 부르주아 혁명이기에,
노동자는 민중이 부르주아 정치인의 기만을 직시하게끔 만들어야 하
며, 그의 말에 대해 신뢰하지 않고, 민중 자신의 힘, 조직, 단결, 무기에
의지하도록 교육시켜야 한다".[14]

이것이 볼셰비즘의 초석이었다. 러시아의 전제체제는 중국에서와
마찬가지로 자본주의적 착취형태와 봉건적 착취형태가 뒤엉켜 대다
수 농민을 지배하면서 생산력을 억제했다. 볼셰비키에게 이것이 갖는
의미는 차르에 맞선 모든 계급의 연합이 아니라, 반대로 계급 상호 간
의 투쟁을 전개하는 가운데 노동자계급이 진정한 농민의 지도자로 등
장하는 것이었다. 10월 혁명은 노동자-농민의 민주주의 독재라는 레
닌의 '대수공식'에 산술적 내용을 제공했다. 레닌 자신의 표현에 따르
면, "생활이 그것을 공식의 영역에서 현실의 영역으로 끌어내 피와 살
을 입혀 구체화시켰고, 그렇게 바꿔 놓았다".[15] 10월 혁명은 노동자 독

---

* 1905년 혁명의 패배 후 노동운동을 차르의 합법성에 순응시키고자 했던 멘셰비즘을 말한다.

재만이 농민전쟁을 승리로 장식할 수 있음을 입증했다. 볼셰비키와 러시아 노동자들은 세계의 다른 노동자들이 합류할 것을 기대하며, 대담한 이론을 눈부신 현실로 바꿔 놓았다. 전쟁이 차르의 마지막 버팀목을 부쉈을 때, 그들은 광대한 후진국을 역사상 최초의 노동자국가로 바꿔 놓았다.

노동자들의 러시아가 전쟁에 지친 세계로 확산시킨 혁명적 자극은 열강의 식민 제국 전역에서 반향을 불러일으켰다. 전쟁으로 고갈된 제국주의 세계의 가장 약한 고리에서 터져 나온 10월 혁명은 전체 구조를 뒤흔들었다. 전쟁은 유럽에서 격동으로 이어졌다. 또한 동방의 도처에서 식민지 반란과 민족 반란을 자극했다. 터키, 시리아, 이집트, 아라비아, 아프가니스탄, 인도, 인도네시아, 인도차이나를 거쳐 중국과 조선에 이르기까지, 피지배 민족들은 전쟁으로 약해진 사슬을 끊고자 나섰다. 이들 모두에게 후진국 러시아의 경험은 결정적으로 중요했는데, 그 경험이 구체화시킨 이론적·전략적 핵심교훈들 때문이고, 또한 제국주의 압박에 대해 노동자 국제주의로 맞서는 최초의 노동자 국가가 새로운 객관적 요소로 등장했기 때문이다. 러시아에서 노동자계급이 권력을 장악하도록 이끈 사람들은 모든 것을 세계 혁명의 전진에 걸었고, 자신들의 국제주의에 대해 "일국 노동자계급 투쟁의 이해를 세계 노동자계급 투쟁의 이해에 종속시키고, 자본가계급한테 승리를 거둔 국가에서 세계 자본주의의 타도를 위해 가장 큰 민족적 희생을 치를 각오와 준비를 갖추는 것"[16]으로 정의했다.

이런 견해는 감상적 사고에서 도출된 것이 아니었다. 이미 자본주의가 수립한 세계 경제체제를 진척시키고 완성시키는, '단일한 총체적 계획에 기초하고, 세계 각국의 노동자계급이 통제하는 통일된 세계 경제의 건설'을 통해서만, 세계의 사회주의적 개조는 실현될 수 있다는 사실에 근거했다. 이로부터 '일국에 기초한_{일국에 존재해 세계 정치에 영향력을 행사할 수 없는} 노동자계급 독재를 세계적 독재_{적어도 몇 개 선진국들에 존재해 세계 정치에 결정적 영향력을 행사할 수 있는}로 변화시킬 긴박한 필요성'[17]이 도출됐다. 이런 변화는 양대 운동의 융합에 달려 있었는데, 선진국 노동자계급의 권력 장악을 위한 투쟁과 종속국_{전 세계 영토와 인구의 2분의 1에서4분의 3을 포괄했다}의 민족해방 투쟁이 그것들이다. 레닌과 트로츠키의 지도 아래 설립된 코민테른은 세계 혁명 전략의 기초를 서방 노동자들과 동방 피억압 민중의 협력에 두었다. 전자의 안내와 도움 속에서, 후자는 다양한 후진적 단계에서 벗어나, 자본주의 단계를 뛰어넘어, 전 세계 생산력의 사회적 재조직과 관리에 직접 참여하게 될 것이었다. 바로 이 대담한 구상이 레닌이라는 이름과 분리될 수 없는 국제주의의 확고한 기초였다.

강대국들에게 직간접적으로 종속된 식민지-반식민지의 민족해방 투쟁은 각각의 경제발전 정도와 그에 따른 계급구조에 따라 형태가 결정됐다. 노동자 혁명정당은 전반적으로 진보적인 민족운동을 단순히 지지해서는 안 되며, 종속국에서 어떤 계급이 가장 단호하게 제국주의에 맞서 투쟁하며 국내 문제들을 해결하고, 그 과정에서 국가를 비자본주의적 발전으로 이끌 수 있는지를 이해해야 한다. 1920년의 코민테른 2차 세계대회에서 이 문제를 토론하면서, 레닌은 식민지·반식민지 국가들에서 부르주아 민주주의 운동과 민족혁명운동을 구분해야 한다고 엄중히 주장했다. 전자는 자국 지배계급들의 상층 연합을 만족시킨다는 측면에서 제국주의와 타협하려고 하는 경향이다. 후자는 대중을 가장 짓누르는 국내 사회·경제 문제의 해결을 기초로, 인민대중을 제국주의에 맞선 투쟁으로 통일시키는 것을 추구한다. 노동자계급 혁명가들은 자국 착취자들에 맞서 대중을 결집시키는 길을 후자에서 찾아야 했고, 그것만이 민족해방운동이 결실을 맺을 수 있는 유일한 수단이었다.[18]

레닌은 2차 대회를 위한 식민지 테제에서 이렇게 썼다.[19] "후진국에서 지주와 모든 봉건 잔당에 반대해 농민운동을 지지하는 것은 특별히 중요하다. 우리가 최우선으로 추구해야 하는 것은 농민운동에 혁명적 성격을 부여하고, 농민과 모든 착취당하는 민중을 소비에트로 조직하는 일이다".

"장차 진정한 노동자계급 정당_{이름뿐인 공산당이 아닌}을 구성할 다양한 단위를 통일시키려는 배타적 목적에서 식민지와 후진국의 혁명운동을 지지하고, 그들이 자국의 부르주아 민주주의적 경향에 맞서 투쟁해야 할 특별한 임무를 자각하도록 교육시키는 것이 코민테른의 의무다. 코민테른은 식민지와 후진국의 혁명운동과 일시적 관계를 수립해야 하고, 심지어는 연합을 건설해야 하지만, 그들과 융합돼서는 안 되며, 설사 노동자계급 운동이 여전히 맹아적 상태에 있더라도 그 독립적 성격을 유지해야 한다".

레닌은 10월 혁명의 권위와 명성을 이용하려는 민족자본가들에게 '지도'받는 것을 경계하며, "후진국 해방운동에 공산주의 외피를 씌우려는 사이비 공산주의혁명가들의 기도에 대해 단호히 반대해야 한다"는 경고를 특별히 추가했다.

이런 생각은 같은 대회에서 채택된 보충문서에서 다음과 같이 구체적으로 표명됐다.

"종속국들에는 날마다 점점 더 멀어지고 있는 서로 다른 두 운동이 존재한다. 하나는 자본주의 질서 아래서 정치적 독립을 강령으로 내건 부르주아 민주주의적 민족운동이고, 다른 하나는 모든 착취에서 벗어나기 위한 가난하고 무지한 노동자-농민의 대중행동이다. 전자는 후자를 통제하려 기도했고, 일정 정도 성공했지만, 코민테른과 그 영향력 아래 있는 정당들은 그런 통제에 반대해 투쟁해야 하고, 식민지 노동대중 사이에서 계급의식이 성장하도록 도와야 한다. 식민지 혁명의 첫걸음인 외국 자본가들의 타도를 위해 부르주아 민족주의 혁명분자들과 협력하는 것은 유용하다. 하지만 가장 중요하고 필수적인 임무는 노동자-농민을 조직해 혁명과 소비에트공화국 수립으로 이끌 공산당을 건설하는 것이다. 이와 같이 후진국의 대중은 자본주의적 발전을 통해서가 아니라, 선진자본주의 국가의 계급의식적 노동자계급의 지도를 통해 공산주의에 도달할 것이다".

"식민지 해방운동의 신성한 힘은 더 이상 부르주아 민주주의적 민족주의자들의 협소한 범위 내로 국한될 수 없다. 이미 대부분의 식민지에는 노동대중과 긴밀한 관계를 맺으려고 분투하는 조직된 혁명정당이 존재한다. 코민테른과 식민지 혁명운동은 이들 정당이나 그룹을 매개로 연계를 맺어야 하는데, 이들이 식민지 각국 노동자계급의 전위이기 때문이다. 현재 이들의 규모는 충분히 크지 않지만, 이들은 대중의 열망을 반영하고 있고, 대중은 이들을 따라 혁명으로 나아갈 것이다. 제국주의 각국의 공산당은 이들 식민지 노동자계급 정당과 연대해야 하고, 대체로 이들을 통해 혁명운동에 대한 모든 정신적·물질적인 지원을 제공해야 한다".

"식민지 혁명의 첫 단계는 공산주의 혁명이 아닐 것이다. 하지만 처음부터 공산주의 전위가 지도한다면, 혁명적 대중은 잘못된 길로 이끌리지 않을 것이고, 연이어 전개되는 혁명적 경험을 통해 전진할 것이다. …… 식민지 혁명의 첫 단계는 토지분배 같은 많은 소부르주아적 개혁조항들을 포함하는 강령 속에서 이뤄질 수밖에 없다. 하지만 이것은 혁명 지도부가 부르주아 민주주의자들에게 굴복해야 한다는 뜻은 아니다. 반대로, 노동자계급 정당은 정력적이고 체계적으로 소비에트 사상을 선전하고, 가능한 빠르게 노동자-농민 소비에트를 조직해야 한다. 이 소비에트는 궁극적으로 전 세계 자본주의 질서를 타도하기 위해 선진 자본주의 국가의 소비에트공화국과 협력할 것이다".[20]

이렇게 코민테른은 반세기에 걸친 혁명운동의 사상적·실천적 성과들, 특히 주되게는 러시아 혁명의 구체적 경험들과 그 속에서 드러난 20세기 후진국 부르주아 혁명의 역학관계를 총괄해 동방문제에 적용했다.

러시아 혁명의 교훈은 특히 중국에 적합하다. 두 나라의 운명은 우선 아시아를 가로지르는 1만 킬로미터에 이르는 국경선을 마주하며 연결돼 있다. 두 나라는 특수한 문화와 특성을 가진 여러 인종과 종족으로 구성돼 있고, 두 나라 인민은 국경에서 충돌하지 않고, 투르키스탄과 몽골의 국경을 넘어 점차 융합되는 추세였다. 양국에서 노동자계급은 규모는 작지만 결정적 소수였고, 농민은 압도적 다수를 점했다. 제정 러시아와 마찬가지로, 세계대전 직후의 중국은 자본주의의 초보적 기초와 과거 봉건제의 잔재가 결합돼 대부분의 농민에게 빈곤과 파멸을 가져다준 기괴한 형태의 후진국이었다. 러시아에서는 전제체제가 국가의 생산력을 구속하며 과거의 야만주의를 존속시켰던 반면에, 중국에서는 제국주의가 훨씬 더 극적인 모습으로 국가 경제의 성장을 마비시켰다. 두 나라의 경제적·사회조직적 후진성은 대중들을 극악한 미신과 무지, 수 세기에 걸친 인습으로 지탱되는 농노제 상태로 내몰았다. 전쟁에서 비롯된 새로운 환경에서, 젊은 러시아 노동자계급은 오직 그들만이 잠재해 있는 국가의 창조력을 해방시키고, 그 자원을 산업화하는 길을 열며, 그래서 타국 노동자들의 지원 속에서 세계적 규모의 사회주의 경제를 건설하는 길로 나설 수 있음을 입증했다.

중국은 러시아보다도 더 낙후돼 있었는데, 그것은 중국이 훨씬 늦게 세계 역사의 본류로 합류했기 때문이고, 또한 제국주의가 부패한 로마노프 전제체제보다 훨씬 더 강력한 장애물로 그 앞길을 가로막았기 때문이다. 후진국 러시아가 스스로 제국주의 국가로서의 권리를 주장하고 있을 때 발생해 계급 간의 분리선을 명확하게 그었던 러시아의 1905년 혁명은 마지막 청나라 황제를 용좌에서 끌어내린 중국의 1911년 폭발을 이끈 세계사적 요인 가운데 하나였다. 러시아에서 1905년 사건이 노동자계급의 최선진부위로 하여금 역사적 임무를 깨닫게 했던 반면, 1911년의 중국에서는 아직까지 경제구조 개편과 새로운 계급분화가 정권 차원에서 표현을 찾을 수준까지 진전되지 못했다. 제국주의한테 억눌린 자본가계급은 청조를 대체해 자신들의 단일한 현대적 국가 기구를 수립하기에는 너무도 허약했다. 노동자계급은 이제 막 출현했다. 그 결과 권력은 군벌들의 수중으로 넘어갔고, 이들 사이의 전쟁이 반목하는 제국주의 간의 상호작용을 살짝 가려 주었다. 그런데도, 1911년 혁명은 이행의 시대가 왔다는 점을 알렸다. 이 시대는 더 이상 과거처럼 새로운 왕조의 등장으로 이어질 수 없었고, 국가 경제와 계급구조의 완전한 변혁으로, 그리고 그것과 나란히 국가 기구의 완전한 변혁으로 이어져야 했다. 전쟁 기간 동안 중국의 눈부신 생산력 발전은 현대적 노동자계급을 등장시켰다. 제국주의 압박의 일시적 약화는 중국 자본가계급의 일부 층들로 하여금 잠시 동안 자유로운 성장과 생각지도 못한 이윤을 맛보게 해 주었다. 하지만 이들의 자본주의 확장에 대한 기대는 넘을 수 없는 경쟁의 장벽, 제국주의의 상호대립, 생산품, 보조원료, 제품에 대한 외자투자를 대가로 외국자본이 뽑아 가는 막대한 배당과 충돌했다. 게다가 토지문제를 해결하지 않고서는 국내시장을 부흥시킬 수 없었고, 기존 소유관계 전체를 전복하지 않고서는 토지문제를 해결할 수 없었다.

러시아 혁명은 새롭고 근본적인 출발점을 제시했다. 러시아 볼셰비키가 러시아의 승리를 보존하기 위한 유일한 조건이라고 확신했던 세계 혁명이야말로 민중의 필요에 따라 세계 경제를 합리적으로 재편하고 세계 상품을 합리적으로 분배할 수 있었다. 이것은 자본주의 세계시장의 무정부성을 제거하는 것을 의미했다. 중국은 새로운 질서 속에서 좀 더 발전된 국가들의 계획적이고 체계적인 원조를 보장받을 것이고, 모든 민중의 경제적·문화적 수준을 보편적으로 끌어올리는 활동을 조화롭게 벌여 나갈 것이다. 중국이 진정한 민족해방을 달성할 수 있는 유일한 길은 이것이었다. 그리고 이것은 국내외 착취자들에 맞선 투쟁으로 농민을 결집시켜야만 가능했다. 제국주의의 앞잡이인 자본가계급은 그런 투쟁을 이끌 수 없었다. 기계에 익숙해지지도 않은 젊은 노동자계급이 대다수 민중을 이끌고 미래를 열어야 하는 임무에 직면했다. 다른 어떤 계급도 그럴 수 없었다.

중국 사회에서 노동자계급의 정치적 역할은 인구에서 차지하는 규모가 아니라 비중에 따라 결정됐다. 사회주의를 위해 중국이 '성숙'했는가는 러시아와 마찬가지로 더 이상 문제가 아니었다. 사회주의적 재조직을 위해 전 세계가 '성숙'했는지가 문제였다. 전체 인구에서 노동자계급이 차지하는 실제 숫자는 그리 큰 문제가 아니었고, 각 계급 간의 상호관계에서 노동자계급이 점하는 정치·경제적 지위가 중요했다. 이와 관련해 1905년 러시아의 상황이 흥미로운데, 당시 공장 인구는 150만 명이었고, 도시와 농촌의 노동자는 모두 합쳐 1,000만 명으로 추산됐다.[21] 중국에서는 세계대전 동안과 직후에 산업이 급성장한 결과, 150만 명에 이르는 공장노동자계급이 등장했다. 1927년에 공장노동자를 포함한 산업노동자 수는 275만 명에 달했고, 수공업노동자는 1,100만 명 이상이었다.[22] 인구분포, 인구밀도, 총인구의 차이를 고려하더라도, 이 수치들은 현저한 유사성을 보여 준다. 노동자들의 전투성과 전투력에서도 러시아와 중국은 유사했다. 중국 노동자들은 전쟁이 시작된 뒤에야 하나의 계급으로 등장했고, 현대적 의미에서 최초의 노동조합은 1918년에야 출현했다. 하지만 1년 뒤, 중국 노동자계급은 일본의 산둥성山東省·산동 강탈과 베르사유의 배신에 맞서는 애국학생들을 지지해 파업하며, 국가 정치에 개입하기 시작했다. 다시 6년 뒤에는 100만 명의 노동자들이 파업에 참가했고, 그중 다수는 직접적인 정치 요구를 내걸었다. 2년 뒤, 중국의 노동조합은 300만 명에 이르는 노동자들을 포괄했고, 상하이 노동자들은 권력을 자신들의 수중으로 가져다준 성공적 봉기를 일으켰다. 이런 지속적인 맹렬한 성장은 부분적으로 약점의 근원이기도 했지만, 중국 노동자계급의 청년기 내내 마르지 않는 힘의 원천이었다. 여기서 단순한 비교를 멈추고, 역사적 연속성의 척도에서 바라볼 필요가 있다. 러시아 노동자계급이 이미 승리해 세계에서 첫 번째 노동자국가를 통치하고 있다는 사실도 그 힘의 원천들 가운데 하나였다.

이제 이 노동자국가가 세계적 규모의 계급투쟁에서 하나의 거대한 객관적 요소가 됐기 때문에, 중국 노동자들은 계급적 미성숙의 측면에서 상대적으로 허약했더라도, 과거 러시아 노동자들에 비해서는 훨씬 더 강력했다. 10월 혁명이 중국에 미친 영향은 무형의 자극이나 중요한 역사적 교훈만이 아니라 유형으로 존재했다. 러시아 노동자계급과 노동자국가, 그리고 코민테른의 대열로 단결한 선진 각국의 선진 노동자들이 투쟁을 향해 새롭게 나서는 중국 노동자들을 전력으로 후원했다. 이것은 젊은 중국 노동자계급이 4억 인구의 나라에서 대담하게 지도력을 자처할 수 있게 해 준 그 무엇보다 중요한 세계적 요인이었다. 하지만 바로 그 순간, 역사적 모순이 끼어들어 이 결정적으로 유리한 조건을 거꾸로 뒤집어 중국 혁명의 가장 큰 자산을 가장 무거운 부담으로 변화시키기 시작했다.

새롭고 참신한 중국의 혁명세력들이 힘을 얻기 시작했을 때, 유럽 혁명의 물결은 이미 쇠퇴하고 있었다. 러시아 소비에트 정부는 내외적으로 숨을 돌려야만 했다. 제정으로부터 물려받은 경제구조는 전쟁으로 크게 손상됐고, '전시 공산주의'의 필요성 때문에 극도의 긴장 상태에 있었다. 노동자계급 독재는 지친 민중들이 숨을 돌릴 수 있도록 신경제정책으로 후퇴할 수밖에 없었다. 전략적으로 후퇴할 수밖에 없었던 상황의 주된 원인은 선진 유럽 노동자들이 기대와 달리 러시아 노동자계급을 지원하지 못했기 때문이다. 유럽 노동운동을 이끈 제2인터내셔널의 사회민주주의 지도자들은 전쟁이 발발해 자기 말을 행동으로 옮겨야 하는 상황이 되자마자, 말로만의 국제주의에서 후퇴해 민족주의자로 처신했다. 그들은 유럽의 부르주아 조국을 방어하기 위해 노동자들을 희생시켰다. 전쟁이 끝난 뒤 이어진 격동기에는 자본주의 질서의 확고한 버팀목이라는 점을 입증했다. 노동자계급의 물결을 차단했고, 정치권력을 온전히 자본가계급에게 넘겨줬다. 확고하고 일관된 혁명 지도부의 부재는 레닌과 볼셰비키가 기대한 새로운 혁명의 승리를 가로막았다. 소비에트 러시아는 유럽 노동자국가의 즉각적 원조가 아니라, 제국주의의 위협적인 무력간섭에 직면했다. 소비에트 러시아는 적들을 물리쳤지만, 결국 적대적 자본주의 국가들의 포위 속에서 일시적 휴전을 맺을 방법을 찾을 수밖에 없었다.

　레닌은 최소한 몇몇 선진국 노동자들의 지원이 없다면, 후진적 러시아의 노동자국가가 살아남을 수 없을 것이라고 반복해서 말했다. 신경제정책으로 후퇴할 수밖에 없었을 때, 그는 유럽 혁명의 물결과 러시아 대중의 압력이 잦아들기 시작하면서 안팎에서 적대 계급의 영향력이 위험스럽게 증가해 노동자계급 독재를 위협하고 있다는 사실을 인정했다. 볼셰비키는 코민테른과 소비에트 국가를 통해 새로운 세계적 사건들의 국면에 적극적으로 개입해 빠르게 노동자계급에게 유리한 방향으로 역관계를 되돌릴 수 있기를 기대했다. 코민테른 초기 네 번의 대회는 각국 정당에게 사상적 무기를 제공했고, 이들은 세계적 사건의 국면들에서 적지 않은 영향을 미칠 수 있었다. 하지만 역사는 레닌이나 트로츠키 같은 천재의 주문으로 만들어지는 게 아니었다. 정치적 무대에서 대중이 고립되고 침체된 상황에서, 특히 내전의 최종 대격전을 치른 상황에서 국내외 적대계급의 압력을 반영하는 관료적 반동이 새로운 국가 기구를 차지했다. 유럽의 신생 혁명조직들이 다시 한 번 노동자들을 정치권력의 문턱으로 이끌기 전에, 이들은 입지를 공고히 하기 시작했다.

　새로 구성된 소비에트 국가의 외형에 들러붙기 시작한 이들 관료층은 러시아의 국가적 고립을 출발점으로 삼았다. 이들은 스스로를 노동자권력과 동일시하면서, 소비에트 정책을 세계 혁명의 약속에서 협소한 민족적 이익으로 변경했다. 레닌은 말년에 이런 경향에 맞서 싸웠지만, 이들은 레닌보다 강력했다. 그의 투쟁은 너무도 빨리 끝났고, 권력은 스탈린으로 인격화된 새로운 관료층에게로 넘어갔다. 권력 찬탈자들에 맞선 볼셰비키 반대파는 트로츠키를 비롯한 볼셰비키 당의 노동자계급 중핵들을 중심으로 결집했다. 그들은 시류에 역행해 싸웠지만, 그 흐름을 막거나 돌릴 수는 없었다. 새로운 지도부는 여전히 말로는 노동자 혁명의 확대를 지지했지만, 실제로는 관료적 특권의 공고화로 옮겨 가기 시작했다. 1923년의 독일 혁명을 필두로 유럽의 혁명들이 패배하면서 환멸적 분위기가 조성됐고, 서방 노동자계급이 권력을 장악할 수 있다는 믿음은 무너졌다. 이런 토대와 분위기 속에서 1924년에 처음으로 스탈린의 '일국 사회주의' 이론이 튀어나왔다. 그는 이 이론을 레닌의 비타협적 국제주의 위에 덧씌웠고, 뒤에는 수정된 '볼셰비즘'의 축으로 삼았다.

소련의 고립에 따른 부식작용 속에서 진행된 이런 민족주의적 타락은 불가피하게 소련의 국내외 정책이 노동자계급적 기초로부터 이탈하는 것으로 이어졌다. 국내에서 정부는 소부르주아계급, 쿨락^{부농}, 네프맨^{신흥기업가}에게 추파를 보냈다. 국외에서는 각국 노동자계급 운동의 이해를 점점 더 새로운 소련 관료 기구의 외교적 필요에 종속시키는 정책을 폈다. 이제 문제는 '세계 자본주의의 타도를 위한 최대한의 민족적 희생'이 아니라, 러시아 국가 '사회주의'의 보존을 위한 최대한의 국제적 희생이었다. 이런 변화가 서구 공산당들에서 만개하기 위해서는 10년 이상의 시간이 필요했고, 일련의 어지러운 좌충우돌을 겪어야 했다. 그 효과는 곧 동방의 각국에서 나타났고, 강력한 부르주아민족주의 동맹자에 대한 소비에트 관료들의 갈망과 노동자계급의 역량에 대한 믿음의 상실은 볼셰비즘과 10월 혁명이 아닌 멘셰비즘에 직접 뿌리를 둔 정책의 적용으로 이어졌다. 그래서 부르주아 혁명에서 자본가계급의 지도적 역할이 강조됐고, 기꺼이 노동자들의 이해를 자본가들의 이해에 종속시켜야 했다. 현학적이고 기계적으로 구상된 엄밀하고 연대기적인 부르주아 혁명의 '단계들'이 이들 단계들의 융합과 압축을 보여 준 10월의 생생한 경험을 대체했다.

스탈린과 함께 많은 '구 볼셰비키' 지도자들이 너무도 쉽게 이 길로 빠져든 것은 전혀 우연이 아니다. 1917년 4월에 레닌이 러시아에 도착하기 전까지 이들 모두는 혁명의 첫 국면에 등장한 자본가권력을 신성불가침의 것으로 여겼다. 1917년 3월에 스탈린은 부르주아 임시정부를 지지하는 유명한 공식을 제출했고, 이에 맞서 레닌은 당지도부와 관계를 끊겠다고 위협하면서까지 싸웠다. 그해 3월의 당 대회에서 스탈린은 이렇게 선언했다.

"임시정부가 혁명의 발걸음을 확고히 하는 한, 우리는 그들을 지지해야 하며, 그들이 반反혁명적이라면 임시정부에 대한 지지는 허용될 수 없다."23

며칠 뒤 레닌은 역사적으로 유명한 4월 테제를 통해 날카롭게 맞섰다.

"임시정부를 지지해서는 안 된다. …… 극도로 기만적인 모든 약속을 폭로해야 한다. …… 자본가 정부에게 제국주의 정부이기를 중단하라고 요구하며 환상을 키우는 대신에 그 가면을 벗겨야 한다."24

또한 그는 볼셰비키 당대회를 향해 이렇게 선언했다.

"우리 볼셰비키조차 정부에 신뢰를 보내고 있다. 이것은 사회주의의 죽음이다. 동지들은 정부를 믿고 있다. 그렇다면 우리의 길은 다르다. 나는 소수파가 되겠다."[25]

그가 당에게 노동자권력을 향한 길로 나설 것을 요구하며 '민주주의 독재'라는 낡은 관념에 대해 '볼셰비키의 혁명 이전 고문서보관소'[26]에서나 어울리는 것이라고 선언하자, 공포에 휩싸인 '고참 볼셰비키'와 아연해진 스탈린은 "혁명의 부르주아 민주주의 단계를 뛰어넘으려 한다"며 레닌을 비난했다. 레닌의 노선이 우세해졌고, 10월 혁명이 '부르주아 민주주의 단계'의 옹호자들을 가볍게 잠재웠다. 물결이 가라앉고 권력이 그들의 수중에 남겨졌을 때, 그들은 여전히 '혁명 이전 고문서보관소'에 매달려 있었다. 10월의 경험은 지나갔고, 겨우 흔적만 남았다. 생생한 현실을 대신해 '고문서'가 새롭게 단장됐고, 새로운 지배집단의 권위를 떠받들기 위해 볼셰비즘과 10월 혁명의 표찰이 붙었다. 중국 혁명이 박차를 가하기 시작하고, 소비에트 관료집단이 동방으로 관심을 돌릴 무렵, 레닌과 트로츠키의 역동적 볼셰비즘은 부하린의 현학적 공식들로 치장된 스탈린의 경험주의에 자리를 내 주었다. 중국 노동자계급의 이익에 대한 보호가 아니라 강력한 민족자본가계급 동맹자에 대한 갈망이 이들 정책의 기본적 동기가 됐다. 멘셰비키인 마르티노프와 라페스가 동방을 위한 볼셰비즘의 '해설자'로 등장했다. 이들의 중심축은 노동자계급이 아니라 자본가계급이었다.

중국 노동자들은 이미 스스로 혁명의 길로 접어들었다. 도시 노동자들로부터 자극받은 거대한 농민층이 행동에 나서기 시작했다. 초조하게 팽창을 갈망했던 중국 자본가계급이 갓 등장한 운동을 통제하기

위해 손을 뻗치고 있었고, 레닌이 예견했듯이 벌써부터 공산주의와
10월 혁명의 권위로 스스로를 숨기려 했다. 다른 한편, 영웅주의, 용
기, 희생, 인내를 두드러진 특징으로 갖춘 중국의 비천한 노동자들은
자신들을 어리석고 고분고분한 동물처럼 부리려는 사회와 맞서 싸우
고 있었다. 이들의 정치적 미성숙을 보완하기 위해서는 노동자국가
의 지원이 필요했다. 우선 필요한 것은 10월 혁명의 사상적 무기로 무
장하고, 코민테른의 역량이 뒷받침하며, 자신의 역사적 임무를 충분
히 자각한 혁명정당이었다. 중국 혁명은 이런 힘들을 통해 억압받는
전체 동방을 일으키고 제국주의 열강의 기반을 파괴해 제국주의에
치명적 일격을 가하고 소비에트의 국가적 고립을 깨뜨릴 절호의 기
회였다.

　매우 짧은 몇 년 사이에 거대한 대중운동이 도시의 거리와 피폐한
농촌 들판에서 등장해, 중국 사회의 낡고 부패해 썩어 가는 모든 것을
파괴하거나 변화시키려고 위협했다. 하지만 지도부를 자처했던 자들
은 질긴 면바지를 입은 이런 대중에게 치명적인 굴종의 인습과 영원
히 단절하라고 가르치는 대신, 이들이 투쟁에 나선 상황에서조차 착
취자들의 정치마차에 속박시켰다. 10월 혁명과 코민테른의 모든 권위
와 역량은 하나의 독립적 세력으로서 노동자계급을 위해서가 아니라,
민족자본가계급을 위해 쓰였다. 그 결과 대중들은 최고조의 순간에
멈춰 섰고, 그들의 조직들은 해체됐으며, 그들의 지도자들은 참수됐
다. 이들의 도전으로 흔들렸던 착취체제는 다시 안정을 되찾았고, 여
전히 건재했다. 이것은 중국 혁명의 비극이었다.

III

THE NEW AWAKENING

새로운 각성

세계대전 동안 중국 경세가 변화하기 시작하자, 모든 변화의 봇물이 갑작스럽게 터졌다. 수많은 통로를 통해 새로운 사고, 새로운 사상, 새로운 열망이 이 나라로 쏟아져 들어왔고, 마치 거대한 파도가 좌초된 폐선을 덮치듯 과거의 완고한 잔재들과 부딪쳤다. 1911년 혁명의 실패로 지식인들 사이에서 일어났던 절망과 낙담의 정서는 새로운 세대 전체를 빠르게 끌어들인 풍부한 문화부흥운동의 시작에 자리를 내주었다. 새로운 지도자들과 새로운 세력들이 전면에 나섰다. 1911년 혁명의 소규모 지식인 대열에서 등장한 안후이성^{安徽省·안휘} 관리가문 출신의 천두슈^{陳獨秀·진독수}는 과거의 그 누구보다도 대담하고 명확하며 용감하게 반란의 임무를 제출하기 시작했다. 앞으로 그와 함께 한 세대 전체의 삶을 뒤바꿀 것이고, 뒤이은 수년 동안 사회적 격돌의 전장에서 반란군에 합류해 지도할 사람들이 그를 중심으로 모였다.

천두슈는 새로운 세대의 임무에 대해 "유교, 낡은 도덕과 의례의 전통, 낡은 윤리와 정치, …… 낡은 교육과 문예에 맞서 싸우는 것"이라고 선언했다. 그는 민주정치와 현대 과학으로 그것들을 대체하고자 했다.

1915년에 천두슈는 유명한 잡지 《신청년》에서 이렇게 썼다. "우리가 사회적 진보를 꿈꾸려면, 먼저 현재의 것들을 불변의 진리로 믿는 낡은 편견과 단절해야 한다. 우리는 낡은 방식을 버려야 한다. 고금의 위대한 역사적 사상가들의 이론과 우리의 경험을 접목시켜야 하며, 정치, 도덕, 경제에서 새로운 사상을 창조해야 한다. 새로운 환경과 사회에 부응하는 새로운 시대정신을 수립해야 한다. 이상적인 사회는 정직하고, 진보적이고, 낙관적이고, 자유롭고, 평등하고, 창조적이고, 아름답고, 선하고, 평화롭고, 서로 돕고, 기쁘게 일하고, 모두에게 행복한 사회다. 우리는 거짓되고, 보수적이고, 비관적이고, 구속적이고, 계급적이고, 인습적이고, 추하고, 악하고, 전쟁에 짓밟히고, 잔혹하고, 나태하고, 다수는 불행하고 소수는 행복한 세상이 무너져 사라지기를 바란다".

또한 천두슈는 이렇게 썼다. "나는 신선한 활력의 청년 여러분이 자각해 투쟁하기를 희망한다. 자각이란 무엇인가? 여러분이 가진 젊음의 힘과 책임을 의식하고 존중하는 것이다. 여러분이 왜 투쟁해야 하는가? 젊음을 잃고 부패한 자들을 몰아내기 위해서는 여러분의 지식을 전부 활용해야 하기 때문이다. 그들을 적이자 맹수로 여겨야 하고, 그들에게 영향을 받아서는 안 되며, 그들과 어울려서도 안 된다".

"중국의 청년들이여! 내 말을 이해하는가? 내가 보기에 열 가운데 다섯은 나이는 젊지만 정신은 늙었고, 열 가운데 아홉은 몸은 젊지만 정신은 늙었다. …… 몸에서 그런 일이 벌어진다면, 그 몸은 죽게 될 것이다. 사회에서 그런 일이 벌어진다면, 그 사회는 망하게 될 것이다. 그런 병은 한탄한다고 해서 치료할 수는 없고, 용기를 가진 젊은이들만 치료할 수 있다. …… 살아남기 위해서는 청년들이 있어야 하고, 부패를 제거하기 위해서는 청년들이 있어야 한다. 우리 사회의 희망은 오직 여기에 있다".

이 인상적인 선언은 새로운 각성을 나타냈다. 선언이 발표됐을 때, 한 학생이 이렇게 썼다. "그것은 마치 천둥소리처럼 다가와 미몽에 빠져 있던 우리를 일깨웠다. …… 더 많은 사본을 보내 달라는 주문이 베이징으로 쇄도했다. 초판이 몇 번 더 인쇄됐는지는 모르지만, 확실히 20만부 이상 팔렸다".[1] 선언이 제시한 미래지향적 우상타파와 대담한 용기 속에서, 청년들은 스스로 새로운 삶과 새로운 세상을 확립하기 위해 나섰다. 이것은 곧 전국을 열광시키고 수백만 명을 일으켜 세운 거대한 운동의 지적 원천이 됐다. 세계대전에 따른 불안과 동요는 새롭게 솟구쳐 오른 민족주의가 도처의 피억압 민중을 분기시키도록 재촉했다.

이런 기운은 곧바로 일본 제국주의와 충돌했고, 일본은 전쟁시기를 이용해 1915년의 악명 높은 21조를 중국에 부과하고 산둥성을 점령할 기회를 잡았다. 우드로 윌슨이 약속한 전 세계 인민의 자결권과 사회정의라는 번드르르한 문구는 중국도 전반적 재건의 과정에서 그 권리를 갖게 될 것이라는 기대를 불러일으켰다. 베르사유의 제국주의 흥정꾼들은 이런 환상을 산산이 부수었고,[2] 청년들은 타락한 친일 베이징 정부의 배신에 격노해 들고 일어났다. 1919년 5월 4일에 베이징에서 거대한 학생시위가 벌어졌다. 매국 장관들의 주택이 공격당해 파괴됐다. 운동은 전국으로 확산됐다. 운동 속에서 새로운 목소리가 등장했다. 공장노동자들이 학생들의 요구에 지지를 보내며 파업에 돌입했다.

산업 성장은 현대적 노동자계급을 무대 위로 등장시켰다. 1916년 말에 이미 산업노동자들은 100만 명에 이르렀고, 1922년에는 거의 2배로 증가했다. 유럽 서부전선에 군인으로 출전한 20만 명에 가까운 중국 노동자들은 그곳에서 읽고 쓰는 법을 약간 배웠으며, 무엇보다도 유럽 노동자들과 접촉하며 유럽의 높은 생활수준을 경험했다. 이들은 어떻게 인류가 더 나은 삶을 위해 투쟁해 왔는가 하는 새로운 사상을 가지고 귀국했다. 이들은 충돌에서 벗어나지 못하는 강대국들을 보았고, 조국을 해방시키겠다는 결심을 품고 귀국했다. 산둥성사건이 대중적 격분을 불러일으킨 동안 유럽에서 돌아온 많은 이는 일본 항구를 통해 도착하는 것을 거부했다. 파업이 5·4운동의 함성을 강화시키기 시작했을 때, 귀향한 노동자들은 벌써부터 '중국 노동계의 싸움꾼들'로 간주됐다.[3] 전선에서 갓 돌아온 이들 노동자 군대는 위대한 중국 산업노동자계급의 강고하고 의식적인 중핵이 돼, 이 미숙한 계급이 태어날 때부터 직면한 버거운 과제들과 마주할 수 있도록 도왔다. 젊은 산업노동자계급은 약 1,000만 명에 이르는 운수노동자, 막노동꾼, 점원, 수공업자, 견습공을 이끌면서,[4] 자신의 조직으로 단결하기 시작했다. 오랜 가족상점과 행장이 주식회사에 길을 터 주면서, 동업조합은 붕괴돼 노동조합과 상공회의소에 길을 내주고 있었다. 기계를 처음 다뤄 본 중국 노동자들은 곧바로 정치투쟁으로 떠밀렸다. 1919년에 상하이를 포함해 여러 도시들에서 발생한 파업은 베이징에서 시위로 체포된 학생들을 석방하고 문제가 된 정부 관리를 사임시키도록 압박했다.

5월 4일의 물결은 전국을 휩쓸었다. 그것은 2차 중국 혁명의 전조였다. 낡은 전통사상의 보루가 붕괴되는 소리가 전국 곳곳으로 울려 퍼졌고, 청년들의 가슴에서 불만을 일깨웠다. 도시와 농촌의 청년들은 중국의 미래를 좌우하게 될 시대적 격동 속으로 빠져들었다. 그들은 대담하게 권위의 족쇄를 끊고, 잔존하는 중국의 장벽들을 깨부수기 위해 용감하게 전진했다. 관성적으로 잔존하는 낡은 방식의 사고와 행동이 다가온 혁명과 재건의 고통 속에서 엄청나게 크고 강력하게 느껴졌지만, 무너진 장벽은 영원히 복구되지 않을 것이었다. 베르사유를 향했던 청년들의 시선은 10월 혁명이라는 비할 수 없이 강력한 현실의 모범과 영감을 제공한 러시아로 옮겨 갔다. 10월 혁명과 함께 민주주의, 무정부주의, 생디칼리즘*, 마르크스주의 등 유럽 사회사상의 모든 경향이 뒤늦게 중국에 들어와 새로운 지평을 열어젖히며 사상, 도덕, 문학에서 진정한 혁명을 자극했고, 이것은 다시 정치적 변화와 사회적 격돌을 촉진시켰다. 모든 사회계급이 정치투쟁의 장으로 나섰다. 낡은 정치조직들이 새로운 생명을 얻었고, 새로운 조직들이 탄생했다.

1919년에 이 새로운 정치적 경향들이 쏟아져 들어오기 시작했을 때, 1911년 혁명의 정당인 국민당은 극도로 무기력해져 있었다. 그 우파, 즉 보수적 부르주아 지식인들은 군벌의 가여운 식객이 됐다. 비교적 급진적인 부르주아 지식들을 이끈 쑨원은 소小군벌을 이용해 대大

---

* 사보타주나 총파업 등 직접적 행동을 통해 혁명을 이룰 수 있다는 노동조합주의의 하나로 노동자계급 정당에 대해 부정적이거나 소극적이다.

군벌에 맞서는 군사적 방법으로 혁명을 완수하겠다는 계획을 세웠다. 그는 삼민주의三民主義*로 요약되는 정치철학을 발전시켰는데, 그것은 모호함을 특색으로 했고, 중국 혁명의 사회적 과제들에 대해 구체적이고 대담한 태도로 접근하지도 않았다. 그의 민족주의 원칙은 제국주의 정복자들에 대한 어떤 투쟁도 제안하지 않았다. 실제로 최초의 중화민국 대총통으로서 쑨원은 열강 앞에서 비굴한 노예근성을 보이며, 그들이 망한 왕조한테 무력으로 강탈한 특권과 특전에 손대지 않을 것이고, 그들에게 빌린 차관의 상환을 중화민국이 부담할 것이라고 약속했다.5 세계대전이 끝난 뒤, 쑨원은 어떤 형태로든 열강이 호의적으로 협력할 때만 중국에 희망이 있다고 보았다. 그것을 위해, 그는 제국주의의 '진심 어린' 협력 속에서 중국의 경제자원을 개발하겠다는 순진한 계획을 각국 정부에 제안했다. 실제로 그는 외국 약탈자들이 탐욕을 버리고 득이 되는 '사회주의적 계획'에 합류할 것이라고 목가적으로 예상했다. 쑨원은 이렇게 썼다. "이 계획이 실행됨으로써, 현재의 세력권이 폐지되고, 국제적인 상업전쟁이 소멸하고, 상호파괴적인 자본주의 경쟁이 제거되며, 마지막이지만 무시할 수 없는 것으로 노자 간의 계급투쟁이 사라지기를 바란다".6

또한 쑨원의 '민족주의'는 억압받는 중국 정부가 중화제국 내 소수민족의 억압자로 변화하는 전망을 내포했다. 그는 한족漢族이 통치하는 대중국으로 만주족, 몽골족, 회족, 티베트족을 '동화'시키는 것을 꾀했다. 제국주의에 맞선 투쟁과 마찬가지로, 민족자결권은 뒤에야

---

* 쑨원이 발표한 초기 중화민국시대의 정치 강령으로, 민족주의(民族主義), 민권주의(民權主義), 민생주의(民生主義)를 뜻한다.

그의 사상 속에 포함되기 시작했다.

그의 두 번째 원칙인 '민권주의'는 깨어 있는 지도자들이 무지하고 불쌍한 대중들을 자치의 빛을 향해 한걸음씩 인도하는 '정치적 후견' 시기로 규정됐다. 쑨원의 민권 개념과 민중이 직접 정치 권리와 자유를 쟁취한다는 개념 사이에는 아무런 공통점이 없다.

세 번째 원칙인 '민생주의'는 장차 중국 경제가 갖추어야 할 조직적 형태와 보편적으로 해결돼야 할 토지 및 농민문제라는 중대한 주제들에 관한 쑨원의 정치사상을 구체화한 것이었다. 쑨원은 '자본 규제'와 '평등한 토지권'을 주창했는데, 뒤에 쑨원 자신과 그의 제자들은 이것을 폭넓고 다양하게 변형하고 해석했다. 쑨원은 '자본 규제'를 통해 _{어떤 수단을 통해서인지는 제시되지 않았다} 자본주의 병폐로부터 중국을 보호하고자 했다. '평등한 토지권'은 중국 농촌을 질식시킨 불평등을 바로잡되, '과거의 자산가가 해를 입지 않도록7' 하는 계획을 의미했다. 그것은 지주의 동의를 거쳐 지가를 정하고, 지가가 다소 오르더라도 그 가격으로 토지를 국가에 귀속시키겠다는 계획이었다. 국가의 매입권을 통해 토지가 없거나 부족한 농민에게 좀 더 유리한 상황이 조성될 터였다. 하지만 수년 동안 쑨원은 군사 동맹자들과 다수 추종자들을 멀어지게 할까 봐 두려워하며, 이런 견해를 공개적으로 선전할 생각조차 못했다. 쑨원은 모든 점에서 계급투쟁사상을 거부했고, 대중의 정치활동 참여에 반대했다. 자신과 추종자들이 순수한 군사적 방식으로 정권을 획득한 뒤, 격동의 시기를 거치지 않고 평화롭게 중국 사회를 변화시킬 수 있으리라 생각했다.8

하지만, 1919년 이후 새롭게 등장한 정치경향과 대중운동이 몰락한 쑨원의 정당에 활력을 불어넣었고, 국민당 활동은 소생했다. 쑨원은 학생집회에 참가하기 시작했고, 천중밍陳炯明·진형명 장군이 광저우에서 정부를 세울 수 있도록 허락하자, 광저우와 홍콩에서 새롭게 조직된 노동조합들과 관계를 수립했다.

이즈음 맹아적 노동자계급 정치조직이 등장하고 있었다. 마르크스주의 잡지가 학교에서 발행되기 시작하면서 소부르주아 지식인에게 그리고 얼마 후에는 노동자계급에게 사상과 행동의 새 지평을 열어젖혔다. 1918~1919년에 형성된 단체들은 사회주의 단체로 성장했고, 1920년에는 한 걸음 더 나아가 중국 공산당이 설립됐다. 그 설립자들은 5·4운동을 주도했던 인물들로서, 당시 베이징 대학의 교수였던* 천두슈가 이끌었다. 1921년 7월에 상하이에서 열린 공산당 1차 전국대회에는 매우 다양한 출신의 대표들이 참가했다. 노동자계급 출신은 소수였다. 대부분 새로운 자각 속에서 고무된 소부르주아 민족주의자들이었다. 그들은 훈련과 시험을 거치지 않은 채, 상황에 밀려 임시방편으로 모인 인물들이었다. 그들은 다수의 예상보다 빠르게 계급투쟁의 치명적 백색광에 노출됐다. 그 충격이 그들을 사방으로 흩어놓았다. 감정에 이끌렸거나 빠르게 무정부주의로 기울었던 적지 않은 이들이 곧바로 이탈해 부르주아 진영에서 제 길을 찾았다.** 일부 설립자는 수동적으로 변해 정치무대에서 사라졌다. 리다자오李大釗·이대교 같은 또 다른 이들은 다가오는 투쟁에서 목숨을 잃을 운명이었다. 나

---

* 사실은 이미 베이징 대학을 떠났다.(중역본 주)

** 설립자들 중 한 사람인 다이지타오(戴季陶·대계도)는 쑨원의 신랄한 비난 속에서 설립 후 몇 개월 만에 공산당을 떠났다. 뒤에 그는 국민당의 주요 부르주아 이데올로그가 됐다. 천궁보(陳公博·진공박), 샤오리츠(邵力子·소력자), 저우푸하이(周佛海·주불해)를 포함한 이탈자들은 뒤에 수천 명의 노동자-농민 공산주의자를 학살하는 국민당 정권의 명사가 됐다.

머지 지도자 중에서 천두슈, 마오쩌둥毛澤東·모택동, 장궈타오張國燾·장국도 등은 여전히 계급투쟁의 실마리가 풀리지 않고 있던 1921년의 뜨거운 여름에 공산주의 대의에 헌신하기 시작하면서 중국 현대사의 우불구불한 길로 들어갈 예정이었다. 러시아 혁명의 불빛 속에서 탄생한 공산당은 1차 대회에서 중국 노동자계급의 조직적 무기를 건설하는 것을 임무로 정했다. 이 작업은 베이징 인근의 장신점長辛店에서 이미 시작됐는데, 그곳에서 철도노동자들의 노동조합과 공산당 학생들의 야학이 설립됐다. 상하이에는 노동서기국이 설치됐다. 역사가 유아기의 계급에게 버거운 과제를 부여했기 때문에, 전진은 더뎠고, 시작은 미미했으며, 과제는 광범위하고 어려웠다.

공산당이 마주했던 첫 번째 문제는 노동자계급의 정당으로서 부르주아 민족주의 국민당과 어떤 관계를 맺을 것인가 하는 문제였다. 공산당이 민족운동에 참가하는 형식과 방법은 향후 사태 추이 전체를 결정하는 문제였다. 민족주의 혁명운동이 가진 명백한 진보적 성격 때문에 공산당은 참가를 결정됐다. 이미 알려졌다시피, 코민테른 2차 대회에서 레닌은 어떻게 제국주의 시대에 식민지·반식민지 민족해방운동을 국제 노동자계급 혁명운동의 본류로 합류시킬 수 있는지에 관해 언급했다. '유아적 단계에서조차' 독립성 보존을 가장 중요한 전제로 해, 노동자계급 조직이 민족주의 운동과 협력하는 것은 바람직하고도 필요했다.

1922년에 열린 중국 공산당 2차 전국대회에서 국민당과의 합작 계획이 제출됐다. 국제공청의 러시아 대표 다린Dalin이 쑨원에게 이 계획을 제안했을 때, 쑨원은 그것을 거부했다. 그는 공산당원의 국민당 가입은 허용할 수 있지만, 두 당의 합작은 동의할 수 없다고 다린에게 말했다. 곧바로, 헨드리퀴스 마링Hendricus Maring은 항저우杭州·항주의 서호西湖에서 열린 공산당 중앙위원회 회의 석상에서 국민당에 가입해 폭넓고 느슨한 조직체계를 이용해 대중 속에서 선전과 조직화를 진전시킬 것을 제안했다.

마링의 제안은 세 가지 근거에 기초했다.* 첫 번째는 자신의 자바 경험이었다. 세계전쟁 이전에, 그곳의 '사회민주당 좌파'는 자바인에 대한 유럽 식민주의자들의 착취에 맞선 사회·경제적 운동과 종교적 운동의 혼합체인 '이슬람연합**'에 참가했다. 이미 이슬람연합 좌파는 마링이 조직화를 도운 '인도 사회민주연합'의 지원을 받아들였다. '이슬람연합' 안에서 좌파는 노동조합 조직화 사상을 발전시켰고, 전쟁 기간에는 상당한 규모의 좌익운동으로 성장했다. 마링의 두 번째 근거는 바로 코민테른 2차 대회의 전략·전술적 결론이었으며, 그는 그것을 세 번째 근거에 특별하게 적용할 수 있다고 여겼다. 세 번째 근거는 남부에서 성장하고 있는 노동운동이 이미 쑨원의 영향을 받아 민족운동에 참가하면서 국민당과 관계를 갖는 한편, 공산당의 활동을 확장하는 데서 비옥한 토양을 제공했다는 점이었다.

마링에 따르면, 중국 공산당 중앙위원의 다수는 이런 견해에 찬성했다. 그의 제안에 반대한 이들은 국민당이 하나의 정치세력으로서 갖는 비중과 대중운동으로 성장할 가능성에 대해 의문을 제기했다. 마링이 국민당 입당 계획에 찬성한 것으로 열거한 이들 중 한 사람인

---

* 이 정보는 1935년에 암스테르담에서 가졌던 마링과의 대담 기록에 기초했다.(원주)

** 이슬람연합(Saraket Islam): 종교적 성격이 결합된 인도네시아 최초의 민족주의 정당으로 1912년에 창립됐다.

천두슈는 1922년의 항저우 총회에 관해 이 점에서 다르게 설명했다.[9] 그에 따르면, 공산당 중앙위원 전원이 마링의 견해에 대해 반대했고, 국민당 입당에 대해 '계급 조직을 혼란에 빠뜨리고, 독립적 정책을 속박시키는 것'으로 기본적 정치적 성격을 규정했다. 하지만 초기의 중국 공산당 지도자들이 자본가계급과 협력하는 것을 반대했다는 증거는 전혀 없다. 반대로, 협조주의가 완전히 그들을 지배했다. 1922년에 천두슈는 이렇게 썼다. "혁명적 자본가계급과의 협력은 중국 노동자계급에게 불가피한 일이다".[10] 전부가 반대했건, 아니면 일부가 반대했건, 공산당 지도자들의 국민당 입당에 대한 반대는 주로 국민당이 죽은 정당이라는 믿음에 기초했다고 할 수 있다. 마링이 말했듯이, 실제로 항저우 회의에서 입당에 대해 가장 강하게 반대했던 장궈타오가 표명한 견해가 그랬다. 하지만 국민당 지도부가 그것을 환영할지는 미지수였는데도, 결국 이 제안은 통과됐다.***

공산당원들은 이미 국민당에 가입해 있는 남부 노동자들에 대한 영향력을 획득하고 싶어 개별적 자격으로 국민당에 입당했다.[11] 하지만 쑨원은 민중에게 지지받을 수 있는 강령에 기초해 당을 재조직하자는 그들의 제안에 대해 여전히 냉소를 보냈다. 1922년 6월에 광저

*** 천두슈에 따르면, 마링이 코민테른의 규율을 언급하면서 입당이 통과됐다. 마링은 코민테른의 상급 기구에 반대의견을 호소할 충분한 기회가 있었지만, 그런 호소는 없었다며 부인했다. 또한 이렇게 덧붙였다. "게다가 나는 어떤 코민테른 특별지시서도 갖고 있지 않았다. 내 손에는 아무런 문건도 없었다." 아직까지 공개되지 않았고, 접근할 수도 없는 코민테른 문건들에 이와 관련한 더 많은 해명이 틀림없이 존재한다. 코민테른 극동국의 파벨 미프(Pavel Mif)에 따르면, "신생 중국 공산당은 국민당과 협력해 활동하라"는 첫 번째 공식 지침이 1923년 1월 12일자 코민테른 집행위원회 특별통신에 포함돼 있었다. 국민당 입당이 공식적으로 통과된 것은 1923년 6월의 중국 공산당 3차 대회에서였지만, 당시에 이미 공산당원들은 국민당에 입당해 있었다.-파벨 미프, 《영웅적 중국(Heroic China)》(뉴욕, 1937), pp.21~22.(원주)

우에서 천중밍 장군이 반란을 일으키면서, 목숨을 부지하기 위해 도피할 수밖에 없는 상황으로 내몰린 쑨원은 당시 측근 중 가장 급진적인 랴오중카이廖仲愷·요중개의 지지를 얻은 마링의 주장에 귀를 기울이기 시작했다. 쑨원은 하나의 정치적 무기로서 대중운동의 잠재력에 대해서는 여전히 관심을 갖지 않았지만, 러시아의 직접적이고 구체적인 원조 가능성에 대해서는 관심을 가졌다.

여러 가지 요인들이 복합적으로 작용해, 쑨원은 소련과의 동맹 가능성에 대해 관심을 기울이기 시작했다. 중국을 국제적으로 개발하겠다는 그의 애초 계획에 대해 모든 제국주의 정부가 거절하거나 냉대했다. 늑대가 어린 양과 평화롭게 지낼 수는 없었다.[12] 그들은 누가 어린 양을 잡아먹을지를 놓고 다퉜을 뿐이다. 이 문제를 정하는 것이 1921~1921년의 워싱턴 회의의 목적이었다. 또다시 협상이 제국주의의 자비를 바라는 중국인들의 희망을 되살렸지만, 그것은 빠르게 사라졌다. 왕징웨이汪精衛·왕정위의 표현을 빌리자면, 워싱턴 회의는 오직 '혼자서 무력으로 집어삼키려는 일본의 정책에서 중국을 해방시켜' 모든 열강이 '함께 차근차근 집어삼키기 위한' 희생양으로 남겨 두기 위한 것이었다.[13] 그것은 중국의 민족해방이라는 이해가 아니라, 미국 제국주의의 이해를 충족시키기 위한 것이었다. 이런 사실에 대한 각성은 열강의 자비로운 호의에 관한 고집스런 환상을 떨쳐 버릴 수 있게 해 주었다. 또한 중국 민족운동의 지도자들은 제국주의로부터 양보를 끌어내는 데서, 세계대전 전승국들이 연합한 무력간섭을 효과적이고 극적으로 패퇴시킨 신흥소비에트권력이 하나의 강력한 지렛대가 될 수 있다는 사실을 깨달았다.

이미 1919년 7월 25일에 소비에트 정부는 중국에서 제정 러시아가 보유했던 모든 제국주의 특권을 포기할 준비가 됐다고 선포했다. 1920년 10월 27일의 선언에서 이 제안을 재확인했고, 이를 기초로 새로운 조약을 맺기 위해 베이징에서 가진 비공식 협상에서 소비에트 대표가 노력을 다했다. 완전히 평등한 관계에서 중국과 조약을 맺겠다는 러시아의 제안은 중국에 깊은 인상을 심어 줬고, 성장하고 있는 지식인 집단 사이에서 새롭게 수립된 소비에트권력의 명성을 엄청나게 드높였지만, 가능한 모든 정치·군사적 수단을 동원해 볼셰비키 정권을 고립시켜 파괴하려 했던 열강이 분노하며 이 시도를 가로막았다.

중국과 관계를 수립하려는 소비에트 대표의 최초 시도는 혁명적 목적보다는 확실한 국가적 이익을 우선시하는 소련의 경향을 보여 준 단편적이지만 분명한 사례였다. 치타 정부*와 코민테른 이르쿠츠크국**이 파견한 첫 번째 비공식 소비에트 대표단이 중국에 도착했을 때, 베이징 정부는 악명 높은 친일 안푸安福·안복 파벌의 수중에 있었다. 대표단은 쑨원이 이끈 왜소한 민족운동이 소비에트의 이익을 위한 발판이 될 수 있다고 보지 않았다. 안푸 정부를 뒤엎으려 했던 우페이푸吳佩孚·오패부 군벌의 군사력에 관심을 뒀다. 1920년에 베이징에서 우페이푸가 권력을 장악하고 꼭두각시 내각을 수립했을 때, 소비에트 정부의 기관지《이즈베스티야 Izvestia》에서 한 '극동전문가'는 이렇게 썼다. "우페이푸는 중국에서 벌어진 사건들 속에서 자신의 기치를 치켜

---

* 극동 공화국: 제정 러시아의 극동영토에 세워진 명목상의 독립국가였다가 10월 혁명 이후 볼셰비키의 지원 속에 소비에트와 일본 점령지구 사이의 완충지대로 창설됐다. 일본군이 시베리아와 극동에서 철군한 뒤 소비에트연방으로 통합됐다.

** 초기에 코민테른은 중국, 몽골, 조선, 일본의 공산주의운동을 조직하고 민족운동을 지원하기 위해 이르쿠츠크에 극동국을 설치했다.

들었고, 그 기치 아래서 새로운 중국 내각은 소비에트 러시아에 호의적인 방침을 취할 것이 분명하다".[14] 하지만 우페이푸는 결코 볼셰비키 러시아의 친구가 아니라 영국 제국주의의 도구였다는 점이 증명됐다. 베이징 정부 배후의 일본기가 영국기로 교체된 것일 뿐이었다.

마링은 1921년 봄에 중국 광시성을 방문해 쑨원과 관계를 맺으면서, 쑨원의 국민당이 중국 민족운동의 본류라고 판단했다. 이 믿음은 1922년 1월에 홍콩에서 진행된 선원파업 동안에 확신으로 발전했다. 그는 광저우를 방문했고, 신생 중국 노동운동의 가장 활동적인 부위와 국민당 사이에 이미 실질적 연계가 존재하고 있음을 발견했다. 당시까지 극동과 코민테른의 유일한 연결고리였던 이르쿠츠크국의 입장과는 반대로, 마링은 항저우에서 중국 공산당에 국민당 입당을 제안했다. 광저우에서 추방된 쑨원이 1922년 8월에 상하이에 도착했을 때, 마링은 다시 그를 만나 순수한 군사적 수단으로 광저우를 장악하려 하지 말고 대중 선전에 나서라고 종용했다. 워싱턴 회의가 국민당 지도자들의 마음을 돌리는 데 도움이 됐고, 또한 쑨원이 소비에트의 원조에 대해 진지하게 고려하기 시작했기 때문에, 마링의 제안은 따뜻하게 환영받았다. 1개월 뒤, 그는 모스크바로 돌아가 그것을 보고했다. 코민테른은 그의 판단을 기초로 '이르쿠츠크 선線'을 포기했고, 쑨원에게 관심을 돌렸다. 중국 남부 운동과의 협력을 옹호한 마링의 견해는 코민테른 신문에 실렸다.[15] 소비에트 정부는 쑨원과의 공식적 관계를 수립하기 위해 최고의 외교관 중 한 사람인 아돌프 요폐를 파견했다.

1923년 1월 26일, 요폐는 상하이에서 쑨원과 회담을 가졌고, 공동 성명을 발표했다. 이 성명에서 요폐는 "공산주의 또는 사회주의의 성공적 건설을 위한 조건이 중국에 존재하지 않는다"는 것과 "국가적 통일과 독립이 중국의 주된 당면 목표다"는 것에 동의했다. 또한 이런 목표를 추구하는 과정에서 국민혁명운동이 '러시아의 원조에 의지할 수 있다는 점'을 쑨원에게 보증했다.¹⁶ 이런 외교적 공식을 통해 쑨원과의 공식 협상이 시작됐고, 마침내 쑨원은 러시아인들이 10월 혁명의 명성과 함께 무기, 자금, 참모를 제공하리라는 사실을 알게 됐다.

하지만 거의 동시에 이 공식은 중국 공산당원들이 국민당을 가치 있는 동맹자로 만드는 일에 완전히 종속돼야 하는 의미로 해석됐다. 같은 해 가을에 미하일 보로딘은 쑨원의 고문직에 앉았고, 그것은 중국 공산당과 협력하는 코민테른 대표 자격으로서가 아니라, 국민당에 조언하는 소련 공산당 정치국 대표자격으로서였다. 이 차이가 순전히 형식적인 것은 결코 아니었다. 보로딘이 맡은 역할은 국민당을 재편하고 새로운 생명을 불어넣는 것이었다. 모든 노력이주로 중국 공산당원들의 노력이 이 목표에 집중돼야 했다.

공산당의 독립적 정치전망은 당시의 고려사항에서 제외됐다. 1923년 1월 12일에 코민테른 집행위원회는 이렇게 결정했다. "중국의 독립적 노동자계급운동이 허약하고, 중국의 당면 중심임무가 제국주의와 그 봉건대리인에 맞서 국민혁명을 수행하는 것이기 때문에, 또한, 국민 혁명의 문제를 해결하는 것이 노동자계급에게 직접적 이익이 되지만, 노동자계급이 완전한 독립적 세력으로서 충분히 분화되지 못했기 때문에, 코민테른 집행위원회는 신생 중국 공산당과 국민당의 합작이 필요하다고 판단한다".¹⁷ 노동자계급의 독립성은 기약 없는 미래의 일로 미루어졌지만, 그렇더라도 중국 공산당은 국민당과 "통합하거나 기치를 거두지 않았다". 하지만 공산당원들이 국민당과의 합작이라는 '중심임무'에 찬성하면서 사실상 '절대적 독립세력'을 대표해 활동한다는 개념을 포기했고, 결과적으로 독립성 상실은 불가피했다. 1923년 6월에 있었던 공산당 3차 대회는 국민당 입당에 대한 반대의 목소리를 억누르며 "모든 활동을 국민당으로!"라는 구호를 내걸었다. 대회는 "국민당이 국민 혁명의 중심세력이어야 하며, 지도적 지위에 서야 한다"[18]고 선언했다.

공산당 노선은 반제 민족투쟁을 계급투쟁보다 우위에 두거나 계급투쟁을 잠시 미루는 것으로 직접 이어질 수밖에 없었다. 적대적 이해관계를 가진 계급들을 단일 정당으로 통합시킬 수 있다는 관념은 제국주의가 각 계급 간의 모순을 심화시키기는커녕, 일시적으로 모든 이해관계를 통합시킨다는 가정에 기초했다. 자본가계급이 혁명적 역할은 물론이고 민족혁명운동의 지도적 역할을 담당할 의지와 역량을 갖추고 있다고 가정했다. 그것은 곧 민족운동을 부르주아 민주주의 노선으로 이끌어 공산당의 정치·조직적 독립성을 포기하는 것이었기에, 코민테른 2차 세계대회에서 레닌이 명확하게 제시한 전략노선에서 급격하게 전환하는 것이었다. 공산당은 1923년 초부터 국민당의 '지도적 지위'를 승인했다. 코민테른도 마찬가지였으며, 이런 계급노선의 희석화를 합리화하기 위해 국민당은 자본가계급의 정당이 아니라 외국 침입자에 맞서는 공동 대의 속에서 모든 계급이 통합된 정당이라는 이론을 발전시켰다. 사실 처음으로 확립된 이 개념은 즉시 코민테른의 공식 문건들에서 등장하기 시작했고, 장차 코민테른 전략의 방향을 규정하는 지침이 된다.

보로딘은 강력한 대중운동이 뒷받침하는 규율 잡힌 당조직이 국민당에 필요하다는 것을 쑨원에게 확신시키려 했다. 11월에 천중밍 장군이 광저우로 가까스로 복귀한 쑨원을 또다시 위협했을 때, 보로딘은 어떻게 몇 가지 약속을 통해 노동자-농민을 일으켜 세워 정부를 방어하게 만들 수 있는지를 구체적 실례로 보여 주었다. 천중밍의 위협을 쉽게 피할 수 있다는 점 때문에 보로딘의 견해가 관철됐다.[19] 쑨원의 지지 속에서, 보로딘은 국민당·소련·공산당의 협력, 반제 무장 투쟁, 노동자-농민을 위한 자유주의적 개혁을 포괄하는 강령을 기초했다.[20] 보로딘은 쑨원의 '평등한 토지권'과 '자본 규제'를 받아들여 소작료 25% 삭감과 노동법 제정 정도의 항목으로 구체화시켰다.[21] 1924년 1월에 열린 국민당 1차 전국대표자대회에서 새로운 강령이 통과됐고, 당조직이 전면 개편됐다. 레닌이 바로 이 대회 개막일에 숨을 거두었다는 사실은, 그가 건립에 기여한 소련과 코민테른이 그의 가장 값진 유산인 '타협할 수 없는 노동자계급의 독립성'을 중국에서 포기했다는 점에서, 역설로 가득한 역사적 우연이 아닐 수 없다.*

국민당은 러시아 볼셰비키당을 거칠게 본떠 조직형태를 변경했고, 볼셰비키식 선전선동 방식을 도입했다. 여태껏 국민당의 주요 약점 중 하나였던 봉건주의 기질의 군벌에 대한 의존을 바로잡고자, 1924

---

* 아서 랜섬은 1927년 2월에 쓴 글에서 코민테른이 중국 혁명에 공헌한 것에 대한 통찰력 있는 개괄을 보여 준다. "러시아는 노동자들의 생활 수준을 끌어올리겠다는 쑨원의 비현실적 강령을 어떻게 공격과 방어를 위한 든든한 무기로 바꾸어 놓을 수 있는지를 국민당에 가르쳤다. 보로딘이 쑨원에게 자신이 아닌 당에 의지하는 법을 가르친 것은, 개인들이 아니라 계급에 의지하는 법을 가르친 것이라 말할 수 있다. 보로딘은 노동자들이 일으킨 1905년 혁명이 어떻게 러시아 자본가계급의 이익에 복무할 수 있었는지를 보여 줄 수 있었다. 또한 프랑스의 농민 혁명이 어떻게 프랑스 자본가계급의 이익을 위해 봉건영주들을 분쇄할 수 있는지를 보여 줄 수 있었다. 이들은 위험한 무기들이지만, 다른 어느 누구도 그런 결과들을 달성할 수 없었다. 이 무기들을 적극적 활동으로 불러오는 데서 활용할 확실한 요원들이 중국 공산당원들이었다. 혹시라도 중국 혁명이 이 공산당원들을 약화시킬 필요를 발견한다면, 그들에게는 가장 심각한 타격이 가해질 것이다".—《중국의 수수께끼(The Chinese Puzzle)》(런던, 1927).(원주)

년 5월에 러시아인들은 새로운 국민군 장교를 육성하기 위해 황포군 관학교를 설립했다. 이 학교는 러시아의 자금으로 설립되고 운영됐다.[22] 오래지 않아, 소련제 무기를 선적한 선박들이 광저우항으로 입항했다. 국민당이 코민테른과 공산당의 활동으로부터 부여받은 힘을 과시하기 시작하자마자 새로운 기치 아래로 결집한 군대에 제공하기 위한 것이었다.

이제 빠르게 발전하기 시작한 국민당 내 활동의 요구에 따라, 공산당원들은 부르주아 국민 혁명의 구호와 요구로 스스로를 제한했고, 당연하게도 그 구호와 요구는 중국 자본가계급의 이익에 의해 제한된 것이었다. 처음에는 주로 학생층에서 모집됐고, 점차 숙련노동자층이 증가한 공산당 간부들은 노동자 혁명의식이 아니라, 순수한 부르주아 국민혁명 의식을 교육받았다. 이들의 활동과 선전은 자본가계급이 수용할 수 있는 순수한 반군벌적이고 반제국주의적인 목적을 완수하는 것으로 엄격히 제한됐다. 이런 현실은 공산당을 국민당의 좌익부속물로 탈바꿈시켰다.

모든 운동이 오직 쑨원의 삼민주의 기치 아래서 실천됐기 때문에, 마르크스주의와 쑨원의 공허한 민중주의 사이의 심오한 이데올로기적 차이와 강령상의 차이는 드러날 수 없었고, 공산당원은 '순수한' 국민당원과 구분되지 않았다.* 노동자-농민의 대의에 대한 헌신을 자임

---

* 쑨원은 1924년에 자신의 교리와 공산주의 사상을 융합시키면서 후자를 자신의 '민생주의'와 동일시했다. 그 결과 만들어진 혼합물은 쉽게 이해할 수 없는 것이 됐고, 많은 제자를 혼란에 빠뜨렸다. 하지만 그는 사적소유의 불가침성이라는 자본가계급의 기본원칙을 고수했다. 쑨원의 사상적 발전에 관한 훌륭한 연구기록으로 저우서우젠(周守貞)의 〈광저우-모스크바 협정이 쑨원의 정치철학에 미친 영향〉(《중국사회정치학보》, 베이징, 1934. 4, 7, 10)이 있다.(원주)

하며 영웅주의, 자기희생, 진취성을 당과 운동에 불어넣었다는 점에서, 공산당원들은 국민당 상층과 구별됐다. 그들은 단 한 번도 고유의 정치전망을 발전시키거나 자신의 명의와 기치를 대중 앞에 내걸지 않고서, 조직과 대중역량이라는 쇳물을 국민당이라는 주형에 끈질기게 쏟아부었다. 하지만 초기 단계들에서는 이런 사실이 갖는 결정적 중요성이 대중운동의 놀라운 성장 덕분에 부분적으로 가려졌다. 공산당원들의 책략이나 국민당의 요구로 대중운동이 발생한 것은 아니었다. 대중운동이 등장할 조건들은 바위 속의 철광석처럼 중국 사회조직의 현 구조 속에 잠복해 있었다.

광저우, 상하이, 한커우, 톈진 등의 도시들에서 공장노동자들은 산업 혁명 초기의 영국의 노예노동과 유사한 조건에서 일하며 살았다. 남성, 여성, 아동 할 것 없이 노동자들은 가장 기본적인 안전방책이나 최소한의 인간적 위생설비도 없이 하루 8지엔錢·전에 불과한 임금을 위해 12~16시간을 일했다. 악랄한 견습제도는 쌀밥 한 사발과 침상 하나를 얻기 위해 하루 18~20시간을 일하는 아동노동을 소생산자와 소상인에게 무제한적으로 공급했다. 노동자의 생명을 하찮게 여기고 사망률조차 집계되지 않는 노동환경에서 특히 우위의 기술을 가진 외국 고용주들은 최고의 잉여가치를 뽑아낼 수 있었다.[23] 공업의 성장과 함께 규모가 증대된 중국 노동자들은 곧 이런 환경에 맞서 주먹을 움켜쥐었다.

세계대전이 끝나자마자 곧바로 조직 노동운동이 형태를 갖추기 시작했다. 1919년의 5·4운동 이전에 이미 파업이 벌어지기 시작했다. 1920년에 광저우의 기계노조가 최초의 대규모 파업을 거행했고, 1922년에는 홍콩의 선원들이 영국 제국주의에 강력한 타격을 입히며 노동조합을 확고히 인정받고 상당한 임금인상을 쟁취한 파업의 승리로 전국을 뒤흔들었다.[24] 이 파업들을 계기로 노동자들은 빠르게 노동조합으로 몰려들었다. 1922년 5월에 1차 전국노동대회가 승리한 선원파업 지도부의 주관 아래 광저우에서 열렸다. 대회에는 23만 조직 노동자들의 대표들이 결집했다. 이 새롭고 강력한 힘의 압력 속에서 쑨원의 광둥 정부가 노동조합조직을 합법화하는 법령을 개정하면서, 전진을 위한 길이 닦였다.[25]

화중과 화북에서도 임금인상을 쟁취하고, 단결권과 단체교섭권을 쟁취하기 위한 싸움이 이미 시작되고 있었다. 이 투쟁의 중심에는 베이징-한커우 철도노동자의 파업이 있었는데, 이 파업은 1923년 2월 7일의 허난성河南省·하남 정저우鄭州·정주 대학살로 끝났다. 화북 군벌 우페이푸가 병사들에게 노동자대회를 해산시키라고 명령했다. 60명의 노동자들이 살해됐다. 이 탄압은 전국적 조직형태를 갖추려 했던 철도노동자들의 노력을 일시적으로 가로막았을 뿐이다. 2·7 대파업이 있은 지 거의 1년 되는 날에 전국철도노동자대표자대회鐵路工人全國代表大會가 열렸고, '우리의 생활조건을 개선하고, 우리의 운명을 존중받으며, 우리와 아이들을 교육하기 위한' 투쟁을 벌여 나가고 '개별 노동조합을 조직하고 전체 철도노동자의 단결을 강화할 권리'[26]를 쟁취하기 위해 전국집행위원회가 구성됐다.

1923년 초에는 상하이에서 4만 명에 이르는 노동자들이 24개 노동조합으로 조직됐다. 전선은 빠르게 확장됐다. 1918년에는 최소 1만 명의 노동자가 참여한 25건 이상의 파업이 벌어졌다. 1922년에는 전국적으로 약 15만 명의 노동자가 참여한 91건의 파업이 있었다.[27] 운동은 놀라운 속도와 전투성으로 성장했다. 1924년의 노동절에는 10

만 명의 노동자들이 상하이 가두를 행진했고, 광저우에서는 그 수가 2배에 이르렀다. 당시의 보도들은 무시무시한 계엄령 아래서 우창, 한양漢陽, 한커우의 노동자계급 지구에 등장한 붉은 깃발에 관해 묘사했다. 전통적 노동절 구호인 8시간 노동제가 노동자들을 전율시켰는데, 이제 막 그들은 16시간 대신 14시간을, 14시간 대신 12시간을, 12시간 대신 10시간을 꿈꾸기 시작했기 때문이다.

그날 배포된 전단에는 이렇게 쓰여 있었다. "8시간 노동, 8시간 교육과 여가, 8시간 휴식 ─ 이 얼마나 합리적인 계획인가! 노동자계급은 이것을 실현하기 위해 40년 동안 피를 흘려 왔다. 노동자계급이 사장들을 위한 총알받이였던 시절은 이제 과거의 일이다. 우리에게 혁명 말고 다른 길이 있는가? 그렇다면 우리는 혁명을 향해 나가갈 것이다!"**28**

"노동자들이여! 이제 우리도 사상과 똑같은 인간임을 기억하자. 우리를 인간으로 대하라고 요구하자! 조직하자! 숫자는 힘이다! 동지들이 여러분에게 손을 내밀 것이다!"

그들은 새로운 노래를 부르며 거리를 행진했다.

"노동은 기쁨이 될 것이고, 공동체에 주는 선물이 될 것이다. 해방의 종소리가 우리를 이끌 것이다. 손을 맞잡고 노래 부르자. 노동자 만세!"**29**

국민당의 재편이 분명해진 1924년에 이미 중국 노동자계급은 스스로 일어서서, 확연한 전투성과 용기를 그 특징으로 하는 운동으로 스스로를 조직하고 있었다. 또한 그들은 부르주아 '동맹자'에 대해 강한 의심과 회의를 품었지만, 그것은 곧 국민당-공산당 연합의 요구 때문에 질식됐다. 1924년 노동절에 쑨원은 광저우 노동자들 앞에서 이렇게 연설했다.

"중국 노동자와 외국 노동자의 차이는 후자가 타국 자본가가 아닌 자국 자본가에게 억압받는 반면, 중국 노동자는 아직 중국 자본가에게 억압받지 않고, 외국 자본가에게 억압받는다는 사실에 있다." [30]

1개월 뒤 광저우에서 열린 1차 태평양운수노동대회에서 한 국민당 연사도 유사한 발언을 했다. 중국에 파견된 코민테른 대표이자, 장차 노동운동을 부르주아 지도부에 종속시키는 데서 커다란 역할을 담당하게 될 보이틴스키는 이 대회에 관해 이렇게 썼다. "베이징-한커우 파업의 유혈사태와 올해 5월의 노동자 총살사건을 생생히 기억하며 수천 킬로미터를 여행해 비합법 대회에 참가한 중국 철도노동자 대표들이 자바 동지들과 함께 대회에서 좌익을 형성했다. 노동자계급이 주도권을 갖지 않는 농민 및 지식인과의 연합전선 구성을 요청하는 주요 국민당 대표들의 선언에 대해, 이들은 냉소적이고 의심 어린 눈길을 보냈다. 마찬가지로 작년 5월에 중대한 대규모 철도파업을 경험했고, 범이슬람 조직인 '이슬람연합'에서 상당한 규모의 좌파를 분리시킨 자바 동지들은 반군벌 연합전선을 위한 호소에 동참했지만, 공산당의 영향력이 충분히 발휘되는 진정한 혁명조직의 지도를 전제로 했다." [31] 보이틴스키와 동료들은 중국 노동자들에게 국민당의 책임 있는 대표들을 마땅히 따라야 한다고 가르쳤다.

농민 역시 자신의 조직적 무기를 빚어내기 시작했다. 현대적 중국 농민운동은 중국 혁명의 가장 저명하고 영웅적인 인물들 중 한 사람인 펑파이彭湃·팽배의 주도 아래 광둥성 동강東江 인근의 하이펑海豊·해풍에서 탄생했다. 부유한 지주가문에서 태어난 펑파이는 고향에서 교사가 됐다. 그는 최초의 공산주의자 중 한 사람으로서 농민운동에서 자신의 생각을 펼치고자 했다. 1921년에 학생들과 함께 노동절 집회를 열었다는 이유로 학교에서 해고된 펑파이는 농민들에게 조직의 필요성을 일깨우기 위해 농촌으로 갔다. 그가 초기에 겪었던 좌절과 성공, 하이펑 농민회의 투쟁에 관한 이야기가 그의 귀중한 메모와 회고록에 담겨 있다.[32] 처음에는 농민들의 불신과 적대감에 부딪혔던 그는 지주의 아들이었다 펑파이는 결국 소수 청년농민의 마음에 불을 붙였다. 펑파이와 젊은 동지들로 구성된 작은 그룹은 어떻게 지주의 억압으로부터 해방될 수 있는지에 관한 연설에 마술과 축음기를 결합시키면서, 결국 농민들의 신뢰를 얻는 데 성공했다. 그 뒤 최초의 농민협회農民協會*가 구성되어 빠르게 성장하자, 곧바로 천중밍 군대가 공격하면서 최초의 포화세례를 받았다.

그렇게 시작된 조직화는 주변 현들로 빠르게 확산됐고, 1923년 중반이 되기 전에 광둥성을 아우르는 농민회체계가 수립됐다. 새로운 조직은 선언문을 발표했다.

"지주들이 매입을 통해 토지를 취득했다는 것은 사실이 아니다. 현 지주의 조상이 힘으로 농민의 땅을 빼앗았다. 설사 지주가 매입했더라도, 단 한 번만 대금을 지불하고는 수백수천 년 동안 매년 지대를 받아 왔다. …… 지주 자신은 전혀 일하지 않으면서, 대부분의 수확물을 징수해 갔다. 우리 농민과 우리 조상이 얼마나 많은 땀과 돈을 이 땅에 쏟아부어 왔던가!"[33]

농민은 이 간단한 문장에 묘사된 상황을 천고불변의 것으로 배워

---

* 농민협회(農民協會) 혹은 농민회(農民會), 농회(農會).

왔다. 농민조합이 그것을 농민 자신의 노력 여하에 따라 바뀔 수 있는 것으로 제시했을 때, 그리고 그런 변화가 계속해서 사실로 증명됐을 때, 마치 세상이 눈앞에서 바뀐 것처럼 보였다. 지주뿐만 아니라 농민에게도 하늘의 밝은 빛이 비추는 것 같았다. 마치 땅 위에 내린 비처럼, 이런 생각은 빠르게 농촌으로 스며들었다. 그것은 빠르게 결실을 맺었다. 동강의 각 현에서 지주, 현령, 군경 모두에 맞선 농민투쟁이 배가되면서, 성의 북서부에서 유사한 충돌을 촉발시켰다. 소작료삭감 요구는 머지않아 소작료 폐지 요구로 바뀌었다. 심지어 1923년에 지에양현揭陽縣·제양에서 "일부 농민협회 회원이 소작료 납부를 거부하는 용기를 보여 줬을 때, 지주들은 군경에 의지해 징세해야 했다".[34] 날카로운 작은 충돌들이 도처에서 발생했다. 농민운동이 막을 열었다. 1924년에 국민당이 재편됐을 때는 이미 한창 전진 중이었다.

공산당이 국민당 강령을 공장과 농촌에 전했던 것처럼, 투쟁조직이 더 나은 삶의 생활조건을 위한 기회를 노동자-농민에게 제공하는 것으로 보였다. 당연히 그들은 국민당의 적을 자신의 적으로 여겼고, 국민당이 통치권을 주장하기에 앞서 싸워서 굴복시켜야 할 많은 적이 광둥성은 물론이고 광저우시 자체에도 존재했다. 1924년 여름에 광저우 국민 정부는 홍콩과 광저우의 부유한 매판상과 영국으로부터 자금과 무기를 지원받은 상단에게 공격받았다. 극동의 주요 영국 금융기관인 '홍콩-상하이 은행'의 주요 매판상인 천리엔바이陳廉伯·진염백가이 상단을 조직했다. 8월 10일에 쑨원은 천리엔바이에게 전달될 무기를 운반하던 한 척의 화물선을 포획하고 한참을 주저한 뒤, 자신의 통치를 위협하는 무장대오를 진압할 준비에 나섰다.

8월 26일에 영국 총영사는 상단에 대한 공격사건에 영국해군이 개입하겠다고 위협하며 사실상 최후통첩을 보냈다. 쑨원은 영국의 노동당 총리 램지 맥도널드에게 항의했다. 그는 침묵했고, 그것은 영국의 제국주의 정책에서 어떠한 작은 변화도 노동당이 약속한 개혁에 포함돼 있지 않음을 증명한 것이었다. 또한 쑨원은 국제연맹에 전보를 보냈지만, 이 세계평화를 위한 기구도 사건을 대충 흘려 넘기며 침묵으로 일관했다. 결국 10월에 황포군관학교 사관생도, 노동자 무장대, 농민 자위대로 구성된 무장세력이 상단을 공격했고, 짧지만 치열한 전투를 통해 그들을 패배시키고 무장해제시켰다. 영국의 군함들은 위협을 실행에 옮기지 않았다.[35]

4개월 뒤인 1925년 2월에는 얼마 전까지 쑨원의 군벌 동맹자였고 여전히 광둥성 대부분을 군사적으로 통제했던 천중밍이 광저우를 위협했다. 국민당 군대가 그의 둥강 거점들에서 전투에 돌입했다. 하이펑海豐·해풍, 루펑陸豐·육풍, 후이양惠陽·혜양, 우화五華·오화의 농민들은 천중밍의 후방을 공격해 교통선과 보급선을 차단하면서 방어선을 붕괴시키고 부대를 무력화시켰다. 둥관東莞·동관, 창핑常平·창핑, 그리고 주변 현의 농민들은 국민당 군대와 함께 작전에 나섰고, 길잡이, 정보원, 운송대 등의 역할을 수행했다. 마치 이런 공격들이 자신의 기반 전역에서 등장하는 듯한 상황에서, 천중밍은 속수무책이었다. 그는 광저우를 공격하려던 계획을 포기하고 물러서야 했다.[36]

1925년의 노동절에는 광저우에서 2차 전국노동대회와 1차 광둥성 농민대표자대회가 동시에 소집됐고, 노동운동과 농민운동의 놀라운 성장을 보여 주는 인상적인 집회가 열렸다. 노동대회에는 중국의 모든 주요 도시에서 57만 명의 조직 노동자를 대표해 230명이 참석했다.[37] 농민협회는 아직까지 광둥성 22개 현에 국한됐지만, 18만 명의 농민회 회원을 대표하는 117명의 대의원이 있었다.[38] 노동자-농민 대표들은 수천 명의 광저우 노동자들과 주변 농촌에서 도시로 몰려온 농민들과 함께 깃발로 장식된 가두를 행진하며 중국 역사상 최초의 대규모 노동자-농민 연대시위를 벌였다. 검게 탄 얼굴과 거친 손을 가진 이들이 열흘간의 회기 동안 개방된 여러 학교의 총회장까지 행진했다. 학생들과 정치인들의 연설을 들었다. 신식 기계의 사용이 고된 노동의 짐을 덜어 준다는 것을 처음으로 접했다. 교실과 도서관도 둘러봤다. 수백 년에 걸친 고된 노동이 냉혹하게 단절시켰던 세상의 눈부신 모습을 처음으로 목격한 것이었다.

몇 주일 뒤, 광저우의 거리는 총성과 포화로 뒤덮였다. 당시 광저우는 여전히 윈난성 군벌 양시민楊希閔·양희민과 류전환劉震寰·유진환의 군사적 통제를 받고 있었다. 그들은 다른 군벌들과 마찬가지로 국민당과 협력해 이익을 얻고자 했다. 하지만 그들과 대중운동 사이의 간극은 건널 수 없을 만큼 컸다. 또다시 황포군관학교 사관생도들과 무장한 노동자들이 함께 전투에 나섰다. 결과는 뻔했다. 윈난성 군대는 사기가 꺾여 분쇄됐고, 장군들은 도시에서 쫓겨났다. 서강西江 주변 각 현의 농민들이 잔당의 퇴로를 차단하고 짧지만 격렬한 교전을 벌인 뒤, 그들을 일소했다.[39] 그동안 상하이에서는 새로운 천둥소리가 울려 퍼졌다. 대중운동의 거대한 물결이 밀어닥쳤다.

상하이 노동자들은 면직공장을 중심으로 만연해 있는 노예적 노동조건에 반대하는 운동에 나섰다. 1925년의 첫 몇 개월간 일본인 공장을 중심으로 저임금과 관리자의 잔혹성에 맞서는 일련의 격렬한 파업이 벌어졌다. 칭다오青島·청도에서 파업노동자들을 총살한 사건과 상하이에서 일본인 관리자가 중국인 노동자를 살해한 사건이 거대한 분노를 표면화시켰다. 항의 시위에 합류한 학생들과 노동자들의 분노의 목소리가 상하이 가두를 뒤덮었다. 여러 명이 체포되자, 시위대는 동지들의 석방을 요구하며 경찰서로 행진해 갔다. 공포에 사로잡힌 영국인 관리는 발포명령을 내렸다. 학생들이 비틀거리며 땅바닥에 쓰러졌다. 그들 중 12명이 죽었다. 5월 30일 오후에 벌어진 일이었다.

이 사건의 효과는 전격적이고 격렬했다. 외국 은행과 공장이 몰려 있는 제국주의의 강력한 근거지인 상하이가 외국인을 위해 일하는 중국인 가정부들까지 참가한 동맹 총파업으로 마비됐다. 거인이 깨어나듯이, 무기력해 보였던 중국 노동대중이 우레와 같은 소리로 일어나자, 중국인이건 외국인이건 모든 고용주는 공포심을 느끼기 시작했고, 바다 건너 제국주의 정부들은 충격에 휩싸였다. 수십 년 동안 중국인 노동자들을 지저분하지만 필요한 온순한 가축처럼 여겨 온 거만한 외국인들은 바로 그 노동자들이 믿을 수 없는 거대한 규모로 일어서서 강력한 주먹을 흔드는 것을 눈앞에서 지켜보며 새파랗게 질렸다. 파업이 도시를 완전히 마비시키면서, "외국인들은 지역 수비대로 복무하는 것 말고는 아무것도 할 수 없었다".[40]

폭발은 전국적으로 발생했다. 한 노동조사관이 집계한 불완전한 통계에 따르면, 5월 30일의 총살사건이 직접적 발단이 돼, 남부의 광저우와 홍콩에서부터 북부의 베이징에 이르기까지 40만 명의 노동자들이 참여한 135건의 파업이 벌어졌다.[41] 5월 30일의 상하이 학살은 곧 한커우과 광저우의 총살로 이어졌다. 6월 11일에 한커우에서 영국의 해군상륙부대는 노동자 시위대에 발포해 8명을 죽이고 12명을 다치게 했다.[42] 광저우에서는 영국 기선의 중국 선원들이 6월 18일에 파업을 시작했고, 3일 뒤에는 광저우의 외국인 조계지인 홍콩과 사몐沙

面·사면의 외국인 기업에서 일하는 중국인 노동자 대다수가 합류했다. 6월 23일에는 학생, 노동자, 사관생도가 함께 광저우 거리를 행진하며 시위를 벌였다. 시위대가 사지로沙基路·사기 교량을 건너고 있을 때, 맞은편 조계에서 영국군과 프랑스군이 행렬을 향해 기관총을 발포했다. 52명의 학생과 노동자가 죽었고 117명이 부상당했다.*

곧바로 영국 배척운동과 총파업이 선포됐다. 영국 제국주의의 보루인 홍콩은 마비됐다. 단 하나의 기계도 돌아가지 않았고, 단 하나의 화물도 운반되지 않았으며, 단 한 척의 배도 정박지를 떠나지 못했다. 10만 명 이상의 홍콩 노동자들이 홍콩을 떠나 광저우로 이동하는 전례 없는 일이 벌어졌다. 홍콩과 사몐의 모든 주요 공업과 상업에 종사하는 노동자 25만 명이 벌인 파업은 모든 외국인의 공업생산과 상업활동을 순식간에 마비시켰다.43

광저우 노동자들은 도박장과 아편굴을 일소했고, 그것을 파업노동자의 숙소와 식당으로 바꿔 놓았다. 2,000명의 규찰대가 파업노동자들 중에서 모집됐고, 교통을 차단하는 장벽이 홍콩과 사몐 주변에 둘러쳐졌다. 운동은 매우 훌륭하게 조직됐다. 50명당 1명씩 선출된 대표들로 파업노동자대표자회의罷工人代表大會가 구성됐고, 그중 13명이 집행위원회의 임무를 맡기 위해 지명됐다. 중국에서 최초의 맹아적 소비에트라 할 수 있는 이 노동자계급 기구의 후원 아래, 남녀 노동자와 자녀를 위한 1개의 은행과 7개의 학교가 설립돼 운영됐다. 특별위

---

* 외국인들은 자신들이 먼저 총격을 받았다며 정당화했다. 그들은 그것을 입증하는 데 곤란을 겪을 수밖에 없었다. 사격이 시작됐을 때 교량을 통과하고 있던 대열은 비무장의 학생들과 노동자들로만 구성돼 있었다. 그리고 교량을 건너 퍼부어진 치명적인 기관총 세례로 중국인들은 52명이 죽은 반면, 외국인들은 단 2명이 사망한 것으로 밝혀졌다.(원주)

원회가 구성돼 자금과 기부금 관리, 압수품의 경매, 기록 보관 등을 담당했다. 파업 법정이 설치돼 배척운동을 파괴하려 하거나 공공질서를 어지럽히는 자들을 재판했다.[44]

경찰권과 사법권은 노동자규찰대로 이관됐고, 노동자들은 특유의 신속함과 철저함으로 임무를 수행했다. 규찰대의 경계는 삼엄했다. 한 외국인 관찰자는 이렇게 썼다. "광저우에서 영국 배척운동을 주도한 파업위원회는 규율 위반을 막기 위해 활동한 규찰대를 통해 영향력을 행사했다. …… 광둥성의 모든 화물운송로에 규찰대가 배치돼 화물을 검사하고, 포장을 개봉하며, 행인을 수색할 태세를 갖췄다. …… 중국인은 물론이고 외국인도 수색의 대상이었다. …… 파업노동자들의 규칙은 식료품을 포함하는 모든 상품의 사몐 입출입을 완전히 차단하는 것이었다. …… 배척운동을 위반하는 일이 일어난 경우, 잘못한 사람은 파업법정으로 끌려가 처벌받았다. …… 배척운동은 완벽했다. …… 이것은 홍콩과 영국에 맞선 하나의 전쟁이며, 규찰대는 하나의 군대로서 이 전쟁에 참여하고 있다. 이보다 더 완전하고 엄격한 해석은 있을 수 없다".[45] 광둥성 연안 교통로와 항구를 지키는 임무는 농민회와의 협력 속에서 수행됐다. 농민규찰대가 산터우汕頭·산두, 하이펑, 펑산 등에서 순찰하며 연안지역을 완벽히 봉쇄했다.[46]

적대감, 분노, 복수심에 불타는 고립된 소규모 외국인 거류민과 함께 사몐은 광저우의 타 지역과의 모든 관계가 단절됐다. 규찰대는 조계지로 향하는 모든 출입구를 삼엄하게 경비했다. 외국인 지원 선원들이 승선한 군함이나 영국 화물선이 이따금씩 생활필수품을 공급하기 위해 비정기적으로 홍콩에서 건너왔을 뿐이다. 다른 도시의 영국 교민도 같은 운명을 겪었다. 산터우의 한 영국인은《노스차이나 데일리뉴스North China Daily News 》를 통해 하소연했다. "더 많은 식량을 홍콩에서 가져와야 한다. 이곳에는 신선한 우유가 남아 있지 않다. 식당은 텅 비었고, 직원들은 떠나 버렸다".[47]

파업 참가자들은 오만한 외국인들이 직접 요리하고 설거지하는 광경을 즐겼다. 파업상황에서 쓰레기가 평소와 달리 그대로 방치됐기에, 파업 참가자들은 샹강香港. 향기 나는 항구에서 유래한 지명인 홍콩을 처우강臭港. 냄새 나는 항구으로 바꿔 불렀고, 파업과 배척운동이 풍요로운 영국 식민지를 질식시킨 뒤에는 허우강後港. 죽은 항구으로 바꿔 불렀다.[48]

홍콩 총독은 이렇게 외쳤다.

"무질서하고 무정부적인 무리가 현존 문명의 표준인 우리를 공격하고 있다."[49]

문명의 선도자들이 '무질서와 무정부' 때문에 매일 200만 위안의 손실을 입고 있다고 했다.[50] 영국 상공회의소 임원은 이렇게 보고했다. "1924년 8월부터 12월 사이에 광저우로 입항한 영국 기선의 수는 매월 160~240척이었다. 1925년의 같은 기간 동안 그 수는 2~27척이었다".[51] '문명'을 방어하기 위해 무력간섭이 필요하다는 요구가 홍콩의 버림받은 주민들 사이에서 터져 나왔다. "홍콩에 거주하는 책임 있는 영국인과 중국인은 영국 정부의 개입과 현지 대응이 시급하다고 확신한다. 영국의 지원이 없다면, 광저우에서 반공세력의 승리는 기대할 수 없다". 또한 그들은 신속한 군사행동을 강력하게 주장했고, 이것은 '바람직하고 우호적인 중국 당국이 광저우에서 권력을 유지하게 하는 손쉬운 방식'일 수 있었다.[52]

하지만 영국 정부는 홍콩과 다른 곳에서 광분해 있는 신사들과 달리 현명하게 지켜보면서, 영국이 직접 무력을 사용하지 않고서도 '바람직하고 우호적인 중국인들'이 승리할 수 있는 방법을 구했다. 당시 광둥성에는 영국의 뇌물을 받지 않은 군벌 지도자나 도적 두목은 없었다고 할 수 있고, 이들은 그 대가로 규찰대를 공격하거나 반국민당 군대를 조직했다.

하지만 파업과 배척운동은 무너지지 않고 지속됐다. 강력한 대중운동에 기초한 국민당은 그 힘을 공고히 할 수 있었고, 6월 말에 국민정부를 수립했다. 전선의 양쪽에서 농민협회의 지원을 받은 국민당 군대는 결국 9월에 둥강의 각 현에서 천중밍을 몰아내는 데 성공했다. 홍콩이 막대한 재정적·물질적 원조를 그에게 제공했는데도 말이다.[53] 1925년의 말까지 남부에 남아 있던 최후의 적대 군벌들이 일소되면서, 국민당은 광둥에서 패권을 차지했다.

이와 같이, 강력한 대중운동은 2년도 채 못 되는 기간에 국민당을 정치적 무기력의 나락에서 그 패권을 방해하는 모든 세력을 제거할 권력과 명성을 가진 지위로 끌어올렸다. 광둥을 통일한 국민당은 화중과 화북의 광활한 지역을 바라볼 수 있게 됐고, 그곳의 적들은 숨길 수 없는 두려움으로 국민당의 세력 확대를 지켜보고 있었다. 국민당의 이 모든 성취는 바로 노동자-농민의 대중운동 덕분이었고, 대중운동은 중국 공산당원들의 진취성과 창의성을 통해서만 그 역량과 응집력을 발전시킬 수 있었다. 이제 하나의 강력한 무기가 벼려졌다. 이 무기를 어떻게 사용하고 누가 사용할 것이냐의 문제를 결정해야 하는 순간이 닥쳤다. 대중운동은 중국 사회의 모든 계층이 행동하도록 자극했다. 각 계급은 빠르게 새로운 조직들을 결성했다. 계급투쟁의 냉혹한 현실 앞에서 그들은 공개적 전장으로 나설 수밖에 없었다.

IV

CANTON: TO WHOM THE POWER?

광저우: 누구의 권력인가?

쑨원은 중국이 부자와 빈자로 나뉘어 있지 않으며, 가난하거나 덜 가난한 사람이 있을 뿐이라고 말하기를 좋아했다. 그가 죽지 않고 조금 더 살았다면_{그는 1925년 3월에 죽었다}, '가난한 자'가 '덜 가난한 자'가 되려는 열망이 '덜 가난한 자'가 '부자'가 되려는 야심과 충돌했을 때 어떠한 일들이 벌어지는지를 직접 보았을 것이다. 시간만큼이나 냉혹한 논리에 따라, 국민당 내에 수립된 소위 '반제국주의 연합전선'이 어떻게 화해할 수 없는 두 진영, 즉 다수를 차지하는 믿기지 않을 만큼 '가난한 자들'과 한 줌의 안락한 '덜 가난한 자들'로 분화되는지를 직접 보았을 것이다. 그가 죽기 전까지 사회적 사실로 인정하지 않았던 계급투쟁이 거대한 규모로 벌어지는 것을 목격했을 것이다. 대중운동이 꾸준히 상승하고 그 범위와 격렬함이 증대되면서, 그것이 제기한 계급적 쟁점들이 전면에 대두됐다. 노동자들이 계속해서 중국인 고용주와 외국인 고용주 사이의 형식적 구별을 받아들이리라고는 더 이상 기대할 수 없었다. 또한 농민들이 계속해서 하찮은 약속에 수긍하며 자신의 이익을 위한 행동을 삼가리라고는 더 이상 기대할 수 없었다. 노동자들이 곧 이런 한계를 뛰어넘자, 모든 유산계급은 빠르게 반격에 나섰다.

물론 중국 자본가계급은 성장하고 있는 대중운동이 제시하는 길로 가기보다는 외국인들과 장물 분배를 기초로 타협하는 길을 택했다. 이것은 전체 지배계급의 이익과 부합했다. 그렇다고 그들이 일률적으로 반응하지는 않았다. 대중이 개입해 사회발전 과정 전체가 급격히 가속화됐고, 그동안의 사회적 균형이 크게 흔들렸다. 투쟁이 발전하면서 각 계급의 정치적 구현 과정이 동시에 펼쳐졌다. 중국 자본가계급 자신이 변화를 겪고 있었고, 계급 내부의 어느 부위에서나 동일했다. 결국 중국 지배계급 내 다양한 부위의 근본적으로 공통된 이해관계가 이들로 하여금 피착취자들의 위협에 대해 함께 맞서도록 자극했다. 그들의 관점에서 국민 혁명의 기본 목표는 군벌체제보다 더 손쉽고 안정적으로 통제할 수 있는, 또한 실권을 가진 제국주의와의 관계에서 좀 더 유리한 조건에 설 수 있는 새롭고 강력한 자본가권력을 수립하는 것이었다. 하지만 자본가계급은 보수파에서 급진파에 이르기까지 다양한 이해관계를 가진 층들로 구성됐기 때문에, 1925년의 대중운동에 맞선 반격은 서로 다르고 때로는 충돌하는 방식으로 전개됐다.

해외자본을 위한 중개상으로서 매판상은 제국주의와 이해관계가 뒤얽혀 있는 강력한 자본가계급 부위를 대표하면서, 공업과 무역에서 제국주의와 경쟁을 꿈꾼 자본가계급 부위의 민족주의적 목표와 가장 직접적으로 충돌했다. 이 부위에 속한 자본가들은 제국주의의 도구가 돼 군벌이 기존상태를 보호하도록 돕는 한편, 군벌을 이용하면서, 애초부터 새로운 민족운동과 충돌했다. 1924년에 광저우에서처럼, 때때로 그들은 직접 전투부대를 조직해 쑨원 정부에 도전했다. 하지만 일반적으로 농촌의 지주와 도시의 매판상이 후원한 군벌이 이런 저항의 주요 수단이었다.

이들 자본가 부위의 정치적 대변자는 국민당 내에서 가장 늙고 부패했으며 보수적인, 그래서 가장 근시안적인 우익 인사들로서, 오래전부터 군벌들을 위해 일해 왔다. 그들은 쑨원의 삼각정책, 즉 소련과의 연계, 공산당 허용, 대중 동원을 처음부터 거부했다. 1924년의 1차 당대회에서 이런 방침이 통과되자, 그들은 거부하며 반대파를 조직했고, 파멸의 위험에 처한 국민당을 구하겠다고 선언했다. 외국 열강과 효과적으로 타협할 수 있는 길이 돌이킬 수 없게 막히고 있다고 여긴 것이다.

그들은 이렇게 선언했다. "공산당원을 국민당에 받아들였기 때문에, 영국, 프랑스, 미국, 일본 등 제국주의를 타도하자는 그들의 선전은 국민당에 대한 국제적 호감을 해치게 됐다. …… 그들의 계획은 국민당을 소멸시키는 것이다".[1] 다양한 조직이 등장해 "당을 구하자!"고 외쳤다. 화북과 만주에서는 반동 군벌의 심복들이 나섰다. 베이징, 톈진, 상하이, 홍콩 등에서는 서둘러 선전, 조직, 음모, 모반을 꾀했다. 쑨원이 죽은 뒤에는 아류들의 '볼셰비키주의'로부터 쑨원주의의 순수성을 지키자는 구호를 치켜들었고, 일부는 '쑨원주의학회'라는 이름을 내걸었다. 이들은 1925년 11월에 베이징 외곽의 서산西山에 모여 회의했고, 그 뒤 서산회의파西山會議派로 불렸다. 이들은 제국주의 열강과 타협하는 정책을 수호하기 위해 나섰다. 실제로 이들은 좀 더 유리한 상황에서 타협할 날을 대비하는 목적에 복무했다.

외국인들로서는 대중운동의 충격으로 발판이 흔들렸다. 오래지 않아 그들은 타협에 기초해 중국 자본가계급과 협력하겠다는 의지를 표명했다. 처음에 그들은 아편전쟁 때와 의화단운동 때처럼 약탈만으로도 충분하리라고 믿었을 것이다. 하지만 그들 중 좀 더 영리한 자들은 적지 않은 충격을 받고 세월이 바뀌었다는 점을 곧 깨달았다. 영국이 광저우 상단을 후원하며 군대를 동원하겠다고 협박했지만, 몇 개월 뒤 반동세력이 무너지는 것을 막을 수 없었다. 이듬해에 상하이, 칭다오, 한커우, 광저우에서 제국주의의 충격은 중국인들을 겁줄 수 없었고, 반란의 씨앗이 싹틀 토양을 마련했을 뿐이다. 중국 땅에 뿌려진 외국의 총탄은 수천수만 명의 혁명 병사들을 탄생시켰다. 열강은 강권정책을 포기하지 않은 채, 보충적 수단으로서 모든 유용한 반국민 혁명세력을 적극적으로 후원했다. 이미 1925년의 동강전투 동안, 홍콩은 공개적으로 천중밍에게 탄약과 자금을 제공했다. 하지만 그들에게는 불행하게도, 천중밍 장군은 아무런 보답도 하지 못했다. 1925년 말에 북부에서 국민혁명을 지지하는 펑위샹馮玉祥·풍옥상의 국민군이 만주 군벌 장쭤린張作霖·장작림을 공격하자, 일본은 무기와 자금을 제공했다. 장쭤린의 부하 궈쑹링郭松齡·곽송령의 반란이 그를 궁지로 내몰자, 일본은 난국을 타개하기 위해 군대를 투입해[2] 장쭤린에 대한 공격을 분쇄했고, 얼마 동안 화북지방에서 국민 혁명세력이 성장하지 못하도록 저지했다.

외국인 착취자와 중국인 착취자의 단결을 호소하는 목소리가 울려퍼지기 시작했다. 상하이 총파업이 최고조에 이르렀을 때, 대표적 제

국주의의 신문인《노스차이나 데일리뉴스》는 상하이 유산자들에게
이렇게 말했다. "우리는 여러분과 맺어 온 다년간의 우호적 관계를 통
해, 여러분이 폭동자들과 파업자들에게 공감하지 않는다는 사실을 알
고 있다. …… 무정부적이고 파괴적이며 쓸모없는 노동자들에게 협조
하지 말아야 한다. …… 이들이 얼마나 오랫동안 여러분의 평화, 행복,
안전을 위협할 것인지는 주로 여러분에게 달렸다".3 외국인들은 국민
혁명의 위협에 맞서 꼭두각시 베이징 정부를 후원하는 계획에 필요
한 구체적 타협에 관해 논의할 준비가 됐다는 점을 서둘러 보여 줬다.
1922년의 워싱턴 회의에서 합의됐지만, 오랫동안 시행되지 않은 중국
의 관세권과 치외법권 등의 문제가 서둘러 되살아났다. 1925년 10월
에 베이징에서 특별 관세회의가 열렸고, 1929년 1월 1일부로 관세권
을 중국에 환원하기로 약속했다. 1925년 말에는 "일부 열강은 각자의
치외법권을 점차적 방식 혹은 기타 방식으로 포기할 것을 확약한다"
는 워싱턴 결정과 관련해 법률적 개정을 지원하기 위해 국제위원회가
구성됐다. 1926년 초에는 영국이 의화단사건 배상금의 분배를 결정하
기 위해 특별위원회를 파견했다. 열강은 이런 몇 가지 조치를 통해 중
국 자본가계급의 기대를 불러일으켰다.

　반향은 커져 갔다. 파업 물결의 확산은 외국인 기업들로만 국한되
지 않았다. 노동운동이 "새롭고 강대한 공화국 건설에 필요한 전국적
인 사회적 자각을 이끌어 냈다"고 기꺼이 인정한 중국 '자유주의자들'
조차 '중국 기업들에서 파업이 급속도로 증가한 것'을 불안하게 바라
보며 '어리석은 과도함'을 우려했다.4 이들은 조심스럽게 노동운동이
유용했다고 인정했다. 이미 외국인들에게서 양보적 타협 약속을 받아
내지 않았던가? 그런데도 "노동자들을 활용하는 것과 그들이 과욕을

부리지 않게 하는 것은 다른 문제다"라는 정서가 강화됐다. "강력한 조직 노동자들에게서 득을 보는 것은 좋은 일이지만, 대개 지나치게 좋은 일은 해롭다".5

노동자들이 외국인 자본가들의 거점을 강하게 타격한 것은 당연히 기쁜 일이었다. 하지만 쑨원이 반대했는데도 노동자들이 외국인 고용주와 중국인 고용주를 구분하지 않은 것은 다른 문제였다. 이런 개탄스런 판별력 부족은 곧 중국인 공장주들로 하여금 자신들이 외국인 경쟁자들과 한 배를 타고 있다는 사실을 깨닫도록 만들었다. 노동자 계급운동이 전진할수록 그것은 더욱 뚜렷해졌다. 게다가 외국인들이 허약한 중국인 산업가들의 목줄을 쥐고 있다는 사실이 통렬히 드러났다. 중국의 주요 공업중심지인 상하이에서 중국인 소유 공장은 전기를 외국인 소유 발전소에 의지했다. 1925년의 5·30사건에 이은 총파업에서 외국인들은 전력 공급을 중단해 모든 중국인 소유 공장의 기계들을 멈추는 것으로 보복했다. 이것은 곧바로 중국인 상회의 높으신 양반들을 굴복시켰다. 그들은 파업노동자들이 처음에 제시한 전면적인 정치·경제적 요구들을 대폭 수정해 외국인들에게 건넸다. 그렇게 해서 외국인들과의 동맹을 위한 기초가 순조롭게 마련됐다. 그들 자신의 이익이 그 타협에 달려 있었다. 그들은 파업 지원금의 유입을 차단했다. 파업운동의 후위가 점차 무너졌다. 늦여름에는 외국 조계당국의 협력과 중국 총상회의 지원 속에서, 상하이를 통치해 온 봉군奉軍*이 상하이 총공회總工會**를 폐쇄했고, 120개에 가까운 노동자 단체들과 모임들을 습격해 파괴했다. 상하이 파업운동은 일시적으로 진압됐고, 1925년 겨울부터 이듬해 봄이 오기 전까지 그런 상황이 지속됐다.

이 시기 외국인 자산가들과 중국인 자산가들 사이의 밀월관계는 더욱 대담해졌다. 준비단계는 순조롭게 진행됐다. 양측은 함께 반공동맹을 조직했고, 맹렬한 반공선전에 돌입했으며, 공개연단에서 가슴을 치며 분노를 표시했다. 영국인 존스는 목청을 높였다. "중국을 위해 값을 매길 수 없는 고대문명의 유산을 구해 낼 것을 호소합니다!"[6] 이들 신사들의 과거 유산에 대한 헌신은 정말 감동적이었다!

이사들은 줄어들고 있는 자신의 소득을 계산하고, 주주들에게 이렇게 말했다.

"당국이 전문 선농꾼의 활동을 억제하는 과감한 조치를 취하기를 바랍니다."[7]

그들의 '과감한 조치'가 무엇을 의미하는지는 1926년 3월 18일 오후에 베이징에서 분명하게 드러났는데, 당시 톈진항의 비무장화에 관한 외국의 최후통첩에 굴복할 준비가 돼 있는 정부 수반 돤치루이段祺瑞·단기서에 항의하는 학생시위대를 향해 그의 군대가 발포해 수십 명의 청년이 사망했다.[8] 이 베이징 학살은 상하이에서 벌어진 엄청난 사건의 전조였다.

---

* 장쭤린(張作霖·장작림)이 이끌었던 군대로 중심지가 펑톈(선양)이었다는 점에서 봉군(奉軍) 혹은 만주군으로 불렸다. 랴오닝성(遼寧省·요녕), 지린성(吉林省·길림), 헤이룽장성(黑龙江省·흑룡강)과 네이멍구자치구(內蒙古自治區·네이멍구) 일대를 지배했다.
** 중국에서는 노동조합을 공회(工會)라 표현한다.

그날 밤 대화반점大華飯店에서는 상하이 공부국工部局* 중역들이 상하이 자본가계급의 거물들과 함께 저녁 식사를 했다. 그들은 이 사건을 '상하이 역사에서 또 하나의 이정표'라고 불렀다. "공부국 역사에서 이런 모임은 처음 있는 일이었다".⁹ 모든 계급의 중국인을 뒷문으로 출입시켰던 오만한 외국인들로서는 정말 보기 드문 일이었다. 야만인들의 나긋나긋한 아첨은 은행가, 중개상, 상인, 관리 등 중국인 참석자들의 허영심을 부추겼다. 미국인 대표가 영국과 일본의 동료들을 향해 이렇게 말했다.

"우리가 이처럼 걸출한 중국의 신사 여러분을 초대해 맞이할 수 있어 정말 행운으로 생각합니다. …… 우리는 여론이라는 막강하고 놀라운 힘을 이끌고 빚어내는 사람들을 대표하는 모임을 진행하고자 합니다."¹⁰

발언자 스털링 페센든은 본론으로 들어갔다. 당국은 분쟁을 예견해 왔고, '대책 마련'이 필요했다. 무력을 사용해야 할 수도 있지만, 이 방식에는 결점이 있었다. 무력 사용은 '국제정세를 극도로 심각한 상황으로 빠르게 이끌 수' 있었다. '전에도 그런 일들이 있어' 왔다. 중재 시도는 '아마도 실패로 끝날 것'이다. 상하이 노동자들은 '제3자'의 꾐에 빠져 안전한 공장에서 끌려 나온 순진한 희생양이라 할 수 있다. (그렇다면) "왜 중국 노동자계급의 극도의 순진함을 이용하지 않고 있습니까?", "그들과 우리 모두에게 좋은 일이라면 왜 그렇게 하지 않고 있습니까? 그리고 왜 현재의 익숙한 지도부 이상으로 그들이 따를 수

---

* Municipal Council: 영·미를 중심으로 공동 조계(公共租界)를 통치하던 행정기관으로 청나라 6부 중 공부(工部)에서 유래한 명칭이다.

있는 새로운 지도부를 세우지 않고 있습니까? …… 오늘 밤 이곳에서 우리와 함께하고 있는 분들이 필요합니다".

은행가이자 매판상인 위챠칭虞洽卿·우흡경이 일어나 화답했다.

"우리 모두는 극도로 긴장된 상황에 대해 충분히 이해하고 있습니다. …… 매우 사소한 자극으로도 자연발화가 발생하고 있고, 그것은 작년보다 더 심각한 대화재로 발전할 수 있다는 것은 과언이 아닙니다. 우리 각자 또는 모두의 이익을 위해 모든 수단을 동원해 그것을 막아야만 합니다."

시간은 많지 않았고 위태롭게 흘러가고 있었다.

"우리에게 가장 중요한 것은 지역적 주도성과 국가적·국제적 차원의 일치된 행동을 결합시켜 미해결 문제들을 가장 빠르고 만족스럽게 해결하는 것입니다."

위챠칭은 평화를 호소하며 이렇게 말했다.

"솔직히 말하자면, 우리는 그것을 위해서라면 어떤 대가라도 치를 것입니다."

외국인들은 '민족평등'과 '자주권'의 원칙을 어느 정도 인정해야 했다. 좀 더 정확히 말하자면, 당시 그들은 상하이 행정에 중국 자본가계급을 참가시켜야 했다.

3주일 뒤, 외국납세자 연례회의는 처음으로 3명의 중국인이 상하이 공동국公董局·프랑스 조계의 행정기관에 참가하도록 승인했다. 이것은 하나의 거래였다.

'대화반점' 만찬은 제국주의에 대한 중국 자본가계급의 기본 태도를 분명히 보여 주는 상징적 사건이었다. 그들은 공공연한 흥정에 들어가 염가의 합의에 도달하자, 공개적으로 제국주의와 함께 노동운동에 대한 반격을 조직하기 위해 나섰다. 그들은 의식적으로 공동의 역량을 결집시켰고, 점점 더 의식적이고 기민하며 신중하게 행동했다. 그들의 영향력은 결코 상하이와 북부로 제한되지 않았고, 국민혁명운동의 심장부인 광저우까지 미쳤다.

중국인이든 외국인이든 어리석은 부자들은 광저우의 상황을 볼 때마다 분개하는 경향이 있었다. 좀 더 예리한 자들은 현실이 전혀 다르다는 사실을 깨닫기 시작했다. 외국인들은 곤란을 겪은 몇 개월간 많은 것을 배워야 했고, 그들 중 가장 날카로운 이들은 빠르게 배웠다. 그들은 일방적인 무력의 사용이 아니라, 자신들의 이익을 위협하는 것으로 보이는 운동 내의 계급적 차이에 해법이 있다는 사실을 이해해야 했다. 그들 중 한 사람은 이렇게 썼다. "외국인들이 1925년의 모든 말썽을 공산주의의 탓으로 돌리는 심각한 잘못을 저질렀다. …… 어쨌든 반공이 친외세와 동일시되는 한, 중국인 중에 선량한 자들이 진정으로 공산당원들에 반대하리라고 기대하기는 어렵다".11 중국 정치인들, 그리고 이들과 빠르게 새로운 관계를 형성해 가고 있던 이들은 좀 더 둔감한 동료들에게 광저우가 단일한 색조와는 거리가 멀며, 실제로는 온갖 계급의 색조를 반영한다는 것을 가르쳐야 했다. 적색을 무대에서 제거하고자 한다면, 분광기를 파괴해야 했다.

대중운동과 가장 가까웠던 광저우에서는 계급적대가 들끓으며 증대되고 있었다. 국민당 내 보수 '우파'는 국공 합작이 열강과의 타협을 가로막을 것이라고 믿으며 이탈했다. 하지만 광저우에서 과감히 위험한 무기에 손을 댄 소위 '좌파'는 반대로 대중운동이 제국주의와의 협상에서 강력한 지렛대가 돼 줄 것으로 보았다. 그들은 이런 정책에 필요한 이미 완성된 형태의 도구를 공산당원들에게서 빌렸다. 그 결과

거대한 규모의 대중적 역량이 조직됐고, 국민당 정부는 광둥에서 공고화됐다. 하지만 운동의 상승은 지도부의 문제를 날카롭게 제기했다. 운동에 대한 자본가계급의 통제가 확고해야 했다. 공산당의 묵인정책 덕분에, 그것은 무혈로 완성됐다. 광저우 정계를 지배한 뒤얽힌 음모와 야심의 충돌 속으로 뛰어들어 단지 장제스의 이력을 추적하면 그 실제 과정을 충분히 이해할 수 있다.

장제스는 한 개인의 야망, 배경, 역사가 주어진 역사적 순간과 특정 계급의 요구에 부합했기에 그 계급에서 등장해 그들을 이끈 역사적 인물 가운데 한 사람이 될 수 있었다. 이른바 가능성이라 불리는 것은 엥겔스가 '끝없는 우연의 연속'으로 표현했는데, 보통은 그 상호관계를 찾을 수 없기에 필요에 따라 그런 역사적 인물들을 전면에 내세운다. 한편으로는 더 나은 세상의 건설에 참여하는 데 대한 만족에서, 다른 한편으로는 권력, 부, '명망'에 대한 욕심에서, 이들은 바람직하다고 여기는 가치를 붙잡고 시대가 부여한 요구를 완수한다. 이들 모두는 사회계급 간 충돌이 짜낸 전체 얼개의 일부이지만, 이들 역시도 모습을 갖추어 가고 있는 새로운 모형의 질과 색상을 결정한다. 이런 인물들이 생애 동안 겪게 되는 우연적 기회들이 무엇인가의 문제는 결국 피할 수 없는 역사적 필연성에 달려 있다. 바로 장제스는 그런 때와 장소를 만난 인물로서, 무자비한 교활함과 과단성 덕분에 중국 정치 무대의 중심에 설 수 있었다.

저장성의 부유한 상인 가문에서 태어난 장제스는 1911년 혁명이 발생했을 때 일본 동경에서 군사학교를 다니고 있었다. 그는 서둘러 상하이로 돌아와 천치메이陳其美·진기미 장군의 참모로 합류했다. 장제스는 천치메이 장군의 도움으로 쑨원을 만났다. 또한 위챠칭, 장징장張

靜江·장정강 등과 교분을 맺었는데, 위차칭은 유명한 매판상이었고, 장징 장은 은행업에 관여하고 골동품과 두부를 거래하며 물려받은 재산을 늘리고 있었다. 장징장은 황진룽黃金榮·황금영과 결탁했는데, 그는 상하 이에서 유명한 암흑가 두목 중 한 사람이었고, 이즈음에 상하이에서 가장 강력한 비밀집단이자 폭력조직인 청방靑幫의 일원이 된 것으로 알려져 있다. 그는 개항장의 깡패들과 부랑자들로부터 사병을 모집했 다. 깡패, 금융업자, 군인, 살인자, 사기꾼, 밀수업자, 매춘업자 등이 장 차 세계적으로 유명해지는 장제스라는 인물의 초상을 위한 밑그림을 그려 냈다. 그것의 특징은 시간이 흐를수록 희미해지기는커녕 뚜렷해 졌다. 장차 장제스는 이들 첫 스승들과 함께 서로 의존할 운명이었다. 얼마 동안 그는 상하이증권거래소에서 소규모 중개업자로 일했고, 상 하이의 환락가는 그의 취향에 맞았다. 기록이 불분명해 탐욕 때문인 지 무지 때문인지는 모르지만, 그는 곧 무일푼으로 거리로 나앉았다. 장징장을 비롯한 그의 후원자들은 대단히 불안정한 상황에서 벗어나 도록 그를 도왔다. 불투명한 손실의 일부를 메우고, 호주머니를 채워, 쑨원과 운명을 함께하도록 광저우로 쫓아 보냈다. 사소한 투자에서 전례 없는 배당을 받게 된 셈이었다.

쑨원은 소비에트 정부와 관계를 맺은 후, 그의 참모의 일원인 장제 스를 모스크바로 보내 적赤군의 방법과 소비에트 체제를 배우게 했 다. 장제스는 1923년 7월에 중국을 떠나 6개월 동안 러시아에 머물렀 다. 차갑고 반짝이는 검은 눈동자로 모스크바에서 많은 것을 목격했 을 젊고 얇은 입술의 중국인 관료를 주목하는 이는 없었을 것이다. 용 병 군대로 넘쳐 나는 나라에서 건너온 장제스는 적군의 사기와 방법 론을 보며 경외감을 느꼈을 것이 분명하다. 그는 혁명과 내전에서 등장한 민중의 군대를 보았고, 군대와 대중 사이의 불가결의 관계를 목격했다. 이제 막 억압과 무지의 굴레를 벗어던진 인민을 목격했다. 이 경험이 그에게서 중국 민중이 수 세기에 걸쳐 퇴적된 진흙더미에서 벗어날 수 있도록 돕겠다는 어떤 책임감이나 열망을 불러일으켰는지 모르지만, 이후 그의 이력에서 그런 증거는 찾아볼 수 없다. 그의 경험은 자신만을 위한 풍부한 자산이 됐을 뿐이다. 그는 어떻게 사상의 힘이 무한한 희생과 충성을 이끌어 낼 수 있는지를 보았을 것이다. 무엇보다도 정치적이고 군사적인 무기로서 대중의 힘을 목격했다. 장제스는 그런 지식을 갖고 중국으로 돌아왔기 때문에, 동료 군벌들에 비해 엄청나게 유리한 위치에 설 수 있었다. 이제 그는 자신의 필요에 따라 "세계 혁명 만세!"를 외쳤다. 그는 고무된 수백만 민중이 그것을 외치는 소리를 들었고, 그것을 함께 외치며 자신의 권력을 수립할 수 있기를 소망했다. 그의 가슴속 깊이 자리한 계급적 본능은 그것이 위험한 도박이라고 경고했지만, 장제스는 다름 아닌 도박사였다. 그는 판돈을 걸고 대담하게 뛰어들었다.

그해 말에 광저우로 돌아온 장제스는 보로딘과 러시아 군사고문단의 총아가 됐다. 1924년 5월에 러시아의 자금과 후원으로 황포군관학교가 설립됐을 때, 논리적 결론에 따라 소련을 방문해 소비에트의 병법을 직접 목격한 유일한 군인인 장제스가 교장을 맡았다. 황포군관학교는 중국을 위한 새로운 유형의 군인 양성소였지만, 또 한편 장제스 정권의 발원지가 됐다. 이를 위해 최상의 중국 청년들이 모여들었다. 가장 견실한 혁명투사들의 일부가 이 학교를 통해 배출됐다. 하지만 대중운동의 성장, 그리고 노동조합과 농민회의 부상은 곧바로 황포 학생들을 계급적 경계선에 따라 분화시켰다. 초기에 황포 학생들은 광저우 상단 진압, 동강 원정, 윈난군벌 토벌전쟁, 광둥 남부 작전 등에서 선두에 서서 용맹을 떨쳤다. 장제스는 이들의 군사지도자였고, 이 정벌들은 연이어 그의 명망, 권력, 영향력을 드높였다. 특히 황포 학생들이 졸업해 여러 부대에서 장교가 되기 시작하면서 더욱 그랬다. 하지만 대중운동이 성장하기 시작하고, 특히 농민들이 조직적 무기를 이용해 지주의 특권에 도전하기 시작하자, 지주가문 출신의 이 청년들 중 다수가 대중과 공산당원에 맞서는 일에 동조하기 시작했다. 이런 황포 학생들 내의 계급분화는 폭넓은 정치무대 위에서 빠르게 조직적 형태를 취했다. 화중과 화북에서 적극적으로 활동해 온 쑨원주의학회가 황포 학생들 사이에서 확고한 거점을 마련했다. 공산주의 사관생도들과 급진적 국민당 동조자들은 공동으로 청년군인연합회靑年軍人聯合會를 조직했다. 1925년의 군사작전이 벌어지는 동안 양측은 수차례 공개적으로 충돌했다. 장제스는 폭넓은 정치무대에서 국민당과 공산당 사이의 균형추 역할을 자처하기 시작했던 것처럼, 이들 두 집단 사이에서도 같은 역할을 유지하려고 했다. 1925년 10월에 2차 동강 정벌을 성공적으로 끝낸 군대가 광저우로 복귀했을 때, 장제스는 청년 장교들을 소집해 연회를 열었다. "그는 탁자를 치며 그들을 꾸짖었다".12 그리고 싸우고 있는 조직들의 화해를 요구했다. 어쨌든 당분간 그는 통일적 외형을 요구했다.

장제스는 '단결'의 문제와 관련해 보로딘과 공감대를 형성했다. 이들의 의견 일치는 공산당정책이 자본가계급의 필요와 맞아떨어졌다는 점을 보여 준다. 자본가계급과 마찬가지로 장제스는 아직까지 확고한 권력을 구축하지 못했다. 그가 자신의 지위를 공고화하기 위해서는 여전히 공산당원, 대중운동, 러시아인의 조언과 안내, 물질적 지원이 필요했다. 장제스 자신의 기반이 여전히 불확실했다. 정치적으로 여전히 그는 국민당 지도자들에게 종속돼 있었는데, 그 중심에는 후한민胡漢民·호한민이 있었고, 쑨원의 총애를 받은 왕징웨이가 있었다. 또한 군사적 영역에는 장제스와 마찬가지로 국민당에 운명을 건 일단의 장군들이 경쟁하고 있었다. 장제스는 대중운동의 기세가 자신에게 유리한 지위를 가져다주기를 기대했다. 중국 자본가계급의 목표와 요구도 바로 이것이었다.

보로딘과 모스크바의 스승들, 그리고 중국 공산당 지도부는 혁명의 성공이 자본가계급과의 협력에 달려 있다는 전제를 고집했다. 노동자와 농민의 직접적 계급 이해를 지키려면 독립적이고 강력한 조직 역량이 필요하다는 사실은 전혀 제시하지 않았다. 이들 계급의 이해가 자본가계급의 이해와 직접적으로 충돌하는 경우에조차 그랬다. 국민당이 공산당과 일시적으로 연합한 자유부르주아계급의 정당이 아니라, "독립 국가와 단일한 혁명적 민주정부를 쟁취하는 투쟁에서 제국주의와 군벌·봉건 질서에 모두에 반대하는 노동자, 농민, 지식인, 도시 민주세력즉, 자본가계급이 공통의 계급이익에 기초해 연합한 단일한 혁명적 블록"13을 대변한다는 관념을 고착시켰고, 코민테른 공식 교리로 만들었다.

그들은 기본적으로 '공통의 계급 이해'를 지향했지, 계급 이해의 충돌을 추구하지는 않았다. 그것은 착취계급인 자본가계급과 피착취계급인 노동자-농민이 공통의 기반에서 제국주의에 맞서고 있다는 환상을 낳았다. 바로 이 때문에 보로딘은 국민당 지도부 가운데 장제스를 가장 믿을 만한 '동맹자'로 여겼다. 광저우의 다른 군벌들은 과거의 일부로서 군웅할거와 군사적 무정부 상태에 있었다. 이들이 사리사욕을 추구했다는 사실은 보로딘에게조차 명백했다. 코민테른은 자본가 계급의 일부가 진정으로 반제투쟁을 진행할 것이라고 믿었고, 장제스가 그들을 비교적 정확히 대변하고 있다고 보았다. 게다가 장제스는 급진적 언사로 자신을 포장했고, 보로딘과 대중 앞에서 혁명군의 적색 희망으로 자임했다. 그래서 보로딘은 장제스를 최상층으로 끌어올리고자 온갖 정치 술책을 부렸다. 그러면서 보로딘은 그가 대중의 이해에 복무하고 있다고 믿었고, 장제스는 이에 대해 이의를 제기하지 않았다. 반대로 그가 쑨원의 말을 자주 인용했다는 사실이 기록돼 있다. "쑨원은 나에게 보로딘의 조언을 받아들이는 것이 곧 자신의 조언을 받아들이는 것이라고 말했다. 보로딘은 공산당 국민당 할 것 없이 모두가 장제스 장군에게 복종해야 한다고 강하게 권고하는 것으로 화답했다".[14] 보로딘이 장제스의 권력 강화를 강하게 '권고'할 때, 장제스는 러시아 고문의 입을 통해 말하는 죽은 대지도자의 목소리를 들었다.

1925년 8월에 황포군관학교의 정치부주임이었고 국민당 내 극좌익의 일원이었던 랴오중카이가 암살되면서 광저우 국민당 우익의 음모는 절정에 달했다. 국민당 고참 지도자 후한민과 광둥군 사령관 쉬충즈許崇智·허숭지 장군이 깊이 개입됐다.[15] 이와 같은 광저우 우익의 공공연한 위협 뒤에는 탐탁지 않은 이들을 제거하려고 계획된 보로딘의 '책략'이 있었다. 보로딘은 능숙한 흥정을 통해 후한민이 외국으로 떠나도록 압박하는 데 성공했고, 분명히 그는 그것을 자랑스럽게 여겼다.[16] 음모에 개입된 쉬충즈 장군을 비롯한 다른 몇 명도 광저우를 떠났다. 광저우 노동자들은 왕징웨이가 당과 정부의 수장에 오르고 장제스가 광저우 군대의 지휘권을 승계하며 급작스럽게 새로운 지도자가 됐다는 사실을 발견했다. 이를 위해 장제스에게 필요했던 것은 뒤축을 부딪치며 경례한 뒤, "세계 혁명 만세!"를 외치는 것뿐이었다.

여전히 상층에서 보로딘과 공산당 지도자들이 의심스런 동맹자들과 함께 새로운 연합을 추진하는 데 골몰하는 동안, 대중운동은 이미 엄청나게 중요해지기 시작했다. 100만 명에 가까운 노동자들이 참여한 전국적 정치·경제 파업, 농민회의 경이로운 성장, 지주에 맞선 농민투쟁의 등장 등 모든 것이 빠르게 전진하는 대중의 진군을 나타내고 있었다. 노동자-농민의 투쟁은 독립적 형태를 갖춘 조직의 창출로 이어졌고, 그 속에서 본능적으로 대중들은 자신의 계급적 목표를 향해 나아갔다.

자신의 파업위원회罷工委員會로 조직된 광저우-홍콩의 파업노동자들은 '노동자대표자회의工人代表大會'를 통해 전체 광저우 노동자들과 단결해 고유의 계급적 이해를 방어하고자 했다. 광저우의 경찰권은 사실상 이들의 수중에 있었다. 한 공식보고에 따르면, 농민들은 이미 "6~7개 현에서 지주에 맞서 공공연한 투쟁을 벌였다".[17] 군대는 공산당원들을 위한 확실한 무대가 돼 주었는데, 동강 유역의 현들과 광둥의 여러 현에서 벌어진 군사작전이 노동자-농민의 직접적 개입 덕분에 승리한 뒤에 특히 그랬다. 광저우 정부는 이런 승리의 후광을 통해서만 존재할 수 있었다. 그 권력은 정확히 광저우-홍콩 파업의 노동자들과 광둥성 농민들의 성공에 의지하고 있었다. 장제스조차 이 사실을 공개적으로 인정했다. 조직된 대중과 군대 내 결정적 부위가 전체 운동의 원동력이었다. 이 모든 일에도 불구하고, 상층 연합은 정부를 떠받치고 있는 대중의 이익을 지키기 위해 필요한 어떠한 정부차원의 실질적 조치도 이끌어 낼 수 없도록 가로막았다. 몇 가지 사소한 세금

부담이 완화됐고, 몇 가지 두드러진 관료적 부패가 제거됐을 뿐이다. 사적 재산이라는 신성한 영역은 침범되지 않고 보존됐다.

공산당원들은 이 강력한 대중운동이 고유의 방식과 이해 속에서 계급투쟁의 무대에 개입할 수 있도록 고유의 정치적 지향, 전망, 기치를 제공할 필요성에 대해 결코 배우지 못했다. 지도자들은 국민당 동맹자에 대한 필수적 의심과 불신을 대중에게 불어넣는 대신, 운동 수뇌부의 부르주아 민족주의자들에게 완전히 의존하라고 가르치는 지도부 때문에 정신이 무뎌졌다.

'국민당과 그 지도부에게 모든 권력과 영광을!' 이것이 코민테른과 소련 공산당 지도부의 금언이었다. 1926년 1월에 스탈린을 포함한 소련 공산당 14차 대회 의장단은 국민당 2차 대표자회의 의장단에게 전보를 보냈다. "세계 최초로 승리한 노동자 혁명을 이끄는 영광과 역사적 임무가 우리 당에게 주어졌다. …… 만일 국민당이 당면 투쟁에서 노동자계급과 농민의 동맹을 강화시키고, 이들 기본적 혁명역량의 이해가 지시하는 길을 받아들인다면, …… 국민당이 동방에서 같은 임무를 수행하는 데서 성공할 것이고, 결국 아시아에 대한 제국주의의 지배 기반을 파괴할 것이라고 확신한다".[18]

스탈린은 국민당이 자본가계급과의 '연합전선'이 아니라 노동자-농민 동맹의 정치적 표현이라는 독창적 개념을 만들어 냈다. 1925년 5월 18일에 그는 학생들 앞에서 중국의 민족주의 연합이 "국민당과 같은 노동자-농민의 단일 정당 형태를 취할 수 있다"고 말했다.[19]

혁명에서 '노동자계급 주도권proletarian hegemony'의 전망에 대한 토론이 코민테른의 일부 중국 사건보고서에 등장하기 시작했지만, 코민테른 중앙기관지는 "1925년 7월 1일에 광저우에서 소비에트 체제와 매우 유사한 국민 정부가 구성됐다"고 각국 지부에 보고하면서, 국민당 대회에서 있었던 장제스와 왕징웨이의 연설을 자랑스럽게 인용했다. 장제스는 "소련 및 세계 혁명과의 연합은 사실상 세계 혁명의 완수를 위해 세계 제국주의에 맞서 함께 싸우고 있는 모든 혁명정당의 동맹이다"고 말했다. 또한 왕징웨이는 "우리가 제국주의에 맞서 싸우고자 한다면, 우리는 공산당원들에게 등을 돌리지 말아야 한다. (박수갈채) 공산당원들과 맞서는 동시에 제국주의의 대항자를 자임할 수는 없다 (박수갈채)"라고 말했다. 보고는 이렇게 결론을 맺었다. "국민당의 활동과 투쟁은 쑨원의 제자들이 그의 근본사상에 충실하고 있다는 점을 증명한다".[20]

1926년 3월의 코민테른 집행위원회 6차 전체회의는 당내 우익을 비판하는 국민당에 박수갈채를 보내며, 이 비판이 "광저우 정부의 혁명적 경향을 강화하고, 노동자계급의 국민당에 대한 혁명적 지지를 보증한다"[21]고 선언했다. 그러나 소비에트 지도자들한테 감독받고 있는 전체회의 대표자들은 저명한 국민당 우익 지도자 후한민의 등장에 가장 열렬한 박수로 환호했다! 랴오중카이의 살해에 연루돼 광저우에서 추방된 후한민은 모스크바로 갔고, 그곳에서 곧바로 '중국 농민의 대표'가 되어 농민인터내셔널 크레스틴테른의 지도부로 선출됐다![22] 그리고 세계 노동자 혁명 총참모부에 대한 국민당의 따뜻한 경의를 표하기 위해 6차 전체회의 개막회의에 초대됐다.

공식 보고는 과거 차르의 정전正殿*이었던 안드레예프 홀에서 벌어

---

* 왕이 조회(朝會)를 하며 정사를 처리하는 곳.

4장 광저우: 누구의 권력인가? | 171

진 광경에 대해 이렇게 말했다.

"광저우 군대의 대원수가 군복을 입고 연단으로 향하는 모습은 잊을 수 없는 광경이었다.* 끊임없이 이어지는 박수 때문에, 연사는 연설을 시작하기까지 몇 분을 기다려야 했다. 서방의 혁명적 노동자계급과 동방의 피억압 민중의 연대는 바로 여기서 매우 분명하게 표현됐다."[23]

중국 공산당 대표도 박수갈채를 받았지만, 결국은 그가 동방의 억압받는 노동자계급을 대표했다. "후한민 동지(!)가 단상에 올랐을 때, 열광의 목소리는 더욱 고조됐다".[24] 후한민의 연설을 인용할 필요가 있는 것은 그가 뒤에야 갑자기 대중의 학살자로 드러난 많은 국민당 지도자의 단순한 일원이 아니었다는 사실을 잊지 말아야 하기 때문이다. 그는 이미 한 사람의 좌파 지도자 살해에 가담했기 때문에 추방된 상태에서 코민테른의 연단에 섰던 것이다!

후한민은 말했다.

"중국의 노동자-농민을 대표해, 중국의 피억압 대중을 대표해, 중국 민중을 대표해, 이 국제회의에 직접 참가할 수 있게 해 주셔서 감사합니다. 오직 하나의 세계 혁명이 존재하고, 중국 혁명은 이 세계 혁명의 일부입니다. 우리의 위대한 지도자 쑨원의 구호는 마르크스주의와 레닌주의의 구호와 동일합니다. 더 이상 어느 누구도 제2인터내셔널에 신뢰를 보내지 않습니다. 최근 중국에서 제3인터내셔널의 영향력은 대단히 증가했습니다. 이 운동은 모든 무산계급, 즉 노동자-농민의

---

* 모스크바에서 후한민은 쑨원을 승계했다는 뜻에서 최고의 명예로운 호칭인 '대원수'로 불렸다.(원주)

다수와 지식인들을 포괄하고 있습니다."

"국민당 구호인 옹호군중擁護群眾은 노동자와 농민이 연합해 권력을 쟁취하는 것을 의미합니다! 이 구호는 제3인터내셔널의 정책과 일치합니다. 나는 스스로를 세계 혁명을 위해 싸우는 투사들의 일원으로 여기며, 코민테른 회의를 축하합니다. 세계 노동자계급 단결 만세! 세계 혁명 승리 만세! 제3인터내셔널 만세! 세계의 모든 공산당 만세! 여기에 함께한 모든 동지 만세!"[25]

코민테른의 영향력은 '모든 무산계급'에 미쳤다. 중국 자본가계급으로서는 코민테른의 지지라는 명성으로 스스로를 포장할 수 있게 된 것만으로도 충분히 감사할 수 있었다심지어 광저우 상회조차 "세계 혁명 만세!" 구호를 선언문에 담았다. 후한민은 참석자들에게 아낌없이 만세를 기원해 주었다. 덕분에 그는 1년 가까이 지난 시점에서 장제스가 최상의 중국 청년 공산주의자들의 생명을 잔혹하게 앗아 가는 것을 도울 수 있었다. 후한민의 축복코민테른이 중국 부르주아 동맹자에게서 얻은 건 이것이 전부였다에 대한 보답으로, 코민테른 집행위원회 6차 전체회의는 "광저우 정부는 중국 민중의 해방투쟁에서 선봉에 서 있으며, 장차 전국으로 확대될 혁명적 민주주의 질서의 모범이다"라고 선언하며, 중국 혁명가들이 '혁명적 민주주의 조직의 지도 아래, 가장 광범위한 층들노동자, 농민, 자본가계급을 포괄하는 단일한 전국적 혁명전선'[26]으로 통일할 것을 재촉했다.

이런 이유 때문에, 보로딘은 광저우의 대중운동 안에서 공산당원들의 극적인 전진을 전혀 기뻐하지 않았다. "새로운 조직에서 공산당원들이 저명한 지위를 차지했고, …… 자연스럽게 국민당과 공산당 지도부는 이것을 우려했다. 보로딘도 이를 크게 우려했고, 1925년에 왕징웨이, 랴오중카이廖仲愷·요중개, 후한민, 장제스와 함께 이 문제에 관해 자주 토론했다. 보로딘은 국민당과 공산당의 분열을 예견하며 이렇게 말했다. '1924년의 조직 재편 이후, 줄곧 국민당은 재편에 찬성하거나 반대하는 2개 정당으로 갈라져 있습니다. 하지만 확실히 좌파가 우세했기 때문에, 분열은 심각하지 않았습니다. 심각한 것은 좌파 자체가 분열할 수 있다는 것입니다. …… 따라서, 앞으로 벌어질 수 있는 난관을 극복할 유일한 방법은 좌파 지도자들이 통일된 입장을 취하는 것입니다'".[27]

보로딘은 소위 좌파 지도자들의 통일이 유일한 방법이라고 말했다. 이것은 공산당과 국민당의 '통일'을 의미했다. 또한 대중들이 자본가계급 정치지도부에 복종하는 것을 의미했다. 코민테른은 공식적 중국정책을 정당화하려고 시도하면서, '다양한 계급으로 구성된' 국민당이 '사적 재산의 몰수에 착수할 수 없기 때문에', 광저우에서 급진개혁을 도입하거나 토지 혁명을 실행하는 것은 있을 수 없는 일이라고 주장했다.[28] 국민당의 '다양한 계급구성'은 자본가계급 이해의 보호를 전제했다. 국민당 내 공산당원들은 사유재산에 대한 침해를 감시할 의무가 있었다. 다시 말해, 국민당은 모든 계급이 협력하는 정당이 아니라 '노동자-농민의 정당'은 더더욱 아니었다!, 자본가계급이 여타 계급에게 복종을 강요하는 정당이었다.

왜 노동자계급의 독립적 공세를 조직하는 것은 불가능했는가? 보로딘에 따르면, 광저우의 노동자계급이 '허약'했기 때문이다. "광저우에서 권력을 장악할 수는 있었지만, 그것을 유지할 수는 없었다. 우리는 피바다 속으로 침몰했을 것이다".[29]

광저우 노동자계급은 어떤 점에서 '허약'했던가? 광저우 정부는 대중운동의 물결을 타고 권력의 지위에 올랐고, 그 운명이 조직된 대중의 지속적 지지에 달려 있었다. 이 점에서 광저우 노동자계급과 광둥 농민은 결정적인 전략적 지위에 있었다. 이들은 강력한 대중조직을 위한 독립적 정치전망을 갖지 못했다는 점에서 '허약'했다. 처음부터 직접적으로 노동자권력의 문제를 제기하지 않을 수는 있었지만, 도처에서 공공연하게 등장하고 있는 자본가계급의 반격을 분쇄하는 문제에 분명하게 답해야 했다. 그것은 고유의 계급정책 속에서 노동자-농민을 무장시키는 것을 통해서만, 그리고 중국의 게렌스키들을 제치고 대중권력의 곤봉을 움켜쥘 수 있도록 소비에트 건설로 이끄는 것을 통해서만 완수될 수 있었다. 그러기엔 광저우 노동자계급이 너무 '허약'했던가? 하지만 광저우-홍콩 파업위원회省港罷工委員會와 대표자회의代表大會는 광저우노동자 대표자회의廣州工人代表會로 통합하며 이미 이중권력의 틀을 제공했다. 이들은 경찰권을 떠맡고, 학교, 법정, 병원의 설립과 같은 정부기능을 담당하며, 심지어 광저우-황푸간 도로 건설을 시행하는 등 본능적으로 완전한 정치권력 행사를 향해 나아가고 있었다. 즉, 이미 소비에트 기능을 수행하고 있었던 셈이다. 이들은 군대 대표들 및 성 농민회와 함께 광둥성 권력의 진정한 원천을 대표했다.

하지만 공산당 지도부는 위와 같은 방식으로 노동자계급이 공세에 나서는 문제는 제기하지도 고려하지도 않았다. 왜인가? 그런 공세가 자본가 재산에 대한 침해로 이어진다면, 자본가계급과의 '연합전선'이 파산할 것이기 때문이었다.

트로츠키는 이렇게 썼다. "하지만 광저우 노동자들이 자신의 권력을 수립하기에는 아직까지 너무 허약했다고 치자. 일반적으로 대중의 약점은 무엇인가? 그들은 착취자를 따르는 경향이 있다. 이런 경우, 혁명가의 최우선 임무는 노동자들이 노예적 신뢰에서 해방될 수 있도록 돕는 것이다. 하지만 코민테른 관료집단이 수행한 활동은 그 반대였다. 그들은 자본가계급에게 복종하는 것이 필요하다는 관념을 대중에게 주입했고, 자본가계급의 적은 그들의 적이라고 선언했다".[30]

보로딘은 좀 더 공세적인 정책을 추구했다면 노동자들이 '피바다 속으로 침몰했을 것'이라고 말한다. 분명 성공이 사전에 보장되지는 않는다. 다른 정책이었다면 확실히 성공했으리라 단언하는 것은 불가능하고 무익한 일이다. 하지만 확실히 1925년의 굴종정책 때문에 광저우 노동자들은 길을 잃었고, 자본가계급은 완전히 무장해제당한 대중에게 유혈 타격을 가할 준비를 갖출 수 있었다. 공세적이고 독립적인 노동자계급 정책은 어쩌면 패배로 이어졌을 수 있다. 그것은 다양한 요소들에 달려 있다. 하지만 1905년 러시아 혁명의 패배가 그랬듯이, 이미 공인된 적들의 공공연한 반대 속에서 그런 패배를 겪었을 것이다. 그 과정에서 단결된 중핵들과 새로운 수준으로 교육된 중국 노동자계급은 더욱 분명하고 확실하게 중국의 1917년 혁명으로 향했을 것이다. 하지만 지도부가 '연합전선'의 붕괴를 우려해 독자노선을 거부하면서, 노동자들은 지도부의 가르침에 따라 신뢰해야 했던 자들에게 배신당하며 비할 수 없는 희생을 치르고 사기저하에 빠졌고, 확실히 패배할 수밖에 없었다.

마르크스와 엥겔스는 75년 전에 이렇게 썼다. "가령, 노동자들의 독자적 행동 때문에 민주당이 분열하고 반동이 승리할 것이라는 민주당원들의 말에 현혹되지 말아야 합니다. 그런 말이 통할 때, 결국 노동자계급은 계속해서 기만당할 뿐입니다".[31]

그 말이 통했고, 결국 광저우 노동자계급은 기만당했다.

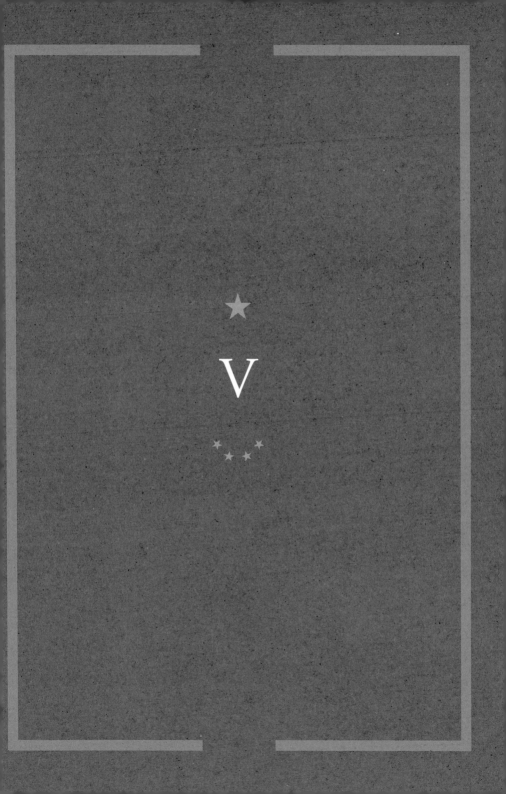

V

CANTON: THE COUP OF MARCH 20, 1926

광저우: 1926년 3월 20일 쿠데타

장제스는 하데스의 문을 지키는 머리 셋 달린 케르베로스*처럼 자본가계급의 이해를 방어했다. 오른쪽을 향한 머리는 광저우 국민당 보수파의 지도적 사상가인 다이지타오戴季陶·대계도와 닮았다. 다이지타오는 공공연하게 활동하는 상하이-화북 우파와 은밀한 광저우 우파를 이어 주는 고리였다. 국민당 근거지에서 그가 어떻게 활동했고, 얼마나 영향력을 미쳤는가를 고려하면 1924년의 재편에 찬성하는가 반대하는가라는 단 하나의 기준에 근거해 좌파냐 우파냐로 거칠게 분류하는 건 분명한 잘못이었다. 하지만 보로딘 같은 관료들은 마치 광저우의 이글거리는 태양 아래에서 마시는 얼음 음료처럼 그런 지나친

---

* 그리스 신화에 나오는 머리 셋 달린 개로 제우스의 형제인 하데스가 관장하는 저승 지하세계 입구를 지켰다.

단순화를 편의적으로 애호했다. 마치 계급투쟁의 눈부신 불빛 앞에서 정치적 허구가 사라지듯, 이 얼음은 햇빛 속에서 녹아 버렸다. 심대하게 분열된 두 경향 간의 격렬한 충돌로 보였던 것이 사실은 근본적으로 동일한 집단 내 분파 간 분업이었을 뿐이라는 사실이 증명됐다. 화북 우파는 광저우 '좌파'가 열강과 타협하기 위해 건널 가교였다. 1925년 7월에 광저우에서 국민정부가 구성됐을 때, 다이지타오는 이미 그 앞길을 닦고 있었다.

그는 장제스의 암묵적 보호 속에서 반공산주의-반마르크스주의 소책자를 발행하기 시작했다. 그는 인민의 '깨어 있는' 부분이 '깨어 있지 못한' 부분을 지도하고 통치할 천부적 권리를 주장했다. 공산주의는 쑨원의 가르침과 아무런 공통점이 없다고 선언했고, 공산주의 불순물의 위협으로부터 지도자의 유훈을 지켜야 한다고 촉구했다. 다이지타오는 대담하게 쑨원주의학회를 창립했고, 조심스럽게 북부의 서산회의파와 구별정립하려 했다. "그들은 서산회의파와 세 가지 점에서 다르다고 선언했다. (1) 서산회의파는 1924년의 재편을 반대한 반면, 그들은 그것을 지지했다. (2) 전자는 부패하고 반동적인 관료와 무정부주의자로 구성됐지만, 그들은 적극적 혁명가들이었다. (3) (서산회의파의) 목적은 왕징웨이와 장제스를 타도하는 것이었지만, 그들은 이들을 지도자로 받아들였다. 비록 좌파로 분류되긴 했지만, 그들은 서산회의파와 마찬가지로 공산당원을 적극적이고 맹렬하게 반대했다. 또한 공산당과의 결별을 요구했다".[1]

케르베로스의 두 번째 머리는 왼편을 향해 있다. 그것이 장제스의 모습에 좀 더 가까워 보였지만, 그는 혁명에 충성하겠다는 말만 내뱉었다.

"나 또한 기꺼이 국민혁명, 삼민주의, 공산주의를 위해 순교한 이들의 무덤 곁에 누울 용의가 있다. 쑨원 선생의 삼민주의 없이 혁명은 불가능하다. 마찬가지로 공산주의를 도외시한다면 세계 혁명은 불가능하다. 중국 혁명이 세계 혁명의 일부임을 부정할 수는 없다. 삼민주의의 실현은 공산주의의 실현을 의미한다. 중국 혁명을 세계 혁명과 분리시킬 수 없다는 것을 이해한다면, 어떻게 우리 안에서 삼민주의와 공산주의에 대한 논쟁을 벌일 수 있겠는가?"[2]

중간에서 정면을 향해 있는 케르베로스의 세 번째 머리는 질투심 많은 야심의 수호자였다. 왼편에서 공산주의와 쑨원주의를 동일시하는 자신의 목소리가 울렸다. 오른편에서는 그것들 사이의 지울 수 없는 모순을 주장하는 다이지타오의 목소리가 울렸다. 왼편에서 지지, 대중적 위신, 러시아 무기와 자금, 지지와 신망, 러시아 무기와 자금, 자문을 끌어냈지만, 오른편에서 자신의 기구를 구성하는 데 필요한 재료들을 끌어냈다. 그는 비공산주의자들로 엄격히 제한해 선별하며 요직을 약속했다. 그리고 이처럼 완전히 '순수한' 국민당 정치 기구를 건설하는 과정에서 창백하고 유약한 소부르주아 급진파 지도자 왕징웨이와 완전히 협력했다. 왕징웨이는 강력한 대자본가 동맹자의 손에 영원히 놀아날 운명이었다.

여러 명의 저명한 공산주의자가 중앙집행위원으로서 국민당 조직에 참가하고 있었지만, 그 누구도 당 서기처에서 일하도록 허용되지 않았다. 다수의 러시아인 기술고문이 군사위원으로 활동했고, 군 정치부원 대부분이 개별적 공산주의자였지만, 공산당원은 총참모부와 군 재정처에서 철저히 배제됐다. 국민 정부 자체에는 공산당원이 없었고, 단지 보로딘만이 고문 자격으로 있었던 반면, 정부 및 당 기구의 하층과 대중운동에서는 공산당원과 지지자들이 일상 활동에 헌신했다. 국민당 좌파는 이들로부터 힘을 끌어내면서 1926년 1월의 국민당 2차 전국대표자대회에서 우위에 설 수 있었다.

이 대회에서 계급 이해의 충돌 또는 인물 간의 충돌은 대중운동의 그림자에 엷게 가려졌다. 전국을 통틀어 조직 노동자의 수는 80만 명에 이르렀다. 광둥 농민회는 회원이 60만을 넘을 정도로 확대됐다. 홍콩은 파업으로 마비됐고, 광저우 파업규찰대는 거리와 부두를 순찰했다. 광둥에서 단결의 교훈을 생생하게 목격한 자본가계급 대표들은 다가오는 전투에서 이 대중적 무기가 필요할 것임을 이해했다. 그들은 마음에 없는 약속과 '노동자-농민 정책'이라는 강렬한 국민당 문구를 반복하는 결의안을 열렬한 박수로 통과시켰다. 그들은 다이지타오의 반공선전을 부드럽게 질책하면서, 케르베로스의 첫 번째 머리를 향해 눈살을 찌푸렸다. 케르베로스의 두 번째 머리를 향해서는 미소를 보내며 장제스를 처음으로 국민당 중앙집행위원으로 선출했다. 그는 그것을 수락하며 예의를 갖추고 '소련과의 연합, 세계 혁명과의 연합'에 지지를 보냈다.³ 하지만 케르베로스의 세 번째 머리는 애써 대회를 외면했는데, 당과 정부의 수반이고, 군사위원회 주석이며, 장제스가 갈망한 모든 국민당 지위를 차지한 왕징웨이가 최고의 자리에 있었기 때문이다.

장제스는 일찍부터 쑨원 추종자들의 맹주를 자임했다. 랴오중카이가 암살당하고 후한민이 제거되면서, 그의 경쟁자로 왕징웨이만 남았다. 그는 여전히 황포군관학교의 교장이자 1군 군장일 뿐이었지만, 왕징웨이는 당과 정부의 수반 자격으로 실권을 행사했을 뿐만 아니라, 군사위원회 주석 자격으로 군대에 대한 문민통제를 대표했다. 이런 상황에서, 광저우^{국민당} ^{정부}와 운명을 함께한 군장들은 정치적·물질적 이익의 분배에서 지나칠 정도로 평등한 대우를 받았고, 특히 군대 안에서 그랬다. 2월에 소비에트 군사대표단이 국민당 지도부와 연회를 가질 때, 한 러시아 장교가 건배를 제의하며 왕징웨이를 장제스보다 먼저 호명했다. 하객 중 한 사람은 장제스가 얼굴이 하얘져 입을 꼭 다물었다고 묘사했다. "(장제스는) 그 뒤 저녁 동안 한 마디도 하지 않았다".[4] 장제스는 왕징웨이가 누린 수많은 특전들에 대해 지독하게 질투했고, 자본가계급으로서는 장제스의 허영심을 어떻게 이용할지를 알게 됐다. 국민당 우익 원로들은 장제스를 통해 당에 대한 지배를 탈환할 수 있을 것임을 깨달았다. 다이지타오가 설립을 도운 서산회의파는 "왕징웨이의 타도를 위해 장제스와 연대하자!"는 구호를 채택했고, 당시 장제스는 이런 생각에 대해 공개적으로는 부정했지만, 은밀하게 후원했다. 1926년 1월에 상하이에서 열린 우파 잔류파 총회가 끈질기게 제의를 반복했을 때, 장제스가 그것을 받아들일 수 있다는 것이 드러났다. '좌파'가 승리한 것처럼 보였고, 모스크바의 코민테른은 '확고한 전투부대이자 진정한 혁명정당으로 변화한 국민당'[5]을 환영했지만, 광저우에서 우파의 영향력은 매우 분명했다.

광저우의 어느 날카로운 중국인 기자는 이렇게 썼다. "국민당 우파 혹은 반공파가 베이징과 상하이의 본부와 남부의 수도에서 비급진적인 국민당원들에게서 상당한 지지를 받고 있다. 장제스 장군 등 일부 동지들이 이것을 감지했다".[6] 이들의 영향력은 더 이상 간접적인 것이 아니었다. 후원자이자 투자자인 장징장이 젊은 장군을 직접 돌보기 위해 내려왔다. 그는 장제스의 측근으로 합류했고, 주요 정치 조력자이자 고문이 됐다.

자본가계급이 요구하고 장징장이 충고한 것은 성장하고 있는 대중운동에 대한 지배력을 확고히 하는 것이었다. 대중운동이 자본가계급의 이해를 넘어서지 않도록 보증해야 했다. 이를 위해 정확하게는 공산당원을 단속하고, 그들의 역할을 자본가 국민당의 보조자로서 제한해야 했다. 간략히 말해, 자본가계급의 정치적 이익을 증대하기 위해 공산당원들의 정치적 지위를 축소시키고, 대중운동이 비축한 막대한 자산을 자신들의 지배 아래 두어야 했다. 이것은 상층의 지도력을 안정화시키는 문제였다. 이것을 해결하기 위해서는 공산당원들과 급진 소부르주아 동맹자들에게 피해를 입히되 치명적이지 않은 날카로운 타격을 가해야 했다. 광저우의 정치인-장군 집단이 뒤얽힌 음모로 찢겨져 불화를 겪고 있는 것은 바로 많은 이가 맨 먼저 이 타격을 가하려고 덤벼들었기 때문이다. 보로딘 덕분에 유리한 위치에 있었던 장제스가 행동에 나서기로 결정했다.

제국주의는 장징장과 쑨원주의학회를 통해 우파에게 영향을 미쳤고, 장제스가 그것에 반응했다. 그들의 욕망이 그의 야심, 교활함, 정치적·군사적 경쟁자에 대한 질투심, 확고한 권력욕과 결합했다. 자본가계급이 대중운동의 주도권을 획득하려면 공산당원들을 때려눕혀야 했다. 그런 주도권 행사에서 확고한 지위를 점하려면 경쟁자들을 굴복시켜야 했다. 이런 방식으로 온갖 형형색색의 실들이 빠르게 하나의 매듭으로 묶였다. 그것을 끊고 새로운 방식을 만드는 일이 장제스에게 맡겨졌다. 그는 마르크스가 말한 '밤에 결정하고 낮에 행동하는 것이 아니라, 낮에 결정하고 밤에 행동하는 인물'로 확실하고 철저하게 변모했다.

1926년 3월 20일 새벽, 동트기 몇 시간 전에 장제스 군대가 움직였다. 이른바 '중산함의 위협적 태도'가 구실이었는데, 이 군함은 밤새 황포에 정박해 있었다. 이 사건에는 국민당 영웅을 자처하는 수많은 의심스런 인물들이 개입돼 있었고, 너무도 교활해 파헤치기 힘든 복잡한 음모들이 뒤얽혀 있었다.* 하지만 장제스가 자신의 계획을 체계적으로 실행하면서, 이들 모두를 일축했다. 그의 지휘 아래 있던 각 부대에서 50명가량의 국민당 대의원들이 체포됐는데, 이들 대부분이 공산당원이었다. 광저우-홍콩파업위원회 본부들은 무장해제당했다. 도시 내 모든 소비에트 고문들은 가택연금에 처해졌다. 랴오중카이의 뒤를 이어 황포군관학교 정치부주임을 맡았던 공산당 지지자 덩옌다鄧演達·등연달는 구금됐다. 장제스는 말 그대로 허를 찌르며 희생자들을 잡아들였다. 해군부의 공산당 지도자인 리즈룽은 잠자리에서 붙들려 군 감옥으로 끌려간 이들 중 한 사람이었다. 어슴푸레한 아침에 장제스는 광저우의 주인이 됐다. 다른 국민당 지도자들은 극도의 혼란에 빠졌다. 한 공산주의 역사가는 이렇게 기록했다. "(모두가) 전혀 예기치 못한 상태에서, 심지어 꿈도 꾸지 못한 상태에서, 쿠데타가 벌어지고 있었다".[7] 모두가 두려움에 떨었다.

국민당 중앙위원들은 서둘러 모였다. 그들은 결의안에서 용기를 내 "장제스는 언제나 혁명을 위해 투쟁해 왔으니, 이번 사태와 관련해 잘못을 깨닫기를 바란다"고 말하면서도, "현 상황을 고려해, 좌파 동지들은 일시적으로 물러서야 한다"고 결정했다.[8] 이것은 말 그대로 왕징

---

* 해군부의 공산당 지도자 리즈룽(李芝龍)은 자신도 모르게 그날 밤 작전의 명목상 주요 대상으로 올랐는데, 1년 뒤에야 우한(武漢)에서 출판된 《왕징웨이 주석의 사직》에서 그날 밤 이야기의 상당 부분을 기록했다.(원주)

웨이가 무대에서 퇴장하는 것을 의미했다. 마침 왕징웨이는 병에 걸렸다.

그의 전기 작가는 '상황을 타개하기 위한 최선의 방법은 당분간 물러나서 장제스에게 업무를 관장하도록 맡기는 것이라고 그가 생각했다'고 설명한다.[9] 조폐청에서 장제스에게 권력을 넘겨준 수치스런 장면 이후, 그는 광저우 외곽의 한 마을로 피신했고, 며칠 뒤 유럽으로 망명했다. 떠나기 전에, 그는 장제스에게 '혁명'의 길에서 벗어나지 말아달라고 간청하는 글을 전달했다. "만일 그가 그렇게만 했더라도, 왕징웨이는 희생을 개의치 않았을 것이다".[10]

국민당 '좌파'가 나약하게 굴복할 수밖에 없었던 것은 진정한 좌파인 조직된 대중이 상층에서 벌어지고 있는 일들에 대해 전혀 알아차리지 못한 상태에서 장제스의 급습 앞에서 혼란에 빠졌고, 그에 상응하는 압력을 행사하지 못했기 때문이다.[11] 며칠 뒤 광저우에 도착한 어느 외국인 관찰자는 공산당원들이 숨어 있고 러시아 고문들이 떠날 준비를 하는 것을 발견하고는 환호했다.[12] 하지만 아직까지 장제스의 의도는 대중운동을 직접 타격하는 것이 아니었다. 그가 추구한 것은 운동에 대한 자본가계급의 통제를 확고히 하고, 그 통제권을 자신의 손에 집중시키는 것이었다. 그는 '좌파' 지도자들을 성공적으로 비행기에 태워 보내면서 노동자들에게 해명하기 위해 나섰다. 3월 20일의 사건과 특히 파업 기구들에 대한 습격은 '오해' 때문이었다고 말했고, 책임 있는 장교들에 대한 질책을 약속했다. 공산당원 스스로가 그를 믿어야 할지 말아야 할지 정하지 못하고 완전히 혼란에 빠졌다.[13]

반면 이제까지 곁에서 지켜보던 우파 정치인들은 홍콩과 상하이의 피난처에서 광저우로 쏟아져 들어왔다. 국민당 중앙집행위원회 총회가 5월 15일에 잡혔고, 그날이 다가오면서 의도적으로 연출된 대학살의 분위기가 도시를 휘감았다. 정체 모를 '도발'에 대해 경고하는 포스터가 벽들을 뒤덮었고, 정부에 반대하는 공산당원들의 쿠데타가 임박했다는 소문이 퍼졌다. 중앙은행에서 예금인출이 쇄도했다. 총회를 하루 앞두고, 돌연 도시에 계엄령이 선포됐다. 장제스의 최측근들 말고는 누구도 어떤 일이 벌어지고 있는지 감을 잡을 수 없었다.[14]

개막회의에서 장제스는 '당무 조정을 위한' 특별 결의안을 제출해 통과시켰다. 그것은 국민당 내 공산당원의 조직적 활동을 최소한으로 규제하기 위해 고안된 것이었다. 공산당원은 '쑨원과 그의 원칙들에 대해 어떤 의심이나 비판도 품지 않을 것'을 요구받았다. 공산당은 국민당 내 공산당원 명부를 국민당상임집행위원회에 넘겨줄 것을 요구받았다. 중앙당, 성 당, 시 당의 위원회들에서 공산당원의 비율은 3분의 1로 제한됐다. 공산당원이 당 기구와 정부부처의 최고직을 맡는 것도 금지됐다. 다른 한편, 국민당 당원들에게는 '다른 어떤 정치조직이나 정치활동에도 관여하지 말 것'을 명령했다. 이것은 공산당원이 국민당에 가입할 수는 있지만, 국민당원이 공산당에 가입한다면 당증이 박탈됨을 의미했다. 앞으로 공산당 중앙위원회가 당원들에게 내리는 모든 지침은 사전에 두 당의 특별연석회의에 제출돼 승인을 얻기로 했다.[15]

이처럼 완벽한 정치적 족쇄를 공산당원들에게 채우는 것과 동시에 장제스는 모든 권력을 자신의 수중에 집중시켜 나갔다. 3월 20일의 쿠데타는 민정군사위원회의 권한을 박탈했고, 왕징웨이의 제거는 모든 당무와 정무에 대한 절대적 통제권을 장제스에게 넘겨주었다. 5월 15일 총회는 이런 변화를 규정했다. 장제스는 공식적으로 당 수반에 올

랐고, 그는 즉시 장징장을 중앙집행위원회 주석으로 지명하여 자신을
돕도록 했다. 또한 북벌계획이 승인됐고, 장제스가 북벌군 총사령관
으로 임명됐다. 그 뒤, 일련의 특별명령이 선포돼, 북벌기간에 장제스
에게 긴급권을 부여했다. 모든 정부 관리와 당 간부는 총사령부에 직
속됐다. 애초에 민정이 군벌의 야심을 제한할 수 있도록 고안된 군사
위원회는 완전히 장제스의 손으로 넘어갔다. 그는 정부 재정의 결정
권자가 됐고, 정치부, 군수공장, 총참모부, 육해군학교를 통제했다. 광
저우 정부는 군사독재로 바뀌었다. 장제스의 승리가 완성됐다.

　광저우에서 장제스가 권력을 장악해 자본가계급은 피를 흘리지 않
고 민족해방운동의 주도권을 장악했다. 레닌은 대중운동에 대한 자본
가계급의 통제에 맞서 전력을 다해 싸워야 한다고 각국 공산당에 경
고했지만, 바로 그런 일이 중국에서 벌어진 것이다. 크렘린에 있는 중
국 혁명운동의 책임자들은 살아 있는 레닌을 죽은 미라로 만들었다.
국민당 정치인들이 죽은 지도자에게 경의를 표하며 매주 추모회에
서 쑨원의 평범한 말들을 읊조리듯이, 국가행사, 대회, 집회에서 레닌
의 글귀를 중얼거렸다. 하지만 공산주의자가 민족혁명운동을 지지하
는 '유일한 목적'은 공산주의 분자들을 단결시키고, '자국의 부르주아
민주주의 경향에 맞서 싸워야 하는 임무'를 교육시키는 것이며, '설사
노동자계급운동이 아직 맹아적 형태에 있더라도' 그 독자성을 지켜야
한다고 강조한 레닌의 글은 단순히 시나이 산에서 가져온 십계명판이
아니었다.[16] 과거 볼셰비키의 경험은 '온갖 착취자로부터의 해방'을
추구하는 코민테른과 산하 정당들이 후진국에서 자본가계급이 대중
운동을 통제하려는 시도에 맞서 투쟁해야 하고 식민지·반식민지 경제
의 후진성을 이유로 "혁명 지도부가 부르주아 민주주의 세력에게 복

종해야 한다"고는 "전혀 말할 수 없다"라고 요약할 수 있다.[17]

중국의 사태변화는 이런 분석을 다시 한 번 시험하고 입증했다. 하지만 크렘린은 더 이상 노동자계급 정책을 중심축으로 삼지 않았다. 그들은 중국 민족주의운동에 대한 자본가계급의 지도가 시급히 필요한 동맹자들을 빠르게 형성시키리라 믿었다. 소련과 코민테른의 정신적·물질적 지원은 공산당을 통해 대중운동에 전해진 것이 아니라, 이른바 모든 계급의 정당으로서 공산당원과 대중이 불가피하게 복종해야 했던 부르주아 국민당을 통해서 전해졌다. 이것은 직접적으로 3월 20일 쿠데타로 이어졌다. 코민테른 지도부는 레닌과는 달리 이 사건을 예견할 수 없었고, 뒤늦게 완결된 사실과 마주하게 됐다. 하지만 아직까지 너무 늦은 것은 아니었다. 여전히 크렘린의 경험주의자들에게는 자본가 통제에 맞서 투쟁할 기회가 남아 있었다. 그렇게 하지 않으면 '부르주아민주주의 세력에 대한 혁명 지도부의 투항'은 완결될 것이었고, 이번에는 민주주의 세력이 아니라 군사독재를 수립한 자본가계급 분파에게 투항하는 것이었다.

코민테른을 지도한 스탈린과 부하린은 광저우 쿠데타를 인터내셔널에서 숨기면서 후자를 채택한 사실을 감추려 했다. 그들은 쿠데타 발생 소식을 알리는 모든 뉴스를 차단했다. 러시아 노동자들과 코민테른의 각 지부들만이 아니라, 코민테른 집행위원회와 심지어 집행위원회 의장단에게조차 비밀에 부쳤다. 두 기구의 성원들이 이것을 증언하고 있다.[18] 구체적 부분에서 왜곡되기도 했지만 기본적으로 정확한 사실인 광저우의 권력이 장제스의 손으로 넘어갔다는 소식과 함께 쿠데타 소식이 중국과 해외의 제국주의 언론을 통해 보도됐을 때, 코민테른 신문의 중앙기구는 맹렬하게 부인하기 시작했다.

1926년 8월 8일자 코민테른 중앙기관지는 이렇게 썼다. "최근 로이
터통신은 광저우에서 혁명군 최고 사령관인 장제스^{이제껏 로이터는 그를 공}
^{산주의자로 묘사했다}가 쿠데타를 일으켰다는 소식을 머리기사로 다루었다.
하지만 이 거짓 보고는 곧 부정된다. 국민당은 극소수의 소규모 집단
이 아니라 말 그대로 대중정당이며, 광저우의 혁명 군대와 혁명 정부
는 이들을 토대로 설립됐다. 물론 하룻밤 사이에 쿠데타가 일어나는
일은 불가능하다".[19]

광저우 정부는 결코 자본가계급의 정책적 도구로 바뀌지 않았을
뿐만 아니라, 오히려 더욱 분명하게 '세계 혁명'을 목표로 삼고 있고,
'소비에트 정부'로서 권력을 주변 성들로 확장하고 있다는 것이었다.

코민테른은 계속해서 이렇게 전했다. "광저우 국민 정부의 전도가
현재와 같이 유리했던 적은 없다. …… 곧 광시성에서 소비에트 정부
가 구성될 것이다. …… 민족혁명운동의 결과로 장군들의 힘은 사라
지기 시작했다. 현재 국민 정부는 광둥성의 모든 현-진縣-鎭 행정체계
를 소비에트 제도에 따라 조직해 나가고 있다".[20]

1926년 8월 21일에 모스크바에서 뉴욕의《데일리 워커Daily Worker》
로 보내온 특전은 이렇게 말했다. "홍콩과 런던에서 발행되는 반동적
영국 신문들은 제국주의 선전을 강화하는 시도에서 국민 정부의 분열
이라는 선정적인 이야기를 퍼뜨리고 있다. 이것들은 전혀 근거 없는
이야기며, 영국 제국주의의 도발적 책동에 불과하다. 광저우에서 반
란은 없었다. 이 보도들은 광저우 군대의 장제스 장군과 광저우 정부
사이의 일정한 의견 차이(!)를 근거로 한 것으로 보인다. 이 의견 차이
는 원칙적 문제에 관한 것이 아니며, 무력으로 권력을 쟁탈하는 것과
는 아무런 관련이 없다. 이후 이견은 사라졌고, 여전히 광저우는 중국

민중해방운동의 거점이다. 자신들의 이익을 위해 광저우의 중요하지 않은 이견을 이용하려던 영국 제국주의의 시도는 실패했다. …… 모스크바의 신문은 이런 반동적 영국 신문들의 도발적 책동을 광저우에 대한 영국 제국주의의 속셈을 폭로하는 것으로 간주한다.《이즈베스티야》는 이렇게 쓰고 있다. '영국 제국주의는 자신이 원하는 것을 실재하는 것으로 믿으며 진정한 의도를 기정사실로 제시했다'".[21]

어쩌다가 단순한 무지 때문에 이렇게 부정한 것이었다면, 중국에 파견된 코민테른 대표는 이렇게 보고하지 않았을 것이다. "영국 제국주의는 광저우에서 반란을 부추기려고 헛된 시도를 벌이고 있다. 또한 광저우 정부가 이미 무너졌고, 광둥 우파가 권력을 장악해 영국과의 협력에 찬성하는 정부를 세웠으며, 공산당원은 물론이고 국민당 좌파를 체포하고 있다고 전 세계에 떠벌리고 있다. 이 모든 것은 제국주의의 날조로 증명됐다. …… 제국주의 신문지상에서 타도된 광저우 정부는 현재 그 어느 때보다 더욱 강력하다".[22]

1926년 말에 코민테른 최고 기구는 이 현실도피 정책을 논의했고, 이후 볼 수 있듯이 3월의 광저우 사변과 그 결과를 전혀 언급하지 않는 중국문제 결의안을 채택했다. 코민테른 상층은 이런 침묵을 통해 3월 쿠데타의 심각성을 숨기고, 덧붙여 이제껏 코민테른 대표단의 지시를 받아 온 중국공산당원들을 순종시키려 했다.

쿠데타 발생 직후, 북쪽을 향하던 보로딘은 국민당 중앙위원회 총회가 5월 15일에 열리기 전에 광저우로 돌아왔다. 당시 장제스의 일부 최측근 고문들과 긴밀한 관계였던 또한 장차 장제스 정부에 복무하게 될 한 외국인 관찰자가 쿠데타 발생 후 며칠 뒤 광저우에 도착했다. 그는 이렇게 설명했다.

"러시아인들은 이미 모든 게 끝났다고 믿는 것처럼 보였다. 모든 중국 공산당원이 숨어 있었다. …… 반공주의자가 활개를 쳤다. …… 보로딘은 장제스와 담판에 나섰다. 장제스는 러시아가 북벌을 얼마나 지원할 수 있는지 알고 싶어 했다. 지금까지 보로딘은 북벌을 반대해 왔다. 러시아와의 연합을 유지할 것인지에 관한 장제스의 태도가 북벌에 대한 보로딘의 태도에 달려 있었다. 그들은 합의에 도달했다. 러시아인들은 북벌을 지원하기로 했다. 러시아와의 연합은 유지됐고, 공산당원들은 복권됐다."[23]

그는 계속해서 이렇게 설명했다. '장제스와 보로딘의 관계는 전보다 더 우호적으로'[24] 변했고, 5월 15일에 국민당 대회에서 내린 모든 결정은 '보로딘의 완전한 지지'를 받았다.[25] 더불어 총사령관에 오른 장제스에게 부여된 모든 긴급권은 '보로딘의 조언에 따른 것'[26]으로 기록됐다. 어쨌든 보로딘과 중국 공산당 지도부는 3월 20일 쿠데타로 수립된 군사독재를 이의 없이 받아들였다. 심지어 보로딘은 장제스를 화나게 만든 러시아 군사고문들을 해임하고 좀 더 순종적인 자들로 교체하게 했다. 그 군사고문들이 전적으로 장제스를 통해 물질적 원조와 조언을 제공하는 대신 모든 군대에 동등하게 제공하려고 했다는 이유로 말이다. 장제스는 예상했던 것보다 곤란을 훨씬 덜 겪으며 이 모든 것을 확보하면서, 쿠데타 실행을 도왔던 우익 공모자 일부를 아무 죄책감도 없이 공격해 광저우에서 추방했다. 이제 그에게 보다 필요한 것은 좌파집단 안에서 지도력을 움켜쥐는 것이었다. 그의 우익 동료들은 상하이로 돌아갔다. 다시 필요할 때 그들을 부를 수 있었고, 그렇게 할 것이었다.

모스크바 관료집단한테 영감과 정보를 얻는 역사가들은 대개 문장

몇 개만으로 3월 20일 쿠데타의 심각성을 완전히 숨기거나 왜곡하고 묵살했다. 모스크바는 냉소적으로 쿠데타의 심각성을 무시했고, 당연하게도 그 사실에 주목하지 않는 역사를 갖고 싶어 했다. 가령 루이 피셔Louis Fischer는 3월 20일의 결과를 이렇게 묘사했다. "특별한 용기를 갖지 못했던 장제스는 자기 행동에 대해 걱정하며 보로딘에게 서신 한 통을 보내 늦지 않게 남쪽으로 돌아와 달라고 겸손하게 간청했다". 보로딘이 돌아왔을 때, "(장제스는) 과하다 싶을 정도로 사과하며 자신이 무엇을 해야 할지에 대해 물었고, 보로딘은 '북벌을 준비하라'고 답했다". "장제스가 이번에는 우파에 맞서 두 번째 쿠데타를 꾀한 것은 보로딘이 3월 20일의 쿠데타에 따른 피해(!)를 어느 정도 복구하고 싶어 했기 때문이다".

계속해서 피셔는 "그런데 보로딘, 국민당 좌파, 중국 공산당은 왜 장제스를 제거하지 않았을까?"라는 질문에 답했다.

"그들이 너무도 허약했기 때문이다. …… 그들은 폭넓은 대중적 지지를 받았지만, 광저우에서 갖고 있는 그들의 힘은 장제스와 자본가 계급을 압도하기에 충분하지 않았다. …… 양측은 서로 간의 투쟁이 불가피하다는 것을 알았다. 하지만 그들은 광저우 군벌들에게 승리를 헌납하게 될 유혈충돌을 당장 벌이기보다는 이 문제를 장강에 도달할 때까지 미루기로 암묵적으로 합의했다. 5월 15일에 국민당 중앙위원회는 북벌 개시를 위한 결의안을 채택했다. 이날의 대회에서 드러난 각 분파의 심리는 이렇게 요약됐다. '여러분, 우리는 서로 싸울 수밖에 없음을 알고 있습니다. 하지만 우리에게는 더 넓은 지역이 필요합니다. 결산일은 뒤로 미루고, 그 동안 공동의 목표를 향해 전진합시다.'" [27]

피셔는 공산당을 속박할 목적에서 채택된 5월 15일의 또 다른 결의안에 대해서는 애써 무시했다. 실제로 유혈충돌은 장강에 도달할 때까지 연기됐지만, 3월 쿠데타, 5월 결의안, 공산당의 투항은 노동자들이 피를 흘릴 수밖에 없게 만들었다. '공동의 목표'는 대중운동에 대한 자본가계급의 승리를 의미했다. 여기서 보로딘은 다가올 장제스와의 투쟁에 대비해 사전에 모든 무기를 넘겨주며 준비하는 것으로 그려진다. 장제스한테 자질이 있다면, 그것은 자신이 속한 자본가계급의 이익을 강력하게 밀어붙이는 능력이었다. 스탈린-부하린-보로딘 같은 부류가 노동자들의 이익을 대하는 태도와는 달랐다. 이들의 지시에 따라 중국공산당원들은 국민혁명운동의 새로운 주인에게 투항했고, 심지어 굽실거리기까지 했다.*

장제스는 공산당원들이 쿠데타를 계획하고 있다는 구실로 3월 쿠데타를 일으켰고 5월 결의안을 통과시켰다. 광저우에서 장제스를 겨냥한 경쟁자들의 음모가 있었다는 것은 분명하지만, 불행하게도 중국공산당은 그것을 고려하지 않았다. 그들은 1926년 3월에 노동자봉기를 조직할 생각이 전혀 없었다. 장제스와 우익 조력자들은 객관적 정세에서 비롯한 사건들을 이용해 공산당의 '반란 음모'라는 소문을 퍼뜨렸다. 당시 성장 중인 조직들, 무장 규찰대, 전투성을 갖춘 노동자계

---

* 3월 20일 쿠데타에 관한 역사적 왜곡의 또 다른 특별히 조잡한 사례는 차르 장군 출신으로 몇 년 전 스탈린 진영에서 손쉽게 자리를 구할 수 있었던 V. A. 야코노프(V. A. Yakhontoff)의 글에서 찾을 수 있다. 그에 따르면, "(쿠데타 이후) 2개월이 지나지 않아 '우파'와 '중앙파'는 대중의 지지를 얻기 위해 '좌파'에게 많은 것을 양보하기로 타협할 수밖에 없었다. …… 그래서 5월에 각 분파는 서로 화해했고, 장제스는 국민당 지도자이자 혁명군 총사령관이 됐다"(V. A. 야콘토프, 《극동에서 러시아와 소련의 정책(Russia and the Soviet Union in the Far East)》, 뉴욕, 1932., p.151). 장제스는 광저우의 주인이 되는 것으로 '양보'하고 '타협'한 것이다!(원주)

급이 혁명운동의 주도권을 잡고 지킬 수 있는 충분한 역량을 갖추고 있었다는 사실을 이해한 것은 공산당원들이 아니라 바로 그들이었다. 그래서 그때 행동에 나섰던 것도 공산당원들이 아니라 그들이었다. 그들이 즉각 행동에 나섰을 때, 노동자계급의 공세 계획을 책임졌어야 했던 중국 공산당 지도부는 그 누구보다 더 큰 충격과 고통, 비애에 빠졌다.

중국 공산당 총서기 천두슈는 이렇게 썼다. "무엇보다도 공산당은 미치광이들의 당이 아니기에, 우리는 광저우에서 노동자-농민 정부를 건설할 생각이 전혀 없다. 다음으로 장제스는 중국 민족혁명운동의 기둥이며, 공산당은 제국주의의 도구가 아니기에, 우리는 중국 혁명세력의 통일을 파괴할 정책을 절대로 채택하지 않을 것이다! …… 우파의 선전과는 반대로 공산당정책은 광둥 혁명세력의 분열을 막고 전국의 혁명세력을 단결시키는 것이다. 그렇지 않고서는 적들에 맞서 싸울 수 없다".[28]

천두슈는 더 나아가 6월 4일에 장제스에게 보낸 공개서신에서 이렇게 변호했다. "이런 시기에 장제스를 타도하자는 음모는 반동세력에게 얼마나 큰 도움이 되겠습니까! 만일 중국 공산당이 그런 반혁명 정당이라면, 당은 해체돼야 합니다. …… 만일 공산당 동지 중에 그런 반혁명적 음모를 꾀하고 있는 동지가 있다면, 선생은 격식을 갖출 필요 없이 그를 사살해야 합니다. 하지만 나는 우리 당 안에 그런 동지가 없다고 확신합니다".[29]

공산당원들이 마음속에 그런 생각을 품고 있다는 증거로, 장제스는 3월 20일 직후에 광저우에서 행한 연설에서 어떤 공산당원의 발언을 상기시켰다.

"우리 조직 안에 돤치루이*가 있는데, 북쪽의 돤치루이를 타도하기 위해서는 먼저 우리 안의 돤치루이를 타도해야 합니다."

이런 공격적 발언을 한 공산당원은 그 의미를 해명하는 공개서신을 서둘러 장제스에게 보냈다. '돤치루이'는 낡은 봉건사상을 의미했고, 자신이 광둥어가 아니라 안후이성 사투리로 말했는데 번역자가 실수를 저질렀다는 것이다.

"내 얘기는 결코 선생을 비방하는 것이 아니었고, 어디서든 나는 국민 혁명을 위해 선생을 사랑하고 보호해야 한다고 공개적이고 분명하게 밝혀왔습니다. …… 나는 3월 20일 직후에 당신을 만났던 일을 기억합니다. …… 그때 나는 진심으로 선생에 대한 무한한 신뢰를 밝혔습니다. 선생이 정말로 나를 동지로 여긴다면 나를 지도해야 하며, 나에게 잘못이 있다면 엄하게 비판하거나 꾸짖어서 잘못을 바로잡아 주어야 합니다. 하지만 선생은 온화하고 무뚝뚝하게 '전혀 신경 쓰지 말라'고 말했을 뿐입니다. 그런데 왜 나에게 비방과 사심에 대한 책임을 묻습니까?"[30]

이 서신을 보낸 가오위한高語罕·고어한은 무명의 인물이 아니라, 국민당 감찰위원회에서 일한 공산당의 지도적 인물이었다.

공산당원들은 3월 20일 쿠데타를 고통스럽게 부정하고 질책하면서, 또한 5월 15일의 중앙위원회 총회의 결정을 무비판적으로 수용하면서, 그것을 합리화하고 정당화하기 위해 온갖 기만적 수단을 동원했다. 공산당 중앙집행위원회는 국민당에 보내는 공식서신에서 이렇

---

* 돤치루이는 부패한 베이징정권의 수반으로 악명 높았다.(원주) 북양군벌 위안스카이의 심복으로서 1916년에 총리직을 계승했다.

게 썼다. "제국주의는 그것 당업무 조정에 관한 결의을 보면서 여러분의 정당
이 덫에 걸려 우파에 의지하려고 자발적으로 혁명전선을 무너뜨렸다
고 생각할 수 있습니다. 하지만 여러분의 당이 그렇게 결정한 건 우리
당과 협력해 온 방식이 수년에 걸쳐 의심과 질시를 불러일으켰기 때
문입니다. …… 그래서 여러분은 불필요한 의심과 질시를 없애고 대
열을 정화해 반동에게 타격을 입히고 혁명전선을 공고히 하는 한편,
제국주의-군벌의 지배와 억압에 맞서 온 힘을 다해 싸우기 위해 협력
의 형태에서 몇 가지 변화를 꾀했던 것입니다. 만일 이것이 사실이라
면 우리 당과의 협력에서 정책상의 근본적 충돌은 존재하지 않습니
다. 어떤 형태로 단결하고 협력하느냐와 관계없이, 중요한 것은 제국
주의에 맞선 혁명세력의 단결입니다. 만일 그렇다면, 양당 합작의 기
본정신은 꺾이지 않을 것입니다. …… 여러분의 결정은 여러분 정당
의 문제이고, 그와 관련해 여러분이 어떤 결정을 내리건, 우리에게는
수용하거나 거부할 권리가 없습니다".[31]

5월 26일자 공산당 신문 《향도주보向導週報》[32]에서 어느 광저우 기
자는 5월 15일 총회가 '반동에 맞선 모든 혁명세력의 단결 선언'을 채
택한 사실에 관해 이렇게 썼다. "협력정책에서 근본적 변화는 없을 것
이며, 당무에 관한 결정만으로 국민당 중앙집행위원회의 우향우를 말
하기에는 불충분하다. 공산당은 혁명의 현 상황이 강력하고 한결같은
혁명전선을 요구한다고 분명하게 인정한다. 이런 기준에 따라 국민당
중앙집행위원회의 새로운 결의안에 대한 입장은 정해졌다. 국민당 중
앙위원회 총회에서 공산당계는 국민당 내 조직문제에 관해 조금도 논

란을 벌이지 않았다".*

이런 굴욕적 정책은 공산당 안에서 도전받을 수밖에 없었다. 일단
의 상하이 동지들은 5월 15일의 국민당 전체회의가 정한 조건에서는
공산당원의 활동이 사실상 불가능하다고 주장하면서, 국민당으로부
터 즉각 철수할 것을 요구했다. 상하이 중앙위원회와 광둥성 당조직
은 이 본능적으로 올바른 노동자계급적 요구에 대해 맹렬히 반대했
다. 광둥성위원회**는 이렇게 바라봤다. "국민당에서 철수하는 것은 피
착취 대중을 포기하는 것, 혁명적 국민당 깃발을 자본가계급에게 넘
겨주는 것을 의미한다. 이것은 돌이킬 수 없는 손실이다. 지금은 국민
당에 남기 위해 일시적 후퇴정책을 추구해야 한다".33

그렇지만 코민테른의 지시에 따라 3월 20일 이후 투항 정책을 수
행한 당지도부조차 노선을 수정해야 할 필요를 느꼈다. 천두슈까지
나서서 국민당 내의 활동을 국민당 외부의 양당 연합으로 대체하자
고 코민테른에 제안할 정도로 독자성 회복을 촉구하는 목소리가 커졌
다.34 그 결과, 실제로 공산당 중앙위원회 전체회의는 1926년 6월에
하나의 결의안을 채택됐다. 그러자 코민테른은 즉각적이고 극렬하게
비난했는데, 당시 이미 코민테른 안에서는 트로츠키가 이끈 러시아
반대파가 국민당의 숨 막히는 압제에서 중국 공산당원들이 벗어나는
방향으로 똑같이 중국 혁명의 문제를 제기하기 시작했다. 3월 20일 쿠
데타의 결과로 중국 민족주의운동이 국민당 우파의 통제 아래 놓이게

---

* 　이 기사의 필자인 자오스옌(趙世炎·조세염)은 '조금도' 논란을 벌이지 않았다고 쓴 것 때문에
　 자본가계급으로부터 공격을 받게 될 운명이었다. 1년 뒤 그는 장제스의 사형집행인에게 살해
　 당했다. (원주)
** 　뒤에는 상하이 중앙위원회에 비해 '급진파'를 대변했다. (원주)

됐다는 사실과 중국 내 공산당원들이 자유를 요구했지만 그 요구에 대해 '변경'을 명령했다는 사실이 거의 1년이 지나서야 처음으로 공식 기사를 통해 폭로됐다. 심지어 국민당 안에서 좌익 분파를 조직하겠 다는 중국 공산당원들의 제안에 대해서조차 소위 좌파가 자신들의 분파조직조차 갖지 못하고 있었다 '국민당 전체를 왼편으로 이끌고, 안정적인 좌파정책으 로 획득하는'[35] 정책이 옳다고 여기면서 똑같이 비난했다.

중국에서 보로딘은 독자적 정책 추구를 지향하는 공산당 내 경향 을 탄압했다. 그는 이렇게 선언했다.

"현 시기는 공산당원들이 국민당을 위해 밑바닥에서 부역해야 하 는 시기다."[36]

국민당에서 철수하자는 제안은 '혁명적 국민당의 깃발을 자본가계 급에게 넘겨주는 것'을 의미한다는 이유로 억압당했다. 하지만 자본 가계급은 공산주의자들을 기다려 주지 않았다. 3월 20일 이후, 그들 은 국민당 깃발을 확고하게 틀어쥐었고, 그 사실을 전혀 알지 못했던 대중은 갑작스럽고 재앙적으로 그것을 깨닫게 됐다. 중국 공산당원들 은 거대한 노동자-농민 조직 공산당원들이 지도하고 있었고, 여전히 광저우 정권이 의존 하고 있었다의 선두에 서서 계급투쟁의 전장에서 자본가계급에 맞선 투 쟁을 수행하는 대신 비굴하게 사과했을 뿐이다. 1926년 3월 쿠데타는 공산당의 지도 아래서 강력한 대중운동이 어렵지 않게 독자적 발전의 길에서 벗어나 적대계급의 지도와 통제 아래 놓이며, 그 지도부가 결 코 자본가계급의 지도에서 벗어나 대중을 이끄는 것을 꿈꾼 적이 없 다고 항변하며 현실을 부정하는 놀라운 광경을 보여 준다.

바로 이 때문에, 여전히 자본가계급 대표들은 대중 앞에서 공산당 원과 별 차이가 없는 '혁명 지도자'로 행세할 수 있었다. 1926년 5월에 장제스는 노동조합 400개와 조직노동자 124만 명을 대표하는 대표자 500명이 참가한 제3차 전국노동대회에 나타났다. 이들은 지난 1년간 80만 명이 참가한 200건 이상의 정치적·경제적 파업을 벌였다.[37] 장제스는 짐짓 겸손한 체하며 '형제'를 자처했다. 그는 1925년에 광둥성 남부와 동강지역에서 있었던 전투에서 노동자-농민이 담당한 결정적 역할에 대해 냉소적 찬사를 보내며 이렇게 말했다.

"이 기간에 노동자-농민 대중은 광둥의 통일을 촉진시켰고, 모든 반혁명세력을 일소했으며, 국민 정부의 기반을 공고하게 다졌습니다. 여기서 이미 노동자-농민은 군대에 의존하지 않고서도 스스로 제국주의에 맞서 싸울 역량을 갖추고 있음을 보여 주었습니다!"[38]

장제스는 중국 공산주의자들이 대담하게 말할 수 없었던 사실, 즉 중국 노동자들이 자기 힘으로 전투를 벌이고 승리할 수 있는 위치에 있다는 사실을 노동자들 앞에서 말했다. 그는 "세계 혁명 만세!"를 외치는 것으로 연설을 끝마쳤고, 공산당원들이 뒤섞인 청중의 박수갈채를 받으며 연단에서 내려왔다. 이제 그는 북벌 준비에 나설 수 있었고, 여전히 대중운동이 자신에게 유용하다는 사실을 확인했다. 지배권을 위한 예비전투는 자본가 단 한 사람의 희생도 없이 완수됐다. 사실 그것은 전투가 아니라 성공적 술책이었다. 공산당의 후퇴와 묵인 정책 덕분에 그것은 대중투쟁의 영역에서 동떨어져 벌어졌다. 공산당원들의 호소에 따라 자본가계급에 맞서 스스로에게 유리하게 정세를 바꿔 왔던 조직 노동자-농민이 이제는 자본가계급에게 승리의 과실을 약속하는 조건에서 북벌전쟁에 참가할 것을 요구받았다. 북벌군은 7월에 북쪽을 향해 진격했고, 새로운 혁명적 물결을 타고 파죽지세로 승리를 거듭했다. 이 혁명적 물결은 격류처럼 장시성, 후난성, 후베이성을 휩쓸면서 새롭게 수백만 명을 투쟁으로 이끌었으며, 오래지 않아 우한武漢*과 상하이上海를 집어삼키고 있었다.

그동안 3월 20일 쿠데타가 광저우에 영향을 미쳤다. 3월 20일 쿠데타에서 은밀한 술책을 펼친 자본가계급은 공개적 탄압에 나서기 시작했다. 광저우 공산당원들의 '일시적 후퇴'는 영구적 패주가 됐다. 7월 29일에 장제스 총사령부는 계엄령을 선포했다. 대중조직, 집회, 신문, 노농의용대, 파업 등 모든 것이 군사당국의 관할 아래 놓이게 됐다. 사흘 뒤에는 '북벌기간에 벌어지는 모든 노동소란을 금지하는' 명령이 선포됐다. 당국이 명목상의 불개입을 표명하는 동안, 광저우의 불량배들은 '중앙공회中央工會'로 결집했다. 거리에서 혁명적 노동자에 대한 공격이 벌어졌다.

지도부 때문에 잠잠해졌던 노동자들은 깜짝 놀라 허울뿐인 평온에서 깨어나, 몽둥이, 죽봉, 주머니칼, 권총, 소총을 들고 스스로를 방어했다. 6일간의 시가전에서 50여 명의 노동자가 죽었다. 8월 9일에 당국은 모든 노동쟁의에 대해 정부가 강제중재를 집행하는 조례를 공표했다. 노동자들은 모든 집회에서 어떤 종류의 무기도 소지할 수 없게 됐다. 경찰은 이렇게 명령했다.

"북벌기간에 후방을 교란하는 어떤 시도도 국민당에 반대하는 반혁명행위이자 배신행위로 간주될 것이다."

군 순찰대가 거리를 장악했다. 도시의 출판계를 마비시킨 인쇄공 파업을 파괴하기 위해 중앙공회中央工會 회원들이 소집됐다. 광저우의

---

* 장강과 한강의 합류지 주변의 한양, 한커우, 우창을 묶은 지역으로 화중(華中)지방의 정치, 경제, 문화, 교통의 중심지.

17만 노동자들을 대표하는 혁명적 조직인 노동자대표자회의는 총파업을 경고했다. 하지만 이 경고는 몇 개월이나 늦었고, 결코 실현되지 못했다. 몇 년에 걸친 투쟁을 통해 고용주에게서 얻어 낸 소소한 전리품들을 다시 빼앗겼다. 일찍이 노동자를 사장의 가엾은 노예로 만들었고, 광저우에서 부분적으로 폐지됐던 악랄한 포공제도包工制가 되살아났다. 대중운동의 영향을 받아 공식적으로 금지됐던 도박장과 아편굴 같은 사회병폐들이 국민 혁명 이전보다 훨씬 가혹한 세금과 함께 다시 번창했다.39

광둥성 농촌에서 3월 20일의 쿠데타는 반란농민에 대한 지주의 악랄한 공격을 알리는 신호탄이었다. 1927년 2월에 작성된 광둥성 농민회 보고서는 농민회를 파괴하고 농민 지도자를 공격해 살해한 사건들을 열거했는데, 이런 사건들은 1926년 6월에 시작되어 성에서 혁명적 농민운동이 완전히 절멸될 때까지 중단되지 않았다. 농민운동을 지도한 공산당원들은 이 보고서에서조차 이런 반격의 진정한 창시자를 숨겼다. 그들은 3월 20일 사건에 대해 이렇게 말했다.

"정말 그것은 우리 국민당 정책에 아무런 영향도 미치지 못했다. 하지만, 탐욕스런 관리들과 부패한 신사들은 그것을 이용해 '농민회가 해체될 것'이고 '국민당이 노동자-농민 정책을 포기'했다는 소문을 퍼뜨리고 있다. 5월 15일 중앙집행위원회 전체회의의 결정은 마땅히 국민당 내 업무 문제를 처리한 것에 불과하지만, 파렴치한 지주, 부패한 상류 인사, 탐욕스런 관리는 마치 정부가 농민회를 해산시키고 국민당이 노동자-농민 정책을 폐기하기로 한 것처럼 여겼다."40

지주와 그 앞잡이들은 장제스의 쿠데타가 보내온 신호를 정확하게 이해했다. 3월 쿠데타는 농민반란을 국민당의 '법률' 밖으로 내몰았고, 농민에 대한 공격은 완전히 '합법적'인 것이 됐지만, 농민은 그 사실을 전혀 알지 못했고, 농민 지도자들은 무기력하게 그 '합법성'에 의존했다. 똑같은 변화가 광저우-홍콩 파업을 결실 없이 끝나게 만들었다.

대파업을 해결하기 위한 협상이 3월 쿠데타 직후에 재개됐다. 하지만 영국이 홍콩 파업노동자의 요구를 무조건 거부하고, 광저우 정부가 단지 홍콩 당국과 파업노동자 사이의 중재자로서 교섭에 임하겠다고 고수하면서 협상은 1월에 중단됐다. 파업 초기에 새롭게 수립된 국민 정부는 1925년 6월에 사몐 조계沙面租界의 반환과 광둥의 해안으로부터 모든 외국군함의 철수를 요구했다. 홍콩 노동자들은 언론과 출판의 자유, 홍콩 식민지정부에 참가할 중국대표의 선출, 노동조건의 개선, 아동노동 금지, 8시간 노동제 시행, 7월 1일 시행 예정인 전반적 집세인상 철회 등을 요구했다.

파업과 배척운동이 계속되는 동안 영국은 모든 협상을 거부했고, 홍콩산 위에서 비난을 쏟아 냈다. 1926년 2월 4일에 홍콩 총독은 이렇게 선포했다.

"바로 볼셰비키가 음모적으로 부추긴 광저우파업위원회의 불법 활동이 광저우와 홍콩 사이의 오래고 가까운 정상적 관계가 회복되지 못하도록 가로막고 있다. 우리는 광저우 정부가 이 불법행위를 종식시키길 기대하고 요구한다. 또한 나는 홍콩 정부의 원칙에 따라 결코 파업기간의 임금지급이나 미복귀 노동자들을 위한 보상에 대해 동의하지 않을 것임을 분명하게 이해해야 할 것이다."[41]

몇 주일 뒤, 총독 각하의 기대와 요구는 실현됐다. 장제스의 3월 쿠데타가 광저우에서 변화를 일으키면서 '오래고 가까운' 관계는 재개될 수 있었다.

4월 9일에 홍콩과 광저우 사이의 비공식 접촉이 재개되어 홍콩 정부 검찰총장 켐프와 광저우 정부 외교부장 우차오슈伍朝樞·오조추가 교섭을 갖고 이른바 '진심 어린 대화'[42]를 나눴다. 중앙집행위원회 5월 전체회의가 휴회되고 며칠 뒤, 광저우 정부는 협상 재개를 위해 홍콩 정부와 공식 접촉했다. 영국은 즉각 동의했고, 7월에 양측 대표가 만났다. 그들은 광저우-홍콩 노동자들의 애초 요구를 무시했다. 새로운 외교부장 천유런陳友仁·진우인은 이렇게 말했다.

"이 요구들은 6월 23일 학살사건 직후 비상환경에서 만들어져 정식화된 것으로서, 만족스런 타결을 진심으로 바라는 우리 정부로서는 중국내 무역 강국인 영국의 명예와 이익을 침해하는 측면이 있다면 타결의 장애물이 되지 않도록 재검토할 준비가 돼 있다."[43]

그것은 노동자를 위한 파업기간의 임금지불은 더 이상 문제가 아님을 의미했다. 그 대신 '광저우 정부가 통제하는 전 지역에서 배척운동과 반영국 선전을 완전히 중단하는 것'[44]을 전제로 영국으로부터 1,000만 위안의 차관을 도입하는 문제로 바뀌었다. 중국 대표단은 더이상 파업노동자의 이익을 대변하는 시늉조차 하지 않았다. 파업위원회가 협상 참여권을 요구했을 때, 장제스는 광저우 공안국장에게 '앞으로 진행될 광저우-홍콩 간 회의에 노동조합이 간섭하지 못하게 하라'[45]고 지시했다.

협상이 진행되는 동안 군경이 도시의 큰 거리를 순찰했고, '국민당이 광저우의 상황을 통제할 수 없고 국민당과의 담판이 파업을 해결할 수 없다고 믿게 만들 수 있는 모든 노동자 행동을 막기 위해' 노동조합 지도자들을 철저히 감시했다. "광저우파업위원회廣州罷工委員會는 현재 진행되고 있는 협상에서 주로 노동자 관련 주제에 대해 노동자의 참가가 허용되지 않더라도, 노동자의 의견을 경청해야 한다고 외치고 있다. 또한, 이에 대해 양측 모두 반대하지 않고 있고, 특정 문제에 관해서는 소위원회나 총회에서 노동자대표의 의견을 청취할 것임을 알고 있다. 광저우의 중국인들은 양측이 회합을 가진 7월 15일 이전에 이미 국민당 지도부와 장제스 장군 사이에서 모든 것이 정리됐고, 노동자들 사이에서 어떤 선동도 이미 정식화된 정책을 변화시킬 수 없다고 생각한다. 파업위원회의 요구를 듣는 것은 그저 예의에 불과하다".[46]

노동자들에 대한 '예의'와 장제스를 위한 1,000만 위안은 나쁘지 않은 거래였다! 하지만 광저우 정부가 더 이상 노동자의 목소리를 대변하지 않는다는 사실이 명확해지고, 파업 종결에 대한 영국의 우려가 사실상 사라지자마자, 그들의 협상자 지위는 무너졌고, 협상은 무위로 끝났다. 그 뒤 영국은 협상을 집어치웠고, 그 대신 9월 3일에 해군상륙부대를 동원해 광저우 서부의 각 항구에서 규찰대를 일소했다. 천유런은 이런 행동에 대한 항의로 '현재 각 부두에 기항중인 영국 군함들을 통상적 정박지인 사몐으로 이동시킬 것'[47]을 요구했다. 이것은 광둥의 해안에서 모든 영국 선박을 철수시키는 요구와는 전혀 거리가 멀었다! 하지만 파업과 배척운동은 기세가 꺾였다. 1926년 10월 10일에 광저우 정부는 파업과 배척운동을 무조건 중단시켰다. 국민당과 파업위원회는 이것을 '국민혁명의 힘과 영향력이 장강까지 도달하면서 야기된 전국적 상황의 변화'에 따라 요구된 조치로 설명했다. 그렇게 15개월에 걸친 역사적 투쟁은 그것을 수행한 노동자들의 요구 가운데 단 하나의 양보도 얻어 내지 못한 채 갑작스럽게 종결됐고, '패배가 아닌 위대한 승리'[48]로 명명됐다.

보로딘은 이에 대해 이렇게 설명했다.

"제국주의를 굴복시키지 못했다면, 중국은 패배를 인정해야 했다. 하지만 패배는 용납될 수 없었고, 광대한 중국 전역을 기반으로 더욱 강력하게 제국주의에 맞서기 위해서는 국지전을 종결해야 했다."[49]

패배는 '용납'될 수 없었고, 승리로 합리화돼야 했다. 전략적 기회와 결정적 지위가 이미 오래전에 투쟁 없이 적에게 넘어갔다는 사실을 숨겨야 했다. 홍콩파업과 배척운동은 노동자계급의 독립적 전망을 활짝 열어젖혔고, 계급적 이익을 위한 노동자들의 활동 역량을 더할 나위 없이 과시했다. 코민테른과 보로딘의 지도 아래서 중국 공산당원들은 부지불식간에 기회를 날려 버렸다. 광저우-홍콩 노동자들은 이 '승리'를 위해 값비싼 대가를 치러야 했다.

파업과 배척운동이 자발적으로 중단된 뒤, 홍콩 총독은 의기양양하게 선언했다.

"앞으로 광저우 당국이 법과 질서를 바로잡기 위해 단호하게 노력하리라는 기대는 전혀 과도한 것이 아니다."

홍콩 정부는 '강력하고 안정적이며 개화된 정부'가 광둥과 광시에 들어서기를 기대했다.

"우리는 그런 정부와 기꺼이 우애를 맺고 확실하게 후원할 것이다."[50]

12월에 국민정부가 수도를 장강으로 옮기면서, 광둥에서 '법과 질서'를 바로잡을 임무는 통치권을 확고하게 장악한 광시군벌 리지천^{李濟琛}·이제침에게 넘어갔다. 그는 노동자들에 대한 엄격한 규제 조치를 발표됐다. 모든 노동쟁의에 대해 강제중재를 도입하고, 노동자의 무기

소유와 휴대를 금지하며, 상점과 공장에서 규찰대를 조직하고 모집하는 것을 금지하는 법령을 선포했다.[51]

이런 조치에 대한 응답으로 규찰대와 지원단은 '공산당의 지시 아래 움직이는 노동자대표자회의의 명령에 따라 앞으로 당분간 집에 틀어박혀 외출을 삼가기로 했다'.[52] 애초에 공산당원들은 각 성의 국민당조직대표를 재선출하자는 대중선동을 펼쳤으나, 단지 리지천의 비위를 맞추기 위해 돌연 중단했다.[53] 리지천이 모든 요직을 자기인물로 채우며 전면적 조직개편에 나섰을 때, 그들은 아무런 항의도 하지 못했다. 광저우는 군벌의 수중에 완전히 장악됐다. 공산당원들은 완전히 투항했다.[54]

이런 일이 벌어지고 있던 1927년 2월 17일에 얼 브라우더, 톰 만, 자크 도리오*로 구성된 코민테른 대표단이 광저우에 도착했다. 그들은 리지천에게 속박돼 외형만 남은 대중운동을 시찰했다. 리지천은 그들에게 이렇게 말했다.

"국민 정부가 노동자계급의 이해에 반하는 일은 결코 없을 것입니다."[55]

그들은 장제스에게 전보를 보내 인사를 전했고, 장제스는 환영의 전보를 보내왔다.[56] 코민테른이 각국에 전한 첫 소식은 '혁명적 광저우'에 대한 열광이었을 뿐, 충돌에 관해서는 전혀 언급하지 않았다.[57] 그들은 대파업 중에 규찰대에 참가했다가 피살된 이들의 묘지에 헌화하며 이렇게 헌정했다.

---

* Earl Browder(미국), Tom Mann(영국), Jacques Doriot(프랑스).

"홍콩 규찰대 열사들은 중국 혁명과 세계 혁명을 위한 중국 노동자 계급의 위대한 공헌을 상징한다."[58]

이미 사태가 분명해진 뒤인 6개월 후에 광저우를 다시 방문한 대표단은 이렇게 썼다. "북벌은 한창 진행 중이었고, 광저우 상인들은 영리하게도 노동자계급에 대한 의무에서 벗어나기 위해 연합전선이란 구호를 이용했다. …… 이런 자본가계급의 영리하고 미혹적인 책략 앞에서 광저우의 일부 무산계급 지도자들은 결코 자기 정책을 명확히 밝히지 않았다. …… (그들은) 자본가계급과의 연합전선이 무너질까 두려워하며 무산계급의 기본적 계급 이해를 무시했다. …… 모든 반제국주의-반군벌주의 세력의 '연합전선'이란 구호를 진지하게 내세운 유일한 계급은 무산계급과 그 혁명적 지도부였다. …… 이것은 뒤에 중국 노동자계급의 커다란 희생과 적지 않은 피를 초래한 명백한 오류였다".[59]

VI

FROM CANTON TO THE YANGTZE

광저우에서 장강으로

국민당은 군벌들을 대신해 권력을 차지하기 위해 군대를 북쪽으로 보냈다. 제국주의와 투쟁하기 위해서가 아니라 타협하기 위해서였다. 대중들은 국민당의 승리가 전면적인 생활조건의 개선을 불러올 것이라고 착각했고 공산당원들은 이런 착각을 바로잡아 주려는 어떤 시도도 하지 않았다, 거대한 물결을 일으켜 북벌군이 장강 유역에서 손쉽게 승리할 수 있게 해 주었다.

승리는 신속하고 놀라웠다. 마치 탱크 행렬이 열어젖힌 길을 뒤따르는 보병처럼, 군대는 앞에서 모든 적을 쓰러뜨릴 세력을 해방시키는 방대한 선전기구를 보조했을 뿐이다. 우페이푸와 동맹자들에게 고용된 군대는 속수무책이었고 사기가 꺾였다. 그들은 당황해서 후퇴하거나 지휘관과 함께 안전을 찾아 국민당에 투항했다. 한 외국인 목격자는 이렇게 설명했다.

"지역의 정보조직이 입성하는 군대를 지원하기 위해 대기하고 있었고, 언제든 필요할 때 안내할 수 있는 확실한 길잡이가 준비돼 있었다. 어떤 경우에는 군대가 도착하기 수일 전에 소규모 열광적 단체들(!)이 국민 정부 이름을 내걸고 도시와 읍내를 장악하기도 했다."[1]

농민부대가 실제 전투에 참가한 지방에서는 격렬한 충돌이 자주 목격됐다. 철도노동자와 전신노동자는 적군의 교통과 통신을 마비시켰다. 농민 정보원은 전진하고 있는 국민 혁명군이 즉석에서 활용할 수 있는 적 참모부에 관한 모든 정보를 제공했다.

후난성 군벌 탕성즈唐生智·당생지는 우세한 국민 혁명군 편으로 넘어갔고, 7월 12일에 창사를 점령했다. 몇 주일 뒤, 북벌군은 장강 웨저우岳州·악주에서 북군북양군벌의 저항에 부딪혔다. 핑장平江·평강의 농민들과 광저우-한커우선 및 핑샹萍鄉·평향-핑주萍株·평주선 철도노동자들의 독립적 행동이 앞길을 닦아 주었다. 농민 길잡이가 북벌군을 안내해 북군이 알지 못하는 장강에 인접한 얕은 지류를 건너 웨저우 방위군 후방을 급습할 수 있게 해 주었다. 광저우의 한 신문은 기뻐하며 '적들은 군대가 하늘에서 온 것으로 생각했다'고 보도했다.[2] 12시간 뒤인 8월 22일 아침에 국민 혁명군은 웨저우를 점령했다. 국민 혁명군은 한수漢水와 장강의 합류지 인근의 한양, 한커우, 우창으로 결집했다. 한양의 군수공장 노동자들이 파업을 벌이고 있었다. 북군 방위군은 곤경에 빠져 도시에서 퇴각했고, 국민 혁명군은 9월 6일과 9월 8일에 한양과 한커우를 점령했다. 우창 방위군은 견고한 성벽 안에서 버텼지만, 1개월이 채 못 돼 유명한 '철군'이 성문을 부수고 돌입했다. 10월 중순에 국민당은 장강 유역 중심지에 확고하게 깃발을 꽂았다.

그동안 동쪽의 장시성을 통한 장제스의 진군은 그보다는 덜 극적이고 덜 성공적이었다. 장제스는 선전 기구의 활동을 규제했고, 벌써부터 진군 과정에서 대중운동에 대한 억압 조치를 취하기 시작했다. 이것은 동부 5성*의 대군벌 쑨촨팡孫傳芳·손전방이 좀 더 강력하게 저항할 수 있게 해 주었다. 장제스는 전진 속도가 너무 느리자 10월에 선전에 대한 규제를 약간 완화했고, 그 뒤 사정은 비교적 빠르게 개선됐다. 결국 장제스 군대는 난창南昌·남창을 점령했고, 11월 5일에는 장강 인근의 주장九江·구강에 도달했다.

북벌군의 승리는 대중운동의 광범위한 확장 속에서 이루어졌다. 11월 말, 후난성의 노동조합이 포괄하는 현은 5개에서 40개로 늘어났고, 조합원 수는 6만 명에서 15만 명으로 증가했다. 국민 혁명군이 점령한 이후 2개월 사이에 30만 명 이상의 우한 노동자들이 200개 이상의 노동조합이 통합된 '후베이 총공회' 깃발로 결집했다. 노동자들은 국민 혁명군의 승리를 국내외 고용주가 강요한 비참한 생활 수준을 개선하기 위해 전투에 나서야 할 신호로 받아들였다. 우한은 일련의 무시무시한 파업들로 진동했다.[3]

농민운동의 성장은 더욱 극적이었다. 11월 말에 후난성 농민회는 54개 현조직으로 확대됐고, 107만 1,137명의 회원을 거느렸다. 1927년 1월에는 그 수가 200만 명을 넘어섰다.[4] 농민의 최우선 요구는 소작료 경감, 가혹하고 잡다한 세금 폐지, 향신鄕紳에 맞서 무장할 권리 등이었다. 대부분의 지역에서 농민회가 향鄕을 다스렸다. 그뿐만 아니라 후난성 농민운동은 세금납부 전면거부에서 공공연한 토지 몰수로

---

* 푸젠성(福建省·복건), 저장성(浙江省·절강), 장쑤성(江蘇省·강소), 안후이성(安徽省·안휘), 장시성(江西省·강서).

빠르게 나아갔다.

이런 상황이었던 12월에 국민 정부는 수도를 광저우에서 장강으로 옮겼다. 동요하는 소부르주아 '좌파' 정치인들은 광저우에서 장제스가 무력을 과시하면서 마음속에 열등감을 갖게 됐지만, 이런 승리의 기세와 대중운동의 급성장 덕분에 일시적으로 그 열등감에서 벗어날 수 있었다. 그들은 대중이 수립한 권력의 단상 위에서 거들먹거렸고, 급진적 언사를 마구 쏟아 냈다. 하지만 그들은 계급투쟁의 현실 앞에서 기가 죽었다. 소부르주아계급의 전통적 외침이 정부의 각 위원회 회의실에서 터져 나왔다. "대중은 너무 멀리 나아갔다!"

한커우 자본가들은 파업 물결에 직면해 완강히 저항했다. 12월 3일에 총상회總商會는 노동자 투쟁을 제약하는 조치가 즉각 취해지지 않는다면 곧 전면 자본파업에 들어가겠다고 위협했다. 보로딘과 공산당 지도부, 그리고 국민당 지도부는 서둘러 응했다. 사흘 뒤, '합리적인(?) 임금인상을 승인하고, 각 업종별 관례(!)에 따라 노동시간을 규정하도록 권고하며, 노동자의 사회적 대우를 실질적으로 개선하고, 노동자를 고용하고 해고할 권한을 전적으로 고용주의 자유재량에 위임하기 위해'[5] 중재기관이 설치됐다. 이 기관은 국민당, 총공회工會*, 상회의 대표로 구성됐다. 이들이 내리는 결정은 '고용주와 고용인 모두에게 부과되는 의무'였다. 월 최저임금을 13위안으로이 초라한 규정은 결코 실현되지 않았다 정하는 동시에, '노동자가 항의할 수 있는 명백히 불리한 상황을 제외한 경영문제와 고용문제'에 노동자의 개입을 금지하는 노

---

* 한커우 노동조합총연맹.

동법이 입법될 예정었다.6 이것은 강제중재제도의 수립을 의미했고, 노동자계급의 창조성을 박탈하고, 노동자조직의 전투력을 파괴하며, 일반적으로 전투적 계급투쟁의 방식에서 벗어나게 만들고자 고안된 제도였기 때문에, 일찍이 공산당원들은 이런 제도에 대해 원칙적으로 반대했다.

보로딘과 함께 우한武漢의 국민당 급진파는 농민운동에 대한 책임을 회피하려 했다. 농민의 요구를 구체적 강령으로 정식화하는 임무를 회피했다. 심지어 국민당 강령에 포함돼 있던 소작료 25% 인하조차 실행하지 않았다. 그 대신 농민의 '과도함'에 대해 탄식했고, 농민들이 '너무 멀리' 나아가면서 계급연합전선에 손상을 입힐까 봐 두려움에 사로잡혔다. 북벌은 자본가계급의 영향으로부터, 그리고 장제스가 광저우에서 확립한 자본가계급의 주도권으로부터 대중을 해방시킬 수 있는 더할 수 없는 기회를 제공했다. 하지만 공산당 지도부는 이 기회를 붙잡지 않았고, 그 대신 연약하고 무능한 급진 자본가계급 분파인 국민당 '좌파'에 매달렸다. 문제의식을 가진 적어도 3명 이상의 상하이 코민테른 간부는 모스크바로 보내는 1927년 3월 17일자 서신에서 코민테른 대표의 정책을 따르는 공산당 지도부의 모습을 생생하게 보여 주었다.

"1926년 10월에도 여전히 코민테른 집행위원회 대표와 중국 공산당 중앙위원회는 진지한 방식으로 농민문제를 다루지 않았다. 중앙위원회 6월 전체회의의 결정이 있었지만, 그것은 농민 투쟁에 대해 덮어 버렸고 '선한 신사正紳'와의 연합을 호소했다. …… 10월에 이르러 하나의 농민강령이 제출됐지만, 코민테른 집행위원회 대표와 당지도부는 그것을 당 대회에 제출할 하나의 강령으로 여겼을 뿐이다. 3~4개월이 지나는 동안 이 강령은 중앙위원회 문턱조차 넘어서지 못했고, 1월에야 겨우 지역조직에 전달됐다. 지금까지도 농민문제에 관한 당의 전술은 실제로 아무런 변화도 없다. 농민투쟁에 재갈을 물리고 농민운동에 제동을 거는 오랜 노선이 여전히 만연하고 있다. …… 농민운동에 대해 두려워하는 심리가 당에 존재했고, 여전히 그렇다. 농민의 토지소유^{즉, 농민의 토지점유}에 대해 중앙위원회는 일종의 '위험한 좌익 소아병'으로 불렀다. 계속해서 이들은 '악덕 신사와 불한당에 맞선 선한 신사^{正紳}, 중소 지주와의 연합전선'에 대해 말한다^{12월 30일, 후난으로부터의 보고}". '선한 신사^{正紳}'라는 표현은 당시 모든 당 문건과 중심적 동지들의 문장에서 발견된다. 이런 도덕적 범주로 사회적 범주를 대체하는 것은 사실상 농촌에서 혁명운동의 중단을 의미했다.

"12월에 열린 중앙위원회 전체회의는 코민테른 집행위원회 대표가 참가한 가운데 농민문제에 관한 결의안을 채택했다. 이 결의안에는 토지강령과 농민투쟁에 관해 단 한마디도 언급하지 않고 있다. 이 결의안은 당시 가장 절박한 문제에 대해 단 한마디도 답하지 않았고, 농민 정부의 문제에 대해 부정적으로 답했다. 소부르주아계급이 달아나지 않도록 농민 정부라는 구호는 내걸지 말아야 한다고 말했다. 농민운동을 경시하면서, 결국 당 지도기구는 농민의 무장을 가로막았다".

"노동운동에서 당의 전술은 농민운동에서의 전술과 다르지 않다. 무엇보다도 당은 노동운동에 대해 절대적으로 저평가했고, 배려가 부족했다. 중앙에는 담당부서가 존재하지 않는다. 100만 명이 넘는 조직노동자들에게 지도중심이 없다. 노동조합은 대중과 분리돼 다분히 상층조직들로 유지됐다. 모든 곳에서 정치적·조직적 활동은 강요로 대체됐고, 무엇보다 중요한 것은 혁명적 노동조합운동 외부에서만이 아니라 내부에서도 개량주의 경향이 성장하고 있다는 것이다. …… 노동자의 경제적 요구를 옹호하거나 방어하는 것을 거부하는 일들이 발생했다. 노동운동의 초보적 성장에 두려움을 느낀 광저우 당조직은 강제중재에 찬성했고, 한커우에서도 같은 일이 벌어졌다_{강제중재 자체가} 보로딘이 생각해낸 것이다. 당 지도부는 비^非산업부문 노동자운동에 대해 특히 더 두려워한다".

"12월 전체회의에서 당 중앙은 이렇게 보고했다. '비산업부문 노동자와 점원의 파업은 소부르주아계급 내의 충돌일 뿐이기 때문에, 중소 자본가계급과 관련해 우리의 전술을 결정하는 데에서 특별한 어려움이 존재한다. 양측_{즉, 고용주와 노동자}이 함께 민족통일전선을 형성해야 하는 상황에서, 우리는 어느 한쪽을 지지할 수 없고, 그렇다고 중립을 지킬 수도 없다. …… 만일 적어도 평화적 방식으로 양보를 이끌어 낼 가능성이 존재한다면, 생활필수품_{쌀, 소금, 석탄, 연료 등} 생산을 담당하는 종업원은 결코 파업에 의지하지 말아야 한다'".

"그렇게 해서 당은 중국 노동자계급의 다수를 차지하는 비산업부문 노동자에 대한 보호와 지지를 거부했고, 소부르주아계급과 연합전선이 필요하다는 이유로 그것을 가리고 있다. 그런데 여기서 확실히 문제가 되는 것은 특히 수공업자를 포함한 소부르주아계급이 아니라 중간층의 상업자본가계급이다. …… 당 지도부는 노동자의 무장에 대해서도 두려워한다".

"군대에 대한 당의 태도는 저우언라이_{周恩來·주은래} 동지의 보고를 통해 특징적으로 드러났다. 그는 당원들에게 이렇게 말했다. '국민 혁명군에 들어가서, 군대를 공고히 하고, 작전 능력을 제고하라. 하지만 그곳에서 어떤 독립적 활동도 수행하지 마라.' 최근까지도 군대 안에는 중핵이 존재하지 않고 있다. 정치고문으로서 가담한 우리 동지들은 오직 국민당을 위한 군사적·정치적 활동으로 바쁘다".

"우리 동지들은 온갖 형태의 강제와 반대를 통해 군대에서 세력균형을 유지하고 싶어 했지만, 결코 그런 일은 일어나지 않았다. …… 코민테른 집행위원회 대표는 격앙돼 군대 내 정치활동의 가능성을 부정했다. 12월에 중앙위원회 전체회의가 군대에서 중핵을 구성하는 결의안오직 지휘관으로만 구성되고 병사의 참여를 금지하는을 채택했을 때, 또한 올 1월에 러시아 동지들이 군대 내 활동의 문제를 제기했을 때이것이 처음은 아니었다, 보이틴스키 동지는 세포조직에 대해 강하게 반대하는 입장을 재차 표명했다. 그는 만달리안Mandalyan에게 모스크바가 세포를 건설하지 않기로 결정했다고 말하면서, 세포조직의 불가능성에 대해 이렇게 설명했다. 첫째로 특히 장제스를 비롯한 군 지휘관들이 그것을 공산당원들의 음모로 여기면서 긴장관계가 형성될 것이며, 둘째로 아래로부터 광저우 군대에 영향력을 미치기 힘들다는 것이었다. 노동자, 농민, 공산당원, 농민회 회원을 대규모로 군대로 끌어들이자고 제안했을 때, 그는 온갖 구실로 그 제안을 물리쳤다. 어떻게든 그들을 군대로 끌어들일 수 없다거나, 그런 전례가 없었다거나, 지금도 신병이 모집되고 있지 않다는 등의 이유를 댔다. 또한 그는 감히 원칙적으로 노동자를 무장시키는 문제에 대해 반대하는 입장을 표명할 수 없었기 때문에, 수천 가지 어려움을 찾아냈고, 노동자의 무장은 절대로 생각할 수 없으며, 어디에서도 무기를 구할 수 없다고 말했다".

"게다가 12개 중대와 여러 연대를 공산당원이 지휘하면서 막대한 영향력을 행사하고 있었고, 이 모든 통로를 통해 엄청난 활동이 수행될 수 있었다. 하지만 일부 당 지도부에 퍼져 있는 군대의 혁명화에 대한 두려움 때문에, 당에서 파견돼 군대에서 활동하고 있는 동지들은 고립된 '개별' 공산주의자 지휘관으로 바뀌었다. …… 코민테른 집행위원회 대표는 군대 안의 당 활동이 재편돼야 한다는 우리의 입장에 대해 오랫동안 반대한 뒤 결국 인정했지만, 그 뒤 재편을 위해서는 아무것도 하지 않았다. 심지어 그가 중앙위원회에서 그것을 말했는지도 의문이다".[7]

이런 관료적 비판에서 보로딘과 보이틴스키가 중국에서 행한 정책은 모스크바의 스탈린과 부하린이 지시한 것일 뿐이라는 사실은 철저히 함구된다. 보로딘과 보이틴스키가 후원한 중국 공산당 지도부의 치명적 정책은 코민테른이 채택한 노선에 따라 결정된 것이었다. 1926년 3월, 장제스가 쿠데타를 일으키기 바로 전날에 코민테른 집행위원회 6차 전체회의는 노동자-농민과 자본가계급의 연합을 승인했고, 후자가 노동자계급에게 지지받도록 보증했다. 3월 20일 쿠데타 이후 그들은 광저우 권력이 장제스의 비호 아래 국민당 극우파의 손으로 넘어갔다는 사실을 의도적으로 숨겼다.

소련 공산당 정치국은 장제스의 국민당을 '동조당'으로서 코민테른에 가입시키자는 제안을 단 한 표의 반대 속에서 트로츠키의 반대 속에서 통과시켰다.*

트로츠키는 장제스에 대해 이렇게 썼다. "그는 사형집행인의 역할을 준비하면서 세계 공산주의의 엄호를 원했고, 그것을 얻었다".[8]

---

* 장제스의 심복인 샤오리츠(邵力子·소력자)가 1926년 11월에 열린 코민테른 집행위원회 7차 전체회의에 국민당 우호사절로서 참가한 것은 국민당의 인터내셔널 회원 자격을 확인시켜 준다. (원주)

1926년 10월에 모스크바의 스탈린-부하린 지도부는 중국 공산당에 전보를 보내 승리를 이끌고 있는 북벌 장군들이 달아나지 않도록 농민운동을 억제하라고 지시했다. 뒤에 이런 사실을 들이밀자[9], 스탈린은 그것을 인정했다. 놀랍게도 그는 그것이 '과오'였다고 인정하면서, 몇 주일 뒤에 그것을 '철회'했다고 서둘러 덧붙였다.[10] '철회'의 내용은 코민테른 집행위원회 7차 전체회의의 지시로 구성됐는데, 중국의 반제투쟁에서 토지 혁명의 중요성을 조심스럽게 강조하는 공허한 문장들이었다. 동시에 이제 코민테른에서 관례화된 이중문건 방식으로 들불처럼 번지고 있는 수백만 농민의 봉기를 더욱 억압하라고 중국 공산당에 요구했다.

코민테른의 기회주의에서 비롯된 공식 발언과 실천 사이의 간극은 구체적으로는 자본가계급에게 굴종하는 정책을 실행하면서 노동자계급의 정치적 독립성이라는 원칙을 추상적으로 공언하는 것이었다. 스탈린-부하린 측은 공허한 언사로 가득한 극도로 교활한 결의안에서 이 상반된 요소들을 결합시켜 하나의 통합적 정책으로 제시했다. 그런 실천이 재앙을 초래했을 때는 언제나 자신들의 공개발언 내용을 인용하며 다른 이들의 실천을 비난하는 것으로 넘길 수 있었다.

1926년 11월의 코민테른 집행위원회 7차 전체회의에서 채택된 중국문제에 관한 테제[11]는 "역사적으로 대자본가들이 점차 혁명을 폐기하는 것은 불가피하다"고 인정했다. 코민테른의 '예견'과 '예언'을 증명할 필요가 있을 때는 이 문장을 닳도록 인용했다. 하지만 원문은 이런 구절을 포함하고 있다. "일부 대자본가조차 중소 자본가와 나란히 일정 시기 동안 혁명에 발맞추어 전진할 수 있기 때문에, 자본가계급 전체를 민족독립 투쟁에서 축출해야 한다고 볼 수는 없다. …… 당연하게도 노동자계급은 현재 제국주의와 군벌에 맞선 혁명투쟁에 적극적으로 협력하고 있는 이들 자본가계급 층을 폭넓게 활용해야 한다".

이 테제는 '자본가계급'이 '혁명에 타격을 가하려' 한다고 경고했지만, 중국의 사태변화를 곁에서 면밀히 지켜본 노동자가 이 무시무시한 '경고'가 중국의 사건과 직접적으로 관련된 인물들, 날짜들, 정당들, 지명들로 번역돼 있는지를 문건의 구절들 속에서 찾아보는 것은 헛된 일이었다. '혁명에 대한 타격'은 극도로 구체적인 성격의 활동을 암시한다. 그렇다면 누가 타격을 가하고 있는가? 언제, 어디서, 어떻게? 이에 대해 테제는 한마디도 말하지 않는다. 장제스는 어땠는가? 3월 20일에 쿠데타를 일으켜 광저우 노동자들을 진압했고, 북벌을 시작한 뒤에는 광둥과 후방에서 농민들을 학살하지 않았는가? 이 모든 것에 대해서는 단 한마디도 언급하지 않는다. 이 테제는 아무 설명도 없이 단지 "노동자-농민운동이 광둥성에서조차 많은 어려움을 극복해야 했다"고 언급했을 뿐이다. 중국 공산당 대표 탄핑산譚平山·담평산은 '올해 광저우에서 발생한 3월사건'에 대해 언급하며 '자본가계급이 노동자계급에게서 혁명의 지도력을 탈취하기 위한 기도'였다고 꼬집었지만, 기이하게도 그것을 다시 언급한 일은 정부기록에서 찾아볼 수 없다.[12]

11월 30일에 스탈린이 직접 중국위원회를 보증하며 이렇게 말했다. "민족 대자본가계급은 극도로 허약합니다. …… 불가피하게 중국 농민을 지도하는 책임은 자본가계급보다 잘 조직돼 있고 활동적인 중국 노동자계급의 손으로 넘어갔습니다."[13]

코민테른 각 지부와 그 대표들은 '자본가계급'이 혁명에 '타격'을 가하려 했지만 장제스가 그것혁명을 부단히 승리로 이끌고 있다고 확신하며 보증했다. 장제스를 대신해 샤오리츠가 국민당 우호사절로서 연단에 올랐을 때, 그들은 열화와 같은 갈채를 보냈고, 기립해서 경의를 표하며 〈인터내셔널가〉를 불렀다. '샤오리츠 동지'가 '국민당을 대표해' 코민테른과 가입 정당들의 지지를 기대한다면서 "코민테른 만세! 세계혁명 만세!"를 외치자, 형언할 수 없을 정도로 열광했다.[14]

스탈린은 장제스군의 전진이 의미하는 것이 유혈탄압을 통해 광저우 등 수많은 도시의 노동조합을 파괴하고 수많은 농촌의 농민운동을 억압하는 것이라는 사실을 완전히 이해하면서도[15], 장제스의 북벌에 대해 이렇게 말했다.

"광저우 군대의 전진은 제국주의와 그 중국 대리인들에 대한 타격을 의미했습니다. 그것은 일반적으로 중국의 모든 혁명 분자를 위한, 그리고 특히 노동자를 위한 집회·파업·출판·결사의 자유를 의미했습니다. …… 중국에서 정부군과 싸우고 있는 것은 비무장의 민중이 아니라 혁명군의 형태로 무장한 민중입니다. 중국에서 무장 혁명이 무장 반혁명에 맞서 싸우고 있는 것입니다. 이것이 중국 혁명의 특징 중 하나이고 강점 중 하나입니다."

스탈린은 계속해서 말했다.

"중요한 것은 광저우 정부의 부르주아 민주주의적 성격이 아닙니다. 이 정부는 미래에 전 중국 혁명정권의 중추가 될 것입니다. 중요한 것은 이 정권이 반군벌 정권이고, 이 정권의 전진이 제국주의에 대한 타격이며, 결국은 세계 혁명운동에 유리한 일격이라는 사실입니다."[16]

실제로 '자본가계급'은 혁명을 '불가피하게 폐기하려' 했지만, 그들의 주요 대리인인 장제스는 '무장 혁명'의 영웅적 지도자였고, 그들의 주요 대리 기구인 광저우 정부는 군벌과 제국주의에 맞선 빛나는 투쟁의 창끝이었으며, "그것의 부르주아 민주주의적 성격에도 불구하고, 노동자계급, 농민, 도시 소부르주아계급으로 구성된 혁명 연합은 기본적이고 객관적으로 혁명적–민주주의적 소부르주아 독재의 맹아를 내포했다"[17]는 것이다. 이보다 더 각국 공산주의자들과 특히 중국 공산주의자들을 방향을 잃고 혼란에 빠지게 만드는 일이 있을 수 있겠는가?

7차 전체회의가 채택한 테제는 토지 혁명에 관해 대담하게 이렇게 말했다. "현 상황에서 중심적 문제는 토지문제다. …… 토지문제를 대담하게 해결하지 않으면, 농민대중의 정치적·경제적 목표 전부를 지지하지 않는다면, 혁명은 정말 위험에 빠질 것이다. 일부 자본가계급과의 불확실하고 믿을 수 없는 협력이 멀어지는 것을 두려워해 농민운동의 강령을 민족해방 강령의 우선순위에 놓지 않는 것은 오류일 것이다".[18]

바로 자본가계급과의 '불확실하고 믿을 수 없는' 협력을 지속하기 위해 농민을 속박하라고 지시한 10월 전보의 '철회'가 이런 내용이었을 것이다. 하지만 테제는 불과 몇 줄에 불과한 새로운 대담성을 보여준 뒤 이렇게 선언했다. "비록 중국 공산당이 노동자계급 농업강령의 기본 요구로서 토지국유화를 선포해야 한다고 인정하더라도, 현재로서는 중국 각지의 경제적·정치적 특성에 따른 농업정책이 제시돼야 한다".

이 아리송한 조건이 무엇인지는 중국 공산당원들이 따라야 하는 것으로 정한 구체적 농업강령을 통해 해명된다. 코민테른은 자유주의적이고 개량주의적인 국민당강령을 조금도 넘어서지 않으며, 소작료 경감, 세수 조정, 신용대출, 농민의 조직과 무장에 대한 정부 지원, '묘당*과 사원에 속한 토지와 반동 군벌이 보유한 토지의 몰수'를 요구했다. 스탈린은 노동자계급의 강령적 요구를 언급하며 산업국유화 구호를 제출할 때에도 똑같이 '정책적 구분'을 제안하며 이렇게 보충했다. "이것은 무엇보다도 중국 인민에게 특별히 적대적이고 공격적인 것으로 악명 높은 기업주가 소유한 일부 기업을 국유화하는 문제를 제기합니다".**19**

이것은 이미 중국에서 널리 사용돼 온 '선한 신사正紳'와 '악덕 신사劣紳'라는 구분을 재생산하는 것이었다. 그것은 '진보적'이지 않은 '반동적' 군벌, '우호적'이지 않은 '특별히 적대적'인 산업노동자 착취자를 구분하는 것으로 확대됐다. 이런 방식은 허울뿐인 급진적 테제로 '철회'를 포장하고, 자본가계급을 향한 코민테른의 굴종을 조금이라도 숨기기 위한 것일 뿐이었다. 공산당원은 농민의 요구 '전부'를 지지하라고 지시받았고, 이미 농민은 토지를 요구하고 있었다. 동시에 공산당원은 '반동적 군벌'의 토지로만 제한해 토지몰수를 선동하도록 요구받았다. 국민당이 세력을 뻗치자마자 각지의 폭군은 국민당에 가입하지 않았던가? 그렇게 해서 그는 '무장 혁명'세력의 일원이 됐고, 그의 토지는 그의 부하, 친척, 후원자 등 지배지역 내 모든 지주의 토지와 함께 원칙적으로 침범할 수 없게 됐다. 당시 토지를 취하려고 나섰던 광둥, 후난, 장시의 농민들은 이런 사실을 발견했다. 코민테른은 '군관 토지'에 대한 보호를 승인했고, 그것은 토지 혁명의 족쇄가 됐다. 또한 그것은 공산당원들의 지지 속에서 지주계급 전체를 보호하

---

* 유학자를 제사하기 위해 세운 건축물과 부지.

는 버팀목이 됐다.

장제스조차 이런 종류의 '토지 혁명'을 기꺼이 지지했다. 샤오리츠 '동지'는 전체회의에서 이렇게 말했다. "장제스 동지(!)는 국민당 당원들에게 연설하며 토지문제, 즉 농업문제의 올바른 해결 없는 중국 혁명은 생각할 수 없다고 선언했습니다. ······ 또한 공산당과 코민테른의 지도 아래서 국민당이 역사적 임무를 다할 것임을 확신한다고 말했습니다!"[20]

국민당이 '코민테른의 지도' 아래서 '역사적 임무를 다할 것'이라는 장제스의 확신에는 무서운 진실이 들어 있었다. 지도부가 중국 공산당원들과 대중을 자본가계급과 그 정부에 묶어 두는 한, 그것은 의심할 수 없었다. 테제는 이 점을 강조해 설명했다. 국민당 정부를 통해서, 그리고 국민당 정부에 의해 전체 강령은 완수돼야 했다. 테제는 이렇게 말했다. "공산당의 임무는 토지 혁명을 더욱 진척시키는 하나의 과정으로서 광저우 정부가 이 조치들을 수행하도록 감시하는 것이다". 테제는 '이 정부가 실제로 탄생 시점부터 국민당 우파에게 장악돼 있다는 사실'을 무심코 인정하면서 이렇게 덧붙였다. "최근 사건들이 보여 주는 것은 공산당원들이 국민 정부로 들어가 취약하고 동요하는 우파의 정책에 맞선 '좌파'의 투쟁을 지원해야 한다는 것이다". '최근 사건들'이 또다시 불특정 사건들이 실제로 보여 준 것은 강력하고 공세적인 우파가 취약하고 동요하는 '좌파'를 포로로 삼고 있다는 사실이다. 공산당원들에게 스스로 강력한 공세를 취하지 말고 정부에 가담하라고 지시한 것은 결국 '좌파' 포로에 대한 지속적 복종을 보증하는 것일 뿐이었다.

레닌그라드 당회의에서 부하린은 이렇게 말했다.

"모든 권력과 절대적 복종을 국민당 정부로! 실로 새롭고 독창적인 것은 이제 중국 혁명이 국가권력으로 조직된 중심을 갖추었다는 점입니다. 이 사실은 막대한 중요성을 갖습니다. 중국 혁명은 이미 민중이 정부에 맞서 투쟁하는 발전단계를 이미 경과했습니다. 중국 혁명의 현 단계의 특징은 이미 혁명세력이 규율 잡힌 정규군을 갖춘 국가권력을 구성하고 있다는 사실입니다. …… 군대의 성장과 그들의 찬란한 승리는 혁명이 전진하는 하나의 독특한 방식입니다."[21]

민중은 더 이상 '현 정부'에 맞서 투쟁할 필요가 없었다. 현 정부는 여전히 도시와 농촌에서 착취자의 이익을 대변했고, 그 장군들은 벌써부터 대중운동을 진압하고 있었지만, 이것은 '혁명이 전진하는 하나의 독특한 방식'이었다. 탄핑산은 부지불식간에 이렇게 모순적으로 요약했다.

"우리는 농민의 이익을 보호해야 하지만, 다른 한편으로 민족혁명운동의 연합전선을 유지하고 강화해야 합니다. 이런 모순적 상황에서 정확한 전술노선을 유지하는 것은 쉽지 않은(!) 일입니다. …… 이 문제와 관련해 우리는 전적으로 부하린 동지의 관점, 즉 반제민족혁명운동에서 모든 사회계층의 연합전선을 유지하면서 중국 농민운동을 발전시키는 입장에 섭니다."[22]

이것은 양립할 수 없는 것들을 화해시키려는 시도였다. 만일 농민운동의 '발전'이 그 논리적 귀결인 지주토지의 몰수로 나아간다면, 그런 '발전'을 이룩하면서 계속해서 자본가계급과의 연합을 보호하는 것은 불가능하다. 중국 공산당원들은 서로 반대 방향으로 달리는 두 마리 말을 타도록 강요받았고, 그것은 불가능하다고 말하는 러시아 반대파와 중국 반대파는 즉각 비난받았다. 전체회의에서 스탈린을 비롯한 발언자들은 국민당에서 철수할 것을 요구한 중국 공산당원들을 날카롭게 질타했다. 스탈린은 그것을 '심대한 과오'라고 말했다.[23] 뒤에 '민족통일전선'을 옹호하고 지탱하는 최고 전문가가 된 스탈린주의자 파벨 미프Pavel Mif가 우연히 레닌의 테제를 다시 읽고, 중국 농촌에서 소비에트를 건설하자고 제안하며 나서자, 스탈린은 그에게 의사규정을 지키라고 퉁명스럽게 주의시켰고, 그는 곧바로 침묵했다.

7차 전체회의 결의안은 '비자본주의적 발전경로'와 '토지 혁명'에 대해 말했지만, 노동자-농민의 이익에 기초한 정책이 아니라, 중국 자본가계급과의 투기적 연합을 위해 그 이익을 희생시키는 정책을 제출했다. 중국의 코민테른 대표에게 부여된 임무는 어떤 희생을 치르더라도 이 연합을 보존하는 것이었고, 한커우의 보로딘과 상하이의 보이틴스키의 조언은 중국 공산당 지도부가 계급협조의 틀에 갇히도록 거들었다. 그들은 1926년 말에 착취자에 맞선 투쟁에 뛰어든 수백만 대중의 힘을 믿고 공장과 들판으로 의연히 뛰어들라고 중국 공산당에 가르치지 않았다.

농민운동의 극적 성장은 1926년 내내 모든 주요 산업중심지에서 벌어진 비할 수 없이 거대하고 강력한 파업 물결과 함께했다. 불완전한 기록들에 따르면, 1926년에 벌어진 총 535건의 파업은 1925년의 318건과 비교된다. 100만 명을 훨씬 넘는 노동자가 직접적으로 파업에 관여했다. 파업은 대부분 경제적 요구 투쟁으로서, 임금인상과 노동조건 개선을 위한 것이었다. 그중 절반 이상이 부분적이거나 완전한 승리를 거뒀다. 유용한 자료만 집계한 어느 조사자의 산출에 따르면, 49.70%가 완전한 승리를 거뒀고, 28.01%가 부분적 승리를 거뒀으며, 22.29%만 실패했다.[24] 이 통계들만으로도 분명하다. 중국 노동자들이 전례 없는 모습으로 일어서고 있었다. 그해 말, 파업 물결은 이미 경제적 요구의 범주를 넘어서서 공공연한 정치투쟁의 범주로 나아갔다. 한커우 노동자들은 놀라운 일격을 가하며 스스로 반제투쟁의 길로 들어섰다.

1927년 1월 3일 오후, 한커우의 영국 조계 경계지에서 첫 대규모 시위가 벌어졌다. 1925년 5·30의 기억이 여전히 생생했던 영국인들은 이튿날 해군상륙부대를 자발적으로 철수시켰다. 거리시위로 영국인보다 더 겁먹은 국민 정부는 해군과 의용대가 철수한 뒤 영국 조계를 순찰하고 지키는 임무를 떠맡기로 동의했다. 1월 4일 오후에 또다시 노동자들은 조계 주변으로 집결했다. 그들은 "조계가 중국인들만으로 수비되고 있고 사실상 영국인들의 수중에서 벗어났다는 것을 발견하고는, '조계를 되찾자!'고 외치기 시작했다. …… 그러고는 일단의 하층노동자들쿨리*이 조계를 둘러싸고 있는 바리케이드를 철거하기 시작했다. 모든 조계 입구에 쌓여 있던 모래자루를 터뜨려 모래를 길 위로 흩뿌렸고, 자루는 버렸다. 철책 바리케이드는 다른 장애물들과 마찬가지로 통째로 제거됐다. …… 영국 조계의 거리들에서 외국인의 시대는 끝났다".[25] 상하이와 외국을 잇는 전신선을 따라 방화와 약탈을 일삼는 '폭도'에 관한 보고가 이어졌다. 실제로는 승리자들이 "하루이틀 동안 조계의 주요 도로에서 격하게 흥분하며 기뻐했고, 외국인들에게 무례하고 위협적으로 행동한 몇 가지 사례가 있었지만, 인신에 대한 공격이나 주거지에 대한 훼손은 없었다"[26]는 사실을 목격자

---

* 2차 세계대전 이전, 중국과 인도의 하층 노동자를 일컬었던 말. 특히 중국과 인도에서는 짐꾼, 광부, 인력거꾼 등을 가리켰는데, 노예해방 이후 부족한 노동력을 대체했다.

들은 인정할 수밖에 없었다.

이틀 뒤, 주장에서도 대중운동의 위협 앞에서 영국인들이 서둘러 도시에서 철수하면서 영국 조계가 유사한 방식으로 회수됐다. 똑같이 폭력에 관한 소문이 돌았다. 6주일 뒤, 저명한 영국 기자 아서 랜섬이 주장을 방문해 조사관들을 위해 특별히 봉인된 일부 '훼손된' 가옥을 조사했다. 그는 이렇게 썼다. "약탈로 간주하기에는 매우 불충분해 보인다. 바닥은 찢어진 종이로 덮여 있는데 외국인들이 떠날 준비를 하면서 남겨 놓은 것이 틀림없다. 소파와 침대의 귀퉁이가 찢어져 있었다. …… 매우 드물게 가구가 부서져 있었고, 창문은 온전했으며, 매우 흉물스럽게 멋을 낸 샹들리에조차 멀쩡했다. 나라면 그것을 부수고 싶었을 것이다. …… 그날1월 7일 저녁 6시에 15명의 사람들2명의 남성과 나머지는 여성이 구링牯岭·고령에서 내려와 중국의 가도를 거쳐 조계지로 들어오는 것을 호기심을 갖고 지켜보았지만, 그들은 아무런 괴롭힘도 당하지 않고 배에까지 올랐다".[27]

한커우 영국 조계에 대한 점령은 한커우 노동자들의 자발적 행동이었다. 3명의 코민테른 간부는 상하이에서 보내는 서신에서 이렇게 썼다. "아무도 1월 3일의 사건을 예견하지 못했다. 그 누구도 한커우 노동자들이 조계를 점령하도록 지도하지 않았다. 그들이 자발적으로 벌인 일이었다. 정부, 국민당, 우리 당 등 모두는 대중의 자발적 행동이 만들어 낸 현실에 직면했고, 어쩔 수 없이 그것을 고려해야 했다".[28]

한커우사건은 1926년에 모습을 드러내기 시작한 대중운동 앞에서 영국 등 제국주의가 퇴각정책을 촉진하는 계기가 됐다. 이 정책은 이중적 성격을 띠었다. 무엇보다도 그것은 대중운동에 맞서는 공동행동의 새로운 기초를 닦으려고 중국 자본가계급에게 충분히 매혹적인 양보를 하는 것이었다. 하지만 제국주의의 특권을 넘겨받으려 한다면 전투를 치러야 할 것임을 자본가계급에게 상기시켜 주려고 무력 사용과 과시도 동반했다. 당근과 채찍을 결합시킨 셈이다. 1926년 8월 31일에 열강은 1927년 1월 1일부로 상하이의 회심공해會審公廨*를 반환하기로 서명했다. 조인체결 후 불과 며칠 뒤, 영국 군함은 선박운행 과정에서 발생한 소소한 충돌에 대한 보복으로 장강 유역에 자리한 완셴萬縣·만현을 무자비하게 포격해 수많은 민간 사상자를 낳았다. 이것은 '군함 정책'이 여전히 유효하다는 사실을 상기시켰다.

12월 초에 국민당 정부가 수도를 한커우로 옮겼을 때, 영국 각료 마일스 램슨이 협상 경로를 찾는 공식 임무를 부여받고 한커우로 파견됐다. 일본 정부와 미국 정부도 우한 정부**와 교섭하기 위해 특별 외교관을 파견했다. 1926년 12월 18일에 영국 정부는 공포와 분노 속에서 어쩔 줄 몰라 하는 중국 내 영국인 사회를 감안해 1922년 워싱턴 조약 서명국들에게 외국인의 특권을 점진적으로 양도하자고 제안하는 각서를 돌렸다. 이어서 영국 정부는 1927년 1월 27일에 유사한 제안을 베이징 정부와 우한 정부에 공평하게 했다. 같은 주에 미국 국무총리는 자국 정부가 타협 협상에 참가할 준비가 돼 있다고 발표했다. 이런 정책에 따라 영국 정부는 한커우의 기정사실을 받아들이며 협상에 나섰고, 그 결과 2월 19일과 3월 2일에 천-오말리陳友仁-O'malley 합의가 체결돼 한커우와 주장의 조계는 중국 정부 관할로 환원했다. 이런 양

---

* 조계 안에서 외국인 재판관이 중국인 재판관과 함께 재판을 관할하도록 한 제도.
** 우한(武漢) 정부: 국민당이 성공적 북벌을 진행하는 과정에서 수도를 광저우에서 우한으로 옮긴 이후 국민당 정부를 일컫는 말. 주로 국민당 좌파 정부를 말하며, 한커우 정부로도 불렸다.

보는 다른 무역항의 영국 거주민들에게 세상의 종말처럼 여겨졌다.[29] 하지만 그들은 새로운 군대와 군함의 도착으로 만족스러워했다. 제국주의는 한편으론 달래면서 다른 한편으론 타격을 준비했다. 제국주의는 중국 자본가계급의 머리 위로 무력간섭의 위협을 가하면서도, 여전히 중국인 앞잡이들과 협력해서 대중운동을 분쇄하고 싶어 했다. 그들의 주된 전략은 이런 목표를 향하고 있었다.

노동자들의 대담성에 대한 두려움에서 벗어난 한커우의 소부르주아 정치인들은 영국이 물러서며 유화책을 취하는 놀라운 광경 앞에서 자신감을 얻었다. 그들은 기꺼이 협상에 참가했고, 천-오말리 합의에 현혹됐다. 그들은 천유런의 '외교적 승리'에 환호했지만, 강력한 영국을 굴복하게 만든 것은 한커우의 비천한 하층노동자들쿨리이었다.

공산당 지도부는 망연자실해 했다. "공산당 중앙위원회는 한커우 사건에 대해 어떻게 대응했을까? 무엇보다도 그들은 전혀 대응하려 하지 않았다. …… 중앙위원회의 입장은 외국인들과 소부르주아계급을 불필요하게 분노하게 해서는 안 된다는 것이었다."[30] "한커우 노동자들이 영국 조계를 탈환한 일은 …… 당 지도부가 승인하지 않은 상태에서 벌어졌다. 그 뒤에도 중앙위원회는 그것을 옳지 못한 행동으로 여겼다."[31]

그렇지만 1월 3일 사건의 심리적 영향은 장제스에 대한 우한 좌파 지도자들의 태도를 일시적으로라도 강경하게 만들었다. 장제스는 장시성의 성도 난창에 머물렀고, 우파 정치인들은 그를 중심으로 모여들었다. 황푸黃郛·황부와 왕정팅王正廷·왕정정 같은 자들은 장제스와 일본의 연합을 추진했고, 심지어는 장쭤린의 밀사 양위팅楊宇霆·양우정을 통해 장제스와 장쭤린의 연합을 추진했다. 장제스의 눈은 매판의 정치적·경제적 주요 기반이자 중국 내외 금융자본의 보루인 상하이를 향해 고정돼 있었다. 자금력 있는 대자본가에게 직접 접근할 수 있는 중심지에 대한 정복을 앞두고, 장제스는 당권을 움켜쥐기 위해 책략을 꾸몄다. 그는 정부를 난창에 두라고 요구했다. 또한 자신이 감독하는 국민당 중앙집행위원회 회의를 난창에서 열고 싶어 했다. 심지어 1월 10일에는 자신의 요구를 전달하기 위해 직접 우한으로 갔다. 하지만 영국에 대한 승리와 배후에 있는 대중운동의 힘에 고무돼 있던 보로딘을 포함한 소부르주아 급진파는 용감하게도 그를 냉담하게 대했다. 보로딘은 장제스가 참석한 연회에서 약간의 용기를 내 권력다툼을 벌이고 있는 군벌들에 대해 몇 가지를 꼬집어 빈정댔다. 그러고는 "내가 실수한 것은 아닌지 걱정입니다. …… 우리가 장제스 장군을 공격한 것은 여론의 압력 때문이었고, 내 행동이 올바랐는지는 잘 모르겠습니다"라고 말하며 '두려움 속에서 곧바로 물러섰다'.[32]

장제스는 급히 우한을 떠났다. 난창으로 돌아온 그는 공산당원을 절멸할 결심을 선포했다. 그는 2월 19일의 연설에서 이렇게 말했다.

"동맹회同盟會*가 질서 잡힌 공화국 건설에 실패한 것은 우리 대오 내에 협력하지 않은 이질적 분자가 너무 많았기 때문입니다. 활동을 방해한 반동과 반혁명분자가 있었습니다. …… 지금도 여전히 그런 자들이 너무 많습니다. 그들은 진정한 동지가 아니기 때문에 이제 그들을 추방할 때입니다. …… 더 이상 우리 안에 이견과 파벌이 있어서는 안 됩니다! 쑨원주의의 충실한 신봉자로서 나에게는 모든 진실한

---

* 국민당의 전신.

당원이 바로 그 일을 해야 한다고 말할 권리가 있습니다. 쑨원이 지시한 목표와 방식에 위배된 행동을 하는 자는 그 누구건 동지가 아니라 우리 안에 머물러서는 안 되는 적입니다."[33]

다시 3월 7일에 장제스는 전단을 발행했고, 어쨌든 소련과의 지속적 우호관계를 공언하면서도 이번에는 보로딘과 러시아 고문들을 공격했다. 그는 이렇게 말했다.

"우리를 가혹하게 대하는 것은 (러시아의) 정책이 아니다. 그 나라 대표들이 매순간 우리를 모욕하며 그렇게 행동하더라도, 나는 그것이 러시아와는 전혀 관계가 없는 개별적 행동이라고 확신한다."[34]

장제스는 자신이 펑텐 군벌** 또는 일본과 협상하고 있다는 소문에 대해 악의적으로 자신의 혁명적 순수성을 손상시키려는 '몇몇 개인'의 탓으로 돌렸다.

우한의 급진파는 3월 10일에 한커우에서 국민당 중앙집행위원회 3차 전체회의를 소집했고, 회의 결의안에서 용기를 드러냈다. 보로딘과 동료들은 일련의 제안을 통과시켰는데, 문서상으로는 불과 1년 전에 장제스가 획득한 권력을 공식 당기구로 반환하는 것이었다. 장제스에게 부여됐던 긴급권은 취소됐고, 군사위원회가 재건됐다. 너무 많은 권력이 일개인의 손에 집중되는 것을 막는 조치로서, 장제스는 중앙집행위원회 주석직과 아울러 전체회의 주석직에서 '면직'됐다. 동시에 공산당이 '책임 있는 동지들을 국민정부와 성 정부에 참가하도록' 파견해 정치적 책임을 나누게 해 국민당과 공산당의 '합작'을 재

** 장쭤린 군벌.

정비하는 결정이 통과됐다. 또한 '제3인터내셔널과 중국 공산당, 그리고 국민당의 출판물에 실리는 보고와 상호비판이 합작의 정신에 위배되지 않도록 할 것'[35]을 결정했다.

새 정부의 노동 분야와 농업 분야를 담당하는 자리에 2명의 공산당 부장을 지명한 것을 포함해 공산당과 관련한 결정들은 노동자정당을 부르주아 국민당에 묶는 속박을 강화하기 위해 특별히 고안된 것이었다. 국민당 지도부는 이 점에 대해 명확히 했다. 정부가 발행한《민중논단民衆論壇》는 이렇게 설명했다. "이번 합작 계획이 중요한 것은 민족혁명에 참가하고 있는 모든 세력에 대한 국민당의 지배력 강화를 표현하기 때문이다. …… 공산당은 당國民黨과 정부가 대중운동에 대한 완전한 지배권을 행사할 수 있도록 의무를 다해야 할 것이다".[36]

이 결의안은 효과를 발휘했다. 장제스와 관련한 결정들은 종이 위에 쓰인 쓸모없는 글자로 남았다. 공산당원들은 우한 소부르주아 급진파의 권위를 받아들였다. 장제스와는 달리 우한은 감히 그를 공격하지 못했다. 도처의 신문들이 국민당 분열의 심화를 우려하는 소식을 전하고 있을 때, 우한 급진파와 공산당 동맹자들은 국민혁명 대오 내에 어떤 균열도 존재하지 않는다고 필사적으로 부인했다. 우한 지도자들은 이렇게 선언했다.

"각 군사 기구는 기꺼이 자진해서 정치직政治職을 당에 넘기고 있다. …… 당과 군대는 의견이 일치한다."

분열에 관한 소문에 대해서는 '완전한 허구'라고 말했다.[37] 당 지도부의 변동에 대해서는 전체적 합의 속에서 진행됐다고 주장했다.《민중논단》은 이렇게 보도했다. "이 모든 변화와 관련해 현재 이견은 없다. 이번 변동의 직접적 대상인 것으로 보이는 개인과 단체는 …… 현

재 찬성을 표명하고 있다".**38**

이런 허세는 장제스의 전략과 완전히 부합하는 것이었다. 그는 아직 상하이로 진군하지 못했다. 아직 새로운 동맹을 맺지 못했다. 그는 난창에 있는 동안 공개적 파열을 원하지 않았다. 황푸黃浦·황포의 대도시上海이에 자리를 잡은 뒤에야 생각대로 우한과 단절할 것이었다. 이미 그는 장시에서 노동자-농민 지도자와 공산당원에 대한 테러의 속박을 풀어 주었다. 신문에서 거의 매일 보도된 '반적反赤 남북타협*'을 위한 장쒀린과의 협상은 분열을 향해 가고 있다는 징조였다. 하지만 우한은 "위기는 끝났다"고 말했고, 민족혁명운동이 "내부 분열이라는 사소한 이간질에 방해받지 않고 전진 중"**39**이라고 주장했다.

"우리 당 중앙은 무엇을 했는가? …… 우리 당이 대중 속에서 광범위한 캠페인을 수행해야 했을 것이다. …… 충돌 뒤에 숨겨진 동기를 드러내고, 장제스를 위시해 음모자들을 폭로하며, 정부와 보로딘에게 압력을 가해 개인 간 충돌로 위장하는 것을 막고, 사회개혁 정강과 특히 토지개혁에 기초해 대중을 추동함으로서 장제스가 (설사 원하지 않더라도) 정해진 강령에 따른 전투를 받아들이도록 강제할 수 있었을 것이다. 이것은 그에게 엄청난 곤란을 야기했을 것이다. 하지만 중국 공산당 중앙위원회와 코민테른 집행위원회 대표는 오랫동안 충돌에 대해 '주목하지 않았'으며, 아무런 입장도 취하지 않았다. …… 다시 말해, 당 지도 중핵은 난창-우한이 충돌하는 2개월 동안 아무런 입장도 갖지 않았고 아무것도 하지 않았다. …… 중앙위원회는 그것을

---

* 공산당과 노동자-농민운동에 맞선 장제스와 장쒀린의 동맹.

외면했고, 정세가 제기한 질문 앞에서 답변을 회피했다. 후베이성 당 조직은 중앙위원회의 결정을 기다리지 않았고, 직접 위험을 무릅쓰며 이 문제를 중심으로 캠페인을 전개했다."[40]

결국 천두슈는 3월 18일에 이런 상황을 공개적으로 인정했지만, 우한 정부와 보로딘에 대한 장제스의 공격을 꾸짖는 것으로 한정했다. 그는 3월 17일에 상하이에서 발행된 한 일본어 신문의 기사 제목인 '난창: 친일정책 공개 선포, 중앙집행위원회 회의 결과 승인 거부, 보로딘을 배제키로 결의'를 인용했다. 천두슈는 장제스에게 일본인의 유언비어에 대해 부정하고 '동료에 대한 비난'을 삼갈 것을 촉구했다. 그는 이렇게 썼다. "따라서 소위 반적 남북타협은 일본 제국주의가 획책한 것일 뿐이라는 사실을 국민혁명의 지도자 장제스 장군이 즉각 말과 행동으로 입증하도록 진심으로 설득하는 것이 우리의 의무다".[41]

장강을 향한 진격과 대중운동의 놀라운 용솟음은 국민혁명운동 안의 계급모순을 폭발 직전까지 밀어붙였다. 장제스는 공공연하게 제국주의와 타협하기 위해 상하이를 향하고 있었다. 이번에는 한층 더 엄혹한 참수의 방식을 통해서만 대중운동을 꺾을 수 있을 것이었다. 소위 난창-우한 갈등의 진정한 뿌리는 바로 이것이었다. 하지만 문서상의 대담한 결의안에 우쭐했던 우한 급진파는 위기가 끝났다고 생각했다. 공산당원들은 실수를 범하고 있는 장군을 '진심으로 설득'하려고만 했다. 그들은 소심하게도 대중들에게, 특히 위기의 열쇠를 쥐고 있던 상하이 노동자들에게 계속해서 논쟁을 숨겼다. 경고를 받지 못해 대비하지 못한 상하이 노동자들은 처음에는 장제스의 광대가 됐고, 뒤에는 희생양이 됐다.

VII

THE SHANGHAI INSURRECTION

상하이 봉기

상하이 노동자들은 북벌군의 진군 승리에 대해 유례없이 철저하고 전투적인 파업 물결로 응답했다. 한 공식조사에 따르면, 1926년 한 해 동안 상하이의 165개 공장과 기업에서 169건의 파업이 벌어졌고 20만 2,297명의 노동자가 참가했다. 그중 49.64%에 해당하는 82건의 파업이 완전하거나 부분적인 승리를 거두었다. 또 다른 공식조사에 따르면 257건의 파업 가운데 53.89%가 완전하거나 부분적인 승리를 거뒀다.[1]

같은 해에 동전의 가치가 지속적으로 하락해 생활비가 급등했다. 이에 따라 노동자의 생활조건은 악화됐다. 대부분의 경우에 파업요구는 임금 인상, 해고자 복직, 악덕관리자 면직, 부당해고 반대, 파업기간 임금 지급, 쌀값수당 지급 또는 인상, 노동시간 축소나 제한, 공장설비·기숙사·식당 등 전반적 노동조건 개선, 체벌 금지, 상여금 지급, 체

포되거나 수감된 노동자 석방, 산업재해에 대한 치료비 지급에 집중
됐다. 그 외의 의료 서비스, 유급 병가, 견습기간 임금, 주6일 노동, 체
불 금지, 유급 출산휴가 1개월, 아동노동 확대 금지, 연금 지급 등 거듭
해서 제시된 요구들은 상하이 산업의 전반적 상황을 보여 주었다.

파업투쟁은 군벌과 외국 당국의 가장 잔혹한 탄압 속에서 진행됐
지만, 그중 절반 이상이 승리했다. 상하이총공회 上海總工會는 불법적 상
태에서 활동했다. 노동자에 대한 무력 사용과 체포가 동반되지 않은
파업은 거의 없었다. 하지만 그런 조치들은 파업 물결에 거의 영향을
미치지 못했다. 국민 혁명군이 우한과 주장을 점령하면서, 상하이 대
중운동은 더욱 직접적인 정치적 색채를 띠었다. 노동자들은 자기 문
제를 정치적으로 해결하기 위해 고유의 방식으로 개입할 준비가 돼
있었다.

10월에 저장성에서 쑨촨팡의 부하 중 한 사람이 시도한 실패한 반
란은 10월 24일에 상하이에서 시도된 봉기의 신호였다. 저장성 반란
은 실패했다. 공산당원들은 봉기의 주도권을 뉴융젠鈕永建·유영건이 이
끄는 국민당 기구에 넘겨주었고, 쑨촨팡의 앞잡이들은 비교적 손쉽게
봉기를 진압할 수 있었다. 대중에게 총파업은커녕 어떤 행동도 요청
하지 않았다. 장제스의 심복인 뉴융젠은 광저우의 국민당 중앙으로부
터 지시받아 한편으로는 장제스에게 유리하도록 쑨촨팡의 후방을 교
란하고, 다른 한편으로는 공산당의 활동과 영향을 제한하는 이중 임
무를 맡고 있었다. 저장성 반란이 실패로 끝났다는 소식이 10월 23일
밤에 상하이로 전해졌다. 뉴융젠은 명령을 내리지 않았고, 이튿날로
계획됐던 봉기를 보류했다. 그날 밤, 몇몇 소규모 공산주의 노동자 대
오가 경찰서들을 공격했지만, 빠르게 제압당했다. 노동자들은 이 경

험으로부터 교훈을 이끌어 냈고, 좀 더 효과적인 미래의 행동을 위해 스스로를 준비시켰다. 반군벌-반제 정신으로 고양된 11월 28일과 12월 12일의 거대한 대중 집회는 다가오는 봉기를 예고했다.

몇 개월 사이에 상하이 정국은 극도로 복잡해졌다. 그 중심에는 상하이의 자치를 주장하는 운동이 있었고, 이 운동은 곧 장쑤-저장-안후이 3성의 자치를 위한 선동으로 발전했다. 이 운동은 모든 집단과 계급을 위한 정치활동의 집결점이 됐다. 위차칭 등 장쑤-저장 은행가 집단이 이끈 매판 자본가계급, 우즈후이吳稚暉·오치휘와 장지張繼·장계 등이 이끈 국민당 우파 정치인, 황푸와 왕정팅 같은 직업적 모사꾼과 거간꾼, 황진룽-두웨성杜月笙·두월생-장샤오린張嘯林·장소림이 이끈 깡패, 뉴융젠이 이끈 국민당위원회, 그리고 온갖 소인잡배, 식객, 거간꾼, 구인자와 구직자 등 모두가 운동 주위로 모여들었다. 심지어 자치운동의 직접적 과녁이 될 군벌인 쑨촨팡조차 제 몫을 챙겨 보겠다고 끼어들었다. 봉군의 특사인 양위팅도 주변을 맴돌며 장쭤린과 국민당 사이의 담합을 노렸다. 노동자들과 도시빈민들은 중국 공산당과 상하이 총공회가 이끌어 주기를 기대했지만, 그들은 자본가계급 정치인들과 모사꾼들을 뒤쫓고 있었다.[2]

12월에 쑨촨팡의 군사적 지위가 약화된 것이 이 기괴하고 난잡한 운동의 와해를 촉진시켰다. 쑨촨팡은 절망 속에서 왕년의 동맹자 장쭝창張宗昌·장종창에게로 돌아섰는데, 그는 산둥 군벌로서 탐욕으로 유명한 자였다. 장쭝창 군대는 진푸津浦 선*를 따라 남하하기 시작했다.

---

* 톈진에서 장쑤성 난징 포구(浦口)를 잇는 철로.

장쭝창이 무가치한 군용 열차표를 1,000만 위안에 판매할 것이라는 소식을 들은 상하이 자본가들은 대경실색했다. 장쭝창의 직로군直魯軍*이 상하이를 점령한다면 혼란에 빠질 것이라고 우려한 대은행가들은 아래로부터의 노동자-도시빈민의 공격과 위로부터의 산둥 군벌의 약탈로부터 자신들을 가장 잘 보호해 줄 것으로 보이는 장제스에게로 시선을 돌렸다.

제국주의 당국들은 이런 복잡한 상황을 당분간 어쩔 수 없는 것으로 여기는 듯했다일본보다 영국과 미국이 더 그랬다. 1927년의 처음 몇 주일 동안 그들 사이에서 유행한 태도는 알지 못하는 사악함으로 넘어가기보다는 기존의 사악함을 유지하고 보존하는 것인 듯했다. 외국 상인, 은행가, 병사, 영사, 선교사에게 이런 이해할 수 없는 불안과 떨고 있는 자신을 향한 끝없는 공격은 가혹한 운명으로 보였다. 그들은 누가 산토끼였고 누가 사냥개인지 구별할 수 없었다. 그래서 조계 관문과 가시철망 뒤로 바리케이드를 쳤다. 모든 돌발 사건으로부터 그들을 보호하기 위해 연이어 연대가 바다를 건너 도착했고, 전 함대가 소환됐다. 그들 가운데서 가장 예리한 자들**만이 애초에 자신들의 이익이 상하이 은행가들에게 이익이 되는 쪽에 있고, 그에 따라 이미 갈 길이 정해져 있음을 이해했다. 그들은 장제스가 정치에 마음을 둔 군벌로서 다양한 색깔의 옷을 입고 있다는 사실을 알고 있었다. 또한 상하이의 은행가들이 그를 지지할 준비가 돼 있다면, 자신들도 그 뒤를 따를 수

---

* 즈리성(直隸省·직례, 현 허베이성 중부와 남부), 허난성(河南省·하남), 산둥성(山東省·산동) 일대를 지배했던 군벌 군대.
** 앙드레 말로(Andre Malraux)의 소설 《인간의 조건(Man's Fate)》에 나오는 페럴 같은 인물.(원주)

있음을 알고 있었다. 오직 상하이 노동자들만이 그들과의 거래에서 장애물이었다. 장제스가 도착해 이 장애물을 제거할 것이었다. 그래서 2월에 장제스 군대가 저장성에 도달했을 때, 여전히 장제스를 영웅적 혁명장군으로 바라본 노동자들과 공산당 지도부를 제외한 모두에게 상황은 매우 분명했다.

국민 혁명군은 2월 17일에 항저우를 점령했고, 이튿날에는 상하이에서 50리도 채 떨어지지 않은 자싱嘉興·가흥으로 진격했다. 선봉부대는 철로를 따라 상하이에서 25리 떨어진 쑹장松江·송강까지 진출했다. 상하이는 돌연 팽팽한 긴장감에 휩싸였다. 총공회는 국민 혁명군이 더 가까이 진군해 오리라고 기대하면서 19일 아침에 총파업에 돌입하자는 지침을 내렸다. 노동자들은 이 호소에 대해 철저한 준비로 화답했다. 불과 48시간 만에 35만 명이 넘는 노동자들이 거리로 나섰다.[3] "화려하고 번잡한 상하이는 묘지처럼 변했다. 전차는 운행이 중단됐다. 기선은 항구를 떠날 수 없었다. 우체국은 폐쇄됐다. 백화점은 영업을 중단했고, 모든 대공장이 작업을 중단했다. 사이렌이 울려 퍼졌지만, 단 한 사람의 노동자도 작업에 복귀시킬 수 없었다".[4]

노동자들은 거리에서 싸웠다. 경찰과 충돌을 벌이기 시작했다. 공산당 지도부는 노동자들의 선두에 서는 대신, 자본가계급 대표들이 정치 지도부로 나서기를 기대했다. 총파업의 구호는 "북벌군을 지지한다!", "쑨촨팡을 타도하자!", "장제스를 환영한다!" 등으로 제한됐다. 심지어 반제 구호도 사라졌다. 여기서 공산당 중앙위원회가 행한 역할에 대해 그 일원인 취추바이瞿秋白·구추백는 이렇게 말했다.

"파업 선포는 당의 공식 결정이 아니었다. 파업이 터져 나왔을 때, 그것은 봉기를 향한 첫걸음으로 간주되지 않았다. 소부르주아계급 대중 사이에서 어떤 정치 선전도 없었을 뿐만 아니라, 노동자들 사이에 서조차 총파업의 방침과 목적이 불분명했다."

"비록 '시민대표회市民代表會 소집!'이라는 구호가 제출됐지만, 그것은 모든 공장과 노동조합에서 노동자 대표를 선출할 것과 소상인들의 대표를 선출할 것을 요청하는 행동 구호로서 고려된 것이 아니었다. 이 회의를 일종의 국민 혁명 소비에트로 만들려는 시도는 물론이고, 노동자 파업의 문제, 상인 파업의 문제, 그리고 무장 방어에서 무장 봉기로 넘어가는 문제 등에 관해 토론하는 행동기관으로 전환시키려는 시도도 없었다. 다시 말해, 그것을 실질적인 임시혁명정부로 바꾸려는 노력은 없었다."

"당은 단지 상층의 노동자대표들과 대자본가대표들로 구성된 임시혁명위원회를 조직했을 뿐이다. 따라서 거리의 대중은 노동자대표들과 자본가계급대표들 사이의 '계급투쟁'에 참여할 기회를 갖지 못했다. …… 모든 문제에서 노동자대표들이 대자본가들에게 양보한 것은 당연한 결과였다. …… 우리 당은 대중을 거리로 내보내 놓고 사흘 동안 무관심하게 방치해 뒀다. 그들이 봉기의 길로 나아갈 수 있도록 공격 명령을 내리고 이끄는 일을 하지 않았다. 노동자들이 소총을 탈취하고 반역자를 총살시킨 것은 대부분 자발적 행동이었다."

"우리는 단지 다양한 (자본가) 집단 간의 충돌을 이용해 뉴융젠, 양싱푸楊杏佛·양행불, 위차칭, 왕샤오라이王曉籟·왕효뢰 등과 담판을 짓는 일에 몰두했을 뿐이다. 이 전술이 보여 준 모습은 다음과 같았다. 노동자들은 파업 중이었지만, 한 걸음 더 전진하기 위해서는 대자본가계급의 허락을 기다려야 했다. 소부르주아계급은 지도와 방향을 제공받지 못한 채 무관심하게 방치됐다. 우리는 승리가 보장된 정세가 갖추어진

뒤(즉 한편으로는 뉴융젠과 상하이주둔군 사령관 리바오장李寶章·이보장
사이의 담판이 완료되고, 다른 한편으로는 대상인들과의 담판이 성공
적으로 완료된 뒤), 봉기 준비에 나설 수 있기를 바랐다. 이것은 객관
적으로 노동자계급에 대한 배신으로 나타났다!"5

  리바오장, 공동 조계 경찰, 프랑스 조계 경찰은 공산당과 자본가계
급의 담판 결과가 나올 때까지 기다리지 않았고, 노동자들에 대한 보
복에 나섰다. 거리에서 전단을 배포하다가 붙잡힌 학생과 파업노동자
는 즉석에서 참수당하거나 총살당했다. 바로 파업 첫날에 리바오장은
광도검廣刀劍*으로 무장한 순찰대를 주요 거리로 보냈다. 외국 경찰에
게 체포된 파업지도자들은 중국 관할지로 인도되어 처형됐다. 조계에
서든 중국 관할에서든 똑같이 경찰은 거리의 행인과 상점을 수색하며
공포분위기를 조성했고, 특히 자베이閘北·갑북와 난스南市·남시에서는 모
든 상점이 문을 닫았다. 화강華崗은 황푸黃浦강 건너의 공업지구 푸둥
浦東·포동에서 상품을 들고 "마이다이빙빵을 팝니다!" 하고 외쳤던 한 행상
인에 대해 말한다. 군대는 그가 "다바이빙군대를 물리치자!" 하고 외쳤다
며, 그를 총살했다. 전단을 배포한 2명의 금속노동자와 1명의 전차매
표원은 그 자리에서 참수됐다. 라오시먼老西門·노서문에서는 칼라전단
을 읽고 있던 시민이 순찰대에 붙잡혀 참수됐다. 조계 인근의 차오쟈
두曹家渡·조가도에서는 대중 앞에서 연설하던 3명의 학생이 마찬가지로
잔인하게 살해당했다. 정확한 사망자 수는 결코 알려지지 않았지만,
그 수가 200명에 이르는 것으로 추정된다. 한 외국인 기자가 살해 장

---

*   폭이 넓고 길이가 긴 칼.

면을 목격했다.

"순찰대는 참수된 희생자의 머리를 전신주 꼭대기에 매달아 전시하거나 큰 소반 위에 올려놓고 거리를 돌아다녔다. 이런 모습으로 인파로 붐비는 주요 거리를 통과하는 참상은, 희생자가 형식적 재판조차 거치지 않았기 때문에, 진정한 공포 효과를 불러일으켰다. 사형집행은 인구가 밀집된 곳에서 이루어졌다. 일단의 병사들이 수행하는 가운데 광도검을 손에 든 사형집행인이 파업지도자를 눈에 잘 띄는 길모퉁이로 끌고 갔고, 그곳에서 희생자를 강제로 무릎 꿇리고 참수시켰다. 죽은 자의 머리를 뾰족한 대나무에 꽂아 하늘 높이 치켜들고는 다음 사형집행지로 이동하는 모습을 지켜본 수천 명의 인파는 모골이 송연해져 달아났다".6

21일에는 군경과 노동자 사이의 시가전이 발생했다. 노동자들은 가두 테러에 맞서 스스로를 방어하기 위해 모든 곳에서 무기를 찾아 무장하기 시작했다. 결국 공산당 지도부가 2월 22일 오후 6시를 봉기 시간으로 정했을 때, 이미 소규모 충돌들이 벌어지고 있었다. 이것은 상하이-항저우 철로를 따라 진군해 오고 있다고 믿고 있는 국민 혁명군이 당도할 시간에 발맞춰 제안된 것이었다. 이미 총파업은 사흘을 넘어섰다. 노동자들의 머리가 땅 위로 떨어졌고, 노동자들의 피가 거리에 흘러넘쳤다. 공산당 지도부는 뉴융젠과 그 외 자본가계급대표들과의 담판을 계속해서 이어 갔다. 그동안 국민 혁명군은 결코 쑹장을 떠나지 않았다. 상하이로 이어진 길 위에는 아무런 군사적 장애물도 존재하지 않았다. 상하이에서 불과 25리 떨어진 그곳과 도심 사이에는 무질서하게 도시를 향해 후퇴하며 농촌을 약탈하고 있는 한줌의 북군이 있었을 뿐이다.

국민 혁명군이 진군을 중단한 것은 결코 우연한 일이 아니었다. 유영근에게서 "잠시 진군을 중단하라"[7]고 요청하는 전보를 받은 장제스는 자싱-쑹장 선 주변에서 진행 중이던 모든 작전을 돌연 중단하도록 지시하며 난징과 상하이-난징 선을 향하던 군대의 진군을 중지시켰다. 군사적 정세는 상하이를 점령하기에 완전히 유리했지만, 장제스는 흔쾌히 물러서서 리바오장이 상하이 노동자 지도자들을 살육할 수 있도록 시간을 주었다. 이것은 사정에 정통한《차이나 위클리 리뷰China Weekly Review》가 전한 소식처럼 정확히 두 가지 측면으로 이해될 수 있다. "보고에 따르면, 리바오장 장군은 국민 혁명군에 가담하려 했고, 장제스 장군은 그를 받아들이는 것에 동의했다. …… 리바오장 장군의 유혈폭력이 당내 급진파와 공산당파의 권력에 타격을 입히는 동시에 그 지도부를 공격했기 때문에, 국민당 보수파가 못마땅해 하지 않는다는 소문이 돌기까지 했다".[8] 그것은 불과 몇 주일 뒤에 리바오장이 국민 혁명군 제8군 군장자리에 오르는 보상으로 확인됐다.[9]

봉기 시도는 피의 살육 속에서 진압됐다. 가두전투는 24일까지 지속됐지만, 점차 간헐적으로 이어지더니 결국 소멸됐다. 동시에 파업전선도 붕괴됐다. 대부분의 노동자들이 사태의 변화에 당황해 작업에 복귀했다. 체포와 처형이 지속됐다. 한 외국인 목격자가 전한 소식의 마지막 문장은 이러했다. "많은 사람들이 '용감한 북벌군 사령관 장제스를 환영한다'고 쓰인 전단을 소지했다는 이유로 체포됐다. 이들은 즉석에서 유죄관결을 받고 처형됐다".[10]

총파업의 깊이와 범위, 그것을 진압하는 데 사용된 수단의 야만성, 공산당 지도부의 지속적 혼란과 동요 등에도 불구하고, 2월 19~24일의 사건은 놀라운 광경의 서막에 불과했다. 많은 희생자를 냈지만, 노동자조직들은 온전히 살아남았고, 노동자들은 어떻게 싸워야 할 것인지를 배웠다. 어제의 실패를 통해 그들은 분쇄되기는커녕, 내일의 전투를 위해 단련됐다. 하지만 지도자들은 이 새로운 경험에서 무엇을 배웠던가?

2월 19일 총파업은 권력의 문제를 정면으로 제기했다. 보이틴스키를 통해 코민테른의 지도를 받은 공산당 지도부는 '이미 봉기가 펼쳐지고 있는 동안에 봉기에 나서야 할지에 관해 논쟁'했고, 노동자들이 싸우는 동안에 자본가계급과의 상층 연합을 추구했다. 보이틴스키의 부하 간부들은 코민테른에 보내는 서신에 이렇게 썼다. "그 결과, 우리는 이례적으로 유리한 역사적 순간과 상황을 놓쳤습니다. 권력은 가두에 있었지만, 당은 어떻게 그것을 취할지를 몰랐습니다. 더욱 심각한 것은 당이 그것을 취하려 하지 않았고, 오히려 그것을 두려워했다는 것입니다".[11] 그들은 이렇게 덧붙이며 이 패배를 1923년 독일 봉기의 패배와 비교했다. "단지 차이가 있었다면, 그것은 상하이 노동자계급이 좀 더 큰 역량과 유리한 기회를 갖추고 있었다는 사실입니다. 만일 이들이 하나의 단호한 입장으로 개입했다면, 이들은 혁명을 위해 상하이를 정복할 수 있었고 국민당 내 역관계를 바꿀 수 있었습니다". 이 3명의 러시아대표가 2월의 사건을 이렇게 바라봤다는 점에서, 이어진 사건에 대한 그들의 생각은 놀랍다. 2월 봉기는 실패했지만, 그들이 모스크바로 서신을 보낸 지 나흘 뒤, 노동자들은 한층 더 이례적으로 유리한 순간을 붙잡으려 하고 있었고, 이번에는 어떻게 싸워야 승리할 수 있는지에 대해 배웠음을 보여 줄 것이었다. 장제스와 굳건한 연합을 맺은 공산당 지도부는 어떻게 승리를 패배로 바꿀 수 있는지에 대해서만 알고 있었다.

봉기를 진압한 뒤 이어진 2주일 동안, 장쭝창의 직로군直魯軍은 상하이-난징 철도 남단으로 이동해 상하이지역을 점령했고, 쑨촨팡은 북쪽으로 물러나 사라졌다. 제국주의 당국들은 조계 수비대를 증강했고, 철갑문과 모래주머니 바리케이드를 강화했다. 2월 말에 영국군 7,000명, 미국 해군 1,500명, 일본 해군 600명이 주둔하고 있었고, 또한 외국 함대들이 상륙부대를 황포강에 대기시키고 있었다. 계속해서 더 많은 군대가 증강되고 있었다. 2월 25일에 외교단은 강경한 성명을 발표하며, 그것이 '조계의 안전을 보장하고 교민의 보호를 위한 필수적 조치'라고 선언했다.[12]

한편, 군사작전은 3개 전선에서 펼쳐졌다. 국민 혁명군은 장長강 하류를 향해 이동했고, 안칭安慶·안경과 우후蕪湖·무호를 점령한 뒤 난징 진군을 준비하고 있었다. 제2군은 상하이-난징 선과 인접해 있는 전장鎭江·진강-쑤저우蘇州·소주 선을 따라갈 것이었다. 국민 혁명군의 세 번째 거점은 상하이-항저우 선이 지나는 상하이 서남쪽 외곽의 쑹장이었다. 2월 19~24일의 봉기로 고무됐다가 주춤해진 이 전선은 3월에 다시 활력을 찾았다. 장제스에게 복종한 광시군벌 바이충시白崇禧·백숭희는 상하이를 향해 서서히 전선을 이동시켰다. 3월 20일 밤에는 도시 근교의 룽화龍華·용화에 도착했다. 그는 그곳에서 멈추었다. 국민 혁명군이 도시를 '평화적으로 점령'할 수 있도록 하기 위해, 산둥성 수비군 사령관 비수청畢庶澄·필서징과 담판을 시작했다. 비수청의 직로군은 완전히 사기가 떨어졌고, 이미 많은 수가 달아났다. 어쨌든 백러시아 용병들로 증강된 주력부대가 여전히 도시의 전략 거점들을 지키고 있었다.

룽화는 무수한 음모가들의 집결지가 됐다. 뉴융젠은 바이충시를 만나기 위해 그곳으로 달려갔다. 그는 "입성을 하루 늦춰 달라"고 주문했다. "비수청은 항복할 것이다".[13] 장제스가 계통을 밟아 명령을 하달했다. "상하이를 공격하지 말 것, 제국주의와의 충돌에 개입하지 말 것, 대기할 것."[14]

도시의 노동자들은 기다릴 생각이 없었다. 총공회는 3월 21일 정오에 총파업 돌입과 동시에 봉기에 나설 수 있도록 준비하라고 발표했다. 노동자들의 공세를 돕기 위해 군대를 진격시켜 달라고 바이충시에게 요청하기 위해 대표들이 룽화로 달려갔다. 그는 군대의 이동을 거절했다. 노동자들이 스스로 단호한 행동에 나선 뒤에도, 그들은 여전히 그를 설득하려 했다. 정오를 알리는 사이렌이 멈추자마자 총격이 시작됐다.[15]

파업은 완벽했다. 실제로 상하이의 모든 노동자가 거리로 나왔다. 수많은 점원들과 도시빈민들이 결합하면서 대오가 불었다. 50~80만 명의 노동자들이 파업에 직접 참가했다.[16] 봉기 계획은 신중하게 결정됐다. 훈련된 5,000명의 규찰대로 구성된 노동자민병대가 봉기의 주축이 됐고, 이들은 각각 20~30명 단위로 소대를 구성했다. 처음에 무기는 고작 150정의 마우저 권총*뿐이었다.[17] 그것으로는 각 소대마다 1정도 배분될 수 없었다. 나머지는 곤봉, 도끼, 단검과 같은 무기를 들고 경찰 및 산둥군과 육박전을 벌였다.

프랑스 조계 남부 전체를 포괄하는 난스, 삼면이 공동 조계에 둘러싸인 좁고 긴 지구인 훙커우虹口·홍구, 황포강과 장강의 합류지점 인근

---

* 독일에서 개발된 최초의 반자동권총으로 모젤권총으로 불렸으며, 독립군의 주요 무기이기도 했다.

의 요새지역 우쑹, 양수푸楊樹浦·양수포로 알려진 광활한 공업지구를 포괄하는 후둥滬東·호동, 조계에 인접한 또 다른 공업지구인 후시滬西·호서, 상하이에서 가장 인구밀도가 높은 노동자지구인 자베이를 비롯한 도시의 7개 지구에서 동시에 전투가 시작됐다.

자베이를 제외한 모든 곳에서 노동자들은 날이 저물기 전에 경찰서와 지역 군사기관을 제압하는 전투에서 승리를 거뒀다. 많은 군인과 경찰이 제복이 찢겼고 무기와 폭탄을 넘겨줬다. 규찰대 공격 대오는 도처에서 무기를 손에 넣었고, 저녁 무렵에는 비교적 잘 무장할 수 있었다. 가구, 상자, 의자를 모두 가두로 끌어냈다. 경찰서 주변에 바리케이드를 쌓기 위해 대문을 모두 떼어 냈다. 수백 개의 작은 식당들은 끼니를 준비하느라 분주했고, 여성들은 김이 모락모락 나는 밥을 전선으로 날랐다. 남녀 노동자들은 오른 팔에 붉은색 띠를 묶었다. 이것은 새로운 노동자 군대의 표식이었다. 어두워지기 전에 모든 경찰서가 점령됐다. 전화국과 무선전신국도 점령됐다. 전선은 절단됐다.

화강은 이렇게 기록했다. "난스에서 …… 경찰서 습격과 함께 봉기가 시작됐고, 오후 2시를 갓 넘어 점령은 완료됐다. 또한 전화국과 모든 경찰지서가 지체 없이 점령됐다. 모든 경찰은 무장해제당했다. 점령된 경찰서의 무기는 모두 접수됐다. 4시가 채 되기 전에 노동자들은 도시 남쪽 끝에 있는 병기창江南製造局으로 진격할 수 있을 만큼 충분히 강력한 무장을 갖추었다고 생각했다. 그곳의 군인들은 단 한 번의 전투도 없이 항복했다. 오후 4시에 노동자들은 다량의 소총과 기관총을 보유하게 됐다. 상하이 남역南車站을 지키던 군인들은 달아났고, 그래서 철도노동자들은 간단히 철도를 접수해 기관차를 전투 목적에 사용할 수 있었다. 공격이 시작된 지 5시간이 채 지나지 않은 오후 5시에,

노동자들은 중국전차공사華商電車公司 앞마당으로 집결했다. 난스 전역이 그들의 손에 장악됐다".

"훙커우에는 군대가 없었다. 다만 노동자들은 경찰을 처리해야 했다. 봉기가 시작된 뒤 거의 곧바로 경찰서는 항복했고, 노동자들이 훙커우를 차지했다. 하지만 도망친 경찰들이 폭력배를 부추겨 노동조합과 점령된 경찰서를 습격하도록 했다. …… 노동자들은 전열을 재정비한 적들과 싸워야 했고, 또한 무력으로 폭력배를 진압해야 했다".[18]

허성荷生·하생의 기록은 훙커우에서 벌어진 특별한 사건을 이렇게 묘사했다. "흩어진 경찰은 국민당원들이 아니라 공산당원들에게 공격당했다는 사실을 발견했다. 그들은 다시 모였고, 뉴융젠의 지도 아래 반격에 나섰다. …… 그래서 다시 한 번 바리케이드 전투가 벌어졌다. 하지만 결국 노동자들이 승리했다".[19]

푸둥의 노동자들은 군대의 편제를 따라 대오를 편성해 3지구 경찰서를 공격했고, 별다른 어려움 없이 수중에 장악했다. 도망치다 붙잡힌 군인들은 무장해제당했다. 그중 많은 이가 임시노동자보안국臨時工人保安局을 구성해 규찰대로 합류했고, 그들은 함께 지구의 모든 공공기관을 접수했다. 국민당 대표단이 무장 폭력배를 거느리고 강을 건너와 지구의 관할권을 요구했다. 그들은 타고 왔던 소륜선으로 강제로 밀려나, 상하이로 돌아가도록 명령받았다.

우쑹 노동자들은 군대를 패주시켰고, 도시의 사정을 알지 못하는 한 부대는 우쑹과 상하이를 연결하는 협궤철로를 따라 도시로 향했다. 그들은 장완江灣·강만에서 선로가 끊어진 것을 발견했는데, 그것은 그런 퇴각을 예상한 노동자들이 벌인 일이었다. 그래서 병사들은 장완, 훙커우, 자베이 3개 지구가 인접한 경계지인 톈퉁안天通庵·천통암 역과 그 주변에 자리 잡았다. 그동안 노동자 규찰대는 우쑹의 지배권을 완전히 장악했다.

양수푸를 성공리에 점령한 뒤 자베이를 향해 행진하던 5만 명에 이르는 노동자들의 선봉대가 자베이 노동자규찰대와 합세했고, 양 지구의 노동자들이 함께 톈통안역을 공격했다.

후시의 사정도 비슷하게 흘러갔다. 노동자들은 경찰서들을 점령해 무장한 후, 지류를 건너 푸퉈로普陀路·보타로에 있는 규찰대와 합세해 그곳의 경찰서를 공격했다. 규찰대 지휘관과 몇몇 경찰이 사망한 한 차례의 격전을 거친 뒤 항복을 받아 냈다. 그 후 노동자들은 각 방면에서 대오를 모아 자베이 중심지에 위치한 상하이 북역北車站을 향해 행진했다. 그곳의 전투는 가장 격렬했다.

각지의 저항은 쉽게 분쇄됐고, 무장 노동자들은 비교적 쉽게 승리를 거뒀다. 하지만 해 질 녘까지도 노동자계급 지구인 자베이에서는 격렬한 가두전투가 지속됐다. 장쭝창의 백러시아 용병부대가 장갑차를 타고 노동자 대오에 기관총을 갈겨 대며 주요 거리를 순회했다. 마찬가지로 백러시아인들이 지휘한 1량의 장갑열차가 북역을 지키면서 노동자들의 진지를 향해 포격을 가했다. 베이저장北浙江·북절강로의 조계지 입구에서 바오산로寶山路·보산로 전체를 단속했던 영국 군대는 조계를 '보호'한다는 구실로 도로를 통과해 북역을 향해 진격하는 노동자규찰대를 향해 발포했다. 수백 명의 산둥 군인들이 조계지로 후퇴하는 것을 허용했고, 뒤에 조계 당국은 그들을 산둥으로 송환시켰다.

오후에 후둥과 후시의 노동자들이 자베이로 쏟아져 들어오면서 대오가 확대된 규찰대는 북역北車站, 호주회관湖州會館, 상무인서관구락부商

務印書館俱樂部*, 5지구 경찰서警察五區總署, 광동로 경찰지서廣東街分署, 중화신로 경찰분소中華新路警署分所 등 적들의 6개 주요거점에 대한 포위공격을 시작했다. 적들의 일곱 번째 최후 거점은 바오산로 끝에 있는 텐퉁안역이었다. 오후 4시에는 모든 경찰서와 호주회관이 함락됐다. 남은 세 거점인 북역, 상무인서관, 텐퉁안역은 자베이를 양분하며 일직선상에 위치해 있었다. 무장 규찰대도 그곳으로 집결했다. 기관총과 수류탄으로 잘 무장된 수백 명의 군인들이 지키고 있는 상무인서관은 완전히 포위돼 있었다. 밤새도록 3개 지점에서 전투가 계속됐다.

"북역 방면에서는 정말 맹렬한 전투가 벌어졌다. 이곳에서 적들은 노동자들을 물리치기 위해 인근 민가들에 불을 질렀고, 걷잡을 수 없는 화염 속에서 100채가 넘는 민가가 폐허가 됐다. …… 규찰대는 불을 끄기 위해 방어선에서 벗어나 소방호스를 끌어와 불을 껐다. 인근 주민들은 군대에 격분했고, 노동자들에게 감사하며 자원해서 봉기에 가담했다. 남녀노소 할 것 없이 집에서 나와 함께 흙벽을 쌓았다. …… 역내에 들어앉아 있는 군인들은 감히 반격하지 못했고, 때때로 노동자들에게 일제사격을 가하는 것으로 만족했다. 백러시아인들이 다시 포격했고, 이따금씩 포탄이 소리를 내며 조계 경계 너머에서 날아오곤 했다".

"3월 22일 아침, 적들은 분명히 지쳤다. 하지만 노동자들은 각 방면에서 용감하게 공격을 계속했다. …… 정오에 텐퉁안역의 적군이 항복했다. …… 4시 반에는 상무인서관의 적군 일부가 탈출을 시도하다

---

* 상업신문사로서 총공회 본부로 사용된다.

가 붙잡혔다. 나머지 적군은 가망 없는 상황에 처했다는 사실을 알고 항복했다. 전체 규찰대에 대한 지휘는 5지구 경찰서로 집중됐고, 그때부터 모든 무장력은 적들의 마지막 거점인 북역을 장악하는 것에 집중했다".

"아침부터 적들은 북역 인근의 많은 가옥을 불태웠다. 소방 호스가 끊어져 소방 기구들은 쓸모가 없게 됐다. 여전히 적군은 감히 전진하지 못하고 있었지만, 규찰대는 다섯 차례나 방어선을 뒤로 물렸다. 하지만 이번에는 수천 명의 노동자 대오가 뒤를 받쳐 주었다. 상무인서관이 무너진 지 1시간도 채 지나지 않아 백러시아인들은 조계지로 달아났고, 산둥군은 무질서하게 흩어졌다".[20]

6시에 북역 상공에 백기가 나부꼈다.

이런 상황에서 국민 혁명군 1사단이 룽화를 떠나 마이건로麥根路·백근로에 도착했다. 사단장 쉐웨薛嶽·설악는 부대원들의 압력을 받아 결국 명령에 불복하고 노동자들을 돕기 위해 온 것이었다. 그가 도착한 것은 노동자들이 모든 일을 끝낸 뒤였다. 강철 철책 뒤에서 분노와 두려움에 휩싸인 공동 조계와 프랑스 조계를 제외한 상하이 전역이 노동자들의 수중에 장악됐다. 바오산로, 바오퉁로寶通路·보통로, 중싱로中興路·중흥로 일대는 총성 대신 승리를 축하하는 폭죽소리와 노동자들의 환호성으로 뒤덮였다. 철도노조는 파괴된 단선구간을 복구하라는 지시를 내렸다. 이 지시를 수행하기 위해 조직된 300명의 노동자가 상하이에서 봉기가 승리한 후 처음으로 작업재개에 나섰다.

VIII

THE PRODIGAL'S RETURN

탕자의 귀환

3월 26일 토요일 이른 오후 장제스는 상하이에 도착했다. 이는 정말 오랜만의 귀향이었다. 상하이에는 그가 자주 갔던 곳들이 있었고, 옛 은사, 옛 동료 주식중개인, 지하세계의 친구가 있었다. 저장성 출신의 강력한 은행가들, 닝보^{寧波·영파}*의 상인들과 산업가들은 외국인들과 함께 이곳 중국의 중심지에 대한 경제적 통제권을 나눠 가지고 있었는데, 닝보 출신인 그는 그 동향인들과 제휴할 수 있었다.

은행가들과 상인들은 파업이 총파업으로 발전하고, 총파업이 봉기로 발전하는 것을 지켜봤다. 노동자들의 상하이 정복은 그들에게 제국주의와의 흥정을 이끌어 낼 수 있도록 하는 지렛대를 제공했다. 하

---

*   중국 저장성(浙江省) 북동부 연안의 항만도시로 1842년 난징조약으로 개항.

지만 그것은 또한 그들이 대중의 힘이라는 위험한 무기와 단절해야 할 시간이 다가왔음을 경고했다. 그들의 이익은 제국주의의 이익만큼 이나 위험에 처해 있었다. 임박해 있는 중국자본과 외국자본 사이의 협상에서 핵심 조건 중 하나는 대중운동의 분쇄였다. 그들은 돌아온 탕아 장제스에게 그런 임무의 수행을 기대할 수 있으리라는 사실을 오래전부터 알고 있었다.

이미 장제스는 이 목적을 위해 장강 유역에서 비밀집단들과 접촉을 재개했다. 청나라 초기에 탄생해 장강 유역에서 번성한 청방青幇과 홍방紅幇이 그들이었다. 그들은 아편과 노비를 팔았고, 몸값을 받아 내려고 납치를 저질렀다. 비밀스럽게 금품을 갈취했고, 살인을 저질렀다. 장강 입구에서부터 쓰촨산四川山·사천산 정상에 이르기까지 크고 작은 상인과 무역업자 중 그들에게 조공을 바치지 않은 경우는 거의 없었다.

청방의 활동 근거지는 상하이였다. 황곰보로 잘 알려진 두목 황진룽은 프랑스 조계의 포방포타청捕房包打聽* 책임자였다. 그가 직접 장제스를 상하이방위군 청년장교 자격으로 청방 비밀회원으로 가입시켰다는 것은 일반인들 사이에서 널리 알려진 사실이었다.[1] 1926년 11월에 장제스가 국민 혁명군 장군으로서 주장에 도착했을 때, 황곰보는 상하이 은행가들과 상인들을 대표해 접촉하기 위해 상하이에서 상류로 갔다. 회담의 결과 청방은 공공연하게 노동조합을 파괴하는 목적에 동원됐다. 상습적 범죄자들의 조직이 이제는 러시아의 흑백인

---

* 조계 경찰 정보부.

조**와 루이 나폴레옹의 12월10일단***의 특징들을 종합한 조직으로 나선 것이었다. 장제스의 참모 중 한 사람인 양후楊虎·양호가 활동의 책임을 맡았다.2 경쟁조직으로서 '공회'를 건설하는 계획이 수립됐다. 무역항들에서 깡패와 부랑자를 서둘러 '회원'으로 가입시켰고, 충분한 무기를 제공됐다. 황진룽은 상하이로 돌아갔고, 장제스는 사령부가 있는 난창으로 돌아갔다.

1927년 2월에 대중운동에 대한 공개적 진압작전이 시작됐다. 2월 초에는 장시성 남부 간저우贛州·감주 시 총공회 의장인 천찬셴陳贊賢·진찬현이 장제스군 병사들의 총탄 세례를 받고 죽었다. 노동조합은 지하로 내몰렸다. 3월 17일에 난창에서 장제스는 국민당 난창 시당의 해산을 명령했다. 공산당과 좌파 지도부를 체포했고, 노동조합과 학생회를 폐쇄했으며, 국민당 지역 일간지를 금지했다. 같은 날 주장의 대중조직에 대한 공격이 개시됐다. 이른바 '온건노조원穩健工會分子'으로 명명된 수백 명의 깡패가 총공회 본부, 국민당 시당, 농민회, 학생단체, 여성단체, 제6군 정치부를 습격했다. 저항이 있었다. 4명이 죽고 10명이 다쳤다. 한 중국인은 어떻게 노동자들이 깡패들에 맞서서 스스로를 지켰고, 장제스군에 소속된 중대가 직접 나서서 건물을 습격하고 붙잡힌 여러 명의 깡패를 풀어 주었는지에 대해 기술했다.3 한 외국인도 그것을 뒷받침하는 기록을 남겼다. "침입자들의 패배가 분명해졌

** 차르 전제를 옹호한 극우집단으로서 혁명가들은 물론이고 야당 정치인들에 대한 테러와 살인을 저질렀다. 차르는 이들에게 국가예산을 지원해 주었다.

*** La Société du Dix-Décembre: 주로 룸펜 프롤레타리아, 기회주의자들, 군 지도자들 사이에서 조직된 보나파르트주의 비밀단체. 나폴레옹 3세가 1848년 12월 10일에 프랑스공화국 대통령으로 선출되도록 도왔다.

을 때, 군인들이 개입해 총공회 본부를 부수며 작전을 완료했다. 그 뒤 노동조합 지도자들이 실종됐고, 노동조합은 더욱 보수적 노선으로 개조될 것이라고 전해졌다". 기록은 계속해서 이렇게 설명했다. "계엄령이 즉각 선포됐고, 집회 금지명령이 발표됐다. 민간인들은 무기를 휴대할 수 없게 됐고, 군대가 배치돼 거리를 순찰했다. …… 폭동 당시에 주장에 있었고, 지금은 장강 하류로 향한 장제스가 …… 이 공격을 교사했다고 한다. 혼란스러운 시간에 그는 조계를 보호하기 위해 대규모 군대를 배치했다. 과격파 노동자들이 시청을 때려 부순 뒤 난창으로 물러나 있던 시장이 장제스가 엄선해 준 150명의 경호대를 대동하고 돌아왔다. …… 장제스로 대표되는 온건당의 영향력이 모든 성으로 확산되기 시작했다. …… 확실히 흐름은 바뀌었다".[4]

장제스가 거쳐 간 강변의 모든 항구에서 유사한 일들이 벌어졌다. 3월 23일에 조직된 깡패들이 안칭의 공회본부를 습격해 접수했고[5], 하루 뒤에 우후蕪湖·무호에서도 똑같은 일이 벌어졌다. 노동자들은 죽임을 당하거나 숨어야 했다. 노동조합들이 빠르게 '개조'됐다. 본래 장제스는 3월 24일에 국민 혁명군이 점령한 난징에 머물 예정이었다.

주인이 바뀌는 날에 외국인들을 약탈하고 공격함으로써 도시를 어지럽히려 하는 계획이 세워질 수 있다. 몇 명의 영사관 관리와 선교사가 죽었다. 영국과 미국의 군함들은 즉시 도시에 대한 포격을 개시했고, 중국인 민간인 12명이 죽고 19명이 부상당했다.[6] 나머지 외국인들은 철수했다. 일부 외국 기자는 '난징 폭행'에 대해 우한의 공산당과 좌파가 장제스를 '곤경에 빠뜨리고' 외국인들과 반목시키기 위해 꾸며 낸 마키아벨리적 음모*의 일환이라는 논리를 재빨리 퍼뜨렸다. 우한의 공산당과 국민당 '자유파'의 모든 전략이 장제스를 달래는 것에 바탕을 두었다는 사실만으로도 이 소설 같은 이야기의 부조리를 충분히 보여 줄 수 있다. 게다가 화남華南지방**을 휩쓴 광범위한 운동에서 외국인에 대한 폭력 행위가 실제로 없었다는 것은 분명한 사실이다. 외국인 사업가와 선교사를 증오할 만한 충분한 이유를 가졌던 노동자들과 농민들이 수백 개의 도시에서 교회 재산을 몰수했고 많은 외국인을 쫓아냈지만, 그중 1명이 기록했듯이, "외국인에게 작은 상처라도 입힌 몇몇 사례는 예외적인 경우였다".7 이 때문에 난징사건물론 외국 여성을 강간했다는 주장 역시도 입증되지 않은 의심스런 주장이었다8에 대해 장제스가 공산당원들을 향한 도발로서 의도적으로 조작해 낸 것이라는 주장이 제기됐다. 마찬가지로 이런 논법도 근거를 갖지 못한다. 사건이 발생한 지 며칠 뒤 조사를 위해 현지를 방문한 한 외국인의 설명이야말로 이 사건에 관한 믿을 만한 유일한 기록이다. 그는 외국인 사회가 채찍질하듯 몰아붙인 광란의 분위기에 휘둘리지 않았으며, 사기가 떨어져 후퇴하던 펑톈군벌 병사들이 실제로 공격의 가해자였다는 인상적이고 결정적인 증거를 수집했다.9

그래서 장제스는 난징에서 걸음을 멈추지 않고 계속해서 장강을 따라 상하이로 갔다. 그는 상하이에 도착하자마자 부두에서 리무진으로 옮겨 탔고, 외국이 설치한 바리케이드를 통과해 프랑스 조계에 인

---

* 냉혹하고 교활한 음모.
** 광둥성(廣東省·광동), 푸젠성(福建省·복건), 하이난성(海南省·해남), 구이저우성(貴州省·귀주), 광시좡족자치구(廣西壯族自治區·광서), 홍콩특별행정구(香港特別行政區), 마카오특별행정구(澳門特別行政區), 타이완성(臺灣省·대만)을 아우르는 지방.

접한 치치祁齊·기제로의 교보공서외교부로 갔다. 맨 처음 만난 이는 황곰 보였다. 다음으로 상하이공무국 정치부의 T. 패트릭 기브스를 만나 외국인 구역 통행증을 받았고, 무장 호위대를 대동하고 신성한 구역을 둘러보는 특권을 누렸다.[10] 공교롭게도 국민 혁명당 지휘관으로서 이런 예우를 받은 것은 장제스가 처음이었다. 장제스도 격앙돼 '상하이 외국경찰과의 협력'[11]을 약속하며 곧바로 논의에 들어갔고, 그의 부관들과 옹호자들 앞에서 어떻게 '법과 질서'가 수립되고 유지될 수 있었는지 보여 주었다.

그는 우즈후이, 차이위안페이蔡元培·채원배, 장징장이 이끄는 국민당 '원로들'과 회견을 가졌다. 또한 첫 후원자인 위차칭, 그리고 왕샤오라이 등이 이끈 은행가–상회 대표들과 만났다. 상하이를 점령한 바이충 시와 바로 전날 북군 병사들과 함께 넘어온 저우펑치周凤岐·주봉기를 비롯한 부하들과는 군사적 상황을 논의했다. 황곰보와 그의 주요 수하들인 두웨성, 장샤오린과 만났고, 그 외에 덜 알려진 일부 인물을 만났다. 그들은 문제를 이렇게 제기했다. 어떻게 상하이에 대한 지배권을 노동자들의 수중에서 탈취하고 자신들의 난징 정부를 건설할 것인가? 노동자조직과 공산당을 분쇄하는 일에 필요한 거대한 재정적 지원이 몰려들고 있었다. 하지만 장제스와 그의 친구들은 3월 말의 흐릿한 날들에 주변을 둘러보고는 성공이 전혀 확실치 않다고 생각했다. 수많은 커다란 장애물들이 있는 것으로 보였다. 한 외국인 소식통은 이렇게 썼다. "내일 그가 공산당 활동을 중단시킬 수 있을 것 같지는 않다".[12] 실제로 노동자 대중과 공산당 지도부 사이의 커다란 간극을 보지 못한 이들은 어떻게 승리가 노동운동의 승리로 귀결되지 않을 수 있는지 이해할 수 없었다.

상하이는 그들의 손에 장악돼 있었다. 50만 명 이상의 노동자가 자신의 무기를 들고 그동안 획득한 것을 방어할 태세를 갖추고 있었다. 이제 경찰을 대신해 도시를 순찰한 노동자 규찰대는 단 2,700명에 불과했고, 1,700정의 소총과 몇 정의 기관총, 북방 군대로부터 대량으로 압수한 탄약을 보유했을 뿐이지만[13], 신속하게 규모를 확대하고 무장을 갖추는 데서 심각한 장애물은 없는 것으로 드러났다. 상무인서관과 호주회관에 자리 잡은 총공회 본부의 한마디 지시로 모든 노동자가 즉각 행동에 나설 태세였다. 어제의 위대한 승리로 기세가 당당했던 그들은 위협적 힘을 과시했다. 공산당이 완전히 통제하는 것으로 보이는 임시정부가 성립돼 상하이 노동자의 이름으로 상하이 전역의 정치권력을 장악할 준비가 확실히 돼 있었다. 또한 이제는 도시 방어를 맡은 병사들과 노동자들이 협력할 방법을 찾는 데서 실패하리라고 여길 어떠한 근거도 존재하지 않았다.

도시에 주둔하고 있는 장제스 군대는 3,000명에 불과했고, 그중 소수만이 '믿음직'했다. 가장 가까이에 있는 원군은 5시간 떨어진 항저우에 자리 잡은 허잉친何應欽·하응흠의 채 1만 명이 못 되는 군대였다. 게다가 대중운동의 뜨거운 불길 속에서 단련된 이 병사들이, 주요 동맹자로 여겨 온 대중조직의 선전가들이 상황을 충분히 명료하게 밝혔을 때, 자신의 총구를 노동자들에게로 돌릴 것인지는 의심스러웠다. 실제로 장제스는 수하들에게 노동자들에 맞서 진격하라고 감히 명령할 수 있을지 확신하지 못했다. 노동자들의 거점인 자베이에는 노동조합에 열렬한 공감을 보내는 1사단이 있었다. 그 지휘관 쉐웨가 3월 22일에 바이충시의 명령을 무시하고 부대를 자베이로 진군시킨 것은 이미 부대원들의 분위기와 압력을 반영한 것이었다.[14]

철책 바리케이드 뒤에서 분개하고 있던 외국인들은, 그중 1명이 지적했듯이, 침대 위에서 노예에게 피살되리라고 믿었다. 영-미의 교민 사회는 정의롭고 청렴한 외국인들의 공정한 작은 섬이 백인의 피에 목마른 미치광이 폭도에게 짓밟힐 것이라고 확신했다. 어떤 필자가 적절히 표현했듯이, 그들은 '극도로 당황해'[15] 대단히 고통스러워했다. 그들은 1월에 한커우와 주장의 조계가 점령된 사건과 3월에 난징에서 벌어진 사건에 관련해 극도로 잔혹한 이야기를 들었다. 상하이까지 전해지면서 점점 더 증폭된 도주한 선교사들의 소설 같은 이야기는 기독교인 사회지도층이 광분하며 피의 복수를 외치게 만들었다.

영국 교민 사회의 어느 지도적 인사는 이렇게 외쳤다.

"설사 한 방울의 피를 보았더라도, 자유의 이름으로 행해지고 있는 극악한 불법폭력 행위를 강경한 행동으로 저지하는 것이 천배 더 나은 방법입니다."[16]

외국인 여성들은 조계를 방어하기 위해 이동하는 군인들에게 떨리는 손으로 선물을 건넸다. 외국인 남성들은 투자한 자본이 강탈될까 봐 두려워했고, 폭도가 미친 듯이 거품을 물고 달려든다면 그런 일이 뒤따를 것이라고 믿었다. 공동 조계의 통치기관인 공부국工部局은 3월 21일에 긴급사태를 선포하며 엄격한 계엄령을 발효시켰다. 그것은 3월 24일의 선언으로 이어졌다. "지역에서 엄중한 상황이 펼쳐지고 있고, 그것이 문명 세계 전체로 파급될 가능성이 현실화되고 있기에, 이에 상응해 모든 수단을 동원해 상황에 대한 통제권을 유지할 것이다".[17]

이미 상당한 조치들이 취해져 있었다. 외국인들을 보호하기 위해 3만 명의 외국 군대가 주둔했다. 이것은 백러시아인들을 제외한다면 거의 외국인 주민 규모에 맞먹는 수였다. 영국만 하더라도 도시 전체의 영국 민간인 1명당 2명의 영국 병사가 존재했다. 영국, 일본, 미국, 프랑스, 이탈리아, 포르투갈의 군함 30척이 황포 강에 정박해 있으면서, 언제라도 즉각 행동에 나설 수 있었다. 영국의 비행편대가 상하이와 주변 상공을 정기적으로 순찰하고 있었는데, 이것은 명백한 조약 위반이었지만 영국당국은 개의치 않았다. 게다가 이동 중인 전함들과 며칠 후면 결합할 1만 톤급 전투순양함에 이르기까지 각국 선단의 규모를 45척으로 증대시킬 것이었다. 그런데도 더 많은 군대와 더 많은 군함을 요구하는 외침은 커져만 갔다. 외국인들은 상하이 전체를 장악하고 싶어 했다. 그들은 난징을 점령하기를 원했다. 1900년에 8국 연합군이 의화단을 분쇄했듯이, 각국 군대가 하나로 뭉쳐 잔혹한 학살을 재현할 것을 요구했다. 《노스차이나 데일리뉴스》가 분명하게 보여 줬듯이, 그들의 신문은 경고, 위협, 중상의 광적인 캠페인을 벌였다. 좀 더 신중하게 움직이는 것이 현명하다고 생각하는 본국 정부의 정치인들에게는 폭언을 퍼부었다.[18]

　말로든 행동으로든 온건한 형태의 국민 혁명 정강에 대해 약간이라도 공감을 보이거나 널리 팽배해 있는 히스테리에 대해 비판적인 외국인은 누구든 극악한 공격의 대상이 됐다.* 무장간섭이 소기의 성과를 낼 수 있을 것인지를 감히 의심했고, 명민하게도 국민 혁명군에

---

* 베이징에서 《내셔널리스트 뉴스에이전시(Nationalist News Agency)》를 위해 일했던 두 기자 윌버 버튼과 밀드레드 미첼은 북군에 체포돼 구금됐다. 미국 공사관은 사실상 방관했지만, AP통신의 랜달 굴드가 이 사건을 널리 알렸고, 톈진의 변호사 찰스 폭스가 석방을 위해 노력하면서, 그들은 풀려날 수 있었다. 뒤에 굴드는 미국의 장관 맥머레이한테 공사관 기자회견장에서 쫓겨났다. 《피플즈 트리뷴(People's Tribune)》의 편집자였던 윌리엄 프롬과 레이나 프롬은 민족반역자로 널리 알려지게 된다. 물론, 보로딘에게는 뿔이 달려 있었다. (원주)

양보할 것을 충고한 상하이의 미국인 편집인 J. B. 포웰은 미국인 상공회의소에서 쫓겨났다. 소규모 중국인 기독교도들과 함께 평화적 조계 반환을 옹호했던 외국인 선교사를 《노스차이나 데일리뉴스》는 곧바로 배신자이자 '혁명 선동가'라고 비난했다. 한 중국인 기독교도가 '예수와 삼민주의'라는 제목의 기사를 통해 쑨원과 예수 사이의 유사점을 끌어내려 한 시도는 고위성직자들이 비난했고, '신성모독적 폭거'로 평가했다. 중국인과 외국인이 함께한 기독교단체로서 국민혁명의 입장에 동조했던 전국기독교회全國基督教會는 '볼셰비키 구제회'로 이름을 바꿨는데, 영-미 선교사 32명이 이것을 '중국 교회의 지고지선의 이익을 위험에 빠뜨리고 파괴하는 것'이라며 공식적으로 부정했다. 기독교 정신에 호소하는 외침은 '적개심 유발, 혼란 조성, 사회적 불안 초래, 치안방해 선동을 금지하는 상하이 공부국의 명령을 직접적으로 위반한 것'으로 선언됐다. 친영 미국인 기자인 로드니 길버트는 말 그대로 격앙된 기사를 《브리티시 프레스British press》에 실었다. 그가 보기에 노동조합은 '일하지 않고 일할 생각도 없는 비천한 막노동꾼들쿨리의 조직'이었다. 이런 자들에게는 '비천한 막노동꾼들'은 물론이고 당시 외국과의 협상을 위해 밤낮으로 일했던 위챠칭 같은 은행가들과 왕정팅 같은 정치인들까지도 다름 아닌 '광분한 배외주의자들'이었다. 당시의 정서를 보여 주는 사례는 어렵지 않게 찾을 수 있다.

> 광분: "상하이의 큰 항구들은 순전히 외국인들의 손으로 건설됐다. …… 현재 중국인들은 그것의 '반환'을 요구하고 있고, 그것에 동조하는 자들은 반환조건을 논의하려고 뛰어다니고 있다. 수 세대에 걸쳐 외국인들이 노력한

결과가 무정부적 막노동꾼 단체로 넘어갈 수도 있다. 이것은 어리석음의 발로이자 우둔함의 극치가 아닐 수 없다."[19]

초조: "사람들에게 처음 떠오른 생각은 걱정이다. …… 집을 뒤집어엎고, 1~2개 가방에 소지품을 챙기며, 나머지는 약탈되든 말든 내버려 둬야 하는 것은 정말 걱정스런 일이다."[20]

교활: "각 방면에서 황급히 부두를 향해 달려오고 있는 외국인들의 유일한 죄악은 중국이 잘되기를 바랐다는 것이다. 내가 말하고자 하는 것은 선교사들뿐만 아니라 많은 빛나는 사업가들조차 중국이 현재보다 더 나은 대우를 받을 수 있다고 생각했다는 것이다. 하지만 우리는 관대해야 했다. 중국이 다소의 실질적 고충을 갖고 있고, 그중 많은 것이 자초한 것이지만, 선량한 사람이 고통을 겪어야 했고, 흔히 모든 책임이 외국인에게 있다고 믿도록 기만당했다."[21]

헌신: "평화스런 외국인 거주민들이 집에서 쫓겨났고, 그들의 재산은 파괴됐다. …… 현재 많은 외국인 상점이 파괴에 직면해 있다. …… 하지만 이것은 정말 사소한 문제다. …… 양심의 가책에 구애받지 않고, 기존의 권리, 관습, 풍습을 존중하지 않으며, 현 세계문명을 파괴하겠다는 목적을 공언하고 있는 정치사상에 맞서 투쟁하는 것이 중요하다. …… 공산주의와 세계문명이 충돌하는 전투의 전선이 여기에 있다."[22]

신앙: "선교사의 한 사람으로서, 특히 전 세계 기독교회에 미칠 결과를 생각하면서, 나는 중국에서 볼셰비즘이라는 미친개를 단속하지 못하고 바다 넘어 사랑스런 미국으로 건너도록 허락한다면, '볼셰비키화된 중국이 세계에서 가장 큰 위협이 될 것'이라고 주저 없이 단언한다."[23]

순결: (한커우의 부녀협회가 '피부가 눈처럼 희고 완벽한 가슴을 가진' 여성들을 선별해 '나체 행진'을 실행했다고 널리 알려진 보도를 인용하며)

"과거 수천 년 동안 이어져 내려온 중국 여성의 정절에 익숙한 사람들에게 러시아 공산주의가 미친 치명적 영향과 관련해 더 이상의 결정적 증거는 불필요하다."[24]

의협: "평범한 미국인은 외국에서 투자 이익을 생각할 뿐이지만, 죄 없는 미국인 여성과 아이가 사악한 폭도나 군대 앞에서 위협에 처하는 것에 대해서는 의협심에 휩싸일 것이다."[25]

순진: "중국에서 공산당의 방법은 계급적 증오, 사회적 반감, 탐욕, 시기를 불러일으키는 것이다."[26]

조소: "만일 현재의 '철책' 히스테리가 장시간 지속된다면, 철두철미한 시市 정부가 어느 날 갑자기 우리의 천체에서 붉은 선전이 확대되지 못하도록 태양 광산을 차단하기 위해 머리 위로 철조망을 덮는 것도 놀라운 일이 아닐 것이다."[27]

솔직: "이런 때에 사소한 구별과 법률적 강변은 아무 소용이 없다. 공부국은 흑사병에 맞서 싸우듯이 공산당이 발붙이지 못하도록 막아야만 한다. …… 중국 공산당과 러시아 공산당을 똑같이 엄중하게 대해야 한다. 이 둘은 문명의 적이다."[28]

통찰: "국민혁명을 위한 좋은 기회다. 모두가 국민당에 동조하지만 공산당에는 반대한다."[29]

명쾌: "장제스는 기로에 서 있다. …… 그가 허잉친과 바이충시 두 장군과 함께 장강 이남의 중국이 공산당 때문에 몰락하지 않도록 막을 유일한 보장책이라고 말하는 것은 과장이 아니다. …… 하지만 빨갱이들로부터 동포를 구하려 한다면, 장제스 장군은 신속하고 무자비하게 행동해야 한다. 과연 그는 행동력과 결단력을 갖춘 쑨원주의의 계승자이자 조국의 수호자임을 스스로 입증할 것인가? 아니면 그 역시도 붉은 홍수 속에서 조국과 함께

상하이 남쪽의 룽화에 있던 장제스도 이 문제를 숙고했다. 그는 외국인 기자들을 상대로 잇달아 기자회견을 가지며 외국인 사회를 달래고 안심시키려고 애썼다. 난징사건에 대해 애도를 표했고, 책임 소재를 철저히 밝혀 책임자를 처벌하겠다고 약속했다. 3월 31일의 기자회견에서는 이렇게 선언했다.

"국민당 지도부는 열강과 우호적 관계를 유지하기를 늘 원해 왔습니다. 국민당은 열강의 친구입니다. …… 국민당이 정한 정책은 조계의 현 상태를 바꾸려는 모든 형태의 무력과 대중폭력을 금지하는 것입니다."

그는 외국인들이 자신의 약속을 이해해 주길 바란다며 결론을 맺었다.

"더욱 분명하고 잘 이해하는 데서 장애물이 존재하지만, 우리는 그것을 제거함으로써, 중국과 외국 열강 사이의 관계가 상호친교와 이해에 기초해 좀 더 확실하고 좋아질 수 있기를 바랍니다."[31]

일부 외국인은 '중국유산계급'과 열강이 협력해 '장애물노동자들'에 맞서자는 분명한 제안에 대해 기대에 부풀어 고개를 끄덕였다. 하지만 대부분은 그들의 이익을 보호해 주겠다는 약속 앞에서 진정되기보다는, 장제스가 1명의 '국민당원'으로서 했던 항변이라며 여전히 분노했다. 《노스차이나 데일리뉴스》 편집자는 두 가지 견해를 모두 표명했다. 그는 기자회견에 대해 '기이하게 뒤섞여 있고, 모든 경험에 반하는 뻔뻔한 가식적 주장'이었다고 부르면서도, 한편으론 다음과 같은 생각을 덧붙였다. "확실히 장제스 장군의 말은 진지했고, …… (그가) 자신의 관할 지역들에서 질서를 지키려는 것 같다는 점은 정당하게 평가돼야 한다".[32] 조심스럽게 기다리는 것은 나쁘지 않을 것이었다. 장제스가 '신속하고 무자비하게 행동'할 수 있음을 증명한다면, 모든 의혹은 사라질 것이었다. 며칠 뒤 영국군 사령관 던컨 장군은 충분히 안심했고, 한 중국인 기자에게 장제스가 '말뿐이 아니라 행동이 실제로 그랬기 때문에' 존경받게 됐다고 말했다.[33]

중국인 은행가들과 실업가들은 선뜻 믿음과 신뢰를 보냈다. 그들은 장제스를 더 잘 알았다. 3월 29일에 50여 개의 주요 은행, 기업, 상업단체가 모여 위차칭과 왕이팅王一亭·왕일정을 중심으로 하나의 연합회를 결성했다. 왕이팅은 기선을 운행하는 일본 대기업의 매판상으로서 장제스와 15년 이상 우애를 유지해 왔다. 이 연합회는 각 지구의 상공회의소, 은행가협회, 은행업공회*, 증권교역소, 면직업협회, 제분업공회, 다茶업공회, 사絲업공회 등 사실상 상하이의 모든 유산계급조직의 이해를 포괄했다.

같은 날 새로운 기구의 대표단은 장제스를 기다렸고, "장제스는 그들을 매우 성심껏 맞이해 줬다". "(그들의 대변인은) 상하이의 중국인 상인을 대표해 환영 인사를 전했고, 즉각 상하이 시의 평화와 질서를 회복하는 것이 중요하다고 강조했다. 또한 상인들의 전면적 지지를 약속했다. 장제스는 몇 가지 적당한 발언으로 화답하며, 상하이에서 중국인과 외국인 모두의 생명과 재산을 보호할 수 있도록 자신이 전적으로 책임지겠다고 했다. 또한 곧 노자관계를 조정하도록 하겠다고

---

* 공회(公會)는 동업조합을 의미하는 사용자들의 단체다.

대표단에게 약속했다. …… 방문을 끝낸 대표단은 장제스 장군에게서 견실한 신념을 가진 단일 정부 지도자의 모습을 발견한 것에 대해 완전히 만족해하면서 유쾌하게 떠들며 자리를 떠났다".[34]

며칠 뒤, 각각의 상공회들은 장제스를 진심으로 지지하는 선언을 발표했고, 시급한 상황 개선을 원하는 입장을 전달하기 위해 대표단을 보냈다. 4월 9일에는 20여 개 상업조직의 대표자들이 회의를 갖고 "국민당 삼민주의 지지! 모든 반혁명 분자 타도!"를 결의했다.

당연하게도 부자들은 목소리를 높이는 것 이상을 해야 했다. 그들은 관대해야 했다. 신념과 믿음 이상이 필요한 상황이었다. 현금이 필요했다. 4월 4일에 처음으로 300만 위안이 '차관'으로 장제스에게 지급됐다.[35] 며칠 뒤 추가로 700만 위안이 지급된 사실이 널리 보도됐다. 한 외국인 통신원은 이렇게 보고했다. "중국인 은행가들과 상인들이 장제스에게 대표단을 보냈고, 그가 공산당과 노동자들의 활동을 진압한다는 조건으로 은화大洋 1,500만 위안을 자금으로 제공했다".[36] 2주일 뒤에는 추가로 3,000만 위안이 난징에서 새 정부 수립을 돕기 위해 '차관'으로 제공됐다.

장제스는 곧바로 상하이 시에 대한 지배권을 장악하기 위해 나섰다. 자신의 직계 장교를 경찰청장으로 임명했고, 정치심복을 상하이 시장으로 세웠다. 필요한 자금을 끌어모으기 위한 목적에서 일단의 저명한 은행가들을 선별해 특별재정위원회를 설립했다. 상하이-난징 선과 상하이-항저우 선을 총괄하는 자리에 관원을 임명했다. 궈타이치郭泰祺·곽태기를 외교부장에 임명해 외국과의 공식관계를 수립했다. 3월 28일에는 계엄령을 선포해 룽화의 군사령부가 상하이의 모든 민정기관을 관할하도록 했다. '무자격자'의 무기 소유와 휴대를 금지하는 명령이 발표됐다. 동시에 황곰보, 두웨셩, 장샤오린이 후원하고, 새로운 '온건한' 노동조합을 대표하는 '상공연합회'가 출범했다. 이미 난창, 주장, 안칭, 우후 등에서 실행된 책략을 상하이에서 재현하기 위한 준비가 빠르게 진행됐다. 장제스와 폭력단 부관들은 마치 이 방법이 여전히 유효한지 확인이라도 하는 듯, 3월 30일과 31일에 항저우에서 최종 예행연습을 진행했다.

그곳에서도 장제스는 '공계연합회工界聯合會'라는 조직을 이용해 공산당이 통제한 총공회에 맞섰다. 3월 30일 밤에 폭력단원들이 노동조합 본부를 습격했다. 전투가 벌어져 여러 명이 죽고 많은 수가 다쳤다. 이튿날 상하이의 한 신문은 총공회가 보낸 전보를 인용하며 총파업이 선포됐다고 보도했지만[37], 총파업에는 전화국노동자들과 우체국 노동자들만 참여했다. 대중적 항의집회가 열렸고, 시위대가 젠차오로鷹橋路·천교로를 행진했다. 병사들이 주요 교차로 한 곳에서 기다리고 있었다. 그들은 노동조합이 순조롭게 전진하고 있는 국민 혁명군을 방해하려 한다고 들었다. 아무도 다르게 말하지 않았다. 노동자들이 접근하자, 병사들이 발포했다. 6명이 쓰러졌다. 100여 명이 체포됐다. 몽둥이로만 무장한 1,000명이나 되는 규찰대는 무기를 버리고 흩어졌다. 총공회 본부는 파괴됐고, 규찰대는 체포됐다. 무명 제복은 갈기갈기 찢겼다. 얼마나 많은 사람이 죽임을 당했는지 아무도 모르고, 기록되지도 않았다. 총공회는 폐쇄됐고, 이제는 익숙한 '온건' 노선에 따라 '개조'될 것이었다. 항저우사건은 앞으로 상하이에서 훨씬 큰 규모로 어떤 일이 벌어질 것인지 정확히 보여 주는 치명적 전조였다. 장제스의 행동에서만이 아니라, 공산당의 대응에서도 그럴 터였다.

장제스가 수하들을 항저우 정부기구의 주요 자리에 앉히고, 노동자들을 향해 억압 조치를 취하기 시작했을 때, 총공회는 장제스에게 전보를 보내 범죄를 저지르는 관료를 파면해 달라고 정중히 요구했다. 그는 퉁명스럽게 대답했다.

"군정시기에 주요 공안부서 직위의 임명권은 나에게 있습니다."[38]

이에 대해 총공회는 침묵으로 묵인했다. 3월 31일의 체포와 학살 이후, 노동조합은 또다시 장제스 장군에게 전보를 보내 '항저우로 와서 범죄자들을 처벌하고 반동세력을 숙청할 것'[39]을 요구했다. 애석하지만 장제스는 상하이에서 반동세력을 결집하느라 너무 바빠서 항저우로 찾아가 그들을 진압할 겨를이 없었는데, 상하이 총공회는 장제스가 항저우의 경험에서 무언가를 배울 수 있기를 바라며 동분서주했다.

그렇지만, 장제스는 상하이의 노동자조직을 파괴해야 할 과제의 중요성을 모르는 척했고, 그 일에 덤벼들지 않았다. 그가 상당히 유리한 위치를 점하기 위해 일련의 단계적 음모를 꾀할 수밖에 없도록 강제할 만큼 대중운동이 확장돼 있었다. 그는 매 걸음마다 늘 물러서는 듯한 모습을 취했다. 이미 마음속에 쿠데타를 염두에 둔 채, 적을 혼란시키고, 쟁점을 흐리며, 모든 잠재적 반대파를 마비시키는 일에 착수했다. 이런 방식은 그의 동맹자 일부를 동요시켰다. 마치 광저우에서 3월 20일 쿠데타 전야에 많은 군벌 동맹자가 '그의 행동에 숨어 있는 진정한 목표를 헤아리지 못하면서 그에게 반대했던 것'[40]처럼 상하이에서도 그의 행동에서 모순적으로 보이는 것들을 참지 못하는 많은 이가 그에게 반대했는데, 특히 외국인들이 그랬다. 4월 8일자《노스차이나 데일리뉴스》는 이렇게 평가했다. "만일 장제스 장군이 중국 정계의 제안에 따라 확실한 반공운동을 개시했다면, 그는 일정한 지지를 얻었겠지만, 공산당에 대한 그의 미안한 듯한 미지근한 공격은 돌이킬 수 없는 분열이라는 불확실성을 남겨 두었다".

하지만 장제스는 자신이 정확히 무엇을 하고 있고 구체적으로 어디로 가고 있는지를 그들보다 더 잘 알고 있었다. 그는 결코 우한의 국민당 '좌파'와 타협하려 하거나 타협을 고려하지 않았다. 그는 상하이 노동자들을 때려눕히려고 부지런히 준비했다. 하지만 자기 힘을 결집하려면 시간이 필요했다. 노동자들에게 공감하는 자베이의 병사들을 이동시키고 대중운동과의 정치적 접촉이 가장 적은 새로운 부대로 교체해야 했다. 폭력배를 동원한 반공 공세는 이미 최고조에 달해 있었다. 장제스는 이 모든 것을 계속해 나가는 한편, 가까운 장래에 충돌은 없을 것이라는 환상을 퍼뜨리기 위해 가능한 모든 것을 다했다. 이것은 그가 우한 국민 정부와 단절하려 했다는 보도에 대해 상하이에 도착한 날부터 일관되게 부인하는 형태로 나타났다.

3월 27일 인터뷰에서 그는 이렇게 말했다.

"분열은 없습니다. 국민당원들은 통일돼 있습니다. …… 심각한 불화의 조짐이나 가능성은 존재하지 않습니다."41

이틀 뒤에는 일본 동방사와의 인터뷰를 통해 우한 중앙집행위원회의 권위를 무조건 인정한다고 공언했다. 그는 똑같은 방식으로 모스크바를 안심시켰다.

바이충시는 상하이 주재《프라우다Pravda》기자에게 이렇게 말했다.

"제국주의가 국민 혁명군과 민중 사이의 파열을 바라지만, 그것은 불가능합니다. 우리의 기본원칙은 무장역량과 민중의 연합입니다. …… 중국 혁명은 세계 혁명전선의 일부입니다. 제국주의는 거짓과 모략으로 이 전선을 깨뜨리려 합니다. 쑨원은 국민당의 일부를 구성하고 있는 공산주의자들과 협력하라고 가르쳤고, 우리는 그들과의 연합을 깨지 않을 것입니다. 이와 관련해 중국의 영자 신문들은 온갖 종류의 거짓말을 퍼뜨리고 있습니다. 그것을 금지해야 할 것입니다."[42]

모스크바와 중국의 공산주의자들이 얼마나 간절히 이 약속을 부여잡았고, 그것이 얼마나 큰 효과를 발휘하게 되는지를 보게 될 것이다.

4월 1일에 왕징웨이가 유럽에서 귀국한 것은 장제스의 말이 구체적이고 믿을 만한 것임을 보여 주는 계기였다. 연약하고 유순하며, 좀 더 힘센 자들에게 기꺼이 복종하는 전형적 소부르주아 급진주의자로서 왕징웨이는 어렵게 중국 땅에 발을 들여놓았고, 1년 전 광저우에서 굴욕스럽게 도망치도록 만든 인물의 도구로 되돌아갔다. 이틀에 걸쳐 회의가 진행됐다. 4월 3일에 장제스는 우한의 국민당 중앙집행위원회에 '완전히 복종한다'고 선언하는 전보를 보냈다.

그는 이렇게 말했다.

"왕주석의 복귀가 진정한 당권의 집중을 불러와, 당을 어떠한 분열도 없는 국민혁명의 궁극적 승리로 이끌 것이라고 굳게 믿습니다. …… 이제 국가와 당의 업무와 관련한 모든 문제는 왕주석이 직접 다루거나 그의 지휘 하에 처리될 것입니다. …… 우리는 중앙집행위원회의 지휘를 받게 될 것이며, 따라서 절대적 복종을 표시해야 할 것입니다."[43]

왕징웨이 전기에 따르면, 그는 장제스에게서 전보를 받고 '극도의 불쾌감'을 느꼈다. 그는 국민당 대오 안에서 공산주의의 영향력을 제거하기 위해 장제스가 사용한 방식에 대해 찬성하지 않았다. 왕징웨이 역시 '공산당과의 단절'을 생각한 것이 분명하다. 다만 그는 "급작스런 단절에 반대했고, …… 점진적이고 평화적으로 모든 주요 논쟁

을 해결하는 방식을 원했다".[44]

　(자신의 직위에서 물러나거나 도망칠 때를 제외하고는 어떤 경우든) 너무도 증오했던 직접 행동을 피하기 위해, 왕징웨이는 폭력적이거나 '불법'적인 수단에 의지하지 않고서도 바라는 목표를 이룰 수 있다고 장제스를 설득하려 했다. 일설에 따르면, 왕징웨이는 보로딘의 면직, 3월에 장제스를 당 주석직과 최고 군사사령관직에서 해임한 국민당집행위원회 3차 총회 결정의 수정, 상하이 규찰대의 무장해제 승인, 장제스가 임명한 상하이 시 관리의 비준 등을 약속했다고 한다.[45] 뒤에 왕징웨이는 그것을 극력 부인했지만, 그의 전기 작가는 그가 상하이에서 우한으로 돌아가 동료들을 설득해 "난징에서 장제스와 함께하는 총회를 소집해 당의 통일을 유지할 수 있었다"고 기록했다. 또한 왕징웨이가 "3차 총회 결정을 수정하기 위해 필요한 순수 국민당원 중앙집행위원회원 대다수의 지지를 이끌어 낼 수 있으리라 믿었다"[46]고 덧붙였다.

　하지만 장제스와 그의 동료들은 이제 당의 타협이 아니라 기관총이 필요하다는 것을 알았다. 장제스와 왕징웨이가 합의에 도달한 듯한 모습은 그들의 공세를 숨기기 위해 필요한 정치적 연막을 짙게 만들었을 뿐이다. 그들이 왕징웨이를 통해 공산당원들에게 영향을 미쳐 잠재적 반대파는 더욱 약해졌는데, 그것은 분명히 그들의 기대를 훨씬 뛰어넘는 것이었다. 왕징웨이의 정말 작은 수고 덕분에, 상하이 노동자들을 지도했던 공산주의자들을 날마다 '민족통일전선'의 제단에 제물로 바칠 수 있었다.

IX

THE CONSPIRACY OF SILENCE

침묵의 공모

공산당 지도자들은 국민 혁명군이 도착하는 날이 곧 모든 억압으로부터 해방되는 날이 되리라고 상하이 노동자들에게 말했다. 승리한 3월 21일 봉기의 중심 구호는 "국민 혁명군 만세! 장제스 환영!"이었다. 노동자들이 산둥 군대에 맞선 전투에서 스스로 무너지기를 기대하며 군대가 룽화에서 진군을 멈췄다는 사실을 전혀 알지 못한 채, 노동자들은 3월 22일 저녁에 국민 혁명군 선두부대가 도착한 것을 미친 듯이 기뻐하며 환영했다. 이틀 뒤 바이충시 장군을 인터뷰하기 위해 룽화로 몰려간 외국 기자들은 혁명 이전에는 중국에서 볼 수 없었던 광경을 목격했다.

"광둥군의 도착이 상하이 노동자계급의 마음속에 불러일으킨 감동의 뚜렷한 사례가 인터뷰 동안 펼쳐졌다. …… 여성 300명을 포함한 공장노동자 1,800명의 행렬이 기쁨의 표시로 내청 문밖에 놓아두었던

솥, 찻주전자, 상자, 바구니, 옷가지 등 다양한 선물을 들고 관청 안으로 들어왔다".[1]

장제스가 도착한 이튿날, 서문에서 환영 집회가 열렸다. 5만 명 이상의 노동자들이 모여 '장제스를 극도로 칭송하는'[2] 공산당원들의 연설을 들었다.

하지만 상하이 노동자들과 중국 공산당원들만 장제스와 그의 군대를 인민의 구세주로 환영한 것은 결코 아니었다. 장제스가 상하이로 향하는 것이야말로 세계 혁명의 기치라고 이해했던 코민테른의 각국 정당도 똑같은 태도로 반응했다. 그렇지 않다는 것을 누가 알았겠는가?

봉기가 일어나기 며칠 전, 독일 공산당 중앙기관지 《로테파네Rote Fahne》는 장제스를 국민당 '혁명군사위원회'의 영웅적 지도자로 묘사하며 특별히 그의 사진을 실었다.[3] 3월 23일자 프랑스 공산당 일간지 《뤼마니떼L'Humanité》도 같은 사진을 실으며, 거대한 대중 집회에서 장제스의 상하이 입성을 '세계 혁명의 새로운 단계'를 여는 '중국 코뮌'의 성립으로 환영했다고 보도했다. 광둥군의 승리를 '상하이해방'으로 묘사한 기사는 그것이 '전 세계 노동해방의 시작'을 의미한다고 말했다.[4]

이렇게 상황을 읽는 것은 장제스의 상하이 입성 시까지 코민테른이 추구해 온 노선 전반의 자연스럽고 논리적인 귀결이었다. 지도적 코민테른 기관지 《프라우다》가 4월 10일까지도 여전히 '4계급 연합'을 유지할 필요성을 주장했고, 소련 대변인들이 국민당이 지도하는 모든 계급의 견결한 단결을 고집했다는 점에서[5], 각국 공산주의자들이 장제스의 상하이 입성을 중국 혁명에서 새로운 시기의 도래로, 중국 코뮌의 시작으로 본 것은 전혀 놀라운 일이 아니다.

불행하게도 사실은 전혀 반대였다. '민족통일전선' 또는 '4계급 연합'을 치켜들기 시작한 순간부터, 그것은 국민당이 중국 공산당을 속박하고, 자본가계급이 노동자-농민을 속박하도록 보장하는, 그 어떤 대가를 치르더라도 보호해야 하는 신비로운 숭배의 대상이 됐다. 이 정책은 이미 광저우에서 리지천이 노동자들에 대한 야만적 탄압에 기초해 성공적으로 군사독재를 수립할 수 있도록 도왔다. 또한 북벌군의 장강을 향한 진군을 가능하게 만든 광대한 대중운동의 과실을 자본가계급이 이용할 수 있게 해 주었다. 이제 상하이의 자본가계급은 장제스를 통해 그 과실을 빼앗기 위해 준비하기 시작했다. 하지만 공산당 지도부는 노동자-농민의 투쟁을 자발적으로 제한하게 하고, 그들의 정치적 목표를 부르주아 민족주의자들의 정치적 목표 내로 가두고, 국민당을 위한 '부역*'의 임무를 공산당원들에게 부과하고, 쑨원주의를 비판하지 못하도록 멍에를 씌우고, 독립적 일간지를 금지해 이미 광저우와 장시, 그리고 장강의 항구도시들에서 수립된 공공연한 반동을 위해 길을 닦아 주었다.

1926년 말과 1927년 초에 코민테른의 주요 기관지들은 다가오고 있는 민족자본가계급의 배신에 대해 평범하고 일반적인 경고를 표명했고6, 2월과 3월에는 각종 기사를 통해 반복했다.7 이런 기사들은 변함없이 국민당 우파의 힘을 깔보았고, 좌파의 힘을 과장했으며, 장제스가 반동세력을 결집시키는 실질적 구심이라는 사실을 어떤 경우에

---

*   보로딘의 말.(원주)

도 말하지 않았다. 정반대로 장제스를 조금이라도 언급하는 경우는 공산주의 독자들에게 장제스가 '복종'을 표시하고 있고 모든 일이 잘 될 것이라고 확신시키기 위해서였다.

장제스가 상하이에서 결정적 단절로 나아가고 있다는 소문과 보도의 빈도와 타당성이 더욱 증대되고 있었지만, 모든 신문은 합세해서 그것을 부인하고 무시했다. 그야말로 그것은 임박한 재앙에 대해 침묵하자는 공모였다.

코민테른이 어떤 일이 벌어질 것인지에 대해 몰랐다고 할 수는 없다. 불과 몇 주일 뒤에 모든 코민테른 신문은 1년 동안 차단해 왔던 정보들을 홍수처럼 쏟아 내며, 미친 듯이 장제스를 비난할 것이었다. 앞서 인용한 3명의 코민테른 간부가 보낸 서신은 현지에서 장제스의 성향은 비밀이 아니었다는 사실을 드러낸다. 하지만 한층 더 분명한 증거가 있다.

일반적으로는 인정하지 않았지만 어쨌든 친절하고 사랑스런 미국 노동자계급의 지도자가 될 운명인 얼 브라우더^{Earl Browder}, 스탈린의 최상층 참모였다가 제 길을 찾아 파시즘으로 넘어가는 자크 도리오^{Jacques Doriot}, 그리고 영국인 톰 만^{Tom Mann}과 러시아인 시더 스톨러^{Sydor Stoler}는 코민테른 대표단으로서 2월에 광저우에 도착했고, 3월에는 장제스를 뒤따라 장시성을 가로질러 북상했다. 그들은 이미 검은 채찍처럼 성을 휘감고 있는 테러를 직접 목격했다. 그들은 그것을 외면했는데, 친절하게도 장제스가 맛있는 술과 훌륭한 음식으로 그들을 접대하라고 지시했기 때문이다. 뒤에 순진하게 브라우더가 인정했듯이, 그들은 방문한 모든 곳에서 '양측 지도자들과 대화를 나누는 동안 실제로 시가전이 중단되는 것'을 경험했다. 이어진 그들의 보고[8]에서 볼 수 있듯이, 대표단은 인명, 날짜, 장소 등을 풍부하게 주석에 담았다. 그들은 노동조합이 지하로 내몰린 도시들을 차례로 방문했고, 간저우에서는 불과 몇 주일 전에 장제스의 명령에 따라 피살된 노조지도자 천찬셴의 죽음에 관해 상세한 보고를 받았다. 그들은 자신들이 그랬듯이 해외 각국에서 장제스에 대해 대중을 대변하는 복수의 화신처럼 북부를 향해 맹렬하게 진군하고 있는 '혁명 장군'으로 믿고 있었다는 사실을 알면서, 세계에 소식을 전하기 위해 3월 29일에 주장의 오지를 떠나 전신소로 급하게 달려가지 않았던가? 자신들이 보고 들은 것의 중요성을 놓쳤을 리가 있는가? 그럴 리 없다. 자크 도리오의 말을 들어보자.

"간저우 사건은 우리에게 귀중한 교훈을 가르쳐 주었다. 자본가계급과 중국 노동자계급 사이의 충돌이 유혈 형태를 취했던 그 순간부터 분열은 예정된 것이었음을 알게 되었다."⁹

얼 브라우더는 간저우 사건을 보며 '국민당을 전국적 차원에서 적대하는 2개의 조직으로 갈라놓은 근본적 균열의 전모'¹⁰를 깨달았다고 말했다.

그들은 더 이상 아무런 환상도 가지지 않았다. 최후의 결전을 향해 다가가고 있고, 그것이 상하이에서 벌어질 것이라는 사실을 분명하게 인식했다. 3월 26일에 난창에서 청첸程潛·정잠 장군은 그들에게 이렇게 말했다. "총사령관장제스은 지금 말할 수 없습니다. …… 그는 아직 충분히 자유롭지 못합니다. 아직 충분한 기반을 갖고 있지 못합니다. 그는 난징과 상하이를 향해 떠났고, 그곳에서 말할 것입니다. 그곳에서 하고 싶은 말을 할 것입니다!"¹¹

다시 말해, 주장에 도착한 대표단은 이미 국민당에 분열이 발생했으며, 장제스가 북벌의 과정에서 장시성 전역에서 수행한 노동자조직의 파괴를 상하이에서 행하겠다는 특별한 의도를 가지고 갔다는 사실을 확실하게 이해하고 있었다. 브라우더, 도리오, 만은 가능한 한 크고 단호한 목소리로 그것을 알리고 경고해야 하지 않았는가? 장제스가 상하이에 도착한 지 불과 며칠 후, 그들은 주장에 도착했다. 앞서 보았듯이 장제스가 주장에서 갖고 있던 역량은 매우 불확실했고, 노동자들의 역량은 상당이 거대했다. 모스크바는 장제스가 자극받지 않는다면 공격하지 않을 것이라고 믿으면서 퇴각을 권고하고 있었다. 당시는 결정을 내려야 할 중대한 순간이었다. 국민당 내에 분열은 존재하지 않고, 장제스는 '복종'을 표시하고 있으며, 상하이에서 충돌의 가능성은 없다며 도처에서 노동자들을 안심시켰다. 책임 있는 3명의 코민테른 대표단이 바로 그 순간에 노동자들에게_{특히 상하이 노동자들에게} 장제스는 친구나 구원자가 아니라 치명적인 적이라고 경고했다면 어떤 결과가 빚어졌을지는 아무도 모를 일이다. 브라우더, 도리오, 만이 인지한 공격에 대비해 그 어떤 대가를 치르더라도 무기를 놓지 말고 격퇴할 준비에 나서는 것이 노동자들에게 절대적으로 필요했던 일이 아니었는가? 물론 그것을 말하는 것은 매우 어려웠다. 하지만 브라우더, 도리오, 만은 이 문제와 관련해 사실상 아무것도 하지 않았다.

3월 31일에 그들은 한커우에 도착했다. 브라우더가 우선적으로 말한 것은 장제스에 대한 공개적 비판과는 전혀 거리가 멀었다. "브라우더는 자신이 방문한 각지에서 군대, 노동조합, 농민단체가 서로 접촉하는 모습이 가장 기쁜 일 중 하나였다고 말했다. …… 그들은 각지에서 예외적인 경우를 빼고는 인민들이 확고하게 당_{국민당}을 지지하고 있음을 목격했다. …… 국민 혁명에서 농민은 다른 모든 집단과 완벽하게 협력하고 있었다".12 훗날 20세기 미국주의를 제창할 것인 브라우더는 "(장시성의) 운동이 곤란 속에서 펼쳐지고 있다"고 조심스레 말하면서도, 서둘러 "노동자들은 전혀 사기가 꺾이지 않았다"고 덧붙였다. 중국 신문에 실린 하나의 간단한 성명13을 제외한다면, 어디에서도 브라우더는 장시에서 '곤란'을 빚어낸 인물이 장제스라는 사실을 언급하지 않았다.

8일 뒤 발표된 그들의 방문에 관한 공식보고서에서, 브라우더, 도리오, 만은 이렇게 단언했다.

"대표단은 거의 모든 곳에서 혁명군과 그 정치부가 혁명적 국민당과 함께 새로운 노동조합과 농민회의 조직화와 발전을 도왔다고 들었다."

그들은 '진행 중인 일정한 분화'를 목격했다고 대담하게 밝히면서, 간저우에서 '반동세력의 앞잡이들'한테 살해된 1명의 지도자를 애도하는 노동자들을 보았다고 언급했다. 하지만 이들 '앞잡이들'의 정체는 드러나지 않은 채로 남았다. 보고서는 '봉건제도와 반동세력을 소멸시키기로 한 국민 정부와 국민당의 결정에 대한 깊은 확신'을 표명하는 것으로 결론을 맺는다.14

몇 개월 뒤에도 여전히 코민테른 신문은 "대표단이 각지에서 국민당의 지원 속에서 농민대중이 강력한 농민회로 조직되고 있는 것을 관찰하고 기뻐했다"는 소식을 보도했다.15

이런 거짓말로 사실을 숨기는 일은 장제스가 유리한 시간에 상하이에서 타격을 가할 때까지 계속됐다. 그 뒤에야 비로소 '반동세력의 앞잡이들'의 정체가 '장제스 총사령관의 이름으로 행동하는' 군대라는 사실이 밝혀졌다. 그 뒤에야 장시성 전역에서 "노동조합이 비밀스럽게 모임을 가져야 했고, 군대가 모든 기구를 점령했다"**16**는 사실을 폭로할 때가 됐다. 브라우더가 그처럼 '기쁘게(!)' 목격한 군대와 노동조합의 접촉은 바로 이런 것이었다. 그리고 이제 장시성에서 "노동자-농민은 아무런 목소리도 낼 수 없기 때문에, 국민당은 오직 관료와 자본가를 대변한다"**17**는 사실을 폭로할 시간이 왔다. '모든 인민이 확고히 지지한' 당은 바로 이런 것이었다.

1927년 중국 혁명의 가장 결정적 국면에서 이런 중대한 정보의 은닉은 장제스의 쿠데타를 앞두고 코민테른에 만연한 분위기를 보여 주는 지표였다. 몇 가지 사례만으로도 그 분위기는 드러난다.

"현재 우리가 난징과 상하이 장악을 앞두고 있는 상황에서, 제국주의는 이른바 분열 중인 국민당 내 경향들에 관한 소식을 발표하고 있다. 국민당집행위원회의 결정은 정확히 그 반대라는 것을 보여 준다. 여전히 당내 연합전선은 과거만큼 공고하다. …… 국민당은 제국주의가 말하는 분열과는 거리가 멀며, 그 대오의 단결을 강화시켜왔을 뿐이다".**18**

이번에는 '상하이 노동자들의 승리'라는 제목의 글을 살펴보자.

"국민당 내 분열, 그리고 상하이 노동자들과 혁명적 군대 사이의 충돌은 이제 완전히 사라졌다. …… 장제스는 당의 결정에 복종할 것이라고 직접 선언했다. 제국주의가 믿고 싶어 하는 것과는 달리, 장제스 같은 혁명가가 반혁명적 장쭤린과 동맹을 맺고 해방운동에 맞설 리는 없다. 실제로 지난 11월에 장쭤린과 광둥군 사이에 협상이 있었지만, 그것은 단지 전술적 이유 때문이었다. …… 국민당은 모든 노동자의 요구를 만족시키겠다고 약속해 왔다. 상하이 노동자계급을 위협하는 유일한 문제는 제국주의의 도발이다".**19**

같은 주에 파리 노동자들은 국민당의 '변함없는 단결'을 확인받고 열광했다.[20]

모스크바에서도 앞으로의 급습을 경고하며 중국 공산당의 무조건 독립을 요구한 트로츠키와 좌익반대파에게 응답하는 형태로 노동자들을 안심시켰다. 3월 16일에 《프라우다》는 '중국 혁명과 국민당'이라는 제목의 기사를 싣고는 "현재 중국 혁명에서 주된 정치적 문제는 군사적 문제다"라고 주장했다. 또한 제국주의와 거래를 꾀하고 있는 우파 내의 '동요 정도의 다양성(!)'에 대해 설명했다. 다른 한편, 기사는 서둘러 이렇게 안심시키려 했다. "국민당 안에는 대중의 이해를 반영하는 강력한 좌파가 존재한다. …… 정말 당연하게도 제국주의 신문은 온갖 방식으로 국민당 우파의 힘을 과장하고 있고, 그들이 혁명을 '온건'노선으로 돌려놨고 권력을 수중에 집중시켰다고 말한다. 제국주의 신문은 국민당의 완전한 변질과 분열, 그리고 중국 혁명의 붕괴를 예언했다". 그러고는 국민당에서 즉각적인 철수를 계속해서 요구한다는 이유로 좌익반대파를 맹렬하게 공격했다. "그들에게 국민당 우파의 일면은 보이지만, 그 핵심은 보이지 않고, 대중도 보이지 않는다. …… 국민당 우파집단, 국민정부 내의 우파에 가까운 자들, 그리고 군대조차 혁명적 대중의 압력에 복종하도록 강요받고 있다. …… 이와 관련해 장제스의 선언은 매우 중요한 자료다 그의 기율 선언을 말한다. 어쩔 수 없이 장제스는 음모를 꾸몄고, 충성을 선서했으며, 지도부에게 복종했다. 국민당 극우파가 실행하려 했고, 제국주의 자본가계급이 비장의 카드로 여겼던 계획은 실패했다. 이제는 미국 자본가계급 신문조차 우파의 음모가 실패했음을 인정할 수밖에 없다".[21]

《프라우다》 칼럼에서 코민테른을 대변한 멘셰비키 마르티노프는 한발 더 나아간다. "국민당의 대다수는 좌파다. …… 국민당 지역조직의 열 중 아홉은 좌파와 공산당이 지도하고 있다".[22]

이 모든 장담 가운데 가장 무미건조한 것은 전략의 대가인 이오시프 스탈린으로부터 나왔다. 그는 4월 5일에 모스크바의 콜로니잘*에서 3,000명의 관리가 참여한 대회에서 트로츠키와 좌익반대파의 경고에 대해 답변하기 위해 나섰다.

이 역사적 연설에서 그는 이렇게 단언했다.

"장제스는 규율에 복종하고 있습니다. 국민당은 우파와 좌파, 그리고 공산당의 연합이자, 일종의 혁명적 의회입니다. 왜 쿠데타를 일으키겠습니까? 우리가 다수를 차지하고 있고, 우파가 우리를 따르는 상황에서, 왜 우파를 내처야 합니까? 농민은 비록 지쳐서 비틀거리는 늙은 말일지라도, 여전히 유용한 동안은 그 말을 필요로 합니다. 그들은 말을 내치지 않습니다. 우리도 마찬가지입니다. 우파가 더 이상 우리에게 소용이 없을 때, 우리는 그들을 내칠 것입니다. 현재 우리는 우파가 필요합니다. 그들에게는 여전히 제국주의에 반대해 군대를 통솔하며 이끌고 있는 유능한 자들이 있습니다. 어쩌면 장제스가 혁명에 공감하지 않을 수도 있지만, 현재 그는 군대를 이끌고 있고, 그에게는 제국주의에 맞서 군대를 이끄는 것 말고는 다른 도리가 없습니다. 게다가 우파는 장쭤린의 장군들과 연계를 맺고 있고, 어떻게 타격을 가하지 않고서도 그들의 사기를 꺾을 수 있고, 어떻게 그들이 혁명의 편으로 완전히 넘어오도록 유도할 수 있는지를 매우 잘 알고 있습니다. 또

---

* Колонный зал: 기둥강당(Hall of Columns)이라는 뜻으로 10월 혁명 이후 공산당 주요 회의들이 열린 곳이다.

한 그들은 부유한 상인들과 연계를 맺으면서 돈을 끌어 모을 수 있습니다. 그래서 레몬에서 즙을 짜듯이, 그들을 끝까지 이용한 뒤에 버려야 합니다."[23]

불과 며칠 전에 스탈린은 어느 청년공산당원 회의에서 이렇게 말했다.

"지금까지 그들[제국주의]이 얻은 것은 단 하나뿐이라고 말할 수밖에 없습니다. 중국인들 사이에서 제국주의에 대한 증오의 심화, 국민당 세력의 일치단결, 중국 혁명운동의 새로운 좌경화가 그것입니다. 분명하게도 지금까지 제국주의는 기대한 것과는 정반대를 달성한 것입니다. …… 신이 누군가를 멸하려 할 때, 먼저 그의 눈을 멀게 한다는 말은 진실입니다."[24]

정말로 그것은 진실이다! 누가 정말 눈이 멀었는지 확인하는 것만 남았다.

이 사활적 1주 동안 상하이의 중국공산당에 내린 절묘한 지시는 이러했다.

"자본가계급이 진압에 나서려고 준비하고 있다는 것이 명백해진 3월 31일에(!), 코민테른 집행위원회는 이렇게 지시를 내렸다. 현재 준비 중인 진압에 맞서 대중을 나누어 쪼개고, 반우파 캠페인을 거행하라. 이때[이 때문에 역관계가 매우 불리하게 변화할 수 있다는 점에서] 공개적 투쟁을 개시해서는 안 된다. 무기를 지급해선 안 되며, 어떠한 곤경에서도 숨겨야 한다".[25]

이런 지시가 의미하는 것은 중국 공산당원들에게 다소곳이 머리를 단두대에 올려놓으라고 요청하는 것 그 이상이 아니었다. '반우파 캠페인'은 결코 장제스에 반대하는 캠페인을 의미하지 않았다. 코민테

른 신문 전부가 그의 충성을 칭송하고 있지 않았던가? 그것은 현재 장
제스의 심복이 된 정치인들과 장군들을 향해 분노로 칭얼대는 것을
의미했다.

바로 그 즈음에 지도적 코민테른 기관지는 "국민당이 혁명적 노동
자-농민의 피가 부족해 병을 앓고 있다"고 주장했다. "공산당이 그 피
를 수혈해야 하며, 그래서 상황을 근본적으로 변화시켜야 한다".26

트로츠키가 "이 얼마나 불길한 궤변인가!"라고 썼던 것은, 당시 준
비 중이던 것이 바로 그 피의 수혈이었기 때문이다. 그것은 모스크바
의 높은 곳에 앉아서 상하이 노동자들에게 쥐 죽은 듯 가만히 있으라
고 충고한 대담하고 자신만만한 전략가들이 전혀 예상하지 못한 방식
으로 실현됐다.

3~4월의 상하이 상황에 관한 코민테른의 평가를 상세히 다룰 필요
가 있는데, 이 엄중한 시기에 추구된 정책을 방어하기 위한 얼마간의
소극적 시도가 있은 뒤27, 머지않아 하나의 신화를 만들어 내 코민테
른의 모든 문서에서 끊임없이 떠받들었기 때문이다. 의심의 여지없이
상하이 재앙의 책임은 전적으로 중국 공산당 지도부에 있으며, 특히
천두슈에게 있다는 것이다. 그들은 모스크바의 지시를 완강히 거부했
다는 이유로 비난받게 됐다. 앞서서 그 지시가 무엇이었고, 어떤 평가
에서 도출된 것인지를 살펴보았다. 상하이의 중국 공산당이 임박한
재앙 앞에서 무기력하게 무장해제된 것은 바로 그것 때문이었다.

국외에서와 마찬가지로 상하이에서도 쿠데타가 임박했다는 소문
에 대해 분개하며 비난했다. 총공회는 공개 성명을 통해 의문을 제기
했다. "어떻게 유일하게 환영받고 존중받는 군대와 상하이 노동자들
사이에 충돌이 벌어질 수 있겠는가?" "소문은 국민 혁명군과 노동자계

급 사이에 파열이 있을 수 있다는 의심을 확산시키고 있다. …… 말할
필요 없이 이 소문은 근거가 없으며, 모두에게 그것을 믿지 말라고 요
청하는 바다."[28] 이 소문은 '불화의 씨앗을 심기 위한 적의 모략'으로
불렸다. 임박한 공격을 날마다 공공연하게 예견하는 보도는 무시됐
다. 이 모든 것에 관한 공산당조직들의 대응은 '통일전선을 침해하는'
소식의 보도에 관계된 신문을 억압할 것을 장제스에게 요청한 것이었
다! '반우파 캠페인'을 개시하라는 모스크바의 지시에 따라, 거의 날마
다 '반동세력'은 일반에 대한 맹렬한 비난이 쏟아져 나왔다. 4월 4일에
총공회는 만일 '반동세력'이 무장규찰대와 노동자들에 맞서 모종의
행동을 취한다면 총파업에 돌입하겠다고 공개적으로 위협하기까지
했다. 하지만 이런 위협 속에서도 결코 장제스의 이름은 언급되지 않
았고, '반동세력'은 우즈후이와 장징장 같은 국민당 우파와 서산회의
파를 의미했을 뿐이다. 장제스가 이들과 생사고락을 함께했다는 사실
은 무시되거나 감춰졌고, 기껏해야 개별적으로 우려됐을 뿐이다.

　공산당원들은 '혁명 장군'을 달래기 위해 온갖 노력을 다했다. 심
지어 상하이에 도착한 그를 예우하며 성대한 환영식과 연회를 준비했
다. 하지만 장제스와 장군들은 초대에 응하지 않았다. 공산당원들은
이렇게 모욕을 당하고도, 장제스가 취한 온갖 사소한 양보 시늉을 기
쁘게 환영했다. 왕징웨이 지도부가 지지한 장제스의 4월 3일자 전보
에 대해, 공산주의 조직들은 전보를 쏟아 내며, 사실상 모든 논쟁적 문
제가 해결됐다고 여기며 환영했고, 앞으로 그가 맡은 의무를 충실히
이행하리라는 헛된 희망을 표현했다. 같은 정신에서, 왕징웨이와 천
두슈는 장제스의 4월 3일 전보에 응답해 공동 서명한 선언문을 발표
했다. 공산당 정책을 특징지은 자포자기와 계급화해의 정신을 가장

완전하게 표현하고 있는 이 선언문 전문을 살펴보자.

국민당-공산당 양당의 동지들!

우리의 국민 혁명은 거대한 승리를 거뒀지만, 여전히 대부분의 적은 살아남았습니다. 그들은 우리를 공격해 승리를 지우려고 우리의 약점을 면밀히 관찰하고 있습니다. 그래서 그 어느 때보다 우리는 단결해야합니다. 중국 공산당은 중국 혁명을 위해 국민당과 삼민주의가 필요하다고 확고하게 인정합니다. 중국 혁명이 전진하는 모습을 보고 싶지 않은 자들만이 국민당 타도를 주창할 수 있습니다. 아무리 어리석더라도, 중국 공산당이 국민당 타도를 주창해 적들인 제국주의와 군국주의를 기쁘게 할 수는 없는 일입니다. 프롤레타리아 독재는 모든 공산당 강령의 궁극적 목표입니다. 소련이 그것을 실현했지만, 식민지·반식민지가 처한 정치·경제적 상황에서, 자본주의에서 사회주의로의 이행이 똑같은 단계를 밟는 동일한 경로를 도식적으로 거쳐야 하는지는 여전히 열려 있는 문제입니다. 게다가 중국 혁명의 현 추세에서 아직까지 이 문제는 제기되지 않았을 뿐더러, 가까운 미래에도 제기되지 않을 것입니다. 중국에 필요한 것은 프롤레타리아 독재의 수립이 아니라, 반혁명에 대처하기 위해 모든 피억압 계급의 민주주의 독재를 수립하는 것입니다.

두 정당 간의 협력은 다양한 방식으로 존재합니다. 중요한 것은 양당 당원의 압도적 다수가 상호 우애의 태도로 문제를 해결하며, 협력의 기본정신에 위배되지 않도록 하는 것입니다. 공산당의 혁명이론과 국민당에 대한 진정한 태도를 명확히 이해한다면, 어느 누구도 쑨원 총리가 주창한 공산당과의 연합정책을 의심할 수 없을 것입니다.

현재 국민 혁명은 제국주의의 최후의 보루인 상하이까지 도달했습니다. 이것은 국내외를 통틀어 모든 반혁명세력을 일깨웠고, 이들은 우리의 두 당 사이에 긴장을 만들어 내고 불화의 씨앗을 뿌리고자 온갖 종류의 소문을 조작해 내고 있습니다. 어떤 이들은 공산당이 노동자 정부를 조직할 것이고, 북벌군을 곤란에 빠뜨리려고 조계에 난입할 것이며, 국민당 권력을 타도할 것이라고 말합니다. 또 어떤 이들은 국민당 지도부가 공산당원들을 추방할 것이고, 노동조합과 규찰대를 탄압할 것이라고 말합니다. 어디에서 이런 소문이 발생했는지는 분명하지 않습니다. 국민당 중앙집행위원회 전체 회의의 최근 결의안은 공산당과 노동조합을 추방하는 것과 같은 일들이 결코 벌어지지 않을 것임을 만천하에 보여 주었습니다. 상하이의 군 당국은 중앙 정부에 대한 복종을 표명했습니다. 의견충돌과 오해가 존재하지만, 그 어느 것도 해결할 수 없는 것이 아닙니다. 여전히 평화와 질서를 애호하고, 상하이 조계들을 무력으로 회수하는 것에 반대하는 국민 정부 정책에 대해 공산당은 지지를 보내고 있습니다. 상하이 총공회 역시 단독 조계 진입에 반대하는 성명을 발표했습니다. 공산당 역시 모든 계급이 시정부 내에서 함께 협력하는 정책에 지지를 보냅니다. 이것은 엄연한 사실이며, 유언비어가 들어설 자리는 없습니다.

국민당-공산당 양당의 동지들! 강력한 적들은 무기로만 우리를 상대하는 것이 아닙니다. '이적제적以赤制赤*'의 계획 속에서 유언비어로 우리를 이간질하고 있습니다. 우리는 혁명이라는 공통 기반에 의거해 서로에 대한 의심을 버려야 하고, 유언비어를 퍼뜨리는 자들을 물리쳐야 하며, 서로를 존중해야 합니다. 모든 것을 솔직하고 공개적인 협의를 통해 해결해야 합니

---

* 오랑캐로 오랑캐를 친다는 뜻의 이이제이(以夷制夷)에서 따온 말로 빨갱이로 빨갱이를 친다는 의미로 사용됐다.

다. 정치적 관점은 서로 다를 수 있지만, 근본적으로는 틀림없이 일치합니다. 양당의 동지들이 친밀한 형제처럼 성실하게 협력한다면, 우리의 관계를 해하려는 말들은 아무런 효과도 발휘하지 못할 것입니다. 이런 우리의 확신은 양당에서 검토될 것이며, 혁명 동지들을 실망시키고 적들을 기쁘게 하는 일은 없을 것입니다. 그럴 때 양당과 중국 혁명에 영광이 있을 것입니다.

상하이에서건 해외에서건 결정적 임무에 직면한 공산당 지도부의 태도는 똑같이 이랬다. 평범한 노동자들은 이들 지도부를 절대적으로 신뢰했다.

봉기의 승리는 공산당의 권위를 대단히 크게 제고시켰다. 노동자들은 노동조합으로 몰려들었다.[29] 이 때문에 무장한 노동자권력이 곧 몰수할 것이라고 상하이의 국내외 자본가들이 생각한 것은 결코 과대망상이 아니었다. 모든 공장의 기계가 가동을 멈췄고, 노동자들이 공장의 계급투쟁을 거리로 옮겨 왔을 때, 자본가들이 강렬한 기관총성을 소유권의 조종을 울리는 소리로 여긴 것은 전혀 이상한 일이 아니다. 과장된 표현을 벗겨 버린다면, 그것은 자본가들의 두려움을 의미하는 것으로서, 무장한 노동자계급에게서 자신들을 타도할 수 있는 힘을 분명히 목격했기 때문이다. 군함이 외국인 정착지를 보호할 수는 있었지만, 다시 공장의 기계를 가동시키거나 노동자들이 무거운 짐을 지도록 만들 수는 없었다. 그들의 공포와 히스테리는 상황에 대한 솔직한 평가에서 나온 논리적 귀결이었다. 그들이 잘못 판단한 것은 공산당 지도부의 자질이었다. 러시아 10월 혁명을 수행했고 자본주의 사회의 기초인 사적소유 제도를 파괴한 지도부와 같은 부류로 오인했던 것이다.

상하이 노동자들은 공산당 지도부가 이끌어 주기를 기대했다. 만일, 공산당 지도부가 자본가들이 느낀 두려움을 부분적으로라도 실증하려고 하면서 매우 확실해 보이는 기회를 붙잡고자 했다면, 장제스를 군대에서 고립시키고 부르주아 반혁명을 질식시킬 수 있다고 확신할 만한 수많은 근거를 찾을 수 있었을 것이다. 하지만 실제로 있었던 일은 그것과는 거리가 멀었다. 봉기를 승리로 이끈 당은 '4계급 연합'이라는 족쇄에 묶이고 '민족통일전선'이라는 신화에 눈이 멀었고, 반동에 직면하면서 빠르게 무능함을 드러냈다. 3월 22일에 《프라우다》는 이렇게 외쳤다. "승리한 노동자들이 상하이의 열쇠를 광둥군에게 넘겼다. 이 사실은 상하이 노동자계급의 위대한 영웅 행동을 표현하는 것이다".[30] 여기서 '영웅 행동'이란 봉기에서 승리한 노동자들이 이튿날에 권력을 자본가계급에게 넘긴 것을 의미했다.

3월 29일에 공산당의 조력 속에 수립된 상하이 시 임시정부는 다수의 요직을 자발적으로 상하이 자본가계급 대표자들에게 넘겨주었다. 정부위원 19명 가운데 단 5명만이 노동조합의 몫이었다. 마음대로 행정부 요직에 측근을 앉히고 있었고, 신속하게 민정기관을 수립하고 있었던 장제스는 대변인 우즈후이를 통해 '당의 정부조직법에 위배'된다고 선언했고, 임시시정부에 대한 승인을 거부했다.[31]

장제스의 태도가 알려지자마자, 선출된 자본가계급 대표자들이 제안받은 자리를 사양하기 시작했다. 은행가이자 매판상인 위차칭은 지명을 거부했다. 상하이 상업저축은행 천광푸陳光甫·진광보 사장은 취임을 거부했다. 사전에 정부에 가담할 의향을 공개적으로 표명한 뒤 의장으로 선출된 총상회總商會의 왕샤오라이는 비단상인으로서 봄철에 바쁘기 때문에 자리를 맡을 수 없다며, 좀 더 현명한 사람에게 넘겨주겠다고 말했다. 또 다른 유명한 상인인 왕한량王漢良은 상하이 장악을 통해 자신의 모든 노력에 대한 보답을 충분히 받았으며, 이제 물러나 유능한 후배들에게 길을 내주겠노라고 공표했다. 폭력단 및 대상인들과 긴밀한 관계에 있던 유명한 여성 법률가이자 법관인 정위슈鄭毓秀·정육수는 '공무로 너무 바쁘다'고 말했다. 《중국우보中國郵報》의 편집자였던 셰푸성謝福生·사복생은 건강과 능력을 이유로 공무를 맡을 수 없다고 말했다. 나머지 자본가계급 대표자들도 그 뒤를 따랐다.

그렇게 자본가계급의 보이콧에 직면한 노동자대표들은 속수무책이었다. "4월 3일에 열린 5차 시민 대표자회의에서 시정부 비서실장을 맡은 공산당원 린준林鈞·임균의 말에 따르면, 시정부 의원들이 취임한 뒤, 대중들이 자발적으로 현지 기관을 접수한 일을 보고하거나, 기관을 인수해 달라고 촉구하거나, (시 인근의) 향신들에 대한 조치를 촉구하거나, 학교 분쟁의 해결을 재촉하는 등 정부를 향한 요구가 빗발쳤다. 하지만 모든 것을 뒤로 미루라는 장제스 총사령관의 서신을 받은 정부 의원들은 적극적으로 직무를 수행할 수 없었다".[32]

정부는 각지의 권력기관을 접수하는 대신, 청문呈文 형식낡은 관료제 시대에 하급관리가 상급관리에게 청원할 때 이용했다의 서신을 장제스에게 보내 그의 측근이 차지한 기관을 넘겨줄 것과 민주적으로 선출된 시 정부를 지지할 것을 간청했다.[33] 정부는 민생고를 덜어 줄 어떠한 조치도 취하지 않았다. 노동조합과 규찰대가 대담한 사회적 개혁을 돕도록 요청하지도 않았다. 정부는 선언을 통해 정강을 발표했지만, 정강을 실현하기 위한 조치는 전혀 없었다. 장제스와 국민 혁명군을 환영하고, 왕징웨이의 귀국을 환영하며, 장제스의 기율복종 약속을 축하하고, 천두슈-왕징웨이 선언을 특별히 기쁘게 맞이하는 등 결의안 채택에 몰두한 것이 정부가 한 유일한 일이었다.

　노동자, 수공업자, 소매상의 일상적 요구와 이해에 실제로 부응하는 조치들을 취하고자 했다면, 임시정부는 무장을 갖춘 상하이의 전투적 노동조합들과 대중조직들의 지지에 의지할 수 있었다. 선전의 무기를 이용해 군대를 사로잡고 노동자와 병사 간 우호관계를 발전시킴으로써, 일반 병사들의 지지를 확보할 수 있었다. 이런 조치들은 노동자-농민을 결집시킨 상태에서 단지 우한 국민 정부의 동요와 주저로부터 벗어나는 선례가 필요했던 각 성과 도시에서 반향을 불러일으켰을 것이다. 이런 일은 의식적으로 노동자계급의 도구로 기능하는 철저히 독립적인 공산당이 없다면 결코 생각할 수 없는 일이었다. 국민당의 족쇄에 구속돼 있었던 중국 공산당원들은 정반대의 목표를 추구했다.

　그들은 '연합전선' 유지를 사활적으로 추구했고, 장제스, 은행가, 상인을 협력자로 여기며 끈질기게 뒤쫓았다. 이들과의 협력 없이는 스스로 아무 일도 할 수 없다고 여겼다. 푸둥 같은 일부 지역에서는 노동자 권력이 좀 더 공세적으로 모습을 드러냈다. 그곳에서 노동자들은 자발적으로 현지 정부기관을 접수했고, 스스로 법정을 설치했으며, 노동자의 적을 체포해 심문하고 판결할 수 있는 권한을 규찰대에 부여했다. 임시정부는 이런 행동에 대해 전혀 지지하지 않았고, 오히려 비판과 비난을 보냈다.

　공산당 지도부의 임시정부를 통한 활동은 노동자에게 유리한 그 어떤 확실한 진전도 이뤄 내지 못했다. 공산당의 총공회 지도 기구를 통한 활동은 더욱 심각했다. 그들은 '민족통일전선'의 유지에 필요한 범위 내로 대중운동의 자연스런 상승을 임의로 제한했고, 규찰대 활동을 억제했다. 4월 4일에 총공회 집행위원회는 파업을 자제시키는 일련의 규약을 통과시켰다. 노동자들이 주도하는 자발적 파업은 금지됐다. 정해진 절차에 따르면, 노동자들의 요구는 '너무 과도하지 않아야' 했고, 먼저 고용주와의 직접 교섭에서 제출해야 했다. 만일 교섭이 결렬된다면, 파업을 명령하는 것이 아니라, 노조 상급단체로 넘겨 고용주와 협상을 갖도록 해야 했다.[34] 규정이 노린 효과는 노동자들의 주도권을 약화시키고, 투쟁을 고립·분산시키는 것이었다. 고용주가 대중운동에 맞서 공장폐쇄를 통해 반격에 나섰을 경우에는 임시정부에 요청해서 '충분한 근거와 분명한 이유 없이 공장을 폐쇄하지 말 것'을 고용주에게 요구하도록 하는 온순한 결의안을 채택했다![35]

규찰대의 체포를 엄격히 금지하는 명령이 발표됐다. 규찰대의 임무는 '군대 및 경찰과 협조하며 질서를 유지하는 것'[36]으로 한정됐다. 이런 제한을 위반하는 규찰대원에 대한 엄한 처벌이 예고됐다. 총공회 지도부는 군 지휘관들 앞에서 노예 같은 비굴한 태도를 취했다. 실례로 노동자의 적으로 악명 높은 류즈劉峙·유치 장군의 일가족 중 몇 명이 어떤 혐의로 순찰 중이던 규찰대에 체포됐다. 이튿날 아침, 총공회 집행위원회는 극히 비굴한 사과문을 군사령부로 보냈다. 4명의 규찰대원은 '동지들(!)에게 해를 끼치고 사단장 일가에게 무례를 범한 분별력 없고 경솔한 행동'에 대해 류치 장군에게 '용서'를 구했다.

"우리는 그들의 무장해제를 명령했고, 대원자격을 박탈했으며, 엄하게 징계할 것입니다."[37]

지도부는 반제투쟁과 관련해서도 똑같이 굴종적인 태도를 보여 주었다. 전반적 상황은 조계 접경지에 격분한 무장 군대를 배치하면서 직접 대중운동에 대한 탄압에 가담하고 있는 강대국들에 맞서서 파업, 배척운동, 시위 등의 방식으로 가능한 가장 전투적이고 폭넓은 행동을 촉발시켰어야 했다.*

하지만 총공회는 조계 철문을 향해 돌진할 생각이 없다고 안심시키는 성명과 약속을 공표하는 것으로 활동을 제한했다. 물론 경솔하게 외국의 대포에 맞서 덤벼드는 것은 무모한 행동이었을 것이다. 하지만 외국인들을 달래고 안심시키는 것과 광범위한 운동을 통해 조계와 외부를 연결하는 모든 신경망을 끊으며 제국주의의 저항을 약화시키는 것은 전혀 다른 문제였다. 제국주의와 타협하겠다는 자본가계급의 의도가 더할 나위 없이 분명해졌다. 이런 타협은 노동자들을 희생시키면서 이루어질 것이 분명했기 때문에, 이제 자본가계급과 단결하고 독립적 공세를 개시하는 것은 그 어느 때보다 중요한 공산주의자들의 임무였다. 그것은 임박한 국내외 착취자들의 연합에 직면해 노동자들의 손발을 자유롭게 해 주었을 것이다. 공산주의자들은 그렇게 하는 대신 '정당하게 수립된 당국들' 간에 즉 자본가계급들 사이에 이루어지는 모든 합의에 대해 무조건 복종하겠다고 앞서서 공표했다.

그들은 모든 중국 신문에 실은 광고를 통해 이렇게 말했다. "조계를 회수하는 문제와 관련해 총공회는 군대 및 상업계와 함께 국민 정부의 외교정책을 지지할 것이다. 조계에 난입하는 일은 없을 것이다. 법과 질서의 문제와 관련해, 총공회는 그것을 수호하기 위해 군대 및 상

---

* 3월 24일의 난징 포격에서 미국인들이 행한 주도적 역할은 여전히 미국이 공정하고 관대한 태도로 중국 민족주의운동을 지켜보고 있다고 믿은 많은 중국인을 경악시켰다. 4월 7일에 동방방직공사 앞에서 열린 노동자 시위를 미군 순찰대가 총칼로 해산했다. 4월 8일 밤에는 200명의 영국군 부대가 다샤(大夏·대하) 대학을 습격해 학생 8명에게 부상을 입혔고, 기숙사를 수색해 학생들의 물건을 몰수하고 여러 명을 체포했다. 일본 상륙부대는 계속해서 일본 공장의 노동자들을 총칼로 대했다.(원주)

업계와 협력할 것이다".[38] 3월 30일의 선언에서는 "국민 정부와 해외 열강이 참여할 협상의 결과를 참을성 있게 기다릴 것이고, 평화적 해결을 바란다"며 미리 약속했다. 또한 공격이 있을 것이라는 유언비어 때문에 "공동 조계 주민들이 상당히 동요하고 있다"고 비난했다.

"우리는 광범위한 선전을 바라지만, 또한 모든 불필요한 공포가 사라지기를 바란다. 상하이 총공회는 조계 회수를 위한 운동을 강력하게 지지하지만, 그것은 국민 정부 당국이 담당할 일이다. …… 외교문제와 관련해 우리는 높은 위치에 있는 국민 정부의 지도에 따라 일사불란하게 행동할 것이다."[39]

그렇게 공산당은 '민족통일전선'을 명목으로 점차적으로 노동자계급의 주도권을 완전히 포기했다. 정부가 가진 특권은 자본가계급의 협조 속에서만 행사될 수 있었고, 자본가계급 대표들이 협조를 거부했을 때, 공산당원들은 자신들만으로는 어찌할 수 없다고 선언하며 아무것도 하지 않았다. '법과 질서'는 '군대 및 상업계와의 협력' 속에서만 유지될 수 있었다. '높은 위치에 있는 이들', 즉 자본가계급만이 유일한 반제투쟁의 지도부였고, 그들이 이끌어 낸 모든 합의에 대해 무조건 받아들여야 했다. 자본가계급이 노동조합과 공산당을 무너뜨리려고 준비하고 있다고 용기를 내 제기하는 사람이 있다면, '민족통일전선'에 균열을 일으키려고 '반혁명분자'가 유언비어를 의도적으로 유포한다며 비난했다.

코민테른의 중국문제 '전문가'인 미프는 1년 이상 지난 뒤 이 결정적 시기의 중국 공산당 지도부에 관해 쓴 글에서 이렇게 설명했다. "상하이 동지들은 여전히 낡은 노선에 최면이 걸려 있었고, 자본가계급이 참가하지 않는 혁명 정부를 상상할 수 없었다. …… 또다시 낡은 전

통에 따라 지도적 역할이 자본가계급에게 부여됐다".40

낡은 노선? 낡은 전통? 그렇다면 코민테른이 어떤 새로운 노선을 선포한 적이 있었던가? 아니면 어떤 새로운 전통을 창시한 적이 있었던가? 자본가계급의 참여를 배제한 혁명 정부를 상상한 적이 있었던가? 언제 어디서 그들은 자본가계급과 단절하지 않고서는 불가능한 고유의 계급노선을 중국 공산당원들에게 요구했었던가? 스탈린과 부하린은 노동자계급과 자본가계급이 갈라서는 것은 불가피하다고 말했다. 현명하게 이것을 '예견'하면서, 자본가계급이 걷어차 버릴 때까지 끈질기게 그들 뒤를 따르라고 노동자계급에게 명령했다. 그들의 '예견'대로 장제스가 공개적으로 갈라서기 시작했을 때, 스탈린은 눈을 감고 보기 싫은 것을 피했고, 부하린은 귀를 막고 듣기 싫은 것을 피했으며, 보로딘-로이-브라우더-도리오 같은 이들은 입을 꼭 다물었다. 그리고 장제스에 반대해서가 아니라, 중국 공산당의 독립을 선포하라는 아무도 귀 기울이지 않는 요구를 계속했던 트로츠키에 반대해 경보를 울리고 소란을 일으켰다.

1927년 4월 3일에 트로츠키는 '중국 혁명의 계급관계'라는 글을 발표하려고 소비에트 신문에 원고를 제출했다. 하지만 발표는 거부당했다. 이 글에서 트로츠키는 '중국의 피우수트스키*'를 경고하며 이렇게 선언했다. "폴란드의 피우수트스키가 진화를 완료하기까지 30년이 필

---

* 피우수트스키(Piłsudski Jozef, 1867~1935): 젊은 시절 폴란드사회당에서 활동했다. 1918년 독일 혁명으로 석방된 뒤 귀국해 폴란드군 최고사령관에 올랐다. 프랑스와 손잡고 대소(對蘇) 간섭전에 참가하는 한편, 국내 혁명운동을 탄압했다. 대소전쟁에서 패배한 뒤 잠시 은퇴했다가 1926년 군사쿠데타를 통해 정권을 잡고 의회를 무력화했다. 군사 독재를 폈으며, 1934년에는 히틀러와 동맹을 맺었다.

요했다면, '중국의 피우수트스키'가 민족 혁명에서 민족파시즘으로 넘어가기까지는 훨씬 짧은 시간이 걸릴 것이다. …… 노동자들을 국민당으로 이끄는 모집기관으로 기능하며 족쇄를 차고 있는 공산당의 정책은 그간의 일들에도 불구하고 머지않아 불가피하게 노동자들이 국민당에서 뛰쳐나오게 될 순간에 중국에서 파시스트 독재체제가 성공적으로 수립될 수 있도록 준비하는 것이다. …… 노동자-농민을 국민당에 몰아넣고 공산당을 국민당의 인질로 유지시키는 정책은 객관적으로 배신일 뿐이다. …… 현재 국민당은 자본가계급과 노동자계급 사이의 '불평등 조약'을 구현하고 있다. 중국 혁명의 전반적 요구가 제국주의 열강과의 불평등 조약을 폐지하는 것이라면, 중국 노동자계급은 자국 자본가계급과의 불평등 조약을 청산해야 한다".⁴¹

하지만 스탈린은 레몬즙을 짜는 데^{국민당 우파를 이용하는 데} 몰두했고, 그 레몬 덕분에 용도를 다하지 않은 장쭤린, 그리고 대상인들과 연계를 맺을 수 있었다고 말했다. 실제로 장제스는 장쭤린과 연계하려 했지만, 장쭤린을 '혁명진영으로 넘어오도록' 유도하는 대신, 좌파에 맞서 동맹을 맺으려고 협상을 시도했다.⁴² 사실, 장제스는 어떻게 대상인들과 연계해 돈을 끌어모을 수 있는지를 알았고, 그 돈은 혁명을 위해서가 아니라 반혁명을 위한 재정으로 쓰였다. 하지만 스탈린은 장제스처럼 군대를 지휘하는 데서 '유능한 사람들'은 '제국주의에 맞서 군대를 이끄는 것 말고는 다른 도리가 없다'고 말했고, 이 때문에 이들이 지휘하는 군대의 공격에 대비해 노동자들이 무장하는 문제는 결코 현실화되지 못했다. 스탈린이 노동자들의 무기를 숨기라고 지시한 것은 우발적 사건을 사전에 차단하기 위해서였다. 따라서 상하이를 수비하고 있던 1사단 전체를 노동자의 편으로 끌어들여 장제스에 대항하게

본문 중 "레몬즙을 짜는 데"와 "국민당 우파를 이용하는 데"는 원문에서 윗첨자 형태로 병기됨

만들 수 있는 결정적 기회가 왔을 때, 공산주의 지도자들이 어쩔 줄 몰라 머뭇거렸다는 사실은 어렵지 않게 이해할 수 있다.

1사단은 노련한 혁명적 병사들로 구성돼 있었고, 혁명 속에서 교육을 받았으며, 노동자들과의 연대의식이 확고했다. 이들은 바이충시가 내린 3월 21일의 정지 명령에 분통을 터뜨렸고, 결국 이튿날 명령을 무시하고 상하이로 진군했다. 상하이에 당도한 장제스의 우선적 목표들 가운데 하나는 이 군대를 이동시키는 것이었다. 같은 주에 그는 이동명령을 내렸다. 병사들의 압력에 따라 행동하던 사단장 쉐웨는 즉시 공산당 중앙위원회를 찾아갔다.

그는 물었다.

"장제스가 상하이를 떠나라고 명령했습니다. 어떻게 해야 합니까?"

그는 장제스의 명령을 거부하는 동시에 1사단의 전투준비를 갖추자고 제안했다. 또한 반혁명 음모의 책임을 물어 장제스를 체포해 구속하자고 제안했다.[43] 쉐웨의 제안은 위기 전체를 해결할 열쇠를 공산당 지도자들의 손에 쥐어 주었다. 천두슈와 지도부는 주저했다. 그 자리에 있었던 보이틴스키와 6명의 코민테른 '고문단'도 주저했다. 그들은 우물쭈물하며 결정을 미뤘다.

"장제스에게 결정적 공격을 가하자는 제안에 대해 명확한 답변을 내놓지 않았다. 그들은 쉐웨에게 아픈 척하며 명령을 거부하라고 조언했다". 하지만 장제스는 명령이 지체되는 것을 허용하지 않았다. "시한이 다가왔을 때, 더 이상 지체하는 건 불가능했다. 쉐웨는 최후통첩을 받았고, 다시 한 번 (이미 제안했던 것처럼) 공산당의 지원과 지도로 장제스에게 맞서 무기를 들거나 혁명적 관점에서 매우 귀중한 대규모 무장역량을 상하이에서 내보내거나, 두 가지 외의 다른 길은 없

다고 말했다".⁴⁴

공산당 지도부는 쉐웨에게 장제스의 명령을 무시하고 상하이에 남으라고 충고한 책임에 대해 두려워하면서, 1사단을 상하이에 남도록해 달라고 간청하는 정중한 청원서를 장제스와 바이충시에게 보냈다. 노동자들에게는 모든 것이 잘되고 있다고 반복해서 말했다. 최면에 빠지는 것을 거부한 개별 공산당원들과 노동자계급 지도자들은 모두 활동이 가로막혔다.⁴⁵ 결정적 순간은 지나갔다. 쉐웨의 병사 전원은 먼저 자베이에서 떠났고, 그 뒤 열차를 통해 상하이를 떠났다. 공산당 지도부를 이해할 수 없지만 여전히 신뢰한 병사들은 항의하지 않고 떠났다.* 상하이의 노동자계급 지구는 바이충시와 류즈, 그리고 쑨촨팡을 배신한 저우평치가 이끄는 반동적 군대한테 완전히 점령됐다.

같은 주인 4월 첫째 주에 공산당 지역 기구들에 대한 순차적 공격이 시작됐다. 많은 수가 체포됐고, 규찰대원들이 무장해제당했다. 공산당의 영향을 받던 국민당 시당은 폐쇄됐다. 이에 대한 항의로 4월 5일에 군 정치부 간부들이 모여 결의안을 채택했고, 장제스가 국민당기율에 대한 충성을 재차 선언할 것과 이를 증명하기 위해 체포된 이들을 석방할 것을 요구했다. 장제스는 이에 대한 답변으로 이튿날 부대를 보내 정치부 본부를 급습해 19명을 체포했다. 병사들에게는 '반혁명분자들'을 체포하고 있다고 말했다.

정부는 공식 성명을 발표하며 이들에 대한 체포가 공산주의자들에 대한 악감정으로 해석되지 않게 하려고 애쓰며 이렇게 주장했다.

---

* 1930부터 1934년 사이에 쉐웨는 장제스의 가장 신뢰받는 부하이자 농민 홍군(紅軍) 토벌대의 가장 잔인한 장군 중 한 사람이 됐다.(원주)

"정치부를 지배하고 있는 사람들이 은밀하게 반동세력을 키우며 북벌의 진행을 방해하고 있다."[46]

같은 날 장쭤린의 병사들은 외교단이 용인하는 가운데 베이징의 소련대사관을 습격해 찾아낸 20명의 중국인을 체포했다. 그중에는 공산당 설립자의 일원인 리다자오가 있었다.** 장제스는 소련대사관으로 서둘러 전보를 보내 '분노'와 '유감'을 표명했다. 그는 이 습격을 '초유의 폭거'로 칭했고, 자신의 '진심 어린 애도'를 모스크바에 전해 달라고 청했다.[47] 모스크바는 득의양양하게 장제스의 전보를 인용하며, 그가 반노동자 쿠데타를 꾀할 가능성이 없음을 보여 주는 진일보한 증거로 내세웠다.[48] 하지만 외국 당국들이 베이징에서의 습격에 응해, 상하이의 소련총영사관을 포위하고 모든 출입자를 감시하기 시작했을 때, 장제스는 침묵하며 조심스레 지켜봤다. 한 특파원은 전보를 통해 이렇게 말했다.

"외국인 사회는 소련총영사관의 자유를 박탈하는 것에 대해 장제스 일파가 반대하지 않을 수 있다고 생각한다."[49]

실제로 장제스의 도착을 축하하기 위해 공산당원들이 준비한 어느 기념식에서 그는 '공동분투共同奮鬪'라는 글귀를 새긴 깃발을 규찰대에 전달했다.[50] 그는 4월 6일에 룽화에서 내린 명령을 통해 '공동분투'가 의미하는 것이 무엇인지 보여 주었다. "모든 노동조합규찰대는 총사령부의 지휘를 따라야 하며, 그러지 않을 경우 음모조직으로 간주해 존속을 허용하지 않을 것이다".[51] 의례적인 경고의 시기는 빠르게 끝

***

** 리다자오를 포함해 체포된 20명은 뒤에 교수형에 처해졌다. (원주)

나 가고 있었다.

공산당과 좌파가 천두슈-왕징웨이 선언에 대한 축전을 쏟아 내고 있을 때, 장제스의 대변인 우즈후이는 어느 우파 정치인들의 회의에서 이렇게 말했다.

"천두슈-왕징웨이 선언은 단순히 두 당의 우의를 보여 주려는 지도자들 사이의 외교적 언사에 불과합니다. 그것은 우리 당의 정책과 무관합니다."

우즈후이는 국민당이 공산당원을 받아들인 것일 뿐이지, 그들과 동맹을 맺은 것이 아니라고 말했다.

"국민당이 공산당을 받아들인 것은 공산당원들이 개별적으로 국민당에 가입해 그 기율에 복종하도록 권유한 것을 뜻합니다. 국민당과 외부 공산주의자들의 우호관계는 기껏해야 소련과의 연합과 같은 것으로서, 우리 당에 대한 원조를 요구하지만, 공동통치를 요청하지 않으며, 공산주의의 확산을 조금도 허용하지 않는 것을 뜻합니다. …… 그들이 국민당 기율을 어기거나 국민당을 위험에 빠뜨린다면, 우리는 그들의 활동을 제재해야 합니다. …… 그들이 우호의 범위를 넘어서거나, 우리와 공동으로 또는 독자적으로 중국을 통치하려 한다면, 그때 우리는 그만큼 강력하고 정력적으로 당을 옹호해야 합니다."[52]

이제는 거의 생명을 다한 임시정부를 대체하기 위해, 장제스는 우즈후이를 수장으로 하는 '임시정치위원회'를 설치해 모든 민정기관을 접수하고 조정하도록 했다. 그 외에도 거의 모든 준비가 완료됐다. 무엇보다도 가장 믿을 만한 부대 중 하나를 난징 전선으로 보내 자신에게 반대하는 부대를 숙청하도록 했다. 그 뒤 직접 결과를 확인하기 위해 신속한 시찰에 나섰다. 작전은 대략 4월 9일에 희생 없이 완료됐고,

믿을 수 없는 부대 대다수가 무장해제당했다.[53] 상하이에서 흥정과 술책, 허세와 담판, 허울뿐인 타협과 선언의 시기는 끝나고 있었다. 정치인들은 무대 뒤로 물러났고, 깡패들이 무대 위로 나섰다.

공격개시 시간이 도래했음을 가장 분명하게 보여 준 것은 바이충시 사령부의 정치부가 《중국보中國報》에 날마다 실은 반면짜리 광고였다. 국민 혁명군의 상하이 점령 이후 며칠 동안 이 광고는 익숙한 구호를 커다란 검정색 글자로 반복해서 실었다. "제국주의 타도! 봉건세력 근절!" 하지만 4월 7일부터 어조가 교묘하게 바뀌기 시작했고, 점차 노골화됐다.

4월 7일: "국민 혁명을 망치는 반혁명세력 타도하자!"

4월 8일: "삼민주의에 대한 반대는 혁명에 대한 반대다!"

4월 9일: "후방을 교란하는 세력을 타도하자!"

4월 10일: "상하이 임시정치위원회를 지지한다!"

4월 11일: "우리 병사들은 목숨을 걸고 전선에서 싸운다. 후방의 정직한 노동자들은 그 어떤 이유로도 파업을 벌이거나 질서를 파괴하지 않을 것이다."

4월 12일 아침에는 그동안의 광고들에 정점을 찍는 역설적 구호가 실렸다. "농민, 노동자, 학생, 상인, 병사의 대연합전선을 굳건히 하고, 삼민주의 실현을 위해 분투하자!" 여기서 역설적이라는 것은 바로 그 날 동트기 직전에 공격이 개시됐기 때문이다. 잠에서 깨어나고 있는 도시 전체가 소총과 기관총 소리로 뒤덮였다. 깨어난 노동자들은 생각하지도 못한 있을 수 없는 일이 벌어지고 있다는 사실을 발견했다. 믿기 힘든 지도자들의 무지 때문에 혼란에 빠진 노동자들은 벌떡 일어나 무기를 찾아 집어 들고 스스로 방어해야 했다. 누군가는 앙드레 말로의 소설에 나오는 기요Kyo를 따라 날이 밝기 몇 시간 전에 서두르며 이렇게 질문했을 수 있다. "어떻게 신식 무기로 무장하고 있고 자본가계급 자경단의 지원을 받고 있는 압도적인 군대에 맞서서 중국 공산당의 지시를 어기며 일당백으로 싸울 수 있겠는가?"[54]

X

THE COUP OF APRIL 12, 1927

1927년 4월 12일 쿠데타

4월 12일 새벽 4시, 치치로의 외교부交涉公署에 자리한 장제스사령부에서 나팔신호 소리가 울려 퍼졌다. 난스에 정박 중이던 중국 군함은 사이렌을 울리며 응답했다. "동시에 기관총성이 끊임없이 울리기 시작했다".[1] 자베이, 난스, 후시, 우쑹, 푸둥, 차오쟈두에서 습격이 시작됐다. 사건이 발생했을 때, 놀란 것은 노동자들뿐이었는데, "자정을 전후로 중국과 외국의 모든 관계당국이 새벽에 벌어질 일을 비밀리에 전파했기 때문이다".[2]

남색 토포* 제복 위에 공工이라는 글자를 새긴 흰색 완장을 차고 각지에서 있을 행동을 위해 동원된 깡패들은 "날이 밝아 올 무렵 알 수

---

* 방직 수직기로 짠 무명천.

없는 곳에서 모습을 드러내기 위해 한밤중에 은밀히 대오를 편성하느라 정신이 없었다".[3]《노스차이나 데일리뉴스》는 이들을 '무장한 국민당 노동자들'이라고 불렀다. 상하이 공부국의 경찰巡捕房 보고는 이들을 '상단'이라 칭했다.《차이나 프레스China Press·大陆報》는 '국민 혁명군'이라 칭했다. 프랭커와 조지 소콜스키는 이렇게 보도했다. "청방과 홍방 사이에 합의가 이루어졌고, 그래서 그들은 어느 날 새벽에 '백색' 노동자들이 돼 공산당원들을 습격해 살해했다".[4] 신호가 떨어지자 그들은 '알 수 없는 곳'이 아닌 '조계'[5]에서 쏟아져 나왔고, 바이충시 군대에서 엄선된 부대들과 합류해 도시 전역에 자리하고 있는 노동자계급조직의 본부들을 습격했다. 난스의 복주회관福州會館과 푸둥의 경찰서에서처럼 대체로 짧고 격렬한 전투가 벌어진 뒤, 곧바로 각지의 노동자 진지들은 깡패들에게 점령됐다. 노동자지구가 점령된 뒤, 노동자규찰대와 동조자들은 지체 없이 잔혹하게 처형됐다. 무기를 박탈당했고, "심지어 옷과 신발이 벗겨졌다".[6] 반항하는 노동자는 모두 그 자리에서 총살됐다. 나머지는 한데 묶여 가두나 룽화 사령부로 끌려가 처형됐다.

노동자들이 비교적 강력한 무력을 갖추고 격렬히 저항했던 지역에서는 습격자들이 술책을 사용했다. 대략 60명으로 이루어진 깡패 무리가 4시 반경 자베이의 호주회관을 향해 총격을 개시했다. 이 건물은 총공회 조직들이 입주해 있었고, 규찰대 부대가 지키고 있었다. 놀란 노동자 규찰대원들은 습격자들에게 어느 노동조합에 속해 있냐고 물었다. '북벌군'이라는 응답과 함께 총격이 계속됐다. 규찰대도 똑같이 반격했다. 회관 앞 도로는 총격전에 휩싸였다. 20분 뒤, 싱팅루邢霆如·형정여라는 장교가 보병 중대를 인솔하고 나타났다. 싱팅루는 큰 소리로 총격을 중단하라고 명령했다. 그는 규찰대를 향해 외쳤다.

"우리에게 총을 쏘지 마시오! 우리는 당신들을 도와 이 사람들을 무장해제시키러 왔소."

총격은 멈췄다. 도로 위에서 그는 양측에게 무기를 넘기라고 제의했다. 규찰대가 의심 어린 눈길을 보내는 가운데, 그는 계속해서 보란 듯이 깡패들에게서 일부 무기를 빼앗았고, 심지어 몇 명을 야무지게 두들겨 팼다. 그때 대문이 열렸다. 싱팅루와 그의 부대는 안으로 들어갈 수 있도록 안내받았다. 기록에 따르면 그들을 위해 차와 담배까지 내왔다. 장교는 규찰대 총지휘관 구쉰장顧順章·고순장에게 자신이 계엄령 조례에 따라 '무력중재'를 위해 왔다고 말했다. 구쉰장에게 사령부로 동행하자고 요구했다. 규찰대 지도자는 기꺼이 동의했고, 6명의 부하와 함께 구내를 떠나 싱팅로로 나섰다. 거리를 따라 몇 걸음 걸은 뒤, 싱팅루는 구쉰장을 돌아보며 말했다.

"우리는 저들 유격대의 무기를 몰수했소. 당신들의 무기도 몰수해야겠소."

구쉰장은 갑자기 멈춰서며 대답했다.

"그럴 수 없소. 그들은 깡패들이고, 우리 규찰대는 혁명적 노동자들이오. 왜 우리의 무기를 빼앗겠다는 거요?"

싱팅루는 대답하지 않았다. 그 대신 그의 부대가 둘러쌌다. 그리고 구쉰장 일행을 무장해제시키고 총공회로 돌려보냈다. 몇 분 뒤, 약 300명의 깡패부대가 건물로 들이닥쳤고, 병사들이 수수방관하는 동안 대경실색한 규찰대를 잔혹하게 공격했다. 구쉰장과 부지회관 저우언라이는 혼란을 틈타 도망쳤다. 놀라고 화가 난 그들은 2사단 본부를 찾아가 습격에 대해 항의했다! 그들은 냉정하게 외면당했다. 어쨌든 그들은 살아서 나왔고, 달아나 숨었다.* 그동안 호주회관은 습격자들의 수중으로 넘어갔다. 도시의 모든 노동자 거점에서 똑같은 일이 벌어졌다. 오전 6시 경에는 상무인서관商務印書館이 마지막 노동자거점으로 유일하게 남아 있었고, 약 400명의 규찰대가 압도적으로 우세한 습격 대오에 맞서 계속해서 저항했다.

깡패들이 공격했고, 군대가 나타나 전투중지를 요구했을 때, 상무인서관 안에 있는 노동자들은 일제사격을 재개하는 것으로 화답했다. 그러자 병사들에게 공격에 합류하라는 명령이 내려졌다. 속임수는 완전히 폐기됐다. 건물 사방을 포위한 채 공격했다. 몇 시간 동안 바오산로는 총성에 휩싸였다. 노동자들은 불과 몇 정의 기관총과 대략 50정의 소총만으로 무장했지만, 물러서지 않고 싸웠다. 이들 상하이 노동자계급의 이름 없는 수호자들은 지도자들에게 과분했다. 그들의 영웅주의는 절망뿐만 아니라 고통과 배신 속에서 탄생했지만, 그런 상황은 국민당의 총탄과 국민당 망나니들의 칼날이 그들의 몸뚱이에서 목숨을 빼앗아간 뒤에도 오랫동안 계속됐다. 그들 대부분은 목숨을 다하거나 탄약이 떨어질 때까지 맞서 싸웠다. 거의 정오가 돼서야 공격자들은 총탄투성이 건물로 조심스레 발을 들일 수 있었다.[7]

《노스차이나 데일리뉴스》는 웃음을 머금고 이렇게 전했다. "물론 병사들이 공산당원들을 무장해제시킨 것 말고 어떤 행동을 했는지

---

* 구쉰장은 1931년까지 공산당에 남아 있다가, 이후 변절해 국민당으로 넘어가 흉악한 살인마가 됐고, 결국 장제스 반공조직의 수장에 올랐다. 저우언라이는 상하이에서 도피한 뒤 장시성 농민 홍군의 정치지도자가 되었고, 1934~1935년에 군대와 함께 북서내륙 오지로 도피했다. 현재 그들은 또다시 장제스 진영과 연합하고 있다. (원주)

모른다. 중국 당국은 그것을 알리지 않을 것이다". 외국의 최초 보도
들은 사상자 수를 최소화했지만, 이후 영국이 통제한 상하이 공부국
경찰이 제출한 보고는 실제 숫자에 근접했다. 이에 따르면 그날의 군
사작전으로 400명 가까운 노동자가 살해됐다.[8] 총공회 의장인 왕타
오화汪濤華·왕도화는 실종자에 포함됐다 한참 뒤에야 그가 전날 오후에 깡패들에게 납
치돼 룽화 사령부로 끌려갔고, 사흘 뒤 처형됐다는 사실이 밝혀졌다. 4시에 군사당국은 상
황을 '통제'하고 있다고 발표했다.

깡패두목 장샤오린의 비서이자 바이충시 군대의 정치주임이었던
천췬陳群·진군**은 이미 3월에 장시성과 저장성의 사건들을 거치며 수립
된 익숙한 노선에 따라 즉각적으로 총공회를 '개조'하기 위한 계획을
발표했다.

그는 이렇게 주장했다.

"정부정책의 목표는 혁명군과 정부가 노동자와 합심해 일하는 것
이다. 하지만 노동자가 운동에 해악을 끼치고 법과 질서를 어지럽히
는 역할을 자처하며 혼란의 근원이 된다면, 그들을 징벌해야 한다."

새로이 조직된 공인연합회工人聯合會가 점령된 노동자 기구들을 차
지하고는 이렇게 자청했다.

"소수 공산당 무리가 상하이 총공회를 조종했다. 그들은 노동자를
으르고 속여 희생시켰다. 파업 때문에 일자리를 잃는 노동자의 수가
날마다 증가하고 있다. 총공회는 반사회적·반국가적 범죄를 저지를

** 천췬(陳群·진군)과 양후(楊虎·양호)는 노동운동을 철저히 '개조'하기 위해 장제스의 살인부대
를 몸소 지휘하며 닝보와 인근 도시들을 잠행해 수백 명을 살해했다. 이를 빗대어 "상하이의 늑
대와 호랑이가 떼를 지어 출몰한다"라는 말이 유행했다.(원주)

기회가 오기를 바라며 노동자가 굶주리고 파멸하기를 바란다. 공인연합회의 목적은 국민당의 삼민주의를 실현하고, 노동자의 실질적 이해를 지키며, 중국이 국제 사회에서 자유와 평등을 얻을 수 있도록 재건을 돕는 것이다. …… 이제 총공회 규찰대는 완전히 무장해제됐고, 더 이상 우리 노동자를 억압할 수 없다. 이제 우리 노동자는 완전히 자유롭다. 노동자들은 대표를 보내 우리와 상의하고, 참을성 있게 결과를 기다리길 바란다."[9]

하지만 총공회와 공산당 조직은 아직까지 완전히 파괴되지 않았다. 장제스에게 새로운 호소문과 청원서를 보낼 만큼 충분한 기력이 남아 있었다. 오래전에 국민당에서 축출된 상하이 시당은 선언문을 발표했다.

"분명하게도 우리 노동대중은 움츠리지 않고 대오를 재정비하고 있다. …… 군사당국은 좀 더 적절하게 노동자 조직들을 보호하고 무기를 돌려줘야 한다."[10]

사실상 사망선고를 받은 임시정부는 바이충시 장군에게 서신 한 통을 보냈다. "노동자 규찰대는 북벌군을 지원하고 직어비군直魯匪軍* 을 축출하는 데서 막대한 희생을 치렀습니다. 그들은 상하이를 장악한 뒤, 질서 유지를 위해 군경과 협력했고, 시를 위해 적지 않게 헌신했습니다. 그래서 장제스 총사령관조차 그들을 높게 평가하면서 '공동분투'라는 글귀를 새긴 깃발을 선사했습니다". 서신은 규찰대한테 압수한 무기의 반환을 정중히 요청하는 것으로 끝맺었다.[11] 그날 밤, 공

---

* 즈리성(直隸省·직례), 허난성(河南省·하남), 산둥성(山東省·산동) 일대를 지배한 군벌을 비적(匪賊)에 빗댄 표현.

산당 연사들은 자베이의 대중 앞에서 이렇게 불평했다.

"지난 수년 동안 노동자들은 변함없이 국민 정부를 도와 왔고, 최근에는 상하이를 장악했습니다. …… 언제나 그들은 기율을 지켜 왔고, …… 법을 지켰을 뿐더러, 그것을 수호해왔습니다."

그러고는 "당국이 몰수한 무기를 되돌려 줄 것을 다시 한 번 요청합니다"라고 재촉하는 결의안을 채택했다.[12]

이 모든 것은 실제로 있었던 일이다. 지난 실책 때문에 행동해야 할 순간을 돌이킬 수 없이 떠나보내고 전투에서 패배한 총공회는 4월 13일에야 항의 총파업을 선포하는 안쓰러운 용기를 보이며 이렇게 선언했다.

"우리는 국민 혁명의 깃발을 들고 목숨을 건 투쟁에 나선다. 그 길에서 영광스런 죽음을 맞이할 것이다."[13]

노동자들을 장제스의 총구 앞에 묶어 두었던 공산당은 4월 13일에도 여전히 노동자들에게 "모든 희생을 각오하고 우파 세력에 맞선 투쟁을 재개하자"[14]라고 호소했다.

당연하게도 노동자들은 이렇게 물었다.

"어떤 반우파 전투를 말하는 겁니까?"

게다가 이제 와서 어떻게 싸울 수 있었겠는가? 코민테른의 지침은 '공개투쟁'을 피할 생각에서 숨죽이며 무기를 숨기거나 파묻는 것이었다. 그러자 적들은 '공개투쟁'에 나섰고, 그들은 속수무책으로 당했다.

4월 12일의 엄중한 시간에 지도부는 완전히 파산했지만, 10만 명의 노동자들은 총파업 호소에 응답했다.[15] 이것은 상하이 노동자계급의 한결같은 규율과 용기를 증명하는 것이었다! 해안지역은 마비됐다. 전차노동자들은 거리로 뛰쳐나왔다. 서부지구의 섬유노동자 대부분과 양수푸 노동자의 절반이 파업 호소에 응답했다.

4월 13일 정오에 노동자들은 자베이의 칭원로靑雲路·청운로에 집결해 대중집회를 열었고, 몰수된 무기의 반환, 노조 파괴자의 처벌, 총공회 보호를 요구하는 결의문을 채택했다.[16] 이 요구들을 담은 청원서를 저우펑치 장군에게 전달하기 위한 대오가 구성돼 2사단 본부를 향해 행진했다. 여성들과 아이들도 함께했다. 단 1명도 무기를 들고 있지 않았다. 그들은 비가 쏟아지는 가운데 바오산로로 접어들었다. 군부대와 매우 가까운 산더리三德裏·삼덕리 부근에 다다랐을 때, 그들을 기다리던 기관총수들이 발포를 개시했다. 거리 양편에서 밀집한 군중을 향해 총탄이 뿜어져 나왔다. 남녀노소 할 것 없이 비명을 지르며 진흙 바닥 위로 꼬꾸라졌다. 군중은 사방팔방으로 흩어져 미친 듯이 달아나기 시작했다. 달아나는 노동자들을 향해 총격이 계속됐다. 길 위의 바퀴자국을 따라 흐르는 흙빛 빗물은 붉게 물들었다. 인근 골목들에서 대기 중이던 보병대가 개머리판과 긴 칼을 휘두르며 뛰쳐나와 군중 속으로 뛰어들어 총검으로 난도질했다. 그들은 달아나는 시위대를 추격했고, 이핀義品·의품 리, 바오퉁로, 톈퉁안로 등 노동자계급 밀집지역의 집안으로까지 쫓아 들어갔다. 남자들과 여자들이 끌려 나왔다. "반항한 사람들은 죽임을 당하거나 상해를 입었다. …… 다수 부상자가 쓰러진 그 자리에서 죽도록 방치됐다. 불과 1시간도 지나지 않아 거리는 일소됐다".[17] 한 목격자가 화물차로 실려 가는 시체들을 목격했다. "8대가 넘는 화물차가 시체들을 가득 싣고 있었다". 300명 이상이 죽었고, 그보다 훨씬 많은 이가 부상당했다. 꽤 많은 수의 중상자들이 "죽은 이들과 함께 실려가 땅에 묻혔다".[18]

상하이 노동자들은 '혁명군의 후방을 어지럽히는 반동세력'으로 몰려 학살당했다. 장제스는 "혁명운동을 파괴하기 위해 북방 군벌들과 함께 음모를 꾸미고 있다"는 이유로 공산당을 비난하는 선언문[19]을 발표했다.*

외세는 상하이 전역에 수립된 공포 정치에 협력했다. 특히 프랑스 당국이 간접적으로 지원했는데, 프랑스 조계 경찰정보부包打聽 책임자인 곰보 황진룽이 모든 부하를 동원해 노동자들에 맞서 행동했다. 공동조계정부工部局 경찰捕房은 영국과 일본 방위군과 함께 공조하며 11일 밤부터 일련의 습격을 감행하기 시작했다. 그중 일부는 조계 경계에 인접한 베이쓰촨로北四川路·북사천로 건너의 중국 영토에서 벌어졌다. 이런 조치는 '룽화 국민 혁명군 당국의 허가'[20] 속에서 이루어졌다. 4월 14일 밤에는 영국 철갑차들이 일본 상륙부대와 함께 조계 외곽 지역을 습격해 여러 번 기관총을 사용했다.[21] 집집을 돌며 샅샅이 수색해 많은 사람을 체포했다.[22] 체포된 이들은 대규모로 룽화 군사령부로 넘겨졌다. 그리고 장제스 장군이 발동한 계엄령 조례에 따라 군사법정에 세워졌다. '긴급' 상황에서 '재량권'을 행사할 수 있는 특별한 권한을 부여받은 군 장교로 구성된 군사법정은 테러체제를 위한 도구가 돼, 몇 달 동안 노동자, 학생 등 말 그대로 수천 명의 목숨을 빼

---

* 반(反)혁명의 방식에서 새로운 것은 없다. 자코뱅당은 '왕당파' 또는 '피트(영국총리)의 첩자'로 몰려 단두대에 올랐다. 레닌과 트로츠키는 '독일황제(Kaiser)의 첩자'로 몰렸다. 몇 년 뒤, 트로츠키는 '히틀러의 첩자'로 몰리게 될 것이었고, 스탈린은 수천 명의 반정부 노동자들을 '파시스트의 스파이', 또는 '천황의 첩자'로 몰아 처형할 것이었다. 스페인 노동자들은 "파시즘에 맞선 투쟁을 방해한다"는 이유로 총살될 것이었고, 혁명가들은 '프랑코의 첩자'라는 딱지가 붙을 것이었다. 스페인의 스탈린주의 정당은 상하이의 이른바 '장쭤린의 첩자'들을 살육한 장제스의 망나니 부대와 청방의 모제르소총 부대가 했던 역할을 수행할 것이었다.(원주)

앗았다.

이 공포 정치는 무엇보다도 노동자와 공산주의자를 겨냥한 것이었지만, 당분간 자본가계급의 신성한 재산권을 침해하는 것이기도 했다. 중국 자본가계급은 노동자들에게 맞서기 위해 불가피하게 장제스와 깡패들을 불러들여야 한다는 것을 알았다. 그리고 이 구원자들이 마음껏 가져가도록 허용해야 했다. 1852년에 프랑스 자본가계급이 '부랑자와 노숙자 등 룸펜프롤레타리아를 이끈 12월 10일단을 권력에 앉힌 것'[23]처럼, 1927년에 중국 자본가계급은 장제스와 청방 두목이 이끄는 깡패들과 부랑자들을 받들어야 했다. 프랑스 자본가계급이 전형적으로 보여 준 것처럼, 이제 중국 자본가계급은 전문서비스에 대한 무거운 대가를 지불해야 했다. "그들은 칼을 찬미했는데, 이제는 칼이 그들을 지배하고 있다. …… 그들은 경찰에게 대중집회를 감시하도록 했는데, 이제는 경찰이 그들의 거실을 감시하고 있다. …… 그들은 노동자를 재판 없이 유배 보냈는데, 이제는 자본가들이 재판 없이 유배됐다. …… (그들은) 금고를 강탈당하고 있다. …… 자본가계급이 혁명을 향해 외친 것은 아르세니우스가 끊임없이 기독교도들을 향해 외쳤던 말이었다. 달아나라! 침묵하라! 복종하라! 이제는 보나파르트가 자본가계급을 향해 바로 이 말을 외치고 있다".[24]

장제스도 상하이의 부자들에게 똑같이 말했다. 달아나고 침묵하고 복종하라는 충고와 함께, 솔직하게 "돈을 내라!"라는 말을 덧붙였다.

자본가계급이 장제스의 깃발 아래로 모인 것은 바로 공산당원과 노동자로부터, 파업과 봉기로부터 해방될 것을 알았기 때문이다. 그는 가장 까다롭고 불안해하는 자본가조차 만족시켰을 것이 틀림없는 무자비함으로 '북양 군벌조차 자신의 영토에서 감히 해내지 못한 공산주의자 척결'을 효과적으로 완수해 냈다. 하지만 여기에 문제가 있었다. "반공 캠페인이 완료되고 인민이 기뻐해야 했지만, 반공이라는 구실 아래 온갖 박해가 이루어졌다. 사람을 납치해 무거운 군자금을 기부하도록 강요했다. …… 이유와 정당성은 모호했다. …… 법절차도 따르지 않았다. …… 백만장자가 공산당원으로 몰려 구금당했다. …… 지금 이 순간에도 국가적 마녀사냥으로부터 안전한 사람은 없다".25 자본가계급은 "적색 무정부주의의 위협이라는 말에 불안해하며 숨죽였다". 장제스는 '다가올 미래를 맛보게 해 주며' '결제대금'을 독촉했다.

"상하이와 주변의 중국 상인들은 가련한 상태에 놓였다. 장제스 독재정부가 지배하는 상황에서, 상인들은 재산몰수, 강제차관, 추방, 처형 등의 일이 언제 갑자기 일어날지 알 수 없었다. …… 군사당국은 노동조합의 개조를 명령했던 것처럼 상회와 기타 기관들의 개조를 명령했고, 대체로 장제스와 바이충시의 구미에 맞는 인물이 기관장으로 선출돼야 했다. …… 중국의 선량한 계급이 가진 법률적 권리를 박탈하는 일이 횡행했다".26

새로운 난징 정부를 위한 3,000만 위안의 차관조달이 지체됐을 때, 상인들은 "일이 실패할 경우 체포될 수 있다고 암시하는 모금장려 통지를 받았다".27 가장 저명한 중국인 기업가인 룽중징榮宗敬·영종경조차 예외가 아니었다. 장제스는 그에게 50만 위안을 요구했다. 룽중징이 흥정을 시도하자, 곧바로 장제스는 그를 체포했다. 룽중징은 감옥에 갇혔고, 전하는 바로는 25만 위안을 내고 석방됐다. 다른 이들은 더 많은 돈을 지불해야 했다.28

파시스트 독재 또는 군사 독재는 겁먹은 주인의 잔칫상에 앉아서 차려진 음식을 마음껏 집어먹는 포악한 경호원이나 다름없었다. 장제스는 전문가를 자처하며 자신의 계급에게 봉사하겠다고 나섰지만, 그는 고용인으로서 그렇게 하고 있었다.[29] 장제스가 국가권력의 외투를 입은 강도로 등장할 수 있었던 것은 단지 그가 주인들을 위해 일을 잘 해냈기 때문이다. 주인들이 지불해야 했던 대가는 그가 대중운동을 붕괴시켜 그들을 구원해 준 것에 비한다면 하찮았다. 은행가들과 상인들이 장제스의 난징 정부를 중심으로 빠르게 결집한 것이 그것을 증명한다. 상하이 쿠데타 직후 며칠 사이에 닝보寧波·영파, 푸저우福州·복주, 샤먼廈門·하문, 산터우汕頭·산두, 광저우에서도 유사한 방식으로 노동자들을 진압했다는 소식이 전해졌을 때, 그들은 기대 이상의 보상을 받았다고 생각했다. 거의 똑같은 상황이었던 이 도시들에서 장제스의 부하들은 상하이 동지들과 마찬가지로 갈피를 못 잡고 혼란에 빠져 무기를 버리고 무력화된 노동자들을 잔혹하게 진압했다.[30]

코민테른과 중국 공산당은 '민족통일전선'과 '4계급 연합'의 이름으로 중국 노동자계급의 정치적 자유와 독립성을 창고 속에 처박았다. 그것은 노동자들이 목숨을 바치도록 만들었을 뿐이다. 쿠데타 전날에 코민테른 중앙기관지는 이렇게 말했다. "국민당은 혈관 속에 혁명적 노동자·농민의 피가 부족해서 고통받고 있다. 공산당이 그 피를 수혈해 상황을 근본적으로 바꿔야 한다".[31] 이 주장은 실제 사건들 속에서 끔찍한 모습으로 실현됐다! 국민당은 지독한 것을 요구했고, 결국 손에 넣었다.

끔찍한 역사의 소극은 아직 끝나지 않았다. 왕징웨이는 모든 논쟁을 '평화적으로' 해결하기 위해 국민당 중앙집행위원회 합동 전체회의를 개최하기로 장제스와 합의했다는 사실을 전하기 위해 한커우에 도착했다. 그런데 장제스와 동료들이 자신들의 전체회의를 난징에서 소집했다는 소식이 우한으로 전해졌다. 이미 상하이가 피로 물든 4월 13일에 한커우의 코민테른 대표단은 장제스에게 전보를 보냈다.

현재 중국에 머물고 있는 제3인터내셔널 대표단은 늘 귀하를 만나기를 원했지만, 전국 각지를 방문하고 있었기 때문에 그렇게 할 수 없었습니다. …… 귀하가 중앙위원회와 중앙감찰위원회의 몇몇 위원을 난징으로 소집하기로 결정했다는 소식을 들었습니다. 그것은 우한에서 소집되고 귀하가 참가하기로 한 중앙위원회 전체회의에 모든 당내 갈등문제를 상정하기로 한 귀하와 왕징웨이의 합의를 명백히 위반하는 행동입니다. 이 중대한 순간에 일부 중앙위원의 회의를 소집하는 것은 당연하게도 혁명의 적들에게 국민당 대오의 분열로 해석될 것입니다. 세계 제국주의가 연합해 중국 국민혁명을 무례하게 공격하고 있는 이 순간은 무엇보다도 혁명세력이 통일해야 할 때입니다. …… 이런 위험한 상황에서 당을 실제로 분열시키게 될 난징의 전체회의 계획을 중단하기를 바랍니다. 이런 중요한 순간에 국민혁명전선이 파괴된다면, 그 엄중한 책임은 귀하가 안게 될 것입니다. 우리는 귀하가 모든 당내 논쟁을 중앙위원회 전체회의에 제출하기로 한 합의를 지키기를 바랍니다. 귀하가 이 권고를 받아들인다면, 우리는 모든 주요 문제에 관해 귀하와 직접 토론하기 위해 기꺼이 난징을 방문할 것입니다. 제3인터내셔널은 모든 혁명세력의 통일적 국민혁명전선이 구성되도록 모든 지원을 다할 것입니다.

—1927년 4월 13일, 제3인터내셔널 대표단을 대표해 마나벤드라 나트 로이M. N. Roy [32]

장제스는 상하이 노동자들을 향해 기관총의 언어로 말하고 있었다. 하지만 여전히 로이, 얼 브라우더, 자크 도리오, 톰 만, 보로딘 등 코민테른 대표단은 '혁명세력의 통일'을 간청하며 그를 설득하려 했다. 상하이와 한커우 사이의 전신에 장애가 있었던 것은 아닐까? 그들은 거만한 장군을 '달래려' 했고, 그의 행동이 '사실상 당을 분열시킬 것'이라며 하소연했다. 하지만 장제스가 난징에서 회의를 소집한 것은 자신이 원하고 추구하는 것이 정확히 당의 분열이라는 사실을 코민테른의 신사들에게 확신시키기 위한 것이 아니었던가? 그가 마지못해 그런 것이 아니라는 점은 분명하다! 상하이 노동자들이 짓밟히고 피 흘린 것과 관련해 그가 떠안게 될 '엄중한 책임'은 정말 가벼운 것이었다. 여전히 상하이 가두 위에는 노동자의 붉은 피가 흐르고 있었고, 아직 온기를 품은 시신이 땅에 묻히지 못하고 있었지만, 장제스가 스탈린과 로이 측의 '권고'를 받아들이기만 한다면, 코민테른은 계속해서 국민혁명 통일전선을 위해 '모든 지원을 다할 것'이었다. 하지만 그렇게 되지 않는다면, 장제스가 거부한다면, 어떻게 할 것인가? 왜 혁명의 적들은 국민당 대오 내에서 균열이 발생했다고 생각했겠는가? 지독히도 영리한 혁명의 적들이 말이다. 살육을 벌이면서도 웃음을 참을 수 없었을 사형집행인을 향해 이처럼 비굴하게 간청했던 것은 코민테른이 중국 공산당에 지시한 정책의 극악한 반노동자적 성격을 단편적으로 보여 주었다.

코민테른 각국 지부는 말할 것도 없고, 모스크바에 있는 전 세계 각 당 대표들도 중국의 사태변화와 관련해 아무런 정보도 제공받지 못했다. 상하이사건에 관한 소식은 아무런 사전경고 없는 믿을 수 없는 충격적 재앙으로 다가왔다. 이에 관한 정보는 소비에트 수도에서 소문으로만 돌았다. 하루가 다 지난 뒤에야 공식발표가 있었다. 크렘린 밖에서는 그동안 있어 왔던 쓸모없는 입장발표도 없었다. 결국 한 부르주아 통신원의 전보를 통해 소식이 전해졌다. "모스크바의 소비에트 당국은 장제스와 국민당 극단주의자들 사이의 심각한 내분에 관한 소식을 계속해서 부인해 오다가, 오늘 저녁에 그것이 유감스러운 사실이라고 발표했다. 또한 상하이에서 국민 혁명군과 '무장노동단체' 사이에 전투가 발생했다는 사실과 국민 혁명군이 남부의 도시들에서 노동단체들을 무장해제시키느라 여념이 없다는 사실에 대해 개탄했다".[33] 코민테른 전체가 완전히 경악했고, 한없이 실망했다. 며칠 뒤에야 현실을 이해하려 하기 시작했다. 쿠데타가 발생한 당일까지도 쿠데타 가능성을 단호히 부정한 코민테른 전문가들의 글은 사단이 벌어진 뒤에도 며칠 동안 코민테른의 중앙기관지들에 실렸다. 가령 4월 16일자 《국제통신La Correspondance Internationale》은 독일 공산당의 지도자로서 몇 년 사이에 속수무책으로 당을 나치의 사형집행인에게 넘겨준 에른스트 텔만의 기사를 실었는데, 그는 "(1926년에) 국민당과 그 지도부에서 부르주아 우파가 패배했다"고 주장했다! 그는 허세를 부리며 장제스가 "공산당과 국민당이 다수를 차지하고 있는 최고군사회의에 복종해야 한다"고 말했다. 좌파와 공산당이 함께 하는 지도부와 관련해서는 "모든 민중계급의 민주주의 독재를 위해 공동의 합의 속에서 투쟁하고 있다"고 설명했다. 그리고 제국주의가 장제스의 변절에 관해 '환상'을 갖고 있다고 조소하는 것으로 글을 맺었다.[34]

쿠데타 발생 뒤 8일이 지난 4월 20일에 《국제 통신》은 프라하에서 빅터 스턴Victor Stern이 쓴 기사를 실었는데, 그는 오만하게도 "분열을 기대하고 우파와 군벌의 타협을 기대하는 것은 헛된 일이며, 실현 가능성이 전혀 없다"[35]고 주장했다. 같은 날《국제 통신》은 '특보'를 통해 '장제스의 배신'을 전했다![36] 배신자의 완전한 실패와 완전한 성공이 모두 같은 날 보고된 것이다! 이 기관지는 4월 23일에 눈 하나 깜박이지 않고 "장제스의 배신은 예상하지 못한 것이다"[37] 라고 주장했다.

뒤이어 그동안 추구된 정책과 그 결과를 '정당화'하기 위한 최초의 글들과 논지들이 쏟아져 나왔다. 4월 21일에 스탈린 자신이 "사건들을 통해 코민테른 노선의 올바름이 충분하고 완전하게 입증됐다"[38]고 엄숙하게 선언하면서 논조를 확정했다.

유명한 월터 듀란티*는 "중국 공산주의자들이 좀 더 극단적인 희생을 감내해야 할지라도, 모스크바 지도자들은 국민당과의 연합을 회복하기 위해 전력을 다할 것이다"[39]라고 확신하는 전보를 베이징에서 전했다. 그는 옳았다. 아직까지 스탈린은 중국 자본가계급과의 연합을 위한 제단에 제물을 바치는 일을 끝내지 않았다. 사태가 트로츠키의 올바름을 입증했을지는 모르나, '반트로츠키주의' 투쟁은 계속돼야 했다. 앙드레 말로의 표현을 빌자면, "트로츠키주의 테제가 국공합작을 공격하고 있다는 것을 아는 (상하이의) 중앙위원회는 러시아 반대파의 입장과 연관된 것으로 보일 수 있는 그 어떤 입장에 대해서도 옳고 그름과 관계없이 두려워했다". 그래서 순순히 노동자들을 살육자에게로 이끌었다. 계급투쟁의 강철검은 모스크바의 교서보다 강력했다. 노동자들은 '연합'을 위해 죽었지만, 그렇게 성립된 연합은 피억압 인민에 맞선 억압자들의 연합일 뿐이었다. 저속하고 찢겨진

---

* Walter Duranty(1884~1957):《뉴욕타임스(New York Times)》의 모스크바 특파원(1922~1936)으로 활동했으며, 소련에 관한 일련의 기사로 퓰리처상을 수상했다.

'4계급 연합'이라는 외투는 벗겨졌고, 남은 것은 십자가에 못 박힌 상하이 노동자계급의 시신뿐이었다. 그 시신 아래에서 군벌들과 은행가들이 약탈물을 나누기 위해 도박과 거래를 시작했다.

XI

WUHAN: "THE REVOLUTIONARY CENTRER"

우한: '혁명의 중심'

장제스의 상하이 쿠데타는 혁명에 강력한 일격을 가했지만, 치명적이지는 않았다. 이제 막 혁명의 물결이 휩쓸고 간 후난성과 후베이성에는 거대한 예비군이 존재했다. 농민들은 들고 일어나 토지를 몰수하고 있었고, 이미 조직과 역량을 갖춘 노동자들은 농민봉기를 지도하고 점유지를 사수할 준비가 돼 있었다. 새로운 공세를 위해 이들 역량을 결집시켜, 상하이를 중심으로 동부를 장악한 반동을 분쇄할 수 있는 시간이 아직 남아 있었다. 비록 노동자-농민 조직들이 파괴됐고, 장제스가 통제하는 지역에서 선진 대오가 대량학살 당했지만, 4월 12일 직후에도 결코 반동세력은 확실한 지배권을 틀어쥐지 못했다.

장제스는 제국주의와 중국 자본가계급을 위해 공격에 나선 것이지만, 아직 그들의 완전한 신임을 얻지 못했다. 국민 혁명운동의 동맥을 끊었지만, 자신의 지위를 지켜야 했기에 보호외피를 완전히 벗어던질 수 없었다. 여전히 자신과 국민당을 위한 '반제' 투쟁의 지도권을 요구해야 했다. '불평등 조약'을 비난했고, 형식적으로나마 폐지를 요구했다. 제국주의의 관심은 상하이로 집중됐다. 장제스가 대중운동의 즉각적 위협을 제거한 것에 대해 잠시 만족하고는, 그가 자비로운 후원을 받을 자격이 있음을 증명할 그 이상의 것을 기대했다.

《노스차이나 데일리뉴스》는 이렇게 썼다. "잠시도 우리는 장제스 장군이 한 일을 과소평가하지 않을 것이다. 2주일 전 상황에서 필요한 유일한 일은 공산주의자를 무자비하게 다루고 가차 없이 처형하는 것이었다. 또한 당시 장제스 장군으로서는 이런 조치를 취하기 위해 상당한 도덕적 용기가 필요했다. 그가 증명했듯이, 결단력 있는 행동이 필요했다. 하지만 '로마는 하루아침에 이루어지지 않았다'는 오랜 속담처럼, 장제스와 국민당이 스스로의 약속을 그대로 인정받기 위해서는 훨씬 더 많은 것을 해야 한다".[1]

장제스는 강탈, 테러, 징세의 방식으로 장쑤성과 저장성의 자본가계급한테 자기 노고의 대가를 엄청나게 뽑아냈다. 장제스에 비한다면, 과거 군벌이 강요했던 부담은 희미하고 비교적 유쾌했던 기억으로 남았음이 틀림없다. 결코 그것은 장제스와 자본가계급 후견자들의 잔치가 아니었다. 그는 자신을 위해 그들을 사납게 채찍질해야 했고, 파멸 말고는 다른 대안이 없는 그들은 채찍질을 참아야 했다. 왜냐하면 그가 절망적 상황에 처해 있었기 때문이다. 그의 군사적 입지는 위태로웠다. 펑톈 군벌이 반격하면서 쉬저우徐州·서주가 함락됐고, 북군이 바로 강 건너 푸커우浦口·포구의 참호에서 수도 난징을 향해 조롱하듯 포격을 가하고 있었기 때문이다. 그의 군대는 분열돼 있었고, 사기가 떨어져 있었다.[2] 장제스도 대중운동을 공격한 대가를 치러야 했던 것이다. 북벌의 성공을 보장해 준 대중이 사라지면서 국민 혁명군의 불패 신화는 무너졌다. 승리는 훨씬 힘들어졌고, 전장에서 패배할 가능성은 커졌다.

대중운동이 반격했더라면 그 가능성은 분명히 한층 더 고조됐을 것이다. 각 성에서 복수의 물결이 발생해 장강을 따라 휩쓸고 내려갔다면, 강어귀에서 고립된 장제스를 집어삼킬 수 있었을 것이다. 하지만 그것은 중국 공산당 지도부의 철저한 방향전환과 코민테른 정책의 과감한 수정 없이는 불가능했다. 상하이 재앙이 '4계급 연합' 정책의 직접적 결과라는 사실, 즉 노동자-농민을 국민당 테두리 안으로 복종시켜 질식하게 만든 정책의 불가피한 결과라는 사실을 이해하는 것이 필요하다. 광저우에서 북쪽을 향하며 각지에서 차례로 이 정책을 시행한 것이 재앙을 낳았다. 이런 사실을 이해하지 않고서는, 상하이에서 절정에 달한 재앙의 원인을 분석하고 평가하지 않고서는, 혁명의 승리를 위해 반드시 필요한 말과 행동에서의 단호한 전환은 생각할 수도 없다. 중국 혁명에는 불행한 일이지만, 스탈린이 지도하는 코민테른이 그런 전환을 이끌 수 있다고는 더더욱 생각할 수 없었다.

4월 21일, 모스크바의 《프라우다》는 '중국 혁명의 문제들'에 관한 스탈린의 테제를 실었다. 여기서 스탈린은 상하이의 비극으로 절정에 오른 사태가 '그간의 노선의 올바름을 입증했다'고 선언하며 이렇게 썼다.

"이 노선은 국민당 내에서 좌파와 공산당이 긴밀히 협력하게 하고, 국민당을 공고하게 통일시키며, …… 우파가 국민당 규율에 복종하는 한, 그들을 이용해 그들의 연계망과 경험을 활용하는 노선이었다. ……이어진 사건들은 이 노선의 올바름을 충분하고 완전하게 입증

했다".[3]

트로츠키는 출간할 수 없었던 반대 테제에서 이렇게 답했다. "우리는 자본가계급이 어떤 식으로 규율에 복종했는지를 매우 잘 알고 있다. 또한 노동자계급이 어떤 식으로 자본가계급 상층과 중간층인 우파를 이용했는지, 어떤 식으로 그들과 제국주의의 연계를 이용했고, 어떤 식으로 노동자를 교살하고 총살한 그들의 경험을 이용했는지 매우 잘 알고 있다. 중국 혁명의 역사는 이런 '이용'과 관련한 사실들을 피의 글씨로 기록하고 있다. 그런데도 스탈린은 '이어진 사건들이 이 노선의 올바름을 완전히 입증했다'고 테제에 썼다. 이보다 더 정신 나간 소리는 없을 것이다!"[4]

트로츠키는 공식정책의 파멸적 성격이 사건들을 통해 완전히 폭로됐다고 썼다. "민족통일전선 사상으로 계급투쟁을 근절할 수는 없다는 점은 4계급 연합정책의 직접적 결과인 피의 4월사건을 통해 너무나도 역력히 입증됐다". 이 점을 이해하려 하지 않는 것은 '중국 혁명의 새로운 단계에서 4월의 비극을 되풀이하려고 준비하는 것'이었다.

그는 새로운 경로를 통해서만 또 다른 더 큰 재앙을 피할 수 있다고 강조했다. 그것은 중국 공산당의 정치·조직적 독립성을 확보하고, 각 성에서 토지 혁명을 이끌고 수호하는 이중권력 기관으로서 소비에트를 건설하는 것을 의미했다. 그리고 소비에트의 건설은 도시와 농촌에서 진정한 대중운동 기관을 건설하는 것을 의미했다. 노동자, 농민, 병사 들은 민주적으로 대표를 선출했을 것이고, 정부기관과 어깨를 나란히 하는 공동대표자회의로 결집했을 것이며, 토지를 위한 투쟁과 군벌 및 제국주의에 맞선 투쟁이 박해받지 않도록 보장했을 것이다. 이렇게 아래로부터 통일된 소비에트는 우한에서 권력을 쥐고 있던 소부르주아 급진파를 항상적으로 견제하고 위협했을 것이다. 그리고 상층의 동요와 타협으로부터 대중의 독립성을 지켰을 것이다. 한마디로 그것은 혁명의 새로운 단계로서 이중권력을 창출했을 것이다.

하지만 스탈린에게 완전히 믿을 수 있는 세력은 여전히 국민당과 그 '좌파', 그리고 우한 정부였다. 그는 이제 우한 정부가 혁명의 중심이 됐다고 선언했고, 노동자와 농민은 군벌과 제국주의에 맞선 투쟁을 수행하고 농민봉기를 지원하기 위해 이 정부에 의지해야 한다고 말했다.

그는 이렇게 썼다. "장제스의 쿠데타는 이제부터 중국 남부가 혁명의 중심 우한과 반혁명의 중심 난징으로 대별되는 2개의 중심, 2개의 정부, 2개의 군대, 2개의 진영으로 나뉘게 될 것임을 의미한다".

"우한의 혁명적 국민당은 군벌과 제국주의에 맞서 단호하게 싸우면서 사실상 노동자-농민의 혁명적 민주독재 기관으로 전환될 것이다.…… 나라 전체의 모든 역량을 혁명적 국민당으로 집중시키는 정책을 채택해야 한다. …… 더욱이 국민당 안에서 좌파와 공산당이 긴밀하게 협력하는 정책은 특별한 힘과 중요성을 얻게 될 것이다.…… 이런 협력이 없다면, 혁명은 승리할 수 없다".

그래서 소비에트 구호는 받아들일 수 없었다. 왜냐하면 그것은 '이 땅의 현존 권력에 반대하는 투쟁 구호를 제출하는 것, 즉 이 땅에 혁명적 국민당 권력 말고는 다른 권력이 존재하지 않는 상태에서, 바로 그 혁명적 국민당 권력에 반대하는 투쟁의 구호를 제출하는 것'을 의미했기 때문이다. "이것은 혁명적 국민당의 기반이 되고 있는 파업위원회, 농민협회, 농민위원회, 공회, 공장위원회 같은 형태의 노동자-농민의 대중조직을 건설하고 강화해야 할 임무를 혁명적 국민당을 대체할 새로운 권력 형태로서 소비에트 체제를 수립하는 임무와 혼동하는 것이다".

트로츠키는 이렇게 답했다.

"이런 말들에선 혁명 권력에 대한 기계적이고 관료적인 사고의 냄새가 물씬 풍긴다. 정부를 발전하는 계급투쟁의 표현이자 결합체로 바라보는 대신, 국민당 의지의 자립적 표현으로 바라본다. 계급들은 드나들지만, 국민당의 연속성은 영원히 지속된다. 하지만 우한을 혁명의 중심으로 지칭한다고 해서 실제로 그렇게 되지는 않는다. 장제스의 국민당은 구시대의 반동적이고 탐욕스런 관료집단을 포괄하고 있고 이용할 수 있다. 국민당 좌파에는 누가 있는가? 현재로서는 아무도, 거의 아무도 없다. 소비에트 구호는 이중권력이라는 이행기 체제로 직결되는 진정한 새로운 국가권력 기구의 건설을 요청하는 것이다."

스탈린은 이렇게 말했다.

"(앞으로) 혁명적 국민당 권력의 주된 원천은 노동자-농민의 혁명운동이 성장하고, 미래의 소비에트를 구성할 요소로서 혁명적 농민위원회, 노동조합, 혁명적 대중조직 등 대중조직이 강화되는 것에 달려 있다."

트로츠키는 이렇게 말했다.

"이들 조직이 취해야 할 방침은 무엇인가? 이에 대해 테제는 단 한 마디도 말하지 않는다. 소비에트를 위한 '예비적' 요소라는 문구는 그저 문구에 불과하다. 현재 이들 조직은 무엇을 해야 하는가? 파업과 배척운동을 벌이고, 관료 기구의 척추를 부러뜨리며, 반혁명 군대를 소멸시키고, 대지주들을 몰아내며, 고리대업자-부농 대오를 무장해제하고, 노동자·농민을 무장시켜야 할 것이다. 한마디로 민주주의 혁명과 토지 혁명과 관련한 모든 과제를 해결해야 할 것이다. …… 그리고 그 과정에서 스스로를 지방권력 기구의 지위로 끌어올려야 할 것이다. 바로 그때 이들 조직들은 제구실에 충분히 부응하는 소비에트가 될 것이다. …… 앞선 모든 대중운동에서, (홍콩, 상하이 등지의) 노동조합은 소비에트와 유사한 기능을 수행하도록 요구받았다. 하지만 노동조합은 그런 기능을 담당하기에 완전히 불충분할 수밖에 없었다. 노동자계급 쪽으로 기우는 도시 소부르주아 대중을 전혀 포괄하지 못했다. 각 성에서 토지 혁명을 수행하는 임무는 물론이고, 도시 빈곤층의 손실을 가능한 최소화하는 파업 수행, 식량 분배, 조세정책 시행, 무장역량 조직 등의 임무를 필요한 수준에서 달성하기 위해서는, 지도조직이 노동자계급의 각 부문을 포괄하고 노동자계급의 활동을 도시와 농촌의 빈곤층과 긴밀히 연결시키는 것이 필수적이었다."

"어쩌면 장제스의 군사쿠데타가 군대와 분리된 노동조합과 단결된 노동자-병사 소비에트는 전혀 다르다는 사실을 결국 모든 혁명가의 마음속에 각인시켰다고 볼 수 있다. 혁명적 노동조합과 농민위원회는 소비에트 이상으로 적들의 증오를 불러일으켰을 것이다. 하지만 적들의 공격을 물리치는 데서 소비에트는 훨씬 강력한 역량을 발휘할 수 있다."

"우리가 지도부 사이의 '동맹'이나 의심스런 대표들의 불순한 동맹이 아니라 노동자계급과 도시·농촌의 피억압 대중 사이의 진정한 동맹을 말하는 것이라면, 그것은 소비에트가 아닌 다른 형태의 조직일 수 없다. 아래의 혁명적 대중에게 의지하기보다는 타협적인 지도자들에게 의지하는 자들만이 이것을 부정할 것이다."

스탈린은 소비에트 구호를 거부하면서도, "반혁명에 맞선 가장 중요한 대비책은 노동자·농민을 무장시키는 것"이라고 선언했다.

트로츠키는 이렇게 답했다.

"노동자-농민의 무장은 훌륭한 일이다. 하지만 앞뒤가 맞아야 한다. 이미 중국 남부에는 무장한 농민들이 존재한다. 이른바 국민 혁명군이 그들이다. 하지만 그들은 '반혁명에 맞선 대비책'과는 거리가 멀며, 오히려 그것의 도구가 됐다. 왜인가? 병사 소비에트를 통해 병사 대중을 포괄하는 대신, 독립적 혁명정당과 병사 소비에트를 빼 버린 채, 소련의 정치부와 정치위원을 순전히 형식적으로 모방하는 데 만족하면서, 정치 지도부가 부르주아군벌체제를 위한 공허한 위장막으로 변질시켰기 때문이다."

"스탈린의 테제는 혁명적 국민당 정부에 반대하는 투쟁구호가 될 것이라는 이유로 소비에트 구호를 거부한다. 그렇다면 여기서 '반혁명에 맞선 가장 중요한 대비책은 노동자-농민을 무장시키는 것'이라는 말은 무슨 뜻인가? 누구에게 맞서서 노동자-농민은 무장시킬 것인가? 혁명적 국민당 정부 당국에 맞서서가 아닌가? 노동자-농민의 무장 구호가 공문구·속임수·가식이 아니라 행동방침이라면, 이 구호는 성격상 노동자-농민 소비에트 구호만큼이나 날카롭다. 무장한 대중이 이질적이고 적대적인 관료들의 정권을 곁에서 가만히 용인하겠는가? 현 상황에서 노동자-농민의 실질적 무장은 필연적으로 소비에트 건설로 연결된다. …… 아직 소비에트를 건설할 시기가 아니라고 주장하면서 노동자-농민의 무장 구호를 제출하는 것은 혼란만 낳을 뿐이다. 혁명의 전진으로서 소비에트만이 실제로 노동자들을 무장시킬 수 있고, 이 무장 대중들을 지도할 수 있다."

"어쨌든 한커우 정부는 하나의 사실이라고 말한다. 펑위샹馮玉祥·풍 옥상이나 탕성즈唐生智·당생지도 하나의 사실이며, 그들은 무장 군대를 갖 추고 있다. 우한 정부든, 펑위샹이든, 탕성즈든 모두 소비에트를 원하 지 않는다. 소비에트를 건설하려면 이들과의 동맹을 깨야한다. 테제 는 이 견해를 공식화하고 있지 않지만, 많은 동지는 그것을 결단해야 한다고 생각하고 있다. 스탈린은 한커우 정부를 '혁명의 중심'이자 '유 일한 정부기관'으로 칭했다. 또한 당 회의들에서 펑위샹을 '노동자 출 신', '충실한 혁명가', '믿을 만한 사람'으로 대대적으로 선전했다. 이 모든 일은 지난 오류를 반복하는 것이며, 현 상황에서는 더욱 재앙적 인 것일 수 있다. 한커우 정부와 군 사령부는 소비에트에 반대할 것이 다. 왜냐하면 그들은 우파와의 타협을 은밀하게 마음속에 품고 있기 에, 급진적 토지강령을 실행하거나 대지주 및 자본가계급과 실제로 단절할 생각이 전혀 없다. 그렇기 때문에 소비에트의 건설이 더욱 중 요해진다. 이것만이 한커우의 혁명세력을 급진화하고 반혁명세력을 물리칠 수 있다."

결국 스탈린의 테제는 소부르주아 급진파인 국민당 좌파를 통해 대중을 자본가계급에게 종속시키는 연합정책을 고수하면서, 중국 대 중이 소비에트를 통해 독자적으로 주도력을 행사하도록 하는 전망을 거부했다. 이 노선이 중국 공산당의 이후 진로를 지배했다. 중국 공산 당의 무조건 독립과 소비에트의 건설을 요구하고, '(국민당 좌파) 지 도자들과의 연계보다 소부르주아 대중과의 연계를 상위에 둘 것, 우 리가 가진 조직·무기·힘에 의지할 것'을 요구한 트로츠키의 입장은 출 간을 거부하는 간단한 방식으로 체계적으로 배척됐다. 중국 공산당원 들은 반대파의 견해와 스스로의 경험을 비교해 볼 기회를 갖지 못했다. 단지 토론이 아니라 경멸을 통해 반박해야 할 유해한 학설의 일종으로서 '트로츠키주의'에 대해 막연하게 들었을 뿐이다. 러시아 노동자들과 코민테른 각 지부는 가장 무자비한 삭제판만 제공받았다. 반면에 스탈린이 기초한 공식 '노선'을 설명하는 글들은 가장 광범위하게 출간됐다.[5]

이 글들은 모두 상하이에서 벌어진 노동자 대학살이 민족통일전선으로부터 자본가계급의 '필연적' 이탈에 관한 코민테른의 예측과 완전히 일치했으며, 그것은 막을 수 없는 일이었다는 놀라운 주장을 되풀이했다. 처음에는 한목소리로 중국 공산당의 행동을 방어했는데, 나중에는 맹공격을 퍼붓는다.

스탈린의 4월 테제는 1927년 봄에 중국에서 벌어진 사건들을 통해 코민테른이 채택한 정책의 '올바름이 충분하고 완전하게 입증됐다'고 주장했다. 같은 문서에서 그는 상하이의 중국 공산당원들이 장제스에게 저항하지 못한 것을 변호하며, 코민테른이 중국 공산당에 부과한 정책의 직접적 결과로서 참패할 수밖에 없었다는 트로츠키와 반대파의 비판에 대해 이렇게 답한다.

"상하이 노동자들이 제국주의와 그 하수인들에 맞서 결정적 투쟁에 나서지 않았다며 반대파는 불만을 표시한다. 하지만 그들은 중국 혁명이 그처럼 빠른 속도로 전진할 수 없다는 것을 이해하지 못한다. …… 불리한 조건에서 결정적 투쟁에 나설 수는 없으며, 피할 수 있는 불리한 조건에서 결정적 투쟁을 피하지 않는 것은 혁명의 적들을 이롭게 한다는 사실을 이해하지 못한다."[6]

코민테른의 전략을 옹호한 또 다른 인물은 이렇게 썼다. "아무 일도 안 했다는 것은 사실과 다르다. …… 공산당은 장제스를 규탄하는

중국 혁명의 비극 | 342

광범위한 캠페인을 벌였다. …… 또한 대중을 무장시키기 위한 운동을 발전시키려 했다. …… 이 조치들로 충분했는지에 대해서는 논할 수 있지만, 장제스에 맞서 상하이·난징 노동자들의 봉기를 촉구했다면, 그것은 틀림없이 경솔하고 과시적인 행동에 불과했을 것이다. 수십 척의 외국 군함과 수만 명의 병사가 상하이를 점령하고 있는 상황에서 봉기를 촉구하는 것은 오직 극좌파 떠버리들만 할 수 있는 일이다. 정반대로 행동해야 했다. 충동을 참아 내고 유리한 행동의 때를 기다려야 했다. 무장한 제국주의의 압력과 보호 속에서 실행된 장제스의 쿠데타를 막을 수는 없었다".[7]

4월에 모스크바 당조직 보고서에 급하게 덧붙인 장章에서, 부하린은 '무기를 숨기고 전투에 불응하는' 정책을 옹호했다. 더 나아가 "무장 쿠데타가 있기 오래전부터 공산당이 부르주아 '독재자'에 반대하는 맹렬한 캠페인을 벌여 왔기 때문에, 당의 권위는 틀림없이 더 커질 것이다"라고 주장했다.[8] 얼마 뒤 자기 지시에 따라 수행된 정책을 가지고 중국 공산당을 비난하기 시작한 뒤에도, 여전히 부하린은 이렇게 말했다.

"설사 할 수 있는 모든 일을 다했더라도, 현 시점에서 우리가 장제스와의 직접적 충돌에서 이길 수 없었을 것이 분명하다. …… 단 하루의 무장충돌만으로도 제국주의는 상하이 노동자들을 피바다 속에서 박살냈을 것이다."[9]

중국 공산당이 코민테른의 지시를 투철하게 따랐음을 입증하는 것에 정확히 초점을 둔 긴 글이 나왔다. 이 글은 대중운동의 진행상황을 설명한 뒤 이렇게 덧붙였다. "이 모든 사실은 최근에 신생 중국 공산당*이 전혀 동요하거나 주저하지 않았으며, 대중운동을 촉진시키는 것이 중국 노동자계급 전위에게 유일하게 올바른 전술이라는 사실을 움켜쥐어 왔음을 입증한다".[10]

이 모든 것이 완벽히 보여 주는 것은 공산당이 온갖 대가를 치르며 계속해서 국민당에 매달렸고부하린은 "국민당 깃발을 장제스 일당에게 넘겨주는 것은 엄청난 오류였을 것이다"라고 외쳤다[11], 무엇보다도 노동자-농민 대중을 국민당으로 이끌어 우한 정부를 지지하게 만드는 데 몰두했다는 사실이다. 그들에게 우한 정부는 '국가를 민주화하고 피착취 대중의 통치를 수립하기 위해, …… 제국주의와 중국 군벌은 물론이고 봉건 잔재에 맞서 투쟁하고 있고 …… 토지 혁명을 일정에 올리고 있는'[12] 정부였던 것이다. '우한 혁명정부'와 '국민당 좌파'에 대한 절대적 믿음과 지지가 이른바 '공산주의적 국민당'을 만들어 낸 것이다.[13]

트로츠키는 이런 상황판단과 정책에 대해 '제 머리를 스스로 학살자 앞에 바치는 것'을 뜻한다고 썼다. "상하이의 피투성이 교훈은 흔적도 없이 사라졌다. 공산당은 부르주아 학살자들의 당을 위한 몰이꾼들에 불과했다".[14]

사태변화는 누가 옳았는지 너무도 빠르게 보여 주었다. 스탈린의 테제를 승인하기 위해 소집된 코민테른 집행위원회 8차 전체회의가 열리기 몇 주일 전, '혁명적 국민당' 장군들이 노동자-농민을 학살하기 시작했다. 상하이에서 투사들이 장제스 앞에서 속수무책으로 살육당했던 것처럼, 이들 노동자-농민도 그랬다. 스탈린이 토지 혁명을 지

---

* 중국 공산당은 1921년 7월에 상하이에서 창당했다.

원할 정부로 받들었던 우한 정부가 이미 이 유혈탄압을 승인한 뒤였다. 어떻게 이런 일이 일어났는지를 이해하려면, 상하이로 돌아가야한다. 그곳에서 공산당원을 포함해 많은 이가 장제스의 사형집행인들을 피해 장강 상류로 탈출해 장강과 한수漢水의 합류 지역으로 갔다. 두 강의 유역에 위치한 우창, 한커우, 한양은 화중華中의 대도시들로서 함께 모여 거대도시 우한을 형성하고 있었다. 이곳은 스탈린이 '혁명의 수도'라고 일컬은 곳이었고, 또한 혁명의 승리를 위해 필수적으로 협력해야 할 세력으로 여긴 '국민당 좌파'의 수도였다.

이들 없이는 그 무엇도 기대할 수 없다는 바로 그 반란의 화신들은 누구였는가? 대중의 채찍을 휘두르는 노동자-농민-병사 소비에트가 불필요했던 이 충실한 혁명일꾼들은 누구였는가? 우선 가장 '믿음직한' 동맹자인 왕징웨이가 그중 한 사람이었다. 이미 광저우와 상하이에서 장제스의 억압에 직면해 고개를 떨구고 굴복하는 모습을 보여주었던 왕징웨이는 소부르주아의 전형으로서 연약하고 소심했으며, 자신보다 강한 대부르주아 앞에서 언제라도 물러서고 양보할 준비가 돼 있는 것 말고는 모든 일에서 결단력 없는 인물이었다. 한때 유학자이자 기독교도였던 쉬첸徐謙·서겸도 그중 한 사람이었다. 그는 공산주의자 동료들조차 질리게 만들 정도로 장황하게 자주 말했다. 또한 오늘은 그 누구보다 소리 높여 제국주의의 피를 부르짖지만, 내일은 가장 먼저 두려움에 떨며 줄행랑 칠 인물이었다. 또 다른 인물로는 이미 1926년 5월에 농민운동을 '폭도, 무뢰배, 게으름뱅이의 농민운동'으로 묘사했던 구멍위顧孟餘·고맹여가 있었다. 그는 '혁명적' 국민당의 중앙기관지 편집자였다! 그리고 죽은 지도자*의 아들인 쑨커孫科·손과가 있었는데, 그는 쉽게 입장을 바꾸고 변절했다. 그래서 일관됨의 측면에서 큰 차이가 없는 동료들조차 그를 경멸하는 의미로 단 한 번의 도약으로 수만 리를 날아가는 '손오공'으로 불렀다.

외국인들에게 가장 잘 알려진 인물인 천유런陳友仁·진우인이 있었는데, 그는 매우 똑똑했고, 달변이었으며, 외교적 독설에 능했지만, 그것이 전부였다. 트리니다드에서 태어나 중국어를 배우지 못했기 때문에, 정부 대변인 말고는 다른 일을 맡을 수 없었다. 쑨원의 젊은 미망인 쑹칭링宋慶齡·송경령은 명목상의 지도자였다. 아서 랜섬은 그녀에 대해 '복잡한 정국을 헤쳐 나가는 일보다 죽은 남편의 이상에 헌신하는 일로 행복해하는 열정가'[15]라고 재치 있게 표현했다. 군 정치부주임 랴오중카이廖仲愷·요중개의 계승자인 덩옌다鄧演達·등연달도 그들 중 한 사람이었다. 그는 역동적 소부르주아 급진주의자로서 신념을 지킬 용기를 가졌다는 점에서 동료들보다 훨씬 뛰어난 인물이었다.

바로 이들이 각자의 수하들과 함께 우한 정부를 구성했던 주요 인물들이었다. '혁명 중심'의 주요 대들보들이었다. 6개월 뒤, 소련 공산당 15차 대회에서 치타로프는 우한 상황을 언급하면서 이렇게 말했다.

"이 점과 관련해 우리가 보지 못한 것이 있습니다. 자본가계급이 혁명에서 후퇴하고 있는데도(!), 우한 정부는 자본가계급과 단절할 생각조차 하지 않았습니다. 불행하게도, 우리 동지 대부분은 스스로 우한 정부에 대해 환상을 품고 있었다는 것을 알지 못했습니다. 그들은

---

* 쑨원(孫文·손문)은 1925년 3월 12일에 59세의 나이로 병사했다.

우한 정부를 노동자-농민 민주주의 독재의 원형 또는 표본으로 여겼습니다."**16**

하지만 이미 5월 18일의 8차 전체회의에서 트로츠키는 이렇게 경고했다.

"만일 여러분이 독립적 소비에트를 조직하는 대신 우한의 지도자들을 따른다면, 왕징웨이 같은 국민당 좌파 지도자들은 틀림없이 여러분을 배신할 것입니다. …… 왕징웨이 같은 정치인들은 곤란한 상황에 처할 때면 노동자-농민에 맞서서 열 번이라도 장제스와 단결할 것입니다."**17**

이 예언이 실현되는 데는 3개월도 채 걸리지 않았다.

스탈린-부하린 일당은 공산당을 이 지도자들과의 연합에 묶어 놓으며, 우한에서 '노동자-농민-소부르주아 연합'을 실현하고 있다고 믿었다. 하지만 사실 이 소부르주아 지도자들은 노동자-농민 대중보다는 이른바 민족자본가계급 또는 대자본가계급과 훨씬 더 가까웠다. 다른 나라들에서와 마찬가지로 중국의 소부르주아계급도 특성과 이해관계 측면에서 단일하지 않았다. 이질적인 계층으로 나뉘어 있었다. 소지주, 상점주, 장인, 소기업가 등 최상층은 경제적 이해의 측면에서 대지주·대도시 자본가, 은행가와 연결돼 있었고, 결국 외국 금융자본가와 긴밀히 연결돼 있었다. 기본적으로 기존 소유관계의 보존에 찬성했기 때문에, 모든 부차적 모순은 무색해졌다. 소부르주아 상층에 돋보기를 들이대면, 부르주아 사촌들의 징표를 찾아볼 수 있었다.

소지주는 땅을 빌려주었을 뿐만 아니라, 대개는 시내에 쌀가게나 전당포, 또는 작은 공장을 갖고 있었다. 상점주 역시 노동자를 고용하고 견습생을 착취하는 한편, 약간의 이익금으로 토지에 직접 투자해

임대료를 받거나, 농민에게 고리대를 놓았다. 공통의 경제적 이해관계 또는 완전히 일치하는 이해관계로 연결된 도시와 농촌의 소착취자들은 극도로 강제적인 성격의 가족관계나 친인척 관계로 단단하게 용접돼 있다. 대자본가나 대지주와 마찬가지로, 상층 소부르주아의 이해는 농촌에서 봉건적 착취방식을 보존하는 것과 긴밀히 엮여 있었다. 이들 두 층 사이에는 질적 차이는 없고 정도의 차이만 존재했다.

다른 한편, 소부르주아계급의 기층 대중인 하층은 도시와 농촌의 빈곤층으로서, 직공, 수공업자, 상점 점원, 견습생, 그리고 농촌 인구의 압도적 다수인 중소농민과 농업노동자로 구성돼 있었다. 이들 하층의 경제적 이해는 대자본가계급의 이해와 직접 충돌했을 뿐만 아니라, 소기업주, 지주, 상인의 이해와 더 직접 충돌했다. 이런 적대관계가 이들을 도시의 산업노동자계급과 정치·경제적으로 연결시켰다.

이들의 차이를 정치적 표현으로까지 이어 간다면, 국민당 좌파 지도자들의 계급적 뿌리가 착취당하는 가난한 대중이 아니라 소착취자의 회계사무실에 있음을 발견할 수밖에 없다. 이 때문에 이 지도자들은 노예 같은 처지에서 해방을 원하는 견습공의 요구와 생계 개선을 원하는 상점 점원과 공장노동자의 요구에 대해, 그리고 무엇보다도 토지를 원하는 빈농의 요구에 대해 지지하고 함께 싸워야 할 정당한 열망으로 바라본 것이 아니라, 기존 경제체제 전체를 뒤엎겠다고 위협하는 발칙한 '과도함'으로 바라보았다. 이 소부르주아 착취자들은 경제체제에서 이차적·보조적·중간자적 위치에 있었기 때문에, 대자본가 사촌들에게 의지했고, 정치적 이익을 보호받기 위해 그들의 눈치를 살필 수밖에 없었다. 주인을 미워할 수는 있었지만, 암담한 피착취 대중의 대열로 추락할까 봐 두려워 전전긍긍하면서 그들 앞에서

쩔쩔매며 굽실거렸다. 스스로 홀로 설 수 없음을 알았기 때문에 경제적 착취에서만이 아니라 대중에 대한 정치적 억압에서도 기꺼이 중간자가 됐다.

1927년 봄에 한커우에서 그랬다. 난징의 자본가계급은 장제스가 보호자이자 도구가 돼 줄 수 있음을 발견했다. 마찬가지로 한커우에서 도움을 구할 군벌로서 찾아낸 인물이 바로 탕성즈였다. 그는 후난성 대지주로서, 한커우 상공회의소와 연결된 신사들을 보호해 줬다. 국민당 좌파 지도자들과 탕성즈를 비롯한 군벌들 사이의 관계는 앞서 묘사한 계급관계를 수학공식처럼 완벽하게 구현했다. 우한 국민정부의 최고 고문인 미카일 보로딘은 이와 관련해 매우 적절한 비유를 제시하는 것으로 역사에 기여했다.

안나 루이즈 스트롱이 그에게 우한의 민정권력과 군정권력 사이의 관계에 대해 물었다. 그녀는 '민정 권력이 확고하다면, 군대는 자리를 내줘야만 할 것'이라고 생각했다.

"그는 웃으며 말했다. '아나콘다 앞의 토끼를 본 적 있습니까? 떨고 있는 토끼는 곧 잡아먹힐 걸 알면서도 아나콘다에 정신이 팔려 있습니다. 바로 우한의 민간 정부가 그렇게 떨면서 군대를 바라보고 있는 것입니다'".

스트롱은 이렇게 논평했다. "이렇듯 그는 자신과 함께 일하면서 우한 정부를 구성했던 중국 지식인들의 담력에 대해 환상을 갖지 않았다. 하지만 그는 마지막까지 그들에게 혁명의 목표와 굳센 의지를 제공한 원천이었다".[18]

참으로 묘비명에나 적합한 표현이 아닐 수 없다! 스탈린-코민테른-보로딘이 중국에서 몰두한 일은 두려움으로 창백해진 토끼에게 아나콘다를 무찌를 힘과 기술을 공급하는 것이었다. 토끼는 치료에 응하는 대신, 빨간 눈알을 굴리다가 죽었고, 아나콘다는 토끼를 집어삼켰다. 그런데도 보로딘과 코민테른은 '혁명의 목표와 굳센 의지'를 쏟아부으며 '마지막까지' 토끼 곁을 지켰다. 정말 마지막까지! 국민당 좌파와 모스크바 선생들의 역할과 운명을 이보다 더 적절하게 표현할 수는 없을 것이다. 스탈린이 혁명의 승리를 위해 반드시 필요하다고 선포한 것이 바로 그 토끼와의 협력이었기 때문이다. 그나마 조금 더 토끼를 알았던 보로딘은 결국 아나콘다가 토끼를 잡아먹을 것임을 알고 있었다. 간단히 말해 혁명이 불가능하다고 여겼던 것이다. 그는 깊은 감명을 받은 외국 기자들에게 "빈곤을 공유할 수는 없습니다"라고 즐겨 말했다.

언젠가 보로딘과 천두슈를 만난 자리에서 순진한 스트롱은 순진하게도 러시아 혁명 때 너무 늦게 갔기 때문에 중국 혁명 때는 '때늦지 않으려고' 서둘러 왔노라고 말했다. "보로딘은 천두슈를 향해 웃으며 말했다. '불행하게도 스트롱 기자는 때를 못 맞추는군요. 러시아에는 너무 늦게 갔지만, 이번에 중국에는 정말 너무 일찍 왔다니까요.' 둘 사이에서 새치름한 공감의 표정이 오갔지만, 당시에 나는 그것을 이해하지 못했다.* 국민당 핵심 위원들을 제외한 모든 외부인과 마찬가

*   공산당의 미래에 대한 천두슈의 생각은 반동적 최고 '원로' 우즈후이(吳稚暉·오치휘)와의 대담에서 잘 드러난다. 우즈후이는 이렇게 전했다. "나는 천두슈에게 물었다. '언젠가 쑨원은 혁명 정당이 중국을 완전히 장악하는 데 30년이 걸릴 것이라고 말했소. …… 당신은 공산당이 중국을 장악하는 데 얼마나 걸릴 것이라고 생각하시오?' 천두슈는 조금도 주저하지 않고 '20년 내에 레닌주의적 공산주의가 중국 전역의 절대적 주인이 될 것이오.'라고 대답했다. 이에 대해 나는 '우리 혁명정당의 생명이 19년밖에 남지 않았다는 건가요?'라고 물었다. 그는 대답하지 않고 웃었다."[비거(Wieger),《현대 중국(China Moderne)》, pp.138~139] 이 대담은 1927년 3월 6일에 있었다. 우즈후이는 생명이 19년만 남았다는 생각을 받아들일 수 없었다. 그는 재앙의 날

지로, 나는 우한이 얼마나 오른쪽으로 기울었는지 모른 채, 여전히 혁명적이라고 생각했다".**19**

스탈린과 스트롱을 비롯해 '외부인들'은 우한이 혁명적이라고 생각했다. 대중운동에 대한 두려움에 사로잡힌 국민당 '핵심 위원들'과 모스크바의 트로츠키만 그렇지 않다고 생각했다. 전자는 스스로를 잘 알았기 때문이고, 후자는 마르크스주의 분석 덕분이었다.

공산주의 신문을 포함해 전 세계 언론은 스탈린이 '혁명의 중심'으로 칭한 '붉은 한커우'의 소식들을 주요 뉴스로 쏟아 냈다. 이것은 한편으로 우한의 지도자들이 필요에 따라 혁명적·급진적 문구로 스스로를 포장했기 때문이고, 다른 한편으로 언론들이 우한 정부와 대중운동을 동일시한 무시할 수 없는 오류 때문이었다. 극도로 작은 자극에도 화를 낸 제국주의 언론들이 우한의 '볼셰비키'를 향해 미친 듯이 핏대를 올린 것은 자연스런 일이었다. 하지만 마르크스와 엥겔스, 레닌과 10월 혁명의 계승자를 자처한 공산주의자들이 그 뒤를 따른 것은 기괴한 일이었다. 스탈린에 따르면, 장제스의 쿠데타가 '혁명의 중심' 우한을 위해 길을 열어 주었다. 이제 '혁명적 국민당'은 토지 혁명 수행, 제국주의 축출, 봉건제 폐지, 군벌 해체를 수행해 나갈 것이며, 결국 중국 혁명을 위한 '비자본주의적 발전경로'를 약속했다. 이런 목표를 위해 공산당과 그 뒤의 대중은 국민당과 우한 정부의 통제와 규율에 복종해야 했다.

자크 도리오는 이렇게 썼다. "본래 혁명 정부와 국민당의 힘은 노동

이 다가오는 것을 막기 위해 공산주의자들을 쳐부술 준비를 서두르라고 재촉하는 서신을 장제스에게 보냈다.(원주)

자계급의 지지에서 비롯된다. …… 300만 조합원을 거느린 총공회가 무조건적으로 국민 정부를 지지하고 있다. …… 1,500만 회원을 거느린 농민협회도 국민정부를 지지한다. …… 제국주의 통제로부터 중국의 해방, 봉건제·군벌제·반동세력의 해체, …… 자본주의와는 다른 경제발전의 경로인 사회주의의 실현을 위해 이 모든 세력이 국민당 깃발 아래로 모이고 있다".[20]

스탈린, 브라우더, 도리오와 모스크바의 높으신 양반들은 대중이 우한 정부를 향해 다가가는 것과 우한 정부가 대중을 향해 다가가는 것은 전혀 다른 문제라는 점을 간과했다. 한참 뒤 보로딘은 루이 피셔에게 이렇게 말했다.

"전 세계가 한커우를 '공산주의'라고 생각했지만, 한커우를 지배한 국민당 좌파는 볼셰비키도 사회주의자도 아니었다. 또한 한커우의 통치권을 나눠 가진 장군들은 공산주의라면 무엇이건 확실히 반대했다."[21]

모스크바의 비현실적이고 교활한 결의안이 아닌 현실에 존재하는 우한의 실상은 이러했다.

'혁명의 중심' 이론에 따르면, 장제스의 쿠데타가 어떤 심오한 연금술을 통해 혁명우한과 반혁명난징이 정면으로 충돌하는 상황을 불러일으켰다. 그리고 (스탈린 테제의 잉크가 마르기도 전에) 코민테른의 중국 '전문가' 미프는 이렇게 썼다. "두 중심 사이에 완전한 모순이 존재한다는 사실이 최초로 분명하게 드러났다".[22] 중국 공산당 지도자들은 이렇게 표현했다. "대자본가계급의 이탈로 국민 혁명운동 안에서 갈등과 불화의 원인이 제거됐고, 운동 전체가 온전히 하나의 목표를 지향할 수 있게 됐다".[23] 이보다 더 간단명료할 수 있을까?

하지만 제대로 살펴보자. 단 몇 주도 지나지 않아《이즈베스티야》의 독자들은 놀랍게도 국민당 좌파 지도자들이 '장군들의 수중에 있는 노리개'[24]에 지나지 않는다는 사실을 알게 된다. 그 짧은 시간 사이에 해외 공산주의 신문의 독자들은 갑작스럽게 이런 보도를 접하게 된다. "총사령관과 장군들이 노동조합을 통제하려 했던 무수한 기도가 있었는데, …… 이와 관련해, 국민 정부의 총사령관·장군과 반혁명 진영의 총사령관·장군을 구분하는 것은 거의 불가능하다."[25] 미프는 "결국 …… 우한 지도자들이 난징에 무릎을 꿇었다"[26]고 기록할 수밖에 없었다.

어떻게 이런 일이 벌어질 수 있었나? 어떻게 '완전한 모순'이 이처럼 빠르고 완벽하게 해소될 수 있었나? 아! 연금술이었던 것이다! 그렇다면 그 공식은 무엇이었나? 간단하다. '계급투쟁의 변증법'이었다. 궁지에서 벗어나기 위해 '변증법'만한 것도 없다. 하지만 우리는 좀 더 충실하고 정확하며, 훨씬 더 변증법적인 설명을 살펴보자. 이를 위해서는 이번 사태로부터 시공간적으로 떨어진 곳으로 가 볼 필요가 있다. 1931년에 중국 공산당의 후원을 받아 출판된 책자에서 다음과 같은 내용을 찾을 수 있다.

"난징과 우한 사이의 균열이 우한에서 노동자-농민-소부르주아 연합의 즉각적이고 확실한 등장으로 이어지지는 않았다. 반대로, 여전히 그곳에는 자본가계급의 권력은 물론이고, 지주들과 신사들의 권력이 존재했다. 특히 후자가 강력한 권력을 행사했다. 우한의 내부 충돌은 난징에서와 똑같은 사회적 성격을 띠고 있었다. 즉 노동자-농민의 민주주의 혁명이 신사-지주 계급에 맞서 투쟁하고 있었다. 정부가 설립되기 전부터 이미 우한에서는 내적 분화 과정이 시작됐던 셈이

다".[27]

　이처럼 스탈린의 주장과는 반대로, 우한이 혁명의 중심이었던 적은 단 한 번도 없다! 난징과 마찬가지로 우한에는 자본가들과 지주들의 권력이 존재했고_{후자가 '특히 강력했다'}, 우한 정부는 계급투쟁으로 갈라져 와해되기 시작했다. 즉, 정부가 완전히 성립되기도 전에 이미 우한은 난징을 향해 굴복하기 시작했다! 1928년이나 1931년에 이런 견해를 제출하는 것은 누가 봐도 훌륭한 '변증법'이었지만, 1927년에 그것을 속삭이는 것은 반혁명적 트로츠키주의였다.

　1927년 봄에 우한의 국민당 '좌파'와 난징의 국민당 '우파' 사이에는 계급모순이 존재하지 않았으며, 기본적으로 동일한 계급 세력을 대표하는 두 집단 사이의 직업적 경쟁이 존재했을 뿐이다. 급진적 지도자들이 어떤 용어를 사용했건 관계없이, 우한의 '좌파'는 성격상 난징의 '우파'만큼이나 부르주아적이었고, 토지 혁명에 반대했다. 이로부터 트로츠키는 다음과 같은 견해에 도달했다. 공산당과 대중이 왕징웨이와 탕성즈가 이끄는 국민당 '좌파'에 종속되는 것은 바로 이전 시기에 장제스가 이끄는 국민당 '우파'에 종속된 것만큼이나 범죄적이다. 그래서 좌익반대파는 중국 공산당의 무조건 독립을 요구했고, 토지 혁명 구호의 신속하고 철저한 적용을 요구했다. 또한 투쟁을 이끌 수 있고, 장제스보다 먼저 왕징웨이 일당의 나약한 손에서 권력을 잡아챌 수 있으며, 군대의 결정적 부위를 획득해 장군들의 권력을 해체하고 궤멸시켜 반혁명세력을 분쇄할 수 있는 노동자-농민-병사 소비에트의 건설을 요구했다.

　국민당이 변함없이 토지 혁명에 반대했기 때문에, 또한 중국의 미래가 토지 혁명에 달려 있기 때문에, 부르주아 국민당에 맞선 투쟁으로 나서야 했다. 이 투쟁소비에트라는 무기를 통해서만 수행될 수 있었다에 대한 거부는 농민들에 대한 외면과 배신이자, 혁명 자체의 교살을 의미했다. 하지만 스탈린은 국민당에 맞선 비타협적 투쟁 노선에 반대했는데, 국민당을 부르주아 정당이 아니라 특별한 유형의 '혁명 의회'로 봤기 때문이다. 스탈린의 후견 아래에서 의회를 통해 적대적 계급들은 현실에서 존재할 수 없는 공통의 이해를 상상하는 법을 배울 것이었다. '혁명적' 우한 정부가 토지 혁명을 이끌고 확대할 것이라는 게 스탈린의 생각이었다. 우한이 장제스를 타도하면서 최단 시일 내에 역사상 유례없는 현상인 '노동자-농민의 민주주의 독재'로 나아갈 것이었다.[28] 공산당과 대중조직이 모든 역량을 다해 우한을 지원하고, 성급하게 권력을 움켜쥐려고 소비에트 노선을 취하지 않는다면, 우한이 이 모든 것을 완수할 것이라고 스탈린은 보증했다. 그들은 그렇게 말했고, 그래야 했다. 중국 혁명의 운명은 국민당 좌파의 손으로 넘어갔다. 그 결과가 어떠했는지는 너무도 빠르게 드러났다.

XII

THE "REVOLUTIONARY CENTRE" AT WORK

'혁명 중심'의 활동

코민테른은 장제스의 상하이 쿠데타가 확실히 예견된 일이었다고 선언했다. 한술 더 떠, 상하이 노동자들의 학살이 '막을 수 없었던 일'이라고 했다.

이와는 달리 우한의 국민당 좌파는 전혀 태연할 수 없었다. 국민당 집행위원회는 장제스를 저주하는 선언을 발표했다.

"우리는 오래전부터 음모를 알고 있었다. 너무 늦기 전에 행동하지 못한 것이 후회스럽다. 이에 대해 진심으로 사과드린다."[1]

또한 이렇게 말했다.

"군사령관을 잘못 선택한 것이 이런 곤란을 낳게 돼 유감스럽다. 자비심에 이끌린 당내 동지들은 어쩔 수 없이 당을 위해 반복해서 많은 불법을 눈감아 주었다."[2]

사실 코민테른도 마찬가지로 장제스가 목을 조르지 않으리라는 헛된 기대 속에서 속수무책으로 침묵하며 그의 행동을 멍하니 지켜봤다. 하지만 장제스는 그들의 충고와는 정반대로 행동을 끝마쳤다. 그제야 코민테른 대표들은 북벌 초기부터 장제스가 저질러 온 테러에 대해 공개적으로 인정했다. 그동안 전 세계 공산주의 신문이 제국주의의 비방일 뿐이라며 부인해 온 장제스의 죄상들을 사실로서 나열했다. 3주일 전만 해도 얼 브라우더는 장시성의 군대와 대중의 목가적 관계에 관해 열정적으로 설파했지만, 이제는 2월 초부터 성 전역에서 자행된 장제스의 무자비한 테러를 설명하기 위해 인명, 날짜, 장소까지 제시하고 있다.[3]

한커우의 코민테른 대표단은 이렇게 선언했다. "장제스의 반혁명 활동은 난징에 경쟁적 '국민정부'를 수립하는 것에서 절정에 이르렀다. 이 행위는 3월 20일의 쿠데타, 국민당 혁명파에 대한 공격, 장시-저장의 노동자-농민 운동에 대한 탄압, 그리고 마지막으로 상하이 노동자들의 학살 등 그가 이전에 수없이 저지른 그 어떤 폭력행위보다도 더 용서할 수 없는 일이다. 우리는 장제스와 그 대리인들의 모든 폭력행위에 대해 크게 우려하며 지켜봐 왔지만, 감히 공공연하게 민족운동을 배신하지는 않으리라 희망했다. 이처럼 엄중한 국민 혁명의 시기에는 통일전선의 유지가 너무도 절실하기 때문에, 제국주의에 맞서 싸우는 이들의 범죄를 잠시 눈감아 줄 수 있었다. …… 하지만 장제스의 범죄는 장시·상하이 노동자들의 학살에서 멈추지 않았다. 결국 국민당과 국민 정부에 맞서 반란을 일으켰다".[4]

국민당 좌파 지도자들처럼 코민테른 대표단도 대중운동에 대한 억압이나 노동자-농민에 대한 무자비한 살육과 같은 '사소한 퇴보'를 기꺼이 '눈감아' 주려고 했다. 만약 장제스가 '통일'의 외양을 유지하려

했다면, 그는 자신이 원한 지지와 양보 전부를 얻어 냈을 것이다. 앞에서 살펴보았듯이, 코민테른 대표단은 이미 4월 13일 전보를 통해 그것을 분명하게 밝혔다. 또한 화해할 준비가 돼 있다는 증거로 이 전보를 다시 한 번 인용했다. 장제스가 난징에서 별도의 총회를 소집했다는 소식이 한커우로 전달된 것은 대표단이 총사령관을 방문하기 위해 떠나기로 계획된 바로 전날의 일이었다.

"우리는 즉시 그에게 회의를 취소할 것과 상하이에서 왕징웨이 동지와 맺은 합의를 지킬 것을 요구하는 전보를 보냈다. 그리고 논란이 되고 있는 모든 문제를 중앙 (집행) 위원회 전체회의에 상정해 해결할 수 있도록 하고, 그가 이 회의에 참석할 것을 요구했다. 또한 우리의 조언을 받아들인다면, 제국주의의 공격에 직면해 혁명세력의 통일을 유지할 수단과 방법을 논의하기 위해 그를 방문하겠다고 전했다. 그는 우리 전보에 대해 답하지 않았고, 당을 분열시킬 계획을 계속해 나갔다".[5]

장제스는 '공공연한 배반자'가 되기를 주저하지 않았다. 이것이 그의 범죄 가운데 '가장 용서할 수 없는' 것이었는데, 코민테른의 전략이 달려 있는 문제였기 때문이다. 그들은 이런 일이 벌어지지 않기만 바랄 뿐이었다. 하지만 그것은 착각이었다. 자본가계급과 제국주의의 '바람'이 좀 더 근거 있는 것이었음이 입증됐다. 이런 판단 '착오' 때문에, 상하이 노동자들이 목숨을 버려야 했다.

왕징웨이 역시 혁명 정치계의 쿠에학파*였다. 이제 그는 4월에 상

---

* 쿠에학파(Coué school): 자기암시를 통한 치료를 개척했던 에밀 쿠에(Émile Coué)가 이끈 학파로 낭시학파(Nancy school)로도 불린다.

하이에서 장제스와 회견하면서 어떤 일이 있었는지 설명해야 했다. 4월 12일 이후에 그는 이렇게 술회했다.

"여전히 나는 그가 각성하기를 바랐다. 반동세력과 관계를 단절하기를 바랐다. …… 나는 모든 주요 쟁점의 해결을 위해 국민당 중앙에 대회 소집을 제안하기로 약속했다. …… 이곳에 도착한 뒤에도 여전히 가망 없는 변화를 기대했다. 보고서에서 장제스에 대한 공격을 삼갔다."[6]

이처럼 우한의 왕징웨이도 사라진 희망의 부서진 파편을 붙잡고 있었다. 그는 장제스가 극단적 행동을 미루고 '평화적이고 합법적으로' 불만을 해결할 때까지 기다리도록 설득했다고 확신하며 상하이에서 돌아왔다. 장제스가 형식적 절차를 갖추어야 할 시간이 끝났음을 알면서도 쿠데타 준비를 숨기기 위해 왕징웨이를 이용했을 뿐이라는 사실이 4월 12일 사변을 통해 드러났다. 우한에 돌아온 지 이틀 만에 당황스런 처지로 내몰린 왕징웨이는 격분했다. 그도 마찬가지로 대중운동의 억제를 원했다. 단지 그것을 '합법적' 방식으로 하려 했을 뿐이다. 이제 사태는 그의 손을 떠났다.

스탈린의 집착과는 달리, 왕징웨이'혁명의 중심'와 장제스'반혁명의 중심' 사이에 화해할 수 없는 충돌 같은 것은 존재하지 않았다. 상하이에서 왕징웨이는 공산당을즉 대중운동을 금지시키고 사실상의 장제스 독재를 승인하라는 요구를 기꺼이 수용할 준비가 돼 있었다. 하지만 왕징웨이는 자신이 민족 혁명의 최고 지도자로서 쑨원의 상속자이자 계승자라고 상상했다. 그에게 대권보다 더 달콤한 것은 없었다. 장제스가 난징에 경쟁 정부를 수립한 행위는 이런 왕징웨이의 허세에 치명적 모욕을 가했다. 왕징웨이는 자본가계급이 장제스의 역할과 방식을 더 선호한다는 것을 발견하고는 실망했다. 스탈린과 코민테른은 근거 없이 기대했지만, 그의 주된 관심사는 제국주의와 봉건제에 맞서 투쟁하거나, 심지어 자본가계급에 맞서 대중투쟁을 발전시키는 것이 아니었다. 뒤에 취추바이가 인정하듯이, 이제 왕징웨이의 관심사는 '남동부^{저장-장쑤} 자본가계급의 지지를 얻기 위해 장제스와 경쟁할' 수단과 방법을 찾는 것이었다.[7] 코민테른은 이 소부르주아 급진파 지도자를 굳건히 신뢰했지만, 정작 왕징웨이는 장제스와 달리 자본가계급을 '억압'하지 않으면서도 대중운동과 군벌의 부담으로부터 그들을 해방시켜 줄 수 있음을 증명하려 했다. 이를 위해서는 가능한 장제스의 평판을 떨어뜨려야 했다. 우한의 국민당이 장제스 일당의 죄상을 열거하며 당에서 추방하고 모든 정부 직위를 박탈하기로 명령한 것은 이런 목적에서였다.[8]

하지만 이런 조치를 유효한 것으로 만들 수 있는 유일한 수단인 장제스에 맞선 전쟁 선포를 거부해, 우한 정부는 난징 정부와의 근본적 동질성을 은연중에 인정했다. 실제로 장제스는 쿠데타 직후에 특히 취약했다. 그의 군대는 사기가 꺾였고, 그의 군사적 지위는 위태로웠다. 하지만 반란자들을 쳐부술 것인지에 관해 질문받았을 때, 태평스럽게도 우한 지도자들은 장제스의 영토에 있는 노동자-농민에게 그 임무를 맡겨 둘 것이라고 말했다. 국민당 지도자 탄옌카이^{譚延闓·담연개}는 곧 노동자-농민이 장제스 일당에 맞서 들고일어날 것이라고 주장했다.

"반란은 실패할 수밖에 없기 때문에, 국민 정부는 그것을 엄중한 문제로 생각하지 않는다."[9]

보로딘도 이런 비현실적 희망을 충실히 반복했다. 한 일본인 통신원이 난징의 군벌들을 무력으로 진압할 것인지 물었을 때, 그는 이렇게 답했다.

"그런 일은 필요 없을 것입니다. 난징에서는 이미 붕괴 과정이 벌어지고 있습니다. 잠시만 그대로 내버려 두면, 그들은 내부로부터 붕괴될 것입니다."[10]

장제스는 우한 정부가 겉으로만 적대적이라고 확신했기 때문에, 당분간은 군사적 공격을 감행하려 하지 않았다. 누가 '내부로부터 붕괴할' 것인지에 대해 그는 다르게 판단했다.

피셔는 장제스가 쿠데타를 일으킨 직후의 관계에 대한 보로딘의 사후분석을 제시하며 이렇게 썼다. "온갖 대립, 개별적 이해의 충돌, 실제적 불화에도 불구하고, 일부 장제스와의 관계는 그대로 유지됐다. …… 많은 일이 한커우와 난징을 갈라놓았다. 하지만 어떤 일들은 두 정부를 접근시켰다(!)"[11] 우한 정부는 장제스와 싸우는 것이 자본가계급의 신임을 얻는 데서 아무런 도움이 안 된다는 사실을 알았다. 우선은 대중운동 및 공산당과 단절해야 했다. 피셔-보로딘의 말에 따르면, 왕징웨이-탕성즈 일당은 봉군奉軍의 수중에 있는 허난성을 취할 수 있다면 장제스와 '타협'할 속셈이었다.[12] 군사적 승리의 최종 목표는 북경을 점령하는 것이었다. 그것은 중국 자본가계급의 증권거래소에서 자신의 주가를 올려 주고 장제스의 주가를 떨어뜨릴 것이 분명했다. 만약 그것이 뜻대로만 된다면 앞으로 보게 되듯이, 그것의 성공은 전적으로 펑위샹과의 군사협력에 달려 있었다. 그들은 국가의 절대적 통치자가 될 것이며, 장제스는 그들을 따라야 할 것이다. 이것이 바로 '혁명적' 국민당의 '혁명적' 지도자들의 실제 속셈이었다. 그들이 나폴레옹처럼 되고 싶은 탕성즈의 열망에 순순히 영합한 것은 우연이 아니었다. 이 후난성

장군은 강력한 운동을 움켜쥘 날을 꿈꾸며 날마다 혁명에 대한 충심을 부르짖기 시작했는데, 자신의 이익에 반할 정도였다. 우한 정부가 장제스를 제명하는 동시에 허난성 진격을 명령하자, 군대는 즉시 행동에 나섰다. 하지만 하루아침에 북경을 장악할 수 없었고, 그 사이에 우한의 지도자들은 장제스의 쿠데타가 야기한 여러 가지 곤란과 마주했다. 그들은 무엇보다도 대중운동과 상대해야 했다.

상하이 사변은 전국의 반동세력을 매우 대담하게 만들었다. 화중 지방의 각 성에서 대중운동이 절정에 이르렀을 때, 이런 일이 발생했다. 후난-후베이 농민들은 특유의 평민적 방식으로 말을 행동으로 옮기기 시작했다. 스스로를 위해 투쟁에 나섰다. 우한의 지도자들은 최후의 결전을 향해 마주 보고 있는 두 세력 사이에 서 있으려 했다. 들판과 마을에서 승패가 결정되는 동안, 우한의 소부르주아 급진파는 자신들이 갖가지 위원회와 과장된 선언·포고를 통해 나라의 명운을 결정짓고 있다는 망상을 키웠다. 사실 이 무기력한 정치인들의 말과 행동의 차이는 그들이 전혀 통제할 수 없는 사태들 때문에 빠르게 좁혀지고 있었다. 왕징웨이 일당은 장제스 일당과 달랐다. 마주한 채 다가서고 있는 두 진영 사이에서 대담하게 행동하기보다는, 좀 더 적극적인 계급 대리인들에게 통치권을 빼앗길 때까지 당혹스러워하고, 상심에 빠졌으며, 동요하며 미적거렸다.

결국 그들은 우파에 맞서 싸우겠다고 선언했지만, 계급투쟁의 열기가 가녀린 '왼쪽' 날개를 태우고 있었다. 머지않아 더 이상 날 수 없게 될 것이었다. 하지만 그들은 자본가계급의 재산을 보호하는 일에서만큼은 끈질기다는 것을 보여 주기 위해 마지막까지 날개를 퍼덕였다. 우한 정부는 장제스만 제국주의, 공장주, 상점주, 지주, 신사의 이름으로 말하는 것이 아님을 보여 주기 위해 갖은 노력을 다했다.

제국주의 열강은 상하이 사변 때문에 완전히 뒤바뀐 상황을 맞이했다. 그들은 세력관계가 자신들에게 유리하게 변했음을 확실히 이해했다. 그동안 그들은 대중운동의 전진 앞에서 계속해서 물러서 왔다. 스스로 대중운동을 박살 낼 수 없다는 것을 알았고, 중국 자본가계급과 타협할 수 있는 지점을 찾으려고 조심스레 타진했다. 난징 포격은 협상을 촉진시켰다. 4월 12일은 결정적인 날이었다. 이제 그들의 목소리는 뻣뻣해졌다. 전략 항구들로 유입되는 외국 군대가 늘어났다. 4월 21일에는 중국 영해에서 가장 규모가 큰 전함인 9,750톤급 영국 순양함 '빈딕티브 '복수'라는 뜻' 호가 한커우의 강안을 따라 2.5킬로미터에 걸쳐 줄지어 있는 35척의 외국 전함의 대열에 합류했다. 1주일 사이에 영국, 일본, 미국, 프랑스, 이탈리아 군함들이 상하이로부터 추가로 도착하면서 총 선박 수는 42척으로 늘어났다.

최근 도쿄에서 수상으로 취임한 다나카 기이치田中義一는 '중국사태의 후퇴적 시기는 끝났다'고 단언했다.[13] 도쿄의 기자들은 이렇게 보도했다. "공산주의자들에 대한 장제스의 승리는 일본 관찰자들이 중국에서 기대했던 상황을 불러왔다".[14] 런던은 기뻐하며 이렇게 선언했다. "중국과 관련한 외교적 상황은 …… 변화를 겪었다. …… 상황이 완전히 바뀌었다. (우한 정부는) 더 이상 실권을 쥐고 있지 않으며, 몇 주일 안에 시야에서 완전히 사라질지도 모른다".[15] 미국에서는 관료 사회가 돌연 심리적 안정을 찾게 됐다는 사실이 뉴욕 신문 1면에서 중국 소식이 사라지는 것으로 드러났다.[16]

1월에 한커우 노동자들이 영국 조계를 장악하면서 이끌어 낸 외교적 승리에 도취돼 열강을 향해 냉정하게 도전적 자세를 취했던 우한의 지도자들은 갑자기 태도를 바꾸어 비굴하게 애원했다. 한커우의 벽들에 붙어 있던 반제국주의 포스터들은 모두 제거됐다. 노동자, 농민, 병사들이 점거해 대중조직의 본부로 사용한 외국 교회들은 주인에게 반환됐다. 한커우에 거주한 어느 외국인은 기뻐하며 이렇게 기록했다. "이제 외교부는 곤란한 상황에 놓인 외국인들에게 단지 공손하고 호의적인 존재가 아니라, 유효하고 결정적인 존재가 됐다".[17] 4월 25일에《뉴욕 타임스New York Times》통신원은 이렇게 전보를 보냈다. "최근 2~3일 사이에 벌어진 변화가 모든 곳에서 관심사다".[18]

정부는 규찰대의 경찰권을 제한하는 한편, 외국인을 도발하거나 외국인의 소유권과 상업 활동을 침해할 수 있는 모든 행위를 금지하는 새로운 포고를 발표했고, 허베이 총공회는 그것을 그대로 반복했다. 명령을 위반하는 노동자들에 대한 상세한 처벌 규정도 마련됐다.[19] 외교부장 천유런은 4월 23일에 미국 총영사와 기업가 대표단을 직접 만나 호소하며 이 포고에 관해 설명했다.

"외교부장은 외국 기업의 활동과 무역이 원상회복될 수 있도록 지원하기 위한 조치들에 관해 개략적으로 설명했고, 또한 노동계가 정부의 조치가 실행될 수 있도록 혁명 규율을 도입하기로 결의했다고 강조했다."[20]

정부는 난징 포격에서 미국 해군이 수행한 역할을 이유로 미국 기업을 상대로 총파업을 호소한 창사 노동자들을 호되게 질책했다. 점거중인 YMCA를 떠날 것과 후난 성도의 미국 석탄-원유 기업들에서 파업을 중단할 것을 명령했다. 근거는 이랬다.

"그 자체로 좋건 싫건 관계없이, 모든 무절제한 행동은 당 정책의 통일성을 심각하게 해치는 동시에 반제국주의 운동에 심대한 위해를 끼칠 수밖에 없다. …… 지금은 그 어떤 과도한 행동도 바로잡아야 하고, 앞으로 재발되지 않도록 해야 한다."21

우한의 신문들이 정부의 외교정책이 '조정'될 필요성을 상세히 설명하는 동안22, 우한의 지도자들은 중국 전통의 정책인 '이이제이'의 적용을 노골화했다. 겉보기에 모순적인 갈지자 행보를 보인 미국의 정책이 국민당원들의 가슴 속에서 불러일으킨 희망은 난징 사변에서 미국이 가장 우렁차게 대포를 울려대면서 산산이 부서졌다. 반면에 일본의 대포들은 잠자코 있었고, 어느 일본인 위관은 자국 정부의 인내를 수치스러워하며 할복했다. 우한의 반제국주의자들은 특별히 일본을 향해 호소하는 부정직한 모습을 보여 주었다.

국민당 중앙집행위원회는 공식 기관지에 이렇게 썼다. "중국 혁명은 영국 제국주의에 대해서는 그 근간을 흔들고 있지만, 우호적인 일본에 대해서는 세계 강국의 지위를 안정화하도록 기여하고 있고, 전례 없는 교역의 성장과 번영을 위한 풍부한 가능성을 제공하고 있다". 또한 영·미 제국주의가 도처에서 일본의 확장을 저지하려고 한다면서 이렇게 썼다. "일본 정치가들에게 최선의 길은 공동의 적에 맞서서 중국 민족과 한편이 되는 것이고, 또한 군벌을 지지하거나 제국주의의 간섭정책을 후원하지 않는다는 것을 증명하는 것이다. …… 일본과 중국은 영국 제국주의에 맞서 연합해야 한다".23

몇 주일 뒤에 일본은 우한 정부가 보낸 추파에 대해 고유의 방식으로 답변했다. 일본군이 갑작스럽게 산둥山東성으로 밀려들었고, 지난濟南·제남. 산둥성의 성도을 점령하고 칭다오-지난 철도를 차지했다.

영국은 매우 만족스러워했다. 5월 9일에 하원에서 외교부장관 오스틴 체임벌린이 했던 발언은 장제스의 쿠데타와 뒤이은 사태 전개에 대해 열강이 기뻐하고 있음을 공식적으로 보여 주었다. 난징의 '폭력 행위'에 관한 열강의 항의 서한에 대한 답변으로 보내온 천유런의 공문은 '골자나 세부 내용에서나 불만족스러운 것'으로 거부됐다. 오스틴은 열강의 의견을 중국 측에 전하면서 이렇게 말했다.

"국민당 정부는 장강 이남의 중국을 확실히 통일했고, 수도를 한커우에 두었습니다. …… 천 선생이 답변을 보내온 지 불과 나흘 뒤, 더 이상 중국 남부의 통일 정부는 존재하지 않게 됐습니다. …… 불과 2개월 전만 해도 남부당과 국민 혁명군이 화남에서 화북에 이르기까지 전 중국을 휩쓸 것처럼 보였습니다. 난징은 이들의 승리의 진군을 완전히 분쇄하지는 못했지만 중단시켰습니다."

또한 기뻐하며 이렇게 말했다.

"중국 국민당은 어떤 열강도 하지 못한 효과적이고 엄중한 징벌을 (공산당에) 내렸습니다. 상하이와 광저우를 비롯해 많은 도시에서 극단주의 조직은 해체됐고, 지도자들은 처형됐습니다. 한커우의 국민당 정부는 통치자의 지위를 잃었고, 현재는 유명무실해졌습니다."[24]

신속하고 직접적이며 무시무시한 군사적 보복을 원했던 상하이의 영국인들은 격분했지만, 체임벌린은 잠시 동안 영국 제국주의 대리인의 지위를 기꺼이 장제스에게 맡기기로 했다고 밝혔다. 1주일 뒤, 영국의 외교대표는 한커우에서 철수했다.*

같은 주에 영국은 런던의 아르코스**를 급습했고, 2주일 뒤인 5월 26

---

* 이 철수의 성격을 강조라도 하는 듯, 영국 정부는 같은 날인 5월 17일을 택해 8개월 전 악명 높은 완센(萬縣) 포격의 영웅들에게 훈장을 수여한다고 발표했다.(원주)

** ARCOS(The All-Russian Co-operative Society, 전러시아인협동조합): 소비에트 러시아 초기에 영-러 무역을 조직했던 기구로 1927년에 영국 당국은 파괴활동을 위한 위장막이라고 비난하

일에는 소련과의 외교관계를 단절했다. 모스크바는 장제스가 중국의 대중을 이끌고 독립투쟁을 벌일 것이며, 이 투쟁이 반소련 자본주의 진영을 주도하고 있는 영국을 사지로 몰아넣을 것이라고 믿었다. 장제스의 쿠데타는 그 모든 희망이 헛된 것이었음을 입증했다. 영국이 아니라, 중국의 대중운동이 치명타를 입은 동시에, 소련의 국제적 지위는 심각하게 약해졌다. 런던은 우한 정부가 심각한 위협이 아니라 '유명무실'한 존재이고, 자기 이익에 따라 행동한다는 것을 깨달았다. 정말 껍데기뿐인 것을 실재하는 것으로 믿은 코민테른과는 달랐다.

이제까지 장강의 외국 전함들은 대중운동에 대항해 기껏해야 겁먹은 외국인들을 서둘러 탈출시키기 위해 배치된 하찮은 위협으로 간주됐을 뿐이지만, 이제는 충분히 위협적인 진짜 해룡海龍으로 바뀌었다. 우한의 국민당 좌파 지도자들은 길게 이어진 회색 선단을 보며 새삼스럽게 강한 압박을 느꼈다. 코민테른을 대표한 로이도 똑같이 위협을 느끼며 이렇게 기록했다. "상하이뿐만 아니라 장강 전체가 전함들로 가득 차 있다. 제국주의의 대포가 중국 교역의 대동맥인 장강 유역을 직접 통제하고 있다. 이것은 거대한 규모의 '강도짓'이다. 제국주의 도적떼가 혁명 중국을 향해 '손들어!' 하고 외치는 것이다. 국민 정부의 소재지인 한커우는 사실상 포위됐다. 엄청난 수의 순양함-구축함-포함 선단이 무례하게도 중국 인민이 스스로 이 나라를 통치할 권리를 위협하고 있는 것이다. 영국, 미국, 프랑스의 해병들이 국민 혁명의 수도에서 떼 지어 활보하고 있다. 아주 작은 자극만으로도 이 도적

며 이 기구를 급습했다.

들이 머리를 박살 내겠다고 덤벼들 것이라는 치욕적 사실에 대해, 국민 정부는 뼈아프게 느끼고 있다".25

정말로 우한은 '통치자의 지위'를 잃었다. 장제스의 쿠데타와 국민당 좌파의 나약성 때문에, 1월에 우한 정부에 대해 공손했던 영국 제국주의의 태도는 5월에 무시와 모욕으로 바뀌었다. 국민 혁명의 수도에 존재했던 '청년의 낙관, 비범한 자신감, 대담한 진취성'26은 완전히 사라졌다. 두려운 불확실성만 남았다.

천유런은 허세를 떨었다.

"우리는 3개월 안에 허난성을 가로질러 베이징까지 정복할 것이며, 오스틴 체임벌린이 무시할 수 없는 국민 혁명 중국과 국민당의 이름으로 …… 펑위샹과 탕성즈의 혁명군이 옌시산閻錫山···염석산의 군대와 함께 장쭤린의 비적 군대를 포위하고 있다고 외칠 것입니다."27

하지만 펑위샹은 그를 저버렸다. 탕성즈도 그를 저버렸다. 옌시산도 그를 저버렸다. 천유런은 오스틴 체임벌린에게 한 번 더 무시당할 기회조차 갖지 못했다.*

공장과 상점의 고용주들에게 난징 정부의 수립은 노동자들의 이해에 맞서 자신들의 이해를 정력적이고 확실하게 지켜 줄 정치적 도구의 등장을 의미했다. 이 정치적 도구는 어떤 대가를 치르더라도 그만한 가치가 있었다. 여전히 우한 정부의 영토에서 노동조합이 합법적

---

* 6년 뒤, 장제스의 통치에 반대해 반란을 일으켜 수립한, 허약하고 단명한 푸젠 정부의 외교부장이었던 시절에 천유런은 과거를 곰곰이 회상하며 본 저자에게 이렇게 말했다. "당시 내 말이 권위를 가질 수 있었던 것은 대중이 나와 함께 했기때문입니다!" 하지만 그는 자신이 대중과 함께 전진하지 못했기 때문에 그런 권위를 잃었다는 것을 전혀 이해하지 못했다. 우한에서 그랬듯이, 천유런은 장제스에 의해 푸저우에서 쫓겨난 뒤, 무대에서 사라질 수밖에 없었다.(원주)

이었고, 노동자들은 자신의 요구를 제출할 최소한의 기회를 누렸다는 사실만으로도 자본가들이 난징에 지지를 보내기에 충분했다. 우한의 고용주들은 상하이 사변을 계기로 충격적인 파업 물결에 맞설 새로운 자신감을 얻었다. 그들은 새로운 활력으로 반격에 나섰다. 공장과 상점을 폐쇄했다. 고의로 지방은행의 예금인출 소동을 조직했고, 상하이로 은 유출을 가속화했으며,[28] 경제활동을 방해하고 마비시키기 위해 온갖 짓을 다했다.[29] 농촌의 고리대업자들은 돈을 쌓아 두거나, 장강 하류의 상하이로 밀반출했다. 농민들은 어떤 조건으로도 대출할 수 없었다. 필요한 현금을 어디에서도 찾을 수 없었고, 그래서 도처의 농민들은 봄을 넘겨 추수 때까지도 종자와 생활필수품을 구매할 수 없었다. 투기꾼들은 고의로 쌀값을 터무니없이 올렸다. 이런 경제적 방해활동에 대해, 외국인들은 기업을 폐쇄하고, 증기선 운행을 단축하며, 우한에 대한 사실상의 봉쇄를 실행하는 방식으로 협조했다. 5월에는 공장과 상점의 폐쇄로 출근이 저지된 노동자가 10만 명에 이르렀고, 얼마 지나지 않아 그 수는 거의 2배로 뛰었다.[30] 자본가계급은 노동자들의 요구를 받아들이기보다는 파산의 위험을 감수했다.

대중운동을 그 논리적 결론까지 철저히 밀어 갈 때만, 이런 반격을 이겨 낼 수 있었다. 내전 중이라 할지라도, 노동자 통제제도를 도입해 폐쇄된 공장과 상점을 몰수하고 운영할 때만 방해활동과 봉쇄에 따른 엄혹한 결과는 크게 경감될 수 있었다. 사재기한 미곡의 몰수, 몰수 조치를 통해 확보된 자산을 활용한 농민협동조합의 건립, 농민의 자발적 토지몰수에 대한 지지가 농촌의 삶을 극적으로 재조직하는 길을 열 수 있었다. 하지만 이런 조치들을 취하기 위해서는 혁명 권력이 필요했다. 도시와 농촌에서 노동자-농민-병사 대표자회의가 필요했다.

우한 정부한테 이 조치는 생각할 수도 없는 일이었는데, 자본가계급의 재산을 침해하지 않고서는 그것이 불가능했기 때문이다. 코민테른은 국민당 좌파에게 은행, 공장, 상점을 접수하라고 '권고'했다. 하지만 국민당 좌파 지도자들은 한커우 총상회에 머리를 조아렸고, 대중운동을 억제하겠다고 약속하며 교역을 재개해 달라고 간청했다. 공산당은 독자적으로 행동할 수 없었다. 국민당 내에 속박돼 있었고, 어떤 대가를 치르더라도 합작을 폐기할 수 없었다. 우한의 지도자들은 경제가 곤경에 처한 것과 관련해 자본가들의 방해활동이 아니라 노동자들의 '과도함'을 탓했다. 그들은 공장과 상점 직원들의 요구가 상공업을 파멸로 몰고 가고 있다고 소리쳤다. 과도한 요구란 무엇을 말하는가?

1월부터 4월 사이에 부두노동자들은 파업투쟁을 통해 월급을 3위안3塊*에서 7위안으로 인상시켰다당시 1위안은 미국 통화로 50센트 또는 2실링의 가치를 지녔다. 방직공장의 여성·아동 노동자들은 임금인상 투쟁을 통해 일당 0.12위안1角2分을 0.20위안으로 올렸다. 월급으로 치자면 3.6위안에서 6위안으로 오른 것이다. 성냥공장의 파업노동자들은 하루 12시간 노동에 대한 임금을 17퉁銅에서 40퉁으로 인상시켰다.** 비단실을 뽑는 제사공장에서는 하루 17시간 노동을 12시간으로 줄였다. 일부 염색공장에서는 하루 일당을 18퉁에서 50퉁으로 올렸다. 산업노동자

---

* 중국의 화폐단위. 1콰이(塊)또는 1위안(元)=10자오(角) 또는 10마오(毛)=100펀(分). 콰이와 마오는 일상에서 통용되는 구어체 화폐단위다.
** 《중국연보》(1929~1930)에 따르면, 1925년에 1위안은 240퉁과 같았고, 1928년에는 285퉁과 같았다. 1926년도와 1927년도의 수치는 제시돼 있지 않다.(원주) 화폐를 동(銅)으로 만든 데서 유래된 중국의 화폐단위다.

가운데 가장 많은 임금을 받는 경우에도 여전히 월 20위안에 불과했다. 전체 평균은 대략 월 10위안에서 14위안으로 올랐다. 하지만 정부의 후원 하에 진행된 임금 및 생계비 조사에 따르면, 4인 가족 기준 최저생계비는 27.46위안이었다. 노동시간과 관련해서는 거의 개선되지 않았다. 일고여덟 살 난 아동들은 여전히 하루 0.1위안을 받으며 성인처럼 긴 시간을 일했다. 아동노동을 8시간 이내로 제한하라는 요구는 여전히 문구로만 남아 있었다. 6월 말에 국민당 노동국이 진행한 조사 결과에 따르면, 대부분의 상점노동자가 하루에 12~14시간을 일하는 것으로 밝혀졌다.[31] 노동자들은 노동시간을 17시간에서 15시간으로, 16시간에서 14시간으로, 14시간에서 12시간으로 축소할 것을 요구했다. 노예노동보다도 훨씬 열악한 조건에 있는 견습생들을 해방시키라는 요구는 여전히 받아들여지지 않고 있다.

이미 국민당이 '무리한' 요구라고 외치고 있던 3월에 어느 기자가 몇몇 노조 지도자를 만났다.

"'무리한'이란 말이 나오자, 노조 지도자들은 웃었다. 그들 자신이 공장노동자였다. 그들은 평생 궁금했다며 '합리적'이라는 것이 무엇을 의미하는지 내게 물었다. 그들은 평생 동안 존재 '이유'에 대해 찾아왔다고 했다. 다른 이들은 풍족하게 입고 먹는데, 지금껏 가진 것 없이 굶주려 왔던 것이다. 그들은 이런 일이 벌어지는 이유가 어디에 있는지를 물었다".[32]

우한의 노동자들이 획득한 성과 중 어떤 것도 아직까지 최저생계비라는 '합리적' 기준에 도달하지 못했다. 그런데도, 노동자들이 곡물과 식품을 투기한 상점주를 자신들의 법정으로 끌고 간 것이 '과도'했다는 것인가? 한양의 노동자들이 고용주들의 태업에 맞서 강제로 공

장을 열고 운영하기로 한 결정이 '과도'했다는 것인가? 아니면 푸치蒲
圻·포기를 비롯한 후베이의 도시들에서 고의로 폐업한 점포를 점원들
이 접수한 것이 '과도'했다는 것인가? 농민들을 굶주리게 해 항복시키
려고 했던 투기꾼들에게 대항해 후난과 후베이의 농민들이 각지에서
곡물 유출을 금지시켰던 것이 과도했다는 것인가? 그들이 가족을 먹
여 살리기 위해 지주가 쌓아 둔 쌀을 몰수한 것이 과도했다는 것인가?

그렇다. 국민당 좌파 지도자들은 이것들이 '과도하다'고 소리쳤다.
상업을 파괴하고 경제활동을 혼란에 빠뜨린다는 것이었다. 이런 일
들은 재산을 침해하는 것으로서 멈춰야만 했다. 왕징웨이가 우한으로
돌아온 뒤 공식적으로 행한 첫 조치는 한양에서 15개 공장을 운영 중
이던 노동자협동조합을 파괴하고, 노동자를 지지한 한양의 당 지부를
해산하도록 명령한 일이었다.[33]

또한 4월 말에는 조례를 발표해 노동조합들이 떠맡아 온 사법권과
경찰권을 폐지했고, 오직 조합원들만 처벌할 수 있도록 했다. 허베이
총공회는 이 조례를 그대로 집행했다. 중재법원을 설치하도록 했고,
금전에 관한 '부당한 요구'는 금지했다.[34]

총공회의 공산당 서기였던 샹중파向忠發·향충발는 노동자들에게 '자
본가들에 맞선 새로운 투쟁을 잠정적으로 중단한다'고 지시하며 '최
선의 노력'을 다해 달라고 요청하는 선언문을 발표해 도시 곳곳의 벽
에 붙였다.[35]

5월 20일에, 국민당 중앙집행위원회는 '혁명의 전 계급적 성격'을
설명하는 선언문을 발표했는데, 이것은 국민당 좌파 특유의 계급적
성격을 분명하게 보여 주었다.

"혁명의 성공 여부는 공장주들과 상인들의 지지 여부에 달렸다. 그

리고 이들이 실제로 혁명을 지지할 것인지는 노동자-농민이 기꺼이 이들을 동맹세력으로 대할 수 있느냐에 달렸다".

"북벌이 시작된 뒤 …… 장강 유역의 노동자-농민 단체들이 급속한 발전 때문에 스스로의 실수를 깨닫지 못한 것은 안타까운 일이다. …… 그들은 혁명 전체의 장래를 고려하지 못했고, 동맹세력인 공장주와 상인을 과소평가했다. 예를 들어, 노동자-농민 단체들은 경제적 상황에 어두워 고용주들에게 과도한 요구를 제출했다. 무장 규찰대는 공장과 상점을 폐쇄했고, 실현 불가능한 터무니없는 요구들이 공장주와 고용주에게 강요됐다. 그 결과, 공장주와 상인은 정부의 보호를 받지 못하고 있으며, 인신과 재산 모두에서 자유를 누리지 못하고 있다고 느꼈다. 또한 혁명이 어떤 식으로든 자신에게 불리할 뿐더러, 자신의 복리와 안전을 위협한다고 느꼈다. 그래서 그들은 혁명 전선에서 이탈했고, 혁명의 동맹세력이어야 할 노동자-농민을 몹시 증오했다. 그 결과 노동자와 농민은 고립된 상태에서 자멸할지도 모르며, 혁명의 기초 자체가 흔들릴 수 있다".

"당은 …… 지도받지 못하고 있는 노동자-농민의 고립상태를 외면할 수 없고, 특히 혁명의 동맹세력인 공장주-상인의 이해를 외면해 적절한 보호를 거부할 수는 없다. 이들 모두가 사분오열되지 않도록 하나의 전선으로 통일시키고, 혁명에서 모두가 동등한 이익을 누릴 수 있게 하는 것이 우리의 정책이다. 이를 위해 국민정부는 다음 조치들을 실행할 의무를 가진다".

"1. 노동부와 성 당국은 노사분쟁을 해결하기 위해 중재 조례를 채택하고 중재 위원회를 조직한다. 2. 노동법을 제정해 노동시간을 규정하고, …… 생활조건에 따른 임금 수준을 규정하며, …… 노동자들을 위한 보호책을 마련한다. 3. 노동자와 점원이 과도한 요구를 제출하거나 공장과 상점의 경영을 방해하는 일을 금지한다. 공회와 상회가 함께 구성한 특별연석회의가 모든 요구를 심의하고 적절히 규제한다. 4. 노동조합과 규찰대가 공장주-상점주를 위협하거나 벌금을 물리는 등 어떤 형태로든 압박하는 일은 허용되지 않는다".[36]

결국 공산당 주도의 총공회는 '혁명 정부'에 충실하게 '협력'했다. 며칠 뒤에는 노동자를 위한 '혁명 규율'을 선포해 '동맹세력인 공장주와 상인의 이익을 소홀히 하지 말라'고 다그치며 다음 규정을 발표했다. (1) 혁명 규율을 위반하는 노동자는 처벌받을 것이다. (2) 엄중한 위반자는 정부에 인도돼 재판과 처벌을 받을 것이다. (3) 노동조합의 체포와 벌금부과 등 '노동자가 아닌 자에 대한 모든 방식의 억압'을 금지한다.[37]

그것은 착취자가 마음대로 할 수 있도록 자유를 포기하라고 피착취자에게 주문하는 것과 다름없었다. 하지만 피착취자는 불가피하게 착취자와 충돌할 수밖에 없었고, 이것은 철두철미하게 관철돼 온 냉엄한 현실이었다. 코민테른의 지지를 받은 우한 정부와 국민당 좌파는 충돌하는 계급들 사이에서 공통의 기초를 찾아내고 있다고 상상했다. 사실, 이것은 노동자에게 조용히 침묵하며 노예상태를 받아들이라고 요구하는 것이었다. 고용주에게 노동자의 요구를 받아들이라고 요구하거나, 필요하다면 강제하는 일은 전혀 없었다. 결국 이들은 스탈린의 주장과는 달리 자본가계급을 대변했다. 자본가계급은 이들에게 거의 신뢰를 보내지 않았지만 말이다. 자본가계급의 반격에서 비롯된 우한의 경제적 곤경은 오직 대담한 혁명적 수단을 통해 노동자의 이익을 추구했을 때만 해결될 수 있었다. 우한 정부가 필요한 발결음을 내딛을 수 없다는 것이 증명됐을 때, 노동자들은 그것을 직접 수행할 수단을 찾아야 했다. 이 수단은 자본가계급의 자산이 아닌 대중의 이해를 방어하는 정치·경제적 정책을 적용하는 일에 앞장설 준비가 돼 있는 노동자-농민-병사 대표회의소비에트를 뜻했다. 하지만 이 대표회의를 구성하는 것은 '혁명적 국민당'과 '유일한 정권'에 맞선 투쟁을 의미했다. 그것은 '반혁명'으로 간주됐다. 이처럼 진정한 의미의 혁명 정책은 전혀 존재하지 않았다. 우한을 교살시키고, 활로를 제시받지 못한 대중의 신선한 힘을 서서히 낭비시키며, 자본가계급의 재산을 열렬히 보호했을 뿐이다.

국민당 좌파가 토지문제에 대해 취한 기본 입장도 똑같이 재산이 척도가 됐다. 스탈린은 국민당 좌파가 토지 문제를 해결하는 데서 결단력을 보여 주겠다고 장담했지만, 그들은 토지문제 해결을 완전히 회피했다. 더 나아가 농민들의 '과도함'에 대해 불평하기 시작했고, 농민들이 고유의 방식으로 문제를 해결하기 위해 나서자마자 무자비하게 탄압했다.

소부르주아 급진파로서 우한의 지도자들은 대중 동력에 대해 결코 무심할 수 없었다. 호의적인 말로 동력을 마음대로 이용할 수 있는 한, 그들은 마음껏 그것을 내뱉었다. 우한 정부가 초창기에 토지 혁명의 문제에 관해 발표한 것들은 실행되지 않았을 뿐이지 전혀 흠잡을 데가 없었다. 가령 이렇게 말했다.

"국민 혁명의 목표들을 실현할 수 있느냐의 문제는 중국 전역의 농민들을 각성시키는 것에 달려 있다. 우리 당은 농민을 억압하는 모든 특권계급이 지지를 잃도록, …… 피억압 농민이 진정으로 해방될 수 있도록, …… 항상 농민의 이익을 방어하고 투쟁할 것이다."

그리고 3월 19일까지만 해도 정부의 선언은 이렇게 단언했다.

"혁명은 필연적으로 농촌에서 막대한 변화를 불러일으킬 것이고, …… 마침내 농민권력은 각지에 기생하는 무법의 신사와 지주 등 반혁명 세력의 활동을 제압할 것이다. …… 이것이 유일한 길이다. …… 만일 농민이 자신의 토지를 가질 수 없다면, 그들은 혁명의 승리를 지지하지 않을 것이다."[38]

국민당은 코민테른 결의안들에 담긴 것보다도 급진적인 "농민에게 무기를!"이라는 구호를 제출했다. 3월에 국민당 집행위원회는 〈농민에게 고하는 글〉에서 이렇게 말했다. "승리를 보장하기 위해서는 …… 농민들이 스스로를 지키기 위해 무장할 필요가 있다. 봉건 지주에게 고용된 무장 세력을 무장해제시켜야 하며, …… 그들의 무기를 농민들에게 넘겨줘야 한다. 덧붙여, 당은 농민들이 무기를 저렴하게 구입할 수 있는 방안을 찾아야 한다. 요약하면, 농민은 자기 방어를 위해 충분한 무기를 가져야 한다. 이것은 농촌 혁명이 영구적으로 승리하고, 민주세력이 낡은 봉건세력을 타도하는 것을 보장할 것이다."[39]

이것은 가슴을 설레게 하는 말이었지만, 말만으로는 농민에게 토지를 줄 수 없었다. 그것은 말뿐이고 그 이상은 아니었기에, 후난-후베이의 농민들이 그것을 진심으로 받아들여 행동으로 보여 주기 시작하자마자, 그들은 곤란에 빠져들었다. 공문구만 늘어놓는 이 소수의 가련한 인물들은 역사에서 자코뱅의 역할을 떠맡을 수 없었고, 스탈린을 만족시킬 수조차 없었다. 그들은 진정한 토지 혁명을 이끌거나 지지할 수도, 심지어는 용납할 수도 없었는데, 그것은 자신들이 뿌리내리고 있는 경제적-계급적 기초의 파괴를 의미했기 때문이다. 그들이 원론적으로 지지한 농민 요구의 대의보다는 그들이 맹렬하게 비난한 '봉건지주'와의 결속이 무한히 큰 강제력을 가졌던 것이다. 그들은 토지 혁명의 승리가 자기 정권의 종말을 의미한다는 것을 알고 있었다. 몰락할 수밖에 없더라도, 재산권을 침해하면서가 아니라 방어하면서 몰락해야 했다.

손문의 강령은 '토지에 대한 동등한 권리'라는 모호하고 의미 없는 문구에 머물렀다. 1926년 10월에 채택된 국민당의 노동자-농민 정책이 실제로 약속한 것은 지대를 25% 삭감하는 것과 대출 이자를 연 20% 이하로 제한하는 조항을 통해 고리대를 '금지'하는 것 외에는 없다![40] 지대 삭감이라는 조항은 전혀 효력을 발휘하지 못했을 뿐더러, 농민들은 스스로 투쟁에 나서면서 부분적 개량이 아니라 토지 그 자체가 문제라는 사실을 빠르게 깨달았다. 1927년 3월에 열린 국민당 전체회의는 '빈농이 갖고 있는 문제 중에서 핵심적인 것은 토지 문제'라고 인정했지만, 그들이 제시한 유일한 실제 해법은 빈농의 자금 부족 문제를 해결하기 위해 연 5%의 이자로 대출해 주는 농민은행을 설립하겠다는 제안뿐이었다.[41] 전체회의는 국민당의 토지정책을 구체화하기 위한 목적에서 통계와 같은 자료를 수집할 토지위원회를 설치했다. 이 위원회는 4월 27일에 회기를 시작했고, 공산당을 대표하는 탄핑산과 함께 주요 국민당 지도자로 구성됐다.

농민이 토지의 주인이어야 한다는 일반 명제모두가 원칙적으로 동의했다에서 출발한 토지위원회는 곧 "어떤 농민이 어떤 토지의 주인이어야 하는가?"[42] 하고 물었다. "토지를 경작자에게!"라는 구호는 매력적이고 급진적인 것처럼 보였다. 하지만 누구의 토지를? 왕징웨이는 소지주의 토지는 확실히 아니라고 말했다. 국민당은 소부르주아계급의 정당으로서 소지주를 보호하는 것이 의무가 아니었던가? 탕성즈는 군

장교의 토지도 확실히 아니라고 말했다. 그는 후난 농민들이 군 장교와 그 친족의 재산을 빼앗고 있다고 불평했다.

"심지어 젠시建始·건시 현에서는 대지주이기도 했던 어느 연대장을 포박해 고깔모자를 씌운 채 대중들이 보도록 길거리를 행진하게 했습니다! 국민당 청첸程潜·정잠 장군의 계수에게는 새로운 질서에 대한 연대의 표시로 단발을 하도록 강요했습니다! 이처럼 있을 수 없는 일들이 벌어지고 있는 것입니다. 일반 병사 중 특히 무토지 농민들은 찬성하겠지만, 장교들은 결코 그것을 용납할 수 없을 것입니다. 결국 토지 문제로 군대가 분열될 텐데, 군대의 분열은 두고 볼 수 없는 일입니다. 두고 봐야 하겠습니까?"

"절대로 안 됩니다."

위원들은 즉각 동의했다.

"그렇다면 대지주의 토지는 어떻습니까? 네, 대지주의 토지가 좋겠습니다! 그런데 누가 대지주고 누가 소지주인지 어떻게 알죠? 게다가 탕성즈가 요구했듯이 '국민 혁명군 장교의 토지를 보호하기 위한 구체적 방법을 생각해 내야 한다'면 장교를 친척으로 가진 '대'지주와 아들이나 형제가 장교가 아닌 불행한 지주를 구분해야 합니다."

'수의 기준'을 정해야 한다고 왕징웨이와 쑨커가 호응했다.

쉬첸은 자신의 해결책을 갖고 있었다. 중국 전체 토지의 15%만 경작되고 있다는 사실을 어딘가에서 발견한 그는 이렇게 말했다.

"아무도 경작하지 않는 땅을 농민에게 줄 수 있는데, 지주의 토지를 몰수할 이유는 없습니다."

하지만 쉬첸은 그 수치를 입증할 수 없었고, 게다가 경작되지 않는

땅은 대부분 티베트와 투르케스탄*, 그리고 북서부지방에 있었다. 후난-후베이의 농민들을 대규모로 이주시키는 것은 별로 현실성이 없었다. 그래서 뒤에 쉬첸은 '특별히 적대적이고 악독한 지주와 악질 사업가들'의 토지만 몰수할 수 있다는 탄옌카이譚延闓·담연개의 견해에 동의했다. 그렇다면 적대적이고 생각만 해도 몸서리칠 만큼 악독한 지주는 어떤 지주였을까?

아무도 분명히 답하지 못했다.

소지주들에게서 땅을 사들인다는 구상에 대해 토론할 때, 탄옌카이는 턱을 만지작거리며 말했다.

"국민 정부에 거의 신뢰를 보내지 않고 있는 소지주들은 이것을 만족스럽게 생각하지 않을 것입니다. 우리가 채권을 주더라도, 그 종이를 먹고 살 수는 없습니다. 계속해서 토지가 그들의 수중에 있어야 할 것입니다."

공산당을 대표한 탄핑산은 소심하게 반혁명적 지주의 토지만 몰수하자고 제안했다. 왕징웨이가 냉큼 끼어들어 코웃음 치며 말했다.

"정치적 몰수! 그것은 아무 의미도 없는 극도로 추상적인 문구입니다. 만일 어떤 지역의 농민들이 충분히 강력하다면, 그들은 모든 지주의 토지를 몰수하기 위해 모두를 반혁명적 지주로 간주할 것입니다. 정치적 몰수는 기준이 존재하지 않습니다. 농민들이 허약한 지방에서는 …… 우선적으로 소지주에게 달려들 것이고, 이 때문에 그들이 가장 많은 고통을 겪을 것입니다. 하지만 우리는 소지주를 우리 편으로

---

* 중국의 신장(新疆)위구르자치구에 해당하는 지역.

끌어들이기를 원합니다."

완전히 궁지에 몰린 공산당은 자기 제안을 철회했다.

3주일간의 논의 끝에 결국 모두가 안도의 한숨을 내쉬며 결론을 내렸다. 혁명은 여전히 군사적 시기를 거치고 있고, 쑨원의 말대로 토지 문제와 같은 문제들의 해결은 '정치적 훈련'의 시기를 알리는 최후의 군사적 승리와 전국의 통일이 달성될 때까지 기다려야 했다. 따라서 결의안은 원칙적으로 대규모 소유지의 몰수가 바람직하다고 인정하면서도 당분간은 지대가 수확량의 40%를 초과하지 않도록 권고하는 것으로 그쳤다.

이 결정은 지대를 25% 삭감한다는 조항에서조차 후퇴한 것이었는데, 지역에 따라 지대가 수확량의 70% 또는 그 이상인 경우도 있었지만, 평균적으로 50~60%였기 때문이다. 그런데도 공산당은 이 결의안을 수용했고, 더 나아가 '혼란을 야기할 수도 있다'며 토론내용을 공개하지 않기로 한 결정에 동의했다. 군대는 구제받았다. 지주도 구제받았다. 국민당도 구제받았다. 농민을 제외한 모두가 만족할 수 있도록 문제가 해결됐다. 농민들은 인내해야 했다. 농민들이 계속해서 국민 정부를 지지하기만 한다면 그만일 것이다.

농민들이 자신의 문제에 대한 이런 '해결책'을 어떻게 받아들일지는 지켜봐야 했다. 이때 다른 곳에서 새로운 위협이 나타나 '혁명의 중심'을 괴롭혔다. 장제스의 성공에 고무됐거나, 그가 직접 부추긴 군사 반란이 도처에서 터져 나와 우한 정부에 맞섰다. 후베이성 북부에서는 위쉐중於學忠·어학충이 정부에 반기를 들었다. 서쪽에서는 양썬楊森·양삼이 국민 혁명의 수도를 향해 진군하고 있었다. 양썬에 맞서 서부 전선을 방어하던 샤더우인夏鬥寅·하투인이 갑자기 반란을 일으켜 한줌의 군대로 우한의 남서부를 휩쓸며 방화와 약탈을 저질렀고, 지주와 신사를 도와 농민들을 진압하려고 날뛰었다. 농민의 요구를 옹호하지 않았기 때문에 신뢰를 잃은 우한 정부는 농민들을 설득해 샤더우인에 맞서 저항을 조직하려 했지만 호응을 끌어낼 수 없었다.[43] 비록 공산당 장교 예팅葉挺·엽정의 영웅적 행동 덕분에 샤더우인의 위협은 비켜갈 수 있었지만, 계속된 경제 불황과 군벌 반란이 안팎으로 우한 정부를 괴롭혔다.

《민중논단》편집자는 '가재도구를 가득 실은 수레를 끌고 창문 앞을 지나가고 있는' 겁먹은 민중을 목격했고, '사방에서 비통해하는 목소리'를 들었다. "도시의 민중은 공포에 휩싸여 재앙이 임박했다고 말한다. …… 외국인들은 반쯤은 광분해 있고, 반쯤은 득의양양해 했다. 증오스런 한커우 국민 혁명 정부의 통치가 끝났다고 생각했다. 내일 아침이면 우한에서 새로운 정권의 여명을 볼 것이라고 기대했다".[44] 이 편집자는 겁먹은 이들과 희망을 품은 이들 모두를 비웃으며 곧 국민혁명운동이 모든 전선에서 승리를 거둘 것이라고 예견했다.

하지만 압박은 점점 더 강해졌다. 혁명의 활로는 전면적 농민봉기에 기초해 대중의 활력을 해방시키는 것에 있었다. 그럴 때만, 경제적 곤경의 개선과 반란 군벌군의 해체는 약속될 수 있었다. 만약 국민당 좌파가 이 노선을 취할 수 없다면, 공산당이 기꺼이 그렇게 해야 했다. 코민테른이 농업 혁명을 말한 것은 분명하지만, 다음 순간 그들은 국민당 좌파에게 모든 권력을 양보하라고 중국 공산당에 지시했다. 스탈린의 말을 빌자면, '국민당 안에서 좌파와 공산당의 긴밀한 협력 정책 없이, 혁명의 승리는 불가능하다'고 생각했기 때문이다. 따라서 1927년 4월에 한커우에서 열린 중국 공산당 5차 대회 개막식에 왕징웨이가 내빈으로 참석해 자신과 동료들이 "코민테른의 견해를 기꺼이 받아들인다"[45]고 말하며, 코민테른 대표 로이의 보고[46]에 대해 '완전히 동의'한다고 선언한 것은 결코 놀라운 일이 아니다.

중국 공산당 5차 대회에 대한 코민테른의 사상적 지도는 인도 공산주의자 마나벤드라 나트 로이라는 인물을 통해 이루어졌다. 미프에 따르면, 로이는 진행 중인 사건들에 대한 '진정한 레닌주의적 진단'을 최초로 중국 공산당에 제공한 사람이다 어쩌면 여기서 미프는 코민테른의 과거 지시들과 결의들에 대해 비난한 것이 아니었을까? . 당은 '최초'로 로이에게서 '면밀하게 검토된 운동의 전망'을 제공받았고, '기본 문제들에 관한 일련의 지시'를 받았다. 로이는 "전 세계 볼셰비즘의 경험을 …… 신생 중국 공산당에 제공했다".[47] 하지만 오래지 않아 모스크바는 중국 공산당 5차 대회의 입장이 코민테른의 지시와 직접적으로 충돌한다고 서술할 것이었다. 얼마 뒤 로이 자신이 잔인한 공격의 대상이 될 예정이었다. 하지만 여기서는 코민테른 공식 기관지가 전적으로 책임지며 어떤 비판적 논평도 덧붙이지 않고 발표한 로이의 대회 보고서를 살펴보자.

"5차 대회는 수많은 복잡하고 곤란한 문제들을 해결해야 했다. …… 혁명의 발전 전망을 명확히 밝혀야 했고, 이를 위해 확고한 지도력을 제공해야 했다. 이처럼 혁명의 전진을 위해 필수적인 전망을 제출하고, 노동자계급의 행동방침을 밝히며, 명료하고 헌신적이며 열정적인 지도력의 창출을 돕는 것이 5차 대회의 역사적 임무였다".[48]

로이는 당시 상황을 어떻게 진단했는가? "국민당 내 계급분화가 좌파와 공산당의 연계를 강화시켰다. 대자본가들의 이탈로 국민당은 산업노동자, 농민, 소부르주아로 구성된 (그리고 일부 자본가가 함께하는) 혁명연합으로 전환될 수 있었다. …… 중국 혁명은 계급연합을 기초로 계속해서 전진하고 있고, 아직은 완전한 노동자계급적 지도부를 세울 수 없다. …… 국민당의 지도적 당원들이 대회 개막식에 참가했고, 공산당과의 연합을 공고히 할 준비가 돼 있다고 선언했다".[49]

로이가 중국 공산당을 지도했던 실제 내용은 무엇이었을까? 중국 공산당 중앙위원회 일원이었던 취추바이에게 들어보자. 사태의 충격이 혁명을 분쇄하는 동시에 코민테른 안에서 로이의 신성불가침성을 깨뜨린 후 1년 뒤, 취추바이는 이렇게 썼다.

"좌파와 소부르주아계급에게 우리를 따르는 길 말고 다른 길은 없다는 것이 로이의 정치적 견해였다. 그들이 또다시 배신할 가능성과 함께, 그것에 대비해 공산당이 착수해야 할 구체적이고 복잡한 임무에 대해 짚지 않았다. 그 결과 '공산주의-삼민주의 합작 만세!'와 같은 구호가 5차 대회의 공기를 지배했다".[50]

대회에 제출한 보고서에서, 천두슈는 농민들이 토지를 점유하기 위해 자발적으로 나서고 있던 반면, "우리는 너무 평화적인 정책을 폈다"고 인정했다. 또한 대규모 토지를 몰수해야 한다는 것에 대해 찬성했지만, 이렇게 덧붙였다. "여전히 소지주들과의 동맹은 필요하다. 극좌노선을 취해서는 절대로 안 되며, 중도노선을 따라야 한다. 또한 중규모·대규모 토지를 몰수하기에 앞서서 군사적 운동이 발전하기를 기다려야 한다. 현 단계에서 유일하게 올바른 해결방법은 혁명을 심화시키기 전에 먼저 그것을 확장하는 것이다".[51]

모스크바의 《프라우다》가 이 발췌문을 발표했을 때, 트로츠키는 스탈린 테제에 대한 비판 글의 후기에 이렇게 썼다. "이 길은 파멸로 향하는 가장 확실하고, 적극적이며, 가까운 길이다. 이미 농민들은 대지주 재산을 몰수하기 위해 일어섰다. 우리 당은 당명·강령과 극도로 모순되는 평화주의적이고 자유주의적인 토지정책을 추구하고 있다. …… 코민테른의 가짜 지도부 때문에 손발이 묶인 천두슈 동지의 토지 공식은 객관적으로 중국 공산당을 진정한 토지운동으로부터 분리시키는 공식일 뿐이다".52

하지만《프라우다》는 천두슈의 보고를 논평 없이 그대로 실었다. 어찌 달리할 수 있었겠는가? 5월 13일에 모스크바의 스탈린은 중국에서 '우한의 혁명 정부를 강화한 뒤에야' 소비에트를 건설할 수 있다고 선언했고,53 이것은 천두슈의 견해와 정신적으로 완전히 일치하는 것이었다. 천두슈의 보고도 똑같이 무비판적으로 코민테른 전체에 공표됐다. 이후의 사태를 보고 깜짝 놀란 뒤에야, 코민테른 대변인들은 중국 공산당을 향한 트로츠키의 경고를 흉내 내기 시작했다.

토지문제에 관한 대회의 심의 과정은 국민당 토지위원회의 토론과정과 꼭 닮았다. 국민당 토지위원회와 마찬가지로, 공산당대회도 원칙적으로 대규모 소유지의 몰수에 대해 찬성했다. 하지만 "소지주의 토지와 혁명군 장교의 토지는 몰수 대상이 아니다"라고 덧붙였다.54

장교들의 토지를 건드리지 않겠다는 것은 토지문제 전체를 건드리지 않겠다는 것을 뜻했는데, 우한의 군대 안에서 장군들은 물론이고 하급 장교들도 후난-후베이성의 지주와 친척관계에 있지 않은 경우가 드물었기 때문이다. 천두슈 자신이 보고서에서 이렇게 지적했다. "(국민 혁명군) 장교들은 지주계급 출신의 청년들이다".55 그렇다면 대회의 결정은 코민테른의 지시와 조금이라도 달랐던가? 이미 1926년 10월에 스탈린은 장군들이 멀어지지 않도록 농민들을 자제시키라고 전보를 보내지 않았던가?56 바로 그 시기에 코민테른은 소비에트의 건설이 '공산당과 동맹자에게 가장 불리한 조건(?)에서 장군들과의 충돌을 일부러 가속화시키는 것'이라는 근거로 노동자-농민-병사 소비에트의 건설에 반대하지 않았던가?[57] 몇 주일 뒤에 스탈린은 말 그대로 장군들의 토지를 보호하라고 반복하는 특별 지시를 내리지 않았던가? 우한에서는 보로딘, 로이, 미프, 로조프스키, 브라우더, 도리오 등 수많은 '볼셰비키' 고문들이 모스크바와 전보를 주고받고 있었다. 그들 중 어느 누구도 제때에 자기 목소리를 내지 않았다. 뒤에 모스크바는 참패의 책임을 전적으로 천두슈와 중국 중앙위원회에 떠넘기며 온갖 비열한 발뺌과 거짓말을 일삼았지만, 그 어느 것으로도 코민테른이 정하고 중국 공산당이 따른 정치노선의 실체를 숨길 수 없었다.

5차 대회의 토지 결의안은 중국 공산당이 토지문제와 관련해 직접 발표한 최초의 선언이었다. 이 선언은 이미 후난-후베이 농민들이 직접 해결하려고 나선 문제를 회피하는 것과 다름없었다. 사실상 공산당은 농민들의 '과도함'에 대해 적극 반대하는 채찍을 들도록 강요받았다. 스탈린과 코민테른의 단언처럼 국민당 좌파와 협력하지 않고서 혁명의 승리는 '불가능'하다고 한다면, 농민반란의 측면에서 국민당 좌파와 협력하는 것은 생각할 수도 없는 일이었다. 그래서 농민봉기는 배제돼야 했고, 농민들은 스스로 운명을 짊어져야 했다. 스탈린의 지시를 따르는 한, 혁명이 가장 위태로운 상황에서 소집된 중국 공산당 5차 대회는 "공산주의-삼민주의 합작 만세!"라는 배신적 구호를 따르지 않을 수 없었다. 전적으로 대회는 다음과 같은 선언을 위해 열렸다. "모든 민주주의 세력은 국민당 기치 아래 단결하라! 혁명적 연합을 강화하라! 이것이 혁명의 현 단계에서 노동자계급의 주요 임무다. 혁명적 민주연합은 국민혁명의 지도부다".[58]

5차 대회의 막후에는 서로 다른 경향이 존재했다. 이 점과 관련해 취추바이는 이렇게 서술했다.

"보로딘의 노선은 토지 혁명에서 후퇴해 그것을 늦추는 것이었다. …… 소부르주아계급에게 양보하는 것이었다. …… 이른바 산업가들과 상인들에게 양보하고, 지주들과 신사들에게 양보하며, 장제스를 타도하기 위해 펑위샹과 동맹을 맺는 것이었다. 이런 정책을 통해 국민당 좌파 지도자들을 우한과 난징의 반동적 우파세력에 맞서도록 이끄는 것이었다".

"로이는 산업가들을 위한 상당한 양보를 주장했고, …… 지주-신사 계급에게 무언가를 내주는 것을 반대했으며, …… 소지주들과 혁명적 장군들을 위한 약간의 양보에 대해 찬성했다".

당 중앙위원회는 '산업가들을 위한 완전한 양보, 지주들과 신사들을 위한 완전한 양보'를 주장했는데, '토지 혁명은 즉시 실현될 수 없고, 충분한 선전의 시기가 필요하다'고 생각했고, '국민당이 주도하게 하고, 우리는 약간 벗어나 있으면서, 혁명이 너무 빠르게 발전하지 않도록 해야 한다'고 보았기 때문이다.[59]

이 세 경향은 현실에서는 단일한 후퇴적 경향이었다. 취추바이가 올바로 요약했듯이, 실제로 이들은 하나가 됐다. "당시에 실행된 정책은 장제스의 배신 이후에 닥친 곤란을 극복하기 위한 양보였다".[60]

"대담하게, 더욱 대담하게, 언제나 대담하게!"라는 당통의 불멸의 구호*를 중국 혁명의 깃발에 새기는 것이 그 어느 때보다 필요했던 순

---

* 1792년 9월에 프로이센군과 오스트리아군이 프랑스군의 저항을 무너뜨리고 파리로 진군하면서 혁명이 위기에 처했을 때, 당통은 이렇게 연설하며 저항을 독려했다. "적들을 무찌르기 위해

간에, 보로딘과 로이 등 코민테른 하인들은 모두 "양보하라, 양보하라!"하고 외쳤다. 그뿐만 아니라, 모스크바는 중국 공산당원들에게 국민당 좌파 앞에서 머리를 조아리라고 지시했다. 그리고 국민당 좌파는 군벌-지주-자본가계급에게 굽실거렸다. 이런 배반이 결국 중국 혁명의 목을 졸랐지만, 이 지도자들의 그 모든 동요와 비겁이 행동에 나선 대중의 위엄과 위력을 가릴 수는 없었다.

우리는 대담해야 하고, 더욱 대담해야 하며, 언제나 대담해야 합니다. 그때 프랑스는 구원받을 것입니다."

XIII

THE STRUGGLE FOR THE LAND

토지를 위한 투쟁

　　러시아 10월 혁명을 제외한다면, 중국 대중이 일으킨 1927년 봄과 여름의 봉기보다 더 거대하고 감동적인 역사는 현 세기에서 찾아볼 수 없다. 장발을 한 태평천국군을 추종했던 시대 이후, 중국 농민은 평생을 고되게 일하다가 죽을 권리 말고는 그 이상의 희망을 가질 기회가 없었다. 드디어 후난-후베이의 농민들은 대담하고 집단적인 행동이라는 역사의 지렛대를 움켜쥐기 시작했다. 수 세기 동안 어깨를 짓눌러 온 짐을 벗어던지고 등을 곧게 펴기 시작했다. 이 사건은 '우리도 살아 있는 사람이다'라는 중국 노동대중의 초보적 자각을 표현한다. 이때부터 짐승이 아닌 인간으로 살겠다는 의지는 수백만 노동대중으로 하여금 자신을 수천 년의 낡은 문명을 지탱하는 우마牛馬로 전락시켜 온 모든 것에 맞서 투쟁하도록 이끌었다.

　　무지하고 겁 많은 지도자들은 농민들이 도덕적 기준에 따라 압제자들을 구분하도록 만들었다. 타도해야 할 '악덕' 신사와 친구인 '선한' 신사로 구분하도록 했다. 언젠가 그 재산을 몰수해야 할 대지주와 확고하고 우애로운 동맹자가 돼야 할 소지주로 나누었다. 지방폭군, 관리, 지주의 하수인 등 토호세력은 농촌에서 농민의 적이었지만, 자신이나 부모 형제가 지주나 고리대업자인 국민 혁명군 장교는 친구이자 해방자로서 재산을 손상하는 공격을 받아선 안 됐다. 어쨌든 유산계급을 감싸는 데서 도덕적 청렴이라는 외투만 한 것은 없었다. 운동은 성장하고 있었지만 가장 온건한 약속조차 시행할 의지를 보여주지 못한 '혁명' 정부는 농민의 지지를 구하기 위해 "토호와 악덕 신사를 타도하자!"는 구호를 대중 앞에 제출했다. 이것은 농민의 이해에 부합하는 것이 아니라, 농민의 대가 없는 봉사를 원했던 계급들의 이해에 부합했다. 하지만 농촌은 깨어나기 시작했다. 이 구호는 대중적 변형의 과정을 겪었고, 곧 이렇게 읽혔다. "땅土을 가진 자는 모두 압제자★고, 악덕하지 않은 신사는 없다!"[1]

국민당은 "불평등 조약을 폐지하라!"고 외쳤다. 후난의 농민들이 아는 유일한 '불평등 조약'은 수확물의 70%를 지주에게 바치고, 토지세를 무이자로 미리 현금으로 지불하며, 지주에게 명절 선물을 바치고, 약혼식, 결혼식, 장례식 등에서 예식준비, 운반, 손님접대 등 무료 봉사를 강요받는 것이었다. 후난의 농민들에게 "불평등 조약을 폐지하라!"는 구호는 자신을 토지에 속박시키고 있는 노예제의 폐지를 의미했다. 국민당은 중국과 열강 간의 관계에 대해 말했지만, 농민들은 달리 생각할 수밖에 없었다.[2]

국민당은 기껏해야 25%의 지대 인하와 매년 20%의 이율 '제한'을 기치로 내걸었다. 또한 모호하게 '평등한 소작권'을 말했는데, 이것이

의미하는 것이 무엇인지에 대해서는 알려진 바가 없다. 대중운동이 개시된 후 국민당 좌파에게 강령상의 온건한 조항들조차 실행할 능력과 의지가 없다는 사실이 드러났을 때, 대중적 자각의 힘은 직접적 논리에 따라 급속히 농민들을 "모든 토지를 경작자에게!"라는 구호로 이끌었다. 농민들은 이 간단한 구호를 가차 없이 실현해 나갔고, 잃을 것이 있는 자들에게서 두려움을 불러일으켰다. 4월 말에는 후난-후베이의 많은 현에서 토지와 재산 몰수 문제가 떠올랐다.

토지를 위한 투쟁은 화중지방에서 1,000만 명에 이르는 농민을 대중조직 주변으로 이끌었다. 수 세기에 걸친 억압이 땅속 깊은 곳에 폭약을 축적해 왔다. 1927년의 봉기는 인체의 혈관처럼 하나로 연결돼 사회구조 전체로 통해 있는 도화선에 불을 붙였다. 혁명은 일련의 우레 같은 대폭발을 낳았고, 온전히 잔존해 있는 구 사회에 속한 그 어떤 것도 내버려 두지 않았다. 낡고 부패하고 타락하고 쇠잔한 모든 것이 '역사적 광란의 고양' 속에서 흔들려 무너졌고, 짓밟혀 사라졌다. 여성의 전족을 단단히 감았던 목면천은 찢겼다. 단발의 여성들은 수 세기동안 부식을 견뎌 온 쇠사슬로부터 다른 여성들을 일깨워 해방시키기위해 거침없는 반항심으로 농촌으로 들어갔다.* 특권과 복종의 대스승 공자가 둘렀던 사악하고 반동적인 도덕의 수의壽衣는 찢겼고, 그의

---

* 전쟁터에서 한 여성 선동가에게 어느 할머니가 말했다. "나는 팔십 평생을 살아왔지만, 당신처럼 짧은 머리와 큰 발을 갖고 제복을 입은 여자를 본 적이 없어요." 이 여성은 후베이성 남부 자위현(嘉魚縣·가어현)의 풀밭에 앉아 한커우의 친구에게 보내는 서신을 쓰며, 자신이 일단의 농민에게 전족의 해악에 대해 어떻게 말했는지 전했다. 세 치의 '예쁜 발(金蓮)'을 가진 어느 부유한 중년여성이 뒤뚱거리며 그녀에게 다가와 말했다. "당신의 발은 너무 큽니다. 때때로 당신남편이 실수로 당신 신발을 신지는 않나요?" 주변에 있던 병사들과 농민들이 모두 크게 웃었다. 여성 장교는 얼굴을 붉혔고, 이내 함께 웃었다.─〈전장으로부터의 서신〉《민중논단(民眾論壇)》, 1927.6.22.).(원주)

초상화는 거리로 나와 불태워졌다. 불교 사원들은 점거돼 학교와 회의장으로 바뀌었다. 외국 선교사들은 그들의 교시 때문에 전혀 이해할 수 없었던 소위 무정부상태를 피하기 위해 이리저리 도망 다녔다. 미신은 일소됐다. "토신土神과 목신木神은 위엄을 잃었다. 사람들은 더 이상 사서오경을 찾지 않았다. 그들은 정치보고를 원했다. 국내외 정세를 알고 싶어 했다. 대문에는 문신門神을 대신해 구호가 내걸렸다. 심지어 집안의 가묘위패도 현수막으로 바뀌었다".3

구 사회의 산물인 폐습은 거대한 물결 속에서 일소됐다. 어느 후난 성 농민 지도자는 이렇게 보고했다. "청淸 말 이후 정부는 아편 금지를 되풀이해 왔다. 하지만 사실상 아편단속국禁煙局은 늘 아편판매부와 다름없었다. 하찮은 아편 흡연자들만 벌금형을 받았다. 탐관오리들은 드러내 놓고 아편을 피우더라도 제지받지 않았다. …… 하지만 20년 동안 허울뿐이던 금지령이 농민봉기 이후 실질적 금지령으로 바뀌었다. 각지의 농민회는 아편흡연이 발각될 경우 누구든 처벌하고 유가시중遊街示眾*에 처할 것이라고 선언했다. 많은 명망 있는 신사들이 고깔모자를 쓰고 거리를 돌며 망신당한 뒤, 더 이상 후난의 농촌에서는 감히 아무도 아편을 피우지 못했다. 농민들은 신사의 아편대를 부러뜨렸다. 도박을 근절하기 위해 (12~15세의 소년들로 구성된) 선봉대가 집집마다 뒤졌다. 마작패와 같은 도박 도구는 즉석에서 불태워졌다. 전족纏足은 폐지됐다. 제방과 도로가 건설됐고, 황무지가 개간됐다. …… 학교 설립과 미신 타파가 농촌에서 가장 열광적인 활동으로 자

---

* 길거리를 돌며 군중 앞에 세워 망신을 주는 형벌.

리 잡았다. …… 후난성 각 현에서 벌어진 소란들을 어떻게 묘사하건, 실제로 지주들이 지배했던 시절보다 더 평화로웠다".[4]

농민들은 겹겹이 쌓인 과거의 쓰레기를 일소하는 작업에 착수했는데, 그것은 무서울 정도로 철저했고, 때로는 섬뜩한 재치를 보여 주었다. 후베이성의 황강黃崗에서는 수확기가 끝나고 지대를 거둘 때 사용한 곡물 계측용기를 '고깔모자'로 이용해 죄를 지은 신사의 머리에 씌웠다.[5]

농촌의 농민재판은 신속하고 간단하게 이루어졌다. 만일 재판에 문제가 있었다면, 그것은 관대함이었다. 놀랍게도 사형 판결과 집행은 거의 없었다. 대부분의 경우 지주와 부하들은 무거운 벌금형이나 징역형에 처해졌다. 각지의 농민위원회가 농민대회 의장단 자격으로 재판을 관할했다. 신사들은 "우리에게 두려운 것은 다름 아니라 민중대회다"라고 자주 말했다. 과거에는 법 위에 군림한 봉건영주의 특권을 누린 지방 대지주나 지방 장관이 모든 논란과 갈등을 해결했다. 이들은 자신의 안마당에 앉아서 제 마음대로 법을 집행했다. 이제 이것은 완전히 바뀌었다. 각지의 농민회가 모든 적폐를 일소하고, 중요한 사건을 해결했다. 농민회는 심지어 가족 내 불화를 포함해 모든 문제를 제소하는 법정이 됐다.

농민조직들은 농촌의 무수한 경제적 문제들과 마주해야 했고, 그것들을 해결하기 위해 자기 역량을 훨씬 넘어서는 용기와 대담함을 보여 주었다. 이들은 신사들에게서 몰수한 자금과 기타 수단들로 협동조합 건설을 추진했고, 곡물가 변동을 규제하고 투기를 방지하는 조치를 취했다.[6] 협동조합은 지역 농민들의 절대적 신임을 받으며 채권을 발행하기까지 했다. 대출이자와 지대문제는 지불 거부라는 간단한 방식으로 해결됐다. 농촌에서 벌어진 아동과 여성의 인신매매와 매음은 참을 수 없는 가난에서 비롯된 결과였다. 비참한 환경에서 인신매매가 일종의 무역이 돼 번성했고, 매년 수만 명의 여성과 아이가 사창가와 부잣집의 노예로 팔려 갔다. 양신陽新*의 현농민회 대의원대회는 '가족의 생계를 위해 처자를 팔아넘기는 일이 없도록' 신사들한테 적당한 경비를 몰수해 빈민들을 구제하는 결정을 통과시켰다. 하지만 경제적 난관을 극복하기 위한 부분적이고 초보적인 시도들은 곧바로 토지 자체에 관한 근본적 질문을 농민들에게 던졌다. 토지에 대한 갈망보다 더 큰 갈망은 없었다. 점차 자기 힘을 자각한 농민들은 갈망을 충족하기 위해 발걸음을 내딛기 시작했다.

도시에서는 노동자들이 노동조합을 통해 재판을 관할하고 치안을 유지해 나갔다. 남색 토포제복을 입고 보통은 소총보다는 나무 몽둥이로 무장한 노동자규찰대가 '위엄 있는 충실한 태도'로 거리를 순찰하는 모습은 '혁명의 두드러진 특징 중 하나'[7]였다. 노동조합은 초기에 막대한 권위와 명성을 누렸다. 채프먼은 이렇게 기록했다. "내가 더안德安·덕안에서 직접 목격했고, 다른 농촌 도시의 동료 또는 친구중국인과 외국인에게 들었듯이, 후베이성의 많은 현에서 한커우의 국민 정부가 직접 현장縣長을 임명했고 국민 혁명군을 주둔시켰지만, 아직까지 2~3개의 중심 노조들에 반하는 어떤 행동도 취할 수 없었다".[8]

노동조합은 학교를 설립했고, 여성의 권리를 보호했으며, 도망친 여성 노비에게 피난처를 제공했고, 실업자 구제를 조직했다. 또한 할

---

* 후베이성(湖北省) 황스(黃石·황석) 시의 현(縣).

수 있다면 반혁명분자들을 폭로했고, 체포했으며, 처벌했다. 하지만 우한 정부가 제한적 규제를 발표하고, 공산당이 통제한 총공회가 그것을 인정하면서, 노동조합의 활동은 협소한 범위 내로 제한됐다.[9]

대중운동은 도시와 농촌 모두에서 가공할 장벽에 부딪혔다. 자본가계급이 태업을 벌이고 제국주의가 봉쇄에 들어가면서, 또한 우한 정부가 혁명적 수단을 통한 상황타개를 확고히 거부하면서, 우한의 노동자들을 경제적으로 막다른 골목으로 몰렸다. 공산당원들이 무조건 복종해야 했던 정부는 한양의 공장들을 접수하려 했던 노동자들의 시도를 처음부터 억압했다. 한양의 군수공장 노동자들은 러시아에서 찾아온 노동조합대표단을 열렬히 환영하며 둘러쌌다.

그들은 물었다. "여러분은 혁명기에 국영산업에서 벌어진 태업에 대해 어떤 태도를 취했습니까? 그것에 지지를 보내거나 인정했습니까?"

"혁명기에 금속노동자들은 언제부터 혜택을 누리기 시작했습니까? 착취자들을 타도하자마자 혜택을 누렸습니까? 아니면 혁명이 최종적으로 승리할 때까지 장기간의 고통을 참으며 많은 희생을 치러야 했습니까?"

안나 스트롱은 이런 질문들에 관해 보고하면서도 러시아 노동자들이 어떻게 답했는지는 생략한 채, 계속해서 이렇게 전했다. "그들은 이미 자신들의 혁명(!) 정부를 위해 많은 희생을 치렀다. 그들은 '우리의 혁명 정부가 위협받고 있다'고 생각하며 군수공장에서 8시간 노동제를 포기하고 13~17시간을 일했다. 그들은 아동노동에 관한 입법 요구를 뒤로 미뤘다. 내 자신이 직접 우창의 방직공장에서 10시간씩 일하는 일고여덟 살 난 아이들을 목격했으며, 노조조직가들이 '우한이 봉

쇄돼 있으니, 특히 외국인 소유 공장을 포함해 생산에 타격을 입혀서
는 안 된다'고 말하는 것을 들었다. 다른 곳의 상황이 훨씬 더 심각한
것이 우한 정부를 위해 희생해야 할 이유였다. 상하이, 광저우, 후난에
서 노동자들이 처형되고 있었다. 우한에서는 여전히 머리를 치켜들고
조금은 주장할 기회가 있었다. 그들은 변변찮은 특권에 대해 눈물겹
게 감사해야 했다".[10]

머리를 치켜들고 조금은 주장할 기회! 이것이 '혁명의 중심'이라는
우한에서 노동자들이 가진 특권의 전부였다! 방문자들은 러시아 노동
자들이 혁명 정부를 위해 참으로 엄청난 희생을 치렀다고 중국의 동
지들에게 말했지만, 그것은 '우한 혁명 정부'와 같은 가짜가 아니라 진
짜 혁명 정부를 위해서였다! 방문자 가운데 누군가가 이 차이를 이해
하고 있었다면, 틀림없이 그는 이것을 언급했을 것이다. 1917년에 러
시아에서 혁명적이었던 것이 1927년에 우한에서는 반혁명적인 것으
로 바뀌었다. 정말로 그랬다. 스탈린이 그렇게 말했다.

농촌에서 터져 나온 농민봉기의 첫 물결은 지주들과 신사들을 뿌
리째 흔들어 놓았다. 목숨에 대한 위협 때문에, 또는 국유화와 분배 이
후에 제 땅을 되찾을 수 있으리라는 기대 속에서, 많은 지주가 자발적
으로 땅을 농민회에 넘겨주기까지 했다. 광범위한 지역에 걸쳐 각 현
과 향의 토지를 몰수하기 시작한 농민들의 초보적 행동은 이제 무엇
보다도 농민을 무장시켜 점령지를 지키고 확장시킬 수 있는 집중된
권력의 지원이 필요했다. 각 향의 지주들과 신사들이 우한의 권력이
그런 권력이 아니라 우유부단하고 동요하며 오히려 자신들보다도 더
농민들을 두려워하는 권력이라는 사실을 깨닫자마자, 반동세력의 반
격은 자신감을 회복했고, 조직적 무장의 형태를 띠었다.

후난성 농민회는 이렇게 보고했다. "현재로서는 후난의 농민들이 토호세력豪紳*을 타도했다고 말할 수 없다. 농민들이 그들에 맞서 반란을 일으키고 있는 중이라고만 말할 수 있다. 실정에 어두운 이들은 후난의 상황이 두렵고 많은 토호가 피살됐다고 말한다. 하지만 사실은 전혀 다르다. …… 피살된 토호의 수는 10명이지만, 토호가 죽인 농민의 수는 놀랄 만큼 많다. …… 후난의 농민들이 혁명을 거행하고 있는 사실은 많은 이에게 알려져 있지만, 토호들의 간교함과 잔혹함에 대해 아는 사람은 거의 없다. …… 민단民團이 농민을 폭행해 죽이는 일은 각 현에서 다반사가 됐다. …… 고문이 멋대로 자행되고 있다. …… 농민을 납치해 거리낌 없이 죽이거나, 다리 근육과 생식기를 자르는 방식으로 지체를 불구로 만들고 있다. …… 차링茶陵·다롱의 민단은 지역 농민운동에 참여해 활동하기 위해 온 학생에게 등유를 부어 산 채로 불태워 죽였다".

"농민들이 마을에서 쫓아낸 토호들과 민단 잔당은 농민회에 대항하기 위해 도적떼와 연합했다. 성농민회가 접수한 보고 중 열에 아홉은 토호와 도적이 함께 모여 농민회 타도와 당 위원 제거를 맹세하며 술을 마시고 삽혈 의식을 한 것을 언급하고 있다**".

"또한 그들은 반동단체들을 조직했다. 샹샹湘鄉·상향에서는 '향진유지회鄉鎮維持會'라는 단체를 조직했다. 한양에서는 '백당白黨'을 조직했다. 리링醴陵·예릉과 류양瀏陽·유양에서는 삼애회三愛會를 조직했다. 또한

---

* 지주와 신사, 그리고 그들의 수족과 하수인을 포괄하는 용어.(원주)
** 삽혈(歃血): 말, 소, 개, 닭 등 가축의 피를 마시거나 입술에 묻히며 동맹 사이의 굳은 마음을 표시하는 의식.

리링에서는 타구단打狗團을 조직했는데, 여기서 구狗는 농민을 뜻했다. 후난의 많은 지역에서 재산유지회財産維持會가 조직됐다. 이 단체들은 농민 학살과 농민회 습격을 계획하고 실행했다. …… 때때로 이들의 음모가 농민들에게 발각되기도 했지만, 단체가 해산되는 일은 없었다".

"토호들이 사용한 또 다른 방법은 농민회를 분열시키기 위해 함께 섞이거나 또는 자신들의 농민회를 조직하는 일이었다. 그들은 말로는 농민운동에 전적으로 찬성했다. …… 현과 현을 대립시키고, 씨족일가과 씨족을 대립시키기 위해 씨족에 기반한 농민회를 조직했다.* 공정한 가격으로 곡물을 팔겠다고 약속하며 씨족구성원들이 농민회에 가입하도록 꾀었다. 또한 상급단체를 속여 특수한 현농민회나 향농민회로 승인받았다".11

후난성의 현과 향에서 도망친 신사들은 쥐가 역병을 옮기듯 유언비어를 퍼뜨렸다. 그들은 가능한 온갖 방법으로 상하이로 도망쳤다. 덜 부유한 자들은 한커우로 갔고, 하층 신사는 창사로 갔다. 그들은 1789년 이래 모든 혁명운동이 마주했던 여성공유제**라는 비난을 도처에서 퍼뜨렸다. 6개월 내에 부인과 딸이 '공유화'될 것이라는 유언비어를 병사들 사이에서 퍼뜨렸다. 재산이 허락하는 한 많은 첩을 거

---

* 많은 현에서 대다수 주민은 동일한 성(姓)을 따랐고, 다양한 친인척관계를 통해 씨족(일가)으로 맺어져 있었다.(원주)

** 마르크스와 엥겔스는 《공산당선언》에서 이렇게 썼다. "공산주의자들이 옹호한다고 하는 이른바 여성공유제에 대해 우리의 자본가계급이 도덕적 의분을 갖는 것보다 더 부조리한 일은 없다. 공산주의자들이 여성공유제를 도입할 필요 없이, 그것은 변함없이 존재해 왔다. …… 현 생산체제의 폐지는 그것에서 비롯된 여성공유의 형태를 소멸시킬 것이고, 따라서 공식적이거나 비공식적인 매춘을 소멸시킬 것이다".(원주)

느렸고, 강제징수를 통해 농민들로 하여금 처자를 노비와 매춘부로 팔게 만든 장본인들이 바로 이런 비난을 쏟아냈던 것이다. 또한 50세 이상의 사람들이 전부 살육됐다는 소문을 퍼뜨리며 효심을 자극했다.

후베이성 농민조직의 보고들도 후난성의 보고들과 매우 흡사했다. 후베이성에서는 운동이 더디게 진행되면서, 신사들이 저항을 준비할 시간이 충분했다. 5월에는 상당수의 농민회가 완전히 그들의 손에 장악된 상태였다. "상당수의 향농민회들에는 농민이 전혀 없었고, 오직 소매 폭이 넓은 장삼을 입은 신사들만 들락거렸다". 농민들이 조직에 대한 통제권을 유지하는 데 성공한 곳에서는 신사들이 국민당 지역당에 관심을 집중했다. 국민당에 입당한 뒤, 자신들이 주도하는 대항 농민회를 세우고, 당과 농민 사이에 명확한 경계선을 그었다. "시쉬蘄水·기수현에서는 농민의 입당을 거부하는 일까지 있었다".[12] 또한 후베이성에서는 대도회大刀會, 권두회拳頭會 같은 다양한 이름의 반동 조직이 지주들의 지도와 재정지원 하에 등장했다. 신사들과 반란 군벌은 빠르게 결속했다.

5월에 샤더우인이 반란을 일으켰을 때, 그의 군대는 "장링江陵·강릉에서 출발해 젠리監利·감리, 신디新堤·신제, 충양崇陽·숭양을 거쳐 진군하면서 도처에서 감옥문을 열고 농민회 위원들과 집행위원들을 체포하고 살해하는 일에 앞장섰던 토호들을 석방했다. 그들은 우창을 향하면서 좌우를 가리지 않고 마구잡이로 죽였다. 허난성에 인접한 현들에서는 신사들이 홍창회紅槍會***로 결집해 농민들을 학살했다. 후베이성 북서

*** 오래된 반동적 비밀단체.(원주)

부에서는 장롄성張聯升·장연승·위훼중과 결탁했다".13

신사들의 반격은 수 세기 동안 변함없이 특권적 지위를 누려 온 통치계급의 정신 속에서만 발전할 수 있는 세련된 형태의 고문과 극악무도한 고문을 수반했다. "양신에서는 농민들의 몸에 등유를 붓고 산 채로 불태웠다. 황강에서는 뻘겋게 단 쇠로 살을 지져 죽였다. 뤄톈羅 田·나전에서는 희생자들을 나무에 묶은 후, 칼로 벤 상처에 모래와 소금을 문지르는 짓을 수없이 반복해 죽였다. 여성 동지들은 신체부위가 철사에 꿰인 채 벌거벗은 몸으로 거리로 끌려 다녔다. 중샹鍾祥·종상에서는 모든 동지가 스무 군데를 철사에 꿰었다".14 반란을 일으킨 대중이 보여 준 잔혹함은 보복한 주인들이 보여 준 잔혹함의 천분의 일에도 미치지 못했다. 재산을 지키는 자들한테서만 목격할 수 있을 것 같은 이런 야만성은 감상적 중국학자들이 원숙하고 섬세한 것으로 칭송해 마지않았던 그들의 '고상하고 교양 있는' 겉모습을 빠르게 벗겨 냈다.15

후난-후베이의 노동자-농민들은 실제로 맨손과 투쟁의지 말고는 아무것도 없이 이 적들과 마주했다. 운동은 대담하게 토지 혁명의 기치를 든 집중화된 세력의 지도를 통해서만 전진할 수 있었다. 지방권력 기구가 필요했고, 무엇보다도 무기가 필요했다. 이것들 없이는 반동세력의 반격 앞에서 무기력할 수밖에 없었다. 우한 정부는 코민테른이 부여하려 했던 혁명적 농민 지도부라는 허울조차 거부했다. 심지어 25% 지대 인하라는 정강을 실행하기 위한 어떠한 의미 있는 시도도 없었다.16 그들이 할 수 있었던 일은 농민들이 스스로 나서려는 모든 시도를 가로막는 것이었다.

각지의 농민회는 정부가 정책을 확정하고 토지문제 해결의 기준을 수립하라고 반복해서 독촉했다. 이런 요구에 대한 정부 대변인의 답변은 농민의 '과격함'에 대해 훈계하는 것으로 일관됐다.[17]

후난을 방문한 코민테른 대표단은 '지주들의 저항 때문에' 국민당의 지대와 이율 인하가 실현될 수 없다는 것을 깨달았다. 누군가가 국민당을 대표해 그들에게 말했다. "후난성 농민은 모두 강력하게 토지를 요구하고 있다. 그들은 토지의 분배를 원한다. 국민 정부에 복종할 것이라고 말하지만, 동시에 정부가 무언가를 해야 한다고 요구한다. 그들은 땅을 원한다!"[18]

모스크바의 스탈린은 소비에트 구호를 반대했는데, 이 구호가 '유일한 정부기관'인 '혁명의 중심' 우한에 맞선 투쟁을 의미했기 때문이다. 트로츠키는 '혁명의 중심'이 허구이고, 혁명적 권력 기구는 이제 건설해야 하는데, 노동자-농민-병사 소비에트라는 매개를 통해서만 그것은 건설할 수 있고 중심이 될 수 있다고 응수했다. 후난-후베이성 각지의 실제 상황은 어떠했는가? 후베이성 농민회 대표는 가장 절박한 요구에 관해 이렇게 선언했다.

"정치제도를 유지하기 위한 기구를 즉각 설립해야 한다. 현재의 정치 기구는 결코 실제권력이 아니다."[19]

스톨러, 브라우더, 도리오는 트로츠키가 지방권력기구로 일컬은 것과 같은 유형의 조직을 실제로 건설하기 위해 후난성 농민들이 전력을 다하고 있으며, 스탈린이 말한 '유일한 정부기관'은 사실상 존재하지 않는다는 것을 발견했다.

"군벌이 패배해 쫓겨났지만, …… 지주, 현장(縣長), 향신이 남아 있었다. 우리는 어느 곳에서든 그들을 목격할 수 있었다. …… 여전히 그들은 주민들을 향해 봉건 독재 권력을 행사한다. …… 낡은 지방정부

체제를 파괴하지 않고서는 그 어떤 혁명도 생각할 수 없다. …… 어느 곳에서든 대중들은 이것을 강렬하게 느끼고 자각하고 있다. …… 우리가 거쳐 온 다른 어떤 성에서보다도 후난에서 낡은 체제를 대체하는 과정은 훨씬 심화됐다. 지역의 행정을 접수하기 위해 각 현에 특별위원회가 구성되고 있다. 이들 위원회는 국민당, 노동조합, 농민회의 대표자들로 구성된다. …… 여전히 옛 촌장들이 각 촌에서 권력을 행사하고 있었지만, 민중이 직접 선출한 이른바 향민회의鄕民會議가 점차 그들을 밀어내고 대체하고 있다. 많은 지역에서 농민회農會가 각종 문제를 해결하는 데서 최고의 권위를 누리고 있다. …… 하지만 이것은 부패한 낡은 제도를 일소하는 온갖 활동에 적합한 조직이라고 말할 수 있다. …… 여전히 체계와 계획은 결여돼 있다. 지방 정부의 개조를 위한 명확한 행동강령의 부재가 매우 심각해 보인다. 물론 이것은 혁명 중국이 군벌에 맞선 전쟁과 제국주의에 맞선 투쟁에 몰두하고 있다는 사실로 설명(!)될 수 있다".[20]

'민중이 직접 선출한 향민회의'는 바로 소비에트의 맹아가 아니었던가? '트로츠키주의'라는 병균은 1만 5,000킬로미터를 여행해 최종 목적지인 후난에 도착해 농촌에 파고들 만큼 강력했던 것일까?

코민테른 대표단은 모든 방문지에서 이런 외침을 들었다. "농민에게 무기를 달라! 우리에겐 총과 탄약이 필요하다. 농민이 무장하고 나서야 한다!"

계속해서 스톨러는 전했다. "우리는 소총을 구할 수 없는 모든 지역에서 농민들이 곡괭이와 괭이로 무장하고 자위대를 조직했음을 알게 됐다. …… 무기와 탄약을 확보하려는 농민들의 계획에 대해 들었다. 농민들은 북군한테서 수천 정의 소총을 노획했지만, 늘 이런 무기는

군민 정부와 국민 혁명군으로 넘어갔다".[21]

농민들은 토지와 무기를 원했다. 코민테른은 전적으로 국민당 좌파 지도자들과 우한 정부의 자발적 협조에 달려 있는 정책을 중국 공산당에 부과했다. 스탈린은 합작 없이 '승리는 불가능하다'고 선포했다.

코민테른 대표단 서기는 이렇게 썼다. "토지문제 해결 없이 중국 혁명의 최종적 승리는 불가능하다. …… 국민 정부가 가장 견결한 혁명적 태도로 토지문제를 다루는 대신, 그것을 무시하거나 농민의 정치·경제적 요구를 전면적으로 지지하는 않는다면, 그것은 치명적 과오일 것이다". 하지만 스톨러는 국민 정부가 농민에게 토지를 분배해야 한다는 제안으로까지 나아가지는 않는다. 그는 "지대 인하, 세제 개혁, 고이율 제한, 농민의 무장 등 일정한 조치들이 절대적이고 즉각적으로 필요하다"라며 불완전하게 결론을 맺었다.[22]

이것들은 말 그대로 국민당의 정강이었다. 하지만 '혁명의 중심'은 이런 온화한 개량적 강령조차 실행하려 하지 않았다. 그것은 혁명세력에게 '치명적'이었지만, 그 '치명적 과오'는 자신들의 계급적 이해를 방어했을 뿐인 국민당 지도자들이 아니라, 농민들이 자신의 이해를 방어할 기회를 제공하는 데 실패한 코민테른에 있었다.

브라우더, 도리오, 스톨러에 따르면, 우한 정부가 군벌·제국주의에 맞선 투쟁에 너무 '몰두'한 나머지, 농민들을 위해서는 아무것도 할 수 없었다. 하지만 사실 우한의 지도자들은 농민운동에 깊이 몰두했다. 그들은 '전면적 지지'를 보내는 것이 아니라, 단지 운동을 단속하고 자본주의 소유권의 경계 내로 제한하는 조치들을 찾는 데 집중했다.

국민당 토지위원회의 심의와 결론에 반영된 회피와 혼란, 그리고 유효한 정책의 결여는 실제로 농민봉기에 대한 수동적 방해로 귀결됐다. 그런데도 반란이 폭발하자, 국민당 좌파 지도자들은 소극적 태도를 버리고 직접적 진압 정책으로 넘어갔다.

다른 유효한 세력이 없는 가운데 농민회가 정권의 기능을 떠맡기 시작하자, 우한의 지도자들은 '과도하다!'고 외치며 농민회를 제한하려고 나섰다. 반혁명집단 민단民團을 거느리고 농촌 전역에서 공개적 습격을 일삼는 지주와 하수인들에 대해 조치를 취할 의지도 능력도 없는[23] 우한 정부는 대중조직이 이들 민중의 적들을 심판하는 것을 금지시켰고, 얼마 뒤에는 체포와 벌금 부과조차 제지했다.[24]

국민당 중앙집행위원회는 이렇게 선언했다.

"우리 당은 억압적 수단을 통해 지속적으로 농민을 수탈해 온 파렴치한 지주와 향신을 배격한다. 하지만 법률기구를 통해 지주와 신사를 처벌하는 것은 수탈과 억압 행위에 관한 명확하고 결정적으로 확증된 이후의 일이라는 사실을 분명히 해야 한다. 각 향과 현에서 국민혁명에 반대하지 않는 결백한 부자들은 국민 정부의 보호 대상이다. 우리 당의 동지들은 대중이 타인의 인신, 재산, 직업, 신앙을 경솔하게 침해하지 않도록 분명하게 지시해야 한다. 지역의 공공질서를 어지럽히는 것은 혁명의 이익에 위배되는 일이고, 그런 행동은 반혁명 행위와 다름없다. 각 지역당은 그런 행동을 주의 깊게 제지해야 한다."[25]

후베이성 농민회 비서는 이렇게 말했다.

"농민들은 기꺼이 이런 사법적 임무를 정부에 넘겨줄 테지만, 정부는 모든 현에서 법무직원을 두고 있지 못하다. 우리의 가장 큰 요구는 우한 정부가 시급히 지방정부를 수립하는 것이다. …… 정부가 우리 농민에게 무기를 제공한다면, 우리는 기꺼이 목숨을 걸고 그 정부를 지킬 것이다."[26]

하지만 정부는 각 현과 향에 혁명 정부가 수립되는 것을 원하지 않았다. 반대로 그런 권력을 행사하려고 한 농민회에게는 해산을 명령했다. 원칙적으로 각 농민회에 50명의 무장 농민부대가 허용됐지만, 지주들이 아니라 도적을 향해서만 무기를 사용할 수 있게 하는 명령이 내려졌다. 6월에 후베이성 전역에서 총 300만 명 이상의 농민을 조직하고 있었던 농민회들은 700정의 권총Revolver을 보유했고, 성 전역에 흩어져 있었다.[27]

후베이성 농민회 대표는 국민당에 이렇게 보고했다. "많은 현에서 소총을 구입하기 위해 수도로 사람을 보내고 있다. 그들은 단지 소총을 구입할 수 있게 도와 달라고 요청하며, 충분한 자금을 가져갔다. 이 것은 각 촌村 농민회의 요구가 아니라 전체 농민의 요구였다."[28]

하지만 이 대표들은 빈손으로 돌아왔고, 다른 어떤 호소도 답을 구하지 못했다. 국민당 공식보고는 이렇게 말했다. "농민들은 무장하지 못한 채, 끊임없이 반혁명세력의 공격을 받았다. 불행하게도 향촌鄕村들에서 보내온 군사원조 요청을 충족시키는 것은 전반적으로 불가능했다."[29]

후베이성 농민회 서기는 이렇게 말했다.

"가령 황안현黃安縣의 반동세력이 21명의 농민 지도자를 살해했다. 농민회는 보호를 위한 군대 파견을 정부에 간청했다. 하지만 군대는 전선을 떠날 틈이 없다는 답변이 돌아왔다. 그러자 농민회는 스스로 무장할 권리를 요구했다. 하지만 정부는 농촌 내부의 충돌에서가 아니라 도적들의 습격이 확인됐을 때에만 무기사용을 허락할 수 있다며, 그것을 금지했다. 그렇다면 우리가 할 수 있는 게 도대체 무엇인가? 반동세력은 법을 무시하며, 마음대로 살육을 저지르고 있다. 하지만 우리는 책임 있는 농민회로서 법을 지켜야 한다. 그런데 법은 우리를 도울 수 없고, 우리 스스로 돕는 것을 막고 있을 뿐이다. …… 우리는 농민들을 열악한 환경에서 구제하겠노라고 약속하며 신뢰를 얻었다. …… 그 약속은 실현되지 않고 있다. …… 평범한 농민들은 외칠 수밖에 없다. '사기꾼들! 당신들은 우리를 위해 아무것도 하지 않았다. 이제 우리는 당신들의 빈말을 믿지 않을 것이다.' 우리는 봉건제도를 타파하고자 한다. 하지만 봉건제도는 현재의 농촌 경제구조에 뿌리를 두고 있다. 모든 돈이 신사들의 수중에 있다. 매년 봄이면 가난한 농민들은 종자와 비료를 구하기 위해, 심지어 당장의 먹거리를 구하기 위해 돈을 빌려야 한다. 농민회를 증오하는 신사들은 더 이상 돈을 빌려주지 않는다. 농민의 3분의 2가 종자를 살 돈을 전혀 구할 수 없다. 이들은 농민회를 비난하기 시작한다. 우리는 협동조합 조직을 약속했지만, 그것을 위한 돈이 없다. …… 새로운 토지정책과 새로운 법원 결정이 없는 한, 신사들의 땅을 접수하는 일은 계속해서 법으로 금지될 것이다."

스트롱은 덧붙인다.

"그는 이런 심각한 곤경과 관련한 농민회의 요구는 단 두 가지라고 말했다. 하나는 즉각 지방 정부와 함께 의용군을 조직해 정부를 지원할 수 있도록 하는 것이다. 다른 하나는 협동조합 상점들을 설립하고 농민을 위한 정부의 신용공여를 실시하는 것이다."

그러고는 이렇게 결론을 맺는다.

"이것들은 기본적이고 필수적인 요구지만, 우한의 군사적·재정적·정치적 상황에서는 몽상일 뿐이다!"[30]

'혁명의 중심'은 이랬다. 스탈린과 부하린의 상상 속에 존재하는 것이 아니라 화중華中 지방에 실재하는 '혁명의 중심'은 이랬다. 브라우더-도리오-만이 장시성을 횡단하며 여행한 뒤 "다시 숨통을 틀 수 있었고, 후베이성 대중의 열정과 국민당 중앙과 국민정부의 노동자-농민에 대한 태도를 목격하며 다시 한 번 확신을 얻은"[31] 곳이 바로 이곳이었다. 로이가 '중국 인민의 반제국주의 투쟁의 상징'[32]으로 청송한 정부가 바로 이 정부였다. 그런데 이 정부가 동요하면서, 농민들의 가장 기본적 요구들은 몽상이 돼 버린 것이다!

농민들은 빠르게 지도자들과 조직들에 대한 믿음을 잃었다. 6월 25일의 후베이성 대표자회의에서 어느 발언자는 이렇게 보고했다. "농민들이 투쟁해서 얻는 것이라곤 늘 고난과 학살이었기 때문에, 농민회는 점차 농민의 신뢰와 지지를 잃었다".[33]

5월에 반란을 일으킨 샤더우인은 결코 청천백일기青天白日旗를 내리지 않았다. "그가 여전히 국민당기를 들고 자신의 태도를 명확히 밝히지 않았기 때문에(?), 농민들은 무방비로 공격당했다. 갑자기 습격이 벌어져 체포가 진행됐고, 많은 이가 도망쳤다. 농민들은 지도부를 잃었고, 조직들은 붕괴됐다. 그래서 그들은 작전과 운송을 도울 수 없었다".[34]

대중은 국민당 깃발을 자기 깃발로 여기도록 배웠다. 그 깃발 아래에서 머리를 치켜들던 반동세력은 완전히 무방비상태인 대중을 손쉽게 짓밟을 수 있었다. 혁명운동 전체에서 이런 일이 벌어졌다. 국민당 깃발이 대중의 깃발이었던 적은 결코 없다. 그것은 자본가계급, 지주, 신사, 군벌의 깃발이었다. 하지만 상하이 쿠데타는 물론이고, 곧바로 이어진 사건들도 이 사실을 공산당 지도부와 코민테른 고문들의 머릿속에 각인시키지 못했다.

우한에서 공산당은 국민당의 활동에 대한 책임을 전적으로 떠안았다. 공산당원들이 중앙 정부와 성 정부의 직책들을 맡고 있었다. 중요한 정책적 결정들은 공산당 지도부와 국민당 지도부가 함께하는 '연석회의'에서 내려졌다. 5월 첫째 주에 열린 회의에서 통과된 당의 의무를 규정하는 결의안을 통해, 공산당 중앙위원회는 이렇게 선언했다. "공산당은 연석회의에서 모든 주요 문제를 토론하고 구체적 제안을 제출해야 하지만, 구체적 제안은 우리 당의 최대요구에 근거한 것이 아니라, 민족 혁명의 발전에 이익이 되고 국민당 좌파와의 단결에 부합하는 것이어야 한다".[35] 공산당원들은 '연합' 내에서 독립 정당의 대변자로서가 아니라 국민당의 강령과 규율에 복종하는 당원으로서 활동했다는 사실을 잊지 말아야 한다. 그래서 초기 연석회의에서 왕징웨이가 "오직 국민당 중앙집행위원회만이 연석회의 결의안을 비준하고 공표할 권리를 갖는다"고 발표했을 때, 공산당 대표들은 의견을 같이 했다. 물론 왕징웨이는 당내에서 반공조직을 조심스레 유지했다. "그는 각종 당기구에 소속된 순수 국민당원들을 모두 비밀리에 끌어모았고, 언제나 회의가 있기 전에 자택에서 사전 회의를 했다. 공산주의 당원들에 맞서 일종의 공동전선을 펴기 위해서 말이다".[36]

하지만 공산당의 저항을 두려워할 필요는 거의 없었다. 공산당 중앙위원회는 국민당 신문에서 일하는 당원들에게 "신문을 공산당기관지로 바꾸지 말고, 국민당 결의의 정신에 따라 활동할 것"[37]을 지시했다. '연합'이 개시된 이후, 공산당은 독립적 일간지를 발행하지 않았고, 우한에서는 아무런 발행물도 갖지 않았다. 또한 이처럼 혁명 정당의 가장 기본적인 무기가 부재했던 심각한 문제에 대해 코민테른이 시정을 지시한 결정은 어디에서도 찾아볼 수 없었다. '국민당 좌파와의 단결'이 국민당에 대한 공산주의자들의 절대적 복종과 공산주의 '최대 요구'의 희석화를 의미했다는 사실은 공산당 신문이 부재했다는 것에서 확실히 증명된다.

스탈린은 4월 21일 테제에서 이처럼 옴짝달싹 못하도록 결박된 당에 대해 이렇게 썼다. "혁명적 국민당 대열 내에서 싸우고 있는 공산당은 그 어느 때보다 독립성을 보존해야 한다".[38]

트로츠키는 반문했다. "보존하라? 하지만 현재 공산당은 아무런 독립성이 없다. 바로 독립성의 부재가 모든 과오와 해악의 근원이다. …… (스탈린은) 어제의 실천을 완전히 그만두는 대신, '과거 어느 때보다도' 지켜 나가야 한다고 제안한다. 이것은 필연적으로 대자본가계급의 도구가 될 수밖에 없는 소부르주아계급 정당에 의지해 노동자계급 정당의 사상적·조직적 독립성을 유지하겠다는 것을 의미한다".[39]

'국민당 좌파와의 단결'은 중국 공산당원들이 소부르주아계급과 자본가계급 동맹자들에게 사상적, 조직적으로 계속 의존할 수밖에 없게 만들었다. 대중운동을 억제하려는 국민당 좌파의 요구를 무시하고 독립적 길을 추구하지 않는다면, 공산당은 그 요구에 굴복할 수밖에 없다. 코민테른이 국민당 좌파를 통해서만 노동자와 농민의 요구를 충족시킬 수 있다고 주장하는 한, 독립적 길은 차단될 수밖에 없었다. 그래서 공산당원들은 그들 앞에 열려 있는 다른 길로 갔다.

"중앙위원회는 파업운동을 추동하거나 발전시키는 대신, 강제중제를 실시하고 최종결정권을 정부에 넘기도록 국민당 지도부와 협력했고, 노동조합에는 노동자의 요구를 위해 투쟁하는 대신 노동규율에 복종하라고 지시했다. …… 노동조합이 몇몇 공장주와 상점주를 체포하자, 자본가계급은 '과도하다!'고 소리쳤다. 중앙위원회는 공장주가 태업 행위로서 고의로 공장을 폐쇄하고 상점주가 고의로 상품가격을 인상했더라도 공장을 점거하거나 점포를 닫지 말라고 노동자들을 설득하려 했다".[40]

물가인상은 많은 성공적 파업에서 얻어 낸 변변찮은 성과가 완전히 사라지게 만들었다. 노동자들은 본능적으로 좀 더 혁명적인 조치들을 찾아 나섰다. 그들은 공장과 상점을 점거하고 직접 운영하려 했다. 노동조합은 파괴자들과 투기꾼들을 직접 징벌했다. 하지만 정부가 즉각 나서서 그것을 제지했다. 그들은 노동자의 행동이 아니라 정부의 행동이 그 문제를 해결할 것이라고 말했다. 4월 29일에 한커우에서 열린 노동조합회의에서 얼 브라우더는 정부가 물가를 규제해야 한다고 연설했다. "(정부가) 문제 해결에 실패한다면, 그것은 혁명세력에게 재앙이 될 것입니다."[41]

스톨러는 정부가 농민을 돕는 일에서 실패한다면 그것은 '치명적 과오'가 될 것이라고 말했다. 브라우더는 정부가 노동자들을 돕는 일에서 실패한다면 그것은 '재앙'을 의미할 것이라고 말했다. 그런데 정부는 두 경우 모두에서 실패했다.

정부에는 각각 농업 분야와 노동 분야를 관장하는 공산당 장관 2명이 있었는데, 트로츠키는 이것을 '전형적인 인질의 자리'로 표현했다. 원래 공산당원들이 국민 정부에서 종사하게 된 것은 1926년 말에 열린 코민테른 집행위원회 7차 전체회의의 지시에 따른 것이었다. 국민당 3월 총회는 탄핑산을 농업장관으로, 광저우의 노동조합 지도자 쑤자오정蘇兆征·소조정을 노동장관으로 지명했다. 4월 10일에 브라우더는

"이 두 지위에 공산당원이 지명된 것은 (혁명의) 사회 과정이 심화되었음을 상징한다"고 썼다. 브라우더가 보기에 공산당의 정부 참여는 '좌향좌'를 의미했다. 그는 이 사건이 "영·미 제국주의에 놀라움과 충격을 안겨 주었음이 틀림없다"[42]고 확신했다. 부르주아 언론인 아서 랜섬은 공산당원 노동장관이 자본가계급 정부에서 의미하는 바가 무엇인지를 좀 더 잘 이해했다. "노동조합을 위한 도구가 아니라 정부와 노동자 사이의 중재자가 될 것이다".[43] 사실 공산당원들이 우한 정부에 참여한 것은 노동자들과 농민들에게 놀라움과 충격을 안겨 준 확고한 우향우를 숨기려는 얄팍한 위장술과 다름없었다.

공산당 장관들은 국민당정책을 집행하도록 요구받았다. 5월 20일에 탄핑산이 정식으로 취임할 때, 왕징웨이는 이렇게 말했다.

"농민운동은 빠르게 성장해왔다. …… 이제 우리에게 필요한 것은 농민을 지도하고 지휘할 수 있는 인물이다. …… 탄핑산 동지가 그런 지도자다. 그는 농민문제를 해결할 특별한 자격을 갖추고 있다."[44]

그가 '특별한 자격'을 갖추었다는 것은 수백만 농민이 공산당과 러시아 10월 혁명을 동일시했고, 또한 러시아 농민이 해방됐다고 알고 있었기 때문이다. 하지만 탄핑산은 10월 혁명을 생각하고 있지 않았다. 그는 자신이 맡게 된 직무에 대해 이렇게 말했다.

"최선을 다해 정부의 농업정책, 즉 쑨원과 국민당의 농업강령을 집행하는 것이 나의 의무라고 확신한다."[45]

한참 뒤 상황은 바뀌었다. "농업장관 탄핑산의 취임사는 치욕 그 자체였다. 그는 농촌 각지의 지주계급에게서 토지를 몰수하고 토호·신사가 가진 권력을 제거하는 것과 같은 토지 혁명에 대해 침묵했다. 그는 '과도함'에 대한 반대와 농촌상황의 자유주의적 개선에 관해 장황하게 설명했다. 탄핑산은 취임하자마자 농민들에게 '엄중하게 처벌하겠다'고 위협하며 신사와 지주를 향한 '망동'을 금지시켰다".⁴⁶

공산당 농업장관은 첫 선언들 가운데 하나에서 이렇게 말했다.

"현재 농민해방운동은 위기에 처해 있다. 많은 투쟁과 혼란, 시기상조의 행동과 주요 쟁점을 혼란스럽게 하는 행위로 가득한 과도기라 할 수 있다. 그리고 어느 정도 그것은 농민들의 과도한 요구 때문이다. 과도한 요구는 농민들에 대한 오랜 억압에서 비롯된 자연스런 결론이라 할 수 있지만, 그것은 억제하고 통제해야 할 문제다. …… 따라서 정부는 대다수(?) 농민의 이익과 농민운동의 전반적 정세를 고려해 농민의 모든 무책임한 행동과 불법적 행위를 미연에 방지하기 위한 정책을 공표한다. …… 혁명의 대의에 동의하는 농촌의 모든 분자를 이런 기치를 중심으로 결집시키고 조직해야 하며, 이 목표를 위해 농촌에서 평화를 정착시켜야 한다. 농민들의 과도한 요구 때문에 그것이 실패해서는 안 된다. 지주와 신사의 횡포를 처리하는 문제는 정부에 맡겨야 한다. 농민들이 제멋대로 체포하거나 처단하는 일은 법에 따라 처벌받을 것이다."⁴⁷

공산당 노동장관 쑤자오정도 똑같이 말했다. 그는 취임 후 며칠 뒤 발표한 통지문에서 이렇게 말했다.

"새롭게 해방된(?) 노동자-농민 부위에서 유치한 행동이 나타나고 있음을 보여 주는 수많은 증거가 존재한다. 이것은 혁명 연합에 심각한 균열을 낳는 원인이 되고 있다."⁴⁸

이렇듯 '혁명적' 국민당과 '혁명적' 정부는 지주들과 자본가들의 목소리를 확성기를 통해 전달했고, 또한 공산당은 그것을 더욱 증폭시켜 대중에게 유포했다.

"농업장관과 노동장관은 모든 점에서 여타 관료와 차이가 전혀 없었다. …… 노동자와 농민의 고통을 경감시키기 위한 단 하나의 법률도, 도시와 농촌의 착취제도를 바꾸기 위한 단 하나의 포고도 발표하지 않았다. …… 이와 같은 포고를 정부에 제출할 준비조차 하지 않았다. 사실상 공산당 장관들의 활동은 가장 부패한 자본가계급 관료통치로 바뀌었다. 대중 앞에서 우리의 공산주의 외관을 지우기 위해, 우리는 단 하나의 혁명적 제안도 제출하지 않았다. 반혁명을 감추기 위해, 우리는 우한 정부의 잘못을 비판하지 않았다".[49]

그들은 대중조직을 통해 노동자와 농민의 구원이 압제자와의 단결에 달려 있다고 설득하려 했다. 후베이성 총공회 주석이었고 뒤에 공산당 서기가 된 샹중파*는 "소자본가들은 노동자들과 연합해야 한다"[50]는 왕징웨이의 지시를 집행하며 노동조합과 상인 및 자본가 사이의 공동회의를 조직하려고 동분서주했다. 후베이성 총공회는 노동장관의 지시에 따라 움직였고, 그동안 떠맡아 왔던 경찰권을 포기했다.[51]

전국농민협회 총서기 런수(任曙·임서)는 "후베이성의 농민운동이 너무 빠르게 성장했다"고 불평하며, '혁명적 군관'의 토지를 보호하기 위해 농민협회가 농민봉기를 '완화'하기로 결정했다고 발표했다.[52] 후베이성 농민협회는 그것을 그대로 따르며 각 분회에 지시했다.

"국민당 중앙과 국민정부의 훈령에 따라 농민운동 내의 치기 어린 행동을 막기 위해 노력해야 한다. …… 전선을 공고히 하기 위해, 무산농민, 소지주, 상인, 수공업자 사이의 긴밀한 협력을 위해, 지역 폭군

---

* 그는 상하이에서 체포돼, 장제스의 명령에 따라 1931년 6월에 처형됐다. (원주)

이나 악덕 신사가 아닌 자산가나 혁명적 군인의 재산을 몰수하는 일은 금지된다".[53] 기록에 따르면, 왕징웨이는 농민들이 이런 지시를 유념하지 않고 가능한 토지를 점거하고 있다며 보로딘에게 불평했다. "보로딘은 이런 운동에 대한 책임이 자신에게 있지 않다며 부인했다. …… 그러자 왕징웨이는 보로딘에게 이와 관련해 무엇을 제의했는지를 물었다. 보로딘은 운동을 완화하는 것이 유일한 방법이라고 답했을 뿐이다".[54]

'국민당 좌파와의 단결'은 위로부터 정해졌다. 공산당은 단결을 유지하기 위해 계급적 역할과 역사적 임무를 포기해야 했다. 계급투쟁의 충격은 우한 정치인들로 하여금 자본가들과 신사들의 품으로 향하게 만들었고, 우한 정부는 그들의 도구가 됐으며, 공산당원들은 코민테른의 직접 지시에 따라 국민당과 그 정부에 속박됐다. "(공산당 지도부는) 국민당 지도부를 휘감은 공포와 우유부단의 영향을 받아, 토지문제를 해결하기 위한 혁명적 행동강령을 제시할 수 없었다".[55]

5월 15일에 공산당 중앙위원회는 "빈농의 유아적 행동이 소부르주아계급을 떠나가게 만들고 있다"[56]고 불평했다. 보로딘과 로이, 그리고 공산당 지도자들은 위중한 시기에 '소부르주아계급을 묶어 두려고' 동분서주했다. 그들이 말한 '소부르주아계급'이란 진정한 노동자계급 깃발 아래로 모일 것이고 모일 수 있는 수공업자, 소상인, 소점주, 하층농민 등 광범위한 대중을 의미하지 않았다. 그것은 소지주, '혁명적' 장교, 국민당 정치인을 의미했다. 노동자, 농민, 소부르주아 등 거대한 대중은 지도부가 없는 채로 남겨졌다. 그 결과, 도시와 농촌의 반동세력은 실제로 강화됐고, 곧 패권을 회복하려고 나섰다.

우한의 지도자들과 공산당원들이 농민의 '과격함'을 한탄하고 '질서 회복'을 애원하는 동안, 곧바로 군벌 세력은 자신의 방식으로 '질서'를 회복하기 위해 나섰다. 우한 정치인들이 설득을 통해 달성할 수 없었던 것을 '혁명군'이 무력으로 완수하기 위해 나선 것이다.

5월 21일 밤, 후난성 성도 창사에서 소총과 기관총 총성이 어둠을 찢었다. 탕셩즈의 부하이자 지역수비대 사령관인 쉬커샹許克祥·허극상은 새벽 1시에 35군 33연대 부하들에게 팔에 흰색 띠를 두르라고 명령했다. 그리고 부대를 이끌고 후난성 총공회 본부로 갔다. 병사들은 현관 앞에서 규찰대원 4명, 여성 2명, 남성 1명을 총살하고, 건물 안으로 밀려들었다. 습격 부대는 국민당 본부, 당 학교, 노동자·농민·학생 단체가 점거 중인 곳들을 차례로 신속히 습격했다. 본부들은 파괴됐고, 그곳에 있던 이들은 모두 총살되거나 체포됐다. 총격은 새벽녘까지 계속됐다.

이튿날 아침, "과격분자를 타도하자!", "장제스를 지지한다!" 등의 표어가 도시 전체를 뒤덮었다. 쉬커샹은 규찰대와 농민자위대가 자신의 군대를 무장해제시키려고 계획했기 때문에 '어쩔 수 없이' 행동에 나설 수밖에 없었다고 발표했다. 불과 6주일 전의 상하이 사건 이후, 이런 해명은 더 이상 특별한 것이 아니었다. 또한 쉬커샹은 후난성 당 조직과 성 정부가 '개조'될 것이라고 발표했고, 이를 위해 당이 지명한 위원회가 설립될 것이라고 덧붙였다.

5월 21일 밤의 창사사건은 우한의 신문들을 통해 더디게, 그리고 단편적으로 전해졌다. 4주일이 지난 뒤에야 완전한 사실이 알려졌는데,[57] 후난성에서 파견된 대표가 우한에 도착해 성 전역에 공포 정치를 수립한 약탈 군대로부터 보호해 줄 것을 정부에 간청했을 때의 일이다. 우한 정부가 비겁한 망설임과 기만적인 배신으로 이미 1개월을 흘려보낸 뒤였다.

5월 21일의 습격은 1927년의 재앙적 중국 역사에서 가장 피비린 내 나는 시기가 시작됐음을 알리는 신호에 불과한 것으로 드러났다. 창사의 서문 밖 공터에서는 아침저녁으로 체포된 노동자, 농민, 학생이 대거 끌려와 처형됐다. 병사들은 체포된 여성을 희롱하며 즐겼고, 총탄이 음부로부터 신체를 통과하도록 총을 쏴 죽였다.[58] 남성들은 이름 모를 고문을 당했다. 참수되지 않은 많은 이가 엉덩이 살을 베어 내는 연할臠割에 처해졌다. 첫 번째 학살의 물결이 지나간 뒤, 날마다 10~30명을 사형시키는 일이 창사에서 일상화됐다. 일단 성도省都에서 시작된 테러는 즉시 확산되었고, 피해자수가 무섭게 증가했다. 헝양衡陽·형양에서는 며칠 사이에 100명 이상이 죽었다. 5월 24일에 창더常德·상덕에서는 600명에 이르는 적극적 농민협회 회원이 기관총으로 살육당했다. 류양에서는 군대가 반란을 일으키자 농민들이 창사를 향해 달아났다. 창사에서는 쉬커샹이 기관총으로 그들을 맞이했고, 그 결과 성문 앞에서 130명의 남녀가 죽었다. 이후 몇 개월에 걸쳐 2만 명 이상의 농민과 농촌노동자가 강력한 무력 앞에서 희생당했다. 반동세력은 혁명 때문에 수십 명이 죽은 것에 대해 그 천배의 목숨을 빼앗는 것으로 보복했다.

5월 21일 사건이 발생한 이튿날, 흩어져 있는 자위부대들을 동원해 반격하려는 시도가 있었다. 현지의 지도자들은 무장 대오들에게 창사 외곽의 산속으로 집결하라고 명령했다. 농민군과 노동자규찰대는 소총을 들고 약속지점으로 갔다. 며칠 사이에 수천 명의 군대가 아버지, 부인, 아들, 딸을 잃은 비통함 속에서 창사로 진격할 준비가 됐다. 창사에는 쉬커샹이 거느린 1,700명의 군대가 있었다. 농민들은 창사 주둔군을 제압하고 도시를 탈환한 뒤, 성 전체를 아우르는 무력을 조직할 작정이었다. 그들은 무엇보다도 우한의 신속한 원조를 기대했다.

우한의 공산당 중앙위원회로부터 창사에 대한 공격 계획을 취소하고 "문제해결을 위한 국민 정부의 조치가 있을 때까지 기다리라"[59]는 답변이 도착했을 때, 그들은 이미 진격 중이었다. 5월 27일에 전국총공회와 전국농민협회는 성 농민회와 성 총공회에 공동전보를 보냈고, 샹탄湘潭·상담과 샹샹湘鄕·상향의 지부들에게 열람시키게 했다. "중앙정부가 지명한 5인 위원회가 창사 사건을 해결하기 위해 오늘 아침에 출발했다. 더 이상의 충돌을 피하기 위해 정부 관리들이 도착할 때까지 참고 기다릴 것을 성의 모든 노동자-농민 동지에게 통고하길 바랐다".[60] 공산당 중앙위원회 후난성 대표는 모든 농민부대의 퇴각을 명령했다. 류양현劉陽縣·유양의 두 부대를 제외한 모든 부대에 전달됐다. 류양현의 두 부대는 예정된 시간에 성문까지 진격했고, 쉬커샹은 그들을 기관총으로 전멸시켰다. 이런 지체 때문에, 장제스에게서 이 지역을 봉토로 하사받게 될 허젠何鍵·하건은 웨저우에 주둔해 있던 2개 연대를 창사로 보내 수비군을 증강할 수 있었다. 역습을 가하고 성 전체의 역량을 동원할 기회는 며칠 사이에 사라졌다. 반동세력은 후난에 대한 지배권을 확실히 틀어쥐었고, 다시는 그것을 놓지 않았다.[61]

우한에서 보낸 '5인 위원회'는 탄핑산이 이끌었다. 취추바이의 기록에 따르면, '질서를 회복하는 임무를 수행하기 위해' 5월 26일에 한커우를 출발한 이들[62]과 함께 보로딘이 동행했다. 하지만 그들은 후난성으로 들어설 수 없었다. 허젠 장군의 군대 때문에 웨저우에서 돌아가야 했다. '질서'를 회복하는 임무는 이미 반혁명세력의 유능한 기구들이 착수했다.[63]

'개조된' 성 정부는 즉각 연보제聯保制, 연좌제* 복원을 명령했다. 공산당원과 대중조직 지도자를 비난하는 사람을 보호하기 위한 포고가 발표됐다. 당조직과 여타 기구를 '개조'하는 과정에서, 종전의 지도자들은 모두 곳곳에서 체포돼 형식적 절차도 없이 총살됐다. 지주와 묘당으로부터 빼앗은 토지는 모두 '정당한' 원주인에게 환원하라는 명령이 발표됐다. 창사에서 성 대표자회의를 소집하려던 계획은 취소됐고, 이미 6월 1일로 예정된 첫 회의를 기다리던 100여 명의 대표는 일제히 처형됐다. 학교들은 폐쇄됐다.**64** 여학생들은 무시무시한 능욕을 당했다. 정간됐던 반동신문들은 발행이 재개됐다. 농민들의 분노를 피해 달아났던 유지들이 대거 돌아와 새롭게 개조된 당과 정부의 직책을 차지했다. 쉬커샹과 허젠은 이들이 가져온 돈으로 개인금고를 채웠다.

---

* 개인의 범죄에 대해 가족 또는 마을 전체가 집단적으로 책임지는 제도.(원주)

XIV

MOSCOW AND WUHAN

모스크바와 우한

창사를 포함해 후난의 수많은 도시에서 국민당 군대가 노동자와 농민을 사형대로 끌고 가고 있을 때, 모스크바에서는 세계 각국 대표가 크렘린에 모여 코민테른 집행위원회 8차 전체회의를 열었다. 총회가 개막되고 사흘 뒤에 창사에서 쉬커샹의 군사쿠데타가 발생했지만, 전체회의가 끝난 5월 30일까지도 후난성에서 피비린내 나는 일이 벌어졌다는 사실을 알았던 이는 2~3명뿐이었다. 하지만 전체회의 자체가 공포 분위기 속에서 열렸다.

코민테른 세계대회 이후에는 코민테른 집행위원회가 원론적으로 최고정책결정 기구였다. 하지만 실제로는 러시아대표단이 정책을 결정했고, 러시아대표단은 스탈린이 지배했다. 트로츠키가 이끄는 반대파를 제거하려는 스탈린의 공세는 마지막 단계로 접어들고 있었다. 형성 중인 소부르주아 반동세력을 대표하는 스탈린주의 기구와 가장 우수한 프롤레타리아적 구 볼셰비키를 대표한 반대파로 갈라진 적대세력 간의 깊은 균열이 코민테른 집행위원회 회의들을 통해 드러났다. 이들은 소련의 국내정책, 영-러 노동조합단결위원회, 전쟁의 위협, 그리고 가장 첨예한 쟁점이었던 중국 혁명의 과제와 운명 등 모든 주요 주제에서 차이를 드러냈다.*

　　반대파가 스탈린 노선을 비판한 것이 옳았다는 사실이 각지에서

---

*　반대파는 하나의 동질적 조직이 아니었다. 트로츠키가 이끈 원래의 좌익 반대파와 지노비예프와 카메네프의 이른바 '레닌그라드 반대파'가 연합한 경향이었다. 후자는 처음에 스탈린과 함께 '트로이카'를 형성해 트로츠키와 직접적으로 대립했다가 1926년에야 반대파로 넘어왔다. 중국문제에 관한 중요한 차이가 이들 두 그룹 사이에, 그리고 트로츠키와 라데크 사이에 존재했다. 코민테른 의장으로서 지노비예프는 1926년 3월까지도 여전히 중국의 계급연합을 신성시한 코민테른 집행위원회 6차 전체회의 결정을 주도했다. 1924~1925년에 스탈린은 동방에 적용할 '노동자-농민당'이라는 개념을 만들어 냈고, 국민당을 모델로 여겼다. 라데크도 그를 좇아 광저우 정부를 노동자-농민 정부로 간주했다. 뒤에 반대파 연합이 형성됐을 때, 이런 차이가 내부로 침투해 들어왔다. 지노비예프 그룹은 '노동자-농민의 민주주의 독재' 정식을 반대파 강령에 포함시키자고 요구했다. 트로츠키 그룹은 그 외의 쟁점에서 전반적 의견일치에 도달했기 때문에, 트로츠키의 반대를 무시하고 그것을 받아들이는 데 찬성했다. 그런데도 국민당에 대한 공산당의 굴복을 반대하며 1923년 이래로 시종일관 러시아공산당 정치국에서 유일하게 반대표를 던져 온 트로츠키는 자기 견해의 핵심내용을 계속해서 표명했다. 스탈린-부하린 다수파는 트로츠키의 견해와 지노비예프의 견해를 효과적으로 대비시킬 수 있었다. 특히 우한 정부에 대한 태도와 국민당으로부터의 철수 문제에 관한 입장에서 그랬다. 스탈린과 부하린은 이런 반대파 내부의 이견을 이용해 반대파에게 미끼를 던지려고 중국문제에 관한 연설들과 논문들에 많은 시간과 문장을 할애했다.
　실질적 이견은 가볍게 넘길 문제가 아니었지만, 전체적으로 반대파의 기본적 입장은 중국 공산당이 국민당에서 철수하는 것이었고, 또한 반대파 성원들은 이것을 반대파의 핵심 요구로 여겼다. 소비에트 건설이라는 중심 쟁점과 관련해 반대파 대오 내에서 입장 차이는 없었다. 이 책에서 언급하고 있는 러시아 반대파는 주로 트로츠키가 이끈 일관된 좌익반대파를 가리킨다. 지노비예프, 카메네프, 라데크는 1928년에 스탈린에게 굴복했지만, 그 어떤 행동으로도 그들은 8년 뒤에 마주하게 될 테르미도르 반동세력의 흉악한 손에서 벗어날 수 없었다.
　반대파 내부의 차이에 관해서는 이 책의 범위를 넘어서는 더 많은 연구가 필요하다. 중국문제에 관한 그들 간의 차이는 1930년에 트로츠키가 맥스 샤흐트만에게 보낸 서신에서 간략하게 다루어진다. 맥스 샤흐트만은 이 서신을 트로츠키의 저작을 묶은《중국 혁명의 과제들》서문에서 공개했다. 지노비예프의 견해에 대해서는 같은 책의 부록으로 실린 〈중국 혁명의 테제들〉에서 볼 수 있다.(원주)

벌어진 사건들을 통해 직접적이고 참담하게 증명되고 있던 바로 그 순간에 전체회의는 열렸다. 때마침 소련 정부는 "부자가 되자!"는 유명한 부하린의 구호 아래에서 쿨락의 지지를 구하는 정책을 펴면서, 노동자권력을 심각하게 침식시키고 있었다.[1] 특히 외국 대표들이 보기에 영국과 중국에서 스탈린주의 정책의 파산은 명백했다. 영국 제국주의에 맞선 투쟁에서 크렘린 정책의 두 축으로서, 퍼셀-힉스-시트린[2]과 연합한 영러 위원회와 장제스와 연합한 국민당은 파산했다.

전체회의가 열리는 동안 영국과의 외교관계가 단절됐다. 영국 정부가 계획 중이던 반러 전쟁에 대항해 스탈린이 주요 무기로 삼았던 영러 위원회도 같은 주에 흔적도 없이 사라졌다. 마찬가지로 전체회의가 열리는 동안 우한과 창사에서는 노동자와 농민이 흘린 피 때문에 왕징웨이와 탕성즈에 대한 새로운 믿음이 지워지고 있었다.

이런 상황에서 스탈린은 볼셰비키적 전통과 소련 및 세계 혁명운동에 대한 진심 어린 관심이 반대파에게 부여한 공개적 발언의 기회를 차단하려 했다. 관례적으로 코민테른 집행위원회 전체회의는 과거에 차르를 알현했던 크렘린의 안드레예프 홀에서 열렸다. 러시아를 포함해 각국의 공산주의자 수백 명이 보고와 연설을 듣기 위해 커다란 홀을 가득 채웠다. 회의에서 이루어진 모든 보고와 연설은 날마다 러시아 신문과 영어판·독일어판·프랑스어판 코민테른 기관지에 있는 그대로 실렸다. 전년도에 열린 두 차례의 전체회의에서까지도 이어진 이런 방식[3]은 갑작스럽게 폐기됐다. 8차 전체회의는 코민테른 역사에서 전례 없는 방식으로 반 음모적 환경에서 열렸다. 단지 회의가 소집됐다는 8줄의 간략한 공식발표가 뒤늦게 신문에 게재됐을 뿐이다.[4]

코민테른 집행위원회 의장단의 일원이었고, 8차 전체회의에서 중국문제 특별위원회 위원이었으며, '트로츠키주의'에 확고하게 반대한 알베르 뜨랭은 이 회의에 관해 이렇게 묘사했다.

"마지막 집행위원회 전체회의는 의장단 회의장으로 자주 사용했던 작은 회의실에서 열렸는데, 세계 혁명과 노동자 국가의 수도인 모스크바에 코민테른 집행위원회가 사용할 다른 회의실이 없다는 이유에서였다. 실제로는 통상적으로 국제회의를 참관해 왔던 러시아 동지들이 토론장에 들어오는 것을 막기 위해서였는데, 그들이 무언가 숨겨진 것을 알아내려 했기 때문이다. 정치문건들은 집행위원회 개막회의 바로 전날에야 대표들에게 배포됐다. 또한 대표들이 시간이 부족해 겨우 문건들을 훑어본 상태에서 전체회의와 각종 위원회는 중단 없이 계속됐다".

"대표들이 자신의 발언 속기록 사본을 가져가거나, 회의에서 발언된 내용을 누군가에게 전하는 것은 금지됐다. 전체회의가 끝난 뒤에는 모든 문건을 즉각 반환한 후에야 회의장을 떠날 수 있었다. 표결 시에는 집행위원들의 발언을 금지하려 했지만, 결국 항의가 있으면서 반대파에게만 적용됐다. 인터내셔널 역사상 처음으로 소련의 신문과 코민테른 신문은 토론기록을 전혀 공개하지 않았다. 단지 토론에서 통과되거나 정리된 결정과 몇 가지 의견서만 공개됐는데, 그것도 이처럼 토론기록과 분리되면서 진정한 의미를 잃어버렸다".[5]

결의안 외에는 코민테른 집행위원회 서기국 공식성명[6]과 간략한 사설이 5월 31일자《프라우다》에 실렸고, 스탈린의 연설문[7]과 부하린의 모스크바 당회의를 위한 전체회의 보고서[8]가 1개월 뒤에 신문에 실렸다. 1년 후 국외의 반대파가 트로츠키의 연설문을 공개하기 시작한 뒤에야 코민테른은 전체회의에서 있었던 중국문제에 관한 몇 개의 연설을 담은 얇은 소책자를 독일에서 출판했다.⁹ 회의 과정 전체를 다룬 상세한 보고는 결코 공개되지 않았다.

하지만 바로 그 당시에 우한 정부의 영토에서 벌어진 사건을 고려할 때, 회의에서 중국에 대한 이견은 너무도 뚜렷하게 드러났다. 스탈린은 창사 사변이 발생한 지 사흘이 지난 5월 24일에 행한 연설에서, 한커우 정부와 국민당이 중국의 토지 혁명을 위한 기구라는 이유로 소비에트 건설에 반대하는 입장을 반복했다.

"중국에서 토지 혁명은 부르주아 민주주의 혁명의 기초이자 내용입니다. 한커우의 국민당과 정부는 부르주아 민주주의 혁명운동의 중심입니다."

"반대파는 현재 노동자대표 소비에트와 농민대표 소비에트의 건설이 소비에트와 한커우 정부로 양분되는 이중권력의 창출을 의미하며, 불가피하게 한커우 정부의 타도를 촉구하는 것으로 나아갈 수밖에 없다는 사실을 알고 있을까요? …… 중국에 좌파 국민당 같은 대중적 지지를 받는 혁명적 민주주의 조직이 없다면, 상황은 완전히 다를 것입니다. 하지만 중국의 특수한 조건에 부합하고 있고, 부르주아 민주주의 혁명의 전진을 위해 제 몫을 다하고 있는 혁명조직이 존재하는데, 이제 막 시작된 부르주아민주주의 혁명이 아직 승리하지 못했고 당분간 승리할 수 없는 상황에서, 수년에 걸쳐 건설된 조직을 파괴하는 일은 어리석고 분별없는 짓이라 할 수 있습니다."

"중국에서 토지 혁명이 진행 중이고, 한커우가 중국 혁명운동의 중심이기 때문에, 당연하게도 우한의 국민당을 지지해야 합니다. 노동자계급과 정당의 주도권이 국민당 대오 안팎에서 보장되는 조건으로 공산당원들이 국민당과 혁명 정부의 일부가 되는 것이 필요합니다.

현재 한커우 정부는 노동자계급과 농민의 혁명적 독재 기구일까요? 아닙니다. 아직까지 아니고, 빠른 시일 내에도 아닐 것이지만, 혁명이 좀 더 진전되는 가운데 그런 기구로 발전할 충분한 기회를 갖게 될 것입니다."[10]

스탈린은 토지 혁명을 실행해 나갈 것으로 기대했던 국민당과 한커우 정부 내에서 '노동자계급의 주도권'을 원했다. 트로츠키는 우한의 지도자들이 토지 혁명 문제에서 갈라질 것이며, 토지를 위한 결정적 투쟁에서 실제로 농민을 이끌 수 있는 소비에트를 중심으로 대중을 결집시킬 때만 '노동자계급의 주도권'은 실현될 수 있다고 응수하며 이렇게 경고했다.

"한커우의 지도자 집단은 혁명 정부가 아닙니다. 이런 실상에 대해 환상을 만들어 유포하는 것은 혁명에 대한 사형선고를 의미합니다. 소비에트만이 혁명 정부의 기초가 될 수 있습니다."[11]

"스탈린은 국민당과 우한 정부가 토지 혁명을 위한 훌륭한 도구라고 거듭 주장하면서 노동자-농민 소비에트에 반대하는 입장을 분명히 했습니다. 스탈린은 그동안 자신이 장제스 '국민 정부'의 정책에 대해 반복해서 책임을 떠맡아 왔듯이, 코민테른이 국민당과 우한 정부의 정책에 대해 책임을 떠맡기를 바랍니다. …… 우리는 그의 정책에 대해 전혀 공감하지 않습니다. 우리는 우한 정부와 국민당 지도부의 정책에 대해 추호도 책임질 생각이 없으며, 코민테른이 그 정책을 거부할 것을 간곡히 호소합니다. 우리는 직접 중국의 농민들을 향해 이렇게 말해야 합니다. '만일 여러분이 스스로 독립적 소비에트를 조직하는 대신 우한의 지도자들을 뒤따른다면, 왕징웨이 일당 같은 국민당 좌파 지도자들은 틀림없이 여러분을 배신할 것입니다. …… 왕징웨이 같은 정치인들은 곤란에 처할 때 노동자, 농민에 맞서 장제스와 열 번이라도 단결할 것입니다. 그런 상황에서 2명의 공산당원이 자본가계급 정부에 참가하는 것은 노동대중에 대한 새로운 타격을 준비할 수 있도록 직접적 위장막이 되는 것은 아니더라도 중요한 인질이 될 것입니다.' 중국 노동자들에게는 이렇게 말해야 합니다. '혁명적 노동자 여러분이 아니라 소부르주아 급진파가 토지혁명을 이끈다면, 농민들은 그것을 완수하지 못할 것입니다. 따라서 여러분은 노동자 소비에트를 건설하고, 농민 소비에트와 동맹을 맺으며, 소비에트를 통해 스스로 무장하고, 병사 대표들을 소비에트로 불러들이며, 소비에트를 인정하지 않는 장군과 소비에트에 맞서 반란을 조직하는 관료 및 부르주아 자유주의자를 총살시켜야 합니다. 노동자, 농민의 소비에트를 통해서만 장제스의 병사 대다수를 여러분 편으로 끌어들일 수 있습니다. 만일 소부르주아계급을 대변하는 타협적 정신의 지도자 집단이 수백만 명을 포괄하는 노동자-농민-병사 소비에트를 대신할 수 있다고 생각한다면, 그것은 노동자계급과 그 역사적 임무에 대한 배신일 것입니다. 소비에트라는 형태를 취하지 않고서 중국의 부르주아 민주주의 혁명은 결코 전진하고 승리하지 못할 것입니다.'"**12**

전체회의에서 통과된 결의안의 핵심내용은 다음과 같다.

"코민테른 집행위원회는 한커우 정부를 과소평가하고 그 위대한 혁명적 역할을 부정하는 자들의 관점을 오류로 간주한다. 한커우 정부와 국민당 좌파 지도자들은 계급 구성에서 노동자, 농민, 수공업자뿐만 아니라, 자본가계급 중간층도 대변한다. 이 때문에 한커우의 국민당 좌파 정부는 아직까지 노동자-농민의 독재가 아니라 그런 독재로 향하는 과정에 있다. 노동자계급의 투쟁이 성장하면서 이 정부는 일시적으로 같은 길을 걷고 있는 부르주아 급진파를 떠나보내고, 배신자들을 극복하면서, 필연적으로 노동자-농민의 독재를 향해 나아갈 것이다".

"코민테른 집행위원회는 무엇보다도 혁명 정부가 대중과 한층 더 긴밀한 관계를 형성하는 것이 필요하다는 사실에 대해 중국 공산당이 관심을 기울이라고 요청한다. 주로 국민당의 협력에 달려 있는 긴밀한 관계를 통해서만, 굳건한 대중 지향을 통해서만, 혁명 정부는 혁명의 조직 중심으로서 권위와 역할을 강화할 수 있다. 한커우 정부의 한 축을 구성하고 있는 공산당이 이런 방향으로 이끌어야 한다. 이런 임무를 통해 대중운동을 펼쳐내고, 토지 혁명을 실현하고, 노동자계급의 상황을 결정적으로 개선하고, 국민당을 진정하고 광범위한 피착취 대중의 조직으로 바꾸고, 노동조합을 강화하고, 공산당을 성장시키고, 한커우 정부가 대중과 가장 긴밀한 관계를 형성할 때만, 혁명의 완전한 승리는 가능하다".

"중국의 현 상황에서, 공산당은 한커우 정부가 수행 중인 전쟁을 지지해야 한다. 우한 정부에 참가하고 있는 공산당은 정부정책에 대해 직접적 책임을 갖는다. 모든 방법을 다해 정부의 임무를 도와야 한다. 따라서 공산당은 신중하게 추진 중인 전술에 대해 '원칙적으로' 반대해서는 안 된다. 정부 정책을 책임지고 있는 공산당이 상황을 고려하지 않고 타협 전술을 거부한다면, 즉 동시에 모든 전선에서 싸움에 나선다면, 그것은 극도로 어리석은 짓일 것이다".

"이 때문에 코민테른 집행위원회는 이 문제를 구체적 상황에 맞게 구체적으로 해결해야 하고, 미리 예견할 수 없다고 생각한다. …… 정책 방향의 변화는 정부 경제정책에 반영돼야 하며, 모든 외국 기업을

즉각적으로 몰수해야 할 의무는 전혀 없다".¹³

이처럼 결의안은 '신중한 추진'이라는 폭넓은 해석의 문을 열어 둔 채 중국 공산당에 토지 혁명을 '심화'시키고 대중을 무장시키고 결집시킬 것을 요구했다. 뒤에 이 단락은 중국 공산당 지도부가 코민테른의 지시를 '훼손'했음을 증명하기 위해 인용될 것이었다. 지시에 따라 공산당원들이 완전히 책임을 떠맡은 '혁명의 조직 중심' 한커우 정부에 토지 혁명의 명운이 달려 있게 됐다는 사실은, 대중을 결집시켜 국민 정부로 가입시키라는 지시*나 한커우 정부의 '권위를 강화시키라'는 지시와 마찬가지로, 편의에 따라 잊힐 것이었다. 코민테른은 '주로 국민당의 지원'에 달려 있는 우한과 대중 사이의 연계가 없다면 승리가 불가능하다고 선언했다.

하지만 만일 한커우 정부에 그런 의지가 없다고 증명된다면 어찌할 것인가? 한커우 정부가 농민봉기에 찬성할 생각이 없을 뿐더러, 공공연하게 반대한다는 것이 증명된다면 어찌할 것인가? 전체회의에서 채택된 공식 결의는 이 결정적 문제에 대해 묻지도 답하지도 않았다. 스탈린과 부하린은 한커우 정부의 '위대한 혁명적 역할'을 말하면서도, 한커우 정부가 농업 혁명을 이끌지도 허용하지도 않을 것임을 매우 확실하게 알았다. 다른 한편, 그들은 한커우의 정치인, 장군들과의 합작을 불가피한 것으로 여겼고, 이로부터 이들 동맹자들이 두려워하지 않도록 토지 혁명을 제한할 필요가 있다는 논리적 결론에 도달했다. '신중한 추진'이 실제로 의미한 바는 바로 이것이었다.

---

* 트로츠키는 이것을 '사형집행인의 손아귀로 들어가는 것'이라고 말했다. (원주)

소련의 부하린, 이탈리아의 에르콜리, 프랑스의 뜨랭으로 구성된 중국문제 소위원회에서 부하린이 제시한 관점이 그러했다. 당시까지 스탈린의 충실한 부하로서 '반트로츠키주의' 캠페인을 이끈 지도자 중 한 사람이었던 뜨랭은 농민들에 대한 무력진압으로 이어질 것이라고 주장하면서 그런 전망에 대해 꺼렸다. 부하린이 소집한 토론에서, 스탈린은 농민을 억제하지 못한다면 "부르주아 좌파가 우리에게 등을 돌릴 것이다"라고 주장하면서, "국민당 지도부가 코민테른과 단절하는 한이 있더라도 토지 혁명에 맞서 싸우기로 결정했다"는 내용의 보로딘의 전보를 제시했다. 스탈린은 "그런 가능성을 막기 위해 책략이 필요하다"[14]고 말했다.

스탈린은 이렇게 말했다.

"지금 투쟁에 나선다면 틀림없이 패배할 것입니다. 책략을 통해 시간을 번다면 힘을 더 강화해 승리의 조건에서 투쟁할 수 있는 기회를 갖게 될 것입니다. 아무것도 양보하지 않고서도 책략은 가능합니다. 토지 혁명이 국민당원과 장교를 직접적으로 공격할 때만, 그들은 그것을 두려워합니다. 국민당원과 국민 혁명군 장교의 토지에 대한 몰수와 분배를 반대하도록 보로딘에게 훈령을 보낼 것을 제안합니다."

뜨랭에 따르면, 농민들을 무력으로 진압할 경우 공산당은 한커우 정부를 지지할 것인지 말해 달라고 했을 때, 부하린은 그렇다고 답했다. 그 순간 스탈린이 끼어들었다.

"부하린은 극단적인 논리적 결론을 끌어내고 있지만, 상황은 그렇게 전개되지 않을 것입니다. 우리는 중국 대중이 우리의 결정을 받아들이게 할 수 있을 만큼 충분한 권위를 가지고 있습니다."*

불행하게도 8차 전체회의의 훈령과 스탈린의 전보가 6월 1일에 한커우에 도착했을 때, 국민당 장군들은 대중을 향해 자신들의 '충분한 권위'를 행사하고 있었다. 농민봉기에 대한 옹호는 곧바로 국민당 좌파 지도자들과의 균열로 이어졌다. 하지만 이런 균열은 분명히 금지된 것이었다. 농민봉기를 실행하기 위한 대중적 결집의 틀을 제공할 수 있었던 소비에트를 건설하는 과제는 '혁명적 국민당'과 '혁명의 조직 중심' 한커우 정부에 반한다는 이유로 배척됐다. 결의안은 토지 혁명의 '심화'를 위한 독립적 행동을 요구했지만, 스탈린의 전보는 그것이 장군, 정치인과의 동맹을 유지하기 위해 필요한 수준으로 제한돼야 한다고 지시했다. 두 지시는 서로 충돌했고, 중국 공산주의자들을 걷잡을 수 없는 혼란에 빠뜨렸다.

천두슈가 받은 스탈린 전보의 핵심내용은 다음과 같다.**15

1. "토지몰수를 …… 국민 정부의 이름으로 진행해서는 안 되며, 장

---

* 뜨랭은 한커우 정부의 모든 무력 사용 시도에 대해 반대하도록 하는 지시를 훈령의 단서로 추가할 것을 주장했다고 한다. 그에 따르면, 스탈린은 이렇게 답했다. "원칙적으로 동의하지만, 우리 앞에 닥치지 않은 문제에 관한 지시를 보내는 것은 의미가 없습니다. 반복해서 말하지만, 우리는 무력 사용이 필요 없을 만큼 충분한 대중적 권위를 갖고 있습니다." 뜨랭은 전체회의에서 온건한 유보적 태도를 보였을 뿐이지만, 머지않아 프랑스 공산당에서 축출됐다. 그것의 증거로서 뜨랭이 당시와 마찬가지로 현재도 '트로츠키주의'에 대해 확고하게 반대하고 있다는 사실을 주목할 필요가 있다.(원주)

** 스탈린은 1927년 8월에 했던 연설에서 '1927년 5월'의 지시를 언급했는데, 그것은 분명히 6월 1일 전보의 원문이거나 초안이었다. 그것에는 천두슈에게 보낸 전보의 핵심내용 대부분이 담겨 있었다. 스탈린은 유독 장교 토지 몰수의 제한에 관한 내용을 생략한 채 인용했다. 그에 따르면, 지시는 "토지 혁명 없이 승리는 불가능하다"는 문장으로 시작된다. 그 뒤, "과도함에 맞서 싸워야 하지만, 그것은 군대를 통해서가 아니라 농민협회를 통해서다"는 문장이 이어진다. 스탈린은 첫 문장을 강조했지만, 우리는 두 번째 문장을 강조하고자 한다. —스탈린,《마르크스주의와 민족 및 식민지 문제(Marxism and the National and Colonial Question)》, p.249.(원주)

교들의 토지를 건드려서도 안 된다".

이것은 사실상 국민당 토지위원회와 공산당 5차 대회에서 통과된 원론적 공식을 반복한 것에 불과했다. 왕징웨이는 바로 "2군, 6군, 8군의 하급장교 다수가 후난, 후베이의 신사계급으로부터 모집되었다"[16]는 사실을 알았기 때문에, 모든 형태의 토지몰수에 대해 극구 반대했다. 왕징웨이로서는 대중과 함께 전진하기보다는 장군들과 함께 머무는 것을 원했다. 뒤에 천두슈는 이렇게 말했다.

"자본가계급, 지주, 군벌, 후난·후베이의 신사뿐만 아니라, 장교의 가족, 친인척, 오랜 친구 등 모든 토지소유자들이 장교의 직간접적 보호를 받았다."[17]

트로츠키의 말을 빌리자면, "이 지시는 군대를 모든 지주를 위한 상호보험조합으로 바꾸어 놓았다".[18]

2. "당 기구의 권한으로 농민의 과열된 행동을 제지한다".

이에 대해 천두슈는 "수치스런 정책을 집행했다"고 썼다. '과열된 행동'을 '제지'한 것은 공산당 당국이 아니라 국민당 장군들이었다.

3. "현재 믿을 수 없는 장군들을 제거하고, 2만 명의 공산당원을 무장시키며, 후난, 후베이에서 5만 명의 노동자, 농민들을 선별해 새로운 군대를 설립한다".

누가 장군들을 제거한다는 말이었던가? 공산당원들이 국민당과 정부에 남아 있는 상태에서 어떻게 그것이 가능할 수 있었겠는가? 천두슈는 이렇게 말했다.

"나는 계속해서 국민당 중앙집행위원회에 그들을 내쫓아 달라고 애걸해야 한다고 생각했다."

그 뒤에 보게 되듯이, 실상은 정확히 그랬다. 국민당 장군들과 직접 충돌하지 않고 어떻게 새로운 군대를 건설할 수 있었겠는가? 또한 병사들이 스스로 소비에트를 조직해 노동자-농민 대중과 직접적 관계를 형성하도록 이끌지 않은 채, 어떻게 그것이 가능했겠는가?

4. "국민당 중앙집행위원회 위원들을 새로운 노동자-농민 대표들로 교체한다".

취추바이는 1년 만에 이와 관련한 글을 쓰면서 감히 스탈린의 전보를 직접 인용하지는 못했지만, 《코뮤니스트 인터내셔널Communist Inter-national》71호에 실린 단락을 인용했다. "한편으론 국민 혁명군과 국민당을 공고히 해야 하고, 다른 한편으론 통일전선을 흔들지 않으면서 국민당-국민정부-군대 내의 계급구성을 변화시킬 수단을 찾아야 한다". 이에 대해 취추바이는 조심스럽게 이렇게 썼다. "군대 내 계급구성의 변화는 공산당이 군대를 장악하는 것을 의미했기 때문에, 그것은 정말 극도로 곤란한 문제였다. …… 병사들, 농민들, 그리고 광범위한 대중이 안고 있는 생활상의 문제를 해결하기 위해 특정한 사회정책(?)이 대담하게 실시돼야 했다. 이를 위해서는 자본가계급의 이해뿐만 아니라 소부르주아 상인들의 이해를 침해해야 했다".[19]

5. "명망 있는 국민당원을 의장으로 하는 혁명법정을 조직하고, 반동적 장교들을 재판한다".

이것은 반동 장군을 '제거'하기 위해 제안된 조치였다. 이에 근거해 공산당원들은 쉬커샹의 재판을 탕성즈가 맡는 데 동의했다. 어쩌면 모스크바가 원한 것은 왕징웨이가 탕성즈를 재판하는 것이 아니었을까? 로이는 그런 결론을 끌어냈다.

그동안 누적된 오류에서 비롯된 결과에 당황한 공산당 중앙위원들은 이 지시를 마주하고 당혹해 하며 말문이 막혔다. 천두슈는 요강물로 목욕하라는 것과 같다며 다소 거칠게 그들의 느낌을 표현했다. 또한 그는 스탈린의 대리인조차 "그것을 집행하는 것은 불가능한 일로 보았다"고 언급했다. 중앙위원회는 정해진 목표를 "즉각 완수할 수는 없다"[20]며 변명에 불과한 답신을 모스크바로 보냈다.

어쨌든 로이는 명실상부한 국제 볼셰비키의 일원이었고, 국민당과의 합작이 올바른 일이라고 생각했다. 그는 스탈린의 전보를 신속하게 왕징웨이에게 보여 주었고, 비준을 요구했다. 그는 왕징웨이에게 이렇게 말한 것으로 전해진다.

"당신이 이에 대해 찬성할 것이라고 확신합니다."[21]

이해할 수 없게도 왕징웨이는 전혀 찬성하지 않았다. 그는 '믿을 수 없는 장군들의 제거'를 원하지 않았다. 공산주의자들과 대중운동 모두를 짓밟기 위해 그들과의 동맹을 우선시했기 때문이다. 로이는 국민당 좌파에게 '우리를 따르는 것' 말고 다른 출구가 있다는 것을 알아차리고 경악했다. 그것은 스탈린이 간과한 세부항목 가운데 하나였다. 그의 계획은 왕징웨이의 찬성이 필요했다. 하지만 왕징웨이는 찬성하지 않았다.

5월 28일 모스크바에서 트로츠키는 전체회의에 보낸 서신에 이렇게 썼다. "국민당의 자비로운 부르주아 지도부가 우리의 호의적 권고를 받아들이느냐에 혁명 전체의 운명이 달려 있을 수는 없다. 그것을 받아들일 수는 없다. 토지 혁명은 왕징웨이의 수락을 통해서가 아니라, 왕징웨이에게 굴하지 않고 그에 맞선 투쟁을 통해서 완수될 수 있다. …… 하지만 그러려면 지도자들에게 동정을 구하는 대신 단호하게 대중을 이끄는 진정한 독립적 공산당이 필요하다. 다른 길은 없으며, 있을 수도 없다".[22]

하지만 트로츠키의 경고는 무시됐고, 8차 전체회의 특별 결의안은 소비에트 건설을 선동한다는 이유로 그를 비난했다.[23] 간단한 공식성명을 통해 "전체회의가 우한 정부와 국민당을 노동자-농민의 민주독재로 전환하는 것에 대해 승인했다"[24]고 공표하는 한편, 《프라우다》를 통해 "중국문제에 관한 코민테른의 결의는 중국 혁명의 가장 중요한 문제에 대한 유일하게 올바른 해답을 제공한다"[25]고 엄중하게 선언했다.

한커우의 중국 공산당원들은 나름의 방식으로 국민당 정부의 '위대한 혁명적 역할'을 부인하지 않으려고 했다. 그래서 농민들의 창사에 대한 공격을 철회했고, 그 대신 정부에 '문제해결'을 요청했다. 후난성의 총공회, 농민협회, 상회는 연명으로 전보를 보냈다.

"불행하게도 후난성의 노동자, 농민, 병사 들 사이에서 오해가 발생했지만, 그것이 신성한 혁명의 임무를 가로막지는 않을 것이다. 정부는 중재를 위해 특별위원회를 파견했고, 며칠 내에 만족스런 해결이 이루어질 것으로 기대한다. …… 우리는 정부가 채택해 공표한 모든 정책과 명령을 집행하기로 만장일치로 결정했다. 당의 농민정책을 지원하기 위해 모든 노력을 다해 노동자-농민-상인 연합전선을 공고화할 것이다. 우리는 정부와 민중의 실질적 협력이 현재의 곤경을 해결할 수 있는 유일한 방법이라는 사실을 완벽히 이해한다. …… 후난에서 벌어진 사건과 관련해, 우리는 정부가 나서서 해결할 것이고, 차후에 유사한 사건이 발생하지 않도록 보장할 것이라고 기대한다".[26]

하지만 왕징웨이는 농민들이 제멋대로 무모하게 토지를 탈취했다며, 사실상 창사 사건에 대한 책임이 농민들에게 있다고 선언했다. "보로딘과 공산당은 국민당 중앙집행위원회가 반란군에 대한 공격과 범죄 장교에 대한 처벌을 명령할 것을 제안했지만, 그는 그것이 커다란 압력을 이겨 내지 못한 행동이라는 사실을 알아채고는 그 제안에 대해 반대했고, 그 대신 탕셩즈를 창사로 보내 사건을 조사하고 평화를 회복하도록 했다".[27]

공산당은 이 결정에 굴복했다. 선전가들의 대중 선전을 위한 기본 방침으로 제시된 내용은 "문제가 해결될 때까지 참을성 있게 기다리라"[28]고 권고하는 것이었다. 후난성 농민들을 '진정'시키려고 헛되이 노력해 온 공산당원들은 이제 오직 탕셩즈를 '진정'시킬 수 있기를 바라며, 그가 삼민주의의 충실한 신봉자로서 정의를 구현하는 것을 목격하게 될 것이라고 대중들에게 약속했다. 그동안의 결과로 군대 내 무토지 농민들로부터 고립됐고, 장교와 장군을 제치고 직접 호소하기 위해 다가설 수 있었던 일반 병사들로부터 고립됐기 때문에, 이제 이런 헛된 기대와 거짓 약속에 매달릴 수밖에 없었다. 만일 일반 병사들에게 직접 호소했다면, 그것은 하나의 강력한 법정이 될 수 있었을 것이다. 하지만 불행하게도 그렇게 하지 않았다.

장제스의 쿠데타가 있기 전인 1927년 2월에 코민테른 중앙기관지는 이렇게 썼다. "중국 공산당과 의식 있는 중국 노동자들은 어떠한 경우에도 혁명 군대를 와해시킬 전술을 구사해서는 안 된다. 자본가계급이 군대에 상당한 영향력을 미치고 있기 때문이다".[29] 선전활동과 조직활동을 통해 '자본가계급의 상당한 영향력'을 건드리지 않고 내버려 둔 결과는 무엇이었나? 취추바이의 말을 들어 보자.[30]

"우리는 전혀 병사들에게 관심을 쏟지 않았다. 심지어 병사와 노동자가 친교를 갖는 경우에도, 그것은 단지 형식적인 것에 불과했다. 병사의 구체적 요구를 제출하거나 선전하지 않았다. 병사의 요구를 노동자, 농민의 요구와 연결시키지 않았다. 우리는 군단장, 사단장과의 관계와 정치부를 통한 미화 작업에만 몰두했다. 정치부는 군단장, 사단장의 흉악한 반혁명적 민낯을 가려 주었다. 군대에 염증이 난 대중은 그것을 병사들을 향해 표출하곤 했다. 이 때문에 병사 대중은 군벌에게 손쉽게 속아 넘어가, 노동자, 농민들과 공산당원들이 군대를 적대시하며 후방에서 보급을 끊고 풍파를 일으키려고만 한다고 믿도록 설득당했다."*

그래서 '혁명적' 장군들이 '혁명적' 시기가 완결됐다고 단정하자마자, 스탈린이 '무장한 인민'으로 표현했던 '국민 혁명군'이 반혁명의 도구로 바뀐 것은 놀라운 일이 아니었다. 이제 공산당원들은 탕성즈가 발로 차 버리지 않기를 절망적으로 바라면서 그의 발목에 매달릴 수 있을 뿐이었다. 6월 14일에 탕성즈가 전선에서 돌아와 창사에 도착했을 때, 공산당원들은 "후난의 쿠데타는 탕성즈에 대한 반란이었고, 그것은 탕성즈가 피억압농민들에게 호의를 표시했기 때문이다"[31]라고 쓴 전단을 배포했다.

---

* 이 단락을 트로츠키의 5월 7일 테제(중국 혁명과 스탈린 동지의 테제)에 담긴 몇 개의 단락과 비교해 보면 교훈을 얻을 수 있다. "정치지도부는 병사 소비에트를 통해 병사 대중을 포괄하는 대신, 독립 정당과 병사 소비에트가 없는 상태로 우리의 정치부와 정치위원을 순전히 외형적으로 복제하는 것에 만족했고, 그것은 부르주아 군벌들을 위한 공허한 위장막이 되었다". "결국 혁명가들은 장제스의 군사 쿠데타를 겪으며 노동조합과 군대가 분리돼 있는 것과 노동자들과 병사들이 소비에트를 통해 단결해 있는 것은 전혀 다르다는 사실을 깨달았을 것이라고 생각할 것이다". "만일 혁명적 대중과 군대를 이간질하려는 자본가계급의 술책을 용인하려 하지 않는다면, 반드시 병사 소비에트가 혁명의 사슬로 (노동자-농민 소비에트와) 연결돼야 한다".─트로츠키, 《중국 혁명의 문제(Problems)》, pp.49, 58, 78. 트로츠키의 글과 취추바이의 글의 차이는 전자가 아직까지 행동의 교정이 가능했던 1927년 5월에 쓰였다는 데 있다. 취추바이의 '고백'은 이미 사건이 벌어지고 1년 이상 지난 후에 나왔다. 이것은 바로 마르크스주의와 경험주의의 차이를 보여 준다.(원주)

쉬커샹 토벌을 촉구하는 캠페인을 벌이려는 시도가 있었다. 후난 농민을 해방시키기 위한 결정적 조치를 정부에 요구하며 수차례 대중 집회가 열렸고, 다양한 공산당계 대중조직이 성명을 발표했다. 후난에서 도피해 온 80명이 국민당 중앙본부를 찾아갔다. 계속해서 후난의 여러 단체 대표는 직접 탕성즈 장군에게 쉬커샹에 대한 조치를 간청했다.

"후난의 대표들이 20일 넘게 우한에 머무르고 있지만, 여전히 후난의 많은 현에서 테러가 만연하고 있습니다. 국민당 중앙은 쉬커샹을 토벌할 군대를 파견해야 합니다."[32]

그는 그들에게 "노동자, 농민의 일부 미숙한 행동을 국민당 중앙이 교정해야겠지만, 노동자, 농민을 억압하는 일은 절대 없을 것입니다"라고 약속하며, "혁명적 후난 대중 만세!"라고 외쳤다.[33] 그는 후난 농민을 살육하고 있는 병사들의 지휘관이었다.

8차 전체회의는 한커우 정부가 굳건하게 대중을 지향하도록 보증하는 임무를 지시했고, 공산당은 6월 16일에 국민당에 서신을 보냈다.

"토지정책을 실행해야 할 순간이 다가왔습니다. 이것은 국민당의 역사적 임무입니다. 이 문제와 관련해 국민당이 결정적 발걸음을 내딛느냐 아니냐에 혁명의 미래는 달려 있습니다. …… 중국 공산당은 반혁명세력의 진압을 위해 다음의 조치들을 제안합니다. 국민 정부는 창사의 반역 위원회가 반혁명적이라고 선포하고 병사들에게 그들의 타도를 요청해야 합니다. 이 위원회는 해산돼야 하고 정당한 성 정부가 재건돼야 합니다. 반란자들을 진압하기 위해 즉각 토벌부대를 파견해야 합니다. 반혁명세력 타도를 위한 군대파견의 권한을 탕성즈에게 부여해야 합니다. 자리를 가로챈 국민당 지역위원회는 해산돼야 합니다. …… 후난성의 노동자, 농민 조직들과 공산당은 간섭받지 않고 존속할 수 있어야 합니다. 국민당은 모든 무기를 노동자·농민 자위대에게 반환하라고 지시해야 합니다. 재차 발생할 수 있는 반동세력의 반란에 대비해 농민을 무장시켜야 합니다. 이제 국민당은 인민대중과 긴밀하게 교감해야 하고, 그들이 단결해 반혁명에 맞설 수 있도록 이끌어야 합니다. 국민당과 국민 정부가 그렇게 하지 않으면, 혁명은 위험에 처할 것입니다".[34]

탕성즈는 처벌이 아닌 '조사'를 위해 신속하게 후난을 돌아봤다. 당연하게도 그의 보고는 군사 쿠데타를 완전히 정당화했다.

그는 6월 26일에 창사에서 전보를 보냈다. "지도부의 잘못 때문에 노동자-농민운동이 통제에서 벗어나 인민을 향한(!) 공포정치로 빠져들었음을 발견했다. 혁명군 가족을 보호하기 위한 중앙 정부의 분명한 명령에 도전하며, 그들은 도처에서 세금과 벌금을 강제로 거두었고, 인민을 학대했으며, 심지어 인민을 살해하기까지 했다. …… 사태는 이렇다. …… 후난의 주둔군은 자기방어를 위해 떨쳐 일어났다. …… 쉬커샹의 행동은 정의감에 불탄 것이었지만, 법과 원칙의 한도를 넘어섰다. 그는 군직을 유지하는 벌점 형태의 가벼운 처벌을 받아야 한다". 그는 성 정부의 '재편'을 요구하는 한편, '정부에 도전하려고 계획했던 일부 당원'을 처분할 권한을 요청하는 것으로 결론을 맺었다.[35] 사흘 뒤 정부는 탕성즈를 후난성 정부의 주석으로 임명하고 그의 부관들을 모든 주요 직책에 앉히면서 순순히 그의 요청에 따랐다.[36]

모스크바는 '우한 정부와 국민당을 노동자-농민의 민주주의 독재로 전환하는 것'을 승인했지만, 우한의 왕징웨이는 이 '불가피한' 길을 선택하는 대신 탕셩즈의 품에 안기는 길을 선택했다. 후난은 돌이킬 수 없을 정도로 반동세력한테 패했다.

탕셩즈의 전보문이 한커우에서 공표된 바로 그날, 코민테른 중앙기관지는 안심시키듯 호언장담했다.

"공포를 퍼뜨리는 반대파는 창사 쿠데타에 대해 시끄럽게 떠들어 댔다. 중국 혁명의 새로운 패배로 과장했다. 아무도 그들의 외침을 믿지 않을 것이다. 우리 당은 중국 사건들을 면밀하게 추적하고 있고, …… 중국 혁명의 역량에 대해 확신한다. 창사 장교들의 반란은 노동자, 농민의 견결한 저항에 직면해(?) 이미 진압됐다".**37**

후난 사건 직후, 명목상 우한 정부를 대표해 장시성을 통치한 주페이더朱培德·주배덕 장군은 모든 공산당원, 노조·농민회 지도자, 정치위원, 당 일꾼을 추방했다. 공산당은 이 새로운 공격에 직면해 주페이더 장군의 해임을 요구하지 않기로 결정하며 또다시 물러섰는데, 그것은 '주페이더 장군을 혁명에서 떠나보내는 것에 대한 두려움'과 침묵을 통해 그를 '중립화'하겠다는 기대 때문이었다.**38**

코민테른 중앙기관지는 여전히 6월 23일에도 독자들에게 이렇게 말했다. "가난한 농민대중은 우한 혁명 정부의 믿을 만한 기반이고, 우한 정부는 농민대중의 확고한 지지를 충분히 기대할 수 있다".**39** 실제로 대중들은 '우한 혁명 정부'가 후원할 것으로 기대했다. 후난의 광부총공회 의장 두정추杜正秋는 "노동자들이 국민당 지도부를 믿었다"고 말했다. "중앙당은 노동자들에 대한 억압을 결코 허락하지 않을 것이라고 생각해서 당을 지지했다".**40** 대중들은 우한을 믿으라고 배웠다. 하지만 우한은 대중을 믿지 않았다. 그 대신 대중운동의 파괴를 지원했다.

장시에서는 단 한 번의 투쟁도 없이 꺾였다. 후난은 테러로 뒤덮였다. 대중운동은 계속해서 그 범위가 협소하게 좁혀진 뒤 우한에서 운명을 다했다. 6월 13일에 한 농민협회 간부는 후베이성의 암담한 상황에 대해 이렇게 보고했다. "징먼荊門·형문, 이창宜昌·의창 등 각 현에서 학살이 계속되고 있다. 심지어 한양에서 불과 십리 떨어진 곳에서조차 토호들이 농민을 에워싸 죽이고 있다. 54개 현에 존재했던 농민협회는 지난주에 불과 23개 현에서만 살아남았다. 우리의 추산으로는 그저께까지 그중 4개 현에서만 농민들이 조직을 유지했고, 오늘은 단 하나의 현에서도 살아남지 못했다".[41]

대중을 독립적으로 소비에트로 조직하지 않는다면, 공산당을 국민당 족쇄에서 해방시키지 않는다면, 농민반란은 '실패로 끝나고 거품처럼 사라질 것'[42]이라고 트로츠키는 경고해 왔다. 이처럼 빠르고 비참하게 현실로 입증된 예견은 찾아보기 힘들다.

이 결정적 시기에 우한에서 코민테른 대표 역할을 맡았던 미프는 중국 공산당의 태도에 관해 이렇게 요약했다. "우리는 반동세력에 맞서 우리의 힘에 의지해 투쟁할 수 없었다. 만일 그렇게 했다면, 우리는 국민 정부의 권위를 훼손했을 것이고, 국민 정부에 대항하게 됐을 것이다. 국민 정부를 지지해야 했고, 행동에 나설 때까지 기다려야 했다. 국민 정부가 그 길을 향하도록 밀어 가야 했다. 하지만 우리는 직접 반동파에 맞서는 어떤 조치도 취하지 말아야 했다".[43] 미프가 이 글을 쓴 것은 1년 뒤의 일이었다. 그는 이런 태도에 대해 "부끄럽고, 비겁하며, 배신적인" 것이었다고 비난했다. 하지만 그는 왜 스탈린과 8차 전체회의 문건을 인용하지 않았는가? 이른바 스탈린의 '유일한 정부기관'으로서 '국민 정부'의 권위를 침해할 것을 우려해 독립적 행동을 위한 유일한 길인 소비에트를 배척하지 않았던가? 소비에트가 '국민 정부에 대항하는 것'을 의미했기 때문에, 스탈린의 표현에 따르면 '혁명적 국민당에 반대하는 투쟁구호'였기 때문에 배척하지 않았는가?

이런 과정은 직접적이고 신속하게 파국으로 이어졌다. 대중운동은 '거품처럼 사라지고' 있었다. 국민당 망나니들의 총칼 앞에서 노동자, 농민이 죽어 가고 있는 동안, 여전히 공산당은 '대중을 국민당으로 이끌기 위해' 계속해서 '주로 국민당의 협력에 달려 있는 군건한 대중지향노선'을 유지하고자 했다. 하지만 우한의 지도자들을 외면했다. 군사위원회 회의에서 왕징웨이는 이렇게 말했다.

"공산당원들은 우리에게 대중과 함께 가자고 제안합니다. 하지만 어디에 대중이 있습니까? 그토록 극찬하는 상하이의 노동자들 또는 광둥과 후난의 농민들에게 무슨 힘이 있습니까? 그런 힘은 어디에도 없습니다. 장제스는 대중 없이도 정말 강력한 힘을 유지할 수 있음을 보여 주고 있습니다. 대중과 함께 가는 것은 군대에 맞서는 것을 의미합니다. 그렇습니다. 우리는 대중과 함께 가기보다는 군대와 함께 가는 것이 좋습니다."[44]

대중과 함께 가지 않겠다는 왕징웨이의 선언이 코민테른과 공산당이 왕징웨이와 함께 가겠다는 것을 막지는 못했다. "국민당 좌파와의 협력 가능성이 완전히 사라지지 않았다"[45]는 이유로 1927년 봄에 소비에트 구호는 너무 때 이른 구호로 선언됐다. 처음에는 장제스에 대해, 이제는 왕징웨이에 대해 차례로 '가능성'을 타진했다. 하지만 아직까지 모든 '가능성'이 사라지지 않았다는 이유로, '지도자들을 향한 구애'를 중단하는 것은 아직 때가 아니었다. 또한 여전히 평위샹이 남아 있었다.

XV

THE WUHAN DEBACLE

우한: 붕괴

　뚱뚱하고 염치없는 펑위샹은 상급 장교들과 맹우들에 대한 약삭빠르고 시의적절한 배신들을 통해 북서지방에 기반을 마련한 군벌이었다. 애초에 외국인 선교사의 품에서 자란 그는 부하병사들에게 찬송가를 부르게 하고 소박한 가족의 미덕을 가르치는 '기독교인 장군'이라는 별명으로 세상에 등장했다. 1924년에 그는 너그러운 모스크바가 정신적 믿음의 결핍을 치장해 준다는 사실을 발견했다. 그는 기독교도라는 외피를 벗어던지고, 이른바 스탈린과 부하린이 중국의 토양을 배경으로 전문적으로 양성한 '볼셰비키적' 군벌이라는 특별한 대열로 합류했다. 예수의 성배는 러시아의 무기, 자금, 고문과 어울리지 않는다는 사실이 드러났다. 펑위샹은 손에 든 총 한 자루가 한 다스의 성스런 후광보다 더 가치 있을 것이라는 생각으로 빠르게 옮겨 갔다. 특히 1925년 말에 군벌 사이의 배신과 협잡 때문에 자신의 '국민군'을 위한 군수품 조달이 완전히 가로막혔기 때문에 더욱 그랬다.

그는 1926년에 러시아로 갔다. 뉴욕의 《데일리 워커》에 보낸 특전은 이렇게 보고했다. "펑위샹이 한 사람의 평범한 노동자로서 공장에서 일하며 노동 속에서 소비에트 공화국의 정치·경제 생활 전반을 직접 경험하고 배우기 위해 모스크바로 오고 있다. 그는 국민당 원칙들을 실행할 수 있도록 가장 철저히 준비하고자 스스로 유배생활로 뛰어들고 있다".[1] 펑위샹은 정말로 '가장 철저히 준비하고자' 소비에트 병기창에서 무기를 구할 수 있기를 바랐고, 소비에트의 수도에 도착해 그 보물의 문을 여는 주문이 주기도문보다 간단한 공식이라는 사실을 발견했다. 펑위샹과 심복 위유런于右任·우우임은 그를 숭배한 러시아 동지들과 함께 사진을 찍었다. 그는 "중국 민족의 미래에 새로운 전투와 새로운 승리가 있을 것입니다"라고 예언했다. 머지않아 그는 '전 중국에서 펼쳐지고 있는 노동운동과 농민운동에 대한 특별한 관심'을 촉구했고, '장차 중국에서 궁극적으로 노동자계급이 승리할 것'이라는 믿음을 선언했다. 1926년 8월 19일에 《프라우다》와의 인터뷰에서는 자신의 군대가 '민족해방과 국민혁명을 완수하기 위해' 싸울 것이라고 약속했다.[2]

펑위샹은 오래전에 자신의 군대를 '국민군'으로 개명했지만, 국민당과의 합작을 조르는 친구들의 권유에 대해서는 수년 동안 교묘하게 회피해 왔다. 이 사실을 알고 있는 한 일본인 기자는 놀라워하며 이렇게 말했다.

"하지만 모스크바를 방문한 기독교도 장군은 모두가 그것을 모른 채 자신을 레닌의 추종자로 여기도록 내버려 뒀다."[3]

그것은 지극히 손쉽고 유쾌하며 유용한 일이었다. 스탈린은 펑위상을 얻어 기뻐하며 무기와 자금을 전달했고, 난커우南口·남구 입구를 출발해 산시성山西省을 거쳐 허난성河南省 경계지역에 이르는 긴 여행을 시작한 그의 군대로 복귀할 수 있도록 배편을 제공했다. 군대로 돌아온 펑위샹은 1926년 9월 17일에 자신이 노동자의 아들로서 '대중들을 일깨우고, 매국 군벌을 일소하며, 제국주의를 쳐부수어, 중국의 자유와 독립을 완수하는 것'이 군대의 목표가 될 것이라고 선포했다.[4] 이제 펑위샹은 스탈린의 신뢰를 받는 동맹자의 일원이 됐고, 후한민, 장제스, 리지천, 탕셩즈, 왕징웨이가 걸어간 길을 뒤따라 대담하게 발걸음을 내디뎠다. 광활한 북서지역을 배후에 둔 산악지대에서 안전을 확보한 펑위샹은 막대한 양의 러시아 무기와 군수품을 인수하고 허난 평원이 내려다보이는 통관潼關·동관에 진지를 구축한 뒤 러시아 고문단의 조언에 대해 정중하게 귀 기울이며 '공격개시일'을 기다렸다.

머지않아 그날이 왔다. 그가 기다리는 동안 북벌군이 장강 유역을 휩쓸었다. 일찍이 러시아 무기고를 여는 것이 얼마나 쉬운지를 배운 장제스는 상하이로 입성하며 스탈린을 향한 자신의 믿음이 아니라 자신을 향한 스탈린의 믿음을 저버렸다. 이제 탕셩즈와 왕징웨이도 믿음을 저버리려 하고 있었지만, 여전히 모스크바는 공식적으로 그것을 인정하지 않았다. 필요한 희생양이 아직까지 정해지지 않았고, 여전히 펑위샹이 남아 있었기 때문이었다. 틀림없이 그가 로신바*처럼 서쪽에서 나타나 '혁명적 국민당!'을 구원할 것이었다. 그는 앞서 모스크바가 의지했던 줏대 없는 이들보다 더 곧고 확고하며 견실한 인물일

---

* 월터 스콧의 설화시 〈마미온〉(1808)의 주인공으로 다른 남자와 결혼하는 연인을 결혼식장에서 '납치'해 사라진다.

것이었다. 여전히 그가 전보를 통해 우한에 대한 불멸의 충심을 표명하고 있지 않았던가?[5] 펑위샹이 장제스의 밀사와 접촉했고, 장제스와 타협하도록 우한을 압박했다는 사실을 시사하는 소식들이 모스크바로 전해지고 있었지만, 러시아 신문은 물론이고 각국의 어떤 신문도 그것을 외면하고 맹렬히 부인했다.

　코민테른 중앙기관지는 이렇게 주장했다. "최근 제국주의는 장제스가 우한과 화해하고 펑위샹과 협력할 것이라는 소문을 퍼뜨리고 있다. 이것은 거짓이다. 어떤 지도자도 장제스와 연계하고 있지 않다. 펑위샹과 그의 군대도 배신자를 믿지 않는다".[6] 펑위샹은 모스크바의 마지막 카드였다. 그가 기대를 저버리리라 내비치는 것은 최악의 트로츠키주의 이단으로 간주됐는데, 펑위샹을 신뢰하는 것은 장제스와의 실험을 반복하는 것이라고 트로츠키가 반복해서 경고했기 때문이다.[7]

　우한 역시 애처로울 정도로 펑위샹에게 의지했다. 우한은 군사적 승리와 베이징 점령이 장제스를 굴복시킬 것이라고 희망하며 장제스 군대가 아닌 펑톈 군대와 싸우기 위해 북진을 결정했다. 이 계획의 성패는 통관에 꼼짝 않고 있는 펑위샹에게 달려 있었다. 5월 초에 국민당 정예부대가 철로를 따라 허난성으로 진입했다. 유명한 철군鐵軍이 이끈 군대는 5월 말에 주마뎬駐馬店·주마점 현 북부에서 있었던 결전에서 정점에 오른 일련의 피비린내 나는 전투를 치렀다. 후방의 한커우에서 군수공장 노동자들은 하루 13~17시간을 힘들게 일했다. 그들의 머리 위에는 "여러분은 혁명의 후위입니다. …… 모든 것을 희생하지 않는다면, 중국을 압제자로부터 해방시킬 군대, 혁명, 투쟁은 있을 수 없습니다. …… 하루에 8시간만 일해야 하겠습니까?"[8]라는 글귀가 쓰인 현수막이 걸려 있었다. 전선의 병사들도 '중국을 압제자로부터 해방시키기 위해' 싸우는 것으로 배웠다. 그리고 장쭤린의 젊은 아들 장쉐량張學良·장학량이 지휘하는 잘 먹고 잘 무장된 군대에 맞서 전례 없는 영웅적 전투를 벌였다. 펑톈 군대는 패주했지만, 승자도 최상의 보병 부대를 잃는 대가를 치러야 했다. 1만 4,000명이 죽거나 부상당했다.[9] 그들은 민중의 증오스런 가난과 수모를 끝장내는 일에 기여하며 싸우다 죽겠다는 희망에 고취됐기 때문에, 과거 중국에서 찾아보기 힘든 모습으로 싸웠다. 하지만 그들의 희생은 헛됐다. 그들이 투입된 전투는 그들 자신이 바라던 목표를 위한 것이 아니라, 중국의 나폴레옹이 되려는 탕성즈의 야망과 장제스를 협상으로 끌어내려는 우한 지도자들의 희망을 위한 것이었다. 그렇지만, 모든 것이 좌절됐다. 우한은 최정예 부대를 판돈으로 내걸었지만, 진정한 승리는 펑위샹에게 돌아갔다.

전투가 벌어지는 동안 펑위샹은 조심스레 지켜봤다. 그리고 퉁관을 출발해 룽하이隴海·농해 철도*를 따라 이동했다. 그는 단 한 사람의 병사를 잃고서 뤄양洛陽·낙양을 점령했고, 6월 1일에는 카이펑開封·개봉에 새로운 본거지를 마련했다. 펑톈 군대의 후퇴와 한커우 군대의 떼죽음 때문에, 그는 화중지방의 군사적 중재자가 됐다. 베이징 진격은 전적으로 그에게 달려 있게 됐다. 그는 이런 사실을 강조라도 하는 듯, 자신의 '승리'를 선포하는 전보를 공평하게 난징과 우한 모두로 보냈다. 그리고 6월 12일에 정저우에서 회의를 열기로 하고 우한의 지도자들을 소집했다. 그곳에서 우한의 지도자들은 눈앞에 놓인 운명을 알

---

* 쑤저우(蘇州·소주)와 시안(西安·서안)을 잇는 철도.

게 됐다. 평위샹은 우한에서 온 사람들이 정저우에 도착한 뒤에야 열차에서 내려 그들을 맞이하러 갔다. 스트롱은 소박함을 과시하듯 "병사 형제들도 화차로 이동한다"라고 말하며 타고 온 화차에서 내리는 평위샹의 모습을 지켜봤다. '한참 뒤' 그녀는 그가 같은 열차의 안락한 개인 칸에서 긴 여행을 한 뒤에 정저우역 바로 인근 역에서 화차로 옮겨 탔다는 사실을 전해 들었다고 한다.[10] 적대 계급 및 의심스런 동맹자와의 단일한 연합을 옹호한 자들은 바로 1년 전에 평위샹이 중국 노동자계급의 이름을 내건 정치 화차를 타고 모스크바에 갔다는 사실을 곰곰이 떠올렸을 수도 있다. '한참 뒤'에야 그들은 그가 '중국 자본가 계급을 위해 준비해 둔' 안락한 열차에서 잠시 하차했던 것에 불과하다는 사실을 깨달았다.

우한의 지도자들과 함께 진행한 회의에서 평위샹은 노동자, 농민과 공산당원을 진압해야 한다는 것에 대해서만 동의했다. 우리의 여성통신원은 비통해하며 "우한 정부마저도 그리하기로 결정했다"고 덧붙였다.[11] 평위샹은 그 외의 것들에 대해 우한과 거래할 생각이 없었다. 그가 원한 것은 귀찮기만 한 약골들이 아니라, 이익을 가져다줄 강력한 동맹자였다. 형식적 연회가 끝나고, 우한의 지도자들이 평위샹과 그의 수하들에게 각종 직함을 부여하며 허난에 대한 군사적 장악을 치하한 뒤 우한 정부는 자발적으로 허난에서 정치활동을 벌이던 노동자들을 철수시켰다[12], 평위샹은 서둘러 회의를 종결시키고 '동맹자들'을 한커우로 돌려보냈다. 《민중논단》은 "평위샹이 통솔하는 모든 군대가 우한의 중앙집행위원회와 국민 정부의 결정·명령에 복종할 것을 선언할 예정이다"라고 희망에 차서 보도했다.[13]

1주일 뒤, 평위샹은 2명의 우한 지도자 구명위顧孟餘·고맹여·쉬치옌徐

謙·서겸과 함께[14] 룽하이 철도 동쪽 종착지인 쑤저우로 가서 장제스를 만나 즉각 담판에 들어갔다. 6월 22일, 펑위샹은 쑤저우 역에 모인 기자들 앞에서 '국민 혁명군과의 협력과 군벌제도 및 공산주의의 근절을 바라는 충심 어린 열망'[15]을 열렬하게 강조하며, 우한 정부의 지도자들에게 보낸 전보의 사본을 공개했다.

"우리는 정저우에서 만나서 상인과 신사에 대한 억압, 노동자들의 공장주에 대한 억압, 소작인들의 지주에 대한 억압에 관해 의견을 나누었습니다. 인민은 이런 형태의 횡포가 제압되기를 바랍니다. 또한 우리는 이런 상황을 해결하기 위한 처방에 대해 의견을 나눴습니다. 우리가 토론에서 도출한 유일한 해결방안은 다음과 같다고 봅니다. 먼저 이미 사임한 보로딘은 즉시 귀국해야 합니다. 다음으로 휴식을 취하고 싶은 한커우의 중앙집행위원들이 외국에 가는 것을 허락해야 합니다. 그렇지 않은 위원들은 원한다면 난징의 국민정부에 합류할 수 있도록 해야 합니다. …… 나는 난징과 한커우 양측 모두가 상호 간의 문제를 이해하고 있다고 믿습니다. 우리나라가 심각한 위기에 직면해 있다는 것을 여러분에게 상기시킬 필요는 없을 것입니다. 하지만 우리 국민 혁명세력이 공동의 적에 맞선 전투를 통해 통일을 이룩할 훌륭한 기회를 맞이하고 있다는 사실을 강조하지 않을 수 없습니다. 여러분이 위의 해결책을 받아들이고 조속하게 실행할 수 있기를 바랍니다".[16]

펑위샹은 기대를 저버렸다.

주요 러시아 군사고문이자 진정한 북벌 조직가인 갈렌 장군*은 정저우에서 돌아오는 열차에서 숲속과 계곡의 땅 위에 흩어져 있는 거의 알아볼 수 없는 형체들을 가리켰다.

"저들은 이곳 산길과 철로를 통해 진군하다가 죽어 간 광둥 청년들입니다. 저들은 이곳에서 싸웠고, 목숨을 바쳤습니다. …… 광둥, 후난의 청년들 대부분은 이제 막 깨닫기 시작한 어떤 희망을 위해 진군했습니다. …… 바로 이들 덕분에 살아남은 동맹자들은 노동자, 농민을 탄압하고 군사 독재를 수립할 수 있었습니다."[17]

이제 우한 지도자들의 유일한 목표는 가능한 신속하게 군사 독재와 타협하는 것이었다. 그리고 정저우를 방문한 뒤 공산주의자들에게서 벗어나 대중운동에 종지부를 찍을 수 있느냐가 펑위샹과의 긴밀한 협력을 결정할 것이라는 사실을 알게 됐다. 쑤저우에서 열린 펑위샹-장제스 회담과 펑위샹이 전보로 보내 온 최후통첩이 그들을 서두르게 만들었다.

왕징웨이는 '곧바로 공산당원을 축출하기 위한 준비 작업에 착수'했다.[18] 앞서서 보았듯이 서둘러 후난으로 돌아온 탕성즈는 "국민당에 맞선 공산당의 음모가 있었다"라고 전하는 한편, "즉시 국민당에서 공산당원을 축출해야 한다"라고 충고했다.[19] 국민당 지도자들은 생각하고 있던 분열을 준비하기 위해, 신문과 공개 연단을 통해 반공캠페인을 개시했다.

---

* 갈렌(Galen)은 바실리 블류헤르(Vasily Blyukher)가 중국에서 사용한 가명으로, 그는 뒤에 소련 적군의 극동군 사령관이 된다. 1938년에 일본간첩 혐의로 체포돼 고문당하고, 비밀리에 사형에 처해진다.

대중운동이 폭발해, 우한 정부와는 독립적으로 행동하려는 경향을 보이며 우한의 금지령에 대해 공공연하게 도전했던 것은 모순적이게 도 모두 공산당의 탓으로 돌아갔다. 머지않아 코민테른은 운동의 독립성을 주도하고 발전시키라는 지시를 거부했다며 중국 공산당 지도자들을 비난할 것이었다. 하지만 당시에 왕징웨이가 후난성의 '과격파'를 공격하는, 즉 평범한 노동자-농민들과 개별 공산주의자들을 공격하는 논거로 스탈린-코민테른의 결의들을 인용했다는 사실은 중요하고 교훈을 남긴다.

6월 26일에 우창에서 열린 후베이 당대표자회의에서 왕징웨이는 7차 코민테른 집행위원회 전체회의 결의를 인용하며 이렇게 연설했다.

"그것은 중국 혁명이 노동자-농민-소부르주아의 동맹에 입각해야 한다고 분명히 밝히고 있습니다. 이런 사실 때문에 중국 공산당 스스로가 최근 후난성에서 발생한 것과 같은 경거망동한 행동에 대해 찬성하지 않았습니다."[20]

다시 말해, 왕징웨이가 보았듯이 농민들의 '과도함'에 대해 '반대한' 공산당 지도부는 코민테른의 지시를 거부하지 않았고, 너무도 잘 따랐다! 왕징웨이는 사회 혁명의 과제와 관련해 중국과 러시아의 '차이'를 보여 주기 위해, 1905년, 1917년의 러시아와 1927년의 중국에 관한 '스탈린의 훌륭한 비교'[21]를 인용했다. 이 비교는 중국의 농민봉기가 결론에 도달하기 위해서는 소비에트가 필요하다는 트로츠키의 견해를 반박하고 조롱하기 위한 것이었다.** 왕징웨이는 이름 없는 대

** 5월 전체회의에서 스탈린은 이렇게 말했다. "중국의 현 상황이 러시아에서 1917년 3월부터 6월까지의 상황과 같다고 말할 수 있습니까? 아닙니다. 그렇지 않습니다. 당시 러시아는 노동자

중운동 지도자들을 공격하면서, 자신과 스탈린이 공통의 기반에 서 있음을 발견했다. 그가 말한 이 지도자들의 견해는 트로츠키가 말한 노선과 이상하리만치 닮아 있었다.

왕징웨이는 이렇게 썼다. "나는 대중운동의 지도자들이 '국민당과 국민 정부의 힘을 믿지 마라. 자신을 믿어라'고 말하는 것을 자주 들었다. …… 이 때문에 사람들은 정부와 당의 지시를 따르고 명령에 복종하는 것을 거부했다. 그것은 사람들을 당에서 멀어지게 했을 뿐만 아니라, 당의 지도 없이 반혁명세력과 독립적 전쟁을 벌이는 위험한 상황을 초래했다. …… 결국 대중은 반혁명세력에 포위됐고, 당은 그들을 구할 방법이 없었다."[22]

대중은 반혁명세력에 맞서 '독립적 전쟁'을 수행했다. 무엇보다도 그것은 지주들에게 맞선 것이었다. 국민당이 농민을 '구할 수 없었던 것'은 주된 관심이 지주를 구하는 데 있었기 때문이다. 농민이 패배한 것은 국민당 지도부를 무시했기 때문이 아니라, 코민테른-공산당 지도부가 국민당과의 합작을 유지하기 위해 농민을 무시했기 때문이다.

왕징웨이는 계속해서 이렇게 주장했다. "모든 농민이 경작지를 가

혁명의 문턱에 있었던 반면, 현재 중국은 부르주아 민주주의 혁명을 맞이하고 있을 뿐이며, 당시 러시아의 임시정부는 반혁명 정부였지만, 현재 한커우 정부는 부르주아 민주주의적 의미에서 혁명 정부이기 때문에, 그렇게 말할 수 없습니다. …… 노동자 소비에트의 역사는 부르주아 민주주의에서 노동자 혁명으로 직접 이행하기 위한 유리한 조건이 조성될 때만 그런 소비에트 정부가 등장해 발전할 수 있다고 말합니다. 바로 이 때문에(불리한 조건 때문에) 1905년에 레닌그라드와 모스크바에서 노동자 소비에트는, 1918년에 독일의 노동자 소비에트와 마찬가지로, 실패로 끝났던 것이 아닙니까? 만일 1905년의 러시아에 현재 중국의 국민당 좌파와 같은 광범위한 조직이 존재했다면, 소비에트는 등장하지 않았을 것입니다. …… 결국, 중국의 부르주아 민주주의 혁명에서 국민당 좌파는 1905년에 소비에트가 맡았던 것과 거의 같은 역할을 수행하고 있는 것입니다."—스탈린, 〈중국 혁명과 코민테른의 임무〉(《코민테른(Communist International)》, 1927.6.30.)(원주)

저야 한다는 원칙은 삼민주의의 세 번째 항목으로 분명하게 정해져 있지만, 우리의 총리^{쑨원}는 민생주의를 기초하며 '모든 농민이 경작지를 가져야 한다'고 선언한 동시에 …… 토지 문제를 정치적이고 합법적 방식으로 해결해야 한다고 분명히 밝혔다는 사실을 기억해야 한다. 결코 그는 이 문제가 지주한테 토지를 몰수해 농민에게 분배하는 것으로 해결될 수 있다고 말하지 않았다".

왕징웨이는 쑨원이 원했던 것은 '농민이 이익을 보는 동시에 지주가 손해를 보지 않는 방식'으로 토지문제가 해결되는 것이라고 말했다. 계속해서 쑨원은 중국에서 계급투쟁이 완전히 사라져야 하며, 바로 계급투쟁을 피하는 것이 '다계급 민중정당'으로서 국민당의 역할이라고 생각했다고 말했다. 그리고 이렇게 덧붙였다. "그렇지 않으면 계급들 간의 연합은 불가능하다".[23]

나름대로 왕징웨이는 옳았다. 스탈린이 '혁명적 의회'로 칭한 것, 부하린이 '당과 소비에트의 혼합체'로 칭한 것, 마르티노프가 더 단순하게 '4계급 연합'으로 칭한 것을 얻으려 했기 때문에, 계급 간의 상호 충돌을 삼가고 협력해야 했다. 그렇게 하지 않으면, 사실상 연합은 불가능했다. 스탈린-부하린은 말로는 계급투쟁을 원했지만, 실제로는 그것을 피하려 했다. 이 시점에 그들은 노동자-농민과 단절했는데, 노동자-농민이 모든 피억압자의 확실한 본능에 따라 말을 믿지 않고 행동에 나섰기 때문이다. 농민과 지주의 유일한 공통점은 경작은 농민이 하고 이익은 지주가 보는 토지에 대한 요구였다. 농민의 삶의 목표는 토지에서 지주를 쫓아내고, 그것을 자기 것으로 만드는 것이었다. 토지 혁명의 내용을 간단히 말하면 이것이다. 농민을 지지하거나 지주를 지지하거나 둘 중 하나를 택해야 했다. 이제 왕징웨이와 친구들은 토지와 농민에 대한 모든 호언을 거두어야 했고, 토지반란을 짓밟고 있던 자들을 분명하게 지지해야 했다.

스탈린은 '유일한 정부기관'이자 '혁명의 조직 중심'으로서 우한 정부가 대중과의 관계를 공고히 만드는 것을 중국 공산당의 임무로 삼게 했다. 하지만 대중은 점점 더 날카롭게 정부와 충돌했는데, 스탈린의 주장과는 반대로, 정부가 자기 권리를 찾으려는 대중의 분투를 지지하기보다는 저지했기 때문이다. 대중조직들은 있는 힘껏 제 길을 갔다. 장시성 상황을 조사하기 위해 파견된 국민당 특별위원회는 이렇게 보고했다. "현재 정부와 대중 사이에는 깊은 골이 존재한다. 정부는 대중 기구의 활동과 관련해 감독은 물론이고 참가조차 할 수 없다. …… 각 현에서 (국민당) 성당의 지시를 무시하거나, 노동조합과 농민협회가 성당의 결의에 반대하는 일이 다반사로 목격되고 있다. …… 당 지부는 독단적으로 사람을 체포해 처벌하고 있다. 대중단체들도 똑같이 하고 있다. 이처럼 이중 정부가 존재하는 현상이 도처에서 벌어지고 있는 것이다. 이것은 무정부 상태만큼이나 위험한 일이다. …… 노동자-농민 운동의 지도자들이 보이고 있는 가장 큰 오류는 '노동자-농민의 이익을 옹호하는 정책'에 대해 잘못 이해하고 있다는 것이다."[24]

노동자-농민 지도자들은 "노동자-농민의 이익을 옹호하라!"는 구호를 잘못 이해했다. 노동자-농민의 이익을 옹호해야 하는 것으로 생각했다. 이를 위한 그들의 노력이 '이중 정부'를 탄생시켰다. 각 도시와 농촌에 흩어져 고립돼 있는 노동자-농민 조직들은 모든 사안에서 국민당 성-현조직 및 우한의 '조직 중심'과 충돌했다. 이들 '이중 정부' 사이에는 전혀 연계가 없었다. 이들은 통일된 정책을 취할 수 없었다.

노동자-농민-병사 대표자회의를 조직했다면 각 향에서부터 각 현과 성에 이르기까지 빠르게 상호 연계를 수립하면서, 대중운동의 혼란스런 붕괴를 극복할 유일한 수단이 됐을 것이다. 그리고 소비에트로 발전했을 것이다. 트로츠키는 이런 경로를 강하게 주장했지만, 스탈린은 그것이 '혁명적 국민당'과 '유일한 정부기관'에 맞선 투쟁을 의미한다는 이유로 반대했다. 한커우의 국민당 좌파 지도자들도 똑같은 이유와 똑같은 말로 그것을 반대했다.

"혁명과 대중"이라는 제하의 사설에서, 쑨커는 대중들이 대중조직의 정권 접수를 금하는 우한의 명령을 무시하고 있다는 사실이 드러났다며 불평했다.

"지시가 발표된 지 2개월이 지났지만, 각 대중단체는 공공연하게 정부의 결정을 무시하며, 계속해서 정권 찬탈을 목표로 자유롭게 행동하고 있다."

그리고 농민들이 토지를 몰수하고 있고, 노동자들이 공장과 상점을 접수하고 있다고 불평했다.

"만일 대중들이 국민당의 지도, 지시를 따르지 않고 당의 정책을 이행하려 하지 않는다면, 그것은 사실상 국민혁명운동^{혁명적 국민당}에 반하는 행동이라는 사실을 환기시켜야 한다."

쑨커는 계속해서 이렇게 말했다.

"민중이 정부가 보는 앞에서 독단적으로 체포하고, 벌금을 부과하고, 개인 재산을 몰수하고, 사형을 집행할 수 있다면, 그것은 정부의 정치권력이 완전히 찬탈된 것이라고 볼 수 있다. (정부에는) 어떠한 권위와 권력도 존재하지 않는다. 다른 한편, 민중은 스스로의 행동이 정당하다고 여기고 있기 때문에, 국민 정부를 유일의 혁명운동 통치기관이자 국민혁명운동 정부로 인정하지 않고 공공연하게 거부하고 있다. 그들은 더 이상 국민 정부가 권력을 행사하지 못한다고 생각했고, 그래서 독립적 행정 기구를 구성하는 것이 필요했다. …… 혁명 정부에 공공연하게 반대하는 행동은 반혁명적 성격을 띨 수 있다. …… 그들은 중국의 모든 민중운동이 국민당의 지도 아래에서 통일돼야 한다는 것을 받아들이지 않는다. 그리고 공산당이 대중운동을 지도해야 한다고 믿는다. 아직 그들은 국민 정부가 유일의 혁명운동 대표 기구라고 확신하지 않고 있다."[25]

1927년 7월에 한커우에서 쑨커가 몇 주일 전 모스크바에서 공표된 스탈린의 테제와 연설을 읽었는지는 모르지만, 트로츠키의 주장을 접하지 못했다는 것은 분명하다. 하지만 그는 스탈린의 주장을 직접 표절했을 수 있다. '트로츠키'와 '반대파'를 '대중'으로 바꾼다면, 쑨커의 글은 8차 전체회의에서 스탈린-부하린 다수파가 제출한 문건과 차이가 없었다. 트로츠키처럼 중국의 노동자-농민은 우한 정부가 '유일한 정부기관'이자 '유일의 혁명운동 통치기관'이라는 스탈린-쑨커의 금언을 거부했다. 모스크바에서 트로츠키가 우한 권력이 존재하지 않거나 있으나 마나하다고 경고하며, 노동자-농민-병사의 독립적 평의회인 소비에트의 건설을 요구했던 것처럼, 대중은 우한이 '권력을 행사하지 못한다'고 믿으며, '독립적 행정 기구'의 설립을 요구했다. 이 때문에 스탈린은 '반혁명'을 돕는다는 이유로 트로츠키를 비난했고, 그의 동료 쑨커는 좀 더 공개적이고 직접적으로 같은 혐의를 대중에게 씌웠다. 이들 사이의 유사성은 결코 우연히 아니다.

1926년 3월에 광저우에서, 그리고 1927년 4월에 상하이에서 장제스는 대중운동에 타격을 가하기 전에, 대중의 '과도함'과 국민당 내 자본가계급의 주도권에 맞선 음모에 대해 책임을 물으며 공산당원들을 비난하는 공세를 퍼부었다. 이제 국민당 좌파 지도자들도 똑같은 술책을 부렸다. 그들의 비난은 광저우와 상하이에서 있었던 비난과 차이가 없었다. 하지만 한커우의 공산당 지도부든 모스크바의 지도부든 국민당 소부르주아 지도자들의 협잡과 배신에 맞서 대중의 독립적 공세를 촉발시킬 생각이 전혀 없었다. 이미 우한의 지도자들이 토지 혁명에 반대해 공공연하게 군벌의 편에 섰던 6월 29일에 코민테른 중앙 기관지에 실린 강령적 논문은 이렇게 말했다. "누가 토지 혁명을 실천할 것인가? 과거의 역사, 사회적 구성, 발전 전망을 볼 때, 국민당은 능히 민주주의 독재기구로 전환될 수 있다. …… 국민당은 일종의 정당과 의회의 혼합체다".

논문을 쓴 코민테른의 대변인은 계속해서 이렇게 말했다. "소비에트가 필요한 순간은 혁명이 부르주아 민주주의적 임무를 거의 완수한 시기다. 이 시기가 왔을 때에야 국민당의 분열은 가능할 것이고, 아마도(!) 필요할 것이다. 이 시기를 정확히 예견할 수는 없다. 하지만 대중 앞에 직접 소비에트 구호를 제출하는 것이 필요한 시기가 가까이 다가오지 않았다는 것은 분명하다. 현재 코민테른과 중국 공산당은 국민당과 우한 정부의 명운, 즉 중국 혁명의 명운을 책임지고 있다. 따라서 부정확한 구호와 공식이 제출되는 것을 허용해서는 안 된다."

"반대파 극좌노선의 헛소리를 가장 잘 보여 주는 사례는 이중권력의 한 형태인 병사대표자회의 구호다. 볼셰비키는 이 구호를 제출하면서 차르와 케렌스키 군대의 해체를 노렸다. 현재 우한 정부를 위해 싸우고 있는 군대를 향해 이 구호를 제출하는 것은 군대의 와해를 의도하는 것과 다름없다. …… 병사대표 소비에트 구호를 제출하는 것은 공산당과 동맹자들이 가장 불리한 상황에서 장군들과 충돌하도록 촉진시키려는 의도와 다름없다. 이 구호는 충돌의 촉발을 의미하며, 사실상 혁명의 궁극적 패배로 귀결될 것이다."[26]

물론, 한커우에서도 똑같은 정신이 중국 공산당 지도부를 지배했다. 그들은 두 가지 헛된 희망에 매달렸는데, 하나는 계속해서 물러서고 양보한다면 아직은 '연합전선'을 유지할 수 있다는 희망이었고, 또 하나는 군벌들의 야심을 이용한다면 아직은 우한이 장제스를 토벌하도록 방향을 돌릴 수 있다는 희망이었다. 그리고 난징을 향한 '동벌' 구호를 제출했는데, 어느 공산당 중앙위원의 표현처럼, "공산당원들에 대한 공격을 뒤로 미루고 먼저 장제스를 공격하도록 '혁명 장군들'을 속이겠다"는 생각이었다.[27] 회의가 열렸고, 선언이 발표됐다. 비교적 '믿을 만하다'고 생각되는 장군들을 향한 호소였다. '철군' 지휘관 장파구이張發奎·장발규가 가장 격하게 장제스에게 반대했고, 얼마 동안 공산주의자들의 기대는 그에게 집중됐다. 로이는 스탈린이 보낸 전보의 정신에 따라 장파구이의 지휘 아래에서 공산주의 세력을 확장할 수 있도록 해 달라고 왕징웨이를 설득하려 했다. 하지만 왕징웨이는 그의 제안에 대해 냉담하게 반응했다.[28] 정저우에서 펑위샹이 모든 노조 지도자의 절멸을 요구하고 있던 어느 날, 상하이 총공회 대표들은 펑위샹에게 전보를 보내 이렇게 호소했다. "우리는 국민당의 삼민주의를 충실히 따르고 진정으로 총리의 정책을 옹호하는 귀하가 장제스 토벌을 위한 혁명 군대를 지휘하기를 희망합니다."[29] 공산당원 축출이 임박했다는 것이 공공연한 사실이었기 때문에, 반장제스 캠페인과 함께 양당 '합작'의 유지를 열렬히 요구하는 캠페인이 동반됐다.[30] 왕징웨이와 장파구이는 장제스 토벌을 지지했지만, 그것은 그들의 정치적 운명이 그의 제거에 달려 있었기 때문이다. 실제로 얼마 뒤 장파구이는 자신의 군대 일부를 난징 쪽으로 이동시키기 시작했다. 하지만 작전은 아무런 성과 없이 곧바로 흐지부지됐다. 허지안^{何犍·하건}을 비롯한 여러 장군들은 비웃으며 말했다.

"우리는 공산주의자들을 대신해 장제스와 싸우지 않을 것이다."[31]

공황상태에 빠진 공산당 중앙위원회는 국민당이 '진정'으로 쑨원의 정책을 집행하고자 한다면 공산당원들과 연합해 장제스와 싸워야 한다는 취지의 선언을 발표하기로 결정했다. 하지만 회의에 참가한 정치국 위원들은 각자 서로 다른 초안을 제출했고, 발표할 선언의 문구와 관련해 의견일치를 보지 못했다. 결국 6월 20일의 중앙위원회 확대회의에서 11개 항으로 이루어진 선언을 채택했는데, 그것은 공산당원들이 계속해서 '민족통일전선'에 충성할 준비가 돼 있다는 것을 '혁명적 국민당'에 확신시키기 위한 최후의 절망적 시도였다. 11개 항 가운데 가장 중요한 항들은 다음과 같다.

4. 제국주의에 반대하는 노동자-농민-소부르주아 연합당으로서 국민당은 당연히 국민혁명의 지도적 지위를 점한다.

5. 국민당 내 공산당원은 중앙 정부와 지방 정부에서 일하는 경우에도 공산당원 자격이 아니라 국민당원 자격으로 참가한다. …… 정부에서 일하고 있는 공산당원은 곤경에 빠진 정국을 해소하기 위해 휴직을 신청할 수 있다.

6. 노동자-농민 대중조직은 국민당의 지도와 감독을 받아야 한다. 노동자-농민 대중운동의 요구는 국민당 대회의 결의와 중앙집행위원회의 결정, 그리고 정부의 법령 및 포고에 준거해야 한다. 하지만 국민당도 당 결의와 정부 포고에 준거해, 노동자-농민의 조직과 이익을 보

호해야 한다.

7. 국민당의 원칙에 따라 대중은 무장을 갖추어야 한다. 하지만 노동자-농민 무장대는 정부의 통제와 훈련을 받아야 한다. 정치적 분규를 피하기 위해, 현재 우한에 있는 무장규찰대는 축소되거나 군대로 편입될 수 있다.

8. 공회와 노동자규찰대는 당조직과 정부의 허가 없이 체포, 재판, 순찰 등의 사법·행정 기능을 떠맡을 수 없다.

9. 점원 공회는 당조직과 총공회 파견자가 함께 조직해야 한다. 점원들의 경제적 요구는 고용주의 경제적 능력 이상으로 과도해서는 안 된다. 공회는 고용주의 채용권 또는 채용·해고의 권리를 침해해서는 안 되며, 체포·벌금·고깔모자 등으로 고용주를 모욕해서는 안 된다.[32]

중국 공산당은 "혁명 정부의 권위를 높이고, '혁명의 조직 중심' 역할을 강화하라"는 스탈린의 지시를 따르고자 마지막 노력을 벌였다. 같은 주에 한커우에서 8개 성의 300만 조직노동자를 대표하는 400명의 대표자들이 참가하는 제4차 전국노동대회가 열렸지만, 공산당은 대담하게 방향을 급선회해 국민당 반동의 공세에 맞서 노동자들을 결집시킬 수 있는 기회를 붙잡으려 하지 않았다.

6월 23일의 대회 연단에 오른 왕징웨이는 박수갈채를 받았다.[33] 그렇지만 대표자들은 계속해서 노동운동을 위한 투쟁 결의를 표명했다.[34] 심지어 러시아 노동조합들을 대표해 우애를 전하기 위해 참석한 로조프스키조차 평상시와는 달리 '급진적' 연설을 해야 했다.[35] 6월 28일에 채택된 선언은 이랬다. "날마다 반혁명이 힘을 얻어 가고 있다. 국민 정부의 영토 전체에서 노동운동이 공개적으로 활동할 수 있는 곳은 우한뿐이다. 반혁명세력은 현재 후난성, 장시성, 허난성에서 권력을 장악하고 있다. …… 노동자들은 새로운 유형의 폭정 아래에서 고통받고 있다. 이런 상황에서는 언젠가 반동세력이 우한을 지배할 수 있다. 우리는 노동조합을 지키기 위해 분투해야 한다. 우리는 현재 백색 공포정치 아래에 있는 것이다".**36** 그렇지만 선언은 "국민 정부 만세!"라는 구호로 끝을 맺었다.

《민중논단》은 이렇게 말했다. "이곳의 노동자들은 자유로운 분위기 속에 있다. 이곳에는 무자비하고 적대적인 군벌의 압박이 존재하지 않는다. 국민 정부 아래에서 조직노동자들은 우한 정부에 충성하고 있다. 이것은 노동자들의 가장 사활적 권리인 공공연하게 근심걱정 없이 일할 권리가 이 정부에 기대어서만 확실히 유지될 수 있었기 때문이다".**37**

하지만 6월 30일 아침에 열린 마지막 회의가 "국민 정부 만세!"라는 구호와 함께 끝나자마자, 적대적 군벌들은 직접적이고 맹렬하게 노동조합 사무실들을 짓밟았다. 군대가 전국 총공회를 습격해 재산과 문서를 강탈하고 파괴하기 시작했다. 급박하게 항의가 조직됐다. 범죄를 저지른 병사들은 철수를 명령받았다. 지나치게 경솔한 행동을 했던 것이다. 분주하게 이곳저곳을 찾아다니던 스트롱이 황급히 지나가고 있던 쑤자오정을 발견했다. 그녀는 항명 병사들이 처벌받을 것인지를 물었다. "그는 쓴웃음을 지었다. 그리고 건물을 되찾은 것만으로도 다행이라는 듯이 말했다. '오늘 우리는 그곳에서 업무를 볼 것입니다. …… 내일 어떤 일이 일어날지 누가 알겠습니까?'"**38** 결코 총공회는 건물을 되찾지 못했다.

노동조합 본부들에 대한 습격이 있기 전에, 노동자 규찰대가 자발적으로 무장해제하고 해산한다는 발표가 있었다. 상하이에서는 임박한 공격을 피할 수 있기를 바라며 모든 무기를 '숨기거나 파묻어라'라고 지시했다. 사전에 한커우의 공산당 중앙위원회는 노동자들이 보유하고 있는 소량의 무기를 완전히 넘겨주고 규찰대를 해산하기로 결정했다. 상중파가 이끈 후베이 총공회 대표단은 6월 29일에 국민당 군사위원회 사무실을 찾아가 이렇게 설명했다.

"사업가들이 경제를 정상적 상황으로 회복시키는 것을 원치 않는 요인 중 하나가 노동조합 규찰대 때문이라는 불만과 관련해, 규찰대는 무기를 인도하거나 군대로 편입하겠다는 뜻을 비쳐 왔습니다. 최근에는 자발적으로 무기를 넘겨주기로 결정했습니다."[39]

《민중논단》은 이렇게 설명했다. "규찰대가 무장을 갖추고 있는 한, 사업가들은 안심하고 사업을 재개할 수 없다는 말이 돌고 있다. 규찰대가 군대를 공격할 생각이라는 소문도 돌고 있다. 후베이성 총공회는 정부 정책을 지원하고, 이런 소문을 잠재우기 위해, 규찰대의 무장 해제를 결정했다. 그런 방식을 통해 사업의 재개를 가로막는 장애물이 제거될 것이고, 노동자와 병사 사이를 이간질하려는 시도도 무력화될 것이라고 생각했다."[40]

이튿날 후베이성 총공회는 좀 더 상세한 설명을 담은 성명서를 발표했다. "군대와 노동자들의 연합전선을 공고히 할 목적에서, 또한 반동세력과 반혁명세력에게 공격의 빌미를 제공하지 않기 위한 목적에서, 본 공회는 이달 28일에 무장 규찰대의 해산을 명령했다. 무기와 탄약은 우한 수비군에게 넘겨줘 보관하도록 했다. …… 우리는 진심으로 정부를 지지한다는 것을 보여 주고자, 정부에 보호를 요청했다. …… 반동세력과 관련해, 우리는 정부가 강력한 조치로 그들을 처벌할 것으로 기대한다."[41]

또한 공산당 중앙위원회는 정부 내 공산당원들에게 '곤경에 빠진 정국을 해소하기 위한 휴직 신청'을 허락했다. 이에 따라 6월 30일에 농업장관 탄펑산은 '농민운동을 올바른 궤도에 올리지 못한' 책임에 대해 사과하며 정부에 '휴직'을 신청했다.

그는 이렇게 말했다.

"본인은 농업장관의 직무를 맡은 이래로 농민의 생활조건을 개선하는 중대한 임무에 대해 최선을 다해 왔습니다. 농민운동을 바로 잡기 위해서도 늘 최선을 다했습니다. 최근의 경과로 정국이 매우 악화되면서 농민운동을 올바른 궤도로 올리는 책임은 본인이 감당하기에 너무 버거워졌습니다. 직무를 계속해 나가기에는 체력이 약한 상태이기에 휴직을 신청합니다."[42]

노동장관 쑤자오정은 출근을 중단한 지 오래됐다. "최근 전개된 상황 때문에 더 이상 본인은 직무를 유지해 나갈 수 없습니다"라는 내용의 사직서가 며칠 뒤 공표됐다.[43] 후베이성 정부에서 일했던 샹중파와 다른 공산주의자들은 이미 사임한 상태였다. 완전한 혼란과 무기력이 팽배했다. 중앙위원회들 스스로가 강 건너 우창으로 피신했다. 이처럼 그들은 '혁명의 조직 중심'의 권위를 강화하기 위해 할 수 있는 모든 일을 다했다. 하지만 공산주의자들을 축출하겠다는 결정은 내려졌고, 7월 15일에 국민당 정치위원회에서 정식으로 통과되는 일만 남았기 때문에, 더 이상 그 무엇도 소용이 없었다.

천두슈는 이제 국민당에서 완전히 철수하는 것 말고 다른 길은 없다는 사실을 깨닫게 되었다. 그는 보로딘과 상의했고, 최고 고문은 이렇게 말했다.

"당신의 생각에 전적으로 동의합니다. 하지만 모스크바는 그것을

허락하지 않을 것입니다."⁴⁴

사실상 보로딘은 전혀 동의하지 않았다. 여전히 그는 '혁명의 목표와 군센 의지'을 토끼에게 공급하고자 했다. 탕량리湯良禮·탕량례에 따르면, 창사 사건 이래로 보로딘은 더 이상 '신뢰받는 고문'이 아니라 단지 '존중받는 귀빈'으로 대우받았다.⁴⁵ 재빨리 보로딘은 국민당의 환대에 매달렸다. 혹시 간과했을지도 모르는 협력의 '가능성'을 계속해서 타진했다. 취추바이에 따르면, 잠시 동안 그는 왕징웨이에 대한 항의 행동 차원에서 쑹칭링, 덩옌다, 천유런를 정부에서 데리고 나올 수 있지 않을까 생각했다.⁴⁶ 하지만 이미 상황은 보로딘의 손을 떠났다. 공산당 지도부는 무너져 와해되다시피 했다. 평당원들은 뿔뿔이 흩어져 사기저하에 빠졌다. 이미 허젠의 군대가 우한을 장악하고 마음대로 통제했다. 노동조합 본부들은 차례차례 점령당했다. 체포와 처형이 벌어지기 시작했다. 테러의 물결이 스탈린의 '혁명 중심'을 집어삼키고 있었다. 《이즈베스티야》 통신원은 어제는 믿었던 동맹자들이 오늘은 '장군들 수중의 노리개'가 됐다는 내용의 전보를 보냈다.⁴⁷ 침몰하고 있는 배에서 쥐들이 탈출하기 시작했다.

7월 6일에 부하린은 중국 대중을 향해 스스로의 힘에 의지해야 한다며 갑작스럽고 절망적인 어투로 충고했다.

"중심 구호로 이렇게 외쳐야 한다. '노동자, 농민 여러분! 믿을 수 있는 것은 여러분 자신의 힘뿐입니다! 장군들과 장교들을 믿지 마십시오! 여러분의 무장 군대를 조직해야 합니다!' …… 펑위샹은 인민 혁명에 적대하는 진영으로 넘어갔다. 우리는 그에 대한 무자비한 전쟁을 선포해야 한다!"

그러면서도 부하린은 언제든 왕징웨이에게 신뢰를 보낼 준비가 돼 있었다. 부하린은 희망스럽게 덧붙였다.

"장제스의 동료들은 이미 이 계획 공산당원들을 축출할 계획을 수용할 준비
가 돼 있다. 하지만 왕징웨이는 그런 부류에 속하지 않는다. 그는 다른
이들보다 굳건하다."[48]

하지만 1주일도 채 지나기 전에, 그는 대중운동을 박살내겠다는 결
심에서만큼은 왕징웨이가 '다른 이들보다 굳건하다'는 사실을 목격해
야 했다. 그러자 부하린은 '중국 혁명의 급변'이 발생했다고 주장하며,
"우한이 혁명적 역할을 다했다"고 엄숙히 선언했다. 8차 전체회의 결
의안 말미의 협박적인 어조에서, 그리고 뒤이은 일부 글에서, 이미 부
하린은 자신의 탈출구를 준비해 놓았다. 그는 재앙의 책임이 중국 공
산당 지도부에 있다고 선언했다.

"근래에 코민테른의 결정들에 대해 완고하게 저항해 왔다. ……
(그들은) 사나운 시험을 이겨 내지 못하고 침몰했다."[49]

7월 14일에 코민테른 집행위원회는 결의안을 통해 이렇게 선언했
다.[50] "우한 정부의 혁명적 역할은 끝났다. 그들은 반혁명세력이 됐다.
이런 새롭고 독특한 현상에 대해, 중국 공산당 지도부와 중국의 모든
동지는 충분하고 확실하게 고려해야 한다".

코민테른은 모든 사건을 예견하고 예언해 왔다. 그런데 7월 14일에
그들이 발견한 '새롭고 특별한' 현상은 가장 단순한 후난 농민이나 우
한 노동자조차 몇 개월 전부터 알고 있었던 사실이다. 그렇다면 어떤
오류가 있었던 것일까? 모스크바가 그럴 리는 없었다. 레닌 사후에 스
탈린은 전혀 또는 거의 실수를 범하지 않았다.

"혁명적 대중운동을 촉발시키는 한, 북벌에 대한 지지 장제스에 대한 지지
는 옳았다. 또한 장제스의 난징 정부와 대립하는 한, 우한 정부에 대한

지지는 옳았다. 하지만 우한 정부가 혁명의 적들에게 굴복한 순간, 동일한 전술은 근본적으로 잘못된 것이 됐다. 이전의 혁명 단계에서는 적합했던 것이 이제는 완전히 부적합하게 된 것이다".

하지만 자본가계급의 장강 정벌인 북벌이 승리하고 공산당이 퇴각 정책을 편 것이 장제스의 노동자 학살과 노동자조직 파괴를 가능하게 했다. 그때 장제스의 '혁명적 역할'은 끝났다는 것이다. 적대 계급들과 연합을 형성한 것은 '완벽히 옳은' 선택이었고, 적들에게 멱살을 잡힌 바로 그 순간이 돼서야, 이 연합은 '근본적으로 잘못되고, 완전히 부적합한' 것으로 바뀌었다. 말이 아니라 행동으로 그에게 맞서 사전에 세를 결집하고, 틀림없는 공격에 대비해 무장하는 것은 반혁명적 트로츠키주의였다.

"이 때문에 당 지도부는 일정한 곤란을 겪었는데, 특히 중국 공산당이 미숙하고 경험이 없기에 더욱 그랬다. …… 극도로 긴장된 혁명적 정세는 매순간의 고유한 특성을 재빨리 이해하라고 요구한다. 능숙하고 시의적절한 책략을 마련하고 신속하게 구호를 수정하라고 요구한다. …… 또한 혁명 투쟁의 요소이기를 중단하고, 그 길의 장애물로 바뀐 연합을 단호히 해체하라고 요구한다. 혁명이 발전하는 특정 단계에서는 우한 정부에 대한 공산당의 지지가 불가피했더라도, 이제 그런 지지는 중국 공산당에 재앙이 될 것이고, 당을 기회주의의 늪으로 빠뜨릴 것이다".

7월 14일에 갑자기 '혁명 투쟁의 요소'는 '장애물'로 돌변했다. 공산당이 패배해 사기가 꺾이고, 대중이 타격을 입고 모든 진지에서 내동댕이쳐진 7월 14일에야 우한을 계속해서 지지하는 것은 '재앙'이 됐다. 전에는 장제스를 지지했고, 그 뒤 시종일관 우한을 지지하면서 목까지 '기회주의의 늪'에 빠져 버린 중국 공산주의자들은 코민테른 집행위원회가 '재앙'이란 말을 사용하는 것을 듣고는 놀라움을 금할 수 없었을 것이다. 6주일 전까지만 해도 코민테른 집행위원회가 '혁명 조직 중심의 권위를 강화할 필요'를 강조했던 바로 그 '혁명의 중심'에서 어떤 일이 벌어졌던가? 역시도 모스크바는 이에 대한 답변을 가지고 있었고, 우한이 '혁명의 중심'에서 '반혁명세력'으로 바뀐 원인에 대해 이렇게 말했다.

"코민테른의 권고에도 불구하고, 국민당 수뇌부는 토지 혁명을 지지하지 않았을 뿐더러, 적들의 손아귀에서 벗어나지도 않았다. 그들은 노동자들에 대한 무장해제와 농민들에 대한 토벌, 그리고 탕성즈 일당의 보복행위를 승인했다. 수많은 구실을 들어 난징 토벌작전을 지연시키고 방해했다."

우한이 모스크바의 '권고'를 거부했기 때문에 이 모든 일이 발생했다는 것이다. 그저 토끼는 눈알을 굴리다가 죽었을 뿐이다. 살아 있는 동안은 모스크바의 끊임없는 구애로 홍조를 띠었지만, 죽을 때가 다가오자 수줍음마저 사라졌다. 빨간 눈은 퉁퉁 부은 백색으로 변했고, 기껏해야 아나콘다가 자신을 휘감고 있는 모습을 볼 수 있었을 뿐이다.

광저우, 상하이, 창사에서, 그리고 마지막으로 우한에서, 중국 대중은 국민당의 기수들이 탁월한 혁명의 동맹자에서 잔혹한 노동자, 농민의 학살자로 탈바꿈하는 것을 목격했다. 매번 재앙이 반복될 때마다, 코민테른은 모든 것이 정확히 예견된 일이고, 그동안 취해 온 정책이 완벽히 옳았다고 선언했다. 부하린은 중국 혁명의 과정에서 끊임없이 '새롭고 독특한 현상'을 발견했고, 이제 '장애물이 돼 버린 연합'의 해체를 실행하지 못했다며 공산당을 비난했다. 우한 정부와의 연합은 끝났다. 하지만 이것이 국민당과의 연합이 끝났음을 의미하지는 않았다. 이와 관련한 코민테른의 지시는 그들이 느낀 극심한 공포를 분명하게 보여 준다. 코민테른의 결정은 중국 공산주의자들이 '항의의 표시로서 우한 정부에서 물러나는 것'이었지만, 동시에 '국민당으로부터 철수하지는 않는 것'이었다. 이것이야말로 그 어떤 것보다도 가장 새롭고 독특한 현상이었다.

"국민당 지도부가 공산당원 축출 캠페인을 벌이고 있지만, 공산당원들은 국민당에 남아 있어야 한다. 국민당 평당원들이 국민당 중앙집행위원회의 행동에 대해 단호히 항의하고 현 지도부의 교체를 요구하는 결의안을 받아들이고, 이런 방침에 따라 국민당 대표자대회를 준비할 수 있도록, 그들과 긴밀히 접촉해야 한다".

공산당원들은 계속해서 국민당 깃발을 흔들면서, 이제 '노동대중 속의 활동을 강화하고, 노동자 대중조직을 건설하며, 노동조합을 강화하고, 결정적 행동을 위해 노동자계급을 준비시키며, 토지 혁명을 발전시키고, 노동자, 농민을 무장시키며, 불법적 당 기구에 맞서 투쟁을 조직하는' 임무를 펼쳐야 했다.

하지만 중국 공산당원들은 어떻게 지난 일들을 지울 수 있겠느냐고 묻는다.

"우리가 건설했던 위대한 조직은 산산이 박살났다. 동지들은 고문과 죽임을 당하며 흩어졌다. 대중운동은 파괴당했고, 당연하게도 노동자, 농민은 우리에게 속아 도살자에게 끌려갔다고 생각한다. 우리에게 계속해서 국민당 깃발을 높이 치켜들라고 한다면 그렇게 하겠지만, 이제는 설사 우리가 우리의 깃발을 치켜들더라도 대중이 우리를 따를지는 모르겠다."

코민테른은 전혀 개의치 말라고 답했다.

"우리가 아니라 여러분의 지도부에게 책임이 있다."

"코민테른 집행위원회는 중국 공산당원들에게 중앙위원회의 기회주의에 맞서 싸울 것을 공개적으로 요청하는 것이 본연의 혁명적 의무라고 생각한다."

"당 지도부가 정치적으로 건강해지기 위해 중국 공산당 중앙위원회의 기회주의적 오류를 바로잡을 조치가 필요하다. …… 당 지도부의 기회주의적 일탈에 맞서 단호하게 싸워야 한다. …… 지도부를 교체해야 한다. …… 코민테른의 국제 규율을 위반한 지도자들을 거부해야 한다."

스탈린은 자신의 '혁명적 임무'를 다했다. 어찌할 수 없는 무지와 어리석음의 희생양인 중국 공산당 지도부에게 거대한 역사적 재앙의 책임을 온전히 떠넘기며 비난하는 '혁명적 임무'는 이제 코민테른의 모든 악필가들에게 부여됐다. 어쨌든 스탈린과 부하린은 역사상 가장 거대한 혁명적 대중운동 중 하나를 산산이 해체시켜 버린 정책을 중국 공산당에 강요할 수는 있었지만, 기만적 결의안들을 통해서 자신들의 의지를 역사에 강요할 수는 없었다. 우한의 상황은 마지막 단계로 접어들었다. 모스크바의 지시에 따라, 공산당원들은 항의의 표시로서 이미 이탈한 정부에서 '철수'했다. 동시에 "국민당을 떠나거나 협력을 거부할 이유는 전혀 없으며, …… 반혁명적 장군들과 동요하는 정치인들이 국민당 이름을 더럽히고 쑨원의 기치 뒤로 숨는 것을 용납(?)하지 않을 것이다"라고 선언했다.[51] 하지만 장군들은 눈 하나 깜짝하지 않고 계속해서 국민당 이름을 '더럽혔다'. 7월 15일에 국민당 정치위원회는 국민당 내 모든 공산당원에게 공산당 당적을 포기하라고 명령했다. 나흘 뒤, 군사위원회도 똑같이 청당령清黨令을 전군에 내렸다. 누구든 저항할 경우에는 '가차 없는 징벌'에 처하라고 명령했다.[52] 며칠 뒤 청당령은 사형집행 부대를 통해 더욱 가혹해졌다. 투항을 거부한 공산주의자들은 도피할 수밖에 없었는데, 수많은 공산주의자가 그랬다. 천두슈는 극도의 절망감에 빠진 나머지 중앙위원회 총서기직에서 사임했다. 그는 이렇게 썼다. "인터내셔널은 한편으론 우리에게 우리 자신의 정책을 집행하라고 요구하면서도, 다른 한편으론 우리가 국민당에서 철수하는 것을 허락하지 않았다. 사실상 돌파구는 존재하지 않고, 나는 내 일을 계속해 나갈 수 없다".[53] 취추바이, 장궈타오, 리리싼李立三·이립삼, 마오쩌둥 등 남은 공산당 지도자들은 국민당 깃발을 다시 꺼내들 수 있도록 호주머니 속에 집어넣고 황급히 도망쳤다. 7월 27일, 국민당 좌파 지도자들은 '귀빈'으로 대접해 온 보로딘을 환송하기 위해 기차역에 모였다. 그는 '펑위샹과의 협의'를 명목으로 한커우를 떠났다.[54] 그가 북서지방을 가로질러 소비에트 국경을 향해 긴 여행을 떠나면서 사실상 모스크바는 한커우에서 철수했다.

군 당국은 체계적으로 노동조합들을 파괴하는 일을 계속해 나갔다. 한커우 수비대 본부는 파업 금지령을 내렸다. 7월 14일부터 19일 사이에 25개 노동조합의 문서들과 자산이 몰수됐고, 그 부지는 병사들의 '숙영지'로 배정됐다. 펑위샹은 허난성 전역에서 동시에 똑같은 짓을 저질렀다.[55] 범태평양노동조합 사무국은 이렇게 보고했다. "최근 몇 주일 동안 우한정부 영토 안에서 노동운동은 가장 혹독한 반동을 겪어 왔다. …… 군대는 대중조직 파괴활동을 대대적으로 벌여 왔다. …… 그 결과 노동조합이 피해를 복구하고 정상적 기능을 재개하기 위해서는 매우 긴 시간이 필요하고 막대한 역량을 투여해야 할 것이다. 각 성, 현의 노동조합 지도자들과 조직가들 대다수가 쫓겨나거나 체포되거나 죽었다. 그 외 지도자들은 도피할 수밖에 없었는데, 전국총공회의 가장 저명한 지도자들도 예외가 아니었다. …… 범태평양노동조합 총회에 참가한 대표자들을 위한 연회에서 왕징웨이는 노동자-농민 대중운동의 발전과 피착취 대중의 기본적 요구의 즉각적 실현이야말로 국민 혁명의 승리를 위한 최선의 보장책이라고 웅변적으로 선언했다. …… 현재 우리는 그때와는 전혀 다른 연설과 선언을 접하고 있을 뿐 아니라, 노동자-농민 조직들을 향한 전혀 다른 행동을 목격하고 있다. 지금까지 이런 행동은 장쭤린과 장제스 같은 군벌과 반혁명세력의 전유물이었다".56 7월 30일에 한커우에서 2,000명의 인력거꾼들이 체포된 동지를 석방시키기 위해 경찰서를 습격했다. 그 과정에서 그들 중 2명이 죽고 6명이 다쳤다. 경찰은 협상을 위해 대표단을 파견하라는 내용의 서신을 인력거노동조합에 보냈지만, 그곳에는 아무도 없었다. 노조 지도자들은 도피한 상태였다. 파업 중인 인력거꾼들만 거리에 있었다. 계엄령이 선포됐고, 사형이 집행됐다. 결국 파업은 끝났다. 이것은 앞으로 오랫동안 다시 볼 수 없는 한커우 노동운동의 마지막 시위였다. 며칠 뒤 난징과 우한은 서로 축전을 주고받았다. 난징은 공산주의자들에 대한 결정적 행동을 칭송하는 전보를 우한에 보내 지도자들을 초청했다. 8월 10일에 우한은 답장을 보냈다. "만일 의연하게 모든 반감을 버린다면, 우리 모두는 과거 비상사태에서 취해진 조치들에 대해 진심으로 이해할 수 있을 것입니다".57 이런 감동적인 기독교적 용서를 통해, '혁명의 중심' 우한과 반혁명적 난징 사이의 '완전한 모순'은 해소됐다.

우한의 '좌파' 가운데 덩옌다와 쑹칭링만이 차례로 새로운 정책과 공개적으로 단절했다. 7월 6일에 덩옌다는 이렇게 썼다. "양위팅^{장쭤린}_{의 대행인}에서부터 장제스에 이르기까지, …… 모두가 현재 국민당원이거나 앞으로 당원이 될 것이다. 도처에서 국민당 깃발을 도둑질하고 있다. 현재의 상황이 1911년 혁명에서 마주했던 상황과 다르다고 할 수 있는가? 모든 정치·경제·군사권력은 군벌들의 손에 있지 않은가? …… 우리가 군대를 이용하고자 했지만, 그들이 우리를 이용하고 있는 것이다".⁵⁸ 1주일 뒤 덩옌다는 군사위원회 정치부주임에서 사임했다. 심지어 그는 국민당과 대중 사이에 뚜렷한 단절이 발생하고 있음을 모스크바의 '혁명가들'보다 훨씬 더 명료하게 이해했다. 그는 이렇게 말했다.

"지난날 노동자, 농민에 대한 완전한 보호를 주창했던 자들이 그들을 학살하기 시작했다. 국민당의 혁명적 의의는 사라질 것이다. …… 자연스럽게 당 스스로가 반혁명세력으로 변모할 것이다. …… 1911년에 그러했듯, 혁명은 실패할 것이다."⁵⁹

덩옌다에 이어, 쑹칭링은 국민당이 '이런저런 군벌의 도구'로 전락했다고 말했다.

"중국 인민의 행복한 미래를 위해 복무하는 활력소이기를 중단하고, 압제의 꼭두각시 대리인으로, 노예제도에 빌붙어 사는 기생충으로 바뀔 것이다."⁶⁰

덩옌다와 쑹칭링은 천유런과 함께 유럽으로 망명했다. '국민당 좌파'의 신화는 이렇게 끝났다.[*]

---

* 오직 개인들 간의 격렬한 경쟁만 남았다. 장제스는 우한과의 협력을 실현하기 위해 일시적으로 난징 정부에서 물러났다. 왕징웨이는 장제스를 대신하기 위한 5년에 걸친 헛된 시도 끝에,

3년에 걸친 짧고 변화무쌍한 시기 동안 중국을 휩쓴 혁명이 끝나고 있었다. 강력한 민중봉기는 오래고 낡은 억압적 문명의 썩은 체제를 휘청거리게 만들었다. 대중은 그것을 전복하고 영원히 뿌리 뽑고도 남을 만큼 강력한 힘을 보여 주었다. 하지만 이제 다시 낡은 사회는 기초를 안정화시키고 있고, 그것에 내재한 온갖 모순을 부활시켜 심화시키고 있다. 그것을 파괴하려고 분투했고 인류의 존엄을 갈망했다는 이유 때문에, 중국의 노동자-농민은 끔찍한 대가를 치르게 됐다. 감옥과 형장에서 국민당 깃발이 나부꼈다. 중국 자본가계급은 그 깃발을 들고 권력을 차지할 수 있었다. 대중은 그 깃발 아래에서 봉기했고, 또한 그 아래에서 영문도 모른 채 박살났다. 혁명기 내내 코민테른은 그 깃발을 깃대에 내걸었고, 중국 공산당원들을 그 깃대에 묶어 두었다.

결국 1932년 1월에 쑨커를 비롯한 다른 '좌파' 인사들과 함께 그의 충신이 됐다. 천유런은 몇 차례의 재기 시도가 실패한 뒤, 이름 없이 사라졌다. 덩옌다는 1930년에 망명지에서 돌아와 국민당과 공산당에 반대하는 이른바 '제3당'을 조직했다. 그는 상하이의 프랑스조계에서 체포돼 장제스에게 넘겨졌고, 사형당했다. 쑹칭링은 코민테른과의 신의를 지킨 최후의 '국민당 좌파'로 남았다. 그녀는 10년 가까이 끈질기게 장제스와 국민당을 인민의 학살자로 비난한 뒤, 코민테른에 이끌려 장제스의 품으로 돌아갔다. 현재 그녀는 1937년에 부활한 '민족통일전선'에서 '노예제도에 빌붙어 사는 기생충'과 화해하며 다시 한 번 장제스를 열렬히 지지하고 있다.(원주)

XVI

THE TRAGEDY OF THE AUTUMN HARVEST REVOLUTION

추수 봉기

우한 정부의 붕괴로 반혁명의 승리는 완수됐다. 광저우에서부터 난징까지, 해안에서부터 후난의 산악까지, 장군들이 권력을 장악했다. 이미 서로 간에 전쟁을 벌이고 있던 그들은 공통적으로 대중운동, 대중조직, 대중지도자에 대한 무자비한 섬멸전을 벌였다.

한 보고서는 당시를 이렇게 말하고 있다. "진압 사실은 이렇다. 장제스가 통치하는 지역에서 4개월 동안 체계적인 학살이 진행돼 왔다. 그 결과 장쑤, 저장, 푸젠, 광둥에서 대중조직들은 박살났다. 국민당 당 조직, 노동조합, 농민협회, 여성협회는 강력하고 결연한 조직에서 유순하고 우유부단한 조직으로 바뀌어 반동적 주인의 의지를 실천할 수 있을 만큼 '효과적 개조'가 이루어졌다".

"지난 3개월에 걸쳐 장강 하류로부터 반동이 확산돼 소위 국민 혁명 치하의 전영토를 지배하게 됐다. 탕성즈는 전쟁 중인 군대보다는 사형집행 부대를 훨씬 유능하게 지휘할 수 있다는 것을 입증했다. 그의 후난성 수하 장군들은 장제스가 가까스로 해냈던 공산당원 숙청을 손쉽게 완수했다. 총살, 참수와 같은 흔한 방식뿐만 아니라, 암흑시대의 종교재판과 같은 공포를 불러일으키는 고문, 신체절단과 같은 방식이 사용됐다. 그 결과는 인상적이었다. 전국에서 가장 강력한 조직력을 갖추었다고 할 수 있는 후난의 노동조합·농민회가 완전히 파괴됐다. 기름을 붓고 화형에 처하거나, 산 채로 땅에 파묻거나, 올가미로 서서히 교수형에 처하는 등 차마 말할 수 없는 무시무시한 온갖 사형 방식을 모면한 지도자들은 고향을 떠나거나 쉽게 찾을 수 없는 곳으로 몸을 숨겼다".[1]

범태평양노동조합 사무국은 이렇게 보고했다. "사형당한 노동조합 지도자·조직가의 수가 날마다 증가하고 있다. 하루도 빠짐없이 여러 명의 노동자나 노조원이 사형당하고 있다. …… 일단 대중운동은 진압됐다. 모든 노동조합과 농민협회가 '개조'되고 있다. 이것은 무엇보다도 이들 조직이 해산돼 사라지는 것을 의미했고, 그 뒤 잔존한 조직은 군벌이 임명한 자들의 폭압 아래에 놓였다. …… 군대가 대다수 노동조합 건물을 점령했고, 노동조합의 재산, 문서, 가치 있는 자료를 파괴했다. …… 얼마 전 광저우에서 리지천 장군이 노동조합과 농민단체를 파괴하고 '개조'하며 벌인 일, 그리고 상하이에서 장제스 정부가 벌인 일이 똑같이 우한에서 반복해서 벌어지고 있는 것이다".[2]

물리적 괴멸 정도만으로 대중운동의 패배를 계측할 수는 없다. 노동자-농민은 단순히 강력한 적 앞에서 굴복한 것이 아니었다. 그들은 혁명의 기수로서 섬기라고 배워 온 바로 그 지도자들과 조직들한테 참수됐던 것이다. 이런 사실에서 비롯된 도덕적·심리적 사기저하는 반혁명의 효과를 헤아릴 수 없이 심화시켰다. 1927년 하반기에도 여전히 상하이를 비롯한 몇몇 도시의 노동자들은 지난 몇 년간 획득한 성과들이 빠르게 사라지고 있는 상황에서 최소한 그 일부라도 보존하기 위해 파업에 나설 힘을 갖고 있었다. 이 산발적이고 비조직적인 방어전에서 노동자들은 반혁명에 쉽게 패배했다. 대중은 정치무대에서 사라졌다. 그들은 전혀 예기치 못한 반혁명의 잔혹한 공격 앞에서 수동성에 빠졌다. 대중은 산산이 파괴된 조직들을 떠났다. 노동조합원의 수는 대대적으로 감소했다. 범태평양노동조합 사무국이 "피해를 복구하고 노동조합이 정상 기능을 재개하기 위해서는 매우 긴 시간이 필요하고 막대한 역량이 투여돼야 할 것이다"라고 보고한 것은 이제 막 테러가 최초의 타격을 가했을 뿐인 7월의 일이었다.[3] 가입회원 수가 거의 1,000만 명에 이르렀던 농민협회들은 거의 완전히 소멸됐다. 재앙처럼 농촌을 수색하고 다니는 군대를 괴롭히기 위해 산으로 들어간 반란 대오들만 산재된 채 남아 있었다. 도시에서는 수천 명의 노동자가 공산당 대열을 떠났다. 1927년 4월에 중국 공산당은 거의 6만 명의 당원을 조직하고 있었고, 그중 53.8%가 노동자였다.[4] 1년 사이에 그 비율은 5분의 1로 축소됐고,* 당의 공식보고는 "산업노동자 가운데 단 하나의 온전한 세포도 남아 있지 않다"[5]고 인정했다. 노동자들은 자신들을 재앙으로 이끈 당을 나름의 방식으로 심판했다. 만일 중국 공산당이 이런 재앙적 패배의 원인에 대해 어떻게 평가해야 할지 알았고, 그런 평가를 기초로 노동자들의 방어 투쟁을 지휘하면서 그들

---

* 1927년 4월에 5만 7,967명의 당원(이 중 4만 8,027명이 후난, 후베이, 광둥, 장쑤, 저장의 당원이었다) 가운데 53.8%가 노동자였고, 18.7%가 농민이었다.

사이에서 힘을 다시 모으며 당을 재건하는 일에 착수했다면, 그들은 점차 신뢰를 회복했을 것이다. 하지만 당은 언제 어떻게 공격에 나서 야하는지 결코 몰랐던 것처럼, 어떻게 후퇴해야 하는지를 결코 배우 지 못했다. 그 뒤로 지금까지도 노동자들은 결코 대열로 돌아가지 않 았다.

레닌은 엄중한 패배를 겪은 후 1905년 러시아 혁명을 언급하면서 이렇게 썼다. "혁명 정당은 계속해서 스스로를 훈련시켜야 한다. 지 금까지 그들은 공격하는 법을 배웠다. 이제 그들은 공격에 관한 지식 에 최선의 퇴각에 관한 지식이 추가돼야 함을 깨달았다. 어떻게 공격 해야 하고 어떻게 퇴각해야 하는지 모두를 정확히 이해하지 못한다면 승리는 불가능하다는 사실을 실감하지 않을 수 없었다또한 혁명 계급은 쓰 디쓴 경험을 통해서 그것을 깨닫는다. 모든 패배한 반대당, 혁명정당 중에서 볼셰 비키는 자기 '군대'의 피해를 최소화하면서 가장 질서 있는 퇴각을 이 뤄 냈다. 그들은 다른 어떤 정당보다도 당의 중핵을 잘 보존했고, 분열 을 최소화했으며, …… 가장 덜 사기저하에 빠졌고, 효과적이고 정력 적으로 대규모 활동을 재개할 최상의 상태를 유지했다. 볼셰비키가 이것들을 이뤄 낼 수 있었던 것은, 혁명적 문구나 늘어놓는 사람들퇴각 이 필요하다는 것을 이해하려 하지 않고, 가장 반동적인 의회와 노동조합, 또는 유사한 조직에서 합 법적으로 활동하는 법을 배우는 것이 의무임을 이해하려 하지 않은 사람들에 대한 무자비한 폭로와 추방 덕분이었다".6

1905년에 러시아 노동자들이 패배한 것은 여전히 차르가 무너지지 않을 만큼 강력했고, 혁명세력이 제정을 몰아내기에 역부족이었기 때 문이다. 1927년에 중국 혁명이 참담한 패배를 겪은 것은 노동자, 농민 에게 승리에 필요한 힘과 능력이 부족했기 때문이 아니라, 그들이 신뢰한 지도자들이 눈앞의 승리를 이끄는 데 실패했기 때문이다. 러시아의 노동자들은 누가 아군이고 누가 적군인지 알고 있었다. 중국의 노동자, 농민은 그들이 믿고 따르던 자들한테 괴멸당했다. 볼셰비키는 패배 속에서도 세력을 보존할 수 있었다. 공산당 세력은 패배 속에서 학살당했고, 흩어졌으며, 사기저하에 빠졌다. 오직 이런 이유 때문에, 중국에서 1927년의 결과가 러시아에서 1905년의 결과보다 천배 더 충격적이었다.

항해사가 나침판과 육분의를 이용해 배를 항구로 이끌 듯, 레닌을 따르는 볼셰비즘은 마르크스주의를 실제 정치에 적용하는 과학이었다. 마르크스주의는 사회 과정의 내적 법칙을 드러내, 객관적 상황의 요구에 전적으로 부합할 뿐만 아니라, 그 객관적 상황을 노동자계급에게 어느 정도 유리하게 바꾸겠다는 목적에 따라 혁명의 진로를 미리 정할 수 있는 수단을 지도부에 제공했다. 이런 방식은 급류의 소용돌이 속에서 방향키 없이 속수무책으로 표류하며 사건의 뒤를 좇는 저속한 경험주의와는 대비됐다. 레닌과 트로츠키 하의 볼셰비키는 행동에 나선 거대한 민중의 의지에 형태와 방향을 부여하고자 사건의 진행에 능동적으로 개입하는 의식적 혁명 지도부가 가진 목격된 적이 없는 힘을 가장 완성된 형태로 세상 앞에 과시했다. 이들을 계승한 관료층은 노동자계급의 의지에 부합하는 의식적 표현을 제공하지 못했고, 그 대신 여타 계급이 노동자계급 독재에 영향을 미치도록 길을 열어 주며 이런저런 계급의 압력에 따라 계급들 사이에서 좌충우돌하는 경로를 제시했다. 그들은 주로 자신의 특권과 권력을 유지하고 증대시키겠다는 열망에 지배돼 계속해서 '실용주의'적^{경험주의적}으로 길을 걸었다. 그리고 심대한 실책이 불가피한 결과를 낳자마자 급하게 벼랑 끝에서 물러선 뒤, 보통은 또 다른 벼랑이 있는 반대편을 향해 허둥지둥 몰려갔다.

수많은 경우에서와 마찬가지로 이때도 스탈린은 지도력을 발휘하지 못하고 사건의 진행을 뒤따를 뿐인 관료적 중도주의자의 전형적인 모습을 보였다. 오직 이런 부류의 지도부자들만이 장제스의 4월 쿠데타에 이은 상하이 노동자 학살이 '예견'된 것이었고, 완전히 올바른 정책의 합법칙적 귀결로서 막을 수 없는 일이었다고 선언할 수 있다. 코민테른의 스탈린주의 지도부는 자본가계급이 혁명을 '폐기'할 것으로 '예견'했지만, 그것은 혁명 과정에서 필수적이고 불가피한 '단계'로 바라봤다. 이 때문에 노동자들을 자본가계급이 차 버릴 때까지 그들의 발끝에 매달리게 만들어야 했다. 비록 그 과정에서 반혁명의 군홧발에 유린되긴 했지만, 그것은 전부 '예견'된 것이었고, 혁명의 '단계' 법칙에 부합하는 것이었다. 혁명 전위는 자본가계급이 공공연하게 반혁명의 길로 접어들면서 대중 앞에서 '불신'을 초래할 때까지 수동적으로 기다려야 한다는 사고는 이런 부류의 '지도부'에게는 불가분의 결론이었다. 그런 뒤에야 혁명 전위는 대중이 자본가계급에 대한 모든 환상을 버린 뒤 받아들일 수 있는 대담한 혁명 정책을 펼칠 수 있었다. 이런 관념은 스탈린의 기질과 일치했다. 만일 1917년에 레닌이 제때에 도착하지 못하고 이미 지도부를 훨씬 앞지른 대중을 위한 가장 적극적이고 의식적인 도구가 될 수 있도록 당에 활력을 불어넣지 못하면서 당의 수동성이 계속됐더라면, 홀로 남겨진 그는 중국에서처럼 러시아 볼셰비키를 치명적인 길로 이끌었을 것이다. 1917년 3월에 스탈린은 이렇게 말했다.

"임시 정부의 기력이 쇠할 때까지, 그들이 혁명 강령을 실행하는 과정에서 불신을 초래할 때까지, 우리는 때를 기다려야 한다. …… 사실을 통해 임시 정부의 공허함이 드러날 때까지, 때를 기다려야 한다."[7]

마치 10년 전의 메아리가 울리듯, 우한 정부가 붕괴한 이튿날 스탈린은 이렇게 썼다. "6개월 전에 중국 공산당은 '국민당 지도부를 타도하자!'라는 구호를 제출해야 했는가? 아니다. 당시 대중이 국민당 지도부를 믿고 있는 상태에서, 그것은 공산당을 농민들로부터 고립시켰을 것이기에 너무도 위험하고 경솔한 발걸음이었을 것이고, 공산당원들이 대중에게 다가가는 것을 더욱 어렵게 만들었을 것이다. 당시 우한의 국민당 지도부는 여전히 부르주아 혁명정부의 정점에 도달하지 못했고, 아직까지 토지 혁명에 반대하거나 반혁명으로 전향해 대중의 불신을 초래했다고 할 수 없기 때문에, 그것은 헛된 일이었을 것이다. 항상 우리는 우한의 국민당 지도부가 부르주아 혁명정부의 가능성을 완전히 소진하지 않는 한, 그들을 불신임하거나 타도하려고 해서는 안 된다고 말해 왔다. …… 현재 중국 공산당은 '국민당 지도부를 타도하자!'라는 구호를 제출해야 하는가? 그렇다. 당연히 그래야 한다. 현재 국민당 지도부는 혁명에 맞선 투쟁을 통해 스스로 불신을 초래했고, 자신들과 대중 사이에 적대적(!) 관계를 만들어 냈다. …… 이 구호는 엄청난 반향을 불러일으킬 것이다. 이제 모든 노동자, 농민은 공산당원들이 올바르게 행동하고 있다는 사실을 알 것이다."[8] 하지만 스탈린이 간과한 것이 있다. '정점에 도달'하고 '불신을 초래'하는 과정에서, 공산당원들은 수동적으로 기다리며 대중들 앞에 자신의 진면목을 숨겼던 반면, 국민당 반혁명은 성공적으로 대중운동 조직을 파괴했다. 테러 공세에 맞서 전력을 다해 스스로를 방어하고 있던 노동자, 농민은 공산당원들이 '올바르게 행동하고 있다는 사실'을 더 이상 알아차릴 처지가 아니었다.*

국민당이 '정점'에 도달해 무기를 들고 '불신'을 초래하는 일을 계속해 나가면서, 유산된 혁명의 산파인 보로딘은 부수적 희생자들의 일원이 됐다. 스탈린의 국민당 동맹자들이 모든 '가능성'을 다할 때까지, 그는 굳센 의지를 공급하면서 곁을 지켰다. 그리고 이제 자신이 파괴에 기여한 혁명의 잔해를 뒤로한 채, 중국 북서부 사막을 가로질러 귀국길에 올랐다. 도중에 펑위샹을 포함해 많은 국민당 장군들이 귀빈을 위해 송별식을 열어 주었다.

스트롱은 뜻하지 않은 값진 글에서 이렇게 보고했다. "보로딘은 장군들 모두를 귀찮고 피곤하게 여기는 듯했다. 그들이 국민혁명 구호를 외치는 배경에는 군사 원조를 바라는 열망이 자리 잡고 있다는 것을 너무도 분명하게(!) 확신했다. 그는 이렇게 말했다. '앞으로 모스크바로 가서 세계 혁명 만세를 외치는 중국 장군이 있다면, 즉시 그를 게페우**로 보내는 것이 좋을 것입니다. 그들은 누구 하나 할 것 없이 총을 원할 뿐입니다'".

스트롱은 그날 밤의 행사가 '러시아에 대한 우호와 애정'으로 보인다고 항변했다.

"보로딘은 피곤한 듯 답했다. '그는 젊습니다. 누구든 젊을 때는 좋은 사람입니다'".

---

* 스탈린의 이 글이 실린 정기간행물의 마지막에는 레닌이 1917년에 쓴 글의 일부가 전재돼 있다. 거기에는 이런 문장이 있다. "설사 그가 첫걸음을 떼도록 도왔더라도, 두 번째 발걸음에서 비명을 지르는 어리석은 속물의 우스꽝스런 촌극에 휘말리지 않으려면, 먼저 알아보는 법을 배우는 것이야말로 첫걸음이다".(원주)

** Gosudarstvennoe Politicheskoe Upravlenie: 국가정치보위부.

그녀는 며칠 뒤 중국의 달빛 아래에서 보로딘이 접이식 의자에 앉은 채 의견을 밝힌 것에 관해 언급했다.

"그는 중국 혁명의 관련 세력들에 관한 아직껏 들어보지 못한 설명을 가장 완전하고 차분하게 제시했다. 한커우에서는 그것을 토론할 시간이 없었다(!). 이제 현장에서 시공간적으로 멀리 벗어난 곳에서 그는 마치 영혼의 목소리로 말하듯 과거를 회상했다."

"대자본가계급은 진정으로 제국주의에 맞서지 않았기 때문에, 결코 중국을 통일할 수 없습니다. 그들은 제국주의와 동맹을 맺었고, 그것에서 이익을 얻었습니다. 소부르주아계급은 한 편의 노동자-농민과 다른 편의 대자본가계급 사이에서 동요했기 때문에, 중국을 통일할 수 없었으며, 결국 후자의 편으로 넘어갔습니다. 노동자-농민은 소부르주아계급을 너무 믿었기 때문에, 중국을 통일할 수 없었습니다."[9]

한커우의 현장에서는 이런 단순한 문제를 고려할 '시간이 없었던 것'이다. 스탈린의 지시를 집행하느라 너무 바빴던 보로딘은 '국민당 지도부를 불신임하거나 타도하려고 해서는 안 된다'는 것을 생각할 수 없었다. 현장에서 시공간적으로 멀리 떨어진 뒤에야, '소부르주아계급을 너무 믿었다'고 판단할 시간을 갖게 됐다. 그러나 보로딘의 영혼에 역사는 관심 밖의 일이었다. 의견을 표명한 것은 이것이 전부였고, 모스크바로 돌아가서는 안전한 침묵의 은둔 속으로 빠져든 것처럼, 오직 그의 관심은 자신과 자신의 행위에 대한 판결에 있었다. 만일 그가 이 주제에 관해 의견을 상세히 표명했다면, 그것은 혁명의 실패 이후가 아니라 이전에 트로츠키가 끊임없이 반복해서 표명했던 의견과 너무도 흡사한 위험한 주장으로 들리기 시작했을 것이다. 트로츠키는 '현장에서 시공간적으로 멀리 떨어져' 있었지만, 그 한복판에 있

었던 보로딘에 비해 중국의 대중과 무한히 더 가까웠다는 것이 입증
됐다.

중국 자본가계급의 제단에 바쳐진 또 다른 스탈린의 조수가 마나
벤드라 나트 로이였다. 몇 년 전 레닌이 주의 깊게 심사하는 가운데, 로
이는 코민테른 2차 대회와 4차 대회에서 채택된 역사적 테제인 '민족
및 식민지 테제'의 기초를 도왔다. 이 테제는 부르주아 민족주의에 맞
선 투쟁을 식민지·반식민지 공산주의자들의 기본 임무로 선언했다.
그는 중국으로 건너가면서 이 교훈을 등 뒤에 남겨 뒀다. 한커우에 파
견된 코민테른 집행위원회 최고 대표로서 로이는 대중에게 등을 돌렸
고, 장제스와 그 뒤를 이어 왕징웨이가 '불신'을 자초하지 않도록 '조
언'하는 임무에 정력적으로 매진했다. 그들에게 차례로 걷어차인 뒤,
그는 조용히 돌아가 이렇게 썼다.

"부르주아적 국민혁명 지도자들은 반동적 지주들과 자본가들의 집
단적 이익을 희생하는 대신, 혁명을 배신했다. 계급적 단결이 민족적
단결보다 우선시됐다. …… 혁명의 발전은 자본가계급과 지주계급의
이익을 위협했다. 반제투쟁의 전진은 불가피하게 국내의 사회·경제적
관계에서 혁명을 야기했다. 토지는 농민에게 돌아가는 것이 마땅했다
(!). 농민은 자본주의의 무제한적(!) 착취로부터 보호받아야 마땅했다
(!). 간단히 말해, 토착 동맹자들을 깨부수지 않고서는 제국주의는 타
도될 수 없었다. 국민혁명 지도자들이 대변한 계급들의 특권적 지위
를 진정으로 박탈하는 것을 통해서만, …… 완전한 민족 해방은 실현
될 수 있었다. …… 우한 정부의 소부르주아 급진주의는 파산했다. 그
들은 …… 제국주의에게 나라를 팔아 버린 반혁명적이고 봉건적인 부
르주아 군벌 연합에 굴복했다. 국가는 계급이익의 제단 위에서 희생

됐다. 국민당의 (몰계급적) 민주주의 이상은 계급이익의 격렬한 충돌 속에서 자취를 감췄다. 이처럼 중국의 혁명과 반혁명이 보여 준 교훈은 식민지·반식민지의 민족주의 자본가계급이 본질상 반혁명적이라는 것, 민족 혁명의 성공이 토지 혁명에 달려 있다는 것, 대자본가계급은 물론이고, 급진적 수사를 사용하는 소부르주아계급조차 토지 혁명을 이끌 수 없다는 것, 노동자-농민의 지지 속에 권력을 장악한 소부르주아계급이 그 권력을 노동자계급과 공유하며 방어하기보다는 반혁명적 자본가계급에 넘겨준다는 것, 그리고 독립적 정당_{공산당}을 통해 활동하는 노동자계급만이 민족 혁명의 성공을 보장할 수 있다는 것이다".[10]

몇 년 뒤 로이는 이 글을 책《중국 혁명의 교훈The Lessons of the Chinese Revolution》으로 펴냈다. 그의 추산에 따르면, 국민당의 '몰계급적 이상'이 '계급이익의 격렬한 충돌'로 바뀐 뒤, 1927년의 처음 몇 개월간 테러로 목숨을 빼앗긴 공산주의자의 수는 적어도 2만 5,000명에 달했다.[11] 바로 얼마 전에야 스탈린은 지혜를 발휘해 자본가계급이_{장제스나 왕징웨이가 아니라!} 혁명을 '폐기'할 것이라고 '예견'했다. 그러면서도 이들 2만 5,000명의 동지들에게 장제스와 왕징웨이는 혁명의 '믿을 만한 동맹자'이고, 장제스의 광저우와 뒤이어 왕징웨이의 한커우는 토지 혁명의 진정한 '조직 중심'이라고 가르쳤다. 또한 그들이 스스로 '불신'을 초래하기 전까지_{영문도 모르는 2만 5,000명의 목숨과 그 뒤 수천 명의 목숨을 앗아 가고, 혁명 자체의 생명을 앗아 갈 때까지}, 그들을 '불신임하거나 타도하려고 해서는 안 된다'고 가르쳤다.

스탈린, 부하린, 보로딘, 로이와 동료들이 결국 자본가계급은 물론 소부르주아계급도 토지 혁명을 이끌 수 없으며, 이들 동맹자들을 깨부수지 않고서는 제국주의를 타도할 수 없다는 사실을 깨닫기까지 이처럼 무시무시한 대가를 치러야만 했던가?

1927년 8월 9일의 문건에서 스탈린의 모스크바 중앙위원회는 이것을 배우기 위해 그처럼 많은 생명을 바친 것에 대해 이렇게 평가했다. "과거 발전의 경험에서 분명하게 드러난 것은 자본가계급이 노동자, 농민에 맞서 싸우면서 제국주의의 속박으로부터 민족을 해방시키는 문제를 해결할 수 없다는 것, 즉 그들이 제국주의에 맞서 일관되게 싸우기보다는 점점 더 타협적으로 변해간다는 것이다. …… 그 결과 사실상 제국주의 지배는 거의 온전히 유지됐다. 민족자본가계급은 농민을 지지하지 않을 뿐더러, 오히려 적극적으로 맞서기 때문에, 혁명의 국내 과제도 해결할 수 없다. 중국에서는 최소한의 토지 개혁조차 자본가계급이 절대 수용할 수 없는 행동인 신사, 소지주의 재산 몰수로 이어질 수밖에 없기 때문에, 자본가계급과 농민이 타협에 도달하는 것은 거의 불가능하다. …… 공산당은 봉건 군주와 자본가에 맞선 노동자, 농민의 투쟁에 기초할 때만, 제국주의에 승리하고, 중국을 혁명적으로 통일하며, 제국주의 속박에서 해방될 수 있다고 선포해야 한다".[12]

자본가계급이 제국주의에 맞서 싸울 수 없고 농민을 이끌 수 없다는 사실을 '분명하게 보여 주기 위해'서는 불가피하게 한 세대의 혁명가들 전부를 물리적으로 괴멸시켜야 했을까? 노동조합 중앙이 "중국의 노동조합은 계급협조적 이론과 실천에 맞선 중대한 투쟁에 직면해 있다"고 선언하기 위해서는 불가피하게 3년에 걸친 '4계급 연합'을 경험해야만 했을까?[13]

대중운동이 거대하게 치솟고 있던 시기에 트로츠키가 즉각적인 노동자-농민-병사 위원회소비에트 건설을 촉구했던 것은 대중을 훈련시키고, 적대 진영에서 넘어온 일시적 동맹자들에 대한 경계를 강화하고, 부르주아 반동에 맞선 방어를 준비하고, 스스로의 역량, 조직, 깃발, 무기를 통해 그런 방어를 고유의 이익을 위한 공세로 전환시킬 수 있는 가장 광범위하고 유연하며 자기방어적 체계를 제공하기 위해서였다. 오직 이 길을 통해서만 반혁명의 괴멸을 향해 나아갈 수 있었다. 이를 가로막은 것은 '유일한 정부기관'에 맞서 투쟁하고 '혁명적 국민당'을 '불신임하거나 타도하려는' 일체의 시도를 금지시킨 스탈린주의 지도부였다. 이런 정책 때문에 무자비한 대가를 치르고 자본가계급이 '불신'을 자초하면서 스탈린의 '예견'을 충족시키자, 스탈린주의 지도부는 "혁명이 최고의 발전단계, 즉 노동자-농민의 독재를 위한 직접적 투쟁의 단계로 나아가고 있다"14고 선언했다. 트로츠키에게는 혁명의 부르주아 민주주의적 단계를 묵과한다는 비난을 퍼부었다. 지도부는 이제 자신들의 정책이 불러온 재앙적 결과를 묵과하는 일에 몰두하기 시작했다.

천두슈의 독설처럼 '오직 과거에 굴복하는 법을 배웠을 뿐인'15 중국 공산당은 이제 '퇴각의 필요성을 이해할' 기회를 전혀 갖지 못했다. 테러의 광풍 속에서 당원들은 학살당하거나 흩어졌고, 대중은 물러섰으며, 대중조직은 파괴됐지만, 중국 공산당은 급격한 방향 전환을 명령받았다. 걸음을 멈추고 무엇이 재앙으로 이끌었는지 밝히고 패배의 규모를 확인하는 대신, 코민테른의 정책은 전적으로 옳았고무오류의 지도부라는 신화는 어떤 대가를 치르더라도 지켜야 했다!, 실패의 책임은 중국 공산당 지도부의 '방해활동'에 있으며, 우한 정부의 최종적 패배는 혁명을 '한층 높은 새로운 단계'로 제고시켰다는 입장을 밝히도록 강요받았다. 지난날 중국 공산당이 배운 유일한 것은 거대한 대중의 힘이 작동하며 혁명의 물결이 상승하는 상황에서 대중을 적대 계급들에게 복종시킴으로써 투쟁을 억제하고 의지를 꺾는 법이었다. 현재 대중운동의 파도는 반동의 암벽에 부딪쳐 '물거품'처럼 부서졌다. 살아남은 공산당원들은 돌이킬 수 없이 손상을 입은 지위를 때늦은 군사행동을 통해 회복할 수 있다는 희망으로 극단적 기회주의와 타협주의를 내던지고 정반대의 모험주의를 받아들이도록 무자비하게 내몰렸다. 상황을 수습하기 위한 필사적이고 절망적인 시도로 뛰어들도록 강요받았다. 공산당은 모스크바의 명령에 따라 폭동의 길로 접어들었다.

새로운 노선의 집행에 착수한 인물들은 어제까지만 해도 중앙위원으로서 끈질기게 반대쪽으로 걸었던 자들이었다. 코민테른이 주된 희생양으로 삼은 천두슈는 자리에서 물러났다. 새로운 당정치국에 포함된 취추바이, 장궈타오, 리리싼, 저우언라이, 장타이레이張太雷·장태뢰, 리웨이한李維漢·이유한은 당과 혁명을 재앙으로 이끈 것에 대해 커다란 책임이 있었다. 저우언라이는 4월 13일에 규찰대 무기의 반환을 청원하러 장제스의 상하이 사령부를 찾아갔다. 리웨이한뒤에는 뤄마이라는 이름으로 더 잘 알려지게 된다은 5월 21일 직후에 공산당 후난성위원회 서기로서 창사 교외의 농민 부대들에게 퇴각을 명령했다. 이들 모두는 모스크바의 명령을 충실히 따랐던 잘못밖에 없는 천두슈에게 모든 비난을 돌리면서 모스크바의 후원을 유지하려고 애썼다. 공격해야 할 시기에 퇴각만을 훈련받은 이 새로운 '지도자들'은 이제 퇴각해야 할 시기에 공격을 명령했다.

그들은 객관적 상황에 개의치 않고, 또한 국민당과 토지 혁명에 대한 태도와 관련해 당의 기본정책을 바꾸지 않은 채, 위로부터 내려온 공격명령을 기계적으로 전달했다. 코민테른은 우한 정부에서 철수하라고 주문했지만, 또한 국민당에 남아서 당지도부의 '배신'에 맞서는 노력을 계속할 것을 특별히 지시했다. 국민당 깃발이 테러의 상징이 돼 화남과 화중의 크고 작은 군벌사령부에서 나부끼고 있다는 사실은 중요치 않았다. 5월에 트로츠키는 이렇게 썼다. "계급들은 오고 가지만, 국민당의 연속성은 영원히 지속된다".[16] 7월 말에, 오고 가는 계급들이 국민당을 공공연한 테러의 도구로 바꾼 뒤에도, 부하린의 지시를 충실히 따르는 중국 공산당은 청천백일기를 누구에게도 넘겨주려 하지 않았다. 7월 29일에 새로운 공산당 정치국은 국민당원들을 향해 "중앙집행위원회에 맞서 일어서자"라고 호소했다.[17] '코민테른의 지시에 따라 새로운 코민테른 대리인로미나제이 서둘러 소집한'[18] 8월 7일의 새 지도부 회의는 '국민당 혁명좌파의 깃발을 내건 노동자-농민 봉기의 조직'을 당에 촉구하는 결의안을 채택했다. "한 단계 더 발전하고 있는 혁명적 국민당 조직은 손쉽고 안전한 전환의 방식으로 정치권력이 노동자-농민-병사 대표 소비에트로 나아갈 수 있게 할 것이다".[19]

재앙은 어제까지만 해도 트로츠키주의라며 금지됐던 소비에트 구호를 합법화시켰다. 7월 25일에 뜻밖에도 《프라우다》는 이렇게 "국민당의 위기가 소비에트 문제를 전면에 내세웠다. 현재 소비에트 구호는 올바르다. …… 이전에 즉각적인 소비에트 건설을 주장했던 파벌은 아직까지 운동이 통과하지 못한 단계들을 뛰어넘도록 대중에게 강요하려 했다".[20]

스탈린은 이것을 자신의 방식으로 표현했다.

"혁명이 새롭게 전진하고 있는 현 발전단계에서 소비에트 건설의 문제는 완전히 무르익게 될 것이다. 지난 몇 개월 전에는 소비에트 구호가 모험주의(!)였기 때문에, 중국 공산당원들은 이 구호를 제출할 수 없었다. …… 아직까지 국민당 지도부가 혁명의 적대자로서 불신을 자초하지 않았기 때문이다."[21]

모스크바의 전략가들은 신속한 혁명의 '전진'에 모든 것을 걸었다. 스탈린은 '아마도' 이 좌절을 볼셰비키의 1917년 '7월 시기'와 비견할 수 있을 것이라고 썼다.[22] 러시아 중앙위원회는 '새로운 전진'의 조짐이 나타날 때 "소비에트 구호를 선전 구호에서 즉각적인 전투와 소비에트 조직을 위한 행동 구호로 전환해야 한다"고 지시했다.[23] 하지만 그 전에, '국민당 혁명좌파'를 통해 '좀 더 용이하고 안전하게' 소비에트로 나아가기 위한 마지막 시도를 벌여야 했다. 8월 7일 회의에서, 중국 공산당은 청천백일기를 머리 위로 힘껏 치켜들었다.

5년 뒤 어느 공산당 역사가는 이것이 코민테른의 지시를 '너무 앞지른 것'이었다고 조심스럽게 논평했다. "당연히 이것은 심각한 오류였다. 우한 정부가 반동으로 돌아선 후, 사실상 국민당의 정치 생명은 완전히 끝났다".[24] 실제로 생명을 다한 것은 군사 독재의 형태로 정권의 지위를 확고히 한 국민당이 아니라, 코민테른 정책의 기초였던 '혁명적 국민당' 신화, '4계급 연합' 신화였다. 화강은 8월 7일 회의를 '국민당 좌파를 부활시키려는 시도(!)'였다고 칭했다. 하지만 당시에 중국 공산당이 생명을 다한 것을 끌어안은 것은 코민테른의 지시에 따른 것이었다. 그것을 소생시키지 못한 것은 중국 공산당의 잘못이 아니다.

8월 7일 회의는 토지문제와 관련해 "중·대 지주의 토지는 몰수하고, 소지주에게는 감세를 요구한다"[25]는 내용의 구호를 제출했다. 그 결과, "지방 당조직은 농민이 소지주의 토지를 몰수하려는 시도를 막는 것을 임무로 여기며 토지 혁명에 관한 오랜 관념(!)을 고수했다".[26]

8월 7일의 회의는 남아 있는 당원 모두에게 보내는 장문의 서신을 발표하며, 물러난 지도부의 '과오'를 열거했고, 천두슈가 흠잡을 데 없는 코민테른의 지시에 대해 지속적으로 이행을 거부했거나 완수하지 못했다고 선언했다. 그것은 언제나 코민테른이 절대적으로 옳았음을 증명하기 위해, 교활하고 자기방어적인 부하린의 문구들에서 모든 모호한 표현들을 짜낸 것이었다. 공식 연대기로 8월 7일에 시작된 '기회주의에 맞선 투쟁'은 실제로는 지난 과오의 책임을 코민테른과 중국의 중앙위원회가 나눠 갖게 하려는 그 어떤 시도에 대해서도 반대하는 투쟁과 다름없었다.그러는 동안 지난 과오의 실내용인 국민당에 대한 의존은 그대로 혁명의 '새로운 높은 단계'로 이어졌다. 새로운 모험주의 범죄가 낡은 연대기에 덧붙여졌을 뿐이다. 그런데도 총회는 이것이 '향후 올바르고 혁명적인 볼셰비키 지도부가 구성되도록 보장할 것'[27]이라고 선언했다. 공식 역사가도 비슷하게 논평했다. "총회는 임박한 해체로부터 당을 구해 볼셰비키의 길로 이끌었다".[28] 모스크바도 공식 논평을 내놨다. "중국의 형제당 지도부의 우경적 이탈은 이제 바로잡혔고, 지도부의 정책은 옳았다".[29]

어제까지만 해도 이른바 '기회주의'는 혁명의 파고가 상승하는 시기에 비타협적 계급투쟁, 소비에트의 건설, 국민당의 굴레로부터 공산당의 해방을 요구하는 것을 의미했다. 바로 트로츠키가 그랬다. 이제 똑같은 용어는 혁명의 퇴조기에 잔존하는 혁명 중핵의 파괴와 당과 대중의 완전한 분리로 이끌 뿐인 봉기 정책에 대해 반대하는 것을 의미했다. 마찬가지로 트로츠키가 그랬고, 이제 천두슈도 그랬다. 자리에서 물러난 천두슈는 새로운 중앙위원회에 보낸 서신과 관련해 이렇게 기록했다. "당시 대중의 혁명정서가 최고조에 있지 않았다는 점, 국민당 정권이 손쉽고 신속하게 타도될 수 없었다는 점, 때 이른 봉기는 당의 힘을 약화시키고 대중으로부터 고립시킬 뿐이라는 점을 지적했다. …… 물론 그들은 내 의견을 일고의 가치도 없는 것으로 여겼고, 내 말을 실없는 소리로 간주했으며, 내가 기회주의적 오류를 바로잡지 못했음을 보여준다고 떠들어댔다".[30]

'기회주의'는 봉기 노선에 대한 그 어떤 반대도 입막음하려는 터무니없는 딱지가 됐다. 패배의 절망이 낳은 폭동주의Putschism 분위기가 공산당을 강력하게 지배했지만, 패배로 귀결될 수밖에 없는 말도 안 되는 모험에 스스로를 내던지는 것이 타당한지 의심하는 이성적인 동지들이 여전히 존재했다. 그들의 저항은 당의 '볼셰비키화' 계획의 일부로 진행된 동요하는 당원에 대한 대대적 추방으로 질식당했다. "8월 7일 회의 이후, …… 봉기 정책에 대해 의문을 표시하는 이들은 그 누구건 곧바로 기회주의자로 낙인찍혔고, 무자비하게 공격받았다".[31] 저항은 제압됐다. 모스크바는 '직접적 투쟁'의 시기가 왔다고 말했다. 만일 필요한 조건이 존재하지 않는다면, 어떠한 대가를 치르더라도 그것을 만들어야 했다. 그 결과는 '추수 봉기'로 알려진 1927년 가을의 모험들이었다. 폭동주의는 극단적 파멸로 이어졌다. 코민테른이 중국 공산당에 잔존하는 역량을 체계적으로 파괴해 왔기 때문에, 더 이상 유효한 수단을 찾을 수 없었다. 당은 자기파멸에 몰두하는 것처럼 보였고, 그 점에서는 거의 완전히 성공했다.

8월 1일에 장시성 성도 난창南昌·남창에서 첫 번째 봉기가 일어났다. 공산당 장교 예팅과 허룽賀龍·하룽이 봉기의 깃발을 치켜들었다. 대략

3,000명이 그들을 따랐다. 이들이 발표한 '혁명위원회' 명단에는 쑹 칭링, 덩옌다, 천유런이 있었지만, 당시 그들은 유럽으로 망명을 떠나 는 중이었다. 또한 '철군' 장군 장파구이張發奎·장발규 와 황치샹黃琪翔·황기 상도 명단에 포함됐지만, 그들은 장제스에 맞선 과시적 군사행동을 곧 바로 중단하고, 원치 않는 혁명적 명예를 부여해 준 공산당 반란자들 을 진압하는 본연의 임무로 돌아갔다. 코민테른 신문은 이렇게 보도 했다. "난창 봉기는 우한 정부에 맞선 투쟁의 시작이다. …… 장교들과 대지주들의 지지를 등에 업고 혁명을 배신한 분자들로 구성된 정부는 상황과 관계없이 타도돼야 한다는 것에 대해 혁명가라면 모두 동의할 것이다". 돌이켜 본다면, 우한이 "새로운 혁명의 중심이 형성되고 있 다"[32]는 설명에 부합하기 시작한 것은 기껏해야 2주일 전이었다. 그 리고 이 새로운 '혁명의 중심'은 단 며칠을 존속했을 뿐이다. 장파구이 가 군대를 이끌고 도시로 다가오자, 예팅-허룽 군대는 달아날 수밖에 없었다.

혁명가들은 주민들이 냉담하게 지켜보는 가운데 국민당 깃발을 들 고 도시를 떠나 남쪽으로 향했다. 민중은 국민당 깃발을 테러의 상징 으로 받아들인 지 오래였다. 3월에는 장제스가, 6월에는 주페이더가 그 깃발을 든 것을 목격했기 때문이다. 예팅과 허룽의 군대는 단지 '장 제스의 세 번째 군대'로 보였을 것이다.[33] 예팅과 허룽은 200묘4만 평 를 초과하는 토지에 대한 몰수를 약속했는데, 그것은 대다수 지주의 토지를 건드리지 않겠다는 약속이었다. 장시성 전역과 광둥성 북부 의 농민들은 과거의 악독한 주둔군과는 달리 선의를 베풀겠다는 새로 운 군대의 약속을 믿어서는 안 된다는 것을 쓰디쓴 경험을 통해 배웠 다. 그리고 이들 새로운 '혁명군'도 앞서서의 국민당 군대들과 구별되지 않았다. 그들이 갔던 모든 곳에서, 농민들은 늘 거리를 두었다. 예팅-허룽 군대는 2개월 동안 성과 없이 농촌지역을 떠돌아다닌 뒤, 광둥성 북동부의 차오저우^{潮州·조주}와 산터우^{汕頭·산두}를 공격했다. 그들은 패배했고, 뿔뿔이 흩어졌다. 일부 패잔병은 거대한 농민운동의 물결이 퇴조하면서 머리를 치켜들기 시작한 농민반군 운동의 거점인 동강의 각 현으로 달아났다. 예팅-허룽의 모험은 그렇게 끝났다.

난창 봉기에 관한 공식 설명은 '적의 우세한 힘' 때문에 패배했다면서도 다음의 몇 가지 부가적 원인을 '지도부의 오류'라는 항목으로 묶어 덧붙였다. '1. 명확한 혁명 정책의 부재 2. 토지 문제에서의 우유부단 3. 농민과의 연계 부재와 농민의 무장 실패 4. 구 정치 기구 타파와 새 정치 기구 수립의 실패 5. 군사적 판단의 오류'.³⁴ 이런 오류들을 범하지 않았다면 모든 게 잘 됐으리라는 설명이다. 적은 강력했지만, 우리에게는 역량, 혁명 정책, 대중과의 연계가 부재했다. 그런데도 봉기 정책은 절대적으로 옳았던 것이다.

화중지방 전역에서 유사한 실패들이 반복됐고, 북방의 일부 현들에서조차 그런 일이 벌어졌다. 봉기 시도는 모두 하나같이 똑같은 양상으로 전개됐다. 대중은 스탈린의 예측과는 달리, '엄청난 호응'을 보여 주기는커녕 간단히 협력을 거부했다. 노동자-농민이 '기회주의자'였거나, 아니면 뒤에 취추바이가 인정할 수밖에 없었듯이, "대중은 청천백일기가 백색 테러의 깃발로 바뀌었음을 우리보다 먼저 알아챘다".³⁵ 대부분의 경우, 공산당원들은 대중의 소극적 저항을 완전히 무시하거나, 지방 소군벌들과 연합하는 것으로 타개책을 삼았다. 가령, 공산당원 장자오펑^{張兆豊·장조풍}이 이끈 후베이성의 소규모 부대는 주민을 약탈하는 지역 군벌에 맞서, 또 다른 군벌과 연합을 시도했다. 이에 대해 화강은 "후베이성의 봉기 역시, 이런 기회주의 정책 때문에 실패했다"고 기록했다.[36] 장쑤성 북부에서도 똑같은 전술을 적용해 주평지와의 '연합'을 시도했다. 그 결과들은 모두 똑같았다. 후난·후베이의 일부 현들에서는 창으로 무장한 소규모 대오들이 산발적 농민봉기를 일으켜, 각 현의 중심지를 장악하려고 필사적으로 시도했다. 그들은 거듭해서 후퇴하며 소멸했다. 이런 경우에조차, 현지 공산당원들은 "노동자-농민을 분기시키고 조직하려고 하기보다는 군사적 역량에만 의존했다".[37]

상하이에서 공산당 장쑤성위원회는 민중을 '분기'시키기 위한 자기만의 방식을 찾아냈다. 11월 초에 이싱宜興·의흥과 우시無錫·무석에서 잠시 동안 농민폭동이 벌어진 뒤, 성위원회는 "이제야말로 봉기의 시기가 도래했다"고 확신했다. 유일한 곤란은 테러에 짓밟힌 노동자들이 관심이 없다는 것이었다. "(당은) 총파업이 제조(!)될 수 있다면, 틀림없이 봉기가 성공할 것이라고 생각하면서, 노동자들을 위협해 파업에 들어가게 만들려고 공장마다 무장한 적색 테러리스트를 보냈다".[38] 농촌의 추수봉기가 하나같이 실패로 끝난 뒤, 우한에서도 봉기를 조직하기 위한 선동이 개시됐다. 공산당 장강국이 이에 대해 처음으로 이의를 제기했다. 이전의 '즉각적 봉기' 지시가 그리 좋은 결과를 낳지 못했기 때문이다. 후베이성 위원회도 똑같은 질병에 걸려 "지금은 총봉기에 나설 시기가 아니다"라고 답하며 배짱을 부렸다. 이에 대해 '기회주의'로 낙인찍는 집중포화가 퍼부어지자, 후베이성 위원회는 뒤로 물러섰다. "후베이성 위원회는 기회주의라는 혐의를 피하기 위해, 동원령을 내리고 총파업을 지시했다". 하지만 지시를 실행해야 할 순간이 다가오자, 우한에 남아 있던 대다수 당원은 "공포 속에서 도망쳤다”.**39** 10월 6일에 공산당 북방국은 ‘총봉기 계획’을 채택했는데, 화강조차 ‘역사적 웃음거리’라 일컬을 정도로 그것은 터무니없는 일이었다.

이처럼 혁명적 봉기를 희화화시킨 모험들은 차례로 진압됐다. 그중 일부는 우스꽝스럽기까지 했지만, 공산당원들이 자신의 정당을 산산이 부수고 있는 요란한 소란과 더 요란한 계획을 보며 웃은 것은 공산주의의 적들뿐이었다. 하지만 그것으로 끝나지 않았다.

그제야 공산당 지도자들은 “더 이상 국민당 좌파의 기반이 존재하지 않는다”**40**는 사실을 깨닫기 시작했다. 추수봉기가 잇따라 진압된 뒤에야, 마침내 국민당의 청천백일기를 내리기로 결정했다. 1927년 9월 19일에 중국 공산당 정치국이 “어떠한 경우에도 국민당의 깃발을 들고 봉기를 거행하는 것은 불가능하다”**41**고 선언하면서, 자본가계급 정당과의 재앙적인 연합은 공식적으로 종결됐고, 국민당원 ‘열의 아홉’이 독립 공산당의 지도를 따를 것이라는 신화도 사라졌다. 사실 ‘열의 아홉’은 테러 속에서 사라졌다. 스탈린은 9월 30일자 《프라우다》를 통해 느닷없이 180도 방향전환을 지시하며 이렇게 발표했다. “소비에트 건설은 이제 선전 구호에서 행동 구호로 전환돼야 한다”.**42** 혁명의 고조기에 부르주아 국민당 깃발을 흔들었던 중국 공산당은 이제 혁명의 퇴조기에 소비에트의 적색 깃발로 바꿔 들어야 했다. 11월에 열린 당 지도부 전체회의는 충실하게도 “모든 권력을 소비에트즉 노동자-농민-병사-도시빈민 대표위원회로!”라는 구호를 즉각적 행동 구호로 선언했다.**43** 공산당 지도부가 예팅-허룽의 모험과 추수봉기의 실패로부터 이끌어 낸 결론은 이제 익숙했다. “예팅과 허룽의 실패 이후, 중국 혁명은 퇴조하기는커녕, 오히려 한층 높은 새로운 단계로 고조됐다”.**44**

1926년 3월 20일 일어난 장제스 쿠데타는 혁명을 '한층 높은' 단계인 4월 12일 쿠데타로 상승시켰고, 그것은 또다시 '한층 높은' 우한 정부 단계로 끌어올렸다. 실패한 우한의 실험은 혁명을 난창봉기로 끌어올렸다. 그리고 추수봉기의 실패는 아찔하게 높은 단계인 소비에트 건설로 안내했다! 이처럼 중단 없는 고조를 말하는 놀라운 이론은 11월 전체회의가 이렇게 선언하도록 만들었다. "현재 객관적으로 중국은 혁명의 결정적 상황에 놓여 있으며, 앞으로 이런 시기는 몇 주일이나 몇 개월이 아닌 몇 년간 지속될 것이다". 이것은 곧바로 즉각적 봉기를 위해 성숙한 조건이라는 결론으로 이어졌다. "중국의 착취당하는 대중의 혁명운동이 가진 힘은 결코 소진되지 않았으며, 그동안 엄청난 패배들을 겪었지만, 혁명 투쟁의 부활 속에서 이제 막 그 힘을 확인하기 시작했을 뿐이다. …… 이 모든 복합적 요소들이 중국 공산당 중앙위원회 전체회의로 하여금 현재 중국 전역에서 혁명의 결정적 상황이 펼쳐지고 있다고 선언할 수밖에 없도록 했다".[45]

새로운 모험들과 새로운 재앙들로 직접 이어지게 되는 이런 평가는 자본가계급이 중국의 대내외적 문제들을 해결하는 데에 무능하다는 점에서 "부르주아 군벌 반동의 안정화는 불가능하다"[46]는 전제에 기초한 것이었다. 공산당은 권력을 장악한 반동세력이 곧바로 서로 간에 전쟁을 벌이는 파벌들로 갈라졌다는 사실로부터 봉기를 위한 성숙된 조건이 유지되고 있다는 결론을 이끌어 냈다. 여기서 그들은 혁명조직들이 거의 완전히 궤멸됐다는 사실을 간과했다. 대중의 혁명적 기운은 특히 도시 노동자 사이에서 거의 완전히 사라졌다. 군벌 간의 내전으로 갈라졌고, 이 때문에 상품유통이 혼란에 빠졌으며, 제국주의의 압력에 짓눌린 상황에서, 부르주아권력은 스스로를 '안정화'하는 데서 일정한 곤란을 겪을 수밖에 없었다. 하지만 혁명세력은 자력으로 그것을 대체할 수 있는 위치에 있었던가? 중국 공산당은 그동안 겪은 패배의 정도와 원인에 대해 이해할 수 없었기 때문에, 이에 대해 올바르게 답할 수 없었다. 그들은 자신들의 폭동주의적 심리를 민중의 일반적 정서로 오해했다.

부르주아권력은 내적으로 허약했고 미래가 불확실했지만, 혁명의 거대한 패배가 상대적 '안정성'을 보장해 주었다. 대중이 다시 들고 일어설 때만, 권력은 타도될 수 있었다. 하지만 지도자들에게 잘못 인도돼 패배를 겪은 충격에서 아직까지 벗어나지 못하고 있던 1927년 겨울에, 대중은 그럴 수 없었다. 그들은 족쇄에 묶인 채, 장군들의 이전투구와 공산당의 가망 없는 모험을 지켜만 봤다. 공산당은 노동자의 일상적 방어 투쟁을 조직하거나 노동자의 조직과 자신감을 서서히 회복시키는 일에는 관심이 없었다. '반동의 지배를 타도하고 소비에트 권력을 수립하기 위해, 군벌 간의 내전을 대중의 반제국주의 전쟁으로 전환시키는 것'[47]을 목표로 군벌 간의 암투에 끼어들어 무기를 획득할 음모를 꾸미는 일에만 몰두했다.

스탈린처럼 그들도 대중의 자동적인 '엄청난 호응'을 기대했다. 하지만 그런 일은 없었다. 여전히 반란농민과 반란군 대오가 농촌에 존재했지만, 추수봉기의 경험은 도시 노동자의 수동적 무관심과 분산된 농민 부대의 무기력을 매우 분명하게 보여 주었다. 공산당은 이것을 이해할 수 없었다. 우한 정부의 붕괴 뒤에 채택한 봉기노선이 새로운 일련의 패배로 이어진 것이었을 뿐이다. 그런데도 그들은 이렇게 결론을 이끌어 냈다. "이처럼 혁명의 부분적 패배가 이어졌는데도, 지난 3개월간의 거대한(!) 경험은 중국 공산당의 전술이 전반적으로 완전히 옳았음을 웅변적으로(!) 증명한다".⁴⁸ 공산당은 승리를 조직하는 법에 대해 배우지 못했다. 오직 전지전능한 스탈린의 무오류 공식을 앵무새처럼 반복하는 법을 배웠을 뿐이다. 그 결과 광저우에서 상하이를 거쳐 우한에 이르기까지, 실패에 실패를 거듭했다. 그리고 이제 순환의 고리가 완성돼야 했다. 다시 한 번 그들은 광저우에서 새로운 재앙을 향해 비틀거리며 걸어갔다.

XVII

THE CANTON COMMUNE

광저우 코뮌

장제스가 1926년 3월 20일에 쿠데타를 일으켰을 때, 광둥은 아무런 저항 없이 굴복했다. 그해 7월에 북벌이 개시되고, 10월에 광저우-홍콩 파업이 해산되며, 12월에 국민 정부가 우한으로 옮겨 간 뒤, 성 전역에 대한 통제권은 광시 군벌 리지천의 수중으로 완전히 넘어갔다.

리지천은 지체 없이 광둥을 군대 통제 아래에 두었다. 노동조합을 강하게 옥죄었고, 보로딘의 강제중재제도를 철권으로 강요했다. 공산당원들은 '민족통일전선'의 유지를 위해 근거지를 내주고 활동을 축소하며 전혀 저항하지 않았다. 공산당정책은 '북벌의 성공을 기다리는 것'으로 일관됐다.[1] 그들이 기다리는 동안, 북벌은 승리를 거뒀지만, 그 승리는 장제스와 중국 자본가계급에게 돌아갔다. 상하이에서 벌어진 1927년 4월 12일 사태가 그 절정이었다.

리지천은 재빨리 장제스의 선도적 행동에 응답했고, 4월 15일에 스스로 숙청작업에 나섰다. 여전히 합법적 지위를 누리고 있던 대중조직들은 습격을 받고 폐쇄됐다. 2,000명 이상이 체포됐고, 대부분 공산주의자였던 100명 이상의 남녀가 총살당했다. 광저우-홍콩 파업에서 살아남은 규찰대는 작은 충돌 뒤에 무장해제됐다. 공산주의 경향의 철도노동자 2,000여 명은 리지천 군대가 일자리에서 쫓아냈다. 그 자리는 가장 반동적인 기계공 노동조합의 통제를 받은 노동자들로 채워졌다. 리지천은 장제스의 선례를 뒤따르며, 노동자계급조직의 외형을 그대로 유지하는 것의 장점을 이해했다. 노동자조직의 자산을 탈취했고, 이른바 '공회 개조위원회'에 속한 깡패 앞잡이들로 채웠다. 광둥성 전역에서 비슷한 일들이 벌어졌다. 농촌에서는 자주 농민들이 군대의 습격에 저항했다. 하지만 결국 각지의 농민협회는 파괴당했다.

공산당원들은 비저항에 대한 대가를 치러야 했다. 4월 24일에 리지천의 노동조합 공격에 항의하며 총파업 돌입을 선언했지만, 파업은 성사되지 못했다. 이후 수개월 동안 광저우와 광둥의 공산주의자 대다수는 지하로 깊숙이 숨어야 했다. 고용주들은 광저우-홍콩 파업이 고조된 시기에 임금, 노동시간, 노동조건과 관련해 노동자들이 획득한 모든 것을 다시 빼앗기 위해 공격에 나섰다. 소비에트의 맹아로서 불과 1년 전만 해도 각 업종의 20만 명 이상의 노동자를 대표했던 그 유명한 광둥노동자대표자회의廣東工人代表會는 사라졌다. 일부 전직 집행위원과 새로 선출된 소수 대표자로 구성된 비합법 '특별위원회'가 활동을 대신했다. 위원회는 광저우에서 100개 정도의 노동조합들을 통제하고 있다고 주장했다. 6월에 사지沙基·사기학살 1주기 추모 집회를 열고 홍콩 파업에 돌입했을 때에는 3만 명에 가까운 노동자들을 이끌고 있다고 주장했다.[2] 설사 이 주장이 사실이라 하더라도, 그것은 얼마 전과 비교한다면 보잘것없는 규모였다.

대다수 노동자의 무관심은 공산당 대오 안에서 테러리즘을 불러일으켰다. 자본가들의 공격에 맞서 노동자들의 저항을 조직할 수 없게 되자, 노동자 공산당원들은 리지천의 개조위원회 회원들을 겁줘서 쫓아내려는 부질없는 시도의 하나로 폭탄을 투척하기까지 했다. 황핑黃平·황핑에 따르면, 리지천을 암살하려고 음모를 꾸밀 정도였다. 하지만 설치된 폭탄이 터지지 않아 실패하고 말았다.[3] 실망에 젖어 절망에 빠진 노동자와 공산주의자가 개별적 테러에 의존하는 것에 대해, 공산당은 '적색 테러'라는 미명 아래 공식적으로 옹호했다.

혁명의 승리를 지키기 위해 불가피하게 적색 테러가 필요한 시기가 있기 마련이다. 그런 시기에 적색 테러는 승리한 노동자 정부의 지배에 도전하거나 그것을 위험에 빠뜨리는 적들에 대해 행해지는 신중한 조치다. 러시아의 볼셰비키는 권력을 장악한 뒤에도 오랫동안 반대파에게 극단적 단죄를 행하지 않았고, 적들이 볼셰비키 지도자의 목숨을 노리는 한편, 반혁명 세력을 적극적으로 조직하기 시작한 뒤에야 극단적 조치를 취했다. 이것은 권력을 장악하고 있는 반동 정권의 앞잡이들에 대한 개별적 테러에 의존하는 것과는 아무런 공통점이 없었다. 대중들을 결집시키는 데 도움이 되기는커녕 사기를 꺾을 뿐인 이런 방식에 맞선 투쟁 속에서 볼셰비즘은 성장했다. 혁명조직 안에서 테러적 경향의 등장은 무기력과 타락의 치명적 증상이다.*

---

* 앙드레 말로는 중국 혁명을 다룬 두 권의 책 《정복자(Les Conquérants)》와 《인간의 조건》에서, 공산당이 혁명정책을 갖지 못하면서 폭탄과 권총에 의지하게 된 젊은 중국인 테러리스트들

광둥의 공산당원들은 이전에 "북벌의 성공을 기다리자"고 충고하며 스스로의 수동성을 합리화했듯이, 이제는 모스크바의 지도자들과 함께 우한 정부가 장제스에 대한 '동벌'을 개시할 것이라고 믿으며 스스로의 무기력을 애써 감췄다. 우한 정부가 장제스를 공격하기는커녕 그에게 굴복하자, "예팅과 허룽을 기다리자!"는 외침이 커졌다. 9월 말에 접어들면서 예팅-허룽 군대가 광저우 가까이에 다다를 것이라는 기대에 발맞춰 봉기 계획이 급조됐다. 기다리던 구원자들이 차오저우와 산터우 인근에서 궤멸되자, 봉기 계획을 잠시 포기했다.[4]

10월에 예팅과 허룽이 패배한 뒤에야, 광둥의 공산당원들은 "국민당을 타도하자!"는 구호를 채택했다.[5] 그리고 이 구호가 거리에 처음으로 등장한 것은 10월 14일의 시위에서였다. 다시 말해, 국민당 정부가 무조건적이고 배신적으로 광저우-홍콩 파업을 해산시킨 지 정확히 1년 4일이 지났고, 장제스의 3월 쿠데타가 벌어진 지 1년 반이 지났으며, 오랫동안 국민당 군대가 국민당 포고에 따라 광저우 노동자들을 총살하고 수감하며 노동자조직들을 해산시킨 뒤에야, 마침내 공산당은 광저우 노동자들이 "국민당을 타도하자!"고 외칠 수 있도록 공식적으로 허용한 것이었다. 이런 상황에서 수많은 노동자가 이른바 국민당의 '노동 지도자들'을 겨냥해 단검, 권총, 식칼, 폭탄을 사용하는 편이 공산당정책보다 더 효과적이라고 여긴 것은 전혀 놀라운 일이 아니다. 자신의 조직에 대해 그처럼 희망과 낙관을 가졌던 광저우 노동자의 압도적 다수가 이 시기를 겪으며 조직활동의 영역에서

을 그려 냈다. 그중 한 사람은 상하이의 4월 쿠데타 전야에 장제스를 향한 폭탄 테러를 시도했다.(원주)

쫓겨나 쓰라린 환멸 속에서 냉소주의에 빠진 것은 전혀 놀라운 일이 아니다.

그러나 과거의 중대한 실책들과 당시의 무모한 몽상 때문에 고립되고 좌초된 공산당으로부터 빠르게 이탈하는 강력한 원심력이 작동하고 있었는데도, 여전히 광저우에는 투쟁의지를 가진 소규모 노동자들이 운동의 성쇠 속에서 살아남아 있었다. 이들 중에는 거대한 대중조직을 이끌었던 최고의 투사들이 있었고, 혁명 역사의 뛰어난 한 페이지를 장식한 일군의 광저우-홍콩 파업 규찰대가 있었으며, 노동자 적위대의 잔존세력과 급진적 철도 해고자의 일부가 있었다. 이들은 혁명 과정을 통틀어 가장 위대한 희생을 치렀고, 광둥에서 가장 높은 수준의 정치의식을 발전시켰으며, 국민당이 남부에서 권력을 장악한 초기에 거의 결정적 역할을 맡았던 노동자들이었다. 놀랍게도 혁명이 좌초하는 가운데서도 살아남아 단련된 노동자들이 공산당에 남아 있었다. 끊임없는 투쟁과 올바른 정책을 통해 주의 깊게 훈련되고 적절하게 지도됐다면, 이들 중핵들은 공산당이 지도력을 회복할 수 있도록 재차 길을 열어 주었을 것이다. 하지만 이제 과거의 유산이 그 길을 가로막았다. 공산당은 '퇴각이 필요하다'는 것을 이해하지 못했고, 과거의 영향력, 명성, 지도력을 재건할 수 있는 유일한 길인 광저우 노동자들의 방어적 투쟁을 이끌 능력이 없었다. 그 대신 공산당은 주체적 조건에서든 객관적 상황에서든 실패할 수밖에 없는 운명이었던 정면 공격에 필사적으로 뛰어들면서 남아 있던 마지막 노동자계급 역량을 쏟아부을 준비에 나섰다.

당시 광저우는 권력을 양분하고 있던 두 군벌 리지천과 장파구이 사이의 내전으로 치닫고 있었다. 장파구이는 자신의 정치적 후광이 돼 준 왕징웨이와 함께 리지천 장군을 도시에서 몰아내기 위해 쿠데타를 계획했다. 상하이의 공산당 중앙위원회는 쿠데타를 예상하면서 광둥성 조직에 이런 지시를 내렸다. "광둥의 노동자-농민 앞에는 오직 단 하나의 길이 놓여 있다. …… 쿠데타에서 비롯된 내전을 기회로 도시와 농촌에서 반란을 확대하고, 병사들 사이에서 반란을 선동하며, 전쟁이 벌어지는 동안 신속하게 반란을 총봉기로 연결시켜, 노동자-농민-병사 대표자회의_{소비에트}의 통치를 수립하는 것으로 나아가야 한다".6 1년 뒤에 로조프스키는 마치 자신의 부주의 때문에 죽은 환자를 부검하는 의사처럼 이렇게 썼다. "장파구이와 리지천 사이의 투쟁이 격렬해졌던 것은 사실이지만, 봉기의 깃발이 오르자마자 반혁명 진영 내의 분쟁은 곧바로 끝날 것임을 알았어야 했다".7 중국 공산당 지도자들이 알았어야 했던 것과 로조프스키를 포함한 코민테른의 명사들이 가르쳤던 것 사이에는 엄청난 간극이 존재했고, 그 속에서 중국 혁명은 파괴됐다. 장군들이 봉기 앞에서 서로 다투기를 중단하고 함께 연합한다는 사실은 1927년 12월에 분명해진 것이 아니라, 이미 혁명 이전에 수도 없이 확인된 것이었다. 하지만 코민테른은 여전히 이 사실을 이해하지 못했다. 코민테른 집행위원회와 중국에 파견된 새로운 대표단의 지시에 따라, 중국 공산당원들은 봉기노선으로 내몰렸다. 봉기노선에 따라 중국 공산당원들에게 필요한 '지도력'를 제공하기 위해 처음에는 로미나제^{Lominadze}가 왔고, 뒤이어 모험가 하인츠 노이만^{Heinz Neumann}이 왔다.

예상대로 11월 17일에 장파구이-왕징웨이의 쿠데타가 발생했고, 반대편 장군들의 군대는 광저우에서 60여 킬로미터 떨어진 동강 유역의 현들과 산터우를 잇는 전선에서 전투 준비에 들어갔다. 곧바로 11

월 26일에 공산당은 봉기를 준비하기로 결정했고,[8] 며칠 뒤인 12월 13일을 기일로 정했다.* 하인츠 노이만에 따르면, "공산당 지도부는 승리를 위한 모든 조건이 갖춰졌고 성공이 눈앞에 있다고 확신했다".[9]

설사, 광저우에서 봉기가 승리하더라도, 전국 어디에도 그것을 지원할 역량은 남아 있지 않은 상황이었다. 게다가 광저우와 광둥만 하더라도, 당시의 세력관계를 보았을 때 승리는 불가능했다. 추후에야 비로소 하인츠 노이만과 로조프스키는 그런 사실을 인정했다. 광저우에서 봉기에 나선 이들은 240킬로미터나 떨어진 둥강 유역의 하이펑현과 루펑현에서 반란을 일으킨 농민들의 협력에 큰 기대를 걸었다. 이 지역은 불과 5년 전에 펑파이가 중국의 근대 농민운동을 싹 틔운 곳이었다. 펑파이는 다시 그곳으로 돌아가 예팅-허룽 군대 패잔병들의 도움을 받으며 최초의 농민 '소비에트'를 건설했고, 이것은 이후 모든 시기를 관통하는 공산당정책의 기초가 됐다. 10월 말에 하이루펑海陸豊·해륙풍에서 일어난 농민봉기는 둥강 유역과 하이난섬海南島·해남도에 있는 2~3개 현의 농민들을 분기시켰다. 중국 전체로 보자면, 이들 소규모 농민 반란은 돌이킬 수 없는 지난 기회들의 뒤늦은 여운일

---

* 공교롭게도 광저우에서 봉기를 일으킨 날, 소련 공산당 15차 대회가 열렸고, 대회에서 스탈린은 반대파에 대한 승리를 완성했고, 아울러 당내 좌익을 대대적으로 축출했다. 이와 관련해 트로츠키는 스탈린주의 다수파가 '러시아 반대파의 물리적 제거를 은폐할 수 있도록' 중국에서 '승리'를 만들어 내야 하는 시점에서 봉기가 일어났다고 썼다.─트로츠키, 《중국 혁명의 문제》, pp.291~292.; 빅토르 세르쥬(Victor Serge), 《레닌에서 스탈린까지(De Lenine à Staline)》(파리, 1937.), p.31.; 빅토르 세르쥬, 《20년 뒤의 러시아(Russia Twenty Tears After)》(뉴욕, 1937.), p.160.; 보리스 수바린(Boris Souvarine), 《스탈린(Staline)》(파리, 1935), p.434. 쑹칭링, 덩옌다, 천유런 등 당시 모스크바에 있던 소규모 국민당 좌파 망명객들은 광저우 사건이 15차 당 대회에 필요한 '분위기'를 조성하기 위해 의도적으로 강제된 것이라고 믿을 만한 이유가 충분하다고 필자에게 말했다.(원주)

뿐이었다. 그러나 광저우의 공산당원들은 그것을 천 배나 과장해서 보았다. 나라 전체가 그들을 돕기 위해 들고 일어나리라는 것을 보여주는 확실한 증거로 여겼다. 1년 이상 지난 뒤, 로미나제는 이렇게 고백했다.

"당시 우리는 농민봉기의 발전 정도를 너무 지나치게 과장했다."[10]

봉기를 준비하는 공산당과 그것을 진압하려는 반동세력이 각각 가용할 수 있는 군사력의 차이를 본다면, 좀 더 넓은 광동성이나 전국적 차원에서 압도적 차이를 고려하지 않더라도, 앞으로 얼마나 끔찍한 일이 벌어질지 충분히 예견할 수 있었다. 봉기 가담자들의 보고를 직접 취합한 천샤오위陳紹禹·진소우*는 "광저우에 주둔 중인 지배계급의 군사력은 봉기 세력의 5~6배 이상이다"라고 판단했다.[11] 천샤오위는 공산당 군사령관 예팅과 'A 동지노이만', 그리고 광저우 군사위원회가 받은 보고들을 요약하며, 혁명군의 무장력을 '권총 및 자동권총 최대 30정, 수류탄 최대 200발, 노동자들이 보유한 라이플 소총 최대 50정, 병사들이 보유한 라이플 소총 최대 1,600정'[12]으로 추산했다. 노이만의 보고에 따르면, 노동자 적위대는 단 29정의 마우저 소총과 약 200발의 수류탄을 보유했고, 라이플 소총은 단 1정도 없었다.[13] 봉기에 가담할 수 있는 유일한 부대는 임관을 대기하고 있는 장교들과 황포군관학교 출신들로 구성된 사관생도연대로서, 이들 중 200명 정도는 공산당원이었다.[14] 예팅은 실제로 봉기에 참여한 숫자를 총 4,200명으로 제시했는데, 이 중 1,200명이 사관생도연대였고, 3,000명이 적

---

* 이후 그는 중국 공산당 총서기 왕밍(王明·왕명)으로 더 잘 알려지게 된다.(원주) 1937년에 2차 국공 합작이 선언된 뒤에는 국민당의 국민참정회(의회)에 참가한다.

위대였다. 'A 동지'는 사관생도연대에 2,000명을 더해 총 3,200명으로 추산했다.[15]

예팅에 따르면, 정부는 즉각 행동에 나설 수 있는 7,000명의 잘 무장된 군사력을 보유하고 있었다. 5,000명의 병사, 1,000명의 경찰, 그리고 반동적 기계공노동조합이 통제하는 1,000명의 폭력배가 그들이었다. 병사들은 보병, 기관총병, 포병으로 편재돼 있었다. 이들은 5,000정의 라이플 소총, 상당량의 자동소총, 35문의 소형 박격포와 대포를 보유하고 있었다.[16] 도시에 주둔 중이던 군사력만 해도 이 정도였다. 또한 중국 전함과 외국 전함 여러 척이 강에 정박해 있었다. 대략 4개 연대가 도시외곽 병영에 주둔하고 있었고, 잘 무장되고 훈련된 장파구이-리지천 합동군 5만 명이 2~3일이면 도시로 들이닥칠 수 있는 거리에 있었다. 이들 부대들에서 공산당의 영향력은 전무했다. 노이만은 "병사들 대다수가 공산당의 구호에 대해 전혀 몰랐다"고 인정했다.[17] 로조프스키는 이렇게 썼다. "우리는 적군을 와해시키기 위한 어떤 사전작업도 하지 않았다. …… 봉기 결과는 예정된 것이었다".[18] 이후 보고에서 노이만은 압도적으로 불리했던 상황을 인정하면서도, 무기력하게 이렇게 덧붙였다. "하지만 부르주아 군대는 혁명적 소요로 포위돼 있었고, 그 지휘부는 정치적으로 군대에 의지할 수 없었기 때문에, 광저우에서 군사력은 대등했다고 볼 수 있다". 노이만이 자신을 방어하기 위해 내세울 수 있었던 것은 이것뿐이었다. 보고서의 다른 내용들은 모두 그것에 대한 논박이었다.[19]

'혁명적 소요'가 얼마나 거대했던지, 공산당은 총파업을 호소할 엄두도 못 냈다! 노이만과 공산당위원회는 이후 전략에 대해 숙고하며 잠시 총파업 호소를 고려했지만, 곧 그것을 포기했다. 노이만은 그 이유에 대해 이렇게 말했다.

"혁명위원회는 적이 눈치 채지 못하도록 한밤에 급습해 성공하지 못한다면, 승리할 가능성이 크게 떨어질 것이라고 보았다."[20]

혁명위원회의 일원이었던 황핑黃平·황평은 파업을 시도하지 않고 봉기를 일으키기로 '만장일치'로 결정했다고 기록했다.[21] 10월 23일에 마지막으로 광저우 노동자들을 결집시키려 했던 시도는 장파구이가 작업 중단을 위한 일체의 계획을 신속하고 잔혹하게 진압하면서 비참하게 끝났다. 그리고 대략 1주일 뒤, 왕징웨이는 도시 변두리를 점령하고 있던 광저우-홍콩 파업규찰대를 공동숙소에서 강제로 퇴거시키면서 공산당에 한층 더 타격을 입혔다. 최후의 위대한 코민테른 동맹자인 왕징웨이가 군벌들조차 주저했던 임무를 완수해 낸 것이었다. 규찰대는 뿔뿔이 흩어졌다. 그들 가운데 500명 정도만이 공산당의 영향력 아래에 남았다.* 이런 일들을 겪은 뒤, 더 이상 공산당 지도부는 파업이라는 두 글자에 대해 생각조차 할 수 없었다. 오로지 봉기만 생각했다. "공산당은 파업을 조직할 힘이 없었다. 도시 전체의 경제활동을 멈출 수 없었다. 더 이상 공장과 작업장의 노동자계급을 운동으로 이끌 수 없었다. …… 노동자 대중은 총성이 들리고 바리케이드 전투가 시작된 뒤에야 봉기가 일어났다는 것을 알게 됐다. …… (대중은) 봉기를 갑작스럽고 우발적인 일로 생각했다".[22]

마찬가지로 '소비에트'의 등장도 똑같이 '갑작스럽고 우발적인' 일이었다. 이제 그것은 공산당 깃발에 새겨져 있었다. 봉기가 있기 나흘

---

* 노이만은 300명뿐이라고 말했다.(원주)

전에 15명이 대표로 선출됐는데, 9명은 공산당의 지도를 따르거나 영향을 받는 소규모 노동조직들을 대표했고, 3명은 사관생도연대를 대표했으며, 나머지 3명은 광둥성 농민을 대표했다.[23] 이들 15명이 바로 '광저우의 노동자-농민-병사 대표자회의'를 구성했다. 권력을 장악한 뒤에 '소비에트'를 300명 규모로 확대하기로 결정했다.

스탈린주의화한 코민테른 지도부가 왜곡시킨 모든 혁명적 개념과 마찬가지로, 소비에트라는 개념도 전혀 알아볼 수 없을 정도로 난도질당했다. 소비에트란 무엇인가? 무엇보다도 이것은 피땀 흘리며 일하는 민중의 가장 광범위한 선거에 기초해 선출된 노동자-농민-병사 대표들의 기구다. 가장 폭넓은 노동자 민주주의의 표현이다. 이것은 거대한 혁명적 분출의 시기에 등장한다. 파업 위원회들, 행동 위원회들, 그 외 지역단체들로부터 등장하는 소비에트는 어떤 정당도 다다르지 못한 광범위한 부위의 반란 대중을 혁명운동의 궤도로 끌어들인다. 소비에트의 장점은 대중운동 자체로부터 유기적으로 출연해, 정부를 뛰어넘는 권위를 행사하며, 대중의 의지를 직접적으로 표현한다는 데 있다. 소비에트를 통해 대중은 정치 교육을 받으며, 그 과정은 당대에 제기되는 시대적 의제 덕분에 천배는 더 가속화된다. 혁명의 물결이 등장해 권력 장악에 이르기까지 매 단계 투쟁을 거치며 대중은 소비에트를 통해 지도되고 훈련된다. 소비에트는 봉기를 조직하고 완수하면서 새로운 혁명적 권력 기구로 변모한다. 세 차례에 걸친 러시아 혁명의 경험들을 통해 정식화되고 시험을 거친 이런 소비에트 개념은 스탈린의 지배 아래에서 사라져 버렸다. 새로운 체제에서 소비에트는 혁명 투쟁의 전 과정을 관통하는 기구가 아니라, 바로 권력 장악의 문턱에서 등장할 수 있는 기구로 간주돼야 했다. 소비에트의 성

격과 역할에 관한 이런 왜곡된 관점은 광저우에서 그에 걸맞은 기괴한 모습으로 구현됐다.[24]

설사 대중운동이 거대한 전진을 이루어 내며 권력을 향해 나아가고 있는 순간에 물론 전혀 그런 상황이 아니었지만 광저우 봉기가 계획됐다고 하더라도 급조된 소비에트 선거는 무리였고, 심지어 불필요했을 것이다. 그런 경우에 대중운동의 성장은 소비에트의 형태를 취하지 않더라도, 권력 장악을 위해 대중을 준비시키고 이끌기에 적합한 형태의 조직을 발전시켰을 것임이 틀림없다. 광저우에는 이런 조건들이 전혀 존재하지 않았다. 대중운동의 고조는 존재하지 않았고, 선출 소비에트와 같은 형태의 조직이 등장할 기초는 갖춰져 있지 않았다.

이런 현상을 익히 경험했던 트로츠키는 이렇게 썼다. "선출 소비에트를 건설하는 문제는 손쉬운 일이 아니다. 대중이 소비에트 조직과 친숙해지기 위해서는 스스로의 경험을 통해 소비에트가 무엇인지 알게 되는 것, 그 형태에 관해 이해하는 것, 그리고 과거로부터 무언가를 배우는 것이 필수적이다. 중국에서는 이를 위한 조짐조차 없었다. 소비에트가 전체 운동의 신경 중추가 돼야만 했던 시기에 그 구호를 트로츠키주의 구호로 선고했기 때문이다. 하지만 그들은 은근슬쩍 패배를 덮으려고 허겁지겁 봉기 날짜를 잡아야 했고, 또한 동시에 소비에트를 지명해야 했다. 만일 이런 잘못이 철저히 밝혀지지 않는다면, 소비에트 구호는 혁명을 질식시키는 올가미가 될 것이다".

"소비에트의 임무는 단지 봉기를 호소하거나 실행하는 것이 아니라, 대중이 필요한 단계를 거쳐 봉기로 나아가도록 이끄는 것이다. …… 대중은 활동을 통해 소비에트가 자신의 조직으로서, 투쟁·저항·자기방어·공격을 위해 힘을 결집시키고 있다는 것을 느끼고 이해해야 한다. 그것을 느끼고 이해하는 것은 단 하루의 활동이나 단 한 번의 행동만으로는 불가능하며, 몇 주일이나 몇 개월, 또는 몇 년의 경험을 통해서만 가능하다. …… 이와는 반대로 아류들은 소비에트를 당이 권력 장악을 앞두고 노동자계급에게 입히는 행진용 제복으로 바꾸어 놓았다. 하지만 바로 그 순간 소비에트가 무장 봉기라는 직접적 목표를 위해 명령에 따라 24시간 내에 급조될 수는 없다는 사실을 발견하게 된다. 결국 이런 실험은 불가피하게 허구적 형태를 취할 수밖에 없고, 소비에트제도의 형식적 의례를 행하며 권력 장악에 필요한 모든 조건이 결여됐다는 사실을 감춘다. 바로 광저우에서 이런 일이 벌어졌고, 그야말로 의례를 지키기 위해 소비에트를 지명했다. …… 의례를 지키기 위해 급조한 소비에트는 모험주의 폭동을 위한 가면극에 불과했다".[25]

비극을 위한 무대가 갖추어졌다. 전국적으로 대중이 냉담한 반응을 보이고 있는 가운데, 공산당은 광저우에서 봉기를 일으키기 위해 준비하고 있었다. 미래의 권력을 떠맡을 15인의 '소비에트'를 지명한 '세부사항'도 열광적 준비의 일환이었다. 압도적으로 강력한 힘이 언제라도 그들을 깨부수기 위해 준비하고 있었다. 대다수 광저우 노동자들은 앞으로 무슨 일이 벌어질지 전혀 눈치채지 못했다. 이런 상황에서 의지할 수 있는 것은 봉기 명령을 따를 준비가 돼 있던 노동자들과 병사들의 비할 데 없는 영웅주의뿐이었다.

마지막 순간에 모든 계획이 거의 무너졌다.[26] 그 사이에 왕징웨이는 장제스와 정치회담을 갖기 위해 상하이로 갔다. 황핑에 따르면, 그는 그곳에서 공산당의 계획을 알게 됐고, 광저우의 장파구이에게 급전을 보냈다. 장파구이는 자신의 부관이자 구 철군의 '혁명 영웅'으로서 위풍당당했던 황치샹에게 전보를 보냈다. 광저우 수비대를 증강하기 위해 충분한 수의 병사들과 함께 전선에서 돌아오라는 내용이었다. 황치샹은 12월 10일 아침에 도시에 도착했고, 몇 시간 뒤 그의 병사들도 뒤따라왔다. 하지만 이런 상황 전개가 음모자들을 멈추게 하지는 못했다. 혁명위원회가 이끌어 낸 유일한 결론은 봉기를 서두르는 것이었다. 애초에 13일로 잡은 기일을 11일로 앞당겼다.

10일 저녁 7시에 적위대원들이 지정된 역들로 집결하기 시작했다. 사관생도연대 막사에 명령이 하달됐고, 불과 몇 시간 뒤 주사위는 던져졌다. 그날 밤, 또다시 재앙이 덮쳐왔다. 당국은 경계에 나섰다. 수많은 경찰이 순찰을 돌았고, 장갑차들이 거리에 들어찼다. 주요 도로에서는 검문검색이 진행됐다. 적위대원들의 집결지 중 하나가 초저녁에 발각됐다. 90명의 적위대원이 체포됐고, 숨겨 놓은 60발의 수류탄이 압류됐다. 잠시 동요가 있었지만, 되돌리기엔 너무 늦었다. 붙잡힐 경우에는 체포에 저항하라는 명령이 적위대원들에게 하달됐다. 이제 무슨 일이 있어도 계획을 성사시켜야 했다.

이후 몇 시간 동안 모두가 조용히 기다렸다. 자정이 되자 대다수 경찰 순찰대는 안심하고 거리를 떠났다. 정각 3시 30분에 도시의 최북단에서 총성이 적막을 깨뜨렸다. 사관생도연대가 들고 일어났다. 연대장과 몇몇 장교가 체포돼 총살당했다. 대기 중이던 버스에 올라탄 사관생도들은 1~2개 분대가 1개조가 돼 정해진 공격지점으로 향했다. 동시에 적위대원들도 행동에 돌입했다.

최초의 전격적 기습작전은 거의 성공했다. 도시의 몇몇 지점에서 적군부대들은 무장해제당하거나 짧은 교전에서 패주했다. 상당량의 라이플 소총이 빈약하게 무장한 반란자들에게 지급됐다. 도심에서는 노동자-사관생도 연합부대가 도로를 사이로 마주하고 있는 경찰 본부와 경비단 본부를 습격해 점거했다. 장파구이의 군사령부와 리지천의 요새 같은 저택에서는 치명적인 기관총 세례 앞에서 물러서지 않을 수 없었다. 여명이 밝아 올 무렵, 도시 전체가 반란자들의 수중에 놓이게 됐지만, 여전히 두 곳은 완강하게 저항하며 이튿날까지 전투를 이어 갔다.

12월 11일 오전 6시에 경찰 본부에서 광저우 '노동자-농민-병사 대표 소비에트'가 공식적으로 수립됐고, 사실상 광저우 정부로 기능하기 시작했다. 선출된 농민대표 2명이 제시간에 도착하지 못하면서, 소비에트의 발족에는 13명만 참가했다. 정부가 처음에 한 일은 1,000명이 넘는 정치범을 석방한 것이었고, 이들 대부분은 즉시 봉기세력에 합류했다. 적에게서 빼앗은 무기는 곧바로 분배됐다. '소비에트 정부'의 첫 포고령이 발표되는 와중에도 도시는 여전히 총성으로 시끄러웠다.

혁명 정부의 선언문은 며칠 전에 미리 인쇄됐지만, 그것을 보관하고 있는 인쇄소가 사선 너머에 있어서 접근할 수 없었다. 점령지에 있는 인쇄소에서 새로운 전단을 서둘러 인쇄해야 했다. 젊은 선전가들은 마침내 혁명이 일어나 국민당의 청기가 소비에트의 적기로 바뀌었음을 알리는 전단을 광저우 노동자들에게 배포하기 위해 징발한 자동차를 타고 흩어졌다. 선언문은 대자본가, 은행, 전장錢莊*이 보유한 재산 몰수를 호소했다. 부자들의 저택은 노동자를 위한 기숙사로 바뀔

---

*　중국 남부를 중심으로 발달했던 환전 업무를 담당했던 금융기관으로 그 외에도 예금, 대부, 환어음 등 거의 모든 은행 업무를 취급했다.

것이었다. 전당포는 몰수되고, 물건들은 무상으로 주인에게 환원될 터였다. "이를 위해 열사들은 목숨을 바쳐 투쟁했다. 우리는 그들의 투쟁을 계승해야 한다". 하지만 이 투쟁은 단지 더 많은 열사를 탄생시키게 될 것이었다.

광저우 코뮌은 8시간 노동제, 임금 인상, 실업자를 위한 기본급 지원, 모든 대공업·교통·은행의 국유화, 중국 노동자계급의 전국조직으로서 중화전국총공회의 승인을 정강으로 선포했다. 또한 토지 국유화, 지주·토호 척결, 모든 땅문서·임대계약서·채권·토지경계의 폐기, 그리고 각 촌에서의 소비에트 수립을 선포했다. 부자들에게서 몰수한 재산을 분배해 도시 빈민을 구제하겠다고 했다. 전당포와 고리대금업자에게 진 모든 채무를 탕감하고, 피착취자에게 부과된 온갖 세금과 공납을 폐지한다고 명령했다. 노동 대중을 위한 권리로서 노동자의 무장, 모든 정치범의 석방, 언론·출판·집회·결사의 자유, 그리고 조직과 파업의 자유가 선포됐다.

그동안 중국 혁명과 관련해 코민테른이 취해 온 전반적 정책노선에 비추어 볼 때, 광저우 코뮌의 강령은 극도로 중요하다. 왜냐하면 코민테른의 이론가들이 고수해 온 중국 혁명의 전망은 '부르주아 민주주의 혁명'으로서 노동자계급 독재가 불가능하다는 것이었기 때문이다. 스탈린-부하린의 공식에 따르면, 이 혁명의 최종 목표는 노동자계급 독재가 아니라 '노동자-농민의 민주적 독재'였다. 이 '민주적 독재'는 민주주의적 혁명 과제들을 완수하는 동시에, 미래에 확정되지 않은 방식으로 등장하게 될 노동자계급 독재를 위해 길을 열어 주는 이행기 정권으로 모호하게 그려졌다. 트로츠키는 민주주의적 과제들의 실현은 자본가계급의 재산을 침해하는 사회주의적 성격의 조치들 없이는 생각할 수 없기 때문에, 노동자계급 독재를 통해서만 그 과제들을 완수할 수 있다고 주장했다. 이 때문에 트로츠키는 "혁명의 부르주아 민주주의 단계를 뛰어넘으려 한다"는 비난을 반복해서 들어야 했다. 그러나 광저우에서 강령을 정교화해야 할 때가 왔을 때, 중국 공산당원들은 트로츠키의 표현처럼 '10월 혁명의 시작 때보다 더 급진적인 수단들'을 공표할 수밖에 없었다. 트로츠키는 이렇게 질문했다. "만약 이런 것들이 부르주아 혁명의 방식이라면, 중국에서 노동자 혁명은 대체 어떤 것이란 말인가?"[27]

이 질문에 대한 답을 광저우에서 찾을 수는 없었다. 자신들이 '트로츠키주의'에 대죄를 저지르고 있다는 사실을 의식하지 못한 광저우 코뮌 참가자들은 강령을 선포하는 것 이상의 시간을 가질 수 없었다. 12월 11일 아침나절부터 국민당 군대가 반격을 개시했다. 바리케이드가 설치된 여섯 지점에서 노동자-병사들은 시시각각 거세지는 반격을 필사적으로 막아 냈다. 광저우의 노동자 대중은 수동적 방관자로 남았다. 그들의 눈에 전투는 '갑작스럽고 돌발적인 사건'이었다. 눈앞에서 기적적 용기를 보여 주고 있는 소규모 무리에 대해 약간의 일체감도 느끼지 못했다. 광저우 노동자들은 공공안전 기구로 활동하기 시작한 '소비에트'를 자신의 기구이자 노동자의 권력 기구로 받아들이지 않았다. 이처럼 긴장되고 절망적인 시간에 누가 그들을 분기시켜 투쟁으로 이끄는 임무에 착수했을까? "활동적 노동조합원들과 노조 지도자들, 책임 있는 중심적 동지들은 대부분 적위대에 참여했다. …… 그들은 바리케이드에 있었다. 대중을 결집시키는 일을 맡을 사람이 아무도 없었다."[28]

광저우의 대다수 노동자-수공업자들은 투쟁과 거리를 뒀다. 어떤 총파업 호소도 없었다. 오직 극소수 운전사들, 인쇄공들, 인력거꾼들이 작업을 멈추고 소총을 손에 들었다.²⁹ 철도노동자들과 선원들은 일을 계속했고, 봉기를 분쇄하려고 몰려드는 병사들을 실어 날랐다. 또한 국민당 관료들이 도시를 빠져나갈 수 있도록 도왔다.

봉기를 불과 6시간 앞두고 군대를 지휘하기 위해 당도한 예팅은 이렇게 보고했다. "대중이 봉기에 참여하지 않았다. 모든 상점이 문을 닫았으나, 점원들은 우리를 지지할 의사가 없어 보였다. …… 우리가 무장해제시킨 병사들 대부분이 도시로 흩어졌다. 봉기는 3개 철도노선에서 일하는 철도노동자들의 분규로 이어지지 못했다. 여전히 반동세력은 광저우-한커우 철도를 이용할 수 있었다. …… 발전소노동자들이 전기를 차단해서 우리는 어둠 속에서 일해야 했다. 영국 제국주의의 압력 속에서 선원들과 광저우-홍콩 노동자들은 감히 전투에 합류하지 못했다. …… 강의 선원들이 수치스럽게도 백군白軍의 도강을 돕는 동안에도 우리는 승선 지점조차 알지 못했다. 광저우-홍콩 노선과 광저우-한커우 노선의 철도 노동자들은 적을 위해 전보를 배달해 줬고, 병사를 실어 날랐다. 농민은 적들이 광저우를 공격하지 못하도록 도로를 파괴하는 일에 나서지 않았다. 홍콩의 노동자들은 봉기에 대해 조금도 공감하지 않았다".³⁰

재앙과 관련해 누구보다 직접적으로 책임이 있는 노이만은 봉기에서 대중이 보여 준 역할에 관한 예팅의 평가에 대해 전적으로 인정하지는 않았지만, '전반적 동의'를 표명했다. 자신이 쓴 보고서에도 동일한 사실들을 담을 수밖에 없었다. "대다수 노동자계급과 소부르주아계급은 새로운 권력을 크게 지지하지 않았다. …… 철도노동자, 공무원노동자, 홍콩의 선원 등 노동자들은 일을 멈추지 않았다. …… 소부르주아계급은 전반적으로 관망적 태도를 보였다. …… 봉기 순간에 광저우 인근의 각 현에서 의미 있는 혁명적 농민운동은 찾아볼 수 없었다. 하이루펑海陸豐·해륙풍과 하이난海南·해남의 농민들은 완전히 고립됐다. 그들에게서 지원을 기대할 수는 없었다. 다른 어떤 성에서도 노동자 대중과 혁명적 농민이 광저우 봉기를 지지하며 나서는 모습을 찾아볼 수 없었다".31

수천 명의 광저우 노동자들이 코뮌의 출현에 고무돼 행동에 나섰다는 것은 의심의 여지없는 사실이었다. 하지만 기껏해야 그들은 가여운 소수일 뿐이었다. 덩중샤鄧中夏·등중하는 이렇게 말했다.

"광저우 노동자 모두가 참여하지 않은 것은 사실이다. …… 하지만 어떤 이들은 참가자 수가 5,000명에 불과했다고 말한다. 이것은 …… 근거 없는 날조다. 참가자 수는 확실히 2만 명 이상이었다."

그러면서도 덩중샤는 이렇게 덧붙였다.

"그렇지만 사회적 기초는 넓지 못했다고 말할 수밖에 없다. 가령, 국민당이 배신하기 전에는 약 20만 명의 노동자들이 공산당의 노동자 대표자회의工人代表會 산하에 포괄돼 있었다."32

그것은 기껏해야 2년 전의 일이었다. 광저우와 광둥의 노동자-농민은 스스로의 무력과 역량으로 구 군벌 군대를 무력화했고, 강력한 영국이 지배하는 홍콩을 마비시켰으며, 국민당과 자본가계급이 광둥성을 통일하고 국민 정부를 수립할 수 있게 해 주었다. 하지만 당시에 맹아적 소비에트노동자대표자회의와 광저우-홍콩파업위원회를 수백만 대중의 열망과 추진력을 동충동을 품어 안는 광범위한 민주주의 기구로 확장시켜야 한다는 노동자 봉기 사상은 트로츠키주의자만이 생각할 수 있는 불경죄였다. 그런데 이제 모든 곳에서 혁명세력이 박살나고 반혁명세력이 승리하면서, 덩중샹의 공식 수치로도 조직 규모가 과거의 10분의 1에도 못 미치는 수준으로 몰락한 상황에서, 공산당원들은 소비에트 권력의 깃발을 들고 봉기에 나섰다. 그들을 따를 대중은 더 이상 남아 있지 않았다. 불과 2년 전만 해도 공산당원들은 쌍안경을 거꾸로 뒤집어 바라보듯 스스로의 역량을 아주 작고 무기력하다고 보았다. 실제로는 믿을 수 없을 만큼 강력했는데도 말이다. 이제 그들은 쌍안경을 바로잡아 바라보듯이 스스로를 크게 과장해서 보았다. 있는 그대로의 역량과는 전혀 거리가 멀었다. 함께했던 수많은 사람이 사라졌고, 간직했던 희망도 사라졌다.

청년 선전단원들이 정부기관들 앞에서 활동하며, 12월 11일 정오에 대규모 대중 집회가 열릴 것이라는 소식을 전단과 구두로 열정적으로 알렸지만, 약속된 시간에 참가한 인원은 겨우 300명에 불과했다.[33] 지도자들은 쓴맛을 삼키며, 그것을 '대표자회의'로 명명했다. 심지어 정부 기구 활동가들과 핵심 지도자들의 합동회의조차 연이어 두 번이나 제시간에 성사되지 못했다. 바리케이드에 있는 사람들은 올 수가 없었다. 그날 저녁에 예정됐던 대중 집회는 이튿날인 12월 12일 정오로 미루어 타이핑극장太平戲院 앞에서 열기로 했다. 코뮌의 '외무인민위원'을 맡은 황핑은 이 집회에 관해 침묵한다. 또 다른 관계자인 덩중샤는 집회가 성사되지 못했다고 말한다.[34] 당시 광저우가 아니라 모스크바에 머무르고 있다는 이점을 누린 천샤오위는 소비에트의 포고를 승인하기 위해 1만 명의 노동자들이 모였다고 말한다.[35] 설사 천샤오위의 주장이 사실일지라도, 소비에트 연사의 연설을 듣기 위해 1만 명의 노동자들이 모인 것은 2년 전의 단순한 노동절 집회에 20배 많은 수가 모여 도시를 행진하며 노동자계급의 힘을 과시했던 것을 기억한다면, 그것은 쓰디쓴 논평이었을 뿐이다. 예정된 대중 집회의 의사일정에 따르면, 15인으로 구성된 소비에트의 역할을 확정하고, 그 수단과 법령을 비준하며, 성원을 300명으로 확대하는 안을 채택하기로 돼 있었다. 이런 조치들이 실제로 통과됐는지는 기록돼 있지 않다. 상황이 신속히 전개돼 그것의 중요성이 사라졌는데, 12월 12일 정오에 군대가 집결해 도시를 공격하기 시작했고, 노동자들과 사관생도들은 기껏해야 소총, 창, 죽도로 무장한 채 살인적인 기관총-경포 세례에 맞서며 혈전을 벌이고 있었기 때문이다.

전투가 벌어지는 동안, 도시의 중심 지구에서 몇 차례 화재가 발생했다. 당연하게도 코뮌 참가자들이 방화한 것이라는 비난이 쏟아졌다. 사실 중앙은행과 인접 건물들 일부를 파괴시킨 화재의 원인은 중국, 영국, 일본의 포함들이 코뮌을 타격하기 위해 합동작전을 벌이며 도시를 향해 포격을 가한 데에 있었다. 장파구이 사령부를 엄호하는 한편, 도시를 탈환하기 위해 대규모로 강을 건너는 군대를 엄호하기 위한 것이었다. 포격으로 화약고에 불이 붙었고, 그 불이 인근 거리를 완전히 집어삼켰다.[36] 게다가 도시의 범죄자들이 봉기를 이용해 잇속을 차리기 위해 행동에 나섰다. "조직폭력배는 방화를 저지르고 약탈할 기회를 잡았다".[37] 리푸린李福林·이복림 군대가 도착했을 때, 2척의 중국 포함이 비 오듯 포격을 퍼부었는데, 베이징의 《익세보益世報》는 이 때문에 열 곳에서 화재가 발생했다고 전했다.[38]

적들은 삼면에서 광저우 코뮌을 향해 몰려들었다. 장파구이, 황치샹, 리푸린은 강에 정박해 있는 안전한 함선에서 작전을 지시했다. 코뮌을 진압하기 위해 진군해 온 군장들 중에 쉐웨薛嶽·설악가 있었는데, 그는 9개월 전만 해도 장제스의 상하이 쿠데타에 반대해 자신의 사단 전체를 공산당에 헌납했었다. 서강 인근에, 북쪽의 공이公益에, 동쪽의 황푸와 허난河南에 모두 4만 5,000명 이상의 병사가 전투에 투입됐다. 도시에는 1,000명의 건장하고 잘 무장된 폭력배가 이미 행동에 나서고 있었다. 적위대의 주력은 강둑에 모래자루를 쌓아 만든 보루 뒤에 자리 잡고 있었고, 강 위의 포함과 강을 건너온 군대뿐만 아니라, 뒤에서 기계공노동조합 깡패들에게 공격을 받았다. 민중들로부터 고립된 코뮌 참가자들은 여러 적군 부대들이 상륙해 혁명위원회 본부로부터 150미터 떨어진 지점까지 도달한 뒤에야 그것을 알아차릴 수 있었다.[39] 그런데도 그들은 13일 오전 10시까지 버텼다. 피비린내 나는 최후의 근접전을 벌인 뒤, 노동자들은 바리케이드에서 물러날 수밖에 없었다. 그들은 후퇴했고, 거리를 옮겨 가며 전투를 벌였다. 일부 지도자는 사관생도연대와 적위대 일부노이만은 그 수가 총 1,500명이었다고 말한다를 끌어모아 적군의 저지선을 돌파한 뒤, 도시를 떠나 하이펑으로 향했다.[40] 정오가 됐을 때, 남아 있는 코뮌 참가자들은 '소비에트'가 장악하고 있는 경찰 본부에서 최후의 결전을 벌이고 있었다. 이곳에서 적위대는 사방이 포위된 가운데 2~3시간 동안 사투를 벌인 뒤 궤멸됐다. 무기와 규모에서 월등히 우세했던 공격자들에 맞서서 방어자들은 오로지 용기와 결의만으로 버텼다. 황무숭黃慕松·황모송의 황포군은 다섯 차례나 노동자들의 방어선을 향해 돌진했으나, 그때마다 격퇴됐다. 결국 정오가 얼마 지나지 않아 경찰 본부에 내걸렸던 적기는 철거됐다.

코뮌은 고작 하루 만에 무너졌다. 마지막 순간에 남은 것은 10~50명 단위로 구성된 노동자 부대들이 탄약이 떨어지거나 짓밟혀 살육당할 때까지 물러서지 않은 절망적 영웅주의였다. 12월 13일 정오가 됐을 때, 광저우의 마지막 코뮌 수호자들은 전멸당했다.

부르주아 저자들은 광저우에서 일어난 12월 11일~13일의 사건을 오싹하게 '3일 테러'로 부르기를 좋아한다. 짧은 존속기간 동안, 코뮌은 적대세력 가운데 210명을 죽이고, 71명을 투옥시켰다.[41] 어느 중국인 부르주아 기자는 소비에트 정부 하의 총 사망자 수를 600명으로 추산했는데, 이 수치는 코뮌 참가자들이 국민당의 반격에 맞서는 동안 죽인 자들을 포함했다.[42] 12월 13일 밤에 중국의 갈리페Gallifets*들이 나섰을 때, 진짜 공포 정치가 시작됐다. 리지천, 장파구이, 황치샹이 군대를 풀어 도시를 유린했다. 실제 전투가 끝난 뒤에도 오랫동안 도시는 사형집행인들의 총성으로 시끄러웠고, 죽은 노동자들의 피와 시체로 뒤덮였다.

《대공보大公報》기자는 여성 공산당원들을 '기름에 젖은 솜이불로 덮어 화형에 처하는' 모습을 목격했다.[43] 병사들은 단발을 급진주의의 절대적 증거로 간주해 단발의 여성들을 닥치는 대로 잡아들였다. 수백 명의 젊은 여성들이 총살당하거나 형언할 수 없는 모욕을 당한 뒤 살해당했다.[44] 현장을 목격한 기자는 이렇게 소식을 전했다. "노동자-농민 봉기가 진압된 뒤, 광저우는 지옥과 다름없다. …… 버려진 시체들이 도로 곳곳에 쌓여 있다".[45] 베이징에서 온《순천시보順天時報》통신원은 위험을 무릅쓰고 거리로 나갔다. "골목을 나서자 처음으로 눈에 들어온 것은 얼굴을 위로 한 채 누워 있는 노동자의 시신이었다. 그는 붉은 두건을 두르고 흙먼지로 뒤덮여 있었다. 이마와 오른쪽

---

* 1871년 파리 코뮌을 잔혹하게 진압했던 부르주아 장군.

볼은 총에 맞아 떨어져 나갔고, 죽은 육체 위로 파리가 들끓었다. ……
무너진 벽돌담 뒤, 나무 등걸 위, 도로변, 흐르는 강의 수면 등 어디에
서건 죽은 자들을 찾아볼 수 있었다. …… 모든 거리에 학살당한 남녀
의 시체가 있었다. …… 핏물이 강물처럼 흘렀다. …… 땅 위는 두터운
핏덩이로 검붉게 얼룩졌고, 뇌와 창자 등이 나뒹굴었다. 아직까지 돌,
죽도, 목창 등이 길 위에 널브러져 있었다. …… 주변으로 흥건하게 피
를 흘린 채 뻣뻣하게 누워 있는 시신들은 끔찍한 냄새를 풍겼다. ……
공원 광장에는 시체를 산더미처럼 싣고 있는 트럭 3대가 서 있었다.
오른편 관목 숲에는 10구의 시신이 있었는데, 방금 전에 총살당한 듯
했다. …… 애절한 비명 소리들이 들렸고, 멀리서 총살이 계속되는 듯
했다".46

상하이의 한 신문 편집장은 광저우 거리의 시신들 사진을 싣고는
이렇게 설명을 달았다. "장작더미처럼 쌓인 시신이 공동묘지에 매장
되기 위해 트럭으로 운반됐다".47 그중에 혁명위원회 위원장 장타이
레이張太雷·장태뢰의 시신도 있었는데, 그는 12일 전투에서 죽었다. 15일
에 리푸린의 병사들이 소련 영사관을 습격했을 때 총살당한 5명의 러
시아인 시신도 그곳에 있었다. 대다수 지도자들은 용케 도망쳤다.
예팅에 따르면, 하인츠 노이만은 가장 먼저 도망친 사람 중 한 사람
이었다. 그들 뒤에는 광저우 노동자계급 정수들의 시신이 기괴한 모
습으로 길거리에 나뒹굴고 있었다. 최종 집계된 사망자 수는 5,700
명이었다.

국민당의 '혁명 장군들'이 무자비한 백정들이었다는 사실이 뒤늦
게 분명해졌다. 광저우 사태의 진짜 범인은 누구인가? 이름 없이 죽어
간 자들이 공동묘지에 묻히기도 전에, 살육의 책임을 광둥성 위원회

에 묻는 울분의 목소리가 광저우 공산주의자들 사이에서 나타났다.[48] 하지만 이런 목소리는 빠르게 잠잠해졌는데, 성위원회가 독단적으로 벌인 일이 아니었기 때문이다. 성위원회는 중앙위원회의 지시를 따랐던 것이 아니던가? 그리고 중앙위원회는 스탈린의 지시를 따랐던 것이 아니던가? 크렘린이 직접 지시한 봉기정책을 거부하는 것은 불가능했다. 무오류의 지도부 신화를 지키기 위해서는 또다시 광저우의 극악무도한 범죄를 정당화해야 했다. 중국 공산당 정치국이 첫걸음을 뗐다. 1928년 1월 3일에 채택된 결의안 〈광저우 봉기의 의미와 교훈〉은 이렇게 단언했다.

"오직 비겁한 기회주의자들만이 봉기를 미숙한 행동, 폭동주의, 군사적 음모로 칭할 수 있다. 공산당 광저우 지부나 중앙위원회 성원들 사이에는 그런 기회주의가 존재하지 않았다. 12월 중순의 광저우봉기는 계급투쟁의 전반적 발전과 객관적 정세의 불가피한 결과였다. 노동자계급이 혁명 권력을 장악하기 위해 직접 봉기에 나서는 것 말고는 다른 출구가 없었다".[49]

계속해서 결의안은 봉기가 코민테른과 중국 중앙위원회의 결정들에서 비롯된 '불가피한 산물'이었음을 보여 주고자 했다. 결의안은 우한 정부 몰락 이후를 이렇게 회상했다. "코민테른 집행위원회와 중앙위원회 8월 7일 회의는 중국에 직접적 혁명 정세가 존재한다고 보았다. 이런 분석은 사실에 완전히 부합하는 것이었다".[50] 결의안에 따르면, 난창에서, 예팅-허룽의 모험에서, 추수봉기에서 겪은 패배는 당연하게도 상황에 대한 오판이나 봉기정책의 오류 때문이 아니라 '지도부의 과오' 때문이었고, 그것은 11월 전체회의에서 교정됐다. 또한 혁명세력은 '소멸되기보다는 끊임없이 성장 중'이었고, 여전히 봉기는 '직접적 일정에 오른 문제'라는 전체회의의 지적은 '옳았다'. 따라서 12월 초에 광저우에는 '노동자 봉기의 성공을 위한 모든 조건이 마련돼' 있었다. 그런 순간에 봉기를 연기했다면 '가장 잔혹한 백색테러를 초래했을 것'이었다. 봉기가 실패하고 곧바로 수천 노동자의 불필요한 학살로 이어진 것은 다시 한 번 '불충분한 준비'와 같은 일련의 단순한 '과오들' 때문이었다. 그렇기 때문에 '중국의 전반적 상황은 여전히 직접적인 혁명적 정세'이고, '광저우 봉기 이후 중국 자본주의의 안정성은 개선되기 보다는 심각하게 악화될 것'이라는 전망이 또다시 (!) 결론이었다. 따라서 '봉기의 문제, 소비에트 권력의 문제는 즉각적 실천의 문제'였다. 이런 결론은 새로운 봉기를 조직하기 위해 '열배 더 배가된 노력'을 당에 요구하는 것으로 이어졌다.[51]

1개월 뒤에 열린 코민테른 집행위원회 9차 총회도 동일한 입장을 채택했고, '폭동주의적 경향'에 대한 관례적 경고를 덧붙였다. 이에 따르면, 광저우봉기는 '폭동주의'가 아니라, '소비에트 권력을 수립하기 위한 노동자계급의 영웅적 시도'였다. '광범위한 정치파업의 결여, 봉기기관으로서 선출 소비에트의 부재' 등 철저하지 못한 준비로 곤란을 불러온 '지도부의 몇 가지 과오'는 'N 동지 등'에게 책임이 있었다. "지도부의 그 모든 과오들에도 불구하고, 광저우봉기는 중국 노동자들의 위대한 영웅주의의 상징으로서 평가돼야 한다".[52] 이처럼 코민테른은 비겁하게 광저우 노동자들의 영웅주의 뒤로 숨으려 하면서, 이제는 인정할 수밖에 없는 '거대한 노동자-농민의 패배'와 '공산주의 운동의 중핵들의 몰살'로 이끈 자신들의 잘못을 덮으려했다. 동시에 공식 노선을 정당화하기 위해 또다시 새로운 희생을 요구했다. '새로운 혁명적 고조'가 임박했다고 '예견'하면서, '대중적 무장봉기를 조직하고 실행할 실천적 과제'를 공산당에 제기했다. 그것은 '봉기와 현 정권의 전복을 통해서만 혁명적 과제들을 해결할 수 있기 때문'이었다. '폭동주의'에 대한 경고는 고립된 행동을 피하라는 명령이었다. "당은 인접한 성의 도시와 농촌에서 함께 행동에 나설 수 있도록 준비하는 것을 주요 임무로 삼아야 한다. 그것을 대대적으로 조직해야 한다".[53] 1928년 2월 7일자 《프라우다》에서 스탈린은 이렇게 썼다. "중국 공산당은 무장 봉기를 향해 나아가고 있다. 중국의 전반적 상황은 이것이 올바른 노선임을 보여 준다. …… 공산당이 일상적이고 광범위하게 모든 노력을 집중해야 할 임무가 무장 봉기를 주도면밀하게 준비하는 것이라는 사실은 경험을 통해 입증됐다".[54]

이 정책은 이후 5개월 동안 중국 공산당을 산발적 모험과 연이은 재앙으로 이끌었고, 당에 남아 있는 역량을 괴멸시켰다. 1928년 7월의 중국 공산당 6차 대회와 8월의 코민테른 6차 대회는 크렘린 정치전략가들이 1927년 8월 이래로 지속 중인 것으로 주장한 '직접적 혁명 정세'가 불행히도 허구였다는 사실을 인정했다. 하지만 그것은 모스크바의 지시에 따라 줄곧 파멸로 끝날 수밖에 없는 일련의 봉기를 일으켜 온 '기본노선'을 과오로서 부정하거나, 모험주의적 시기가 과거 기회주의적 과오에서 비롯된 필연적 반작용이었음을 명확히 밝히는 것을 의미하지 않았다. 그것은 정당화를 위한 새로운 공식을 찾아야 한다는 것을 의미했을 뿐이다. 그리고 광저우 봉기가 중국 소비에트 권력의 즉각적 수립을 위한 서막이거나 부단히 상승 중인 혁명적 물결의 절정이 아니라, 우한 정부의 붕괴 이후 혁명적 물결의 하강 과정에서 발생한 후위전투*였다는 사실이 갑작스럽게 '발견됐다'.

"중국을 포함해 각국의 많은 공산당원이 범한 최대의 정치적 과오는(?) …… 광저우봉기 패배 이후 몇 개월 동안, 이 봉기를 전국적으로 한층 고조된 새로운 혁명적 물결의 직접적 시작이라고 생각했고, 그에 따라 무장봉기를 직접 조직하려 했다는 것이다."

누가 이렇게 말했을까? 바로 중국 혁명의 '부단한 상승' 이론을 주창한 로미나제였다.[55]

이처럼 '최대의 정치적 과오'를 인정하는 것은 코민테른 집행위원회와 중국 공산당 지도부의 '과오'를 인정하는 것과는 전혀 관계가 없었다. 코민테른 6차 세계대회 직전에 모스크바 근교에서 열린 중국 공산당 6차 대회는 "난창 봉기와 추수 봉기, 그리고 무엇보다도(!) 광저우봉기는 성격상 폭동주의와는 거리가 멀다"라고 엄숙히 선언했다. 또한 광저우 코뮌이 '혁명의 전리품을 지키기 위한(?) 불가피한(?) 영웅적 시도'였다면서도, 봉기가 '객관적으로 혁명의 패배 과정에서 벌어진 후위전투'[56]였다는 새로운 공식을 끌어냈다.

6차 세계대회의 식민지 테제는 "우한 정부가 붕괴한 뒤 중국 공산당이 '노선을 수정'했지만_{봉기노선을 채택했지만} …… 이미 혁명의 물결은 쇠퇴하고 있었다"고 말했다. 그래서 어떻다는 말인가? "전에는 기회주의적 지도부가 대실책을 저질렀다면, 이번에는 반대로 극도로 유해한 폭동주의적 실책이 곳곳에서 등장했다".[57] 하지만 혁명의 퇴조기에 어떻게 '올바른' 봉기 정책이 '유해한 폭동주의적 실책'으로 이어지지

---

* 군대의 안전한 퇴각을 엄호하기 위한 후위의 전투.

않을 수 있겠는가? 패배가 예정된 상황에서 의도적으로 봉기를 일으키는 것이 폭동주의가 아니고 무엇이란 말인가? 무오류의 코민테른이 직접 봉기로의 전환을 지시했기 때문에, 이와 같은 질문은 제기되지 않았다. 코민테른은 마치 그동안 언제 달리 말했냐는 듯이 퉁명스럽게 "이미 혁명의 물결은 쇠퇴하고 있었다"고 인정했다. 난창에서의 모험, 추수 반란, 광저우 봉기는 단지 '혁명의 패배를 막기 위한 시도'였던 것이다. 광저우 봉기는 '거의 소멸된' 혁명적 물결의 '최후의 공세'였다.⁵⁸

이처럼 변덕스럽게 꼬리표를 바꾸는 것으로 완전한 파산을 숨길 수는 없다. 중국 공산당은 봉기의 길로 들어서며 혁명 권력을 장악하는 것을 목표로 삼았다. '혁명의 전리품 보호'를 말하는 이는 아무도 없었다. 단 한 사람도 없었다. 오직 극복해야 할 패배가 있었을 뿐이다. 뒤늦게 권력 장악의 문제가 부각됐다.

우한 정부가 붕괴한 뒤 혁명의 퇴조가 시작됐을 때 모스크바 반대파는 방어적 후퇴를 조직해야 한다고 경고했지만, 이것은 중국 혁명을 '청산'하자는 주장이라며 비난받았다. 코민테른의 그릇된 정세 판단에서 비롯된 새로운 재앙적 패배들이 있은 지 1년이 지난 지금에서야 6차 대회는 우한의 붕괴 이후 실제로 혁명의 물결이 '쇠퇴'하고 있었고 거의 '소멸'됐음을 무의식적으로 인정했다. 1927년 8월에 '청산주의'였던 것이 사태의 경과 속에서 광저우 노동계급 5,700구의 시신이 크렘린 성문 앞에 쌓인 지 한참 뒤인 1928년 8월에야 '볼셰비즘'이 된 것이다. 패배한 장군이 눈앞에 확실한 퇴로가 열려 있는데도, 잔존 병력을 함정으로 몰아넣으며 '후위전투'에서 몰살시킨 것을 어떻게 설명해야 하는가? 눈이 멀었거나 무지한 장군만이 그럴 수 있다. 코민테른의 '혁명적' 장군들은 두 가지 모두에 해당됐다.

XVIII

FRUITS OF DEFEAT

패배의 결과

혁명의 실패로 국민당은 권력의 지위에 오를 수 있었다. 제국주의의 침략에 직면해 경제적 붕괴와 무기력이 심해지는 가운데, 반혁명과 테러의 시대가 시작됐고, 군벌전쟁이 재개됐다. 대중의 자발적 지지를 끌어내는 데 필요한 경제적 안정을 제공할 수 없었던 자본가계급은 민주적 기구를 발전시키거나 이용할 수 없었다. 그들이 수립할 수 있는 유일한 권력 형태는 경쟁하는 폭군들이 권력을 공유하며 전적으로 제국주의의 군사·재정적 지원에 의존하는 군사 독재였다. 전체 인민의 생활조건을 개선하는 데 필요한 발걸음을 한 발짝도 내디딜 수 없었던 국민당 정권은 만신창이가 된 나라에 기생하는 괴물이 됐다. 국민당의 장군들, 은행가들, 지주들, 관리들, 교도관들, 사형집행인들은 서로 불가분한 관계로 뒤얽혀 나라를 비참하게 고사시켰다. 국민당의 권력 장악을 가능하게 해 준 휘황찬란한 사회·경제 개혁의 약속은 공문구로 남았다. 국민당 통치 아래에서 기존의 모든 착취수단은 그대로 보존됐고 전례 없이 강화됐다. 국민당 정권은 야만적 무력을 통해서만 유지될 수 있었다.

국민당 테러의 참화로 얼마나 많은 사람이 죽었는지는 아무도 모른다. 국민당 통치 10년 동안 얼마나 많은 남녀노소가 사지가 잘리거나 고문당했고, 감옥에 갇히거나 살해당했는지 아무도 모른다. 매년 약화되기는커녕 일상화된 수색의 희생자 외에도, 도시, 농촌 가리지 않고 벌어진 대량학살에서 수많은 사람이 살해당하거나 불구가 됐다는 사실이 알려졌을 뿐이다. 얼마나 많은 정치범이 전국 각지의 감옥에서 교살당하거나 병과 고문으로 죽었는지는 아무도 모른다.

공식 발표와 일간 신문에 기초한 불완전한 수치 또는 추산이 기록으로 남았을 뿐이다. 어느 조사기록에 따르면, 1927년 4월부터 12월까지 3만 7,985명이 죽었고, 3만 2,316명이 정치범으로 수감됐다. 1928년 1월부터 8월 사이에 2만 7,699명이 사형을 선고받았고, 1만 7,000명 이상이 징역형을 선고받았다. 1930년 말에 중국 공산당 적색구제회는 총 14만 명이 사형당하거나 감옥에서 죽은 것으로 추산했다. 1931년에 이루어진 6개 성의 도시들에 관한 의미 있는 통계연구는 3만 8,778명이 정부의 적대자로서 처형당했음을 보여 주었다.[1] 1932~1936에 살해되거나 수감된 수천 명은 대부분 장제스와 국민당이 비열하게도 일본 제국주의에 투항하는 것에 대해 이런저런 공개적 방식으로 반대했거나, 만주와 화북 일부에 대한 제국주의 침략에 맞서 저항을 조직하려 했던 사람들이었다. 장제스는 제국주의 침략에 대해서는 '비저항' 정책을 펴면서도, 화중의 농민 반란에 대해서는 잔혹한 섬멸전쟁을 수행하며 양쯔강 이남의 성들에서 수천 명을 죽였고 농촌과 들판을 폐허로 만들었다.

테러는 국민당 통치 아래에서 생활조건이 지속적으로 악화되는 것에 저항한 노동자-농민에게 집중됐다. 정권의 탐욕에 세계 경제위기의 참화가 더해지면서, 중국 경제는 빠르게 침체와 파산으로 빠져들었다. 5년 사이에 장제스 정부의 국내부채는 11억 위안까지 치솟았고, 막대한 부채의 99%가 권력을 지탱하는 군사 기구와 관료체제를 위해 쓰였다. 경제위기의 타격을 입고 중국의 대외무역이 곤두박질쳤고, 마찬가지로 경제위기의 자극을 받은 일본 제국주의가 만주를 점령하며 정부 세입의 상당부분을 앗아 가는 동시에, 방직공업과 제사공업의 중국 지분을 탈취하려고 박차를 가했을 때, 그나마 정부가 의존하고 있던 취약한 경제구조가 완전한 붕괴의 위험에 처했다.

대외무역 지수1912년 기준는 1931년 277에서 1934년 118.6으로 추락했고, 무역수지불균형 지수는 1927년 91.92에서 1932년 542.62로 급등했다. 1934년에는 식량과 의류가 총수입 품목의 절반 이상을 차지할 정도로 산업과 무역이 추락했다. 오래도록 중국 경제를 지탱해 온 견직산업은 거의 붕괴됐다. 1927년에 상하이에서 가동됐던 93개 제사공장 가운데 23개만 1934년에도 운영됐다. 물레의 수는 2만 2,168개에서 5,722개로 급감했다. 생사는 중국산보다 일본산이 더 저렴했다. 섬유 산업에서 외국 자본이 중국 자본을 거침없이 추월했고, 중국 기업을 흡수했다. 1934년에는 일본·영국의 섬유 공장이 중국 내 모든 방추의 절반가량을 통제했고, 실 생산의 절반을 담당했다. 외국인 소유 직조공장은 수적으로 적었지만, 중국인 소유 공장에서 생산되는 것보다 50% 더 많은 면제품을 생산했다. 수공업, 종이산업, 성냥산업, 자기산업은 외국 기업과의 경쟁 압력 속에서 몰락했다. 농산물 가격은 1932년까지 25~50% 하락했다. 지대보다 몇 배 높은 수준으로 증가한 세금과 군벌의 정기적 징발에 짓눌린 소지주들은 더 이상 생산비조차 충당할 수 없었다. 지대가 50~100%까지 치솟자, 수많은 차지농민들이 경작지를 포기했다. 광대한 농촌지역에서 수천수만 묘의 땅이 방치됐다. 1934년에 미국의 은 구매정책 때문에 지속적으로 은이 유출되면서, 그나마 취약했던 중국 통화의 기초는 붕괴됐다.[2]

제국주의 침략으로 경제공황이 악화됐지만 무기력했던 국민당 정권은 1931년에 일본 제국주의가 중국 정복을 위한 계획의 일환으로 새로운 공세를 시작하자 그야말로 속수무책이었다. 일본은 경제공황과 함께 영국-프랑스의 대소련 봉쇄계획에서 비롯된 전략적 공백을 틈타, 1922년의 워싱턴 조약이 조성한 상황을 종결시키며 만주를 침략했다. 1931~1935년 사이에 연이어 일본 제국주의는 만주를 점령해 '만주국'을 수립했고, 상하이를 비무장지대로 만들었으며, 러허熱河·열하*를 점령했고, 허베이성 변경 현들을 비무장지대로 만들었으며, 대규모 밀무역을 공공연하게 후원해 화북 무역을 해체시켰고, 서부의 차하얼察哈爾**을 침략했다. 각 단계 사이에는 새롭게 획득한 지위를 조심스레 공고화하기 위해 치밀하게 계획된 휴지기가 존재했다.

침략자들은 아무런 저항도 받지 않았거나 장제스의 난징 정부가 버린 고립된 부대의 저항과 마주했을 뿐이다. '비저항'정책은 단지 소극성을 의미하는 것이 아니었다. 난징 정부는 구차하게 제네바의 문

---

* 러허성(熱河省): 허베이(河北), 랴오닝(遼寧) 일부와 네이멍구 자치구 일부를 포괄했던 동북부의 옛 성(省). 일본이 만주국에 편입했다.
** 차하얼성(察哈爾省): 네이멍구(內蒙古) 전역과 허베이(河北)·산시(山西) 일부를 포괄했던 지역.

을 두드리는 한편, 국내에서 침략에 맞선 저항을 조직하려는 모든 독
자적 시도에 대해 무자비하게 탄압했다. 온갖 테러 기구가 1931년 겨
울에 솟구쳐 오른 자발적 항일운동을 깨부수는 데 몰두했다. 항일 민
중 단체를 파괴했고, 일본 배척운동을 분쇄했다. 만주에서 끈질기게
일본군을 괴롭혔던 의용군 게릴라 부대들에 대해서는 어떠한 지원도
하지 않았다. 1932년 1~2월에 상하이에서 십구로군十九路軍 병사들이
역사적 항전을 거행한 뒤, 육해공 모두에서 무자비한 공격을 받아 수
천 명의 병사들이 쓰러지는 동안, 장제스는 일부 소수병력을 제외한
전 병력과 비행기·대포를 전선에서 멀리 떨어진 곳에 그대로 머물게
했다. 결국 정부의 방관 속에서 방어전선은 무너졌고, 1932년 5월 5일
에 장제스의 대표단은 상하이 주변에 폭 2킬로미터의 비무장지대를
설치하기로 합의하는 '상하이 휴전협정'에 서명했다.

　1년 뒤 침략자들이 러허로 진공했을 때도 난징 정부가 장담한 저
항선은 어디에서도 찾아볼 수 없었다. 국제연맹을 향한 호소와 '비저
항'을 결합시킨 정책은 한계에 다다랐다. '북진을 위해 목숨을 바칠
것'이라는 장제스의 반복된 약속을 그 누구도 믿지 않았다. 국제연맹
은 리튼 경을 대표로 전임 식민총독들로 구성된 조사단을 파견했는
데, 조사의 목적은 일본만의 이익이 아니라 모든 제국주의의 이익을
위해 중국을 분할하기 위한 것이었다. 일본의 러허 진공이 임박했을
때, 난징 정부는 꼴사납게 방향을 바꿔 저항할 뜻을 표명했지만, 병
력, 무기, 식량, 군수품 중 그 어느 것도 보내지 않았다. '저항'이 의미
한 것은 잘 먹지 못했고, 제대로 무장을 갖추지 못했으며, 사기가 떨
어진 수천 명의 병사를 일본군의 진군 앞에 내버려 두는 것이었다. 러
허는 1주일 만에 함락됐다. 소수 부대들이 만리장성 성문에서 잠시 동

안 장렬하게 항전했지만, 며칠 만에 진압됐다. 1933년 5월에 일본군이 베이핑성北平城*에 임박했을 때, 장제스의 대표단은 만리장성 이남의 1만 3,000제곱킬로미터에 해당하는 지역에 비무장지대를 설치하고 화북지방에 일본의 확고한 거점을 제공하는 '탕구塘沽 정전협정'에 서명했다. 1934년에는 화북지방과 만주국 사이의 철도운행과 우편업무를 재개하기로 하는 협정과 허베이성 경계의 중국 세관을 재설치하기로 하는 협정을 연이어 체결했다. 난징 정부는 이런 행동을 통해 동북 성들에 대한 일본의 정복을 사실상 승인했다. 1935년에는 차하얼성察哈爾省 동부에 대한 일본의 권리를 승인하는 '친투秦土 협정'을 체결했고, 장제스의 군정장관은 허베이성에서 중앙 정부군을 완전히 철수시키는 '허메이何梅 협정'에 서명했다. 이것은 1937년에 더욱 확장되는 일본의 정복전쟁을 위한 발판이 됐다.[3]

제국주의 산파의 도움 속에서 탄생했고, 제국주의의 후원 속에서 양육된 국민당 정권은 불과 수년 사이에 중국을 경제적 붕괴와 분리 직전의 상황으로 이끌었다. 10년 동안 계속해서 장제스는 거리낌 없이 혁명가들을 학살했고, 노동자들의 방어적 투쟁을 진압하고 해산시켰으며, 모든 반란 농민을 전멸시켰고, 저항 없이 나라의 상당 부분을 제국주의 침략자들에게 넘겨줬다. 그동안 국민당 반혁명에 도전하는 의미 있는 혁명 역량은 찾아볼 수 없었다. 이것은 1925~1927년의 혁명이 실패한 결과였다.

광저우봉기에서 정점에 오른 1927년의 재앙 이후, 공산당은 또 다

---

* 지금의 베이징성.

른 막다른 골목에 다다랐다. 엄청난 대재앙을 겪은 당으로서는 먼저 실패의 원인을 이해해야 대오의 재건을 기대할 수 있었다. 불가피하게 지난 경험이 새로운 노선의 출발점이어야 했는데, 그것이 새로운 상황의 토대였고, 새로운 과제를 제기했기 때문이다. 하지만 1927년의 재앙을 불러 온 정책은 절대적으로 옳았던 것으로 선언됐다. 1928년 7월의 코민테른 6차 대회에서 부하린은 이렇게 말했다.

"오류는 중심 정책노선에 있는 것이 아니라, 이 노선의 실제 운용과 실제 행동에 있습니다."4

또한 '중심노선'의 핵심 요소인 '민주주의 독재' 이론과 그것의 미완의 실천은 코민테른 강령으로 구체화됐고, 공산당의 미래를 위한 전략의 주축으로 재천명됐다. 광저우-상하이-우한으로 이어진 세 번의 경험은 흔적도 없이 사라졌다.

1925~1927년의 중국 혁명은 러시아 10월 혁명의 교훈을 상반되는 모습으로 새롭게 확증해 주었다. 이번에는 부정의 방식이었지만, 현 시대에 후진국의 민주주의 혁명은 수백 수천만 빈농을 이끄는 노동자계급 독재의 형태로서만 실현될 수 있다는 것을 다시 한 번 증명했다. 1925~1927년에 스탈린이 이끈 코민테른은 노동자계급 독재의 전망을 거부했고, 오래전 레닌이 버린 '노동자-농민의 민주주의 독재' 공식으로 대체했다. 이 모호하고 정의된 바 없는 중간적 정치체제는 계급들이 충돌하는 현실에서 반복해서 자본가계급 독재로 모습을 드러냈다. 장제스의 광저우 정부와 뒤이은 왕징웨이의 우한 정부는 토지 혁명을 수행하고 중국을 제국주의의 굴레로부터 해방시킬 '민주주의 독재'의 맹아로 묘사됐다. 자본가계급이 스스로 자신들의 권력 기반을 파괴하지 않을 것이고, 혁명이 노동자계급 독재의 형태를 통해

서만 전진할 수 있다는 것을 배우기 위해, 중국 노동자계급은 최상의 노동자들을 바쳐야 했다. 현재도 코민테른이 그렇게 하고 있듯이, 이런 경험을 외면하는 것은 중국 공산주의 운동을 새로운 헛된 노력과 실패로 이끌 수밖에 없었다.[5]

1928년에 코민테른이 노선 전반을 좌선회하고, 자본주의 최후의 시기이자 '맹렬한 혁명의 고양기'를 일컫는 '제3시기'[6]를 갑작스럽게 발견하면서 이론적 혼란이 발생했고, 기회주의가 모험주의와 결합한 극좌주의의 전술적 광기가 그것을 배가시켰다. 코민테른은 손으로 잡을 수 없는 환상에 불과한 '민주주의 독재'를 중국 공산당에 제시했으면서도, 제한적 민주주의 요구를 위한 선동활동에 대해서는 거부했다. 그 대신 코민테른은 이미 해체된 중국 공산당에 소비에트 건설을 방침으로 정하라고 지시했다.

6차 대회의 식민지 테제는 이렇게 선언했다. "현재 당은 모든 곳에서 대중 앞에 소비에트 사상에 대해, 노동자-농민의 민주주의 독재 사상에 대해, 혁명적 대중의 무장봉기의 불가피성에 대해 선전해야 한다. 지배집단을 타도할 필요성과 혁명적 시위를 위한 대중적 결집의 필요성을 강조하는 것이 선동의 중심이어야 한다. …… 국가권력의 장악, 봉기 기구인 소비에트의 조직, 지주와 대자산가 재산의 몰수, 외국 제국주의의 추방이라는 노선을 정확하고 일관되게 따라야 한다. …… 장차 혁명의 전진은 부르주아 민주주의 혁명을 완수하고 국민당 권력을 타도하기 위한 유일한 경로로서 무장봉기를 준비하고 완수하는 것을 당의 즉각적 실천 임무로 제기할 것이다".[7]

혁명의 고조기에 대중의 구심적 경향이 강력하게 작동하고 있을 때, 스탈린-부하린은 소비에트를 부르주아 국민당으로 대체했다. 그러고 나서 패배의 결과로서 원심적 경향이 강력하게 작동하고 있을 때, 소비에트 구호는 트로츠키의 말처럼 '교조적이고 생기 없는, 기껏해야 모험주의적인 구호'일 수밖에 없었다.[8] 테제가 스탈린의 구상에 따라 소비에트를 이중 권력시기를 통과하며 고양되는 대중운동의 전 과정에 함께하는 민주적 평의회가 아니라 '봉기 기구'로 간주한 것은 이 구호의 완전한 모험주의적 성격을 분명하게 보여 주었다.

과거의 생생한 경험에 비추어 본다면, 앞으로 중국 혁명의 발전 방향은 소비에트를 거쳐 노동자계급 독재로 나아가야 한다. 그것이 민주주의 혁명의 과제들, 즉 농민을 위한 토지의 몰수와 제국주의로부터의 해방을 성공적으로 수행할 수 있게 하는 유일한 수단이기 때문이다. 하지만 이것은 최근까지 일련의 재앙적 패배를 겪고 뒤로 물러선 노동자들 앞에서 소비에트 깃발을 들어 올리는 것을 의미하지 않는다. 트로츠키는 추방지인 알마아타에서 6차 대회를 위해 이렇게 썼다. "현재 중국이 혁명적 상황에 있지 않다는 사실을 분명히 이해해야 한다. 오히려 중국은 언제 끝날지 모르는 반혁명적 과도기로 들어서고 있다".[9]

트로츠키가 이런 과도기를 위해 제안한 것은 공산당을 가장 기본적인 민주주의 요구에 기초한 투쟁 강령으로 무장시키는 것이었다. 이것은 가장 단순한 대중의 일상적 필요에 부응하는 정치적 요구에 기초해 그들을 결집시키고, 혁명적 기운을 소생시키기 위한 수단이었다. 보통선거에 기초한 철저히 민주적인 국민의회를 요구하는 구호로 일반화된 8시간 노동제, 언론·출판·집회·결사와 파업의 자유가 바로 그런 정치적 요구였다. 오직 이런 정치선동이 방어적 투쟁의 수행과 결합되고, 노동조합의 끈질긴 재건과 결합될 때에만, 노동자들의 전투적 기운을 되살리고 자신감을 회복시킬 수 있었고, 공산당은 핵심 경제부문에서 기초를 공고히 하고, 일련의 과정을 거쳐 다시 혁명의 길로 접어들 수 있었다. 국민당 군사독재의 가짜 민주주의 대신에 진정으로 민주적인 국민의회를 대담하고 일관되게 옹호하는 것을 통해서만 다시 한 번 소비에트의 건설이 노동자들의 실제 정서와 요구에 부합할 수 있는 상황은 재현될 수 있었다.**10**

하지만 코민테른은 노동자들의 무관심이 강화되고 있고 '소비에트 사상'과 '혁명적 대중의 무장봉기의 불가피성' 외에는 다른 어떤 정치적 무기도 갖춰지지 않은 상황에서 중국 공산당에 국민당 반혁명을 향한 진격을 지시했다. 코민테른은 중국이 엄혹한 반혁명의 시기로 들어섰다는 견해에 대해 조롱했고, 반대로 '두 물결의 사이' 또는 '혁명 물결의 최저점'을 경과하고 있다고 보았다. 봉기 구호는 일시적으로 '선전 구호'로 머물렀지만, 두 번째 최고점을 향한 빠른 상승과 함께 다시 '즉각적 실천 구호'가 될 것이었다.**11**

트로츠키는 이렇게 경고했다. "우리가 혁명의 진행 과정에서 이어지는 두 물결 사이에 있다면, 아무리 작은 중요성을 갖는 불만의 표현이라도 그것을 '두 번째 물결의 시작'으로 여길 수 있다. …… 이로부터 두 번째 폭동주의적 흐름이 등장할 수 있다".**12** 실제로 6차 대회에서 그런 경향이 모습을 드러냈는데, 중국 대표 중 한 사람이 이렇게 외쳤다.

"우리는 새로운 혁명의 물결을 향해 빠르게 전진하고 있습니다!"**13**

계급투쟁 역사상 가장 결정적 패배 중 하나를 직전에 겪은 중국의 다른 대표들도 자리에서 벌떡 일어나 일제히 외쳤다.

"중국 혁명 승리 만세!"**14**

중국 공산당은 같은 달 모스크바에서 열린 6차 당 대회에서 이렇게 선언했다. "새로운 혁명의 고조를 알리는 초보적인 조짐이 감지되기 시작했다".[15] 1년 뒤 중국에서 군벌들 간의 새로운 내전이 발생하자, 코민테른 집행위원회는 흥분해 혁명이 최저점에서 최고점을 향하기 시작했다고 발표했다. "이것은 새로운 혁명적 고양의 시작이다. …… 당은 각 군벌의 권력을 타도해야 한다. …… '군벌전쟁을 계급 간 내전으로!'와 '지주-자본가 연합정권 타도!'가 이제 당의 중심구호여야 한다. …… 정치 총파업을 준비하라".[16] 이 때문에 혼란에 빠진 중국 공산당은 이미 노동자계급과 당을 분리시킨 간극을 더욱 확대시킬 뿐인 가망 없는 일련의 모험에 새로이 착수했다. 1927년의 패배 이후 당은 결코 노동자계급의 조직으로 복원될 수 없었다.

6차 대회에서 어느 대표가 호언장담했다.

"코민테른은 소비에트 정부의 수립을 위한 무장봉기 구호를 단호하게 제출했다. …… 이것을 통해서만 우리 당은 대오를 공고히 하고, 새로운 세력을 획득하며, 수백만 노동자를 결집시킬 수 있을 것이다."[17]

하지만 3개월 뒤 중앙위원회는 내부문건에서 공허한 과장 뒤에 숨은 진실을 털어놓았다. "노동조합의 조직규모는 거의 무의미한 수준으로 축소됐다. 도시의 당조직은 해체됐다. 전국적으로 산업노동자 사이에서 단 하나의 온전한 세포도 남아 있지 않다".[18]

리리싼이 이끈 공산당은 1927년 이후 국민당이 허용한 '황색 노조'에 대항해 '적색 노조'를 건설한다는 강령에 따라 노동조합운동을 재건한다는 막대한 임무에 나섰다. 이 정책은 1928년에 코민테른이 채택한 일반 정책을 중국에 적용한 것으로서 조직된 노동운동 내에서 공산당의 정치 강령을 따르지 않는 부위와 정면으로 충돌했다. 특히 중국에서는 더욱 기괴한 형태로 나타났는데, 대다수 노동자가 거대한 패배를 겪고 공산당에 등을 돌린 직후에 이런 공산주의 노동조합을 건설하려고 시도했기 때문이다. 당연하게도 '적색 노조'는 당과 동일한 가입자격과 강령을 내걸었다. 당의 '소비에트' 강령을 그대로 내걸었는데, 그것은 노동자들을 끌어당기기는커녕, 백색 테러가 만연한 상황에서 오히려 그들을 겁주어 쫓아냈다.

대중운동이 빠르게 고양되던 시기에 건설된 충분히 견고하지 못한 노동조합들은 빠르게 무대에서 사라졌다. 국민당이 후원한 노동조합이 그 일부를 대체했을 뿐이다. 그중 상당수는 이름뿐인 노동조합이었고, 국민당이 노동자를 효과적으로 억압하기 위해 직접 파견한 깡패와 관료로 구성됐다. 그런데도 많은 노동자가 난징 정부의 앞잡이들이 이끄는 국민당 노동조합에 가입했다. 그것은 국민당이 허용한 조직에 매달려 스스로를 방어하려는 자연스러운 경향이었다. 게다가 정부는 계속해서 사이비 자유주의를 선전했다. 그들은 매혹적인 노동법을 통과시켰다물론 그것은 아무런 효력이 없었다. 심지어 몇몇 파업을 허용하기까지 했는데특히 외국기업들에서 그랬다, 덕분에 '황색' 지도자들은 노동자들 사이에 새로운 환상을 심으며 입지를 다질 수 있었다. 이들 지도자들이 계급 협조, 타협, 굴종을 설파했던 것은 분명하지만, 바로 어제까지만 해도 공산당이 '4계급 연합'의 교리로 노동자들을 교육시키지 않았던가? 화북지방에서는 1928년에야 처음으로 많은 노동조합이 등장했는데, 장제스가 베이징 입성을 완수하고 오랜 정부를 청산한 뒤의 일이었다. 텐진과 베이징에서는 많은 노동자가 그즈음에 건설된 노동조합으로 기꺼이 몰려들었는데, 그들 대부분은 공산당-국민당 합작이 돌연히 종결됐다는 사실을 알지 못했다! 이 조직들 다수는 국민당

내에서 장제스 지도부에 맞선 투쟁을 도모한 왕징웨이 파벌개조파의 수중에 놓였다.[19] 개조파의 흡인력은 다름 아니라 잔혹한 장제스 군사 독재를 대신해 좀 더 민주적인 문민 정부를 수립하겠다는 선동에 있었다. 공산당은 이런 방면의 투쟁을 경멸해, 왕징웨이 그룹의 독무대가 되도록 내버려 뒀다. 왕징웨이는 장제스에게 화려하게 투항하기 위해 4년에 걸쳐 소부르주아계급과 노동자계급의 상당 층이 가진 민주주의 열망을 이용할 수 있었다. 배신은 필연적이었다.*

하지만 국민당 아래에서 조직 노동운동의 규모는 과거의 잔영에 불과한 수준으로 축소됐다. 1927년에는 300만 명에 이르는 노동자들이 노동조합에 가입해 있었다. 1928년에는 그 수가 절반으로 축소됐다. 1930년에는 또다시 60%가 줄어들어, 공식 수치로 741개 노동조합에 57만 4,766명이 가입해 있었다. 1932년에는 더욱 축소돼, 621개 노동조합에 41만 67명이 가입해 있었다.[20] 중국 산업노동자의 압도적 다수는 가장 초보적 형태의 조직도 갖지 못했다.

1928년에 노동자들은 투쟁을 완전히 포기하지 않았을 뿐더러, 방어적 파업투쟁을 상당이 완고하게 벌였는데도, 공산당은 수백만 명의

---

* 1927년 8월에 우한 정부와 난징 정부가 화해한 뒤에도 개별적 불화는 쉽게 사라지지 않았다. 그해 9월에 국민당 내 여러 파벌이 권력을 차지하려고 다투는 동안, 장제스는 약삭빠르게 정부에서 물러났다. 그는 1928년 초에 세력균형을 잡는다는 명목으로 의기양양하게 복귀했다. 왕징웨이는 장파구이에 이어 펑위샹과 옌시산(閻錫山) 등 경쟁하는 여러 군벌과 연합했는데, 펑위샹과 옌시산은 1930년에 장제스에 대항해 내전을 일으켰다가 패했다. 결국 1932년 1월에 왕징웨이는 난징으로 돌아가 장제스의 노골적 군사독재를 가려 주는 눈속임 역할을 맡았다. 몇 년 동안 난징 정부의 야만적 학정을 열광적으로 폭로했던 탕량리(湯良裏) 같은 왕징웨이의 동료들은 아무런 어려움 없이 하루아침에 수지맞는 관직에 올라 장제스의 얌전한 변호인이 됐다.(원주) 1938년에 왕징웨이 파벌은 충칭(重慶) 정부(1937년에 일본의 침략이 본격화된 뒤 2차 국공 합작이 성립됐고, 국민당 정부는 수도를 난징에서 충칭으로 옮긴다)를 떠나 일본제국주의의 공공연한 대리인이 됐고, 뒤에 난징에 꼭두각시 정부를 수립했다.

미조직 노동자들 사이에서는 물론이고 수천 명을 조직하고 있는 노동조합에서도 아무런 기반을 갖지 못했다. 잠시 동안 내전이 중단되고 경제가 회복되면서 많은 주요 산업부문에서 노동자들은 자신감을 회복할 수 있었다. 가령 상하이에서는 1928년 한 해 동안 21만 3,996명의 노동자가 참가한 120건의 파업이 벌어졌다. 그중 6분의 5는 임금 인상과 노동시간 단축을 위한 투쟁이었다.[21] 이런 유리한 조건에서도 공산당은 무기력한 방관자로 남았다. 1928년부터 그들이 '정치파업', '총파업', '무장봉기', '소비에트 권력'을 외치며 접근한 모든 곳에서, 파업노동자들은 두려워하며 재빨리 작업에 복귀했다. 머지않아 리리싼이 당지도부에서 물러난 뒤, 당 신문을 통해 일부 사실이 밝혀졌다. "노동자들은 공산당원이 접근하는 것을 두려워했고, 투쟁을 망치지 말아 달라고 간청했다. 그들은 정중하게 말했다. '선생님의 말씀이 십분 옳지만, 현재 우리는 그렇게 할 수 없습니다. 임금이 조금이라도 오르고 해고되지 않는다면, 그것으로 족합니다'". 노동자들이 원하는 것과 공산당이 제안하는 것 사이의 간극은 더욱 벌어졌다. 이 보고에 따르면, 여전히 남아 있는 소수 공산주의 노동자들은 파업노동자들이 자기 방식대로 투쟁할 기회를 갖게 해 주기 위해, 곧 일어날 파업에 관한 소식을 당에 자주 숨겼다! 한번은 상하이 당위원회가 어느 섬유공장의 파업현장에 대표단을 보냈을 때, 그곳 노동자들이 이렇게 말했다.

"이것은 우리의 일입니다. 왜 선생님들이 이곳에 열심히 찾아오시는 건가요?"

노동자들은 수군거렸다. "공산당이 또 왔네. 더 곤란해지기 전에 피하는 게 좋겠어."[22]

대부분의 경우 파업은 자발적으로 진행됐다. 공산당의 공식보고는 이렇게 말했다. "상하이 노동자들은 투쟁조직조차 없었다. …… 그들은 해산당하고 패배했다. …… 그들 대부분은 황색 노조와 국민당의 지도를 받았다. (공산당원들은) 황색 노조를 경멸하며 지켜봤다. 그 결과, 적색 노조의 활동과 영향력은 거의 무의미한 수준으로 축소됐고, 대중은 황색 노조의 영향 아래에 남았다".[23]

1928년 말에 '적색 노조'는 '거의 무의미한' 규모로 축소됐고, 당에는 '단 하나의 온전한 산업 세포'도 남아 있지 않았다. 그 뒤 몇 년 동안 공산당은 당의 역량에 대해 터무니없이 과장했다. 하지만 당 내부 문건들은 이런 주장에 대해 스스로 논박했다. 특히 실패의 책임을 희생양에게 떠넘겨 온 관습에 따라 코민테른은 중앙위원회를 질책하고 중앙위원회는 성-현조직을 공격하곤 했을 때, 과장된 신화는 가차 없이 폭로됐다. 해마다 지도부는 당원들이 각자의 임무에 실패하고 있고, '당노선'을 제대로 수행하고 있지 못하다고 불평했다. 물론 노동자들이 당의 지도를 완강히 거부한 데에는 '당노선' 자체에 상당한 책임이 있다는 사실은 전혀 제기되지 않았다. 당은 '새로운 혁명의 물결'을 뒤쫓았지만, 이 물결은 마치 민첩한 요정처럼 손에 잡히지 않았다. 공산당은 결코 실행될 수 없는 봉기를 계획하며, 산발적이고 무익한 시위에 맹목적으로 뛰어들었지만, 자신들이 대변한다고 자임했던 계급으로부터 스스로를 완전히 고립시킬 뿐이었다. 당 신문과 내부 문건을 대충 살펴보기만 해도 그 증거를 손쉽게 찾을 수 있다.

1929년 2월에 코민테른이 보내온 서신은 이런 사실을 언급했다. "대부분의 도시에서, 심지어 우한, 톈진, 광저우 등의 노동자계급 중심 도시에서조차, 활동이 전혀 진척되지 못하고 있다. …… 크고 중요한 기업들에는 단 하나의 세포도 존재하지 않는다".[24] 5월에 당지도자 저우언라이가 작성한 조직 보고는 당이 노동자들의 자발적 파업을 이끌 수 없었다고 불평했다. 그리고 이렇게 덧붙였다. "우리 동지들이 관여하고 있는 곳에서조차 우리의 설득과 구호는 아무런 결실도 맺지 못했다. …… 주요 도시들에는 현지 조직이 존재하지 않는다".[25] 강령의 힘만으로는 노동자들을 획득할 수 없었던 공산당원들은 권총을 들이대고 파업을 명령하거나 '테러의 방식'을 사용해 '황색' 노조 지도자를 제거하는 등 강압에 의지했다.[26] 당지도부는 이런 방식이 공장노동자들과 관계를 형성하는 조직화에 더 큰 곤란을 가져다줄 뿐이라고 불평했지만, 그것은 소용없었다. 오래도록 노조활동을 해 온 투사 샹잉項英·항영은 이렇게 썼다. "당은 평조합원이 없는 무능한 전국 노총과 각 성 노총으로 이루어진 '공허한 기구'를 만드는 것에 만족해야 했다. …… '적색 노조'는 대중과 동떨어져 조직됐다".[27] 1929년 11월에 이 '공허한 기구'는 이른바 '5차 전국노동대회'를 소집했고, 3만 명의 노동자들을 대표한다고 조심스레 주장했다.[28] 일단 이 의심스런 주장을 받아들이더라도, 이렇게 물을 수밖에 없다. "겨우 2년 전에 한커우에서 열린 4차 노동대회가 실제로 대표했던 나머지 297만 명의 노동자들은 어떻게 된 건가?"

1930년 여름에 작성된 공산당 자료에 따르면, '적색' 총공회에 속한 조합원수는 총 6만 5,381명이었다. 상하이, 우한, 홍콩, 하얼빈, 톈진, 샤먼, 우시 등 모든 주요 도시들의 총 조합원수에 정확히 5,784명을 추가한 것이다. 나머지는 산업노동자들이 존재하지 않는 농촌지역에 흩어져 있는 조합원들이라고 했다.[29] 수개월 뒤인 1931년 2월에 어느 당 지도자는 이렇게 썼다. "현재 진정한 적색 노조는 존재하지 않는

다. … 모두 완전히 무너졌다. 모든 활동이 중지됐다".[30]

1930년 말에 당은 완전한 붕괴와 해체의 위험에 직면했다. 리리싼은 돌연 면직됐고, 천샤오위가 이끄는 한 무리의 학생들이 그를 대신했다. 그들은 혁명기에 모스크바에서 있었다. 철저히 상부의 명령에 따라 당을 떠맡은 새 지도부는 '레닌주의 코민테른의 총노선에 대한 철저하고 절대적인 헌신과 충성'을 맹세하며 이렇게 선포했다. "당에서 벌어진 모든 심각한 결과는 리리싼 동지와 그의 추종자들이 코민테른 집행위원회의 지시를 무시한 데에 원인이 있다".[31] 새 '지도부'는 어느 당내 문필가가 적절하게 표현했던 리리싼의 코민테른 정책에 대한 '지나친 과장'을 바로잡는 일에 착수했다.[32] 하지만 새로운 섭정도 주요 도시에서의 활동을 완전히 폐기하는 흐름을 제지하지 않았다.

1931년에는 일본의 침략과 함께 파업의 물결이 고양됐고, 특히 마지막 몇 개월 동안 두드러졌다. 당 보고서는 반복해서 이렇게 말했다. "조직과 지도부를 갖지 못하면서, 투쟁은 분산적이고 자생적으로 벌어졌다. …… 가장 큰 곤란은 우리가 각 공장에서 훌륭한 간부를 보유하고 있지 못하다는 점이다. …… 우리 조직은 공장 내의 상황이 어떤지 알지 못했기 때문에, 노동자들의 가장 절박한 요구를 제시할 수 없었다. 우리는 단 하나의 반제국주의 파업도 조직하지 못했다". 보고서는 당의 통제 아래에 있는 '적색 노조'에 대한 '완전한 통계'가 없다는 변명과 함께 조합원수를 이렇게 제시했다. "상하이 666명, 샤먼 72명, 하얼빈 71명, 자오지 철도* 20명, 선원 및 항만노

---

* 자오지 철도(膠濟路·교제로): 칭다오(靑島·청도)~지난(濟南·제남) 철도.

동자 319명 등 총 1,148명. 톈진, 베이징, 한커우, 홍콩, 광둥^{광저우} 등에
는 조직이 존재하지 않는다".[33]

일본의 침략이 시작된 지 6개월이 지난 1932년 3월에 지도부는 당
원들을 비난했다. "(적색 노조) 조직화와 파업 실행을 방기하는 것, 특
히 중공업에서 적색 노조 조직화를 방기하는 것은 용서받을 수 없는
잘못이다. …… 황색 노조에 침투하는 작업은 시작도 하지 못했다. 상
하이 사변^{1932년 1~2월에 일본이 상하이를 침략한 사건} 이후, 전국 총공회, 상하이
총공회, 성위원회는 시도조차 못했다".[34]

하지만 왕밍은 동일한 시기를 언급하며 이렇게 말했다.

"당은 실제로 파업, 집회, 시위 등의 형태로 거대한 항일 대중운동
을 조직했다."[35] 1933년 여름, 코민테른의 중국문제 최고 '전문가'가
된 미프는 '국민당 영토에서 노동자계급 운동의 거대한 고양'에 대해
말하며, 1932년 한 해 동안 파업에 참가한 노동자의 수가 111만 170
명 이상이라고 주장하는 수치를 인용했다.[36] 1년 뒤, 그는 여기서 멈
추지 않고 처음 6개월 동안에만 120만 명이 파업에 참가했다(!)고 주
장했다.[37] 이 수치들은 상하이의 공산당 신문이 그해 파업참가자수로
제시한 30만 1,170명 [38]^{좀 더 균형 있는 조사결과가 제시한 것보다 1.5배 높은 수치였다}에
비해 각각 3배와 6배에 달하는 것이었다. 미프는 전체의 3분의 1에 해
당하는 32만 5,000명의 파업노동자들이 직접 공산당의 지도를 받았
다고 말했다. 당이 제시한 수치^{어째서인지 미프가 어디에선가 찾아낸 80만 명의 또 다}
^{른 파업노동자들은 간과됐다}대로라면, 당은 1932년에 일손을 놓은 파업노동
자 전체와 함께 모스크바의 잡지에서 뽑아낸 2만 5,000명도 이끌었다
는 결론에 도달할 수밖에 없다!

중국 공산당 지도부와 모스크바의 스승들은 '무조건적 헌신'으로

묶여 있었지만, 상하이의 당 신문과 크렘린의 선전 기구 사이의 조력은 형편없이 부족했다. 가령, 미프는 1932년 9월에 공산당원들이 '상하이 섬유공장 노동자들의 압도적 다수'를 포괄하는 섬유노조를 조직했다고 자랑했다.[39] 상하이의 섬유공장들에 12만 명의 노동자가 있었다는 사실[40]을 고려한다면, 노동자계급 안에서 당의 기반이 정말 빠르고 극적으로 확대됐다고 볼 수 있다. 하지만 불행하게도 미프는 상하이의 동료들과 정보를 교환하지 못했다. 상하이의 동료들은 이렇게 썼다. "산업 내 기반의 취약성과 적색 노조 조합원의 감소는 기가 막힐 정도다. 상하이의 섬유 총공회를 보면, (1932년) 12월 초에는 1,000명 가까운 조합원이 있었는데압도적 다수를 포괄했다, 이번 봄에 활동을 점검했을 때는 그 수가 크게 감소해 있었다. 올해1933년 8월에는 지부가 20개에서 7개로 감소해 있었다".[41] 또 다른 사례는 1만 7,445명의 노동자가 일한 상하이의 담배 공장에 관한 것이다.[42] 5월에 미프는 이렇게 썼다. "담배노동자 사이에서도 혁명적 노동조합은 강화됐고, 조직적으로 안정화됐다".[43] 10월에 《홍기紅旗》는 이렇게 전했다. "900여 명을 조직하고 있던 담배 총공회는 이제 버틸 수 없는 상태로 축소됐다. …… 조합원이 몇 명인지조차 파악할 수 없다". 이 보고는 전국의 활동을 개괄해 수치를 제시하는 대신 비밀스럽게 '××'라는 기호를 사용했지만, 그것이 의미하는 바는 분명했다. "만주의 산업 중심지 세 곳을 살펴보자. …… 하얼빈에는 ××명의 조합원이 있다. 선양沈陽·심양에는 ××명이 있었지만, 지금은 모른다. 다롄大連·대련에서는 이제 막 활동이 시작됐다. 만주 전체에 총 ××명이 있을 뿐이다. 우한에서는 현재까지도 활동을 시작하지 못하고 있다. 상하이에는 올 봄까지 ××명의 조합원이 있었지만, 이제는 ××명뿐이다. 증가하기는커녕 감소하

고 있을 뿐이다".[44]

1934년 초에 공산청년단 중앙위원회는 대오 내의 '엄중한 현상'에 주목했다. "우리 동지들은 공장에서 투쟁이 벌어질 것이라는 사실을 알지 못했다. 이런 고립 때문에, 우리는 대중 투쟁을 이끌기는커녕 뒤쫓을 수도 없었다!"[45]

'적색 노조'와 '소비에트 정부'의 6년은 무능의 6년으로 드러났다. 1927년 이후 광범위한 노동자 대중이 공산당에 등을 돌렸고, 당은 그들의 자신감을 회복시키고 조직대열로 재결집시키는 방법을 배우지 못했다. 지도부의 배신 때문에 철저한 패배를 겪은 계급으로서는 현실과 부합하지 못하고 당내 모험주의적 정서와 부합할 뿐인 공허한 '소비에트' 구호에 응답할 리 없었다. 그 결과, 당은 어떤 주요 대도시에서도 이렇다 할 거점을 만들어 내지 못했다. 노동자들이 당의 조잡한 급진주의를 외면하며 정치무대에서 떠나 있는 동안, 1925~1927년에 활력을 얻은 농민반란이 뒤늦게 불타올랐다. 거대한 패배 직후의 폭동주의 정서에 휩싸인 공산당은 무기를 손에 들고 일어나고 있는 농민과 국민당 군대에서 이탈하고 있는 반항적 병사가 존재하는 농촌에서 봉기를 불러일으키는 것이 좀 더 쉽다는 것을 깨달았다. 일부 지도자가 무기력하게 노동자계급적 입장에 매달려 손쉬운 길을 마다하고 있는 동안, 도시에서 반복된 실패와 국민당 테러로 심대한 타격을 입은 당은 도시에서 농촌으로, 노동자에게서 농민에게로 완전히 방향을 전환했다. 이런 전환은 당원 구성의 변화를 통해 뚜렷이 드러났다.

혁명운동이 정점에 올랐던 1927년 4월에 공산당은 6만 명의 당원들을 보유했고, 그중 53.8%가 주요 산업도시에 자리 잡은 산업노동자들이었다. 그 뒤 추수봉기, 광저우봉기 등 일련의 비참한 패배를 겪었는데도, 공산당은 수천 명의 당원이 증가했다고 주장했다. 그들이 제시한 당원 수는 1928년의 10만 명, 1930년의 12만 명, 1933년의 41만 명이었다. 당원 수에 관한 믿을 만한 자료는 찾아볼 수 없다. 1927년 이후의 수치가 지나치게 과장됐음은 분명하다. 하지만 이런 과장은 당의 계급적 기초가 변화했다는 점을 분명하게 보여 주는 것일 뿐이다. 공식 수치에 따르면, 노동자 당원의 비율은 1928년에 10%로, 1929년에 3%[46]로, 1930년 3월에 2.5%[47], 9월에 1.6%로 추락했고[48], 그해 말에는 사실상 0%가 됐다.[49] 정확한 수치는 거의 제시되지 않았다. 1929년 2월의 코민테른 서신에 따르면, 당에 모두 4,000명의 노동자가 있었는데, 그중 1,300명이 상하이에 있었고, 나머지는 그 외 지역에 흩어져 있었다.[50] 1929년 12월의 장쑤성 위원회 보고에 따르면, 성 전체에 6,800명의 당원이 있었고, 그중 591명만 산업노동자였다.[51] 1930년 9월에 열린 중앙위원회 3차 전체회의에서 저우언라이는 당원 수를 12만 명으로 보고했고, 그중 2,000명이 공장노동자였다. 1933년 말에 공산당은 중국에서 가장 큰 산업지역인 상하이에 '단 하나의 진정한 산업 세포'도 갖지 못하고 있다고 불평했는데,[52] 놀랍게도 2개월 뒤에 모스크바의 왕밍은 41만 600명의 당원 가운데 25~30%인 10만 명이 노동자라고 주장했다![53]

하지만 이 수치는 많은 것을 보여 준다. 왕밍은 그중 6만 명만이 국민당 영토에 있다고 보고했다. 당원의 85%가 대도시와 주요 도로에서 수백 킬로미터 떨어진 오지에 흩어져 있던 것이다. 어떤 일이 일어났는지 분명해졌다. 뒤늦게 농민봉기가 축적된 역량을 활용하며 전진하자, 공산당은 노동자계급을 내팽개치고 농민에게 몰려갔다. 공산당은 1927년의 참패로부터 부활해 화중의 각 성에서 벌어진 농민 반란운동의 선두에 섰고, 그곳에 이른바 '중화 소비에트공화국'을 건설했다.

XIX

THE RISE AND FALL OF "SOVIET CHINA"

'소비에트 중국'의 흥망

　중국의 농민전쟁은 중국 역사만큼이나 오랜 전통을 지니고 있다. 2,000년에 걸쳐 등장과 소멸을 반복한 거대한 농민전쟁의 물결은 나라를 뒤흔들며 황제를 끌어내렸지만, 중국 사회의 구습에 따라 경제관계가 복원되고 갱신되는 동안 그 힘을 소진하고 말았다. 격동기에 농민군은 제국의 각 성에서 수백만 명을 불러 모았다. 새로운 황실이 흥하고 망하는 과도기에 전국 각지에 흩어져 있는 수십 또는 수백 명으로 구성된 수많은 빨치산 부대들은 형태만 바꾼 낡은 속박을 계속해서 거부했다. 중국의 경제와 그 위에 세워진 사회는 역사적으로 전혀 변화가 없었지만, 중국의 역사는 수천 년에 걸쳐 변함없이 펼쳐진 평온한 역사가 아니었다. 그것은 서방세계가 발전하는 동안 중국을 정체시킨 노예관계를 형태만 바꾼 채 보존하는 것에 맞선 반란과 함께 폭력과 유혈로 가득한 역사였다.

1925~1927년의 혁명은 화중·화남지방에서 전통을 되살렸다. 수백만 농민이 어떤 고난을 무릅쓰고서라도 토지를 되찾겠다고 나선 것은 장발의 태평천국군이 행진한 지 100년도 지나지 않아 벌어진 일이었다. 하지만 1926~1927년에 투쟁에 나선 농민들은 반란에 나선 선조들이 늘 패배했던 땅에서 처음으로 성공을 기대할 수 있었다. 제국주의 침략의 충격 속에서 해체되고 있는 사회에서 새롭게 형성된 해결의 요소들이 결합될 수 있기를 기다리고 있었다. 분산적이고 계층적이며 후진적인 농민들 스스로는 독립적 역할을 수행할 수 없었다. 토지에 대한 착취 제도와 직접 연결된 중국 자본가계급은 그 제도를 철폐하기 위한 투쟁을 이끌 수 없었다. 하지만 새롭게 등장한 도시 노동자계급은 고유의 이익에 따라 사회적 기초를 이루고 있는 소유관계를 근본적으로 변혁하고자 했고, 농민은 이들과 운명을 함께 함으로써 오래도록 자신을 속박해 온 역사의 악순환에서 처음으로 벗어날 수 있기를 희망할 수 있었다.

공산당은 도시와 농촌에서 억압받는 계급들을 결합시키고 대담한 혁명 강령으로 단결시키는 데에 실패함으로써, 부르주아 반혁명을 위한 길을 열어 주었다. 노동자계급운동이 진압당했을 때, 농민봉기는 지도부를 잃었다. 농촌에서 기승을 부린 테러 때문에 수천 명의 지도자를 잃었던 것이다. 하지만 더 큰 손실은 도시 노동자들이 지도부를 잃은 것인데, 농민들이 땅을 되찾고 지키면서 새로운 생산형태를 발전시킬 수 있도록 통일성과 정치·경제적 틀을 제공할 수 있는 계급은 노동자들뿐이었기 때문이다.

그 결과, 짧은 시간에 1,000만 농민을 결집시킨 운동은 패퇴했고, 최상의 투사들은 흩어졌다. 소규모 농민 무장대들은 산으로 도망쳐 빨치산 부대가 됐다. 그들은 반란을 일으켜 산으로 피난 온 국민당 부대와 손을 잡았다. 장제스의 사형집행인들을 피해 크고 작은 도시에서 도망쳐 온 공산당원들 대부분 지식인이었고, 일부가 노동자였다. 이 농민-병사 빨치산 부대의 지휘권을 떠맡았다. 1928년에 이런 결합으로부터 중국 공산당의 지도권을 인정하는 '홍군紅軍'이 등장했다. 하지만 여전히 많은 지역에서는 당이 개입하지 않은 독립적 농민 반란이 끊임없이 불타올랐다.

최초로 나타난, 그리고 가장 중요한 '홍군'이 후난성과 장시성의 경계에 위치한 징강산井岡山·정강산에서 결성됐는데, 1927년의 추수봉기에 참가해 패배한 뒤 피신한 병사들이 주축이 됐다. 이들 2,000명의 홍군은 주로 예팅-허룽 군대의 잔존 병사들로서, 독일에서 유학한 공산당 군관 주더朱德·주덕가 이끌었다. 예팅-허룽 군대는 1927년 8월에 난창에서 반란을 일으켰고, 장시성을 거쳐 광둥성으로 남하했다. 10월에 이들은 산터우汕頭·산두 점령을 시도했다가 박살 났다. 많은 병사는 주더와 함께 광둥성 동부에 위치한 하이루펑海陸豐으로 이동했는데, 그곳의 농민들은 봉기를 일으켜 토지를 몰수하고 농촌 소비에트를 건설하고 있었다. 예팅은 광저우로 갔고, 봉기 이후 정치무대에서 사라졌다. 허룽은 소병력을 이끌고 길을 나섰고, 뒤에 후베이성 빨치산군의 군장으로서 나타났다. 광저우 군벌이 다시 하이루펑을 점령한 뒤, 주더는 소수를 이끌고 광둥성 북부로 갔다가 다시 후난성으로 이동했다. 그는 행군 과정에서 약간의 농민들을 신병으로 모집했고, 1928년 4월에 징강산에 도착했다.

그곳에서 주더의 대오는 후난성 남부의 농민부대들, 우한 등 장강유역의 도시들에서 온 반란부대들, 마오쩌둥이 후난성 동부에서 이끌고 온 농민군과 만났다. 일찍이 마오쩌둥은 우한의 국민당 농민부장으로 있던 시절에 반혁명이 덮치자 농민을 억누르는 정책을 시행했다. 재앙이 다가오자, 그는 후난성 동부의 핑장平江·평강과 류양瀏陽·유양으로 피했고, 그곳에서 추수봉기를 이끌었다. 봉기가 실패한 뒤, 그는 남아 있는 소수의 대오를 이끌고 징강산으로 들어갔다. 그리고 그곳에서 위안원차이袁文才·원문재와 왕쭤王佐·왕좌가 이끄는 산적과 합류했다. 주더가 도착한 뒤, 이들 모두를 하나의 군대로 통합해 주더를 군장으로 하고 마오쩌둥을 정치위원으로 내세운 홍군 제4군이 결성됐다. 당의 공식보고에 따르면, 이 군대는 1만 명의 병력과 2,000정의 소총을 갖추었다.[1]

　홍군은 자발적이고 광범위한 농민운동으로부터 등장한 것이 아니었다. 오히려 홍군은 오랫동안 주변 농촌으로부터 고립돼 있었다. 유격대가 세운 농민위원회는 무장 홍군이 떠나자마자 붕괴돼 사라졌다. 징강산에 자리 잡고 있던 수개월 동안 홍군은 고립에서 비롯된 엄청난 고난과 반복적 배신을 이겨 내야 했다. 전투의 패배는 농민 빨치산 대원들이 흩어져 귀향하는 원인이 되곤 했다. 특히 후난 사람들로 구성된 부대들에서 귀향하기 위해 이탈하는 일이 반복됐다. 지도자들의 불굴의 인내와 가혹한 채찍질만이 빨치산 군대의 단결을 유지시킬 수 있었는데, 특히 겨울이 시작되고 적군이 사방을 포위해 보급을 구할 수 없는 시절에 더욱 그랬다. 그들은 인근 지역을 습격한 뒤 포위망을 돌파해 퇴각하는 목적 없는 유격전을 1년 가까이 벌인 뒤, 좀 더 나은 근거지를 찾아 징강산을 떠나 남쪽으로 이동하기로 결정했다. 가을에 후난에서 부대를 이끌고 징강산으로 합류한 공산당 장교 펑더화이彭德懷·팽덕회가 추적하는 토벌군을 격퇴하기 위해 뒤에 남았다. 1929

년 1월에 주더와 마오쩌둥는 조악한 무기를 들고 굶주림과 추위에 시달리고 있는 수천 명의 무질서한 대오를 이끌고 산에서 내려왔다.

농민들은 농촌에 들어선 그들에게 냉담하게 대했고, 심지어 적대적이기까지 했다. 이에 관한 보고가 남아 있다. "대중들은 홍군에 대해 전혀 알지 못했다. 심지어 많은 곳에서 홍군을 도적떼처럼 여기며 공격하기까지 했다".[2] 홍군은 다위大庚·대유 인근에서 국민당 군대와의 예기치 않은 충돌로 화를 입은 뒤, 광둥성 변경을 향해 방향을 돌렸다. 그들은 혁명의 기치를 치켜들고 무거운 짐을 덜어 주겠다고 약속하는 군대에게 한 번도 아니고 세 번이나 잔혹하게 기만당한 농민들을 마주쳐야 했다. "결코 대중은 홍군을 지지하지 않았다. 숙영지를 찾고, 군사작전을 수행하며, 정보를 얻는 데서 커다란 곤란을 겪었다. …… 눈과 얼음으로 뒤덮인 산들을 넘어 행군해야 했고, 바로 뒤로 적군이 추격해 왔다. 때때로 하루에 90리를 걸어야 했다. 고난은 점점 더 증대됐다. 우리는 네 번의 전투에서 패했다".[3]

지칠대로 지친 홍군은 1929년 2월 중순의 춘절에 장시성 남부 루이진瑞金·서금과 닝두寧都·영도 사이의 계곡에서 갑작스럽게 장시성 군대 1개 사단과 맞닥뜨렸다. 홍군은 필사적으로 공격에 나섰다. 탄약이 떨어진 뒤에도 소총, 돌, 나뭇가지를 들고 싸웠다. 적군은 달아났다. 이 승리 이후, 주더-마오 군대는 절실히 필요했던 휴식의 기회를 가질 수 있었다. 그들은 이 오지 산악지대에 새로운 근거지를 마련했고, 3월에 펑더화이와 만났다. 가장 강인한 자들만 살아남았고, 총병력은 2,800명이었다. 그들은 농민 속에서 활동을 개시했다. 지주를 몰아내고 땅문서를 태우기 시작하자, 곧 대오가 확대됐다. 점령지는 '중앙 소비에트지구'라 칭했다.

그와 동시에, 또 다른 곳에서도 유사한 형태의 소비에트 지구들이 좀 더 작은 규모로 형성됐다. 장시성 북동부에서는 공산당원 팡즈민方志敏·방지민이 이끄는 빨치산 부대가 근거지를 마련했고, 후베이성 홍후洪湖·홍호 인근에서는 전광석화 같은 기습과 강력한 돌격으로 전설이 된 허룽이 근거지를 마련했다. 허난성과 안후이성의 접경지, 후난성과 장시성의 접경지, 그리고 흩어진 산악지역들에서 소규모 홍군부대들이 거점을 마련했다. 지리적으로 멀리 떨어져 산재된 이들 거점들이 이른바 '소비에트 중국'을 구성했다.

혁명이 패배로 끝난 뒤 모험주의적 정서에 휩싸인 공산당은 '홍군' 빨치산 군대에 기초해 활동했고, '혁명의 고조기'가 도래하리라 믿었다. 당지도부는 농촌으로 활동을 이전하는 것의 위험성을 어렴풋이 알아차렸고, 잠시 동안 그것에 저항하려 했다. 1928년 11월의 중앙위원회 통보문은 이렇게 경고했다. "농민의 위험스런 심리가 단호하게 교정되지 않는다면, 혁명은 완전히 청산될 것이고 당도 사라질 것이다".[4] 하지만 당의 도시 기반이 협소해지고, 노동자 당원·지지자가 축소돼 거의 사라지면서, 이런 경고는 점차 사라졌다. 1929년 10월에 코민테른 집행위원회는 농민전쟁을 '민족적 위기와 혁명적 고조의 중국적 특색'으로 묘사했다. 공식적으로는 여전히 농민전쟁을 '지류'로 보았지만, 이 지류와 함께 '강력한 혁명운동이 전국적으로 고양될 것'이었다.[5] 코민테른 집행위원회는 도시에서 공산당의 무기력을 인정하면서도* '새로운 혁명적 고양의 기점'이 도래했다고 선포하며 중국 공

---

* "대중의 불만은 증대되고 있었지만, 노동자계급의 조직적 상태와 공산당의 정치·사상적 영향력은 뒤처져 있다. …… 대다수의 적색노조는 아직까지 대중조직이 되지 못하고 있다. …… 공

산당이 실천해야 할 봉기 강령을 확정했다. 도시의 혁명적 노동운동이 약화되고 공산당의 영향력이 소멸하는 동안, 내부적으로는 빨치산 군대를 '혁명적 고조'의 '결정적 요인'[6] 또는 '원동력'[7]으로 간주하기 시작했다. 머지않아 모든 유보조건이 사라졌다. "혁명적 고조는 성장하고 있는(?) 노동운동에서가 아니라, 본질적으로 농민운동에서 분명해졌다. 토지 혁명이야말로 새롭게 고양되고 있는 혁명적 물결의 원천이다".[8]

하지만 1928~1929년에 화중지방의 산악지대에서 등장한 이른바 홍군이 처음부터 농민들의 무장 대오였던 것은 아니다. 한참 뒤에야 그들은 점령한 각 현에서 각층의 농민을 결집시킬 수 있었다. 그리고 홍군은 주로 토지를 빼앗긴 농민, 일자리가 없는 농업노동자, 반항적인 병사, 현지의 도적 등 모두 농업생산에서 직접적 역할을 수행하지 않는 몰락한 이들로 구성됐다. 3년 가까이 이들의 활동은 오직 유격전과 기습전으로만 채워졌다. 아무런 확고한 기반도 가질 수 없었다. 당 지도부에서 축출된[**] 천두슈는 1930년에 한 편의 글[9]을 발표했는데,

---

산당은 공장에서 주도적이고 혁명적인 노동자들을 결집시키지 못했다. 노동자계급의 다수를 획득하는 임무는 완수되지 못하고 있다."―〈중국공산당에 보내는 코민테른 집행위원회 서신 (1929.10.26.)〉(《홍기(紅旗)》, 상하이, 1930.2.15.).(원주)

[**] 코민테른이 1927년 8월 7일 회의에서 천두슈를 지도부에서 축출하고 혁명에 덮친 모든 재앙의 책임을 전적으로 그에게 돌리는 동안, 천두슈는 은퇴했다. 뒤이은 모험주의 시기 동안, 천두 슈는 무익하고 값비싼 대가를 치르게 될 봉기 정책에 반대하는 여러 편의 서신을 중앙위원회에 보냈다. 1929년 8월에는 중앙위원회에 보내는 서신에서 당노선에 대해 반대하고 정책에 대한 재검토를 요구하는 의사를 표명했다. 몇 개월 뒤, 그를 포함해 100명에 가까운 동지들이 반대파로서 대거 제명됐다. 1930년 2월에는 코민테른이 그에게 모스크바로 와 달라고 요청했지만, 그는 당내에서 혁명의 문제에 관해 충분히 토론할 수 있도록 열어주라고 요구하며 거절했다. 그 뒤 그는 이미 조직돼 있던 트로츠키주의 좌익반대파에 합류했고, 1932년에 국민당에 체포될 때까지 조직에서 지도적 역할을 맡았다. 그는 징역 13년을 선고받았지만, 1937년 가을에 석방됐다. 현재 그의 정치적 관점에 관해서는 약간의 의심이 제기되고 있다. 참조: 천두슈(陳

노동자들을 포기한 채 룸펜프롤레타리아 군대를 이끌고 군사적 모험에 나서는 것으로는 혁명을 전진시킬 수 없다고 공산당에 경고하는 글이었다. 이 때문에 그는 반혁명과 제휴하고 있다는 가혹한 비난을 받았다. 천두슈는 많은 빨치산 부대의 다수를 차지하고 있는 이들을 설명하기 위해 '각 계급의 타락한 찌꺼기'[10]라는 룸펜프롤레타리아에 대한 엥겔스의 정의를 빌렸다. 당시의 홍군에 관한 천두슈의 분석을 확증하는 풍부한 자료들을 공산당 기록물에서 쉽게 발견할 수 있다. 당은 홍군을 농민봉기의 기구로 변화시키기 위해 오래도록 투쟁했지만, 부분적으로만 성공했을 뿐이다.

1928년의 공산당 6차 대회는 빨치산이 저지르고 있는 '목적 없는 방화와 약탈'에 대해 비난했고, 이런 행동을 '룸펜프롤레타리아적 심리의 반영'으로 설명했다.[11] 또 다른 당 보고서는 '살인과 약탈을 벌이는 도적의 심리와 활동으로의 타락'에 대해 말했고, 일부 빨치산을 묘사하는 데서 엥겔스나 천두슈의 표현보다 훨씬 강경하게 '방화, 약탈, 살인을 일삼는 적비'[12]라는 표현까지 사용했다. 1930년 초에 중앙위원회에 제출된 어느 보고서에도 이런 불평이 실려 있다. "비조직적 방화와 살인으로 나타나곤 하는 룸펜프롤레타리아적 사고가 많은 빨치산 부대에 남아 있다".[13] 심지어 《프라우다》의 기사로 실린 글에서 미프는 중국의 홍군을 차지하고 있는 '매우 높은 비율의 룸펜프롤레타

獨秀), 〈중국 혁명의 문제에 관해 중국공산당 중앙위원회에 보내는 서신(1919. 8.5.)〉(《중국 혁명과 기회주의(中國革命與機會主義)》, 상하이, 1929.10.).; 〈공산당 동지들에게 고함〉(상하이, 1929.12.10.).; 천두슈 외 80인, 〈우리의 정치적 입장〉(상하이, 1929.12.15.).; 〈코민테른에 보내는 천두슈 서신〉(《프롤레타리아(Le Prolétaire)》, 상하이, 1930.7.1.).; 천두슈, 《장쑤성고등법원 상소장(陳獨秀之辯訴狀)》(1933. 2.20.).(원주)

리아'에 관해 말했다.[14]

하지만 홍군이 등장한 이후 홍군에서 차지하는 룸펜프롤레타리아의 비율이 문제가 아니었다. 이들 군대는 흩어져 있었지만, 상당히 넓은 지역에서 농민반란의 선봉에 섰다. 이런 일은 중국 역사에서 흔히 찾아볼 수 있는 것이었다. 중요한 것은 홍군을 실제 활동의 기초로 삼으면서 도시 노동자들과의 단절을 합리화하는 경향이 공산당 내에서 점점 더 강화됐다는 사실이다. 당 스스로가 노동자계급과 분리돼 있는 한, 농민운동에 대한 '노동자계급의 주도권'은 입에 발린 사기라는 게 트로츠키주의 반대파의 생각이었다. 폭동주의 정책에 따라 도시에서 파업을 강요하고 그것을 인위적인 무력 정치시위로 변화시키려고 하면서, 이제 막 소생하기 시작한 노동자들의 방어적 투쟁을 질식시켰을 때, '노동자계급의 주도권'은 한층 더 터무니없는 신화가 됐다.

농민 빨치산운동에 대한 '노동자계급의 지도력'은 당 신문 지상의 허구적 구호가 아니라 살아 있는 운동을 통해 행사돼야 했다. 이것을 기초로 국제 좌익반대파_{트로츠키주의}는 공산당이 도시에 뿌리를 둘 것을 요구하는 한편, 공산당을 중국 노동자들의 진정한 대변자이자 지도부로 만들기 위한 출발점으로서 민주주의 투쟁 강령과 보통선거를 통한 국민의회를 구호로 내걸자고 제안했다. 1930년에 반대파는 민주주의 강령의 자극 속에서 소생한 노동운동만이 농민 반란에 필요한 도시의 지도력을 제공할 수 있고, 3차 중국 혁명을 향한 전진을 위해 노동자와 농민이 협력할 수 있는 기초를 놓을 수 있다고 선언했다.[15] 하지만 트로츠키주의 반대파는 힘이 크게 부족해 영향력을 미칠 수 없었다. 공산당은 최선의 역량과 주요 활동을 농촌에 집중하며 잃어버린 노동자 당원의 자리를 농민으로 채우면서, 점점 더 도시 활동에서 멀어져

갔고, 결국은 사실상 완전히 포기해 버렸다. 국민당 진영을 분열시킨 군벌 간 경쟁과 국민당 정부가 극복할 수 없는 지속적 경제위기는 혁명적 위기가 무르익었음을 확실히 보여 주는 징표로 간주됐고, 실제로 홍군은 이 위기를 결정적 국면으로 이끌 확실한 도구로 간주됐다.

1929년 10월에 '새로운 혁명적 고양의 기점'이 도래했음을 발견한 코민테른은 1930년 7월에 이렇게 선언했다. "중국에서 혁명운동의 새로운 고양은 의심할 수 없는 사실이 됐다. …… 중국 공산당의 당면 임무는 투쟁의 과정에서 가까운 미래의 결전에 대비해 모든 역량을 준비시키고 집중시키는 것이다".

결의안은 계속해서 말했다. "새로운 고양의 특징은 초기 단계에 일정한(!) 약점이 존재한다는 것으로, 즉 투쟁하는 대중이 처음에는 산업 중심지들을 장악할 수 없다는 것이다. …… 혁명 투쟁이 한층 더 발전한 뒤에야 농민 전쟁은 노동자계급의 지도에 따라 새로운 영토를 확장할 수 있다. 그때 상호관계는 더욱 이로운 방향으로 바뀔 수 있다". 이런 목표 속에서 '장차 정치·군사적 상황의 변화에 따라 한 곳 이상의 정치·산업적 중심지를 점령할 수 있도록' 홍군을 강화시키는 일에 관심을 집중해야 했다.[16]

코민테른은 노동자-농민을 조직해야 할 일반적 필요와 관련해 표현을 신중히 선택한 지시들로 보호막을 치면서, 공산당 최고 지도자에 오른 리리싼의 정책에서 가장 기괴한 형태를 갖추게 될 치명적 오류를 위한 초석을 놓았다.

'지주-자본가 연합정권의 타도, 노동자-농민 독재의 수립, 대중적 정치파업과 시위의 전개, 빨치산 전쟁의 확대, 군벌 전쟁을 계급 간 내전으로 전환'[17] 등 코민테른이 부과한 임무들에 눈이 먼 리리싼은 임박한 격변의 전조들을 사방에서 감지하기 시작했다. 1930년에 펑위 샹이 이끄는 북부 연합군과 장제스군 사이의 길고 격렬한 내전이 시 작되자, 리리싼은 국민당과 장군들이 머지않아 멸망하리라 확신했 다. 3월에 그는 이렇게 외쳤다. "혁명 권력의 수립을 준비하자!"[18] 6월 에 그의 정치국이 채택한 결의안은 대중이 '혁명의 고양을 향해 급속 히 전진 중'이라고 보았고, 적극적으로 전국적 봉기를 준비할 것을 호 소했다. 세계 자본주의의 최후의 위기가 닥쳤다고 떠드는 코민테른의 '제3기'론을 받아들인 리리싼은 소생하고 있는 중국 혁명을 지지하기 위해 몽고에서 행군해 오는 러시아 적군赤軍을 상상했다.[19]

리리싼은 무심코 노동운동의 침체 상태에 대해 개탄했지만, 순진 하게도 노동자들이 당의 봉기 요청을 기다리고 있다고 확신했다. 그 는 국민당이라는 댐에 단 하나의 구멍을 내는 것만으로도 혁명의 홍 수를 불러일으킬 수 있다고 믿었다. "혁명이 고양되기 시작한다면 사 흘 내에 9,000만 명을 조직할 수 있다".[20] 그는 6월의 결의안에서 이 렇게 썼다. "이미 오래전에 대중은 이렇게 말했다. '언제 봉기를 일 으킬지 알려 주시오. 우리도 꼭 나서겠소.' 이제 당은 대중 앞에 대담 하게 호소해야 한다. '봉기의 시간이 왔습니다! 스스로 조직하십시 오!'"[21] 그는 당, 청년단, '적색' 노조를 통합해 '총행동위원회'를 구성 했다. 상하이에서는 '4차 봉기'를 준비하기 위해 정확히 176명의 노동 자로 구성된 '적위대'를 구성했다.[22] 난징에서는 소수의 병사들과 함 께 봉기를 계획했다. 홍군에게는 도시로 진군하라는 지시가 내려졌 다. "지방봉기의 목표는 각 도시를 장악하는 것이다. …… 봉기가 전국 적으로 완전한 승리를 거두기 위해서는 중심 도시들로 힘을 집중해야 한다".[23]

코민테른과 리리싼은 말로는 노동자계급이 농민을 이끌어야 한다고 인정했다. 이런 필요성을 말하는 길고도 웅변적인 구절들이 '노동자계급의 주도권'이라는 이름으로 모든 문서에 실렸다. 불행하게도 대열을 재정비하고 힘을 결집시켜야 할 노동자계급은 혁명의 패배와 뒤이은 국민당 테러 통치에 의해 짓밟혀 흩어져 있었다. 공산당은 스스로 노동자계급을 대신하려 했다. 하지만 그 과정에서 공산당은 농민의 당으로 바뀌었다. 혁명이 도시에서 농촌으로 확산될 수 없었기 때문에, 도시를 포위 공격하기 위해 농촌을 동원해야 했다.

이런 관점에서 펑더화이가 이끄는 홍군 제5군은 장시성에서 서쪽을 향해 이동했고, 1930년 7월 28일에 후난의 성도인 창사를 점령했다. 리리싼은 이 사건을 전국적인 자발적 봉기의 신호로 확신했고, 우한에 '소비에트 중앙 정부'의 수도를 건설할 수 있기를 기대했다. 불행하게도 공산당이 우한에서 가용할 수 있는 대오는 200명의 당원들과 150명의 '적색' 노조원들뿐이었다![24] 리리싼의 기대와는 반대로, 어디에서도 반향은 나타나지 않았다. 중국 전역 어디에서도 봉기는 없었다. 9,000만 명은 수동적으로 방관했다. 미국, 영국, 일본, 이탈리아의 포함들은 놀란 외국인들을 철수시키느라 분주하게 샹강湘水을 오르내렸고, 점령당한 도시에 무자비하게 포격했다.[25] 홍군은 철수했다. 후난성의 통치자 허지안何鍵·하건이 새로운 사단들을 이끌고 돌아와 무고한 시민들을 살육하기 시작했고, 5,000구 이상의 시신이 공동묘지를 가득 채운 뒤 창사 상회가 난징 정부에 제지해 달라고 청원할 때까지 살육은 중단되지 않았다. 주더-마오의 4군이 합류해 증강된 홍군은 9월에 창사를 되찾기 위해 재공격에 나섰다가 패배한 뒤, 다시 장시성 남부의 산악지대로 후퇴했다.

창사사건은 홍군정책이 가진 치명적 약점을 단번에 보여 주었다. 빨치산 군대는 도시의 노동자들과 연계를 갖지 못했다. 홍군이 입성해 '소비에트 권력을 선포하며, 노동자-농민-병사의 정부가 수립됐음을 알렸을 때',[26] 50만에 이르는 도시 주민은 두려워하거나 의아해했을 뿐, 전혀 움직이지 않았다. '소비에트권력'의 선포는 승전군의 하사품이었지, 도시 대중의 행동의 산물이 아니었다. 뒤에 공산당 중앙위원회는 이것을 인정했다. "홍군의 공격과 창사 대중의 투쟁 사이에 연계가 부족했다."[27] 그 결과 광저우의 대실패가 장소를 옮겨 반복됐다. "창사에는 공장이나 가두에서 선출된 대중적 소비에트가 존재하지 않았다".[28] 도시 곳곳에 붉은 깃발이 내걸리며 민중 대회가 계획됐지만, 참가자는 고작 3,000명뿐이었다. 이틀 뒤에 2차 대회가 열렸지만, 조금 더 성공적이었을 뿐이다.[29] 습격, 파괴, 약탈, 도망으로 이어지는 농민 빨치산의 기본 전략에 물든 군대는 창사 점령을 영구적인 것으로 여기지 않았다. "그들의 위치는 공고하지 못했다. 시 정부는 구성되지 않았다".[30] 그 대신 그들은 40만 위안의 세금을 상회에 부과했고, 상인들은 그것을 민중에게서 거둬들였다. 제국주의 포함들이 포격을 개시하자, 그들은 잠시 동안 저항하다가 철수했다.

홍군은 도시에서 3,000명의 노동자를 병사로 충원해 함께 떠났다. 다시 말해, 창사의 선진 노동자들 전부가 공장과 상점을 떠나 도시와 완전히 단절된 빨치산 병사로 전향했던 것이다. 이처럼 홍군은 창사의 노동운동을 참수하는 일을 시작했고, 허지안의 사형집행인들은 그것을 완료했다. 창사의 모험이 낳은 최종 결과는 바로 이것이었다.

우한을 포위하고 그 외의 도시들을 장악하려 했던 시도는 여름 내내 성과 없이 산발적으로 지속됐다. 10월에 홍군은 장시성의 지안吉安

지안을 점령했지만, 그 목적을 '신병 충원'으로 한정했고, 난창南昌·난창과 주장을 장악하려는 시도에서 최상의 부대들을 잃었다. "대중을 조직하는 활동은 완전히 방기됐다".31 몇 주일 뒤에 홍군은 지안에서 철수해야 했다.

어쨌든 모스크바의 전략가들은 대도시들을 공격해 장악하려는 홍군의 시도가 성공할 수 없다는 사실을 깨닫기 시작했다. 모스크바에서 돌아온 저우언라이는 9월의 중앙위원회 3차 전체회의에서 조심스레 퇴각을 권고했다. "중앙위원회는 (소비에트) 중앙 정부가 우한 또는 적어도 창사나 난창에 수립돼야 한다고 생각하는 일종의 기계적 관념론에 빠져 있다. …… 물론 작은 도시보다는 큰 도시에서 건설되는 것이 좋겠지만, 그것은 부차적인 문제다."

그는 코민테른이 규정한 '주요 임무'가 홍군을 통일시키고 대중적 기반을 확장하는 것이었다고 중앙위원회들에게 상기시켰다.

"우리는 현재 분산돼 있는 소비에트 지구들을 하나로 통일시켜 용접해야 한다. 홍군의 지도력을 강화하고 집중해 광범위한 농민대중을 움직이고, 더 나아가 소비에트 중앙 정부를 건설해 산업도시를 발전시켜야 한다."

저우언라이는 이것이 퇴각을 의미하거나 또는 코민테른의 견해와 리리싼의 정책 사이에 모순이 있는 것은 아니라고 극구 부인했다. 여전히 도시에서의 중심 임무는 '무장 봉기를 적극적으로 준비하는 것'이라고 반복해서 말했다. 리리싼이 단지 '속도를 과도하게 예상'했고, '순전한 전술상의 오류'를 약간 저질렀으며, '기계적 관념론'에 다소 사로잡혔던 것이지, 그 외에는 '코민테른과의 완전한 일치'를 보여 주었다는 것이다.32

하지만 코민테른 노선에 대한 리리싼의 '지나친 과장'은 실제로 당을 파괴했고, 당원들의 사기를 꺾었다. 더 이상 리리싼을 통해서는 무오류의 지도부라는 신화가 보존될 수 없었다. 그래서 이번에는 불운한 리리싼이 집중포화의 대상이 됐다. 그가 전임 지도부에 맞서 사용했던 모든 추잡한 독설이 이제 그에게 적용됐다. 11월 16일에 모스크바에서 보내온 서신은 그에게 맞선 당내 공개투쟁을 지시했다. 미프 자신이 직접 지휘해 리리싼을 매정하게 축출했다. 이른바 4중전회^{중앙}위원회 4차 전체회의가 1931년 1월 7일에 소집됐고, 미프가 후견하는 천샤오위가 지도부에 올라 '코민테른의 노선에 대한 무조건적 헌신'을 정강으로 내세웠다.

이처럼 갑작스럽게 당 '지도부'에 오른 청년들은 모두 혁명기에 모스크바에서 학생으로 있었고, 중산 대학 학생들 사이에서 트로츠키주의 지지자들에 대한 마녀사냥으로 이름을 떨친 자들이었다.* 미프는 리리싼 휘하에서 반대 없이 일해 온 고참 투사들을 밀어젖히며[33] 이 청년들이 통제권을 확보할 수 있게 해 주었다. 일군의 고참 당원, 노조 활동가, 청년 당원들이 당면한 새로운 상황에 대해 논의하기 위해 허밍슝何孟雄·하맹웅의 주도 아래 1월 17일 밤에 상하이의 한 여관에서 만났다. 당내에서 이런 일이 추문이 되는 상황에서, 회합은 공동 조계의

---

* 중국에서 공산주의 운동이 급속도로 성장하면서, 동아시아 공산주의 중핵들을 양성하기 위해 1921년에 모스크바에 설립된 동방 대학과는 별도로 중국 공산주의 중핵들을 양성하기 위해 쑨원의 호를 딴 중산 대학이 1925년에 설립됐다. 특히 중국 혁명의 패배라는 쓰라린 경험을 겪은 다수 젊은 공산당원들이 1927년에 모스크바로 건너가 중산 대학에 입학했는데, 많은 학생이 거기서 처음으로 중국 혁명에 관한 트로츠키 반대파의 입장을 접하고는 충격에 빠졌다. 다수의 중산 대학 학생들이 트로츠키의 견해를 받아들이자, 새롭게 학장에 오른 미프는 왕밍을 앞세워 반대파에 대한 마녀사냥에 나섰다. 심지어, 다수의 학생들은 중국으로 돌아올 수 없었고, 시베리아 유형지에서 죽어 갔다.—왕범서의 《회상, 나의 중국 혁명》 참조.

영국 경찰에게 밀고됐다. 허밍슝을 비롯한 25명은 체포돼 국민당 당국에 넘겨진 후, 2월 7일에 룽화에서 처형됐다. 미프의 고분고분한 청년들은 절대적인 당지도부가 됐다.

나머지 당지도자들은 스스로를 낮추고 자신의 과오를 비판하는 것을 통해서만 당에 남을 수 있었다. 이런 방식은 스탈린주의 정당의 고유한 특색으로 자리 잡았고, 불과 10년 뒤에 모스크바 재판에 회부된 고참 볼셰비키 지도자들이 목숨을 건지기 위해 '자백'한 일로 정점에 이르렀다. 취추바이는 자신의 '비겁하고 썩어빠진 기회주의'에 대해 자기비판할 수밖에 없었다. 저우언라이는 "제 과오에 대해 질책해 주시기를 당에 호소합니다"[34]라고 외치며 스스로를 채찍질했다. 이미 모스크바에 가 있던 리리싼은 서둘러 자신의 죄과를 참회했다. 코민테른 기구의 무감각한 냉소주의자들조차 그의 열렬한 자기부정에 대해 약간 충격을 받았다. 코민테른 집행위원회 의장단 회의에서 마누일스키는 놀라움을 표현했다. "리리싼 동지가 자신의 견해를 변호하며 글 하나하나에 대해 우리와 논쟁했다면, 제 마음은 편했을 것입니다. 하지만 리리싼 동지는 이처럼 흔쾌히 자신의 견해를 단념했습니다. 이것은 놀라운 일입니다!"[35] 취추바이, 저우언라이, 샹잉 등 여러 지도자는 불분명한 직무를 위해 장시성으로 파견됐다. 정작 리리싼은 무대에서 사라졌다.*

---

* 취추바이는 1935년에 푸젠에서 체포돼 장제스의 명령에 따라 총살당했다. 함께 체포된 샹잉도 분명히 같은 운명을 겼을 것이다. 다른 많은 지도자도 총살당하거나 투옥됐다. 1925년 홍콩파업의 지도자들인 덩중샤와 뤄덩셴은 1933년에 난징에서 사형당했는데, 죽기 직전에 마지막으로 그들은 노동자계급 대의를 향한 충심을 외쳤다.—《중국논단(中國論壇)》(상하이, 1933.11.7, 30.) 참조.; 리리싼은 1937년에 공산당의 새로운 중심지인 시안-옌안에서 다시 나타났고 '쑨원의 오랜 동료'이자 《신군중(新群衆)》의 저자로 소개됐다.—《신군중》(1937.10.12.)

새로운 지도부의 임무는 리리싼의 재앙적인 극단적 모험주의 정책으로부터 당의 실제 힘을 좀 더 정확히 계산하는 상대적으로 온건한 모험주의로 물러서는 것이었다. 더욱 근본적인 변화를 꾀하겠다는 의향은 전혀 없었다. 코민테른은 이미 11월에 보낸 서신을 통해 이 전환의 구체적 형태를 표명했다. "빈약한 무기와 군수품, 부족한 대포 등 홍군의 군사·기술적 약점을 잊어선 안 된다. 이런 조건에서 대도시들을 점령하고, 현대화한 제국주의 군대를 공격하며, 주요 중심지들을 정복하는 일은 불가능하다. 창사 점령과 우한 공격의 경험은 현재의 홍군으로는 이런 임무의 완수가 불가능하다는 것을 보여 주었다". '당의 최고 역량'을 집중해 '진정한 노동자-농민 홍군'을 건설하고, 현존 소비에트 지구 중 한 곳에 미래의 확장을 위한 기초로서 소비에트 중앙 정부를 수립하는 것이 필요했다. 또한 서신은 이렇게 덧붙였다. "볼셰비키와는 아무런 공통점이 없는 자들만이 이것을 퇴각 노선으로 해석할 수 있다. 이것은 후퇴가 아니라 공세다. 봉기노선은 확고하다".[36]

하지만 이것은 분명히 리리싼의 과대망상에서 후퇴하는 것이었다. 새로운 당 지도부는 '지방봉기' 구호를 거둬들였고, 국민당 군대 안에서 반란을 조직하려는 단발적 시도에 대해 '블랑키주의'라고 비난했다.[37] 어쨌든 당의 '최고 역량'을 홍군의 강화와 중앙 정부 건설이라는 '주요 임무'에 집중하는 것은 당의 활동이 도시에서 농촌으로, 노동자에게서 농민에게로 완전히 전환되는 것을 의미했다. 도시 노동자들이 농민반란을 이끌 수 있도록 뒤처지지 않게 하는 것은 더 이상 중요한

참조.(원주)

문제가 아니었다. "모든 파업은 소비에트 지구를 위한 후방 지원의 하나다".[38] 새로운 당지도부가 1931년 6월과 9월에 내린 지시는 거의 오로지 홍군과 소비에트 문제에 관한 것이었다. 도시 노동운동에 관해서는 '노동자-농민의 홍군을 위한 강력한 지원'을 조직하기 위해 도시에서 활동에 박차를 가해야 한다고 간략히 다루었을 뿐이다. '홍군의 위대한 승리를 위해 지원을 강화하고 홍군 신병을 충원하는 것'이 소비에트가 건설되지 않은 지역의 주요 임무였다.[39]

상하이, 우한, 톈진, 광저우 등 산업과 노동자가 집중된 중심 도시들은 사실상 장시성 남부 산악지대의 '후방'이 된 것이다. 1930년 9월에 리리싼은 우한을 장악하고 그곳에 '소비에트 수도'를 건설하겠다는 계획을 정당화하며 이렇게 말했다.

"우리가 산중에 소비에트 수도를 세웠다면, 그것은 웃음거리가 됐을 것입니다."[40]

하지만 그들은 산으로 가서 그곳에 머무를 수밖에 없었다. 1931년 11월 7일에 홍군은 장시성 남부의 깊은 골짜기에 위치한 루이진瑞金·서금을 수도로 정해 '임시 소비에트정부'를 수립했고, '중화 소비에트공화국'을 선포했다.

'중화 소비에트공화국'은 전성기였던 1932~1933년에 화중지방 각 성의 변경에 넓게 흩어진 6개 지역을 포괄했다. 1933년 말에 왕밍천샤오위은 소비에트 중국의 점령지가 '광대한 중국 영토의 4분의 1'을 차지한다고 허풍을 떨었다. 또한 '안정적인' 소비에트 영토가 6분의 1에서 5분의 1에 이른다고 설명했다.[41] 코민테른 신문도 소비에트 통치 하에 있는 중국 인민의 수가 5,000만~8,000만 명이라고 허풍을 떨었다.[42] 어느 코민테른 저술가는 그 인구를 9,000만 명으로 제시한 책을 발간했는데, 불행하게도 '소비에트 중국'의 여명을 축하하자마자 땅거미는 지기 시작했다.[43] 이 수치들은 전혀 일치하지 않았고, 엄청나게 과장된 것이었다. 실제로는 훨씬 더 적었고, 선전상의 신화가 아닌 현실을 마주했던 사람들은 더욱 정직했다.

대부분의 홍군-빨치산 부대들은 중국인들이 즐겨 쓰는 표현으로 '행운유수行雲流水·떠가는 구름과 흐르는 물'처럼 활동했기 때문에, 무운武運에 따라 점령지가 확장되기도 했고 축소되기도 했다. 주더가 이끈 홍군은 장시성의 81개 현 가운데 적어도 60~70개 현을 통과했거나 일시적으로 점령했다. 하지만 1930~1934년 사이에 꽤 오래도록 충분한 권위를 가진 정부가 존재했던 가장 중요하고 안정된 홍군 지역인 이른바 '중앙 소비에트지구'는 장시성-푸젠성 경계를 따라 위치한 17개 현의 총 300만 인구를 포괄했다. 코민테른 신문은 편의적으로 이런 사실을 무시했지만, '소비에트공화국'의 주석 마오쩌둥과 공산당 대변인들은 이에 대해 언급하곤 했다.[44] 후베이성과 후난성의 경계, 후난성과 장시성의 경계, 장시성 북동부, 허난성과 후베이성 및 안후이성의 경계, 후베이성과 후난성 및 장시성의 경계에 위치한 또 다른 소비에트 지구들은 모두 규모가 작고 불안정했으며, 반복된 공격 속에서 쉽게 사라졌다.

마찬가지로 홍군 자체가 규모에서도 힘에서도 매우 다양했다. 어느 정도 체계적 형태를 갖춘 정규군이든, 장제스와의 끊임없는 내전 속에서 보조부대로서 기능했던 농민 적위대든 모두 그러했다. 1932년에 공산당 문서들을 기초로 꽤 신중하게 조사된 추산에 따르면, 모든 소비에트 지구들에서 활동하는 병력은 총 15만 1,000명이었고, 그중 9만 7,500명만 라이플 소총을 보유했다.[45] 모스크바의 감시탑에서 중국의 4분의 1이 소비에트의 통치 아래에 있다고 보았던 날조자는 1933년 말에 홍군 병력에 대해서도 35만 명으로 과장했다.[46] 불행하게도 코민테른 신문 원고에 끄적거린 숫자로 존재하는 병사로는 내전을 수행할 수 없었다. 주더는 분명히 역사상 가장 주목할 만한 군사지도자 중 한 사람이지만, 1932년에 그가 이끈 군대는 4만 명을 넘지 못했다. 책임 있는 상하이 공산당 대표의 분별 있는 추산에 따르면, 전성기였던 장시성 시절에도 7만 명을 넘지 못했다. 신출귀몰한 허룽 군대의 병력은 1만 명을 넘지 못했다. 흩어져 있는 다른 부대들은 규모가 더 작았다. 물론 농민 보충대들이 홍군을 지원했지만, 이들은 시기에 따라 규모가 몹시 달랐고, 주로 게릴라 작전을 수행하는 과정에서 정찰, 보급품 탈취, 적군 교란 등의 역할을 담당했다.

이들 군대의 규모와 장기간 점령한 영토가 실제로 매우 작았다는 것은 이들이 달성한 것의 성격을 분명하게 보여 준다. 5~7배 많은 병력을 갖추고 수천 배 많은 군비를 쏟아부은 적들과의 내전에서 홍군이 이룩한 위업은 결코 농민전쟁의 역사에서 찾아볼 수 없는 찬란한 한 장이다. 5년 이상의 시간 동안 홍군은 다섯 번에 걸친 국민당의 군사작전을 압도하며 격퇴했다. 민중의 지지라는 비할 수 없는 이점, 우위에 있는 기동성과 지휘력, 우월한 지형정보 덕분에 홍군은 장제스의 최고 부대들을 차례로 따돌리거나 격퇴할 수 있었고, 포획한 무기만으로도 무장을 갖출 수 있었다. 농민을 위한 토지 몰수와 탐욕스런 국민당 정권으로부터의 해방이라는 구호는 탱크가 전진하듯 장제스에게 고용된 병사들의 대오를 갈라놓았다.[47]

《노스차이나 데일리뉴스》의 어느 선교사 통신원은 '수많은 사람의 목숨이 걸린 일에 기꺼이 나서는 괴이한 일'[48]이라고 언급하며, 홍군을 위해 지방 농민들이 다방면에 걸쳐 지원한 것에 대해 놀라움을 표했다. 홍군이 통과한 거의 모든 곳에서 지주들은 쫓겨났고, 토지문서, 채권, 임대계약서는 불태워졌다. 여전히 농민들은 많은 장애를 겪고 있었지만, 국민당의 토벌 목적이 토지와 권력을 지주에게 돌려주는 것이라는 점을 알고 있었다. 난징 정부가 토벌 때마다 공표한 그럴싸한 '회복' 계획은 모두 이런 목적을 위해 고안된 것이었다.[49] 농민들은 기꺼이 이에 맞서 싸우다가 죽어 갔다. 선교사는 이런 단순하고 소박한 용기와 위엄을 이해할 수 없었다. 그 대신 장제스가 농민반란을 뿌리 뽑기 위해 각 성에서 행한 살육, 약탈, 고의적 파괴에 대해 감사를 표시했다.

1931년에 장제스의 군정장관인 허잉친何應欽·하응흠은 농민이 홍군을 지원하며 토벌군의 식량 확보와 운송을 곤란하게 만들고 있다고 불평했다.[50] 1933년에 장제스는 일본 기자와의 인터뷰에서 토벌군이 '양민과 적비를 구별하는 것이 불가능하다'는 사실을 알게 됐고, '적들이 도처에 숨어 있다'는 두려움에 시달리고 있다고 말했다.[51] 5차에 걸친 토벌 작전은 국민당 장군들의 분노와 좌절에 관한 이야기이자, 중대 또는 연대 전체의 이탈에 관한 이야기이며, 개항장 외국 신문들과 선교사들의 신랄한 협박과 비난에 관한 이야기다. 결국 장제스는 모든 소비에트 지구들을 초토화하고 반란 농민들을 전멸시키기 위해, 50만 명 이상의 병력과 300여 기의 미국·영국·이탈리아의 폭격기들을 출동시켜야 했다.

소비에트 지구가 도로나 철도가 없는 산악지대에 위치해 있었다는 점은 외부의 적들에 맞선 홍군의 군사투쟁에서 가장 큰 이점이 돼주었다. 하지만 군사적 무대에서 정치·경제적 무대로 옮겨 가면, 동일한 요인이 극복할 수 없는 장애의 근원으로 바뀌었다. '소비에트 중국'은 주요 도시로부터 떨어져 있었을 뿐만 아니라, 농촌 지역의 생명선인 주요 교통로로부터도 떨어져 있었다. 소비에트 영토 안에는 도시는 물론이고 규모 있는 중심지도 존재하지 않았다. 장시성의 주요 도시들인 주장과 난창은 물론이고, 적색 지구의 심장부에 위치한 간저우조차 국민당의 수중에 있으면서 철도와 수로로 연결돼 있었다. 주장은 결코 심각한 위협에 처한 적이 없었다. 난창은 수차례 공격을 받았지만, 단지 군사적 견제의 목적이었을 뿐이다. 지안吉安·길안은 1930년에 잠시 동안 점령된 뒤 계속해서 국민당의 수중에 있었다. 간저우는 반복해서 포위됐지만, 결코 점령되지 않았다. 각 현의 중심지조차 변화하는 운에 따라 계속해서 주인이 바뀌었다. 적어도 '1~2개의 중심 도시'를 차지하는 것은 원론적으로 변함없는 목표였지만,[52] 결코 이룰 수 없는 목표였다. 1932년 4월에 있었던 푸젠성 진공 과정에서 며칠 동안 장저우漳州·장주를 점령했던 것을 제외한다면, 홍군은 어떤 주요 소도시도 점령하거나 보유하지 못했다. 오히려 국민당의 군사적 공세와 경제적 봉쇄가 강화되면서, 홍군의 영토는 장시-푸젠 경계지와 화중지방 각 성의 변경에 위치한 산채들로 점점 더 축소됐다. '소비에트운동'은 농촌만의 운동으로 남았다.

이곳 농촌의 자급자족 경제는 오래전에 사라졌다. 오직 쌀과 소량의 대나무, 종이, 목유*를 생산해 소금, 천, 등유, 농기구, 성냥과 같은 외부에서 생산된 기본 필수품과 교환해야 했다. 이런 무역은 외부 시

---

* 목유(木油): 유동나무 씨에서 추출하는 냄새가 자극적이고 옅은 황색을 띠는 건성유(乾性油).

장과 연결된 상인들이 수행했다. 소비에트 지구에서 상인들은 지주였고 대금업자였으며 고용주였다. 농민들 스스로가 경제적 이해관계가 충돌하는 계층들로 나뉘었다. 준半지주로서 농업노동자를 고용했고, 대개 상인이거나 대출업자였던 부농들이 여전히 농촌을 지배했다. 그 뒤로 가까스로 필요를 충족시킬 만한 땅을 소유했고 때때로 일손을 고용하기도 했던 중농들이 있었다. 마지막으로 부족하나마 땅을 소유했거나 아예 소유하지 못하면서 작은 땅뙈기를 빌리거나 농업노동자 대열로 합류했던 빈농들이 있었다. 빈농과 농업노동자는 경제적으로 부농에게 예속됐고, 중농은 그들 사이에서 다양한 수준으로 등락을 거듭했다.

공산당은 복잡한 불화와 충돌을 내재하고 있는 농민들이 '노동자계급의 지도'를 따라야 한다고 주장했다. 이런 순전히 추상적인 관점에 근거해 '노동자계급의 정당'으로서 공산당의 존재가 농민반란에서 노동자계급의 주도권을 보장하는 것으로 여겼다. 당은 이런 환상을 강화시키기 위해, 임시로 도시에서 노동자들을 불러다가 홍군과 통치기구에 마련된 지도적 지위에 앉혔다. 하지만 이런 관행의 결과는 도시 노동자들에게서 가장 선진적인 대표들을 박탈하는 것이었다. 국민당 경찰의 테러가 노동운동에서 이들을 도려내지 못했더라도, 공산당이 그렇게 했던 것이다. 이들 노동자들은 노동자계급적 환경에서 멀어진 이상, 노동자계급의 일원이기를 중단하고 농민적 환경에서 비롯된 영향력에 압도될 수밖에 없었다. 생산 과정에서 멀어진 그들은 노동자계급의 지도자도 반란농민들의 대표도 될 수 없었다.

오직 진정한 노동자계급의 지도 속에서만 농민봉기를 분열과 해체로부터 구해 낼 수 있다. 빈농·중농·농업노동자를 농촌 자본가계급에 맞선 공동투쟁으로 묶어 낼 수 있다. 오직 도시노동자들만이 전국적 차원에서 경제의 전면적 재조직에 착수해, 이들의 투쟁을 의미 있게 만들 수 있다. 그리고 전체 도시의 노동운동을 통해서만, 농촌 경제가 전적으로 의존하고 있는 생산과 분배의 중심지들에 대한 노동자통제를 확립할 때만, 그런 지도력은 행사될 수 있다. 다시 말해, 농민봉기는 노동자 혁명과 결합될 때만 성공할 수 있다.

전반적으로 낙후된 국가에서 계획적이고 체계적인 방식으로 공업이 농업을 원조하게 하며 농촌의 생활을 개선하는 일은 가장 유리한 조건에서조차 거대한 난관에 직면할 수밖에 없다. 이 점에서 좀 더 발전된 국가의 노동자계급이 중요하고도 불가결한 역할을 수행해야 할 것이다. 이 문제의 거대함과 복잡성은 노동자계급이 권력을 장악했지만 국가적 고립과 경제적 후진성이라는 요소들 때문에 도시 경제와 농촌 경제 사이의 조화로운 균형을 수립하는 데서 심대한 난관에 봉착했던 러시아에서 충분히 증명된 것 그 이상이다. 훨씬 작은 규모인 '소비에트 중국'으로 축소시켜 본다면, 제국주의와 토착 금융자본이 완전히 지배하고 있는 나라에 흩어져 있는 반란 농촌지역과 산촌지역에서 이 문제는 그만큼 더 날카롭게 제기되며, 노동자 혁명이 없다면 이 문제는 전혀 해결할 수 없다.

공산당은 중국에서 노동자 혁명의 전망을 결코 받아들이지 않았다. 1925~1927년의 경험 이후에도 여전히 '중국 혁명의 부르주아 민주주의적 성격'을 고수했다. 1917년에 러시아에서, 그리고 10년 뒤 중국에서 철저한 실험을 거친 '민주주의 독재' 이론은 중국 공산당의 주요 이론적 무기로 남았다. 1925~1927년에 이 무기는 그들을 자본가계급에 의존하도록 이끌었고, 재앙적 결과를 낳았다. 이제는 앞서와 마찬가지로 노동자계급의 이해와 융합되기보다는 충돌되는 계급적 이해를 가진 순수한 농민운동에 대한 의존을 정당화했다. 1927년의 패배 때문에 당은 물리적으로 노동자계급과 분리됐다. 1927년 이후에는 모험주의노선 때문에 노동자들 사이에서 기반과 영향력을 갖지 못하는 농민정당으로 바뀌었다. 러시아의 볼셰비키정당이 아니라 사회혁명당에 상응하는 정당이 되었고, 그 전례에 따라 자본주의적 소유관계에 기초한 토지개혁의 수행을 제기했다. 경제적으로 제약된 농촌지역에 고립된 공산당은 홍군 통제 아래서의 현들에서조차 안정적이고 유용한 경제정책과 정치제도를 수립하기는커녕, 흩어져 있는 반노동자계급과 농업노동자들의 상황을 개선하는 일에 착수조차 하지 못했다. 모든 충성스런 결의와 권고에도 불구하고, 공산당은 소비에트지구의 기초 생활을 유지하기 위해서라도 외부 시장과 연계를 가진 부농과 상인에게 기대야만 했다. 당은 자기 의지와 관계없이 농촌 지배집단의 도구가 됐다.

부농은 자기 재산을 지키고 지주 재산의 일부를 손에 넣기 위해 농민반란의 지도자로 나섰다. 많은 곳에서 그들은 소작료와 세금을 거부하는 것으로 운동을 제한했다. 농민들이 이런 수준을 넘어 토지 분배로 나아간 경우에는, 자신들이 가장 좋은 땅을 차지했고, 자신의 농기구와 가축을 지켰다. 씨족 사회에서 누린 지위와 지주와의 표면적 충돌 덕분에, 부농은 손쉽게 농촌 인구의 하층을 지배할 수 있었다. 농촌에서 상업자본의 활동과 외부시장에 대한 예속이 유지되는 한, 부농과 상인 등 농촌 자본가계급은 농촌의 지배 계급으로 남아야 했고, 자신의 중심적 지위를 아낌없이 이용했다.

공산당은 이런 과정을 저지하기보다는 촉진시켰다. 1928년의 6차 당대회는 "농민계급과 지주계급 사이의 근본적 모순을 혼란스럽게 할 수 있는 부농에 대한 투쟁을 강행하지 않는다"는 구호 속에서 농촌 자본가계급과 화합하는 태도를 취했다.[53] 이에 따라, 부농의 토지는 손대지 말고 그대로 두어야 했다. "지주 토지의 몰수!"가 토지운동의 중심구호가 됐다. 다시 말해, 과거에 민족자본가계급과 매판지주 사이의 대립을 가정했던 것처럼, 이제는 부농과 지주 사이의 대립을 가정했다. 과거에 도시에서 민족자본가계급에 순응하며 재앙을 향해 나아갔던 것처럼, 이제는 농촌에서 부농과의 화합을 추구했다. 심지어 부농이 반혁명 쪽으로 변절하는 것은 '불가피'하다며 낯익은 예견을 또다시 꺼내 들었고,[54] 말로는 반혁명에 맞선 모종의 제한적 투쟁 또는 '2차적'[55] 투쟁을 벌여야 한다고 했지만, 실제로는 과거와 마찬가지로 지도부가 그들에게 굴복했고, 그들의 경제적 이익을 보호했다. 당은 부농과 상인이 멀어지지 않도록 빈농, 농업노동자, 장인, 수공업자에게 직접적 이익을 희생하라고 요구할 수밖에 없었다.

중앙위원회는 1929년에 그것을 인정했다. "부농과의 연합을 추구했기 때문에, 농업노동자의 이익은 희생됐다. …… 우리는 부농이 반혁명으로 돌아설까 봐 두려웠고, 따라서 농업노동자에게 요구를 낮추라고 요구했다".[56] 1930년에 푸젠성 서부에서 공산당원들이 이끈 빨치산부대에 관한 기록은 실제로 어떤 일이 벌어졌는지 잘 보여 준다. "그들은 필수품 교역의 곤란을 해결하기 위해 상인들과 타협해야 했다. 상인에 대한 보호를 공표했을 뿐만 아니라, 농민들이 15%의 지대를 지불하고 있는 상황에서도 상인의 세금을 면제해 주었다. …… 상인이 가격을 올리는 것을 억제할 조치를 취하지 않았을 뿐더러, …… 때때로 점원들과 노동자들의 경제 투쟁을 제약하기까지 했다".[57]

1930년 5월에 상하이에서 비밀리에 열린 '소비에트 대표자대회'는 부농 및 상인과 공공연하게 타협하는 정책을 채택했다.[58] 반대파의 일원인 오우팡區芳·우방은 이런 정책이 불러온 반노동자적 결과를 뛰어나게 분석했고,[59] 일부 당원조차 그것을 어렴풋이 인지했다. 천샤오위가 농업노동자들의 조직화에 실패한 것을 비난하자, 소비에트 지구의 동지들은 "농민들이 반대한다"고 변명했다.

천샤오위는 이렇게 말했다.

"부농을 두려워해 농업노동자를 조직하지 말아야 하는가? 그렇다면 우리는 절대로 노동자계급의 정당이라 할 수 없다. …… 소비에트의 수많은 농촌을 부농의 심리가 지배하고 있다. 부농은 대중조직과 당에서 상당한 지위를 차지하고 있다. 모두가 부농의 이익만 생각한다. 이것은 우리가 부농의 심리를 농민 대중의 기본 심리로 여기게 됐다는 것을 의미한다. …… 바로 이 때문에, 우리는 점원, 수공업노동자, 소기업노동자를 조직하지 않고 있다. 가령 후베이와 허난에서는 '중소상인 이익의 보호'라는 구호가 공표됐고, 점원과 수공업노동자를 위한 요구는 단 하나도 제출되지 않았다."[60]

1930년 말에 코민테른은 상황을 이렇게 묘사했다. "가장 중요한 토지 혁명의 과제는 해결되지 않았다. 부농뿐만 아니라 소지주도 소비에트, 새로운 권력기관, 홍군 내부로 들어왔다. 부농이 토지 혁명의 과실을 훔치고 있다. '보유 농기구에 따른 토지의 분배'라는 부농의 구호에 대해서는 제대로 반대하지 못하고 있다. 일부 지역에서는 50묘약 1만 평 이상의 땅을 소유한 지주에 대해서만 몰수를 시행하기로 했다. 또 다른 지역들에서는 50묘 이하의 땅을 소유한 지주-고리대업자에게서 빌린 빚은 갚아야 한다고 했다. …… 토지 혁명의 가장 중요한 임무인 평등한 토지분배는 극소수 지역에서만 수행됐다. 빈농의 조직화는 착수조차 못하고 있다. …… 막노동꾼들과 농업노동자들은 노동조합으로 조직되지 못했다".[61]

예상대로 이런 사태에 대한 책임은 공식적으로 리리싼에게로 떠넘겨졌고, 천샤오위가 그 자리에 대신해 올랐지만, 상황은 개선되기는커녕 계속해서 악화됐다. 1931년에 소비에트 지구들 중 한 곳을 관찰한 통신원은 "정부의 3분의 2가 부농의 수중에 있다"는 소식을 전했다.[62] 같은 해 8월에는 또 다른 통신원이 "부농이 당의 모든 직무를 담당하고 있다"는 소식을 전했다.[63] 1933년에 소비에트의 수도 루이진의 주요 대변인은 이렇게 전했다.

"토지가 분배됐지만, 지주와 부농도 토지를 분배받았으며, 가장 좋은 토지를 받았다. 많은 지주와 부농은 농촌에서 지위와 권위를 그대로 유지했다. …… 그들 중 적지 않은 이가 당과 정부기관을 통제하고 있고, 그것을 이용해 자신의 계급적 이익을 실현하고 있다. …… 많은 지역에서 토지문제가 완전히 해결된 것처럼 보였지만, 자세히 관찰하면, 지주조차 토지를 분배받았고 부농은 자신의 좋은 땅을 그대로 유지하고 있음을 알게 된다."[64]

'소비에트공화국'의 주석 마오쩌둥은 이렇게 썼다. "많은 지주·부농이 혁명적 색채로 스스로를 치장했다. 그들은 혁명과 토지분배에 찬성한다고 말한다. …… 그들은 매우 능동적일 뿐만 아니라, 역사적 이점 그들은 말을 잘하고 글을 잘 쓴다 을 누렸으며, 그 결과 빠르게 토지 혁명의 과실을 훔칠 수 있었다. 그들이 임시정부를 찬탈했고, 무장 군대에 침투했으며, 혁명조직을 통제했고, 빈농보다 좋고 넓은 땅을 분배받았음이 수많은 지역에서 확인된다". 마오쩌둥은 '200만 이상의 인구를 포괄하는 중앙지구의 80%에 이르는 지역'에서 이런 일이 벌어졌다고 추산했다.[65] 1934년 1월에 루이진에서 열린 2차 '소비에트 대회'의 보고를 통해, 마오는 1933년 여름에 진행된 토지심사운동에서 나타난 인상적인 사실을 폭로했다. "중앙 소비에트지구에서 6,988가구의 지주들과 6,638가구의 부농들이 엄청나게 과도한 토지를 보유하고 있다는 사실이 밝혀졌고, 그들의 땅과 함께 총 60만 6,916위안이 몰수됐다".[66] 하지만 현실이 당 결의안보다 더 냉혹하고 강력하다는 것이 입증됐다. 토지 재분배에서 빈농에게 좀 더 큰 이익을 주려는 시도는 농작물 수확을 방해하지 말아야 한다는 이유로 포기됐다. 그해 말에 공표된 포고는 더 이상의 토지 재분배를 금지했는데, 토지 재분배가 '농업 개선의 가장 심각한 장애물 중 하나'가 됐기 때문이다.[67]

농업노동자와 수공업자, 그 외 농촌 노동자의 요구는 소비에트 지구의 취약하고 제한적인 경제구조에 적지 않은 위협이었다. 중심 지구에서 이들 계급은 대략 20만 명을 포괄했다.[68] 홀로, 또는 2~4명씩 한 곳에 머물거나 여기저기 떠돌며 논밭에서 흩어져 일하는 이 노동자들은 경제적으로 보조적 위치를 차지했다. 자본가는 공장노동자 없이 존재할 수 없었지만, 농민은 일손을 고용하지 않고서도 살아갈 수 있었다. 생산수단으로부터 분리돼 임금을 위해 노동력을 판다는 점에서, 이 노동자들은 노동자계급에 속했다. 하지만 흩어져 있고, 생산에서 독립적 역할을 수행하지 못한다는 사실은 이들이 농민 소부르주아 대중의 일부로 편입되려는 경향이 있음을 의미했다. 어떤 경우에도 이들은 독립적인 정치적 역할을 할 수 없었다. 이들의 이익에 기초한 일관된 정책을 마련하는 것은 불가능하다. 권력에 오른 노동자계급만이 농촌 노동자들을 이끌 수단을 찾을 수 있었고, 이들의 생활 수준을 향상시킬 경제적 수단을 제공할 수 있었지만, 현재 이들은 고립돼 있었고, 노동시간 단축과 임금 인상을 시도했을 때, 농민들은 격렬하게 반대하거나 간단히 해고했다. 총소득이 보잘 것 없는 농민으로서는 노동자의 임금을 2배로 올리거나 일손을 2배로 늘린다면 완전히 파산할 수밖에 없었다. 마찬가지로 상점주와 소기업주도 직원들의 요구에 대해 폐업의 위협으로 간단히 맞섰다. 이것은 서서히 교역이 질식되는 것을 의미했고, 상인들은 자신들이 그것을 좌지우지하는 위치에 있음을 알고 있었다.

1931년 11월에 수립된 '임시 소비에트 정부'는 얼마 뒤 훌륭한 노동법을 통과시켰는데, 그 조항들은 초기 국민당의 노동조례보다 훨씬 더 광범위했다. 일반 성인 노동자의 노동시간을 8시간으로, 16~18세 청소년은 6시간으로, 더 어린 노동자는 4시간으로 정했고, 임금인상과 노동조건의 전반적 개선을 요구했다. 특히 국외를 포함해 소비에트 외부를 향한 선전을 위해서 말한 것은 곧바로 실행돼야 했다. 하지만, '소비에트 중국'은 '대도시와 대규모 생산에 적합한' 법률을 '경제적으로 뒤처진 소비에트 지구에 완전하고 기계적으로 적용할 수 없다'는 것을 깨달았다.[69] 이것을 시행하려는 시도는 상인들과 농민들의 반대에 부딪혀 빠르게 폐기됐다. 후난-장시 당위원회는 이렇게 보고했다. "동지들은 노동법을 비현실적이고 순전히 선전용이라고 생각한다. 성 위원회는 이런 경향에 맞서 싸웠지만, 별 효과는 없었다".[70] 법률 적용의 실패에 대해 많은 변명을 궁리해 내야 했다. 그중 가장 빈번하게 사용된 변명은 '시간을 잴 시계가 없기 때문에' 새로운 노동시간을 시행할 수 없다는 것이었다.[71] 상층 지도자들은 하급 사무원들의 법률에 대한 고집스런 경시를 꾸짖은 뒤, 결국 그것이 '비현실적'이었음을 인정할 수밖에 없었다.

주요 대변인이었던 뤄푸洛甫·낙보는 농장노동자의 임금을 2배로 올리고8위안에서 16위안으로 노동시간을 단축하려 했던 시도의 불행한 결과에 대해 설명했다. 노동자들은 간단히 해고당했다. "결과적으로 농민들은 불만을 품었고, 노동자들은 우리의 지도에 대해 의심을 품었다". 물론 농장 노동자의 노동조건 개선은 필요했지만, "농민이 그런 개선을 필요하고도 실행 가능한 것으로 여겨야 했다". 상점의 견습공과 하천 교역에 종사하는 선원의 경우도 똑같았다. "많은 상인과 고용주가 청원서를 보내왔는데, 노동법의 기계적 적용이 불가피하게 산업과 상업의 쇠퇴로 이어질 것임을 보여 준다". 물론 견습공의 생활수준과 노동조건의 개선이 필요했지만, "견습공을 고용하는 것이 주인에게 손해가 아니라 이익이 되도록 만들어야 한다".[72] 비록 노동자들이 '국가의 주인'이었지만, 그들은 계속해서 '피착취 계급'으로 남는 것을 수용해야 했고, '노동자-농민의 동맹을 파괴하는' 효과를 낳을 뿐인 '과도한 요구'의 제출이나 파업의 실행은 자제해야 했다.[73] 이것이 '소비에트 중국'에서 '민주주의 독재'의 본질이었다.

이런 상황에서 농업노동자들을 노동조합으로 조직하겠다는 시도는 완전히 실패했고, 기껏해야 노동자의 이익에 반해 기능하는 이름뿐인 노동조합을 제기했을 뿐이다. 소비에트 지구 내의 노동조합에 관한 수치들은 각기 매우 다양했다. 같은 해에 발표됐지만, 1만 4,000명부터 3만 명, 15만 명, 22만 9,000명, 심지어 220만 명에 이르기까지 서로 크게 달랐다![74] 이런 수치와는 별개로 노동조합의 성격이 매우 의심스러워서 상하이의 공산당 노동조합 중앙조차 1931년의 보고에서 노동조합 내에 '점주와 부농이' 존재한다[75]고 불만을 표시할 정도였다. 이듬해에는 장시성의 노동조합 간부들에게 서신을 보내 '농민, 승려, 점주, 관리자, 부농, 지주'는 받아들이면서도 '상당수의 농업노동자, 막노동꾼, 점원, 장인은 다양한 구실로 조합 가입을 막았다'며 신랄하게 비난했다. 이 일과 관련된 동지들에 대해 '노동자를 경시하고, 무례하게 대하고 있다'고 비난했다. 서신은 이런 노동조합들을 '지주, 부농, 고용주의 이익을 우선적으로 대변하는 반노동자계급적 성격'의 노동조합으로 묘사했다.[76]

루이진瑞金의 당지도자 중 한 사람은 이렇게 썼다. "대체적으로 당은 소비에트 지구에서 노동자계급의 주도권을 무시하고 있다. …… 노동조합운동을 계속해서 무시하는 심각한 현상이 도처에서 목격되고 있다. …… 위원회는 이에 대해 토론조차 하지 않는다. …… 노동자계급의 지도는 당 문건 상의 공문구로 남아 있다".[77]

이런 사실은 장시성의 소비에트 실험이 완전히 실패했음을 분명하게 보여 준다. 홍군은 지주를 몰아내고 토지분배를 지원해 광범위한 농민대중의 열정을 불러일으켰다. 하지만 대도시에서는 물론이고 소비에트 지구 인근의 소도시에서조차 유력한 노동자계급 대중운동과 효과적인 경제적 통제가 부재한 가운데,[78] 부농은 지주로 재등장했고, 상인은 지배계급으로 재등장했다. 빈농과 농업노동자는 최소한의 물질적 이익조차 얻을 수 없었다. 단순한 필수품의 가격은 끝없이 상승했고, 실업이 만연했다. 농민과 농업 노동자는 왜 자신이 싸우고 있는지 의심하며, 무조건적 평화를 바라기 시작했다. 대중의 열정은 사라졌다. 홍군으로부터 이탈하는 수가 늘어났다.[79] 소비에트 지구 변경에서 시작된 마비가 곧바로 중심부로 확대됐다. 대중들 사이에서 수동성이 창의성을 좀먹었다. 비관주의가 지도부를 집어삼켰다. 이것은 당내에서 이른바 '뤄밍 노선'으로 불렸는데, 푸젠성의 당 지도자인 뤄밍羅明·나명이 처음으로 이런 경향에 굴복했기 때문이었다. 뤄밍은 이렇게 말했다.

"설사 우리의 최고지도자들이 오거나 스탈린이 직접 와서, 또는 레닌이 무덤에서 부활해서 대중들과 3일 밤낮을 얘기하더라도, 대중의 정서는 바뀌지 않을 것이라고 생각합니다."[80]

1933년 내내, '뤄밍 노선'은 바이러스처럼 '소비에트 중국'의 혈관을 통해 확산됐다. 그것이 푸젠으로부터 장시성 남부의 후이會, 신信, 안安 각 지역으로 번지자, 그곳에서 활동했던 덩샤오핑을 비롯한 당 간부들은 그야말로 자기 자리에서 도망쳤다.[81] 홍군 모병운동은 참담하게 실패했고, 그 대신 징병제가 논의됐다. 소년선봉대 전체가 이탈했고, 실제로 홍군 추격부대와 충돌했다.[82] 농민들은 작전 중인 군대를 위한 운송지원을 회피하려고 산으로 도망쳤다.[83]

"과거에 후이, 신, 안에서 그랬고, 현재 이춘宜春·의춘, 난펑南豐·남풍에서 그렇듯이, 빨치산부대들은 확대되기는커녕 오히려 축소되고 있다. …… 소총을 들고 탈출하거나 배신하는 일이 계속해서 벌어지고 있다. …… 부패와 타락이 계속해서 나타나고 있다. 일부 빨치산부대는 산적이나 다름없는 경향을 보이고 있다. …… 빨치산 부대들뿐만 아니라, 독립 부대들도 명령을 거부하고 돈을 약탈하는 등 똑같은 형편이다. 부농의 비축물을 습격하는 '토호약탈吃土豪' 현상이 매우 광범위하게 퍼져 있다. …… 작은 보따리를 들고 현지에 들어간 당 일꾼들은 곧 큰 보따리로 불렸다. 큰 보따리를 가지고 들어간 이들은 2개의 보따리로 불렸다."[84]

또 다른 뤄밍들이 곳곳에서 등장했는데, 심지어 홍군 지휘부에 이어 루이진의 중앙 정부에서도 등장했다. "중앙 소비에트 지구의 300만 인민 가운데 200만 명이 부농과 지주에게 억압받고 있고, 소비에트 정부 기구는 지주와 부농을 위해 대중을 억압하는 도구가 됐다"고 주장했다는 이유로 노농감찰위원 허수형何叔衡·하숙형은 쫓겨났다.[85] 저우언라이는 '난관 앞의 동요, 비관, 수동성, 실망, 피로감, 굴복에 맞선 전면적 투쟁'을 호소했다.[86] 어떤 지도자들은 당직자들의 잦은 이동과 지역 교체가 대중의 열정을 파괴하고 있고, 다가오는 군대가 어느 군대냐에 관계없이 농민들이 산으로 도망친다고 불평했다.

"그들은 홍군인지 백군인지에 대해서는 관심이 없다."[87]

이런 분위기 속에서 1933년 여름에 홍군은 정말 영웅적 노력으로 장제스의 공세를 패퇴시켰지만, 그 몇 개월 간의 '승리'는 종말의 시작이었다. 국민당이 압도적 힘을 보유했고, 권력의 심장부가 공격받지 않는 상황에서, 그것은 시간 문제였다. 국민당이 강력한 육군과 공군을 보유했고 엄격하게 경제를 봉쇄하고 있는 상황에서, 그런 결과는 단지 시간문제일 뿐이었다. 장제스의 폭격기들이 소비에트 지구 전역을 초토화시켰고, 그의 군대가 요새를 구축하며 조금씩 전진했다. 장제스는 적색 지구 깊숙이 대군을 침투시키는 낡은 전략을 폐기했는데, 고립돼 전멸되곤 했기 때문이다. 독일 장군 본 제크트에게 훈련받았고, 유럽과 미국의 최신식 무기로 무장한 50만 명 이상의 병력이 촘촘한 그물망으로 에워싸듯 좁은 소비에트 지구를 포위해 들어갔다. 대포, 총, 화염방사기를 이용해 신속하고 맹렬하게, 고의적 기아를 통해 장기적이고 고통스럽고 무시무시한 학살을 벌였다.[88]

1934년 8월에 샤오커蕭克·소극가 이끄는 1만 병력의 홍군 부대가 봉쇄선을 돌파해 서쪽으로 탈출했다. 11월에는 주더와 마오쩌둥이 이끈 주력이 그 뒤를 따랐다. 중국 '소비에트 공화국'이 선포된 지 3년 만인 1934년 11월 10일에 장제스의 군대는 의기양양하게 소비에트의 수도 루이진으로 입성했다. 장제스는 공언했던 모든 '적비'의 절멸에는 실패했지만, 지주들을 위해 장시성을 되찾는 데는 성공했다.

　홍군은 믿을 수 없는 고난을 겪고, 더 믿을 수 없는 용기와 기지를 발휘하며, 후난, 구이저우, 윈난, 쓰촨을 돌아서 산시陝西에 도달했다. 이 '장정'은 가장 주목할 만한 전적의 하나로 역사에 기록되겠지만, 홍군은 중국의 정치·경제적 중심지들에서 한층 더 멀어지게 되었다. 장시성의 패배가 농민전쟁의 종결로 이어지지는 않았지만, 조직적인 농민반란운동은 심대한 타격을 입었고, 당시 최저점에 있었던 도시 노동운동도 막대한 타격을 입었다. 새로운 테러, 투항, 배신의 물결이 주요 도시의 공산당에 남아 있던 모든 것을 파괴했다. 현실의 사건들이 무수한 선전상의 신화들을 폭로했다. 중국 북서부의 황량한 사막에서 공산당은 새로운 곤경에 처했다.

XX

THE NEW "NATIONAL UNITED FRONT"

새로운 '민족통일전선'

1927년에 국민당은 제국주의 열강이 후원하는 가운데 노동자-농민 대중운동을 진압하고 권력을 장악했다. 그해의 학살을 통해, 그리고 뒤이은 10년에 걸친 노동자, 농민, 급진적 지식인에 대한 잔혹한 테러와 내전을 통해, 주로 국민당은 제국주의와 인민 사이에서 완충적 역할을 했다.

중국 자본가계급의 정치·경제적 삶을 완전히 지배한 외국인들은 중국 인민대중과의 끊임없는 전쟁에 직간접적으로 관여했다. 화중지방에서 농민반란을 진압하기 위해 파견된 군대는 유럽, 일본, 미국이 제공한 무기로 무장했다. 민중에 맞서도록 군대를 교육시킨 것은 독일 파시스트 교관들이었다. 주민들을 폭격하도록 국민당 비행사들을 교육시킨 것은 미국과 이탈리아 장교들이었다. 미국, 영국, 프랑스, 이탈리아, 일본의 포함들은 강에서 '토비_{반란 농민들을 공식적으로 이렇게 불렀다}'

를 향해 끊임없이 포격을 퍼부었다. 1933년에 미국은 난징 정부가 장시성 작전을 완료하기 위해 필요한 마지막 물자로 5,000만 달러어치의 목화와 밀을 차관으로 제공했다. 대도시 중심지들에서는 미국, 영국, 프랑스, 일본, 이탈리아의 보병과 해병이 직접 나서서 외국인들의 이익을 보호했다. 조계에서는 영국, 프랑스, 일본의 경찰이 끊임없이 급진 학생, 파업 지도자, 공산당원을 체포해 수백 명씩 국민당 군정당국에 넘겨주었고, 군정당국은 이들을 고문하고 사형시켰다. 1931년에 재개된 일본 제국주의의 진공은 현대전의 모든 끔직한 약탈을 동반했지만, 일본이 고유의 특수한 이해 속에서 그렇게 했던 것만큼이나 국민당과 열강도 공동의 이익 속에서 피착취 민중에 맞서 끔찍한 전쟁을 벌였다. 일련의 단계를 거쳐 1937~1938년의 대전으로 이어지는 일본의 침략은 가장 야위고 굶주린 늑대가 좀 더 많은 사냥감을 차지하기 위해 무리에서 뛰쳐나오는 것을 의미했다.

일본 자본주의는 경공업적 기초와 후진적 봉건 토지제도에 의존했고, 상대적으로 허약하면서도 고도로 집중된 금융 상부구조를 갖추고 있었다. 뒤늦게 제국주의 열강에 합류한 일본은 자국 상품의 안정적 수출길을 마련하고, 석탄, 철광석, 면화 등 형편없이 부족한 기초자원을 확보하기 위해, 중국에 대한 지배를 40년 동안 노려 왔다. 경제적으로 허약한 일본은 1929년에 시작된 세계 대공황의 압력을 영국이나 미국처럼 견뎌 낼 수 없었다. 1931년에 만주를 침략한 직접적 원인은 일본 상품의 수출길이 가로막혔기 때문이었다. 그들은 만주 정복에 만족할 수 없었고, 새로운 모험을 시작했다. 대륙의 군사작전에 소요된 막대한 비용과 위기의 격화는 일본 경제에 부담을 가중시켰다. 1937년에 일본은 더 많은 중국 영토를 자기 세력권으로 편입시키고 중국 경제 전체를 자국의 필요에 종속시키려는 목적에서 제국주의 경쟁자들인 영국과 미국을 체계적으로 몰아내기 위해 또다시 무력에 의지했다.

일본과는 달리, 영국과 미국의 제국주의체제는 강력한 금융망을 통해 광범위한 부문들이 연결된 고도로 발전된 중공업들에 기초했다. 그들은 자본재를 제공해 궁극적으로 중국 경제를 지배하고, 직간접적인 금융지배를 유지해 필요한 초과이윤을 추출할 준비가 돼 있었다. 이들 상호 간의 경쟁이 이제껏 이런 경로를 가로막아 왔지만, 이런 관점에서 중국은 자본 투자를 위한 거대한 기회의 땅이었다. 결국 열강은 중국을 두고 충돌할 것이고 그럴 수밖에 없었다.

일본 제국주의는 중국의 시장, 노동력, 자원에 대한 직접적이고 독점적인 착취를 통해 자국의 취약한 경제체제를 떠받치려 했기 때문에, 막강한 적수들과 충돌할 수밖에 없었을 뿐더러, 경쟁 상대인 중국 토착공업의 상대적 발전조차 용인할 수 없었다. 반 독립적 토착 착취계급에게 발전의 기회는 주어지지 않았다.* 영·미 금융자본이 중국을 더 많이 착취하기 위해서는 대리인으로서 중국 자본가계급의 도움이 필요했다. 이 때문에 독립적 발전의 가능성을 갖지 못한 중국 자본가계급은 자연스럽게 도쿄보다는 뉴욕이나 런던을 섬기려 했다.

---

* "전쟁이 상하이 공업에 입힌 헤아릴 수 없는 막대한 피해는 날마다 체계적으로 증대됐다. 책임 있는 일본 관리는 난시(南市), 푸둥(浦東) 등 여러 지구에서 외국인의 출입을 통제하고 있고, 일본 병사들이 중국인 소유 공장의 기계들을 모두 파괴하거나 반출하고 있다는 사실을 인정했다. 홍커우(虹口)와 양수푸(楊樹浦)에서는 이런 파괴활동이 이미 완료됐다. 자베이(閘北)는 중국인들이 후퇴할 때 이미 폐허인 상태였다. 이런 공공연한 공업 파괴의 목적은 중국 시장에서 일본의 지배적 지위를 위협하기 시작한 중국 공업의 발전을 끝내는 데 있었다. 일부 일본인은 최근 10년간 중국에서 진행된 산업 발전을 완전히 파괴해 쓸어버렸다고 주장했다."—《뉴욕 타임스》특별통신(1938.1.30.).(원주)

1931년에 일본의 침략이 시작됐을 때, 국민당은 무기력하게 영국과 미국의 지원을 기대했다. 하지만 일본은 신중하게 시기를 선택했다. 만주 침략은 제국주의가 경제공황에 완전히 사로잡혀 서로 날카롭게 대립하고 있을 때 이루어졌고, 일본은 즉각적 간섭을 거의 또는 전혀 걱정하지 않으며 그 일을 해낼 수 있었다. 경쟁자들은 아시아의 패권을 차지하기 위해 무장 투쟁에 나설 의지도 준비도 없었다. 또한 궁극적으로 소련을 공격하겠다는 일본의 계획에 대해 반대하지 않았다.

침략자들보다 대중을 더 두려워한 국민당정권은 민족혁명전쟁을 위해 민중을 결집시키는 모험에 나설 수 없었다. 그들은 그 대신 일본이 만주로 만족하거나 적어도 만주와 화북으로 만족하기를 바라며, 가능한 한 많은 영토를 양보하는 '비저항' 정책을 취했다. 처음에는 배척운동이라는 무기를 꺼내 들려고 했지만, 1932년에 일본이 상하이를 공격하며 압박하자 그것을 포기했고, 배척운동을 적극적으로 억압했다. 그 뒤 그들은 화중 농민들에 대한 공세를 강화하고 모든 독립적 반일운동의 표출을 짓밟아, 일본 앞에서 자신들의 효용성을 입증하고자 했다.

이것은 어떤 식으로든 일본의 침략에 대해 분개한 민중의 전 계층을 일본 제국주의에 맞서 저항하는 동시에 국민당정권에 맞서 투쟁하도록 만들었다. 중국 영토의 방어에 무능한 국민당에 맞서 가장 먼저 날카롭게 반응한 학생들은 국민당 깃발을 짓밟는 시위를 벌였다. 그들은 국민당 당사를 습격해 박살 냈다. 또한 수천 명이 정부에 직접 항의하기 위해 기차를 징발해 난징으로 몰려들었다. 그리고 1919년에 그랬던 것처럼 반역 장관들을 만나기 위해 싸우며 나아갔다. 그들은 외교부로 밀고 들어가 외교장관 왕정팅을 쓰레기 취급하며 자리에서 물러나게 만들었다^{현재 그는 워싱턴에 대사로 파견돼 있다.} 그들은 구웨이쥔顧維鈞이 후임자로 취임하는 것도 막았다^{현재 그는 파리에 대사로 파견돼 있다.} 장제스한테는 그동안 화북 전장에서 목숨을 바치겠다고 해 온 공언을 다시 한 번 받아 냈다. 하지만 며칠 뒤인 1931년 12월 15일에 장제스는 또다시 정략적으로 사임했다. 그러고는 곤란한 순간에 무대에 있던 쑨커와 천유런陳友仁이 소몰이 하듯 총칼을 휘두르며 학생 시위대를 난징에서 몰아낸 것에 대해 책임을 떠맡는 모습을 옆에서 지켜봤다. 학생들은 똑같은 무모한 영웅주의로 곳곳에서 장렬한 시위를 벌였다. 상하이에서는 시장을 구금하고 사임을 강요했다.

학생운동은 곧 진정됐다. 1919년에는 학생들이 촉발시킨 민족주의운동이 노동자, 농민, 부르주아 민족주의자를 결집시켜 2차 중국 혁명 투쟁을 이끌었다. 1931년에는 학생들이 완전히 고립된 채로 남아 있었기 때문에, 그들의 불꽃은 잠시 타오르다가 꺼졌다. 1919년에 전쟁의 이익에 고무된 자본가계급은 학생들이 떨쳐 일어나 이미 폭넓게 펼쳐지고 있던 민족주의 운동을 이끌도록 격려했다. 1931년에 자본가계급은 전력을 다해 반제국주의 운동에 맞섰다. 1919년에 새롭게 공장으로 몰려든 노동자들은 재빠르게 투쟁으로 나섰고, 이를 통해 수백만 농민을 각성시켰다. 1931년에 대중은 1927년의 심대한 패배의 결과로 여전히 수동적인 방관자로 남았다.¹

그렇지만 배척운동은 일시적으로 중국인 공장의 가동속도를 높여 주었다. 소폭으로 경기가 호전되면서 노동자들이 자신감을 회복하는 분위기가 조성됐다. 파업이 발생했지만, 모든 곳에서 파업노동자들은 몽둥이와 총으로 해산당했다. 국민당 대리인들과 깡패들이 조직을 통제했다. 대부분의 경우 파업노동자들은 아무런 조직도 갖지 못했다.

그들이 자기 것으로 받아들일 수 있는 기치와 강령을 가진 당은 존재하지 않았다.

국민당의 비겁한 본질을 완전히 폭로한 사건들이 또한 공산당의 무능과 고립을 가차 없이 폭로했다. 공산당은 국민당의 탄압 속에서 흩어진 힘을 다시 모으는 데서 완전히 무능했다. 일본 제국주의의 공격 앞에 그대로 노출된 이들을 포함해 인민의 각층에 만연해 있는 깊은 적개심을 실체적 힘으로 전환시키지 못했다. 만주에서는 병사와 농민 수만 명이 이른바 홍후즈紅胡子* 또는 토비로 불리는 의용군으로 모여들었고, 지금도 계속해서 푸이溥儀의 불안정한 옥좌를 흔들고 있다. 공산당은 이들 사이에서 아무런 영향력도 행사하지 못했다.2 당은 만주의 도시 노동자 사이에서 아무런 거점도 갖지 못했다.3 상하이를 포함해 주요 도시에서 당은 노동자계급과 완전히 분리돼 있었고, 침략자들이 제공한 기회를 활용해 잃어버린 지위를 되찾을 수 없었다. 공산당 지식인들이 학생운동에서 일정한 역할을 수행했지만, 노동자들과의 연계를 갖지 못한 운동이 국민당 정치인들의 술수에 빠지고 국민당한테 무자비하게 타격받아 해체되는 것을 막을 수 없었다.

당이 제출한 추상적 반일 구호는 노동자들의 호응을 이끌어 낼 수 없었다. 노동자들 사이에서 당의 권위와 명성을 파괴했고, 당을 무력화시킨 오랜 동안의 치명적 실책들이 단순한 애국주의적 호소를 통해 하루아침에 지워질 수는 없었다. 늘 그랬듯이 코민테른 선전기관은 항일운동에서 공산당이 거둔 성공을 말하는 빛나는 보고들을 널리

---

* 붉은 비적.

유포했지만,[4] 현지의 당 신문은 당의 실제 약점을 좀 더 정확하게 반영했다. 1931년 12월에 《홍기보紅旗報》는 이렇게 말했다. "9월 8일 이후, 당과 적색노조는 노동운동에서 아무런 지도력도 발휘하지 못하고 있다. (일본의 침략 이후 노조위원회는) 단 한 부의 노동자 신문도 발행하지 못했다".[5] 항일 노동단체를 조직하려던 변변찮은 시도는 성공하지 못했다. 침략이 시작된 지 2개월 뒤, 또 다른 공산당기관지는 이렇게 말했다. "노동대중은 아직까지 폭넓고 적극적으로 투쟁에 참여하고 있지 못하다. 이것은 …… 부분적으로 적색 노조와 그 전위의 공산당이 대중을 주위로 결집시키지 못했기 때문이다. 우리는 실제 투쟁에서 항일의 흐름과 계급투쟁의 대담한 전진을 연결시키지 못했다. 특히 상하이 등지에서 항일 정서로 충만한 중국 노동자계급이 '일본 강도를 타도하자!', '만주 점령을 반대한다!'와 같은 구호에 즉각 응답할 수 없었던 것은 이 구호들이 임금 인상, 주택 수당, 미곡 수당 같은 노동대중의 절박한 요구와 연결되지 못했기 때문이다. …… 순수한 항일 구호가 파업 노동자들의 임금을 인상시키거나 생활조건을 개선할 수 없었다는 것은 분명하다".[6] 당시 중앙위원회 노동국도 이렇게 보고했다. "우리는 단 한 건의 반제 파업도 조직하지 못했다".[7]

탄압이 잔혹했는데도, 상하이 파업운동은 당과 전혀 무관하게 기세를 얻기 시작했다. 일본 배척운동에서 커다란 이익을 본 융안永安 방직공장에서 12월에 노동자들이 임금 인상을 요구하며 파업에 돌입했다. 국민당 경찰과 충돌하는 과정에서 7명의 노동자가 죽고, 파업은 진압당했다. 1월 7일에는 상하이의 34개 일본 방직공장에서 6만 명의 노동자가 참여하는 총파업이 벌어졌다. 파업은 임금 삭감과 해고에 반대하는 순수한 경제적 요구에서 시작됐다.[8] 2주일 만에 7,000

명을 제외한 모두가 작업에 복귀하거나 다른 일자리를 찾을 수밖에 없었다.

　7일 뒤인 1월 28일에 일본 해군이 상하이를 공격했다. 뜻밖에도 19로군은 장제스의 명령을 무시하고 완강한 저항에 나섰다. 5주일 동안 교전이 지속됐다. 7년 전, 영국 경찰이 학생 13명을 사살한 사건은 도시를 마비시킨 총파업을 촉발시켰다. 이제 일본 침략자들이 이론상 중립지역인 공동조계를 살인적 공습과 포격의 근거지로 자유롭게 이용하며 노동자계급 밀집지인 자베이閘北를 폐허로 만들고 무수한 민간인들을 죽였지만, 교전 때문에 대부분 실업자가 된 노동자 대다수는 수동적으로 관망했다. 공동 조계와 프랑스 조계의 기계는 변함없이 잘 돌아갔다. 소수 노동자가 우쑹吳淞에서 병사들과 함께 싸웠지만, 다른 이들은 조심스레 병사들과 거리를 두고 후방에 머물렀다. 상하이 노동자계급의 대다수는 개입하지 않았다.[9] 뒤에 공산당은 19로군의 영광을 나눠 가지려 했지만, 실제로는 투쟁에서 아무런 역할도 하지 않았다.*

　1933년에도 여전히 공산당지도부는 각 도시에서 '정상적 활동이 지속되지 못하고 있다'는 사실에 대해 한탄했다. 텐진과 상하이에서 단 하나의 항일노동단체도 조직하지 못한 것에 대해 지방위원회들에

---

* 코민테른 중앙기관지는 상하이에서 19로군의 저항이 '공산당의 활동에 적지 않게 영향을 받았음'을 증명하고자 1932년 2월 초에 일본인 공장들에서의 파업이 조직됐다고 주장하기까지 했다(《코민테른》, 1932.12.). 이것이 뻔한 거짓말이었다는 것은 1월에 발행된 《중국논단》을 비롯한 상하이 신문들이 입증한다. 본 저자가 이 파업에 대해 상세히 알고 있으며, 수차례 파업위원을 만났다. 교전이 시작됐을 때, 파업은 이미 무너진 상태였다. 전투가 벌어지는 동안, 노동자들은 공장폐쇄 때문에 쫓겨나 있었다. 하지만 교전이 끝나고 1개월 이상 지난 4월까지 노동자들이 일본인 공장으로 복귀하기를 거부하는 데서 공산당이 일정한 역할을 수행했다는 것은 분명하다.(원주)

책임을 물었다.[10]

　공산당이 일본 제국주의에 맞서 대중을 결집시킬 수 없었던 것은 중국 자본가계급에 맞선 투쟁으로 대중을 조직하는 데 필요한 강령과 역량을 갖추지 못했기 때문이다. 1927년에 부르주아 국민당 반동이 승리해 일본 제국주의의 침략을 위한 길이 놓였다. 혁명의 실패와 5년에 걸친 국민당의 억압이 제국주의 침략 앞에서 대중을 정치적·심리적으로 무장해제시켰다. 재앙들이 쌓여 갔지만 어떠한 역할과 책무도 다하지 못했던 공산당은 그 무능의 대가를 치러야만 했다.

　이 시기를 통틀어 부르주아 반동과 군사독재가 너무도 철저히 지배했기 때문에, 어떤 정당도 국민당에 대한 의미 있는 반대에 나설 수 없었다. 도처의 경쟁하는 군벌들이 장제스의 통치에 도전했을 뿐이다. 그들은 장제스의 배신행위가 분명하게 폭로되기를 바라며 스스로를 항일의 기치로 포장했다. 하지만 장제스는 그들을 차례로 제거하거나 격파했다. 펑위샹은 1933년 8월에 차하얼蔡哈爾·찰합이에서 독립의 깃발을 치켜들었지만, 그간 공언해 온 침략자들에 맞선 전쟁을 실천하기보다는 장제스와 강화를 맺는 쪽을 택했다. 같은 해 11월에는 국민당 내 반대파 정치인들과 19로군 지휘관들이 연합해 장제스에 맞서 반란을 일으켰고, 몇 주일 동안 푸젠성을 시끄럽게 했다. 일시적으로 공산당에 추파를 던졌고, 국민당의 해산과 새로운 '인민 생산당' 건설을 주장하기까지 했다. 하지만 그들 역시도 마법 같은 장제스의 단 한 번의 타격으로 굴복했다. 19로군은 해체됐다.

　장제스의 군사 독재에 원칙적으로 반대했던 소부르주아 급진그룹들은 단명했다. 왕징웨이는 1932년 1월에 장제스 진영으로 넘어가면서 독재에 대한 나약한 저항마저 완전히 거둬들였다. 1931년에 덩옌다가 장제스에게 총살당한 뒤, 제3당은 존재감이 사라졌다. 소부르주아 지식인 소그룹들로 구성된 반대파는 오직 자리와 돈을 두고 다투는 반대파 정치인과 야심 있는 군벌의 일시적 음모를 중심으로 모여들었다. 장제스의 국민당 군사독재는 값비싸고 불만족스런 정치적 도구였지만, 자본가계급의 이해를 대변하기 위해 고안할 수 있는 최선의 것이었다.

공산주의운동 안에서 일관되게 공산당에 도전한 유일한 이들은 트로츠키주의인 반대파였다. 1927년 이후 러시아에서 돌아온 학생 그룹이 이 반대파를 이끌었다. 이들 대다수는 모스크바의 중산 대학에 있는 동안 러시아 좌익반대파의 문건들에서 혁명에 덮친 재앙에 관한 유일하게 논리 정연한 설명을 발견했다. 공산당은 비판의 목소리를 내기 시작한 이들을 빠르게 축출했고, 이들은 소규모 독립 조직들을 구성해 지하 간행물을 내기 시작했다. 1929년에 당에서 축출된 천두슈와 그를 지지한 상당수의 동료들이 별도로 활동을 벌이다가 1931년에 '국제공산주의동맹'의 기치 하에 모든 반대파 그룹과 통합했다. 다른 나라들에서와 마찬가지로 중국의 트로츠키주의 그룹은 공산당의 한 분파로 자임했다. 이들은 당 정책에서 변화를 일으키기 위해 필요한 영향력을 행사하고자 했고, 당 대오로 복귀할 수 있기를 바랐다. 그래서 반대파는 정기 간행물을 발행하는 소규모 선전조직으로 남았고, 계급투쟁에서 어떤 역할도 수행할 수 없었다.

또한 트로츠키주의자들은 사상적 혼란을 겪었는데, 그것은 혁명의 거대한 실패와 정치무대에서 대중의 후퇴에서 비롯된 불가피한 여파였다. 정치적 재정립의 과정은 느리고 고통스러운 것이었으며, 테러와 고립이라는 조건 때문에, 이들이 진행한 토론 대부분은 실천으로 검증되지 못했다. 1933년 이후 트로츠키주의자들은 코민테른을 '개혁'하려는 시도를 포기하고 4인터내셔널을 건설하기 위한 운동에 나섰다. 상하이 그룹은 스스로를 '중국공산주의동맹'으로 재조직했고, 1934년에는 몇몇 상하이 공장에서 작은 거점들을 확보하기 시작했다.

트로츠키주의자들은 그 수가 적었고, 국민당의 테러로부터 큰 타격을 입었다. 스탈린주의 정적들은 트로츠키주의자들을 이른바 '반혁명 분자' 또는 '장제스의 대리인'으로 몰아 공격했지만, 이들은 장제스의 테러 속에서 몇몇 최고의 동지들을 잃었다. 체포 때문에 중앙위원회가 완전히 파괴되는 일이 두 번에 걸쳐 벌어졌다. 1932년에 천두슈를 비롯한 12명이 체포돼 장기 징역형을 선고받았고, 1934년에 5명의 지도적 동지들이 체포돼 재건 중앙위원회가 붕괴됐다. 국민당 통치에 반대한 모든 혁명적 정적과 마찬가지로 이 국민당 '대리인들'도 잔혹한 수단으로 무자비하게 공격받았다.

트로츠키주의자들은 사건에 직접적 영향력을 발휘할 만한 충분한 힘을 갖고 있지 못했지만, 노동운동의 소생을 위한 필수적 출발점으로서 기본적인 민주주의 강령의 필요성을 끈질기게 주장했다. 이런 수단을 통해서만 노동운동은 소생될 수 있었고, 일본 제국주의에 맞선 투쟁에서 선봉의 임무를 떠맡을 수 있었다. 이것은 노동자의 가장 단순한 일상적 요구를 기초로 공장에서 가장 참을성 있게 조직화 작업을 수행해야 함을 의미했다. 임금, 노동시간, 미곡 수당 등과 관련해 소박한 개선을 요구하는 파업조차 몽둥이질, 체포, 고문, 총격에 직면해야 하는 상황에서, 노동자들은 언론, 출판, 집회, 결사 등 가장 기본적인 민주적 권리를 위한 선동의 의미를 쉽게 이해할 수 있었다. 이 구호들은 노동자들이 개입된 모든 부분적인 경제적 충돌의 직접적이고 분명한 논리적 귀결이었다. 보통선거를 통한 국민의회 수립이라는 구호로 종합된 정강은 국민당 군사 독재 때문에 억압받는 인민 각층에게 공동의 출발점을 제공했을 것이다.

스탈린주의자들은 사태의 발전에 따라 무의식적으로 그런 방향으로 발걸음을 내딛게 되었다. '홍군에 대한 지지', '소비에트에 대한 지지' 등의 구호는 노동자의 직접적 이해와 요구와는 아무런 관련이 없었다. 무능함에 대한 비판 앞에서 놀란 공산당은 1931년 가을에 갑자기 '선거를 통한 인민정부 수립' 구호를 채택했는데, 그것은 위험하게도 트로츠키주의자들의 구호인 선거를 통한 국민의회 수립과 똑같아 보였다. 당지도부는 '인민 정부'와 '소비에트 정부' 사이의 차이 또는 '인민 정부'와 '국민의회' 사이의 차이를 설명하려고 많은 노력을 기울였지만, 당원들에게조차 제대로 설명할 수 없었다.[11] 그것은 그 논리적 결론 때문에 논쟁을 피할 수 없었는데, 일시적인 '인민 정부' 구호의 채택조차 '소비에트 정부'를 호소하는 것으로는 부르주아 군사 독재의 압제에 짓밟힌 대중 사이에서 반향을 불러일으킬 수 없음을 어렴풋하지만 틀림없이 인정하는 것이었기 때문이다. 1932년 9월의 12차 전체회의에서 코민테른 집행위원회는 만주에서의 '선거를 통한 인민 정부 수립'을 제기했지만,[12] 사실 이 구호는 빠르게 폐기됐다. 뒤에 공산당은 근본적으로는 올바른 이 구호로 되돌아가지만, 그것을 노동자 혁명을 위한 지렛대에서 노동자계급운동의 올가미로 변형시켜 비틀리고 왜곡된 형태로 제출한다. 어쨌든 그것은 오지의 농민 소비에트 실험이 그 결론에 도달해 수많은 농민의 목숨을 희생시키며 실패로 끝난 뒤의 일이다.

상하이 휴전협정으로 한숨을 돌린 장제스는 1932년 여름에 화중에서 빨갱이 토벌전쟁을 재개했다. 홍군은 토벌군 내의 항일 정서를 이용하기 위해 1932년 4월에 일본에 '선전포고'를 했다.[13] 일본의 러허熱河·열하 진공 직전인 1933년 1월 10일에는 제국주의 침략자들에 맞선 전투에서 어떤 무장 세력과도 함께 싸울 수 있다며 '연합전선'을 제안했다.[14] 홍군지도부는 반공 작전의 중단, 인민을 위한 민주적 권리의 허용, 민중의 무장 등의 조건을 제시함으로써 고립된 산악 거점에서 벗어나기 위해 어쩔 수 없이 최소한의 민주주의 강령으로 돌아가야 했음을 다시 한 번 인정했다. 하지만 여전히 장제스는 일본이 자신의 양보에 만족할 것이라고 기대하면서 화중에서 권력의 안정성을 확보하기 위해 농민 반란을 뿌리 뽑는 일에 집중했다. 군대 후방에서 대중적 지지를 얻지 못했던 공산당은 원칙적으로 완전히 옳았던 연합전선을 수용하도록 강제할 수 없었다. 1933년 3월에 러허가 함락된 뒤, 장제스는 수하 장군들을 구링牯嶺·고령으로 소집해 자신의 기본전략을 다시 한 번 준엄하게 설명했다. "공산당을 근절하기 전까지 항일을 말하는 것은 불필요한 일입니다!" 그는 연합전선 제안에 대해 고려할 가치가 있는 것으로 생각하는 장교들은 '엄벌'에 처할 것이라고 위협했다.[15] 농민 소비에트에 대한 전쟁은 계속됐고, 1934년 말까지 장제스는 장시성 남부를 되찾기 위한 전쟁에 묶여 있었지만, 결국 성공했다.

이듬해 홍군은 수많은 강을 건너고 티베트를 둘러싼 높고 험준한 산맥을 넘는 등 온갖 곤란을 이겨 내며 9개 성을 가로질렀다. 장제스가 추격대로 보낸 최고의 사단들은 교묘한 적을 따라잡을 수 없었다. 홍군은 비길 데 없는 전략적 기예를 발휘하고 가혹한 고난과 막대한 손실을 불굴의 의지로 감내하면서 2년 전에 먼저 쓰촨四川·사천에 당도한 다른 홍군 부대들과 합류했고, 결국 1935년 10월에 산시陝西·섬서성에 당도했다.

홍군이 서부로 도주하고 장시성 '소비에트공화국'이 강제 해산당한 것은 단지 홍군의 군사적 패배를 의미하는 것이 아니었다. 홍군은 다소간 병력을 보존하며 봉쇄선을 돌파해, 장제스의 최우선 목표인 홍군의 물리적 궤멸이 현실화하는 것을 막을 수 있었다. 패배는 주로 정치적인 것이었다. 곳곳에 흩어져 반란을 일으킨 농민들에 전적으로 의지해 혁명 권력을 수립하려던 시도가 끝장난 것이었다. 홍군이 포기한 것은 장시성 농민들의 명운만이 아니었다. 스스로를 희망 없는 막다른 골목으로 이끈 정책도 포기했다. 그동안 그들은 항일 민족 혁명전쟁의 개시를 위한 필수적 전제조건으로서 전국적 소비에트 혁명의 승리가 임박했다고 수도 없이 말해 왔다.[16] 1934년 1월에 루이진瑞金·서금에서 소집된 소비에트 2차 대회는 '굴하지 않고 전진하는 소비에트 혁명'의 결과로 '소비에트 중국'은 '부단하게 성장하며 우세를 점하고 있다'고 선언했다.[17] 이것은 홍군이 서부를 향해 떠나면서 포기할 수밖에 없었던 장시성 소비에트 지구에 대한 부질없는 희망이었다.

노동자계급의 도구가 되는 것에 실패한 홍군과 공산당은 이제 자본가계급 쪽으로 기울기 시작했다. 투항 심리가 당 기구의 많은 부위를 지배하기 시작했다. 장시성의 패배로 사기저하에 빠졌고 새로운 전망을 찾지 못한 도시의 청년 공산당원 다수가 국민당으로 넘어갔다. 장제스의 테러 기구들은 이 변절자들을 흡수했고, 이들의 밀고를 이용해 도시에 남아 있던 공산당 역량을 완전히 와해시키고 파괴했다.* 공산주의에 대한 이들의 철회와 탄핵을 전하는 소식이 연일 신문을 채웠다. 또한 이들은 경찰의 밀정과 앞잡이가 돼, 수많은 과거의 동지를 체포할 수 있게 해 주었다. 당원들은 자신을 알아보는 사람이 있을까 봐 거리로 나가기를 두려워했다. 많은 이가 타 도시로 도피했다. 당 활동은 완전히 정지됐다. 매우 취약했던 당 기구는 완전히 붕괴됐다. 장시에서의 마지막 몇 개월 동안, 홍군 일반 병사 사이에서만이 아니라 고위 지휘관 사이에서도 이탈이 일어났다. 쿵허충과 장이 같은 고위 장교들도 더 이상 장시 소비에트에 희망이 보이지 않는다고 선언하며 적에게 투항했다.[18] 당은 모든 이탈자를 비겁한 배신자라며 공격했지만, 곧 그들을 뒤따라 국민당 진영으로 합류해 그들과 재회했다. 그것은 모스크바의 코민테른이 중국 소비에트 실험의 변변찮은 결과마저 단번에 지워 버렸기 때문이다.

홍군이 중국 서부를 횡단하며 역사의 새로운 전환점을 향하고 있을 때, 코민테른은 1935년 7월에 모스크바에서 열린 7차 대회에서 정책 전환을 완료했다. 이것은 노동자 혁명을 위한 투쟁의 최종적 포기

---

* 변절자 중에는 단명한 광저우 코뮌에서 '외교부장'을 맡았던 황핑(黃平·황평)과 같은 저명인사도 있었다. 다소 뒤늦은 1937년에 왕밍은 1934년의 변절자들이 모두 '트로츠키주의자'였음을 발견했다고 밝혔다. 이처럼 모든 경향의 반대파를 손쉽게 낙인찍는 데 이용된 이 용어는 당시 소련에서 숙청을 위해 성행했다. 에드거 스노는 경솔하게도 자신의 책《중국의 붉은 별》에서 트로츠키주의자들이 자신의 입장에 따른 논리 때문에(스노는 그 논리에 대해 전혀 제시하지 않았다), 장제스에게 투항해 동지들을 경찰에 밀고했다는 취지의 비방을 앵무새처럼 따라했다. 이어서 스노는 자신의 독특한 입장의 '논리'에 따라, 공산당이 바로 그 장제스에게로 넘어가면서 자본가계급을 위해 노동자-농민을 배신하는 것을 적극적으로 감싼다. 스노가 책《중국의 붉은 별》을 위해 자료를 수집한 지 1년 남짓 지났을 때, 님 웨일즈는(스노는 자신의 책을 그녀에게 헌정했다) 반짝이는 새 국민당 단추를 조심스럽게 만지고 있는 어느 홍군 병사를 보았다. 그녀는 그가 '장시 시절부터 입었던 누더기 같은 낡은 붉은 별 군복'에 대해 어떻게 생각할지 궁금해하며, "한때 소비에트 영토였던 곳에서 붉은 별은 더 이상 찾아볼 수 없다"고 덧붙였다(《아시아(Asia)》, 1938.1.).(원주)

를 의미했다. 독일 공산당의 붕괴와 히틀러의 승리는 유럽에서의 국제 균형을 완전히 뒤엎었고, 전후 유럽에서 가장 강력한 잠재적 혁명 역량이었던 독일 노동자계급의 강력한 조직들을 제거했다. 히틀러는 자유로운 소련 진공을 위해 일본과 동맹을 맺는 한편, 영국 및 프랑스와의 공개 담판에 나섰다. 소련의 관료집단은 공포에 떨며 방향을 전환했다. 어제까지만 해도 반소 동맹을 주도했던 영국과 프랑스는 이제 독일 파시즘에 맞선 잠재적 동맹자로서 설득하고 획득해야 할 '평화를 애호하는' 민주국가들로 바뀌었다. 각국 공산당은 과거 그 어느 때보다 공공연하고 거리낌 없이 이용되는 스탈린 외교정책의 맹목적 도구로 바뀌었다. 코민테른은 이제 노동자 혁명을 위해서가 아니라 부르주아 민주주의를 위해서 투쟁하겠다고 선언했다. 각국 공산당은 모스크바와의 동맹에 대한 보답으로서 프랑스와 체코슬로바키아에서처럼 자본가 정부에 대한 모든 저항을 중단하거나 미국과 영국에서처럼 그런 동맹의 체결을 위한 압력단체가 됐다.

당연하게도 중국은 소비에트 관료들의 계산에서 핵심적 자리를 차지했다. 일본이 중국에서 마주하는 곤란의 정도가 소련을 향한 피할 수 없는 진공의 시기와 효과를 크게 결정할 것이기 때문이었다. 궁극적으로 국민당 정부가 일본과 반소 협정을 맺지 못하도록 막고, 가능하다면 반일 입장으로 전환하게 만드는 것이 소비에트 외교정책의 주요 목표 중 하나가 됐다. 장시성의 패배는 모스크바 전략가들로 하여금 중국의 홍군만으로는 이런 목표를 달성할 수 없다고 확신하게 만들었다. 이미 오래전에 중국에서 노동자 혁명에 대한 기대를 완전히 포기한 소비에트 관료집단은 다시 한 번 중국 자본가계급에 의지했다. 항일 동맹에 대한 대가로 홍군의 병역과 토지투쟁의 청산을 제안하기로 결정했다.

코민테른 7차 대회의 결정은 단지 첫걸음이었을 뿐이다. 그들은 '소비에트 중국'의 신용잔고를 단번에 비우며, 중국 공산당이 새로운 '민족통일전선'을 추진하도록 방침을 정했다. 1933년에 왕밍은 '주권을 빼앗기고 나라를 욕보인 국민당 정부의 타도'를 '민족 혁명전쟁의 성공적 수행을 위한 조건'으로 상정하며 '오직 소비에트 정부와 홍군만이' 그것을 실현할 수 있다고 선언했다.[19] 하지만 이제 그것은 기껏해야 퇴보적 전망에 불과한 것으로 간주되며 폐기됐다. 7차 대회에서 왕밍은 이렇게 공언했다.

"일본 제국주의에 맞선 성스런 민족 혁명전쟁을 위해 중국의 전 민족을 결집시키기 위해서는 반제통일 인민전선전술 외에 다른 수단은 없다."

이것은 '전체 인민, 모든 당파·단체·군대·대중조직, 그리고 저명한 정치·사회적 지도자들이 함께 '전중국통일인민국방정부'와 '전중국통일항일국방군'을 조직해야 한다고 호소하는 것을 의미했다.[20]

사건들이 증명했듯이, 이것은 공산당-국민당 합작을 재개하기 위한 과도적 공식이었다. 홍군과 국민당 사이의 내전이 지난 7년 동안 진행돼 왔고, 여전히 진행 중이었기 때문에, 당은 새로운 전환과 자본가계급을 향한 구애를 시작하기 전에 자신의 세력을 재교육할 시간이 필요했다. 또한 장제스와 국민당이 일본 쪽으로 너무 기울어 있었기 때문에, '민족통일전선'이 그들에 맞서서 건설돼야 하는 것은 아닌지 계산하는 것도 필요했다. 7차 대회에서 왕밍은 여전히 '국민당의 유례없고 수치스런 매국행위'를 인정했고, 장제스를 '중국인민의 반역자'로 묘사했다.[21]

7차 대회 이후 1년 가까이 중국 공산당은 남서부의 천지탕陳濟棠·리쭝런李宗仁·바이충시白崇禧, 난징의 쑨커·펑위샹馮玉祥, 북서부의 장쉐량 등 정부에 반대하는 다양한 정치인들 또는 장군들과 불장난을 했다. 하지만 그들 중 어느 누구도 장제스에 필적할 만한 힘을 갖고 있지 못했다. 공산당은 '모든' 정당을 향해 구애했지만, 결국 국민당만이 그 대상이었음을 인정했다. 또한 '모든' 저명한 지도자들과 연합을 추진했지만, 진정으로 염두에 둔 것은 오직 장제스 단 한 사람이었음을 인정할 수밖에 없었다. 1936년 초에 마오쩌둥은 일본에 맞서 무기를 드는 것을 조건으로 공개적으로 장제스에게 '화친의 손'을 내밀었다.[22] 공산당은 한발 더 나아가 일련의 공개서신·기사·전보들을 통해, 더 이상 자본가계급의 근본 이익을 위협하지 않고 보호하겠다는 구체적 보장책을 국민당에 제시했다.

7차 대회에서 왕밍은 1927년의 '민족통일전선'에 대해 이렇게 언급했다.

"공산당의 투쟁 역사에서 엄중한 혁명운동의 순간이었던 1927년에 천두슈가 이끈 기회주의적 지도부가 계급투쟁의 임무를 민족통일전선 전술로 대치시켰고, 일부 민족 자본가계급과의 민족통일전선을 유지한다는 이유로 사활적 이익을 지키려는 노동자계급의 혁명 투쟁과 농민들의 토지 혁명을 거부한 것이 1927년 혁명을 패배로 이끌었다는 사실을 우리는 알고 있다."[23]

불과 1년 뒤, 마오쩌둥은 소위 천두슈의 기회주의보다 훨씬 더 나아갔다. 그는 중국 자본가계급 앞에서 똑같이 파멸적인 혁명 투쟁의 폐기를 약속했을 뿐만 아니라, 한발 더 나아가 언제라도 다시 혁명세력이 고개를 들 때 중국 공산당이 사형집행인 역할을 담당할 것임을 약속하는 의식적이고 구체적인 보장책을 제시했다. 스탈린의 지도에 따라 천두슈는 자본가계급과의 연합을 통해 2차 중국 혁명을 파괴했다. 이제 스탈린과 함께 마오쩌둥은 사전에 3차 중국 혁명을 목 조르겠다고 보증하면서 연합을 부활시키려고 나섰다.

연합전선을 위한 협상이 진행되는 동안, 소부르주아 민족주의 단체인 구국회救國會는 공산당에 다음과 같은 확실한 보증을 요구했다.

"공산당이 구체적 행동을 통해 다른 정당들과의 연합을 진지하게 바라고 있음을 보여 주기 바란다. …… 홍군 점령지의 부농, 지주, 상인은 관대한 대우를 받아야 한다. 구국연합전선 확대에 장애가 되지 않도록 대도시에서 노사 간 충돌을 피하기 위해 모든 노력을 다해야 한다."

"구국회와 기타 민중단체들에는 항일집회에서 '계급 대 계급'과 '국민당과 정부에 맞선 투쟁'과 같은 구호를 주장하는 불안정한 이상을 가진 청년들이 존재하는데, 이런 행동은 연합전선을 크게 손상시킨다. …… 우리는 공산당이 직접 이것을 야기하지는 않았다고 확신한다. …… 공산당은 즉각 이런 상황을 바로잡아야 할 것이다. 게다가 공산당 유격대를 자임하며 직접 법률을 집행하는 무장 부대들이 곳곳에서 등장하고 있다. 만일 이런 규율 없는 부대들이 공산당의 통제를 받고 있다면, 공산당은 이들을 엄중히 제재하거나 즉시 이들 부대와 아무런 관련이 없음을 선포해야 한다."[24]

마오쩌둥은 이에 대해 분명하게 답했다. '노동자-농민 정부'는 '인민소비에트 정부'로, '노동자-농민 군대'는 '인민 홍군'으로 명칭이 변경됐다고 발표했다. 또한 소비에트지구에서 자본가계급의 공민권을 박탈했던 모든 법률이 이미 폐지됐다고 보고하면서 이렇게 말했다.

"이미 우리는 부농의 토지를 몰수하지 않기로 결정했다. …… 규모에 관계없이 모든 상인과 자본가의 재산과 공장은 몰수하지 않고 있다. 우리는 이들의 기업을 보호하고 있다. …… 적극적인 항일 군관과 지주에 관해서라면, 이들의 땅과 재산은 몰수의 대상이 아니라고 말할 수 있다."

"소비에트지구들 내의 노사관계 문제에 관해서라면 우리는 노동자의 생활수준을 개선하기 위한 최소한의 조건을 규정했다. 노동자들과 자본가들이 합의한 사항은 각 기업의 실제 상황에 기초한 것이며, 양측은 모두 그것을 준수해야 한다. 협약은 불필요한 파업과 태업을 방지한다. 여러 기업들에 존재했던 노동자들의 감독권과 지휘권에 관한 법률들은 폐지됐다. 노동자들에게는 허용될 수 있는 수준 이상의 과도한 요구를 제출하지 말라고 통보했다. …… 우리는 노동자의 생활수준이 향상될 수 있기를 바라지만, 소비에트 지구들에서 반자본주의 투쟁이 강화되는 것을 원하지 않는다.* …… 자본가계급과 노동자계급 모두의 이익이 제국주의 침략에 맞선 투쟁에 달려 있다."

"후베이성, 후난성, 장시성, 푸젠성, 저장성 등 각지의 빨치산들이 최근 채택된 법률들을 아직까지 따르지 않고 있는 것은 여러 가지 장애요인 때문에 지시가 전달되지 못했기 때문이다. 게다가 이 지구들에서 빨치산운동에 대한 말로 표현할 수 없는 잔혹한 탄압이 지속되면서, 곳곳에서 복수심(!)에 휩싸이게 됐을 것이다. 하지만 우리는 이런 태도가 잘못이라고 믿는다. 우리는 이런 잘못이 즉시 교정될 수 있

---

* 《오늘날의 중국(China To-day)》(1937.1.)은 이 부분을 "우리는 반자본주의 투쟁을 의식적으로 강화하지는 않는다"라고 해석했다.(원주)

기를 진심으로 바란다."

또한 마오쩌둥은 '계급 대 계급'을 말하는 무례한 청년들의 경솔함을 '교정'하겠다고 약속하며 이렇게 덧붙였다.

"우리가 가장 큰 관심을 두고 중요하게 생각하는 것은 모든 정당과 단체가 적대감 없이 우리를 대하고 구국항일 투쟁이라는 목표를 잊지 말아야 한다는 것이다. 앞으로 우리는 그 외의 문제들에 관한 어떠한 의견 차이에 대해서도 중요하게 여기지 않을 것이다."[25]

그렇다면 노동자들이 공산당의 승낙을 구하지 않고 반자본주의 투쟁을 '강화'한다면 어떻게 할 것인가? 농민들이 허락을 구하지 않고 독자적으로 토지 몰수를 계속해 나간다면 어떻게 할 것인가? 간단히 말해, 1927년에 그랬듯이 대중이 모든 당파와 지도자를 제쳐 두고 스스로의 이익을 위해 투쟁에 나선다면 어떻게 할 것인가? 1927년에 '과도하다'는 비난에 이어 가장 잔혹한 탄압이 뒤따랐다는 사실을 어찌 쉽게 잊을 수 있겠는가? 7차 세계대회까지만 해도 왕밍이 '1927년 혁명의 실패'를 말할 수 있었지만, 이제 역사에서 이 부분은 다시 쓰여야 했다.

공산당은 1936년 8월 25일에 국민당에 보내는 서신에 이렇게 썼다. "우리는 민족적이고 봉건적인 억압에 맞선 투쟁을 위한 광범위한 연합전선이 존재했던 1925~1927년의 중국 대혁명 때처럼, 여러분과 강력한 혁명적 연합전선을 구축할 준비가 돼 있습니다. 현재 그것이야말로 우리 조국을 구할 적합한 방식이기 때문입니다. …… 여러분은 공산당과 국민당이 합작한 영광의 역사를 아직 잊지 않았을 것입니다. 민족적이고 봉건적인 압제자들 모두가 우리 앞에서 흔들린 것은 바로 이런 합작 덕분이었습니다. 당시 특히 일본이 그랬듯이, 우리

민족의 압제자들은 우리의 합작이 궁극적 승리와 중국의 완전한 해방으로 이어질까 봐 매우 두려워했습니다. 그래서 그들은 우리 사이에 갈등의 씨앗을 뿌렸고, 가능한 모든 수단을 동원해 위협하고 유혹했습니다. 그 결과 한쪽에서 합작을 폐기하고 연합전선을 거두었습니다. 오늘 그 일을 돌아본다면 양심의 가책을 느낄 것입니다".[26]

정복당한 적들의 비굴한 모습 앞에서 장제스가 양심의 가책을 느낄 리 없었다. 그는 코민테른과의 1차 합작에서 얻은 '영광스런' 결과를 결코 잊지 않았다. 그것은 중국 노동자계급의 쓰러진 육체 위에서 그에게 권력을 가져다주었다. 그것은 양심의 문제가 아니라 정략의 문제였다. 무수한 무원칙적 연합의 설계자이자 파괴자인 장제스는 자신에게 이용당한 뒤 무자비하게 박살 난 당의 위선적 충고에 대해 전혀 관심이 없었고, 자신의 목적에 부합한다면 다시 이용할 수 있었다. 그가 항복문서를 받아들일지 고민하기 시작했다면, 그것은 전반적 정세가 중국 자본가계급으로 하여금 일본 제국주의의 추가적 침략에 맞서 늦었지만 저항을 시작하도록 압박했기 때문이다.

2년 가까이 중국 자본가계급은 경제회복의 상쾌한 공기를 들이마셨다. 1935년의 풍작과 함께 반전되기 시작한 경제곡선은 1934년의 최저점 이후 지속적으로 상승했다. 워싱턴의 은 수매정책에서 비롯된 1934년의 막대한 은 유출 때문에 심각하게 흔들린 중국 통화는 1935년 11월에 평가절하되는 한편, 영국 파운드화에 고정됐다. 남은 은은 국유화됐고, 뒤이어 외환 매입을 위해 수출됐다. 이런 일은 영국 재무부를 대신해 프레드릭 리스-로스 경이 직접 감독하는 가운데 이루어졌다. 공업은 새로운 자극을 받았다. 1936년에 중국 은행들은 1억 900만 위안을 제조업에 투자했다. 중국의 대외신용도는 눈에 띄게 개선됐고, 1936년 말에 시작된 3,000만 파운드의 차관을 위한 영국과의 협상은 이듬해 6월에 런던에서 성공적으로 마무리됐다. 계약 성사를 위해 유럽에 건너간 재정장관 쿵샹시孔祥熙·공상희는 다른 유럽 국가들에서도 거액의 차관을 빌렸고, 워싱턴에서는 상당히 유리한 금 교환 합의를 체결했다. 오랫동안 불확실했던 철도와 공업 분야의 계획들이 곧 실현될 것처럼 보였다.

경제회복은 상당한 정치적 안정을 동반했다. 장제스는 중국의 무력통일 계획 대부분을 성공적으로 완수했다. 장시성의 홍군에게 패배를 안겨 줘 자신이 직접 통치하는 지역의 유일하게 중대한 혁명적 위협을 제거했다. 서부를 향하는 홍군에 대한 추격을 통해 장제스는 처음으로 구이저우성, 윈난성, 쓰촨성을 지배할 기회를 갖게 됐다. 1935년에 장제스는 서부의 성들과 산시성, 네이멍구에 대한 항공 순찰에 나서며 힘을 과시했다. 그는 둘러본 모든 곳에서 마치 주인처럼 대접을 받았다. 1936년 7월에는 지방 권력의 최후 주요 거점인 남서지방을 거의 무혈로 정복했는데, 그의 군대가 권력을 장악하기 위해 장강을 따라 북벌을 떠난 지 10년 만에 다시 광저우로 입성했던 것이다.

정치·경제적 입지가 개선되면서 중국 자본가계급은 새로운 활력을 얻었다. 그들은 일본의 끈질긴 '중·일 합작' 요구가 자신들의 허약한 경제적 기초를 위협하고 있음을 분명히 이해했다. 경제회복의 와중에도 점차적으로 확대된 면방직산업에 대한 일본의 지배는 '합작'이 실제로 의미하는 것이 무엇인지를 웅변적으로 예고했다. 일본의 또 다른 주요 요구인 '반공 합작'과 관련해서는, 그것이 중국에서 일본군의 주둔권을 위한 구실이라는 것을 어렵지 않게 알 수 있었다. 장제스는 자기 권력이 위협받고 있다는 사실을 정확히 직감했다. 1936년 9월에 장제스는 과거에는 감히 엄두도 못 낸 확고함으로 이런 조건을 조금도 수용할 수 없다고 일본대사에게 통고했다.

아직까지 장제스는 실제로 일본과의 전쟁을 염두에 두지 않았다. 그보다는 강화된 자신의 입지를 이용해 일본의 요구를 경감시키겠다는 계산이었다. 아직까지 그는 홍군의 항복을 완전히 믿지 않았고, 자신의 권력을 확고히 하기 위해 홍군에 최후의 일격을 가하는 것이 필요하다고 생각했다. 10월에 시안에서 장쉐량이 내전의 중단, 소련과의 동맹, 즉각적인 항일을 제안했을 때, 그는 이런 입장을 분명히 밝혔다. 장제스는 이렇게 답했다.

"중국에서 모든 홍군 병사를 전멸시키고 모든 공산당원을 투옥시킬 때까지, 나는 그 문제를 거론하지 않을 것입니다. 그런 뒤에야 러시아와의 협력은 가능할 것입니다."[27]

같은 달, 일본이 통제하는 만주 군대와 네이멍구 비정규군이 쑤이위안綏遠·수원 접경을 넘었다. 장제스는 침략을 성공적으로 막아 낸 현지 군대에 격려와 함께 약간의 원조를 보냈다. 몇 개 사단이 쑤이위안으로 파견됐는데, 그것은 단지 충돌을 지역 내로 제한시키고 차하얼에 대한 침략 기도를 방지하기 위해서였다. 쑤이위안의 승리가 자본가계급의 주요 부위에서 성장하고 있는 항일운동을 촉진시키는 효과를 낳았지만, 여전히 장제스는 산시陝西성의 홍군에 대한 작전을 더 중요하게 여겼다. 그는 상하이의 저명한 구국회 지도자 7인을 체포했고, 새롭게 일어나기 시작한 항일 학생시위를 무력으로 진압했다. 아직까지 그는 공산당의 항복을 받아들일 생각이 없었고, 군사적 수단을 통해 완전히 정벌하려 했다.

장쉐량의 군대가 산시성 변경에서 지속되고 있던 홍군과의 사실상의 휴전을 깨는 데 주저하는 동안, 장제스는 1군을 작전에 투입했다. 그의 군대가 간쑤甘肅·간쑥에서 홍군에 패배한 뒤, 12월에 장제스는 반항적인 동북군東北軍을 명령에 복종하게 만들거나 남쪽으로 철수시킨 후 자신의 군대로 대체하겠다는 결심으로 비행기를 타고 시안西安·서안으로 갔다. 12월 11일 밤에 시안 주둔군 장교들과 병사들이 반란을 일으켜 장제스와 최측근 참모 대부분을 가두면서, 그의 계획은 극적으로 뒤집어졌다.

산비탈에서 잠옷 바람으로 웅크린 상태에서 붙잡힌 장제스는 이루 말할 수 없이 '체면'을 구겼고, 목숨을 잃을 수도 있는 심각한 위험에 처했다. 동북군 전체가 이구동성으로 그를 '민중재판'에 회부해 모든 죄를 물어야 한다고 요구했다. 만일 병사들에게 맡겨졌다면, 국민당 독재자의 생명은 한 푼의 가치도 갖지 못했을 것이다. 난징에서 일본의 조건을 받아들여야 한다고 생각했던 장제스의 수하 장군들과 측근들은 결코 그가 살아 돌아오지 못할 것이라고 확신했다. 그들은 그것을 확실히 하기 위해 반역군 '토벌' 병력을 시안 변경으로 이동시켰고, 시안에 대한 위협 비행을 명령했다. 시안에서는 장쉐량이 대담한 항일 정강을 채택하라고 장제스를 압박하고 있었다. 청년 장교들과 일반 병사들 사이에서 내전을 중단하고 고향 만주의 정복자들에 맞서 항전할 것을 요구하고 있는 목소리가 커지고 있었고, 장쉐량은 이 요구에 응하지 않는다면 더 이상 그들을 통제할 수 없을 것이라고 장제스에게 경고했다. 만주의 통치자 장쉐량의 힘만으로는 장제스의 목숨을 구할 수 없었다. 공산당원들이 그것을 할 수 있었고, 실제로 그렇게 했다. 그들은 '장제스를 보호하고 민족의 지도자로서 난징으로 돌려보내기 위해' 개입했고, '동북군^{만주군}에 대한 커다란 영향력'을 모두 발휘했다.[28]

결과적으로 판단하건대 장제스를 산시성 성도에 강제로 체류시킨 과정에서 있었던 가장 극적이고 중요한 사건 중 하나는 당시 시안의 공산당 대표단을 이끈 저우언라이와 장제스의 회담이었다. 이 잊지 못할 장면에 출현한 주연들은 아직까지 그 일에 관해 직접 설명하지 않고 있다. 장제스는 뒤에 출간한 일기에서도 그것을 다루지 않았다.[29] 하지만 다른 기록에 따르면, 총사령관은 저우언라이가 방으로 들어오는 것을 보고 창백해졌다. 그는 자신이 홍군의 손으로 넘겨질 것이라고 생각했을 것이다. 틀림없이 저우언라이는 10년 전 피의 4월 아침에 장제스의 명령에 따라 총칼로 학살당한 상하이 규찰대의 부지휘관으로서 겪었던 일을 잊지 않았을 것이다. 장제스는 그렇게도 무자비하게 자신에게 배신당했고 추적당한 인물이 또다시 자신에게 헌신하겠다고 제안하는 것을 믿기 어려웠다. 계속해서 기록에 따르면, 저우언라이는 '다정한 인사'를 건네며 들어갔고, 장제스에게 경례하며 '총사령관으로 인정'했다. 그는 공산당의 새로운 정책에 관해 설명하기 시작했다. "장제스는 처음에는 냉담하게 침묵했지만, 설명을 들으면서 점차 마음을 열기 시작했다". 또 다른 회담들이 이어졌다. "그는 자신을 직접 억류한 자들은 물론이고 홍군도 진지하게 내전에 반대하고 있고, 자신이 적극적 무장 항일정책의 뜻을 분명히 밝힌다면, 자신이 주도하는 중국의 평화적 통일을 후원할 준비가 돼 있음을 점점 더 확신하게 됐다".[30] 결국 시안에서 장제스가 확인한 것은 이미 절반은 결심한 정책을 확정하기만 한다면 공산당이 무조건 항복할 것이라는 사실이었다. 다시 한 번 자신의 정치적 목적을 위해 복무할 준비가 충분히 돼 있는 공산당을 군사적 수단을 통해 해체시키려고 고집하는 것은 어리석은 짓임을 깨달았다.* 장제스는 그들의 제안에 대해 실질적으로 동의했다. 그는 성탄절에 석방돼 난징으로 돌아갔다. 6주일 뒤, 체면을 세우기 위한 일련의 기만적 술책을 완료한 장제스는 국민당 중앙집행위원회 전체회의를 소집했다. 공산당은 전체회의에 전보를 보내 다음을 제안했다. '국민당 정부 타도를 위한 무장투쟁의 중단, 소비에트 정부를 중화민국 특구정부로 개칭, 홍군을 난징 정부와 군사위원회 직속의 국민 혁명군으로 전환, 특구에서 민주적 행정의 실행, 지주 토지의 몰수 중단, 항일 민족통일전선을 위한 공동 정강의 완성'.31

국민당 중앙집행위원회 전체회의는 정부가 이전처럼 계속해서 국가주권을 수호해 나갈 것이고, 단호하게 '공산당을 근절'해 나갈 것이

---

* 1936년 12월 29일자《대미만보(大美晚報)》는 이렇게 말했다. "그 어떤 잔존 요소를 보더라도 중국 공산당은 이제 더 이상 공산당이 아니라는 사실이 더욱더 분명해 보인다. …… 현재의 공산당 정강을 본다면 공산주의적 기본에 헌신하지 않는 단체와 화해하지 말아야 할 정당한 이유가 있겠는가?" 주요 제국주의 신문인《노스차이나 데일리뉴스》는 과거 10년에 걸친 국공 합작에 대해 가장 맹렬하게 공격하며 홍군에 대한 장제스의 공격을 열렬하게 지지해 왔지만, 이제는 새로운 어조로 감미롭게 말했다. 12월 28일자 신문은 이렇게 말했다. "이른바 공산주의자들이 타협할 준비가 돼 있다는 장쉐량의 주장이 얼마나 정확한지 확인해야 한다." 또한 시안 사변은 외국 공산주의 신문의 '유연성'을 보여 주는 현저한 사례이기도 했다. 장제스가 구금된 날, 뉴욕의《데일리 워커》는 장쉐량이 '중국 통일의 기치'를 치켜들었다고 외쳤다. 해리 가네스는 시안의 반란자들이 제시한 요구가 '애초에 중국 공산당이 제안했던 것'이라고 썼다(《데일리 워커》, 1936.12.13.). 이튿날, 모스크바의 신문들은 장쉐량이 일본의 도구로서 '사실상 조국을 희생시켜 일본을 돕고 있다'며 비난했고, 이 보도들은 전신을 통해 전해졌다.《이즈베스티야(Izvestia)》와《프라우다》는 모든 음모를 도쿄에서 꾸몄다고 말했다(《AP 통신》, 1936.12.14.,《뉴욕 타임스》, 1936.12.15.). 이튿날,《데일리 워커》의 논조는 180도 바뀌었다. 가네스는 '총포가 도쿄에서 준비됐음'을 발견했고, 처음의 보도에 대해서는 '반일 감정에 미혹된 완전한 오해'로 선언했다(《데일리 워커》, 1936.12.16.). 이런 일은 모스크바가 장제스를 사모한다는 것을, 오직 장제스만을 사모한다는 것을 입증했다.(원주)

라며 싱겁게 발표했다. 그러고는 공식적으로 공산당의 항복을 수용하는 조건들에 대해 제시했다. (1)홍군의 해산과 군사위원회가 직접 통제하는 정부군으로의 편입 (2)'소비에트 공화국'의 해산 (3)공산주의 선동의 중단 (4)계급투쟁의 중지.[32]

3월 15일에 공산당은 이미 주요 조건들이 완료된 상태이고 '솔선해서 지주 토지에 대한 몰수의 중단을 선언'한 것은 '계급투쟁을 제창하지 않는' 증거라고 항변하며 국민당의 조건들에 동의했다.[33] 뒤이어 홍군은 산시성 북부 '방위구'에 배속됐고, 난징으로부터 정규 보조금을 지원받기 시작했다. 4월에 산시성 옌안延安·연안에서 열린 공산청년단 대표자대회는 주더, 마오쩌둥과 함께 장제스와 난징의 장군들을 의장단으로 선출했다.[34]

산시성 북부를 둘러본 어느 방문자는 이렇게 썼다. "푸시膚施·부시는 중국 공산당의 중심적 활동무대이지만, 이곳에서 지주에 대한 억압과 토지 분배는 존재하지 않는다. 단 한 장의 공산당 선전물도 찾아볼 수 없다. 거리의 벽에서 볼 수 있는 포스터는 침략자에 맞선 투쟁, 구국, 평화통일을 촉구하는 것들뿐이다. 가장 많이 보이는 것은 '항일전쟁을 이끄는 장제스 장군을 지지하자'는 구호로서 어디에서든 찾아볼 수 있었다".[35]

이런 전면적 변화에 대해 홍군 병사들은 어떻게 생각했을까? 농민들은 새로운 정책이 마음에 들었을까? 어떻게 중국 공산당은 그리 쉽게 이들에게 '신노선'을 부과할 수 있었을까? 오직 미래만이 이에 대해 답할 수 있을 것이다. 어쨌든 1937년의 산시성 홍군은 더 이상 긴 세월을 간고하게 국민당에 맞서며 토지를 위해 싸워 온 군대가 아니었다. 장제스의 지휘통제 밑으로 들어가게 된 병력은 대략 9만 명이었다. 이들 중 3분의 1 이하가 장시에서 시작된 장정의 생존자였다. 주더는 한 외국인 방문자에게 이렇게 말했다.

"여기 9만 명의 정규군 가운데, 2~3만 명만이 본래 장시지구 출신입니다. 대략 3만 명은 장정 도중에 주로 쓰촨성에서 모집됐고, 나머지는 현지에서 모집됐다."[36]

1936년 여름에 산시성을 찾아갔던 또 다른 방문자는 이 병사들이 새롭고 낯선 지휘를 받기 시작하면서 나타난 다소 의심스런 눈길을 포착했다. 펑더화이는 그에게 이렇게 말했다.

"우리는 군대 내에서 교육 사업을 강화해야 합니다. 최근 우리가 철수를 허용한 군대를 향해 병사들이 총격을 가해 통일전선을 위반한 사례가 몇 차례 발생했습니다. 또한 병사들이 포획한 소총의 반환을 주저하면서, 우리가 수차례에 걸쳐 반환을 명령해야 했던 일도 발생했습니다. 이런 일들은 군기위반은 아니지만, 장교들의 명령에 대한 불신입니다. 병사들은 그렇게 행동해야 하는 이유를 충분히 이해하지 못했고, 일부 병사는 실제로 지휘관들을 '반혁명 계급'이라며 비난하고 있습니다."[37]

몇 개월 뒤, 또 다른 기자는 민중이 어떻게 생각하는지에 관해 소비에트 관리에게 물었다. 그는 이렇게 대답했다.

"민중은 모두 소비에트를 더 좋아합니다. 그들에게 이것은 간단하고 쉬운 문제입니다. 지주들은 아마 새로운 민주제도를 더 좋아하겠지만, 이곳에 남아 그것을 누릴 지주는 별로 없습니다. 우리는 지주에게 선거권을 부여하는 문제에서 약간의 곤란을 겪고 있습니다. 민중은 그것이 왜 필요한지 이해하지 못했고, 농민은 분배받은 땅을 지주에게 반환해야 할까 봐 걱정합니다. …… 하지만 대체로 민중은 안심하며 소비에트를 단념하고 있습니다. 그들은 공산당 지도부가 자신들을 위해서 그렇게 한다고 믿습니다. 하지만 그런 복잡한 변화가 왜 필요한지에 대해, 그리고 그것이 자신들에게 어떤 이익을 가져다주는지에 대해 이해하지 못합니다."[38]

이렇듯 섬광처럼 드러난 의심과 의견차는 미래의 충돌을 향해 증폭될 수밖에 없었고, 대중은 '안심'하며 '단념'하기보다는 '자신에게 유리한' 목표를 위해 재차 투쟁으로 나설 것이었다. 하지만 당시에는 사태의 급변 때문에 잠시 동안 이런 사실은 고려되지 않았다. 1937년 7월에 또다시 일본 제국주의가 화북을 향해 진격했다. 장제스는 마지막까지 결단하지 못하며 '국지적' 해결을 위해 몰두했고, 7월 11일에 베이핑-톈진平津에 주둔중인 중국군의 철수에 동의했다. 29군 병사들은 협정을 무시하고, 전투를 계속했다. 화북의 성들을 향한 일본의 진공은 계속됐고, 8월에 일본 해군은 재차 상하이를 향해 전력을 다해 진격했다. 결국 장제스는 무기를 들 수밖에 없었다. 몇 주일 뒤에는 새로운 국공 합작을 공식적으로 수립하기 위한 마지막 절차를 완료했다. 9월 10일에 난징 정부는 홍군을 국민당 '8로군'으로 편입한다고 발표했다. 9월 22일에 산시성 푸시에서 공산당은 '소비에트 공화국'의 공식 해산을 선언했다. 이튿날 장제스는 축하 전보를 보냈다. 이 날은 공산당과의 '민족통일전선'에서 이탈한 뒤 장제스의 난징 정부에 투항한 우한의 국민당 좌파를 위해 장제스가 '축하' 전보를 보낸 지 거의 정확히 10년이 되는 날이었다. 제국주의의 야만적 살육이라는 직접적 충격에 직면한 중국의 노동자-농민에게 침략자에 맞서며 착취자의 굴레에서 해방되기 위한 투쟁을 이끌 자신의 정당·기치·강령이 그 어느 때보다 절실했던 바로 그 순간에 새로운 '민족통일전선'이 모습을 드러냈던 것이다.

공산당이 국민당의 품으로 돌아가, 모든 단계에서 동일하게 중국 민족해방운동에 재앙을 가져다준 역사적 순환이 완성됐다. '노동자계급의 전위'를 자임한 당은 실제로는 민족혁명 투쟁의 주요 지렛대인 노동자계급에 전혀 기초를 두지 못했다. 1925~1927년에 그들은 대중운동과 함께 스스로를 자본가계급에 종속시켰다. 그 결과 제국주의의 후원 속에서 부르주아 반혁명이 승리했고, 그것은 제국주의가 침략을 재개할 수 있도록 길을 열어 주었다. 1927년 이후 사기저하에 빠진 당은 모험주의로 기울었고, 지방 농민반란의 선봉대로 탈바꿈했다. 장시성에서 농민 소비에트가 패배하고 해체된 뒤, 당은 또다시 표류했다. 이제 그들은 전적으로 농민 전투원들로 구성된 기동부대에 의존했는데, 왕밍이 인정했듯이 이들은 '대도시 노동자계급 운동에 대해 전혀 몰랐다.'[39] 이들 군대를 노동자계급의 도구로 전환하는 일에 실패했기에 공산당은 이들을 이끌고 부르주아 진영으로 돌아갔다. 코민테른은 1927년의 패배로부터 교훈을 이끌어 내는 데 실패하면서, 트로츠키의 표현처럼, 국민당 노선의 정신을 따르는 새로운 실험들을 위해 문을 활짝 열어 주었다. 그가 1928년에 예견했듯이, '중국 자본가계급의 정책'은 '왼편을 향한 적지 않은 좌충우돌'을 겪었고, 이것은 '민족통일전선의 애호가들에게 상당히 매혹적'이었다.[40] 확고한 노동자계급 혁명정책에 무게중심을 두지 못했던 공산당은 10년 뒤 민족자본가계급의 무기로 전락했다.

'민족통일전선'은 1937년의 새로운 역사적 무대에서 재건됐다. 1927년에 공산당은 강력한 대중운동의 선두에 있었다. 1937년에는 거대한 민중으로부터 고립된 10만 농민군의 선두에 있었다. 1927년에 공산당원들은 노동자계급이 자본가계급과의 연합에서 '주도권'을 획득할 것이고 민족해방운동을 승리로 이끌 것이라고 믿었다. 1937년에는 국민당이 홍군을 흡수하고 항일 투쟁을 지도하는 것에 기초해 연합이 성립됐고, 소련 관료집단의 눈앞의 이해에 복무하게 될 것이었다. 민족해방의 문제는 더 이상 중요하지 않았는데, 새로운 연합과 이를 지지한 외국 공산주의자들은 영-미 제국주의가 자신의 이익을 위협하는 일본에 대항해 개입해 지배권을 확보할 것을 공공연하게 호소했던 것이다. 코민테른은 더 이상 '노동자계급의 주도권'에 관한 기만적이고 교활한 결의안을 반복해서 마련하느라 성가실 필요가 없었는데, 노동자계급은 그들의 계산에 없었기 때문이다. 1927년에 코민테른은 민족해방운동에서 차지하는 토지 혁명의 핵심적 중요성에 대해 실제로는 아니더라도 말로라도 인정했다. 1937년에는 자본가계급과의 동맹으로 회귀하면서, 공산당은 급진적 토지 강령을 공개적으로 폐기했고, 7년간 이끌어 온 토지투쟁을 폐기했다. 또한 한 걸음 더 나아가 농민들의 그 어떤 독립적인 운동도 '교정'하겠다고^{억제하고 억압하겠다고} 미리 약속했다.

1927년에 공산당은 반제투쟁의 지도권을 자본가계급에 헌납했고, 결국 자본가계급은 대중운동을 분쇄하고 제국주의와 타협했다. 자본가계급의 이해가 제국주의와 함께 대중에 맞서는 데에 있다는 것이 증명되면서, 모든 계급의 이해가 제국주의에 맞선 투쟁으로 모아진다는 허구는 가차 없이 폭로됐다. 이 중대한 사실은 당시에 그랬듯이 오늘날에도 진실이다. 이것은 1937~1938년의 사건들을 이해하고 평가하며, 머지않은 장래를 전망하기 위한 주요 척도다.

일본은 국민당 정부에 대한 외교적·경제적 압력과 때로는 군사적 압력을 통해 얻어 낸 부분적 양보의 결과에 만족하지 못했고, 무력을 통해 중국을 통째로 지배하겠다는 목적에서 1937년에 대대적 침략을 단행했다. 명운을 건 결심이 필요한 때에 장제스는 주저했다. 난징 정부는 '루거우차오盧溝橋·노구교 사건(7월 7일에 베이핑北平·북평 남부에서 벌어진 교전 사건)'의 국지적 해결에 동의했다. 일본은 계속해서 군대를 진공시키며 화북지방 전역을 차지하겠다는 결심을 보여 줬지만, 정부는 어떤 중앙 군대도 현지 군대를 지원하기 위해 이동시키지 않았다. 하지만 일본이 일시적 타협을 받아들이지 않고 베이핑과 톈진을 함락한 뒤 육·해군을 동원해 재차 상하이를 침략하면서 주사위는 던져졌다. 이제 일본의 침략이 중국 자본가계급의 생존을 위협했기 때문에, 6년 동안 일본의 채찍질 앞에서 굽실거렸던 국민당은 결국 저항에 나설 수밖에 없었다.

전쟁이 시작된 뒤 처음 몇 개월 동안, 국민당은 조심스럽게 모든 타협의 가능성을 열어 두었다. 그들은 돌이킬 수 없는 발걸음을 내딛지 않으려고 주의했다. 일본과 맺은 조약 가운데 단 하나도 파기하지 않았고, 기존 타협안 가운데 단 하나도 부정하지 않았다. 일본인 재산의 몰수는 생각도 하지 않았다. 상하이에서 전투가 한창이던 때조차, 의화단 배상 분할금을 일본에 넘겨줬다! 전쟁의 종결을 위해서는 언제라도 '우방'의 중재를 받아들일 것이라고 반복해서 공표했다.

하지만 호랑이 등에 올라탄 장제스가 그리 쉽게 그곳에서 내려올 수 없었다. 일본의 작전 범위가 확대될수록 중국 자본가계급에게 '적절한' 안전을 보장하고 일본 제국주의에 충분한 보상을 제공할 즉각적인 타협의 전망은 점점 더 어두워졌다. 중국인들이 영유한 산업의 중심지인 상하이는 폐허가 됐다. 전투 속에서도 파괴되지 않은 것들은 뒤에 일본인들이 체계적으로 부쉈다. 1년 사이에 침략군은 화북의 모든 중심지, 연안에 위치한 대부분의 성, 대다수의 항구, 2개를 제외한 모든 주요 철도노선을 점령했다. 국민당은 제대로 무장을 갖추지 못한 막대한 수의 병사를 동원해 침략자들에 맞서게 하는 것으로 만족했다. 상하이에서 중국인 병사들은 압도적으로 강한 적에 맞서 3개월 동안 끔찍한 희생을 겪으며 믿을 수 없는 끈기와 용맹을 보여 준 뒤, 결국 침략자들의 총칼에 정신과 육체를 유린당해야 했다. 민중과의 전쟁에서는 너무도 유능했던 군 지휘부는 온갖 부패, 방해 행위, 공공연한 배신을 보여 주었다. 11월에 상하이로부터 퇴각을 시작하면서 지휘부는 완전히 붕괴됐고, 퇴각은 장강 삼각주* 전역에서 패주로 바뀌었다. 아직까지 적군이 185킬로미터 떨어져 있는 상황에서, 난징은 서둘러 포기됐다. 장제스는 오지로 도망쳤고, 후난성 학살의 영웅으로서 최후의 방어를 지휘하기 위해 헛되이 남았던 탕성즈도 그 뒤를 따랐다. 12월 13일에 난징은 무서운 살육의 중심 무대로 변했다.

북부에서 일본군은 진격로에 흩어져 있는 부대들의 사소한 저항과 마주했다. 산시山西성에 이르러서야 심각한 장애물을 만났는데, 이제는 8로군으로 전환된 홍군이 정말 완벽히 체화한 기동전을 맛보여 줬다. 홍군은 중앙 당국이 정한 엄격한 제한 속에서 유격전을 펼치며, 광대한 지역을 가로지르는 일본군의 교통을 혼란에 빠뜨리는 데 성공했

---

* 장강 델타로도 불리며, 장강 하구의 삼각주를 중심으로 상하이와 장쑤성 남부, 저장성 북부를 포괄하는 지역이다. 상하이시와 함께 난징, 항저우, 닝보, 장저우, 쑤저우, 우시 등을 아우르는 중국 산업의 중심지다.

다. 지급물자의 부족이라는 악조건[41] 뿐만 아니라 대중의 정치적 결집을 엄금한 국민당의 결정적 제한[42] 속에서 8로군 유격대들은 가능한 전과의 일부만을 달성할 수 있었다. 화중 전선의 상하이-난징에서 패주한 뒤, 주로 쓰촨과 광시에서 모집된 병사들로 재편된 군대는 룽하이隴海 선과 진푸津浦 선의 전략적 교차점인 쉬저우徐州·서주 인근에 새로운 저항의 거점을 마련했다. 그곳에서 그들은 일본 최강의 사단들에 대규모 병력 손실과 다소 심각한 패배를 안기며, 일본군의 불패 신화에 지울 수 없는 상처를 남겼다. 난징을 함락한 지 5개월이 지난 뒤에야 결국 일본군은 25만 명 이상으로 확대된 병력으로 룽하이선을 점령했다. 황하와 장강의 제방을 무너뜨리고 농민에게 무서운 희생을 가져다준 홍수가 일본군의 전진을 가로막았고, 이미 국민당 정부가 탈출을 시작하고 있던 임시 수도인 한커우까지 계속해서 진격하려던 시도는 지연됐다. 동시에 화남지방에서도 새로운 진공이 개시됐다. 광저우와 산터우 등의 도시들에서 일본 폭격기들은 아무런 저항도 받지 않은 채 불운한 시민 수천 명의 목숨을 앗아갔다.

전쟁이 발발한 첫 해 동안, 중국 자본가계급이 감히 할 수 있었던 일은 오직 순수한 군사적 방어투쟁이었다. 그것은 일본이 침략에 대한 값비싼 대가를 치르게 만들었지만, 또한 그런 방식으로는 제국주의의 공격에 효과적으로 맞설 수 없으며, 중국의 민족 해방에 전혀 도움이 되지 않는다는 사실이 드러났다. 여전히 자본가계급은 제국주의보다는 대중을 더 두려워하며 미국과 영국의 원조를 기대했다. 아직까지 태평양에서 최후의 결전에 임할 준비가 충분히 돼 있지 못했던 강대국들은 국민당에 대한 정신적·물질적 지원을 조심스레 구호품의 형태로 보내는 한편, 일본을 적대시한 외교적 증거가 남지 않도록 주의했다. 태평양의 패권을 위한 전쟁이 임박하면서, 특히 미국을 중심으로 이들의 일본에 대한 압력은 증대될 수밖에 없었다. 날카로워지는 항의서한, 치밀하게 준비된 선전캠페인, 무엇보다도 강력한 함대와 비행단을 위한 천문학적 지출 등 전쟁을 위한 기초는 이미 마련되고 있었다. 국내 위기의 심화로 마비된 소련의 지원은 보잘 것 없는 수준이었다. 소련의 운명은 중국에서 격렬해지고 있는 전쟁은 물론이고 삽시간에 광범위한 전선에서 불타오르게 될 전쟁의 결과와 긴밀하게 연결돼 있었다.

중국에서 자본가계급이 지도권을 장악하고 있는 한, 전쟁은 최선의 경우에도 일본과의 타협으로 끝나거나 경쟁자에 맞서 개입한 미국과 영국에 중국을 완전히 종속시키는 것으로 끝나리라. 우연으로라도 중국이 해방되는 일은 없을 것이다. 전쟁의 부담을 그대로 짊어지고 있고, 또한 전쟁의 주요 희생자이기도 한 민중은 해방되지 못할 것이다. 일본 제국주의에 맞선 전쟁이 승리와 해방으로 이어지기 위해서는 대중의 마음속에서 그것이 자신의 이익을 위한 자신의 투쟁이라는 점이 분명해져야 한다. 오직 이런 방식에서만 중국의 낙후성에서 기인하는 기술적 결핍은 극복될 수 있다.

상인, 은행가, 지주 등 착취자들이 전쟁의 부담을 피착취자들에게 떠넘기는 것을 막는 대담한 사회정책을 통해 대중을 고무시킬 때만 중국의 방대한 인력을 동원하는 일은 가능할 것이다. 대담한 혁명 강령만이 농민으로 하여금 제국주의 침략으로부터 민족의 해방과 토지에 속박된 노예상태로부터 농민의 해방이라는 두 가지 목표를 동일시하게 만들 수 있고, 일본 침략자들이 결코 압도할 수 없는 거스를 수 없는 막대한 힘을 이끌어 낼 수 있다. 20년 전 제국주의 열강들이 간섭전쟁을 벌인 시베리아에서 그랬듯이, 이들 군대의 유격전Partisan warfare은 중국을 정복할 수 없게 만들 것이다. 하지만 그런 전쟁은 명령을 통해서 만들어질 수 없다. 중국 홍군이 혁명적 농민군이었을 때 비할 수 없이 훌륭한 무장을 갖추고 수적으로 우세한 토벌군을 이겨 낼 수 있던 것은 성공적 유격전을 위한 단순한 비밀을 밝혀냈기 때문이다. 언젠가 펑더화이는 이렇게 말했다.

"대중은 생활의 문제에 대한 실질적 해결에만 관심을 두기 때문에, 그들의 가장 절박한 요구를 즉시 만족시키는 것을 통해서만 유격전의 발전은 가능하다. 이것은 신속하게 착취계급을 무장해제시키고 무력화시키는 것을 의미한다."[43]

다시 말해, 계급투쟁을 중단하는 것이 아니라 강화해 대중이 항일전쟁과 토지를 위한 투쟁을 동일한 것으로 여기도록 말과 행동으로 일깨우는 것을 통해서만 항일전쟁은 전진할 수 있었다. 하지만 홍군은 국민당에 투항해 이 투쟁을 폐기했다. 합작에 대한 보답으로 자본가계급에게 농민들에 대한 지도권을 넘겨주었고, 이미 오래전에 포기한 노동자계급의 결집을 완전히 단념하겠다고 맹세했다. 자본가계급으로서는 1927년에는 기본적인 경제적 이익을 포기할 수밖에 없었지만, 더 이상 그렇게 할 생각이 없었다. 늘 그랬듯이, 노동자-농민을 속박시키고, 어쩔 수 없이 시작한 군사적 투쟁의 비용을 떠안기며, 노동자-농민이 고유의 이해 속에서 투쟁에 나서는 것을 막겠다고 결심했다.

전쟁이 발발해 주요 산업 중심지가 심각하게 파괴되고, 노동운동을 소생시키기 시작한 경제의 호전이 저지되자, 1935~1936년의 경제회복에서 자극을 받고 다시 힘을 모으며 대담하고 전투적인 파업에 나선 노동자들은 뒤로 물러설 수밖에 없었다. 1937년 12월에 국민당 정부는 새롭게 강요된 부담을 거부하려는 노동자들의 시도를 원천 봉쇄하기 위해, 전쟁이 진행 중인 동안 파업을 벌이거나 심지어 파업을 선동한 노동자를 사형시킬 수 있도록 하는 포고를 발표했다.[44] 며칠 뒤 왕밍은 한커우에서 기자회견을 갖고 공산당이 국민당의 전쟁조치에 대해 '완전히 만족'한다고 말했다. 전쟁의 향방은 전선과 후방의 수많은 요소에 따라 결정될 것이지만, 중국 민족해방운동의 전진은 다가오는 시기에 대중이 공산당과 달리 자본가 착취자들의 지속적 통치에 대한 '완전히 만족'에서 벗어날 때만 가능할 것이다. 결국 이것은 노동자-농민을 자기 조직으로 결집시키고, 그들과 함께 혁명적 투쟁의 길로 나설 수 있는 새로운 혁명정당의 출현에 달린 것이다. 이 정당은 현재의 전쟁에서 장제스라는 '악마'와 함께하는 법을 배워야 하겠지만, 또한 장제스가 전쟁을 방기하더라도 계속해서 싸울 준비가 돼 있어야 하며, 내일의 중국 혁명에서 노동자-농민의 승리를 가로막고자 하는 모든 이에 맞서 투쟁할 준비가 돼 있어야 한다.

어쨌든 일시적 군비軍備의 우위, 일시적 승리, 광활한 정복지가 일본의 최종적 승리를 보장할 수는 없다. 중국의 전장에서 얻은 모든 값비싼 '승리'는 궁극적 패배의 그림자를 드리우고 있다.[45] 일본 경제구조의 치명적 취약성은 전쟁이 부과하는 압력을 견뎌 낼 수 없다. 더욱이 머지않아 2차 세계대전이 개시되고 제국주의 열강이 세계적 약탈물의 재분배를 통해 생존을 연장하려고 할 때, 국내의 사회적 위기 때문에 늘 위협받고 있는 일본 제국주의는 비할 수 없이 강력한 경쟁자들과 격돌할 수밖에 없다. 전쟁광들이 그런 투쟁을 시작할 것이다. 그리고 중국, 일본, 그리고 전 세계의 고통받는 피착취 대중이 이 모든 것을 종결지을 것이다. 이 점에서, 현재 중국에서 벌어지고 있는 충돌은 에티오피아 침략이나 스페인 내전과 함께 임박한 거대한 충돌의 일부이자 서막일 것이다.

중국 혁명 연표

1911년	신해혁명이 일어나 청나라를 무너뜨리고 중화민국을 세웠다.
1919년 5월 4일	1917년 10월 러시아 혁명과 조선 3·1운동의 영향을 받아 베이징 대학의 교수, 강사, 학생들을 중심으로 5·4 반제국주의, 반봉건주의 혁명운동이 일어났다.
1921년 7월	중국 공산당이 창당했다.
1922년	마링의 제안에 따라 중국 공산당은 국민당에 가입해 있는 남부의 노동자들에게 영향을 미치기 위해 국민당 입당을 결정했다.
1924년	스탈린이 이끈 소련 정부와 중국 국민당의 협정에 따라, 소련이 정치군사 고문단을 광둥에 파견하고 무기를 공급해 국민당의 무장력을 강화했다.
1925년	상하이 조차지에서 경찰이 발포해 시위대 10여 명이 죽은 5·30 사건을 계기로 강력한 파업 운동과 배척 운동이 전국적으로 펼쳐졌다. 특히, 광저우와 홍콩 등 광둥성 남부에서는 이중 권력의 맹아인 광저우노동자 대표 자회의가 구성됐다. 이들은 광둥성 농민회, 군대 대표들과 함께 경찰권을 떠맡았고, 학교·법정·병원을 설립했으며, 도로를 건설하는 등 정치권력을 행사했다. 또한 광둥성의 군벌은 일소됐고, 제국주의 열강은 혼란에 빠졌다. 이를 계기로 국민당은 부활했고, 꺾을 수 없는 권위와 힘을 얻게 됐다.
1926년 3월	장제스가 광둥에서 공산당원들을 겨냥해 첫 번째 쿠데타를 일으켜 현지 공산당 지도자들과 파업위원회 활동가들을 투옥시켰다.
1926년 4월	공산당이 국민당에서 탈당해야 한다고 트로츠키가 주장했다.
1927년 3월 21일	상하이에서 80만 노동자가 총파업과 무장봉기를 벌여 군벌군을 물리치고 상하이 임시정부를 수립했다.

1927년 4월 12일	스탈린주의 코민테른의 지시 때문에 무장해제당한 상하이 공산당원과 노동자투사들을 장제스 군대가 대량 학살했다.
1927년 7월	4·12 쿠데타 후에 왕징웨이를 중심으로 국민당 좌파가 우한 정부를 수립했다. 코민테른은 이 국민당 좌파 정부를 지지하라고 공산당에 요구했다. 7월에 왕징웨이가 반공산주의 쿠데타를 일으킨 뒤 장제스와 손을 잡았다.
1927년 12월	중국 공산당이 국민당에 투항하던 정책에서 폭동주의 정책으로 노선을 바꾸도록 스탈린-부하린 일당이 강요해 12월초에 모험주의적인 광둥 봉기가 벌어졌다.
1928년	공산당은 도시를 버리고 농촌에 거점(농민 소비에트)을 마련하고 국민당과 내전에 돌입했다.
1931년 11월	공산당은 장시성의 루이진(瑞金·서금)을 수도로 정하고 '중화소비에트 공화국'을 선포하지만, 국민당 군대에 밀려 점차 세력이 약해졌다.
1934년 7월	국민당 군대가 화중의 공산당 거점들을 포위하자, 홍군은 근거지를 버리고 대장정을 시작했다.
1935년 10월	홍군은 중국 서부의 옌안에 도착해 거점을 마련했지만, 남은 병사는 3만 명을 넘지 못했다.
1936년 12월	만주를 점령한 일본에 분개한 장쉐량 군대의 장교들이 시안을 방문한 장제스를 구금하고 항일전쟁 선포를 요청하는 시안사건이 발생했다.
1937년 9월	국민당과 공산당이 내전을 중단하고 항일전선을 구축하기로 하면서 2차 국공합작이 성립됐다.
1945년 8월	2차 세계대전에서 일본이 패배한 뒤, 국민당-공산당 간 내전이 재개됐다. 처음에는 국민당의 무력이 압도적이었으나, 공산당이 농촌에서 제한적이지만 토지개혁을 시행하면서 농민의 지지를 얻었다.
1949년 10월	1947년에 전세를 역전시킨 공산당은 결국 국민당을 대만으로 몰아내고 '중화인민공화국'을 선포했다.

주

1장. 반란의 씨앗

1. 카를 비트포겔(Karl Wittfogel)이 쓴《중국 경제와 사회(Wirtschaft und Gesellschaft Chinas)》(라이프치히, 1931)는 현재까지 이 주제와 관련한 가장 전문적 검토로 평가된다. 일부 러시아의 연구서들이 존재하지만, 철저한 분석을 위해서는 아직까지 대부분의 사실들이 중국의 기록들에서 발굴돼야 한다.; 지차오딩(冀朝鼎),《중국 역사의 핵심 경제 지역(Key Economic Areas in Chinese History)》(뉴욕. 1936.)은 이 주제와 관련해 일부 기여한 최근의 연구서다.

2. C. F. 레메르(Remer),《중국의 대외무역(The Foreign Trade of China》(상하이, 1926.), p.26. 아편무역의 실상에 관한 자료들을 살펴보려면 조슈아 론트리(Joshua Rowntree),《제국의 마약 무역(The Imperial Drug Trade)》(런던, 1908.), p.344와 H. B. 모스(Morse),《중화제국의 국제 관계(International Relations of the Chinese Empire)》(런던, 1910~1918.), 1권, pp.209~210을 보라.

3. 우원짜오(吳文藻),《중국 아편 문제에 관한 영국의 입장과 행동(The Chinese Opium Question in British Opinion and Action)》(뉴욕, 1928.), pp.59~60. 참조.

4. "중국인들이 수용하게 만들기 위해, 그들(아편과 기독교)은 함께 싸웠고, 마침내 함께 합법화됐다." — 론트리(Rowntree),《제국의 마약 무역(Imperial Drug Trade)》, p.242.

5. 한 추산에 따르면, 1712년에서 1822년 사이에 인구는 약 190%에 달하는 2억 3,700만 명 증가했다. — S. W. 윌리엄스(Williams).《중화제국(The Middle Kingdam)》(뉴욕, 1882.), 1권, p.283. 또 다른 추산에 따르면, 1741년~1851년 사이에 인구가 1억 4,300만 명에서 4억 3,200만 명으로 약 200% 증가했다. — E. H. 파커(Parker),《중국의 역사, 외교, 상업(China, Her History, Diplomacy, and Commerce)》(런던, 1901.), p.190. 1661년~1833년 사이에 경작지가 5억 4,935만 7,000묘(畝)에서 7억 4,200만 묘로 약 35%만 증가했음을 보여 주는 극적인 기록이 있다. — 천샤오광(陳紹光),《청조의 세제(System of Taxation in the Ch'ing Dynasty)》(뉴욕, 1914.), p.51.

6. 궈핀치아(P. C. Kuo) 역, 〈린저쉬(林則徐·임칙서)의 상소문(1838)〉《제1차 중영전쟁의 비판적 연구(A Critical Study of the First Anglo-Chinese War)》, 상하이, 1935, pp.82~84.)

7. 러시아의 한 연구에 따르면, 물가는 1830년에서 1848년 사이에 200%, 1849년에서 1851년 사이에 470% 올랐다. —《중국문제(Problemi Kitai)》(모스크바, 1929.), 1권.

8. H. D. 퐁(Fong), 〈중국의 면직 산업과 무역〉《《중국사회정치학보(Chinese Social and Political

Science Review)》, 베이징, 1932.10. 표33).

9. H. B. 모스는 1830년 이전에 은화 5억 위안이 중국으로 유입됐다고 주장한다. ─〈중국의 대
    외무역〉(G. H. 블레이크슬리(Blakeslee) 외,《중국과 극동(China and the Far East)》, 뉴욕, 1910.
    p.97)

10. G. E. 테일러(Taylor), 〈태평천국운동〉(《중국사회정치학보》, 베이징, 1933.1. p. 558)

11. W. C. 헌터(Hunter),《조약 이전(1825~44)의 서양 귀신(番鬼)(The Fan Kwae at Canton before
    Treaty Days)》(런던, 1882.), p.48.

12. 테일러,〈태평천국운동〉, pp. 555-556.

13. T. T. 메도우(Meadows),《중국인과 그들의 반란 (Chinese and Their Rebellions)》(런던, 1856.),
    p.33.

14. J. S. 힐(Hill),《인도차이나의 아편 무역(The Indo-Chinese Opium Trade)》(런던, 1884.), p.51.

15. 테일러.〈태평천국운동〉, pp.597-599.

16. K. 라투렛(Latourette),《중국인, 그들의 역사와 문화(The Chinese, their History and Culture)》(뉴
    욕, 1934.), 1권, P.379.

17. 아편보다는 다른 상품들을 취급하는 데 종사한 외국 기업들은 만주인들에 맞서 태평천국군을
    계속해서 지지했다는 기록이 흥미롭다. 하지만 그들은 아직까지 강대국들의 궁극적 정책들을
    결정하기에는 충분히 우위에 있지 못했다. A. 린들리(Lindley),《태평천국(Ti Ping Tien Kwoh)》
    (런던, 1866.) 참조.

18. J. K. 페어뱅크(Fairbank), 〈상하이의 성(省) 체계, 1853~1854〉(《중국사회정치학보》)는 스스로
    를 정당화하는 기록들에 기초해, 어떻게 영국의 관리들이 이런 통제를 맡게 됐는가를 설명한
    다.

19. 테일러.〈태평천국운동〉, p.612.

20. H. D. 퐁,《중국의 공업화(통계조사)(China's Industrialization, a Statistical Survey)》(상하이,
    1933.), p.2.

21. H. D. 퐁.〈방적 산업〉, 표26, 30, 34.

22. 이 시기에 관한 유용한 자료들을 살펴보려면 M. E. 카메론(Cameron),《중국의 개혁운동
    (1898~1912)(The Reform Movement in China, 1898~1912)》(스탠포드 대학, 1931.)를 보라.

23. 간략한 개요를 살펴보려면 라투렛,《중국인(The Chinese)》 1권, p.404ff를 참조하라.

24. R. 빌헬름(Wilhelm),《중국의 영혼(The Soul of China)》(뉴욕, 1928.), p.26.

25. 1906년 11월 10일에 베이징에서《런던 타임스(The London Times)》로 발송된 한 특전은 '러시
    아에서의 사건들과 페테르부르크의 중국공사가 보낸 긴급전보'에 대해 언급했다.

26. 이 보이코트 운동에 관한 설명은 C. F. 리머(Remer), 중국의 배척운동 연구(A Study of Chinese
    Boycotts)(볼티모어, 1933.), 4장과 5장을 참조하라.

27. 이들 단체들의 활동모습을 보려면 S. 트레티아코프(Tretiakov),《어느 중국인의 유서(A Chinese
    Testament)》(뉴욕, 1934.) 처음의 장들을 참조하라.

28. 산둥성에서는 약 3,800만 명의 인구 가운데, 11만 9,549명이 참여했다. 후베이성에서는
    3,400만 명 가운데 11만 3,233명이 투표했다. ─《노스차이나 헤럴드(North China Herald》
    (1910.2.18) 참조.

29. H. D. 퐁,《중국의 공업화(China's Industrialization)》표1a와 1b.

30. 뤄추안휘(Lowe Chun-hwa),《중국의 당면 노동문제(Facing Labour Issues in China)》(상하이,
    1933.), 표6, 7, 8, 10.

31. H. D. 퐁,《중국의 공업화》표1a와 1b.

1. 천한성(陳翰笙), 《현재 중국의 토지문제(The Present Agrarian Problem in China)》(상하이, 1933.)가 유용하다. J. 로싱 벅(Lossing Buck), 《중국의 농촌경제(Chinese Farm Economy)》(상하이, 1930.)는 전문성은 덜하지만, 실상을 보여 준다. R. H. 토니(Tawney), 《중국의 토지와 노동(Land and Labour in China)》(뉴욕, 1932.)의 주석들은 관련 논문과 다양한 전문적 연구에 관한 목록을 보여 준다.
2. 〈국민당 토지위원회 보고〉(《中國通訊(중국통신)》, 한커우, 1927.5.8.)
3. 천한성(陳翰笙), 《현재 중국의 토지문제(中國現在之土地問題)》, pp.2~5.
4. 천한성, 《현재 중국의 토지문제》(상하이, 1936.)
5. 〈국제연맹이사회 보고서 부록〉(난징, 1934. 4.), 6과 7; 토니(Tawney), 《토지와 노동(Land and Labour)》, pp.50~54. 개요와 해제.
6. 왕인성(王寅生), 《화북의 징발과 농민(Requisitions and the Peasantry in North China)》(상하이, 1931.); 천한성, 《현재 중국의 토지문제》, pp.15~18; 천한성, 《현재 중국의 토지문제》, 5장; 〈국민당 대 농민〉(H. R. 아이작(Isaacs) 편저, 《국민당 반동의 5년(Five Years of Kuomintang Reaction)》, 상하이, 1932.)
7. 《1932년 중국세관연보(1932年中國海關年報)》 p.48ff. 참조; 천한성, 〈중국 경제의 해체〉(《퍼시픽 어페어(Pacific Affairs)》, 1933. 4~5.); 뤄추안휘, 《중국의 당면 노동문제(Facing Labour Issues in China)》, 표I; Dr. Friedrich Otto, 〈오곡의 수확과 수입〉(《중국 경제저널(Chinese Economic Journal)》, 1934.10.); 루이 빌(Louis Beale, G. 클린턴 펠햄(Clinton Pelham) 공저, 《중국의 무역과 경제상황(Trade and Economic Conditions in China)》, 1931~1933(런던 해외무역부, 1933), p.7, pp.149ff. 식량 수입은 1918년의 총수입 가운데 5%를 차지했고, 1932년에는 20%였다. 1932년에 식량 수입에만 지불해야 할 비용이 총수출액의 43%에 달했다.
8. H. D. 퐁, 《중국의 방적업과 무역(Cotton Trade and Industry in China)》, 표2b; C. F. 레메르, 《중국의 외국인 투자(Foreign Investments in China)》(뉴욕, 1933), pp.69, 86~91, 135; 《중국연보(中國年報)》(1926), p.822; 팡푸안(房福安), 〈외국인들이 통제하는 교통통제의 범위〉(《중국(The Chinese Nation)》, 상하이, 1930년 9월) ; L. K. 타오(Tao), S. H. Lin(린) 공저, 《중국의 공업과 노동(Industry and Labour in China)》(베이징, 1932), pp.12, 16~17.
9. 천한성, 《현재 중국의 토지문제》, p.18.
10. 프리드리히 엥겔스(Friedrich Engels), 〈독일 회원들에게 보내는 공산주의동맹 중앙위원회의 첫 번째 서신〉(《독일: 혁명과 반혁명(Germany: Revolution and Counter-Revolution)》, 부록 3, p.135).
11. 칼 마르크스(Karl Marx), 프리드리히 엥겔스, 《칼 마르크스-프리드리히 엥겔스 서신집, 1846~1895(Correspondence, 1846~1895)》(런던, 1934), p.87.
12. 1905년의 구호에 대한 1917년의 레닌(Lenin)의 평가는 《레닌 저작집(Lenin, Works)》(영어판), 20권, p.218ff. 참조; 격렬한 반대를 불러일으킨 이들의 사상과 논쟁에 관한 설명은 L. Trotsky(트로츠키), 《연속 혁명(The Permanent Revolution)》(뉴욕, 1931), 《러시아 혁명사(History of the Russian Revolution) (뉴욕, 1932), 3권, 부록 3. 참조.
13. 《레닌 저작집》(러시아어판), 6권, p.30.
14. 같은 책(영어판), 20권, pp.33~34.
15. 같은 책(영어판), 20권, p.120.
16. 〈민족-식민지 문제에 관한 테제〉(《코민테른 3차 대회 테제와 규정(Theses and Statutes of the

Third (Communist) International)》, 1920. 7. 17.~1920. 8. 7, 모스크바, 1920, p.70); 레닌, 〈민족-식민지 문제에 관한 테제 초안〉(코민테른, 1920. 6~7.)

17. 〈민족-식민지 문제에 관한 테제〉, p.69.

18. 《코민테른 2차 세계대회 기록(Protokoll des II Weltkongresses der Kommunistischen Internationale)》(함부르크, 1921.), pp.140~142.

19. 〈민족-식민지 문제에 관한 테제〉, p.70.

20. 〈보충테제〉《코민테른 3차 대회 테제와 규정(Theses and Statutes)》, pp.72~75); 〈동방문제에 관한 테제〉(《코민테른 4차 대회 결의안과 테제(Resolutions and Theses of the Fourth Congress of the Communist International)》, 1922.11.7.~12.3., 런던, 출판일 불명), p.53ff.; Safarov, 〈민족-식민지 문제와 이에 관한 공산주의자의 태도 보고〉(《동방노동대중 2차대회 경과(Proceedings of the First Congress of the Toilers of the Far East)》1922.1.21 ~2.1., 페트로그라드, 1922), p.166ff.

21. 트로츠키, 《러시아 혁명사(History of the Russian Revolution)》, 1권, pp.32, 53.

22. 뤄추안휘, 《중국의 당면 노동문제(Facing Labour Issues in China)》, pp.154~155; 산업인구에 관한 연구를 개략적으로 보려면 팡푸안, 《중국의 노동(中國勞動)》(상하이, 1931.), 2장을 참조할 것.

23. 〈1917년 3월 당대회 회의록〉(트로츠키, 《날조하는 스탈린 일당(Stalin School of Falsification)》, 뉴욕, 1937., p.239. 부록)

24. 《레닌 저작집》(영어판), p.207.

25. 같은 책, p.98.

26. 같은 책, p.120.

3장. 새로운 각성

1. 왕시창(Tsi C. Wang), 《중국의 청년운동(The Youth Movement in China)》(뉴욕, 1928.), p.100. 이 책에도 《신청년》 1권 1호(1915)에 실린 천두슈의 글 일부가 인용돼 있다. 이 책은 중국의 문예부흥운동과 전후 학생운동에 대한 연구를 기록했다는 점에서 가치가 있다.

2. 왕징웨이(汪精衛), 《중국의 국제관계(China and the Nations)》(뉴욕, 1927.), pp.91~98.

3. M. T. Z. Tyau(탸오), 《중국이 깨어났다(China Awakened)》(뉴욕, 1922), pp.237, 240.

4. 중국 산업인구의 산정식에 관해서는 팡푸안, 《중국의 노동》 2장을 보라.

5. 저우서우젠(周守貞), 〈광저우-모스크바 협정이 쑨원의 정치철학에 미친 영향〉(《중국사회정치학교》, 베이징, 1934년 4~10., p.113)

6. 쑨원(孫文), 《중국의 국제적 발전(The International Development of China)》(뉴욕, 1922.), p.11; 《어느 혁명가의 기억(Memoirs of a Chinese Revolutionary)》(런던, 1927.), pp.179~183.

7. 쑨원, 《삼민주의(三民主義)》(상하이, 1927), pp.431~434.

8. 쑨원의 정치이론에 대한 설명은 저우서우젠, 〈광저우-모스크바 협정이 쑨원의 정치철학에 미친 영향〉과 T. C. 우(Woo), 《국민당과 중국 혁명의 미래(The Kuomintang and the Future of the Chinese Revolution)》(런던, 1928.), 3장을 보라.

9. 천두슈, 〈중국 공산당원 동지들에게 보내는 서신〉(상하이, 1929. 12. 10) ; 영역본은 《투사(Mili-tant)》, 뉴욕, 1930.11.15~1931.1.15)에 실렸다.

10. 천두슈, 〈부르주아 혁명과 혁명적 자본가계급〉(《중국 혁명문집(Essays on the Chinese Revolution)》, 상하이, 1927, p.60)

11. 코민테른 4차대회의 1922년 11월 23일 회의에서 류런징(劉仁靜·유인정)의 연설, 〈국제통신 (La Correspondance Internationale)〉, 1923.1.12.).

12. 쑨원《국제적 발전(International Development)》, pp.251~265.

13. 왕징웨이,《중국의 국제관계(中國與國際)》, pp.108~109.

14. L. 패스볼스키(Pasvolsky),《러시아의 동방정책(Russia in the Far East)》(뉴욕, 1922.), p.87에서 《이즈베스티아(Izvestia)》(모스크바, 1920.10.9.)를 인용했다.

15. H. 마링(Maring), 〈중국남부의 혁명적 민족주의 운동〉《코민테른(Die Kommunistische Internationale)》, 1922. 9. 13.).

16. 루이 피셔(Louis Fischer),《소비에트의 국제정책(Soviets in World Affairs)》(뉴욕, 1930.), 2권, p.540. 피셔의 중국에 관한 장은 거의 전적으로 보로딘과의 대화에 기초한 강력한 내적 증거를 제시하고 있고, 전체적으로 중국에서 코민테른이 추구한 노선을 옹호하고 정당화하기 위한 시도였기 때문에, 특별한 가치를 가지며, 자주 인용될 것이다.

17. P. 미프(Mif),《영웅적 중국(Heroic China)》(뉴욕, 1937.), pp.21~22.

18. 화강(華崗),《1925~1927년 중국대혁명사(1925~1927年 中國大革命史)》(상하이, 1931.), 6장, 1절.

19. 피셔,《소비에트의 국제정책》, 2권, p.637.

20. 저우서우젠, 〈광저우-모스크바 협정이 쑨원의 정치철학에 미친 영향〉, p.97; 피셔,《소비에트의 국제정책》, 2권, p.638.

21. 1924년 1월 1차 전국대표자회의에서 채택된 국민당 강령.

22. 피셔,《소비에트의 국제정책》, 2권, p.640; 탕량리(湯良禮),《중국 혁명의 숨겨진 이야기(Inner History of the Chinese Revolution)》(런던, 1930.), p.183. 자주 언급될 이 자료는 국민당 좌파 지도자인 왕징웨이(汪精衛)의 관점과 태도를 직접적으로 반영하기 때문에 특별한 중요성과 권위를 지닌다. 탕량리는 왕징웨이의 공식 전기 작가다.

23. 노동자계급의 상태에 관한 연구로 〈국민당 대 노동자〉《국민당 반동의 5년(國民黨反動的5年)》, 상하이, 1932.)를 보라. 또한 뤄추안휘,《중국의 당면 노동문제(Facing Labour Issues in China)》, p.189ff. 참조하라.

24. S. 웡(Wong), W. L., 〈노동자의 중국〉《국제통신(La Correspondance Internationale)》, 1913.9.26.).

25. 뤄추안휘,《중국의 당면 노동문제》, p.40.

26. 〈전국철도노동자대표자대회 선언, 1924. 2. 14〉(L. 위제르(Wieger) 역.《현대 중국(Chine Moderne)》, 허베이성 셴현, 1921~1932, 5권, pp.263~264). 1923년 사건에 관해서는 뤄장룽(羅章龍),《경한선 철도노동자 학살(京漢路工人之屠殺)》(베이징, 1923.3.) 참조. 1933년에 공산주의들, 철도노동자 조직가들과 지도자들이 구속됐다.

27. 첸다(陳達),《1918~1926년 중국의 파업 분석(1918年至1926年中國罷工的分析)》(상하이, 출판일 불명), p.5.

28. L. 위제르 역,《현대 중국》, 5권, p.266.

29. 같은 책, pp.269~270.

30. 저우서우젠, 〈광저우-모스크바 협정이 쑨원의 정치철학에 미친 영향〉, p.120.

31. G. 보이틴스키(Voitinsky), 〈태평양 운수노동자 1차 총회〉《국제통신(International Press Correspondence)》, 1924.9.11.)

32. 펑파이(彭拜), 〈하이펑 농민운동(海豐農民運動)〉(광저우, 1926.); 〈붉은 하이펑〉《국제문학 (International Literature)》 2~3권, 모스크바, 1932.)은 그 일부를 영어로 번역한 것이다. 펑파이

는 장제스의 명령에 따라 1929년 8월에 총살당했다.
33. 같은 자료.
34. 장(張),《광둥의 농민운동(廣東之農民運動)》, p.2.
35. 〈쑨원의 선언, 1924.9.1.〉(L. 위제르,《현대 중국》 5권, p.230) ; 왕징웨이,《중국의 국제관계》, pp.111~112;《국제통신》(1924.9.11., 9.18., 10.2.);《노스차이나 헤럴드》(상하이, 1924.9.6.).
36. 장,《광둥의 농민운동》, p.31.
37. 뤄추안휘,《중국의 당면 노동문제》, p.36.; 화강에 따르면, 54만 노동자들을 포괄하는 166개의 노동조합들에서 281명의 대표자들이 참석했다. —《중국대혁명사》, 4장, 1절.
38. 장,《광둥의 농민운동》, p.8.
39. 같은 책, p.32.
40. 《차이나 위클리 리뷰(China Weekly Review)》(상하이, 1925.6.13.)
41. 첸다,《파업 분석(罷工分析)》, p.27. 1925년의 파업에 관한 첸다의 기록에 따르면 확인된 인원만 총 78만 4,821명이 파업에 참여했고, 미확인된 3분의 1의 파업들을 포괄한다면 그 수는 총 100만 명에 달할 것이다.
42. H. O. 채프먼(Chapman),《중국 혁명 1926~1927(The Chinese Revolution 1926~1927)》((런던, 1928.), pp.14~15.
43. 첸다,《파업 분석》, p.28.
44. 덩중샤(鄧中夏),《홍콩파업 총결산(香港罷工之總檢討)》(광저우, 1926.8.). 덩중샤는 총파업을 조직하고 지도했던 일원이었다. 그는 1933년 여름에 장제스의 명령에 따라 총살당했다. 그를 보좌한 주요인물 중 한 사람인 뤄덩셴(羅登賢·라등현)도 1933년 8월에 장제스의 명령에 따라 총살당했다.
45. 《중국연보》(1926.), pp.969~970.
46. 장,《광둥의 농민운동 사람(Fammer's Movement in Kwangtung)》, p.38.
47. 《중국연보》(1926.), pp.960.
48. 덩중샤,《홍콩파업 총결산》(광저우, 1926.8.).
49. 《중국연보》(1926.), pp.977.
50. 첸다,《파업 분석》, p.35.
51. 뤄추안휘,《중국의 당면 노동문제》, p.44에서 인용;《홍콩 정부 행정보고(香港政府之行政報告)》(1925.).
52. 《중국연보》(1926.), pp.974~975.
53. "홍콩 정부는 공개적으로 300만 발의 탄약을 산터우(汕頭)로 보냈고, 홍콩의 상인들은 100만 위안 이상의 현금을 천중밍에게 보냈다." — 화강,《중국대혁명사(中國大革命史)》, 4장, 3절.

4장. 광저우: 누구의 권력인가?

1. 화강,《중국대혁명사》, 4장 1절에서 인용.
2. 채프먼,《중국 혁명(Chinese Revolution)》, p.210.
3. 《노스차이나 헤럴드》(1925.6.6.).
4. 첸다,〈신민족주의 내의 노동부문〉(《차이나 위클리 리뷰(China Weekly Review)》, 1926. 3. 6.).
5. 사무엘(Samuel) H. 창(Chang),〈광저우 볼셰비즘 분석〉(《차이나 위클리 리뷰》, 1926.3.20.~4.3.).

6. 《노스차이나 헤럴드》(1926.3.20.).

7. 같은 자료.

8. 다구(大沽·대고) 최후통첩에 관해서는《중국연보》(1926.), pp.1031~1032를 보라.; 학살에 관한 생생한 묘사는 〈3월 18일〉(오스카 에드버그(Oskar Erdberg), 《현대 중국의 이야기(Tales of Modern China)》, 모스크바, 1931.)을 보라.

9. 《차이나 위클리 리뷰》(1926.3.27.).

10. 《노스차이나 헤럴드》(1926.3.20.).

11. 《중국연보》(1926.), p.1011.

12. 리즈룽(李芝龍), 〈왕징웨이 주석의 사직(汪主席之辭職)〉(우한, 1927.).

13. 코민테른 집행위원회 6차 확대회의(전체회의)에서 채택한 〈중국문제에 관한 결의안〉(《국제통신》(No. 40), 1926.5.13.).

14. 탕량리, 《중국 혁명의 숨겨진 이야기》, p.234.

15. 피셔, 《소비에트의 국제정책(Soviets in World Affairs)》, 2권, p.646.

16. 같은 책.

17. 《광둥농민운동(廣東農民運動)》(국민당 농민부 보고, 광저우, 1925.10.).

18. 《국제통신》(1926.1.7.).

19. 스탈린, 《마르크스주의와 민족 및 식민지 문제(Marxism and the National and Colonial Question)》(뉴욕, 출판일 불명), p.216.; 트로츠키, 《레닌 사후의 제3인터내셔널(Third International after Lenin)》(뉴욕, 1936.), pp.212~222.

20. 《국제통신》(1926.3.18.).

21. 〈중국문제에 관한 결의안〉(코민테른 집행위원회 6차 전체회의에서 채택).

22. 후세 가쓰지(布施勝治), 《소비에트의 동방정책Soviet Policy in the Orient》(베이징, 1927.), p.304.; p.305에는 크레스틴테른의 동료들과 함께 앉아 있는 후한민의 사진이 실려 있다.

23. 〈코민테른 집행위원회 확대회의 상세보고〉(1926.2.17. 6차 전체회의 개회, 《국제통신》, 1926.3.4.).

24. 같은 자료.

25. 같은 자료.

26. 〈중국문제에 관한 결의안〉(코민테른 집행위원회 6차 전체회의에서 채택).

27. 탕량리, 《중국 혁명의 숨겨진 이야기》, p.233.; 광저우에서 보로딘의 역할을 소설형태로 그려낸 앙드레 말로(Andre Malraux), 《정복자(Les Conquéants)》(파리, 1928.), 그에 대한 비판으로 트로츠키의 〈교살된 혁명〉, 〈교살된 혁명과 그 교살자들〉(《중국 혁명의 문제(Problems of the Chinese Revolution)》, 뉴욕, 1932., pp.244~266)을 보라.

28. 피셔, 《소비에트의 국제 정책》, 2권, p.647.

29. 같은 책.

30. 트로츠키, 《중국 혁명의 문제》, p.254.

31. 엥겔스, 〈독일 회원들에게 보내는 공산주의동맹 중앙위원회의 첫 번째 서신〉(《독일: 혁명과 반혁명(Germany: Revolution and Counter-Revolution)》, p.143).

1. 탕량리,《중국 혁명의 숨겨진 이야기》, p.231.
2. 《황푸연보(黃埔年報)》(광저우, 1925.12.).
3. 《국제통신》(1926.3.18.).
4. 리즈룽,《왕징웨이 주석의 사직》.
5. 《국제 통신》(1926.2.17.).
6. 《차이나 위클리 리뷰》(1926.8.).
7. 화강,《중국대혁명사》, 4장, 5절.
8. 리즈룽,《왕징웨이 주석의 사직》.
9. 탕량리,《중국 혁명의 숨겨진 이야기》, p.246.
10. 리즈룽,《왕징웨이 주석의 사직》.
11. 덩중샤,《홍콩파업 총결산》.
12. 조지 소콜스키(George Sokolsky),《아시아의 불씨(Tinder Box of Asia)》(뉴욕, 1933.), p.336.
13. 덩중샤,《홍콩파업 총결산》.
14. 리즈룽,《왕징웨이 주석의 사직》.
15. 이 결정의 전문은 T. C. 우.《국민당과 중국 혁명의 미래(Kuomintang and the Future of the Chinese Revolution)》, pp.176~178에 실려 있다. ; 화강,《중국대혁명사》, 4장, 5절과 후세 가쓰지,《소비에트의 동방정책》, pp.251~256. 참조.
16. 〈민족-식민지 문제에 관한 테제〉(2차 세계대회,《테제와 규정(Theses and Statutes)》, pp.70~71.).
17. 같은 자료, pp.74~75.
18. "중국에서 러시아 공산주의자들이 체포됐던 1926년 3월 10일의 장제스 폭동에 대해 우리 신문은 단 한마디도 언급하지 않았다". ─ Zinovyev. "중국 혁명의 테제들"(트로츠키,《중국 혁명의 문제》, p.347 부록); "1년 내내 스탈린-부하린 일당은 1926년 3월에 벌어진 장제스의 첫 번째 쿠데타를 숨겼다". ─ 알베르 뜨랭(Albert Treint),《뜨랭 동지의 선언》(《반대파 문건과 당의 답변(Documents de l'Opposition et la Réponse du Parti)》, 파리, 1927.11., P.76.).
19. 《국제통신》(1926.4.8.).
20. 같은 자료.
21. 《데일리 워커(Daily Worker)》(뉴욕, 1926.4.21.).
22. G. 보이틴스키 "중국의 상황과 제국주의의 계획"(《국제통신》, 1926.5.6.).
23. G. 소콜스키.《아시아의 불씨》, p.336.
24. 탕량리,《중국 혁명의 숨겨진 이야기》, p.247.
25. A. M. 코테네프(Kotenev),《낡은 램프를 새것으로(New Lamps for Old)》(상하이, 1931.), p.237.
26. 탕량리,《중국 혁명의 숨겨진 이야기》, p.249.
27. 피셔,《소비에트의 국제정책》, 2권, pp.651~653.
28. 1926년 3월 말 상하이에서 발간된《향도주보(向導周報)》에 실렸고, 1926년 7월에 베이징에서 발행된 중국공산당 팸플릿《우리당과 광저우사변(本黨與廣州事變)》에 다른 논문 및 문건들과 함께 다시 실렸다.
29. 천두슈,〈장제스에게 보내는 공개서신〉(1926.6.4.《우리당과 광저우사변》 수록).
30. 가오위한(高語罕),〈장제스에게 보내는 공개서신〉(《우리당과 광저우사변 수록).
31. 공산당중앙위원회(共産黨中央委員會),〈국민당에 보내는 서신〉(1926.6.4.《우리당과 광저우사

변》 수록).

32. 《우리당과 광저우사변》 수록.
33. 문건집 《중국 혁명(中國革命)》(상하이, 1930.)의 리리싼(李立三) 서문에서 인용.
34. 천두슈, 〈당원 동지들에게 보내는 서신〉
35. 〈중국공산당 5차대회와 국민당〉(《코민테른(Communist International)》, 1927.4.15.).
36. 천두슈, 〈당원 동지들에게 보내는 서신〉.
37. 화강, 《중국대혁명사》, 4장, 3절.
38. 원다이잉(惲代英)의 인용, 《국민당과 노동운동(國民黨與工人運動)》(우한, 1927.4.).
39. 〈남중국 소식〉(《차이나 위클리 리뷰》, 1926.7.31., 8.7., 8.14., 8.21., 8.28.).
40. 〈광둥성 농민회 보고〉(1927.2.《중국통신(中國通訊)》, 우한, 1927.5.8.).
41. 《중국연보》(1926.), p.982.
42. 덩중샤, 〈홍콩파업 검토〉(《차이나 위클리 리뷰》, 1926.4.24.).
43. 〈광저우 보이코트 협상〉(《중국연보》, 1926., p.989.).
44. 같은 자료, p.998.
45. 《차이나 위클리 리뷰》(1926.8.7.).
46. 같은 자료(1926.7.31.).
47. 《중국연보》(1928.), p.976.
48. 같은 자료, pp.977~978.
49. 피셔의 인용, 《소비에트의 국제정책》, 2권, p.645.
50. 《중국연보》(1928.), p.978.
51. 〈광저우 파업 조례〉(《중국 경제저널(中國經濟雜志)》, 상하이, 1927.3.); 〈광저우의 노동탄압〉(《노스차이나 헤럴드》, 1926.12.31.) 참조.
52. 《노스차이나 헤럴드》(1926.12.31.).
53. 〈1927년 8월 7일 회의를 맞이하여 동지들에게 보내는 서신〉(문건집 《중국혁명(中國革命)》의 리리싼(李立三) 서문에 수록), 이하 〈8월 7일 서신〉으로 표기.
54. 미프(Mif), 《중국 혁명(Kitaiskaya Revolutsia)》(모스크바, 1932.), pp.97~98.
55. 시더 스톨러(Sydor Stoler), 〈광저우의 노동조합운동〉(《범태평양 노동자(Pan-Pacific Worker)》, 한커우, 1927.9.15.).
56. 얼 브라우더(Earl Browder), 《국민 혁명 중국의 내전(Civil War in Nationalist China)》(시카고, 1927.), p.12.
57. 〈중국을 방문한 국제 대표단〉(《국제통신》, 1917.4.28.).
58. 톰 만(Tom Mann), 《중국견문록(What I Saw in China)》(런던, 1927.), p 8.
59. 스톨러, 〈광저우의 노동조합운동〉.

6장. 광저우에서 장강으로

1. 채프먼, 《중국 혁명》, p.20.
2. 화강의 인용, 《중국대혁명사》, 4장, 4절.
3. 같은 책.
4. 《향도주보》의 〈창사통신〉(화강, 《중국대혁명사》, 4장, 4절에서 인용).
5. 첸다, 《파업 분석》, p.40.

6. 같은 자료, p.41.

7. 〈상하이에서 온 편지〉(파리, 1927.), pp.13~18 (트로츠키, 《중국 혁명의 문제》, 부록, p.397ff. 영역). 이 서신의 필자들은 나소노프(Nassonov), 포킨(Fokine), 알브레히트(Albrecht)다. 그들은 "코민테른 집행위원회의 오류들에 코민테른을 연관시키는 것을 조심스럽게 피했지만, 그들이 제시한 사실들이 스탈린-부하린 지도부에 손상을 입혔기 때문에, 이 서신은 공개가 금지됐다. 이 서신은 코민테른 집행위원회 의장단의 일원이었던 알베르 뜨랭이 공개했다".

8. 트로츠키, 《중국 혁명의 문제》, p.271.

9. 트로츠키, 〈1927년 8월 1일 연설〉(《날조하는 스탈린 일당》, (pp.165~173.).

10. 스탈린, 〈1927년 8월 1일 연설〉(《마르크스주의와 민족 및 식민지 문제(Marxism and the National and Colonial Question)》, p.237.).

11. 〈중국의 현 정세를 위한 테제〉(코민테른 집행위원회 7차 전체회의에서 채택, 1926.11~12., 《국제통신》, 1927.2.20.).

12. 〈탄핑산(譚平山)의 보고(7차 전체회의)〉(《국제통신》, 1926.12.30.).

13. 스탈린, 〈중국에서 혁명의 전망〉(7차 전체회의 중국위원회 모두 연설, 1926.11.30., 《국제통신》, 1926.12.23.).

14. 〈7차 전체회의 상세보고〉(1차 회의, 1926.11.22., 《국제통신》, 1926.12.1.).

15. 알베르 뜨랭, 〈중국에 관한 숨겨진 진실〉(《반대파 문건과 당의 답변(Documents de l'Opposition et la Réponse du Parti)》, pp.77~78).

16. 스탈린, 〈중국에서 혁명의 전망〉.

17. 〈중국의 현 정세를 위한 테제〉(7차 전체회의).

18. 같은 자료.

19. 스탈린, 〈중국에서 혁명의 전망〉.

20. 〈샤오리츠(邵力子)의 연설〉(7차 전체회의 1926년 11월 30일 회의, 《국제통신》, 1926.12.30.).

21. 부하린, 〈소련공산당 레닌그라드 지구 24차 총회를 위한 연설〉(《국제통신》, 1927.2.12.).

22. 〈탄핑산의 연설〉(7차 전체회의, 1926년 11월 26일 회의, 《국제통신》, 1926.12.23.).

23. 스탈린, 〈중국에서 혁명의 전망〉; 〈(소련 공산당) 페트로프(Petroff)의 연설〉(《국제통신》, 1926.12.30.).

24. 첸다, 《파업 분석》 p.43.

25. 《한커우 헤럴드(Hankow Herald)》(1927.1.5.).

26. 채프먼, 《중국 혁명》, p.35.

27. 랜섬(Ransome), 《중국의 수수께끼(Chinese Puzzle)》, pp.106~113. 주장(九江)에서 랜섬에게 정보를 제공했던 한 영국인은 뒤에 그의 설명이 "비참할 정도로 불충분하다"며 불만을 표했다.

28. 《상하이에서 온 편지(Lettre de Shanghai)》, p.4.

29. 이와 관련된 기록과 인용을 살펴보려면 《중국연보》(1928.), pp.739, 756ff., 761, 764, 983, 1353을 보라.

30. 《상하이에서 온 편지》 p.5.

31. 〈8월 7일 서신〉.

32. 《상하이에서 온 편지》 pp.7~8. 이후 몇 년 간 보로딘은 자신이 장제스에 맞서 싸웠다는 증거로 이 연회를 끊임없이 언급했다. 이 사건에 대한 장제스 자신의 설명에 관해서는 위제르, 《현대 중국》, 7권, pp.140~142와 위제르, 《현대 중국》, 8권, pp.23~24을 보라.

33. 위제르, 《현대 중국》, 8권, pp.23~24.

34. 《노스차이나 헤럴드》(1927.4.2.).

35. 《민중논단(民眾論壇)》(한커우, 1927.3.15.); T. C. 우, 《국민당과 중국 혁명의 미래(國民黨與中國革命之未來)》, p.180.
36. 《민중논단》(1927.3.16.).
37. 같은 자료.
38. 같은 자료(1927.3.19.).
39. 같은 자료.
40. 《상하이에서 온 편지》, pp.7~8.
41. 《노스차이나 헤럴드》(1927.4.9.), 《향도(向導)》(1927.3.18.)에서 번역.

7장. 상하이 봉기
---

1. 《중국 경제저널》(1927. 3.); 《1918년 이래 상하이의 파업과 직장폐쇄(1918年以來上海之罷工和關廠)》(상하이 사회국, 1933.).
2. 〈상하이 쟁탈전〉(《국제통신》, 1927.1.13.).
3. 자료들에 따라 정확한 수치가 다르다. 외국 당국들의 보고들은 일종의 정책적 파업수치들로서 실제보다 낮게 보고하고 있다. 《중국연보》(1928, p.996)는 10만 6,000명으로, 《상하이에서 온 편지》는 30만 명으로, 화강, 《중국대혁명사》는 관련 공장들과 상점들의 목록을 열거하며 36만 명으로 제시한다. 강경한 중국인들의 자료는 훨씬 높은 총계를 제시한다. 상하이 사회국의 《파업과 직장폐쇄(罷工與關廠)》(p.62)는 42만 5,795명을, 허성(荷生)의 《근대사자료(近代史資料)》(상하이, 1933., 3권)는 50만 명을 제시한다.
4. 화강, 《중국대혁명사》, 5장, 2절.
5. 취추바이(瞿秋白), 《중국 혁명의 쟁점문제(中國革命中之爭論問題)》(우한, 1927.), 부록 1.
6. 《뉴욕 헤럴드 트리뷴(New York Herald-Tribune)》(1927.2.21.).
7. 허성, 〈3차 상하이 봉기〉(《근대사자료》 3권, p.170).
8. 《차이나 위클리 리뷰》(상하이, 1927.3.12.).
9. 《노스차이나 헤럴드》(1927.4.16.).
10. 《뉴욕 헤럴드 트리뷴》(1927.2.21.).
11. 《상하이에서 온 편지》 pp.10~11.
12. 《중국연보》(1928.), p.1266.
13. 화강, 《중국대혁명사》, 5장, 3절.
14. 같은 책.
15. 상하이 봉기에 관한 정확한 묘사로 앙드레 말로, 《인간의 조건(Man's Fate)》이 있다.
16. 화강의 자료와 다른 공산당 자료들은 대개 총 80만 명이 참여한 것으로 제시한다. 《파업과 직장폐쇄》는 실제 파업참가자 수를 32만 9,000명으로 제시한다.
17. A. 노이베르크(Neuberg)[하인츠 노이만(Heinz Neumann)], 《무장 봉기(L'Insurrection Armée)》(파리, 1931.), P.141.
18. 화강, 《중국대혁명사》, 5장, 3절.
19. 허성, 《근대사자료》, 3권.
20. 화강, 《중국대혁명사》, 5장, 3절.

1. 중국인들은 장제스가 가족계통으로 조직된 청방의 22자배, 즉 통자배(通字輩)에 속한다고 말한다. 조지 소콜스키(George Sokolsky)는 장제스의 '청방, 홍방과의 관계'에 관해 말하며, "그는 이들 강력한 비밀집단 한두 곳의 회원일 수도 있지만, 외부에서는 아무도 알 수 없다"고 덧붙였다. ―《중국연보》(1928.), p.1361.

2. 〈상하이 노동자 대표 보고〉(《후난신보(湖南申報)》, 1927.5.19 ~ 20., 이하 〈노동자 대표 보고〉);《민중논단》(1927.4.16.)에서 귀메이리의 설명;《국제통신》(1927.6.23.). 청방에 관한 묘사와 이후 경과에 관해서는《국민당 반동의 5년(國民黨反動之5年)》의 "상하이의 방(幇) 제도"에 기술돼 있다.

3. 리즈롱,《왕징웨이 주석의 사직》.

4. 《노스차이나 헤럴드》(1927.4.2.)의 주장 통신(1927.3.23.);《민중논단》(1927.4.19.). 장시에서 장제스의 테러운동에 관한 사실에 대해 누구보다 관심을 가졌던 외국인들은 아마도 코민테른 대표들인 얼 브라우더, 톰 만, 자크 도리오였을 것이다. 시일이 지나 더 이상 유효하지 않을 때까지 이 정보들을 어떻게 고의로 숨겼는지에 관해서는 9장에서 다룬다.

5. 《민중논단》(1927.4.16.).

6. 〈제6군 정치부 보고〉(《민중논단》, 1927.4.2.).

7. 채프먼,《중국 혁명》, p.32.

8. 《차이나 위클리 리뷰》(1927.5.28.). 강간범죄에 관한 증거는 없었다.

9. 《민중논단》(1927.4.5., 4.16.)에 실린 케네디(G. A. Kennedy)의 보고. 케네디의 조사결과 대부분은《네이션(Nation)》(뉴욕, 1927.4.13.)에 실린 윌리엄 프롬(William Prohme)의 서신 내용과 일치한다. '난징 폭력'으로 표현된 상하이 외교계의 분위기와 심리에 관한 자료로《중국연보》(1928.), 16장이 있다.

10. 기븐스(Givens)는 뒤에 상하이 조계 경찰의 특무(정치)부주임이 됐다. 이듬해에 특무부는 수백 명의 공산당원들을 색출해 체포했고, 그중 많은 이들을 장제스 정부에 넘겨 사형시켰다. 1931년에 난징 정부는 '질서 유지'에 협력한 것을 감사하며 그에게 1급 육해공군 훈장을 수여했다. ―《노스차이나 데일리뉴스(North China Daily News)》(1931.12.9.).

11. 《노스차이나 헤럴드》(1927.4.2.).

12. 조지 스콜스키 인용.《중국연보》(1928.), p.1361.

13. 〈노동자 대표 보고〉. 한커우에서 열린 범태평양노동조합 대표자대회(泛太平洋工會代表大會)에서 상하이 대표의 한 사람인 천푸타이(陳福泰)는 상하이 규찰대가 3,000명으로 구성됐으며, 2,800정의 소총(Rifle), 30정의 기관총, 200정의 권총(Pistol), 16기의 경포를 보유했다고 보고했다. ―《민중논단》(1927.5.26.).

14. "확실한 중국 자료에 따르면 상하이의 국민 혁명군은 3,000명을 넘지 않았다. 허잉친(何應欽) 장군은 항저우에 불과 1만 명의 군대를 주둔시키고 있었다. 장제스의 군사력은 이제 노동자들을 진압하기 위해 매우 광대한 지역에 너무도 넓게 분산돼 있어서, …… 그다지 효과적이지 못했다." ―《노스차이나 헤럴드》(1927.4.2.). "장제스는 상하이에 단 3,000명의 군대를 보유하고 있었다. …… 물적 자원들 가운데 어떤 것도 장제스에게 유리하지 않았다." ―스콜스키,《중국연보》(1928.), p.1361. "혁명에 공감하는 군대가 여전히 반혁명적 군대보다 많았다. 장제스가 직접 지휘하는 군대 역시 흔들리고 있었다." ―리리싼,《중국 혁명(中國革命)》, p.33.

15. 《민중논단》(1927.4.28.).

16. A. De C. 소워비(Sowerby),《노스차이나 헤럴드》(1927.4.2.).

17. 《시정공보(市政公報)》(1927.4.2.).
18. 아서 랜섬(Arthur Ransome), 〈상하이의 정신〉(《중국의 수수께끼(The Chinese Puzzle)》).
19. 로버트 길버트(Rodney Gilbert), 《노스차이나 헤럴드》(1927.4.2.). 이런 일반적 주장에 대해 매우 적절하게 응답하는 기사가 《피플스 트리뷴(People's Tribun)》(1927.7.18.)에 "거주모델(That model Settlement)"이라는 제목으로 실렸다.
20. 어느 선교사의 〈피난에 관한 생각〉(《노스차이나 헤럴드》, 1927.4.16.).
21. 같은 글. 《상하이 타임스(Shanghai Times)》(1927.6.24.)에 따르면, 8,000명의 선교사 가운데 500명만이 계속해서 자신의 자리를 유지하며 정상적으로 일하고 있었다. 5,000명은 고향으로 달아났고, 1,500명은 상하이로 대피했으며, 1,000명은 다른 일을 했다. 자기보존의 본능이 복음전파의 사명보다 더 절실하다는 것이 증명된 셈이다.
22. 〈중국의 진정한 문제〉(《헌정보(憲政報, Constitutionalist)》, 상하이, 1927.2., pp.321~323).
23. E. E. 스트로더스(Strothers), 《볼셰비키화된 중국─세계 최고의 재앙(A Bolshevized China ─ The World's Greatest Peril)》, (상하이, 1927.6.), p.6.
24. 같은 자료, p.18. 불행하게도 이 '결정적 증거'에 대해, 당시 한커우에서 거주했던 채프먼은 그런 행진이 '결코 없었다'고 단정한다. ─《중국 혁명》, p.87. 이런 종류의 특별한 보도는 외국 신문이 광적인 환상 속에서 한커우의 상황을 바라본 전형적 사례다. 그들 대다수는 악의적인 중상을 펼쳤다. '나체 행진'에 관한 소문을 퍼뜨렸다는 이유로 한커우에서 여러 명이 체포됐다.
25. 주중 미국 해군사령관 스메들리 D. 버틀러(Smedley D. Butler), 《노스차이나 헤럴드》(1927.4.9.).
26. 《헌정보》(1927.1.), p.291.
27. 《차이나 위클리 리뷰》(1927.4.9.).
28. 《노스차이나 데일리뉴스》(1927.4.7.).
29. 《파이스턴 리뷰(Far Eastern Review)》(1927.3.).
30. 《노스차이나 데일리뉴스》(1927.3.28.).
31. 《노스차이나 헤럴드》(1927.4.2.).
32. 《노스차이나 데일리뉴스》(1927.4.2.).
33. 《신문보(新聞報)》(1927.4.7.).
34. 《노스차이나 데일리뉴스》(1927.3.30.).
35. 《차이나 위클리 리뷰》(1927.4.9.).
36. 《뉴욕 타임스(New York Times)》(1927.4.15.). 〈노동자 대표 보고〉에 따르면 총 1,500만 위안 가운데 1,200만 위안이 장제스에게, 150만 위안이 바이충시에게, 100만 위안이 저우펑치(周凤岐)에게, 50만 위안이 폭력단에게 분배됐다. 이 '차관'과 관계된 외국인들의 범위를 특정하기는 힘들다. 외국인들이 어떻게 중국인 중계자들을 통해 협력했는지에 관한 묘사는 앙드레 말로의 《인간의 조건》에 담겨 있다.
37. 《신문보》(1927.4.5.).
38. 《북경농보(北京晨報)》(1927.4.3.).
39. 《신문보》(1927.4.5.).
40. 《차이나 위클리 리뷰》(1927.4.10.).
41. 《노스차이나 데일리뉴스》(1927.3.28.).
42. 《뉴욕 타임스》(1927.4.1.). 《프라우다(Pravda)》에 실린 모스크바 특전 인용.
43. 《노스차이나 헤럴드》(1927.4.9.).
44. 탕량리, 《중국 혁명의 숨겨진 이야기》, pp.266~267.

45. 《대공보(大公報)》(톈진, 1927.4.7.).
46. 탕량리, 《중국 혁명의 숨겨진 이야기》, p.268.

9장. 침묵의 공모

1. 《상하이 타임스》(1927.3.25.).
2. 《노스차이나 데일리뉴스》(1927.3.28.).
3. 《적기(赤旗, Rote Fahne)》(베를린, 1927.3.17.).
4. 《인류(L'Humanité)》(1927.3.23.). "스탈린-부하린이 만들어 낸 혼란은 …… 우리당 지도부로 하여금 1927년 3월 23일에 축전을 보내 상하이에 입성한 장제스를 중국 코민의 대변자로 환영 하도록 만들었다. …… 스탈린-부하린 일당의 정책은 프랑스의 당 지도부가 갈리페와 코뮌을, 학살자와 희생자를 혼동할 정도로 옆길로 빠지게 만들었다." — 알베르 뜨랭, 〈중국 문제에 관 한 1927년 7월 22일 코민테른 집행위원회 선언〉(《프랑스 반대파 문건과 당의 답변(Documents de l'Opposition Francaise et la Réponse du Parti)》, p.67).
5. 《이즈베스티아》(1927.3.6.).; 《프라우다》(1927.3.9., 1927.4.10.).
6. 이 책의 원문, pp.134~136.
7. 〈중국 상황에 관한 테제(7차 전체회의)〉(《국제통신》, 1927.2.20.).; 《코민테른(Communist International》(1927.2.28.) 사설 ; 마르티노프의 기사(《코민테른》, 1927.3.15.); 〈중국 혁명과 국민당〉 (《코민테른》, 1927.3.30.).
8. 얼 브라우더, 《국민혁명 중국의 내전》; 자크 도리오(Jacques Doriot). 〈중국 혁명의 한 가운데에 서〉(《인류(L'Humanité)》, 파리, 1927.6 ~ 8.); 톰 만, 《중국견문록》.
9. 도리오(Doriot), 《인류》(1927.7.8.).
10. 브라우더, 《국민 혁명 중국의 내전(Civil War)》, p.15.
11. 도리오, 《인류》(1927.7.12.).
12. 《민중논단》(한커우, 1927.4.1.).
13. 《레이버 먼슬리(Labour Monthly)》(런던, 1927.7.). 장제스에 반대하는 공개적 캠페인을 벌인 유 일한 사람들은 한커우의 개별적 공산주의자들이었다. 하지만 그들의 행동은 완전히 자발적인 것이었다. 《상하이에서 온 편지》, p.8 참조.
14. 《민중논단》(한커우, 1927.4.9.).
15. 〈광저우에서 우한으로, 국제 대표단의 여행〉(《국제통신》(1927.6.11.).
16. 《민중논단》(한커우, 1927.4.22.).
17. 같은 자료; 톰 만, 《중국견문록》, p.11.
18. 《국제통신》(1927.3.23.).
19. 《국제통신》(1927. 3. 30)
20. 《인류》(1927.3.23.).
21. 《국제통신》(1927.3.26.); 《코민테른》(1927.3.30.).
22. 마르티노프(Martinov), 〈중국 혁명의 세력 재편〉(《코민테른》, 1927.3.15.).
23. 이 연설은 결코 공개되지 않았다. 1927년 5월에 열린 코민테른 집행위원회 8차 전체회의에서 부요비치는 이 구절들을 스탈린 앞에 제시했다. 부요비치 자신이 그것을 속기록에 기록했다. "스탈린 동지는 자신의 속기록을 우리 앞에 놓아두고 의도하지 않은 실수를 교정할 기회를 언 제든 갖습니다" 하며 이의를 제기했다(트로츠키, 《중국 혁명의 문제》, 부록, pp.388~390). 하지

만 스탈린은 수정을 제안하지도, 속기록을 만들지도 않았는데, 그 이유는 같은 코민테른 집행위원회 회의에서 트로츠키가 발언했던 것과 같다. "며칠 뒤 즙을 짜낸 레몬이 권력과 군대를 장악했습니다. …… 중앙집행위원회의 성원으로서 나는 이 연설의 속기록을 받을 권리가 있지만, 내 노력과 시도는 의미가 없었습니다. 지금 동지들이 그것을 시도한다면 더 나을 수 있을지는 의문입니다"(같은 책, p.91). 이런 발언이 있었고 숨겨졌다는 사실은 반대파가 아니라 스탈린이 가장 신뢰한 부관들 중 한 사람인 알베르 뜨랭이 밝혔다. 당시에 그는 코민테른 집행위원회 의장단의 일원이었다. "스탈린은 자신의 발언을 숨기기까지 했다. …… 스탈린 자신이 3,000명의 당 관리들이 모인 공산대학에서 했던 연설은 결코 공개되지 않았다. …… 열흘 뒤에 장제스가 쿠데타를 일으키면서 그의 발언이 실제 사태를 통해 완전히 논박되었기 때문이다"(《프랑스 반대파 문건과 당의 답변》, pp.36, 64). 중국문제에 관한 스탈린의 관점은 말로의 소설 《인간의 조건》의 기요와 '볼로긴'이 한커우에서 나눈 대화에 반영돼 있다(말로, 《인간의 조건》, pp.146~155).

24. 스탈린, 〈청년동맹을 위한 연설〉(1927.3.29., 《국제통신》(1927.4.9.).
25. T. 만달리안(Mandalyan), 〈왜 중국공산당 지도부는 임무 완수에 실패했나?〉(《국제통신》(1927.7.23., 30.). 당시 만달리안은 상하이 주재 코민테른 대표단의 일원이었다. "인터내셔널에서 우리에게 전보를 보내 노동자들과 장제스 간에 군사적 충돌을 피하기 위해 노동자들이 보유한 모든 무기를 숨기거나 파묻으라고 지시했습니다." — 천두슈, 〈당원 동지들에게 보내는 서신〉. "전쟁을 막고, 그래서 무장해제를 수용하지 않기 위해서는 무기를 숨기는 것이 더 낫지 않겠는가?" — N. 부하린(Bukharin), 《중국 혁명의 문제(Les Problèmes de la Révolution Chinoise)》(파리, 1927.5 ~ 6. 무렵), p.56. 말로, 《인간의 조건》, pp.209~210 참조.
26. 《코민테른》(러시아어판, 1927.3.18.); 독일어판(1927.3.22.); 영어판(1927.4.15.).
27. 이 책의 원문, pp.222~224.
28. 《노스차이나 데일리뉴스》(1927.4.1.).
29. "그만큼 현재 선동가들이 새로운 조합원들을 충원하고 있고, 앞으로 몇 주 동안 50만 명 이상의 노동자들이 총공회의 파업호소에 복종할 것이다." — 《노스차이나 헤럴드》(상하이, 1927.4.9.). 범태평양노동조합 대표자대회에 상하이 대표로 참가한 천푸타이(陳福泰)의 보고에 따르면, 1927년 3월 21일부터 4월 12일 사이에 상하이의 노동조합의 규모는 35만 명에서 85만 명으로 증가했다. — 《민중논단》(1927.5.26.).
30. 《국제통신》(1927. 3. 26.).
31. 화강, 《중국대혁명사》, 5장, 2절.
32. 《신문보》(1927.4.4.).
33. 《신문보》(1927.4.8.).
34. 같은 자료.
35. 같은 자료.
36. 《신문보》(1927.4.5.).
37. 《신문보》(1927.4.3.).
38. 《신문보》(1927.4.2.).
39. 《노스차이나 헤럴드》(1927.4.2.).
40. 미프, 《중국 혁명》, p.98.
41. 최초 필사본에서 번역.
42. 그로버 클락(Grover Clark), 《1927년의 중국(China in 1927)》(베이징, 1928.), p.13.
43. 양차오췬(楊超群), 〈1927년 봄의 상하이 사변〉(《중국문제에 관한 자료(中國問題資料)》, 모스

크바 중산 대학, 13호, p.20) "쉐웨(薛嶽)는 중앙위원회에 자신이 장제스의 명령에 대해 불복종하는 것에 동의해줄 것을 제의했다. 그는 상하이에 남아서 준비되고 있던 군사정변에 맞서 상하이 노동자들과 함께 싸울 준비가 돼 있었다."— 치타로프(Chitarov)(당시 상하이주재 코민테른 간부였다)의 보고(1927.12.11., 소련 공산당 15차대회). 뒤에 이 단락은 의사록에서 삭제됐고, 서기록 원본의 내용을 트로츠키가 인용한다. — 트로츠키,《중국 혁명의 문제》, p.276. 미프는 왜곡된 형태지만 이 사건을《중국 혁명》, p.99에서 확인해 준다. 말로,《인간의 조건》, p.207. 참조.

44. 양차오췬,〈1927년 봄의 상하이 사변〉, p.20.: "우리의 책임 있는 지도자들은 …… 정변이 준비되고 있다는 것에 대해 알고 있었지만, 장제스와의 무르익지 않은 충돌을 원하지 않았다고 말했습니다."— 소련 공산당 15대회 회의에서 치타로프의 보고.

45. 앙드레 말로의 소설에서 기요(Kyo)는 저항을 조직하고자 했지만, "중국 공산당의 공식 연설들, 그리고 국민당과 협력한 선전들 모두가 그것을 마비시키고 있었다."—《인간의 조건》, p.207.

46. 《신문보》(1927.4.7.).

47. 베이징으로부터 로이터통신(《노스차이나 데일리뉴스》)(1927.4.12.).

48. 《국제통신》(1927.4.20.) 참조.

49. 《뉴욕 타임스》(1927.4.9.).

50. 화강,《중국대혁명사》, 5장, 2절.

51. 《신문보》(1927.4.6.).

52. 《신문보》(1927.4.5.).

53. 《민중논단》(1927.5.7.) 참조.

54. 말로,《인간의 조건》, pp.266~267.

10장. 1927년 4월 12일 쿠데타

1. 《차이나 프레스(China Press)》(상하이, 1927.4.13.).

2. 《노스차이나 데일리뉴스》(1927.4.13.).

3. 같은 자료.

4. 《중국연보》(1928.), p.1362.

5. 《신보(申報)》(상하이, 1925.4.13.).

6. 같은 자료.

7. 《신문보》를 비롯한 상하이의 신문들에 실린〈노동자 대표 보고〉와 그 밖의 확증하는 설명들을 참조할 것.

8. 〈4월 경찰 보고〉,《기정공보(市政公報)》(1927.5.21.). 한커우에서 열린 제4차 전국총공회 대표자대회에 참가한 상하이 대표들은 장제스의 쿠데타에 저항하다가 노동조합지도자 140명과 노동자 500명이 목숨을 잃었다고 보고했다. — (1927.6.30.).

9. 《신문보》(1927.4.13.). '개조'에 관한 훌륭한 묘사로〈장제스의 파시스트 노동조합〉(《민중논단》(1917.6.17.)이 있다.

10. 《신문보》(1927.4.13.).

11. 같은 자료.

12. 《노스차이나 헤럴드》(1927.4.16.).

13. 《신문보》(1927.4.13.).

14. 《차이나 프레스》(1927.4.13.).
15. "9만 명의 노동자들이 파업에 참가했다." ─ 《차이나 프레스》(1927.4.14.). "반공 쿠데타에 맞선 항의표시로서 공산당의 총파업호소에 따라 4월 13일 정오에 적어도 1만 1,800명의 노동자들이 응했다." ─ 상하이 공부국 경찰, 1927년 보고.
16. 〈노동자 대표 보고〉.
17. 《차이나 프레스》(1927.4.14.).
18. 화강, 《중국대혁명사》, 5장 2절; 〈노동자 대표 보고〉.
19. 장제스(蔣介石), 〈민중에게 고하는 글〉(상하이, 1927.4.).
20. 《노스차이나 헤럴드》(1927.4.16.).
21. 같은 자료.
22. 《베이징 모닝포스트(Peking Morning Post)》(1927. 4. 15)은 총 1,000명이 체포됐다는 공식보고를 전했다.
23. 칼 마르크스, 《루이 보나파르트의 브뤼메르 18일(The Eighteenth Brumaire of Louis Bonaparte)》(뉴욕, 1926.), p.127.
24. 같은 책, p.128.
25. 《중국연보》(1928.), p.1374.
26. 《뉴욕 타임스》(1927.5.4.).
27. 《뉴욕 타임스》(1927.5.19.).
28. 《차이나 위클리 리뷰》(상하이, 1927.6.25.).
29. "실제로 그 하수인은 고용주의 목에 올라타, 때때로 가장 군침 도는 음식을 그의 입에서 낚아채고, 대머리에 침을 뱉기까지 한다. 대단히 불편한 하수인임에 틀림없다! 하지만 그 하수인은 하수인일 뿐이다. 자본가계급은 그와 공존한다. 그가 없다면, 자본가계급과 그 정권이 결딴날 것이기 때문이다. …… 자본가계급 독재는 그 사회적 패권(hegemony)을 위한 모든 조건들이 보존되고 강화되기 때문에 신성하게 유지된다." ─ 트로츠키, 《소련과 제4인터내셔널(The Soviet Union and the Fourth International)》(뉴욕, 1934.), pp.7, 19.
30. 한커우를 향하고 있던 소비에트 노동조합의 대표들이 4월 14일에 광저우에 도착했다. 이튿날 그들은 노동조합들에 대한 습격, 대량 체포, 거리에서의 사형집행을 접했는데, 그것은 불과 몇 달 전에 스탈린-부하린의 '혁명 장군' 명단에 올랐던 리지천(李濟琛) 장군이 지시한 것이었다. ─ 《민중논단》(1927.5.15.). 광저우에서 달아난 노동조합 활동가들은 한커우로 전갈을 뒤늦게 전해왔다. "유감스럽게도 우리는 국민혁명의 발원지가 반동의 근거지로 바뀌었다고 말할 수밖에 없다." ─ 《민중논단》(1927.5.6.).
31. 《코민테른》(1927.4.15.).
32. 우한의 《국민통신사(國民通訊社)》가 발표했고, 《차이나 프레스》(1927.4.14.)가 보도했다.
33. 《뉴욕타임스》(1927.4.14.).
34. E. 텔만(Thaelmann), 〈중국 혁명과 노동자계급의 임무〉(《국제통신》(927.4.16.).
35. 《국제통신》(43호, 1927.4.20.).
36. 《국제통신》(44호, 1927.4.20.).
37. 랴오한성(廖漢生), 〈인민의 배신자, 장제스〉(《국제통신》(1927.4.23.).
38. 스탈린, 〈중국 혁명의 문제들〉(《국제통신》(1927.4.28.).
39. 《뉴욕 타임스》(1927.4.23.).

11장. 우한: '혁명의 중심'

1. 《노스차이나 데일리뉴스》(1927.4.26.).

2. 1927년 4월 18일에 난징에서 장제스의 연설(위제르,《현대 중국》, 7권, p.142); 제임스 H. 돌슨 (James H. Dolsen), 〈장제스의 곤경〉(《민중논단》(1927.5.25 ~ 26.).

3. 11장에서 인용한 스탈린의 주장은 모두 영문판 《국제통신》(1927.4.28.)에 실린 〈중국 혁명의 문제들〉에서 발췌한 것이다.

4. 트로츠키, 〈중국 혁명과 스탈린 동지의 테제〉(1927.5.7.,《중국 혁명의 문제》, p.23ff). 11장에서 주석 없이 인용된 트로츠키의 주장은 모두 〈중국 혁명과 스탈린 동지의 테제〉에서 발췌한 것 이다.

5. N. 레즈너(Lenzner), 〈중국 문제〉(《국제통신》(1927.6.25., 29.); A. 스텟스키(Stetski), 〈중국 혁명 의 전환〉(《국제통신》(927.4.27.); 스텟스키, 〈중국에서 투쟁의 변증법〉(《국제통신》(1927.5.7.); L. 헬러(Heller), 〈중국 국민혁명 전선의 파열 이후〉(《국제통신》(1927.5.7.); J. 페퍼(Pepper), 〈체 임벌린과 장제스의 동맹〉(《국제통신》(1927.5.21.) 등.

6. 미주 3 참조.

7. 레즈너, 〈중국 문제〉.

8. 부하린,《중국 혁명의 문제》, pp.56, 59.

9. 부하린, 〈소련공산당 모스크바 위원회 총회를 위한 보고〉(1927.6.4.,《국제통신》(1927.7.2.). 5 월 말에 열린 코민테른 집행위원회 8차 전체회의 결의문에는 다음과 같이 적혀 있다. "언제 타 협하는 것이 필요하고, 언제 공세로 넘어가야 하는가? 그것은 구체적 조건에 달려 있다. 특히 코민테른 집행위원회는 장제스의 쿠데타가 일어났을 때 일부 상하이 동지들이 제안한 전술 이 대단히 터무니없었다고 본다. 이 전술은 제국주의와 장제스에 맞서 선제적으로 봉기를 일 으키고, 광범위한 전선에서 전투를 개시하는 것이었다. …… 만일 상하이 노동자들이 광범위 한 무장행동을 개시했다면, 틀림없이 그들은 장제스와 제국주의 연합군에 전멸당했을 것이 고, 중국 노동자계급의 전위는 소멸되었을 것이다." ― 〈중국 문제에 관한 결의〉(《국제통신》 (1927.6.15.).

10. E. 아이켄월드(Eichenwald), 〈중국에서 코민테른의 전술노선〉(《국제통신》(1927.6.2.).

11. 부하린,《중국 혁명의 문제》, p.59.

12. 탕신시(唐新士), 〈장제스의 무력 활동과 한커우 정부〉(《국제통신》(1927.6.6.).

13. 《국제통신》(1927.5.21.).

14. 트로츠키,《중국 혁명의 문제》, p.285.

15. 랜섬,《중국의 수수께끼》, p.66.

16. 트로츠키,《중국 혁명의 문제》, p.280. 이 단락 외에도 여러 단락들이 대회의 출판기록에서 삭 제됐다.

17. 트로츠키, 〈중국 문제에 관한 두 번째 연설〉(《중국 혁명의 문제》, p.103).

18. 안나 루이즈 스트롱(Anna Louise Strong),《중국 대중》(뉴욕, 1928.), pp.38~39.

19. 같은 책.

20. 자크 도리오, 〈중국 혁명의 한 가운데에서〉(《인류》(파리, 1927.6.25.).

21. 피셔,《소비에트의 국제 정책》, 2권, p.667.

22. 미프,《중국 혁명》, p.100.

23. 우한, 〈중국 공산당 5차 대회 선언〉(《국민일보》)(1927.5.23 ~26.).

24. 《국제통신》(1927.7.28.).

25. 〈범태평양노동조합 사무국 선언〉(한커우, 1927.7.25.,《국제통신》(1927.9.2.).
26. 미프,《중국 혁명》, p.100.
27. 화강,《중국대혁명사》, 5장, 2절. 이것은 1928년 7월에 열린 중국 공산당 6차대회에서 취추바이가 좀 더 조심스럽게 표현한 생각을 바꾸어 말한 것이다. 당시에 사람들의 기억 속에 너무도 생생하게 남아 있던 스탈린의 '혁명의 중심'을 대담하게 말할 수는 없었다(취추바이,《중국 혁명》1장을 보라).
28. 트로츠키,《연속 혁명(The Permanent Revolution)》을 보라.

12장. '혁명 중심'의 활동

1. 〈국민당 중앙집행위원회 선언〉(《민중논단》, 한커우, 1927.4.24.).
2. 〈국민당 중앙집행위원회 선언〉(《민중논단》, 1927.4.19.).
3. 9장, "침묵의 공모" 참조.
4. 〈코민테른 대표단 선언〉(《중국통신(中國通訊)》, 한커우, 1927.5.1.).
5. 같은 자료.
6. 《민중논단》(1927.4.17.).
7. 취추바이,《중국 혁명》, p.114.
8. 〈국민당 중앙집행위원회 선언〉(《민중논단》, 1927.4.19.).
9. 《민중논단》(1927.5.6.).
10. 〈연합통신사 대표의 보로딘 인터뷰〉(《중국통신》, 1927.5.8.).
11. 피셔,《소비에트의 국제 정책》, 2권, pp.667~668.
12. 같은 책.
13. 《뉴욕 타임스》(1927.4.23.).
14. 《뉴욕 타임스》(1927.4.14.).
15. 《뉴욕 타임스》(1927.5.5.).
16. 《뉴욕 타임스》는 미국 정관계의 상태를 보여 주는 정확한 지표다. 몇 개월 동안 1년 머리기사로 다루어졌던 중국 소식은 5월 6일에 처음으로 1면에서 사라졌다. 며칠 뒤, 린드버그의 위업(최초의 대서양 횡단비행)과 뉴욕에서 발생한 치정살인이 언론과 공중을 장악했다.
17. 채프먼,《중국 혁명》, p.136.
18. 《뉴욕 타임스》(1927.5.3.).
19. 《민중논단》(1927. 4. 24, 29.).
20. 〈외교부 통신〉(《중국통신》, 1927.5.1.).
21. 《민중논단》(1927.4.27.).
22. 《민중논단》(1927.4.23.).
23. 《중국통신》(1927.5.1.).
24. 로이터 통신 (영국, 1927.5.9.),《중국연보》(1928.), pp.735~736.
25. M. N. 로이(Roy), 〈중국에서 제국주의의 간섭〉(《중국통신》, 927.5.1.).
26. 채프먼,《중국 혁명》, p.129.
27. 《민중논단》(1927.5.14.).
28. 은(銀)은 전년도 내내 연안지방으로 유출됐다. 상하이의 은 재고는 1926년 초의 1억 200만 냥에서 1927년 4월의 1억 3,860만 냥으로 증가했다.《자본과 무역(資本與貿易)》(상하이,

1927.3.18.)과《차이타 위클리 리뷰(密勒士評論報)》(상하이, 1927.4.2.)을 참조.

29. 〈공황과 태업으로 인한 금융상황〉(《민중논단》, 1927.5.21.).

30. 후베이성 실업국 보고에 따르면, 6월 말에 우한에 36만 명의 실업자들이 존재했다. ―《민중논단》(1927.7.).

31. 〈4차 전국 총공회 대표회의를 위한 보고들〉(《민중논단》, 1927.6.30.).

32. 《민중논단》(1927.3.12.).

33. 취추바이, 《중국 혁명》, p.58.; 탕량리, 《중국 혁명의 숨겨진 이야기》, p.271.

34. 《민중논단》(1927.4.24.).

35. 《중국통신》(1927.5.8.).

36. 〈혁명의 전 계급적 성격에 관한 선언〉(《민중논단》, 1927.5.21.).

37. 〈후베이 총공회 중앙집행위원회 조례〉(《민중논단》, 1927.5.25.).

38. 미프, 《중국 혁명》, p.101.

39. 국민당 중앙집행위원회의 3차 전체회의의 〈농민에게 고하는 글〉(《중국통신》, 1927.5.8.).

40. 〈국민당의 노동자-농민 정책〉(《중국통신》, 1927.5.8.).

41. 〈농민에게 고하는 글〉.

42. 토지위원회 의사진행의 세부사항과 관련해서는 다음 자료들의 설명에서 추려 내 짜 맞췄다: 취추바이, 《중국혁명》; 미프, 《중국 혁명》; 〈8월 7일 서신〉. 본서 작가가 직접 인용한 문장들은 모두 이들 자료들의 원문 그대로다. 이 사건에 관한 생동감 넘치는 묘사는 오스카 에드버그(Oskar Erdberg), 〈8월 4일 밤〉(《현대 중국의 이야기(Tales of Modern China)》, 모스크바, 1932.)에서 볼 수 있다.

43. 취추바이, 《중국 혁명》, p.112.

44. 《민중논단》(1927.5.19.).

45. 미프, 《중국 혁명》, p.118.

46. 로이, 〈중국 공산당 5차 대회를 위한 보고〉(《국제통신》, 파리, 1927.7.13.).

47. 미프, 《중국 혁명》, p.118.

48. 로이, 〈중국 공산당 5차 대회를 위한 보고〉

49. 같은 자료.

50. 취추바이, 《중국 혁명》, p.100ff.

51. 천두슈, 〈중국 공산당 5차 대회를 위한 보고〉(《국제통신》, 1927.6.4.).

52. 트로츠키, 《중국 혁명의 문제》, pp.77~78.

53. 트로츠키, 《중국 혁명의 문제》, pp.284.

54. 미프, 《중국 혁명》, p.120ff.; 아시아티쿠스(Asiaticus), 《광저우에서 상하이까지(Von Kanton bis Schanghai)》(베를린, 1927.), p.265.

55. 천두슈, 〈중국 공산당 5차 대회를 위한 보고〉.

56. 6장 참조.

57. 레즈너, 〈중국 문제〉(《국제통신》, 1927. 6. 29).

58. 〈중국 공산당 5차 대회 선언〉(《민국일보(民國日報)》, 한커우, 1927.5.23~26.).

59. 취추바이, 《중국 혁명》, pp.104~105.

60. 취추바이, 《중국 혁명》, p.108.

13장. 토지를 위한 투쟁

1. 취추바이, 《중국 혁명》, p.53.
2. 〈후난성 농민회대표 보고〉(《민국일보》, 1927.6.12.). 이하 〈후난 대표 보고〉로 표기.
3. 차이위젠(蔡玉真), 〈후베이성 농민회대표 보고〉(《민국일보》, 1927.5.20~21.). 이하 〈후베이 대표 보고〉로 표기.
4. 〈후난 대표 보고〉.
5. 〈후베이 대표 보고〉.
6. 스트롱, 〈인민의 양식〉(《중국 대중》).
7. 채프먼, 《중국 혁명》, p.91.
8. 같은 책, p.91.
9. 혁명의 문화적 성취, 특히 여성해방과 미신 타파에 관해서는, 스트롱, 《중국 대중》과 채프먼, 《중국 혁명》을 참조할 것.
10. 스트롱, 《중국 대중》, pp.41~42.
11. 〈후난 대표 보고〉; 〈후베이성 농민회 결의안〉(《민중논단》, 1927.7.2.).
12. 〈후베이 대표 보고〉.
13. 차이위젠, 〈후베이성 농민운동의 곤란과 최근 정책〉(《민국일보》, 1927.6.12~13.).
14. 같은 글.
15. "후베이성 농민협회의 추산에 따르면, 2월에서 6월 사이에 500명의 여성을 포함해 적어도 4,700명의 후베이성 농민이 살해됐다. 이 보고는 처형에 사용된 방식들로 참수, 생매장, 총살, 교살, 화형, …… 토막살인 등을 열거했다." ―《민중논단》(1927.7.7.).
16. 〈후베이성 국민당 활동 보고〉(《민중논단》, 1927.6.24~ 25.).; 〈후베이성 당대회에서 둥비우(董必武)의 연설〉(《민중논단》, 1927.7.1.).
17. 〈후베이성 국민당 대표자대회 보고〉(《민중논단》, 1927.6.26.).
18. 시더 스톨러(Sydor Stoler), 〈후난의 국제 노동자 대표단〉(《중국통신》, 한커우, 1927.5.8.).
19. 〈후베이 대표 보고〉.
20. 스톨러, 〈후난의 국제 노동자 대표단〉.
21. 같은 글.
22. 같은 글.
23. "반혁명세력에 대한 억압조치는 충분히 빠르고 주의 깊게 실행되지 못했다. 또한 정부가 구금돼 있는 부패한 신사, 불한당, 기타 반혁명 분자들에 대해 즉각 재판을 시작하도록 만드는 것은 불가능했다." ―〈후베이성 국민당 활동 보고〉.
24. 《민중논단》(1927.5.12, 7.8.).
25. 〈중앙집행위원회 선언〉(1917.5.20., 《민중논단》, 1927.5.22.).
26. 스트롱, 《중국 대중》, p.166.
27. 〈후베이성 대표자대회 보고〉(우창, 1927.6.25.), 《민중논단》, 1927.7.12.).
28. 〈후베이 대표 보고〉.
29. 〈후베이성 국민당 활동 보고〉.
30. 스트롱, 《중국 대중》, pp.166~169.
31. 시더 스톨러, 〈후난의 국제 노동자 대표단〉(《국제통신》, 1927.7.21.).
32. 로이, 〈중국에서 혁명과 반혁명〉(《국제통신》, 1927.7.21.).
33. 〈후베이성 대표자대회 보고〉; 미주 27 참조.

34. 차이위젠, 〈후베이성 농민운동의 곤란과 최근 정책〉.

35. 〈8월 7일 서신〉.

36. 탕량리, 《중국 혁명의 숨겨진 이야기》, p.276.

37. 〈8월 7일 서신〉.

38. 스탈린, 〈중국 혁명의 문제들〉.

39. 트로츠키, 《중국 혁명의 문제》, p.43.

40. 〈8월 7일 서신〉.

41. 〈노동조합 지도자 회의를 위한 얼 브라우더의 담화문〉(《중국통신》, 1927.5.8.).

42. 얼 브라우더, 〈중국 혁명의 좌향 전환〉(《레이버 먼슬리(Labour Monthly)》, 런던, 1927.7.).

43. 랜섬, 《중국의 수수께끼》, p.92.

44. 《민중논단》(1927.5.21.).

45. 같은 자료.

46. 〈8월 7일 서신〉.

47. 〈탄핑산의 선언〉(《민중논단》, 1927.5.29.).

48. 《민중논단》(1927.6.12.).

49. 〈8월 7일 서신〉.

50. 《민중논단》(1927.5.25, 29.).

51. 《민중논단》(1927.6.2, 9.).

52. 《민중논단》(1927.6.11.).

53. 《민중논단》(1927.6.9.).

54. 탕량리, 《중국 혁명의 숨겨진 이야기》, p.273.

55. 〈8월 7일 서신〉.

56. 같은 자료.

57. 《민국일보》(1927.6.18, 19, 20, 21, 22.).; 《민중논단》(1927.6.4.).

58. 《민국일보》(1927.6.18.).

59. 〈8월 7일 서신〉.

60. 《민중논단》(1927.5.28.).

61. 〈8월 7일 서신〉; 취추바이, 《중국 혁명》, p.112.; 소련 공산당 15차 대회에서 치타로프의 연설, 트로츠키, 《중국 혁명의 문제》, pp.289~290; 미프, 《중국 혁명》, pp.139~140.

62. 취추바이, 《중국 혁명》, pp.112~113; 《민중논단》(1927.5.27.).

63. 알베르 뜨랭에 따르면, "6월 초에 탄핑산은 토지 혁명에 대한 무장토벌 명령을 수용했다." — 《뜨랭 동지의 선언(Declaration du Camarade Treint)》 p.63. 이 진술은 맥스 샤흐트만(Max Shachtman), 《좌익반대파 10년의 역사와 원칙(Ten Years, History and Principles of the Left Opposition)》(뉴욕, 1933.), p.50에서도 찾아볼 수 있다. 본 저자가 이 점에 관해 질문했을 때, 뜨랭은 정보를 부하린에게 얻었다고 주장했다. 하지만 이 진술은 명백히 잘못된 것이다.

64. 《민국일보》(1927.6.18~19.).

14장. 모스크바와 우한

1. 플랫폼(La Platforme), 《반대파 강령(de l'Opposition)》(파리, 1927.), pp.9~24 ; 트로츠키, 《러시아의 실상(The Real Situation in Russia)》(뉴욕, 1928.), 3장과 4장; 트로츠키의 《배반당한 혁명

(The Revolution Betrayed)》(뉴욕, 1937), pp.25~32.

2. 트로츠키,《중국 혁명의 문제》, pp.61~67.; 트로츠키,《레닌 사후의 제3인터내셔널(The Third International after Lenin)》, pp.128~134.

3. 가령, 1926년 2월~3월의 6차 전체회의 과정에 관한 보고들이《국제통신》에 9회에 걸쳐 실렸는데, 거의 202쪽에 가까운 분량이다. 1926년 11월의 7차 전체회의 보고는 동일한 출판물에 7회에 걸쳐 실렸다.

4. 《국제통신》(1927.5.25.).

5. 〈뜨랭 동지의 선언〉(《프랑스 반대파 문건과 당의 답변(Documents de l'Opposition Francaise)》, p.65.).

6. 〈코민테른 집행위원회 서기국의 집행위 회의 진행 보고〉(《국제통신》, 1927.6.8.).

7. 스탈린, 〈중국 혁명과 코민테른의 임무〉(《코민테른》, 1927.6.30.).

8. 부하린, 〈코민테른 집행위원회 전체회의 결의〉(《국제통신》, 1927.6.25., 7.2.).

9. 《코민테른집행위원회 8차 전체회의 중 중국문제에 관해(Die Chinesische Frage auf dem 8 Plenum des Exekutive der Kommunistische Internationale)》(함부르크-베를린, 1928.).

10. 스탈린, 〈중국 혁명〉.

11. 트로츠키, 〈중국문제에 관한 첫 번째 연설〉(《중국 혁명의 문제》, p.100.).

12. 트로츠키, 〈중국문제에 관한 두 번째 연설〉(《중국 혁명의 문제》, pp.102~104.).

13. 〈중국 문제에 관한 결의〉(《국제통신》, 1927.6.11., 15.).

14. 알베르 뜨랭, 〈1927년 5월, 중국 소위원회의 분석에 관한 보고〉. 이 글은 본 저자의 요청에 따라 1935년 8월에 뜨랭이 메모들을 기초로 쓴 것이다. 그는 그것을 파리에서 발표했고,《신투사(New Militant)》(뉴욕, 1936.2.8.)에 다시 실렸다. 그 핵심내용은 〈뜨랭 동지의 선언〉(1927.7.22.), p.64에 담겼다.

15. 천두슈, 〈당원 동지들에게 보내는 서신〉; 탕량리,《중국 혁명의 숨겨진 이야기》, p.280.; 스탈린,《마르크스주의와 민족 및 식민지문제》, p.249.

16. 탕량리,《중국 혁명의 숨겨진 이야기》, p.273.

17. 천두슈, 〈당원 동지들에게 보내는 서신〉.

18. 트로츠키, 〈1917년 8월 1일, 중앙위원회-중앙감독위원회 합동 총회에서의 연설〉(《날조하는 스탈린 일당》p.165).

19. 취추바이,《중국 혁명》, p.90.

20. 취추바이, 〈당원 동지들에게 보내는 서신〉.

21. 탕량리,《중국 혁명의 숨겨진 이야기》, p.280.; 로이가 왕징웨이에게 전보를 보여 주었다는 사실은 취추바이, 〈당원 동지들에게 보내는 서신〉에서 확인된다.

22. 트로츠키,《중국 혁명의 문제》, pp.121~122.

23. 〈트로츠키와 부요비치의 코민테른 집행위원회 전체회의 참가에 관한 결의〉(《국제통신》(1927.6.8.).

24. 〈서기국 보고〉(《국제통신》(1927.6.8.).

25. 《프라우다》(1927.5.31.),《국제통신》(1927.6.11.).

26. 《민중논단》(1927.6.2.).

27. 탕량리,《중국 혁명의 숨겨진 이야기》, p.274.

28. 취추바이,《중국 혁명》, p.113.

29. 《코민테른》(1927.2.25.), p.292.

30. 취추바이,《중국 혁명》, 2장.

31. 〈8월 7일 서신〉
32. 《민중논단》(1927.6.12.).
33. 《민중논단》(1927.6.21.).
34. 《국제통신》(1927.6.30.).
35. 《민중논단》(1927.6.29.).
36. 《민중논단》(1927.7.2.).
37. E. 자이틀린(Zeitlin), 〈중국 혁명의 새로운 단계〉《국제통신》(1927.6.29.).
38. 〈8월 7일 서신〉; 미프, 《중국 혁명》, p.141.
39. 샤딩(夏鼎), 〈중국의 농민운동〉《국제통신》(1927.6.23.).
40. 《민중논단》(1927.6.30.).
41. 《민국일보(1927.6.13.).
42. 트로츠키, 《중국 혁명의 문제》, p.78.
43. 미프, 《중국 혁명》, p.139.
44. 같은 책.
45. 피셔, 《소비에트의 국제 정책》, 2권, p.672.

15장. 우한: 붕괴

1. 《데일리 워커(Daily Worker)》(뉴욕, 1926.4.6.).
2. 후세 가쓰지, 《소비에트의 동방정책》, pp.322~326.
3. 같은 책, p.327.
4. 같은 책, p.329.
5. 《민중논단》(1927.5.8.).
6. 《국제통신》(1917.6.8.).
7. 트로츠키, 《중국 혁명의 문제》, pp.123~124.
8. 《민중논단》(1927.6.10.).
9. 〈허난성의 결전에 관한 상세한 이야기〉《민중논단》, 1917.6.19.).
10. 스트롱, 《중국 대중》, p.62.; 로이, 《중국의 혁명과 반혁명》(베를린, 1930), p. 363.
11. 스트롱, 《중국 대중》, p.62ff.; 피셔, 《소비에트의 국제 정책》, 2권, p.669.
12. 《민중논단》(1927.6.1.).
13. 《민중논단》(1927.6.13.).
14. 로이, 《중국의 혁명과 반혁명》, pp.363~364.
15. 《차이니스 뉴 서비스(Chinese News Service)》(광저우, 1927.6.23.).
16. 〈1927년 6월 21일, 펑위샹이 한커우로 보낸 전보〉《내셔널리스트 차이나(Nationalist China)》, 국민당 사무국, 광저우, 1927.5.).; 《차이나 위클리 리뷰》(1927.7.2.).
17. 스트롱, 《중국 대중》, p.72.
18. 탕량리, 《중국 혁명의 숨겨진 이야기》, pp.283~284.
19. 같은 책, p.285.
20. 《민중논단》(1927.6.29.).
21. 《민중논단》(1927.6.29.).
22. 왕징웨이, 〈당은 대중운동을 이끌어야 한다〉(《민중논단》, 1917.7.8.).

23. 같은 자료.
24. 〈장시성 특별위원회 보고〉(《민중논단》, 1917.7.13, 14, 15.).
25. 쑨커(孫科), 〈혁명과 민중〉(《중앙일보(中央日報)》, 한커우, 1927.7.14.).
26. 레즈너, 〈중국 문제〉(《국제통신》, 1927.6.29.).
27. 취추바이, 《중국 혁명》, p.114.
28. 같은 책.
29. 《민중논단》(1927.6.15.).
30. 《민중논단》(1927.7.9.).
31. 취추바이, 《중국 혁명》, p.115.
32. 〈8월 7일 서신(August 7 Letter)〉; 취추바이, 《중국 혁명》, p.115ff.
33. 《민중논단》(1927.6.23.).
34. 〈제4차 전국 총공회 대표대회〉(《팬 퍼시픽 워커(Pan-Pacific Worker)》, 한커우, 1927.7.15.).
35. 〈로조프스키의 연설〉(《팬 퍼시픽 워커》, 1917.7.1.).
36. 〈제4차 노동대회 선언〉(《민중논단》, 1927.6.29.).
37. 《민중논단》(1927.6.22.).
38. 스트롱, 《중국대중》, p.88.
39. 《민중논단》(1927.6.30.).
40. 《민중논단》(1927.6.30.).
41. 《민중논단》(1927.7.1.).
42. 《민중논단》(1927.6.30.).
43. 《민중논단》(1927.7.18.).
44. 천두슈, 〈당원 동지들에게 보내는 서신〉.
45. 탕량리, 《중국 혁명의 숨겨진 이야기》, p.280.
46. 취추바이, 《중국 혁명》, p.118.
47. 《국제통신》(1927.7.28.).
48. 부하린, 〈중국 혁명의 지위〉(《국제통신》, 1927.7.6.).
49. 부하린, 〈중국 혁명의 급격한 변화〉(《국제통신》, 1927.7.14.).
50. 〈중국 혁명의 현 상황에 관한 코민테른 집행위원회 결의〉(《국제통신》, 1927.7.28.).
51. 〈중국 공산당 선언〉(《국제통신》, 1927.8.4.)
52. 《민중논단》(1927.7.20, 26.).
53. 천두슈, 〈당원 동지들에게 보내는 서신〉.
54. 《민중논단》(1927.7.28.).
55. 《민중논단》(1927.7.22, 23, 24.).
56. 《민중논단》(1927.7.29.).
57. 탕량리, 《중국 혁명의 숨겨진 이야기》, p.291.
58. 《중앙일보》(1927.7.6.).
59. 《민중논단》(1927.7.14.).
60. 《민중논단》(1927.7.18.).; 쑹칭링 선언의 원문은 우, 《국민당과 중국 혁명의 미래》, pp.270~273
    에서도 찾아볼 수 있다.

16장. 추수봉기

1. 〈혁명의 소용돌이 속에서 어떤 일이 있었나?〉(《차이나 위클리 리뷰》, 1927.8.20.).
2. 〈현 상황에서 중국 노동조합의 당면 임무〉(《팬 퍼시픽 워커》, 1927.9.15.).
3. 《민중논단》(1927.7.29.).
4. 〈중국 공산당 5차 대회에서 천두슈의 조직 보고〉, 미프, 《중국 혁명》, p.117에서 인용
5. 〈중국 공산당 중앙위원회 통보〉(1928. 11. 8)(《六次大會後中國共産黨的政治工作》, 상하이, 1929.).; 저우언라이(周恩來), 《現時黨的組織問題》(상하이, 1927.5.15.).
6. 레닌, 《Left-Wing Communism: An Infantile Disorder》(런던, 출판일 불명), p.14.
7. 트로츠키, 〈1917년 3월 당 대회 기록〉(《날조하는 스탈린 일당》, p.239.).
8. 스탈린, 〈현 문제들에 관해〉(《국제통신》, 1927.8.4.).
9. 스트롱, 《중국대중》, pp.242, 251~252.
10. 로이, 〈중국 혁명의 교훈〉(《레이버 먼슬리》, 런던, 1927.11.).
11. 로이, 《중국의 혁명과 반혁명》, p.405.
12. 소련 공산당 중앙위원회-중앙위원회 합동 전체회의에서 부하린의 보고를 청취한 후 채택한 〈국제 정세에 관한 결의〉(《국제통신》, 1927.8.8.).
13. 〈중국 노동조합의 당면 임무〉.
14. 〈국제 정세에 관한 결의〉.
15. 천두슈, 〈코민테른에 보내는 서신〉(《프롤레타리아(Le Prolétaire)》(중국 좌익반대파 공식기관지, 상하이, 1930.7.1.).
16. 트로츠키, 《중국 혁명의 문제》, p.52.
17. 화강, 《중국대혁명사》, 6장, 1절.
18. 취추바이, 《중국 혁명》, p.122.
19. 화강, 《중국대혁명사》, 6장, 1절.
20. 《프라우다》(1927.7.25.), 《국제통신》(1927.8.3.)에서 번역 보도.
21. 스탈린, 〈현 문제들에 관해〉.
22. 같은 글.
23. 〈국제 정세에 관한 결의〉.
24. 화강, 《중국대혁명사》, 6장, 1절.
25. 취추바이, 《중국 혁명》, p.123.
26. 화강, 《중국대혁명사》, 6장, 1절.
27. 〈8월 7일 서신〉.
28. 화강, 《중국대혁명사》, 6장, 8절.
29. 〈국제 정세에 관한 결의〉.
30. 천두슈, 〈당원 동지들에게 보내는 서신〉.
31. 〈장쑤성 위원회 결의〉(1928년 5월 7일)(《중국문제 관련 자료(Materials on the Chinese Question)》, 모스크바, N.14, p.6), 트로츠키, 《중국 혁명의 문제》, p.226에 인용.
32. 《국제통신》(1927.8.18.).
33. 취추바이, 《중국 혁명》, p.124.
34. 화강, 《중국대혁명사》, 4장, 7절.
35. 취추바이, 《중국 혁명》, p.135.
36. 화강, 《중국대혁명사》, 4장, 7절.

37. 같은 책.
38. 〈장쑤성 위원회 통보 8호〉(화강,《중국대혁명사》, 4장, 7절에서 인용.).
39. 취추바이,《중국 혁명》, p.143.
40. 취추바이,《중국 혁명》, p.134.
41. 같은 책.
42. 《프라우다》(1927.9.30.),《국제통신》(1927.10.8.)에서 번역.
43. 취추바이,《중국 혁명》, p.136ff.
44. 같은 책.
45. 〈중국 공산당 중앙위원회 11월 전체회의 정치결의〉(《국제통신》, 1928.1.26.). '중단 없는 고조' 이론에 관한 토론과 로미나제판(版) '연속 혁명'에 관해서는 트로츠키,《중국 혁명의 문제》, p.163ff와《레닌 사후의 제3인터내셔널》, p.187ff를 보라.
46. 〈11월 전체회의 정치결의〉.
47. 취추바이,《중국 혁명》, p.138ff.
48. 〈11월 전체회의 정치결의〉.

17장. 광저우 코뮌

1. 취추바이,《중국 혁명》, p.128.
2. 황핑(黃平), 〈광저우 코뮌과 그 준비〉(《광저우공사 문집(廣州公社)》, 상하이, 1930, pp.77, 80).
3. 같은 책, p.77.
4. A . 노이베르크(Neuberg) [하인츠 노이만(Heinz Neumann)],《무장 봉기(L'Insurrection Armée)》, p.108; 취추바이,《중국 혁명》, p.128.
5. 덩중샤, 〈광저우 코뮌과 공산당 전술〉(《광저우공사 문집》, p.43).
6. 같은 책, p.39.
7. 로조프스키(Lozovsky), 〈광저우 코뮌의 교훈〉(《광저우공사 문집》, p.139.).
8. 노이베르크(노이만),《무장 봉기》, p.110.
9. 같은 책.
10. 로미나제(Lominadze), 〈광저우 코뮌을 기념하며〉(《광저우공사 문집》, p.205).
11. 천샤오위(陳紹禹), 〈광저우 봉기의 과정〉(《광저우공사 문집》, p.139).
12. 같은 책, p.142.
13. 노이베르크(노이만),《무장 봉기》, p.114.
14. 황핑의 글(《광저우공사 문집》, p.85).
15. 천샤오위의 글(《광저우공사 문집》, p. 142).; 노이베르크(노이만),《무장 봉기》, p.112.
16. 천샤오위의 글(《광저우공사 문집》, p.142).
17. 노이베르크(노이만),《무장 봉기》, p.124.
18. 로조프스키의 글(《광저우공사 문집》, p.5).
19. 노이베르크(노이만),《무장 봉기》, p.113.
20. 같은 책, p. 115.
21. 황핑의 글(《광저우공사 문집》, p.89).
22. 로조프스키의 글(《광저우공사 문집》, p.6).
23. 황핑의 글(《광저우공사 문집》, pp.89~90).; 노이만은 '소비에트'가 16명으로 구성됐다고 말한

다[노이베르크(노이만),《무장 봉기》, p.111].

24. 트로츠키,《중국 혁명의 문제》, pp.151~157, 203~206.; 트로츠키,《레닌 사후의 제3인터내셔널》, pp.201~2012.; "언제, 어떤 조건에서, 노동자대표 소비에트는 구성돼야 하는가"(《코민테른 2차 대회 테제와 규정(Theses and Statutes of the Communist International—Second Congress)》, pp.62~65).; 스탈린의 소비에트 '이론'을 보려면 p.311을 참조하라.
25. 트로츠키,《레닌 사후의 제3인터내셔널》, pp.201~206.
26. 12월 11~13일의 사건들에 관한 이어진 설명은《광저우공사 문집》의 다양한 글들과《무장 봉기》에서 하인츠 노이만의 설명을 참조했다.
27. 트로츠키,《중국 혁명의 문제》, p.128ff.
28. 덩중샤의 글(《광저우공사 문집》, p.55).
29. 노이베르크(노이만),《무장 봉기》, p.118.
30. 〈광저우 봉기에 관한 예팅의 보고〉(노이베르크,《무장 봉기》, pp.125~126에서 인용).
31. 노이베르크,《무장 봉기》, pp.18, 124~125.
32. 덩중샤의 글(《광저우공사 문집》, p.50~51).
33. 같은 책, p.52.
34. 같은 책.
35. 천샤오위의 글(《광저우공사 문집》, p.146).
36. 《북경농보(北京晨報)》(1927.12.14.).
37. 《대공보》(톈진, 1927.12.13.).
38. 《익세보(益世報)》(베이징, 1927.12.14.).
39. 노이베르크(노이만),《무장 봉기》, p.118.
40. 같은 책, p.119.
41. 천샤오위의 글(《광저우공사 문집》, p.258ff).
42. 《차이나 위클리 리뷰》(1927.12.31.).
43. 《대공보》(1927.12.17.).
44. 같은 신문(1927.12.19.).
45. 《북경농보》(1927.12.18.).
46. 천샤오위의 글(《광저우공사 문집》에서 인용.
47. 《차이나 위클리 리뷰》(1927.12.31.).; 사진은《國民黨反動之五年》에서 볼 수 있다.
48. 취추바이,《중국 혁명》, p.152.
49. 같은 책, 부록, p.247.
50. 같은 책, p.232.
51. 같은 책, p.246ff.
52. 〈중국 문제에 관한 결의〉(《Resolutions Plénière du C.E. de IX. C》, pp.53~54).
53. 같은 자료, pp.48~51.; 트로츠키,《중국 혁명의 문제》, pp.216~223,《레닌 사후의 제3인터내셔널》, pp.186~212.
54. 트로츠키,《중국 혁명의 문제》, p.294에서 인용
55. 로미나제의 글(《광저우공사 문집》, p.205).
56. 《中國共産黨第六次大會決議案》(상하이, 1928.), p.31.
57. 〈식민지의 혁명운동〉(코민테른 6차 대회에서 채택된 테제, 뉴욕, 1929.), pp.39~40.
58. 같은 자료, p.3.

18장. 패배의 결과

1. 국민당 테러에 관해서는 아이작(Isaacs), 《국민당 반동의 5년(Five Years of Kuomintang Reaction)》에 생생하고 상세하게 기록돼 있다.

2. 《중국해관 연례보고(中國海關每年報告)》; 《중국은행 연례보고(中國銀行每年報告)》; 천한성(陳翰笙), 〈중국 경제의 해체〉(《퍼시픽 어페어(Pacific Affairs)》, 1933.4~5.).; 《라츠만의 보고(Rajchmann Report)》부록(난징, 1934.4.).; 《중화연보(華人年報)》(1936~1937).

3. 《중국논단》(상하이, 1932~1934.)은 국민당의 일본 제국주의에 대한 비저항 정책과 항일운동에 대한 억압에 관해 주간별로 설명하고 있다.

4. 《국제통신》(1928.7.30.).

5. 《코민테른 강령(Programme of the Communist International)》(뉴욕, 1929.), p.58.; 트로츠키, 《중국 혁명의 문제》, pp.173~174.; 《레닌 사후의 제3인터내셔널》, p.196.

6. 맥스 샤흐트만(Max Shachtman), 《레닌 사후의 제3인터내셔널》서문, p.19ff.

7. 《식민지의 혁명운동(The Revolutionary Movement in the Colonies)》, p.41.

8. 트로츠키, 《중국 혁명의 문제》, p.206.

9. 같은 책, pp.175~176.

10. 같은 책, pp.185~186, 203ff.

11. 부하린, 〈국제 정세와 코민테른의 임무〉(《국제통신》, 1928.11.23.).

12. 트로츠키, 《중국 혁명의 문제》, p.198.

13. 《국제통신》(1928.7.25.).

14. 같은 자료.

15. 〈정치 결의안〉(1928. 7. 9)(중국 공산당 6차 대회, 상하이, 1928.).

16. 〈개조파에 관해 중국공산당에 보내는 코민테른 집행위원회의 서신(1929.10.26.)〉(《홍기(紅旗)》, 상하이, 1930.2.15.).

17. 《국제통신》(1928.7.25.).

18. 〈중앙위원회 통보〉(1928.11.8.)(《제6차 대회 이후 중국 공산당(第六次大會後中國共產黨)》, 상하이, 1929.10., pp.42~43).

19. 〈허베이성의 혁명투쟁과 노동조합운동〉(《투쟁(鬥爭)》, 상하이, 1933.12.12.).

20. 린둥하이(林東海), 《중국의 노동운동과 노동입법(中國之工人運動與勞工立法)》(상하이, 1933.), pp.83~84.; 팡푸안(房福安), 《중국 노동자(中國勞工)》, p.74.; 《남개주간(南開周刊)》(톈진), 29호.

21. 팡푸안, 《중국 노동자》, p.97.

22. 쩌민(澤民), 〈아래로부터의 공동전선의 과제〉(《홍기》, 1931.4.18.).

23. 샹잉(項英), 〈과거 노동조합운동의 발전과 현재 임무(1929년 2월 8일 전국 총공회 집행위원회 2차 확대회의 보고)〉(《중국 노동자(中國工人)》, 상하이, 1929.5.15.).

24. 〈중국 공산당에 보내는 코민테른 집행위원회의 서신〉(1929.2.8.)(《제6차 대회 이후 정치활동(第六次大會後之政治工作)》).

25. 저우언라이, 《현재의 당조직 문제(現時黨的組織問題)》(상하이, 1929.5.15.).

26. 쿠시넨(Kuusinen), 〈식민지의 혁명운동〉(《국제통신》, 1928.10.4.).; 샹잉, 〈노동조합운동의 발전〉; 〈노동조합 문제에 관한 결의안〉(《제6차 대회(第六次大會)》).

27. 샹잉, 〈노동조합운동의 발전〉.

28. 바이카성(白凱聲), 《노동운동의 현 상황(工人運動之現狀)》(1928~1930년)》(상하이, 1930.).

29. 같은 책.

30. 뤄마이(羅邁), 〈장쑤성에서 리리싼 노선에 따른 활동 검토〉(《진리(眞理)》, 상하이, 1931.2.7.).

31. 〈중국 공산당 집행위원회 4차 전체회의 결의〉(상하이, 1931.1.).

32. 〈즈리성에서 리리싼 노선의 실천〉(《진리》, 상하이, 1930.12.14.).

33. 〈1931년의 노동운동에 관한 보고〉(중앙위원회 노동부, 《홍기》, 1932.3.11.).

34. 〈노동운동 내 기회주의에 반대하며〉(《홍기》, 1932.3.25.).

35. 광밍(王明), 캉성(康生) 공저, 《현재의 혁명중국(今日之革命中國)》(1933년 12월 코민테른 집행
    위원회 8차 전체회의 연설, 뉴욕, 1934.), p.44.

36. 미프, 〈중국에서 혁명적 위기의 새로운 발전〉(《코민테른》, 1933.5.15.).

37. 《중국의 소비에트》(모스크바, 1934), p.13.

38. 《홍기》(1933.10.30.).

39. 미프, 〈중국에서 혁명적 위기의 새로운 발전〉.

40. 퐁, 〈중국의 면직 산업과 무역〉, 표 16.

41. 《홍기》(1933.10.30.).

42. D. K. 리엔(Lien), 《상하이 공업의 발전(Growth and Industrialization of Shanghai)》(상하이,
    1936.), p.294.

43. 미프, 〈중국에서 혁명적 위기의 새로운 발전〉.

44. 《홍기》(1933.10.30.).

45. 〈아래로부터의 공동전선 문제에 대해〉(《청년전선(靑年戰線)》, 베이핑, 1934.2.1.).

46. 저우언라이, 〈조직문제(組織問題)〉.

47. 《홍기》(1930.3.26.).

48. 저우언라이, 〈중국 공산당 중앙위원회 3차 전체회의 보고〉(1930.9.24.).

49. 《볼셰비키(布爾什維克)》(상하이, 1931.5.10.).

50. 〈중국 공산당에 보내는 코민테른 집행위원회의 서신〉(1929.2.8.).

51. 첸슝(錢雄), 《장쑤성위원회 제2차 대표자대회 보고(江蘇省委對第二次代表大會報告)》(상하이,
    1929.12.29.).

52. 《홍기》(1933.10.30.).

53. 왕밍, 캉성 공저, 《현재의 혁명중국》, p.48.

19장. '소비에트 중국'의 흥망

1. 천이(陳毅), 〈주더-마오 군대의 역사와 현 상황에 관한 보고(1929.9.1.)〉(《중국군사정보(中央
   軍事情報)》, 상하이, 1930.1.15.).

2. 같은 자료.

3. 같은 자료.

4. 〈당 동지들에게 보내는 서신(1928.11.11.)〉(《제6차 대회 이후 정치활동》.

5. 〈중국 공산당에 보내는 코민테른 집행위원회의 서신〉(1929.10.26.).

6. 〈중국 공산당 중앙위원회 2차 전체회의 정치결의안〉(1929.6.).

7. 〈중국 공산당 중앙위원회 통보 68호〉.

8. M. 제임스(James), R. 둔핑(Doonping), 《소비에트 중국(Soviet China)》(뉴욕, 1932.), p.10.

9. 천두슈, 〈이른바 홍군 문제에 관해〉(《프롤레타리아(Le Prolétaire)》, 상하이, 1930.7.1.).

10. 엥겔스,《독일 농민전쟁(Peasant War in Germany)》(뉴욕, 1926.), p.18.
11. 〈농민문제에 관한 결의안〉(6차 대회).
12. 첸슝(錢雄), 〈장쑤성 위원회 보고〉.
13. 〈농민빨치산 전쟁에 관한 토론〉(《중앙군사정보(中央軍事情報)》, 1930.1.15.).
14. 미프, 〈중국 혁명의 폭풍을 향해〉(《프라우다(Pravda)》, 1930.4.28.;《홍기》, 1930.6.25.).
15. 트로츠키, 〈중국의 정치상황과 중국 볼셰비키 - 레닌주의자의 임무(1929.6.)〉(《프롤레타리아》, 상하이, 1930.7.).; 〈중국 혁명에 관해〉(《투사(Militant)》, 뉴욕, 1930.1.25.).; 〈중국의 국민의 회 구호〉(《투사》, 1930.6.14.).; 〈중국 혁명의 전망과 과제 — 국제 좌익반대파 선언〉(《투사》, 1930.10.1.).
16. 〈중국문제에 관한 결의안〉(코민테른 집행위원회 정치서기국, 1930.7.23.)(《真理報》, 상하이, 1930.10.23.).
17. 〈중국 공산당에 보내는 코민테른 집행위원회의 서신〉(1929.10.26.).
18. 《홍기》(1930.3.26.).
19. 〈새로운 혁명의 물결과 한 성(省) 또는 여러 성(省)에서의 승리〉(정치국, 1930. 6.)(《홍기》(1930.7.19.).
20. 《진리보(真理報)》(상하이, 1930.12.9.).
21. 〈새로운 혁명의 물결과……〉.
22. 뤄마이(羅邁), 뤄마이, 〈상해 활동가회의 연설〉(상하이, 1930.12.3.).
23. 〈새로운 혁명의 물결과……〉.
24. 〈중국 공산당에 보내는 코민테른 집행위원회의 서신〉(수신일: 1929.11.16.)(《진리보》, 상하이, 1930.12.14.).
25. 《차이나 위클리 리뷰》(상하이, 1930.9.6.).
26. 《국제통신》(1930.8.7.).
27. 〈정치적 상황과 공산당의 임무 — 중국 공산당 중앙위원회 3차 전체회의 결의〉(1930.9.)(《진리보》, 상하이, 1930.10.30.).
28. 쿠치우모프(Kuchiumov), 〈리리싼 노선에 관한 토론〉(코민테른 집행위원회 의장단 회의, 1930. 12.)(《볼셰비키》, 1931.5.10.).
29. 같은 자료.
30. 같은 자료.
31. 취추바이, 〈지안(吉安)의 득과 실〉(《진리보》, 1930.12.9.).
32. 저우언라이, 〈코민테른 집행위원회 결의의 전달에 관한 3차 전체회의 보고〉(1930.9.24.)(《3차 중앙위원회전체회의 보고(三中全會資料)》, 9호).
33. 허명슝(何孟雄), 〈중앙위원회에 보내는 의견서〉(1930.9.8., 10.29.)(상하이, 1931.1.6.).
34. 〈취추바이 동지의 성명서〉(1931.1.17.)(《4차 전체회의 보고(四中全會料)》); 〈저우언라이 동지의 성명서〉(1931.1.3.)(3차 전체회의를 위한 저우언라이의 보고를 담은 소책자의 서문).
35. 《볼셰비키》, 1931.5.10.
36. 〈중국 공산당에 보내는 코민테른 집행위원회의 서신〉(수신일: 1930.11.16.).
37. 〈현 정치 정세와 당의 중심임무〉(《진리보》, 1931.2.2.).
38. 〈중국 공산당에 보내는 코민테른 집행위원회의 서신〉(수신일: 1930.11.16.).
39. 〈홍군과 전당 조직에 내리는 지시〉(1931.6.10.); 〈중앙위원회의 긴급임무에 관한 결의안〉(《볼셰비키》, 1931.11.10.).
40. 〈3차 전체회의에서 리리싼의 연설〉(《3차 전체회의 보고(三中全會資料)》, 10호).

41. 왕밍, 캉성 공저, 《현재의 혁명중국》, pp.8, 28.
42. 《국제통신》1933.9.8., 1934.4.20.).; 《신대중(New Masses)》(뉴욕, 1934.3.13.).
43. 아그네스 스메들리(Agnes Smedley), 《중국 홍군의 행진(China's Red Army Marches)》(뉴욕, 1934.), p.20.
44. 량핑(Liang Pin), 〈노동절과 몇 가지 홍군건설의 주요 문제〉(《투쟁》, 루이진, 1933.5.1.).; 〈장시성 당대회 결과보고〉(《투쟁》, 1933.5.20.).; 뤄푸(洛甫), 〈우익 기회주의에 맞선 반격〉(《투쟁》, 1933.6.5.).; 량핑(亮平), 량핑, 〈소비에트 지구의 현금 문제〉(《투쟁》, 1933.8.5.).; 마오쩌둥(毛澤東), 〈5차 토벌작전 분쇄와 경제 건설의 임무〉(《홍기》, 1933.11.20.).
45. 아이작(Isaacs), 《국민당 반동의 5년(Five Years of Kuomintang Reaction)》, p.129.
46. 왕밍 캉성 공저, 《현재의 혁명중국》, p.9.
47. 《중국논단(中國論壇)》(상하이, 1932.1.20.).
48. 《노스차이나 데일리뉴스》(1931.8.19.).
49. 〈장시성 일부 지역에 대한 조사〉(라츠만의 보고서 부록).
50. 《상하이 이브닝포스트(上海晚報)》(1931.11.10.).
51. 《중앙공론(中央公論)》(1933.6.), 《현재의 혁명중국》, p.40에서 발췌.
52. 〈긴급한 임무에 관한 결의안〉(《볼셰비키》, 1931.11.10.).
53. 〈정치결의안〉(6차 대회).
54. 〈2차 전체회의 정치결의안〉(1929.6.).
55. 〈농민 문제에 관해 중국공산당에 보내는 코민테른 집행위원회의 서신〉(1929.6.7.).
56. 〈농민 문제에 관한 코민테른 집행위원회 지시의 수용에 대한 중앙위원회 결의안〉(1929.8.).
57. 윈다이잉(惲代英), 〈푸젠 서부 소비에트의 과거와 미래〉(《홍기》, 1930.3.26.).
58. 《홍기》, 소비에트지구 대표자대회 특집호(1930.6.4.).; 〈제1차 대표자대회의 선전 테제〉(《홍기》, 1930.6.21.).
59. 우팡(區芳), 〈소비에트지구 대표자대회 결과〉(《우리의 소리(我們的話)》, 상하이, 1930.8.30.).
60. 천샤오위, 〈왜 농업노동자 노조를 조직하지 못하고 있는가?〉(《홍기》, 1930.5.17.).
61. 〈중국 공산당에 보내는 코민테른 집행위원회의 서신〉(수신일: 1930.11.16.).
62. 《당건설(黨的建設)》(상하이, 1931.3.8.).
63. 〈후난-후베이 소비에트지구 통신〉(1931.8.14.)(《공농통신(工農通訊)》, 상하이, 1932.3.).
64. 뤄푸(洛甫), 〈소비에트 권력 하의 계급투쟁〉(《투쟁》, 루이진, 1933.6.5.).
65. 마오쩌둥, 〈소비에트지구의 토지분배 재심사는 중심적 임무다〉(《홍기》, 1933.8.31.).
66. 마오쩌둥, 《적색 중국(Red China)》(런던, 1934.), p.22.
67. 왕밍, 캉성 공저, 《현재의 혁명중국》, p.10.
68. 《투쟁》(루이진, 1933.5.10.).
69. 뤄푸, 〈노동절과 노동법 실시 검토〉(《투쟁》, 1933.5.1.).
70. 〈후난-장시 당위원회의 중앙위원회 보고〉(《홍기》, 1932.3.11.).
71. 《홍기》(1932.3.11.).; 《투쟁》(1933.2.4.).
72. 뤄푸, 〈노동절과 노동법 실시 검토〉.
73. 뤄푸, 〈소비에트 권력 하의 계급투쟁〉.
74. 《홍기(1932.3.11., 7.10.).; 《투쟁》(1933.2.4.).; 마오쩌둥, 《적색 중국》, p.20.; 《코민테른》(1933.9.15.).
75. 《홍기》(1932.3.11.).
76. 〈노조 조합원 문제에 관해 소비에트지구 노조들에 보내는 전중국총공회 상무위원회의 서신〉

《홍기》, 1932.11.15.).

77. 덩옌차오(鄧穎超), 〈노동자계급의 강화를 위한 투쟁 검토〉(《투쟁》, 1933.2.4.).
78. 〈중국의 정치적 상황과 공산당의 임무〉(《코민테른》, 1933.9.15.).
79. 《투쟁》(1933.4.5., 25.).
80. 보구(博古), 〈당내의 볼셰비키 노선을 위해〉(《투쟁》, 1933.2.24.).
81. 뤄푸, 〈장시성의 뤄밍 노선〉(《투쟁》, 1933.4.15.).
82. 《투쟁》(1933.5.1.).
83. 《투쟁》(1933.8.29.).
84. 뤄마이(羅邁), 〈볼셰비키적 전환을 위해〉(《투쟁》, 1933.8.22.).
85. 뤄푸, 〈우익 기회주의에 맞선 반격〉(《투쟁》, 1933.6.5.).
86. 저우언라이, 〈5차 토벌작전 분쇄하자〉(《투쟁》, 1933.8.29.).
87. 《투쟁》(1933.10.21.).
88. 장시성 봉쇄에 관한 상세한 설명은 국민당군 특파원의 보고를 담은 《대공보》(1934.9.2., 3., 4.)를 참조하라.

20장. 새로운 '민족통일전선'

1. 《중국논단》(상하이, 1932.1.13.).
2. 《중국논단》(1932.5.21.).; 〈만주조직에 보내는 중앙위원회의 서신〉(1933.6.9.)(《투쟁》, 루이진, 1933.8.15.).; 뤄마이, 〈만주의 민족혁명전쟁〉(《투쟁》, 1933.9.15.).
3. 18장, 미주 33, 44를 참조하라.
4. 〈볼셰비키 활동과 혁명투쟁의 사례〉(《코민테른》, 932.12.).
5. 《홍기》(1931.12.17.).
6. 〈만주사변과 반제운동의 기본 임무〉(《볼셰비키》, 상하이, 1931.11.).
7. 18장, 미주 33을 참조하라.
8. 《중국논단》(1932.1.27.).
9. 《중국논단》(1932.3.15.).
10. 〈반제운동의 연합전선 문제에 관해 전당조직과 전당동지들에게 보내는 중앙위원회의 서신〉(《투쟁》, 상하이, 1933.6.).; 〈5차 토벌전과 당의 임무에 관한 중앙위원회 결의안〉(1933.7.24.)(《투쟁》, 루이진, 1933.8.12.).
11. 뤄포(洛甫), 〈소비에트 정권과 민중 정권에 관해〉(《홍기》, 1932.2.15.).
12. 〈코민테른 집행위원회 7차 전체회의 테제 및 결의안〉(1932.9.)(모스크바, 1933.), p.16.
13. 《중국논단》1932.5.21.).
14. 《중국논단》(1932.4.13.).
15. 《중국논단》(1933.4.13.).
16. 왕밍, 캉성 공저, 《현재의 혁명중국》, p.33.
17. 〈중화 소비에트공화국 2차 소비에트 대표자대회〉(《국제통신》, 1934.6.1.).
18. 《상하이 이브닝포스트》(1934.8.25.).; 《차이나 프레스》(1934.9.2.).
19. 왕밍 캉성 공저, 《현재의 혁명중국》, p.33.
20. 왕밍, 《식민지 국가의 혁명운동(殖民地國家之革命運動)》(코민테른 7차대회 보고, 뉴욕, 1935.), pp.15, 20~21.

21. 같은 자료, pp.13, 20.

22. 《데일리 워커》(뉴욕, 1936.3.30.).

23. 왕밍, 《혁명운동(革命運動)》, pp.51~52.

24. 〈공동전선을 위한 기본조건과 최소요구〉(《중국: 단결을 향한 행진(China: The March Toward Unity)》, 뉴욕, 1937.), pp.66~67.

25. 〈구국회 전회원에게 보내는 마오쩌둥의 서신〉(1936.8.10.)(《중국: 단결을 향한 행진》, p.70ff); 《차이나 투데이(China To-day)》(뉴욕, 1937.1.).

26. 《중국: 단결을 향한 행진》, p.30.

27. 에드가 스노우(Edgar Snow), 《중국의 붉은 별(Red Star Over China)》(뉴욕, 1938.), p.398.

28. 해리 가네스(Harry Gannes), 《중국의 통일(When China Unites)》(뉴욕, 1937.), p.265.; 스노우, 《중국의 붉은 별》, p.414.

29. 장제스(蔣介石), 쑹메이링(宋美齡), 공저, 《장제스 장군(General Chiang Kai-shek)》(뉴욕, 1937.).; 제임스 버트람(James Bertram), 《중국의 1차 행동(First Act in China)》(뉴욕, 1938); 《차이나 투데이》(1937.3.)에 실린 여러 가지 전신 사본들은 이 사건에 관한 공산당의 입장을 보여준다.; 〈시안 사변에 관해〉(《코민테른》, 1937.1.).

30. 스노우, 《중국의 붉은 별》, p.417.

31. 《선데이 워커(Sunday Worker)》(뉴욕, 1937.2.21.).

32. 《뉴욕 타임스》(1937. 2. 20); 《뉴욕 헤럴드트리뷴》(1937.2.22.).; 가네스, 《중국의 통일》, p.279.; 스노우, 《중국의 붉은 별》, p.427.

33. 《차이나 투데이》(1937.5.).

34. 《뉴욕 타임스》(1937.4.30.).

35. 《차이나 투데이》(1937.7.).

36. 필립 제프(Philip Jaffe), 〈중국공산당원들에게 듣다〉(《신대중》, 뉴욕, 1937.10.12.).; 스노우, 《중국의 붉은 별》, p.194.

37. 스노우, 《중국의 붉은 별》, pp.342~343.

38. 님 웨일즈(Nym Wales), 〈소비에트 중국 여행기〉(《아시아(Asia)》, 뉴욕, 1938.1.).

39. 왕밍, 《중국은 승리할 것이다(中國必能勝利)!》(뉴욕, 1937.), p.45.

40. 트로츠키, 《레닌 사후의 제3인터내셔널》, pp.177, 196.

41. 《뉴욕 타임스》(1938.1.24.).

42. 《상하이 이브닝포스트》(1937.10.18.).

43. 스노우, 《중국의 붉은 별》, p.275.

44. 《하바스 통신(Havas News Agency)》(1937.12.23.).

45. 《상하이 이브닝포스트》(1937.12.27.).

색인

248, 282~284, 287~289, 291, 292, 302,
303, 305, 324, 325~328, 335, 342~344,
350, 352, 359~361, 363, 370, 373, 377,
379, 384~390, 405~407, 412~414,
425~428, 430~434, 439, 440, 444~446,
452, 457, 458, 463, 471, 473~475, 479,
492, 495, 496~501, 516, 520, 521, 526,
535~539, 549, 550, 552, 553, 557, 559,
560, 563, 572~574, 576~578, 580~586,
593, 610, 612, 615, 616, 619~621, 626,
636, 645
쿠데타 44, 47, 179, 185, 187, 190~194, 196,
199, 201~203, 219, 221, 275, 288, 290,
292, 303, 307, 313, 324, 327, 333, 337,
339, 343, 351, 352, 359, 360, 362~365,
368, 370, 371, 411, 425, 440, 441, 443,
444, 505, 511, 514, 516, 531, 644, 645
쿵샹시(孔祥熙) 627
쿵허충 619

타구단(打狗團) 402
탄옌카이(譚延闓) 363, 382
탄핑산(譚平山) 40, 46, 221, 226, 380, 382,
414~416, 421, 469
탕구(塘沽) 정전협정 548
탕량리(湯良禮) 470, 555
탕성즈(唐生智) 46, 212, 341, 349, 354, 364,
371, 380, 381, 419, 427, 437, 440~444,
451, 453, 456, 473, 483
태평천국(太平天國)운동 60~62, 64, 68, 93
테러리즘 513
토지 몰수 213, 435, 586, 625
톰 만(Mann, Tom) 207, 284, 326
트로츠키(Trotsky, Leon) 11, 12, 17, 29, 35, 40,
43, 47, 97, 100, 103, 111, 112, 114, 175,
198, 219, 289, 290, 292, 303, 321, 328,
336, 338, 340~342, 344, 347, 351, 354,
386, 387, 405, 413, 414, 425, 426, 428,

430, 433, 436, 438, 439, 441, 445, 457,
458, 461, 462, 487, 491, 494, 495, 497,
499, 517, 522, 526, 527, 551, 552, 581,
635
트로츠키주의 11, 45, 328, 342, 354, 406, 428,
435, 452, 472, 497, 522, 527, 529, 573,
575, 581, 614~616, 619

파시즘 284, 304, 321, 620
팡즈민(方志敏) 572
패트릭 기븐스(Givens, T. Patrick) 264
펑더화이(彭德懷) 46, 570, 571, 578, 633, 641
펑위샹(馮玉祥) 40, 47, 156, 341, 364, 371,
389, 446, 449~456, 464, 470, 476, 490,
555, 577, 613, 622
펑파이(彭拜) 140, 141, 517
포웰(Powell, J. B.) 268
폭동주의 500, 506, 535~539, 552, 562, 575,
645
푸이(溥儀) 75, 610
《프라우다(Pravda)》 39, 276, 282, 289, 297,
335, 386, 387, 428, 439, 450, 497, 504,
537, 574, 631
프레드릭 리스-로스(Leith-Ross, Frederick)
626
플레하노프(Plekhanov, Georgi) 26, 27, 30

허룽(賀龍) 500~502, 504, 514, 517, 535, 569,
572, 586
허명슝(何孟雄) 581, 582
허성(荷生) 252
허수헝(何叔衡) 600
허잉친(何應欽) 265, 270, 587
허젠(何鍵) 421, 422, 470

중국 혁명의 비극

초판 1쇄 발행   2016년 8월 10일

지은이   해럴드 로버트 아이작
옮긴이   정원섭 김명환

펴낸이   김경미   펴낸곳   숨쉬는책공장
                                  등록번호   제2014-000031호
편집   김유민   주소   서울시 마포구 잔다리로 61 402호, 121-894
디자인   나투다   전화   070-8833-3170
종이   영은페이퍼(주)   팩스   02-3144-3109
인쇄&제본   ㈜상지사P&B   전자우편   sumbook2014@gmail.com
                                  페이스북   /soombook2014
                                  트위터   @soombook

값 19,500원
ISBN 979-11-86452-14-1 03340

이 도서의 국립중앙도서관 출판시도서목록(CIP)은 서지정보유통지원시스템 홈페이지(http://seoji.nl.go.kr)와
국가자료공동목록시스템(http://www.nl.go.kr/kolisnet)에서 이용하실 수 있습니다.(CIP제어번호: CIP2016017821)